山口浩一郎先生古稀記念論集

友愛と法

編集代表
菅 野 和 夫
中 嶋 士 元 也
渡 辺 　 章

信 山 社

はしがき

　本書は，私ども長い間山口浩一郎先生の周辺にいて親しくご指導，ご厚誼を賜った者たちが，斉しく敬愛する先生の古稀を祝い，ささやかながら日頃の御学恩に報い，あわせて先生の今後のいっそうのご活躍とご健康を願って，先生に捧げるものである。

　山口先生は，2006年12月28日に満70歳をお迎えになるので，当初，その誕生日当日に古稀記念論集を献呈できるよう企画された。そのため，本書発起人が，各位に寄稿の呼びかけを行ったのは2005年5月であった。

　しかし，2004年4月からの法科大学院発足に伴い，寄稿予定者の大部分は，同大学院における未経験の教育活動のため，日々，予想以上の多忙と負担を強いられることとなった。それにもかかわらず，一部の寄稿者は，発起人の依頼どおりに原稿を提出され，発起人としては誠に頭の下がる思いをした。しかし，多くの寄稿予定者は，意欲旺盛にして優秀なるも超人ではなく，何よりも発起人の力が及ばず，思うようには原稿が出揃わなかった。

　このような事情により，予定より約1年近くも遅れたものの，このたびの本書刊行の運びとなり，発起人としても，ようやく肩の荷を下ろしたという心境である。改めて山口先生のお許しを乞うとともに，寄稿者各位には心から感謝申し上げたい。

　本書には『友愛と法』という題が付されている。一般には聞きなれない題であろう。これ自体実は，山口先生からの示唆によっている。先生は，本書企画のはるか以前より，しばしば「近代社会の出発は自由・平等・友愛といわれるが，自由と平等の研究は長い間なされてきたものの，法律部門においては友愛の研究はほとんどみられない。今後友愛の本格的研究も必要だ」と述べておられた。

　本書の寄稿者のほとんどすべては労働法学や社会保障法学の研究者であることは確かだが，幾星霜を経て，人それぞれに学問的興味は拡大し，変遷もしてきている。そこで，発起人の間で検討を重ねた結果，あまり統一テーマ

はしがき

を厳格にせずに，広い意味での『友愛と法』というタイトルの下に，寄せられた論文テーマに従ってこれを『労働法編』，『社会保障法編』，『友愛編』に分類するという編成を採ることとした。

「友愛＝fraternité」という概念には，フランスの政治思想ないし宗教・文化思想において並々ならぬ複雑さと色彩があり，なかなかに容易な用語ではないようである（工藤庸子『宗教 vs.国家―フランス〈政教分離〉と市民の誕生』〔講談社現代新書，2007年〕133頁以下）。しかし，本書の題名は，そのようなフランスの歴史との具体的な関係はさしあたりない。むしろ，市民社会における緩やかな意味での「友愛，博愛」を表したにとどまる。

本書が，山口先生が後進の研究者に期待されているような内容の論集になったかどうかはわからないが，本書を通じて法学界の発展に何らかの寄与ができることを願うものである。

山口浩一郎先生は，永きにわたる研究者および教育者としての生活に赫々たる業績を残しつつ，現在は弁護士としての活躍を開始された。先生におかれては，今後とも私ども後進の者をお導き下さることを願ってやまない。

本書の刊行に当たっては，信山社の渡辺左近氏，鳥本裕子氏のただならぬご尽力をいただいた。お二人に対し，発起人として寄稿者一同とともに，心から感謝の意を表したい。

2007年8月

山口浩一郎先生古稀記念論集　発起人

菅野和夫
中嶋士元也
渡辺　章

目　次

第1部　労働法編

企業の社会的責任（CSR）・社会的責任投資（SRI）と労働法
　　──労働法政策におけるハードローとソフトローの視点から
　　………………………………………………………………荒木尚志…1

　1　コーポレート・ガバナンスの変化と CSR・SRI　(1)
　2　企業の社会的責任（CSR）・社会的責任投資（SRI）をめぐる
　　　議論　(4)
　3　諸外国における SRI　(11)
　4　CSR・SRI と労働法　(26)

法制度と実態の関係に関する二つのテーゼ
　　──労働法制の改革をめぐり学者は何をすべきか　……大内伸哉…33

　1　問題の所在　(33)
　2　法制度と実態との関係　(37)
　3　日本の労働法制の検討　(40)
　4　労働法制の改革は，どのように進められるべきか　(50)
　5　おわりに──「第2テーゼ」による私見　(54)

年休取得不利益取扱い法理の再検討
　　──沼津交通事件最高裁判決の射程距離　………………大橋　將…57

　1　はじめに　(57)
　2　年次有給休暇取得に対する不利益取扱いに関する判例の
　　　動向　(59)
　3　実際の年休抑制効果を判断基準とすることについて　(70)
　4　不利益取扱いの判断基準と年休取得抑制効果　(76)

目　次

脳心疾患の業（公）務上外認定
　　　――裁判例の傾向の意味するもの …………………小畑史子…79
　　1　はじめに　(79)
　　2　裁判例の分析と考察　(80)
　　3　おわりに　(87)

労働関係の規律内容の予見化と柔軟化
　　　――イタリアの認証制度をめぐる議論を素材として……小西康之…97
　　I　はじめに　(97)
　　II　認証制度の法制化に至る背景　(99)
　　III　2003年委任立法276号に基づく認証制度　(107)
　　IV　検　証　(120)
　　V　おわりに　(126)

会社解散と雇用関係――事業廃止解散と事業譲渡解散 …菅野和夫…129
　　1　はじめに　(129)
　　2　事業廃止解散と雇用関係　(132)
　　3　事業譲渡解散と雇用の承継　(145)
　　4　おわりに　(167)

懲戒権における「企業」と「契約」
　　　――懲戒法理における「契約」のあいまいな位置 ……野田　進…169
　　1　はじめに　(169)
　　2　フランス懲戒法理における労働契約　(171)
　　3　日本における懲戒法理の中の「契約」　(186)

戦時経済下の工場法について（覚書）………………渡辺　章…195
　　1　はじめに　(195)
　　2　工場法の原型（概要）　(197)
　　3　戦時経済と雇用契約の法的性質　(205)
　　4　戦争経済下の工場法　(221)

目次

第2部　社会保障法編

基礎年金制度に関する一考察 ……………………岩村正彦…239
  1　はじめに（239）
  2　基礎年金制度の実相（244）
  3　第1号被保険者の概念と実状（252）
  4　総括と今後の検討課題（259）

「事実上の現物給付」論序説………………………小島晴洋…265
  1　はじめに（265）
  2　立法の沿革（266）
  3　「事実上の現物給付」の法理論（279）
  4　結びに代えて（290）

イタリアの医療保障・保健制度
　──職種・業種別制度から普遍主義的制度への転換 …中益陽子…295
  1　イタリアの社会保障制度と労働（295）
  2　職種・業種別制度の成立と発展（298）
  3　普遍主義の契機──医療保障制度と年金制度の分岐（316）
  4　SSN──新生保健制度（345）

年金担保貸付の法律関係と適法性…………………堀　勝洋…353
  1　はじめに（353）
  2　公的な年金担保貸付（356）
  3　貸金業者等が行う年金担保貸付（363）
  4　金融機関が行う年金担保貸付（373）
  5　おわりに（386）

第3部　友愛編

ベトナムのストリート・チルドレンをめぐる諸問題
　………………………………………………………香川孝三…389
  1　はじめに（389）

目　次

　　　2　ストリート・チルドレンの定義　(391)
　　　3　ストリート・チルドレンの実態　(392)
　　　4　ストリート・チルドレンの救済対策　(401)
　　　5　まとめ　(408)

差別の法的構造 …………………………………小西國友…409
　　　1　はじめに　(409)
　　　2　差別者と被差別者　(410)
　　　3　差別事由と差別的行為　(420)
　　　4　合理的理由の存在とその機能　(432)
　　　5　おわりに　(441)

診療記録開示請求権に関する覚書 …………………中嶋士元也…443
　　　1　問題の経緯　(443)
　　　2　問題の考察　(450)
　　　3　開示問題の行方　(464)

アメリカ独立革命と奴隷制 ……………………………浜田冨士郎…467
　　　1　はじめに　(467)
　　　2　アメリカ独立革命期前夜の奴隷制　(468)
　　　3　アメリカ独立革命の概要　(472)
　　　4　アメリカ独立革命と奴隷制　(477)
　　　5　おわりに　(506)

山口浩一郎先生　経歴・業績 ……………………………………509

執筆者一覧
(五十音順)

荒木　尚志	(あらき・たかし)	東京大学大学院法学政治学研究科教授
岩村　正彦	(いわむら・まさひこ)	東京大学大学院法学政治学研究科教授
大内　伸哉	(おおうち・しんや)	神戸大学大学院法学研究科教授
大橋　　將	(おおはし・しょう)	九州大学大学院法学研究院准教授
小畑　史子	(おばた・ふみこ)	京都大学大学院地球環境学堂准教授
香川　孝三	(かがわ・こうぞう)	大阪女学院大学国際・英語学部教授 神戸大学名誉教授
小島　晴洋	(こじま・せいよう)	専修大学法学部教授
小西　國友	(こにし・くにとも)	立教大学名誉教授
小西　康之	(こにし・やすゆき)	明治大学法学部法律学科准教授
菅野　和夫	(すげの・かずお)	明治大学法科大学院教授
中嶋士元也	(なかじま・しげや)	放送大学教授
中益　陽子	(なかます・ようこ)	都留文科大学文学部講師
野田　　進	(のだ・すすむ)	九州大学大学院法学研究院教授
浜田冨士郎	(はまだ・ふじお)	神戸大学名誉教授
堀　　勝洋	(ほり・かつひろ)	上智大学法学部地球環境法学科教授
渡辺　　章	(わたなべ・あきら)	専修大学法科大学院教授

企業の社会的責任（CSR）・社会的責任投資（SRI）と労働法
——労働法政策におけるハードローとソフトローの視点から——

荒木尚志

1　コーポレート・ガバナンスの変化とCSR・SRI

　現在，日本のコーポレート・ガバナンスは大きな転換期にある。コーポレート・ガバナンスについては，株主価値を最大化することを是とするシェアホルダー・モデルと，株主以外の多様な利害関係者の利益をも考慮した企業運営を是とするステークホルダー・モデルを巡って種々の議論が交わされてきた。日本の従来のコーポレート・ガバナンスは，従業員主権企業や人本主義企業という評価[1]に典型的に現れているように，従業員の価値を重視したステークホルダー・モデルの運用がなされてきたといってよい。これは，経営学者のみならず商法学者の間でもほぼ一致した見解であった[2]。しかし，ステークホルダー・モデルの代表格であるドイツ・モデルと比較すると，日本のステークホルダー・モデルのドイツとの相違と特徴もまた明らかになる。ドイツ・モデルは，企業レベルの監査役会（Aufsichtsrat）における共同決定制度および（実務上はより重要な）事業所レベルの事業所委員会（Betriebsrat）による共同決定制度そして厳格な解雇制限法等の「法制度によって担保されたステークホルダー・モデル」である[3]。これに対して，日本のステークホルダー・モデルを支えてきたのは，株式の相互持合，短期的な株主利益増大を要求しない安定株主の存在という株主構造の特色，従前の従業員が

---

(1)　代表的なものとして伊丹敬之『日本型コーポレート・ガバナンス』（日本経済新聞社，2000年）。

内部昇進して経営陣となるという経営陣の内部昇進慣行，そして，終身雇用慣行や法制度によらずに発展した労使協議制など，いずれも，法制度によって規律されたものではなく「慣行に依存したステークホルダー・モデル」といってよい[4]。

このような慣行に依存したシステムは，法制度によって担保されたシステムと比較した場合には，環境変化，特に，慣行の変化によって大きく変容する可能性がある。そして，今日，従来の日本型ステークホルダー・モデルをささえてきた慣行に大きな変化が生じつつある[5]。すなわち，株式持合の解消は90年代後半から着実に進行しており，外国人株主の増加も顕著である。経営陣の内部昇進慣行については，会社法制度の大改革により，従来の監査

(2) 例えば，神田秀樹「企業法の将来—欧米のコーポレート・ガバナンスから何を学ぶか」資本市場87号27頁（1992年）は，日米でも盛んに紹介されたドイツの監査役会を通じた共同決定制度は両国で受け入れられなかったが，その理由は全く異なっており，「アメリカでは理念的に，会社は株主のものであるべきだ，よって従業員の経営参加には賛成できない，という理由であったと思います。日本で受け入れられなかった理由は，私の推測によると，もうすでに会社は従業員のものになっていたという認識からでしょう。」と指摘する。江頭憲治郎「コーポレート・ガバナンスを論ずる意義」商事法務1364号3頁（1994年）も「会社法のタテマエはともかく，実態論としては，大会社はブルー・カラー，ホワイト・カラー双方を含む『従業員』の利益を最優先に運営されているという認識において，ほとんどの商法学者の見解は一致してきたと思われる。」とする。
(3) 荒木尚志「日米独のコーポレート・ガバナンスと雇用・労使関係—比較法的視点から—」稲上毅・連合総合生活開発研究所編『現代日本のコーポレート・ガバナンス』229頁以下（2000年）。なお監査役会における共同決定制度改革をめぐる近時の議論については，ヤン・フォン・ハイン「ドイツ共同決定制度のジレンマ」ジュリスト1330号38頁（2007年）参照。
(4) 比較法的に見た日本のコーポレート・ガバナンスの特徴の詳細は，荒木・前掲注(3)・259頁（2000年），Ronald Dore, *Stock Market Capitalism : Welfare Capitalism*, 182 (Oxford, 2000), Curtis Milhaupt, "Creative Norm Destruction : The Evolution of Nonlegal Rules in Japanese Corporate Governance" 149 University of Pennsylvania Law Review 2083 (2001)参照。
(5) 詳細は荒木尚志「コーポレート・ガバナンス改革と労働法」稲上毅・森淳二朗編『コーポレート・ガバナンスと従業員』129頁以下（2004年）。

役設置会社に加えて，アメリカをモデルとした「委員会設置会社」という新たなガバナンス・モデルが導入された。委員会設置会社は取締役会の中に「指名委員会」「監査委員会」「報酬委員会」を設置しなければならないが，この3委員会は3名以上の委員から構成され，その過半数を社外取締役が占める必要がある。内部昇進慣行に大きな変更を迫るモデルである。また，長期雇用慣行の中核をなしてきた正規雇用が1990年代には労働力人口の約80％を占めたが，2006年末には67％にまで低下し，代わって非正規雇用の割合が約20％から33％にまで増加してきている。そして，協力的労使関係を支えてきた企業別組合による労使協議制についても，労働組合の組織率が2006年には18.2％にまで低下し，労使協議制についても形骸化してきているとの指摘がある。このようなコーポレート・ガバナンスを支えてきた慣行の変化に加えて，1990年代後半からは，会社法関係の法改正が，シェアホルダー・モデルに親和的な方向で展開してきている。

　こうしたコーポレート・ガバナンスの転換期にあって，従来慣行で守られてきた従業員利益をコーポレート・ガバナンスの中で確保しようとする試みには，二つのものがある。一つはハードロー，すなわち，法的拘束力のある規範を設定することによってステークホルダー・モデルの価値を制度化しようとする施策である。実際，コーポレート・ガバナンスを取り巻く情勢変化に対応して，労働法制も一定の必要な対応を展開しつつあるし[6]，今後も，従業員代表制度の是非等をめぐって活発な議論が展開されるであろう。

　もう一つの注目すべき展開として，企業の社会的責任（Corporate Social Responsibility：以下「CSR」という）や社会的責任投資（Socially Responsible Investment：以下「SRI」という）を巡る議論の高まりがある。例えば，ある論者は，エンロン事件以降，アメリカにおいて株主至上主義ではなく，幅広いステークホルダーに配慮するバランスのとれた経営を指向する動きがあり，こうした経営を評価する手法がSRIの考え方であるとする[7]。このCSRやSRIは，国家が法制度によって一定の行為を義務づけるものではなく，まさにソフトロー[8]として自生的規範，任意的慣行が資本市場のなかでステー

---

(6) 詳細については荒木・前掲注(5)・142頁以下。

(7) 谷本寛治編著『SRI 社会的責任投資入門』63頁[河口真理子執筆]（2003年）。

クホルダー・モデル実現の方向に作用する場面である[9]。本稿では，CSRやSRIがどのような機能を果たしているのか，労働法政策にとっていかなる意味を持つのかを，ハードローとソフトローの機能という観点から検討する。

2　企業の社会的責任（CSR）・社会的責任投資（SRI）をめぐる議論

(1)　CSRとは何か

「企業の社会的責任（CSR）」の概念については国，地域によって多様な議

---

[8] ソフトローとは，国家によってその強制的履行が担保されるという意味での法的拘束力を持たず，当事者の任意的・自発的履行に依存するが，実際上当事者の行動に大きな影響を与え（てい）る規範ということができよう。労働法におけるソフトローの機能については，荒木尚志「労働立法における努力義務規定の機能─日本型ソフトロー・アプローチ？」中嶋士元也先生還暦記念『労働関係法の現代的展開』19頁（2004年），両角道代「努力義務規定の概念と機能について─コメント」ソフトロー研究6号50頁（2006年）等。

[9] CSRやSRIの他にも，例えば，シェアホルダー・モデルの推進者であった日本コーポレート・ガバナンス・フォーラムが，2006年12月15日の「新コーポレート・ガバナンス原則」〈http://www.jcgf.org/jp/にて入手可能〉で，コーポレート・ガバナンスとCSRの関係について考え方を整理するとともに，コーポレート・ガバナンスにおける従業員の役割について初めて言及し，「株主および会社役員は，株式会社の経営が従業員との協働活動でもあることを認識する必要がある」としているのも同様の方向の議論と位置づけうる。

[10] CSRについての文献は汗牛充棟の観があるが，さしあたり，高巌他『企業の社会的責任』（2003年），谷本寛治編著『CSR経営』（2004年），足達英一郎・金井司『CSR経営とSRI：企業の社会的責任とその評価軸』（2004年），谷本寛治『CSR　企業と社会を考える』（2006年）等，労働問題とCSRについては，特集『労働におけるCSR』季刊労働法208号（2005年），労働政策研究・研修機構『グローバリゼーションと企業の社会的責任』（労働政策研究報告書No.45，2005年），同『企業のコーポレートガバナンス・CSRと人事戦略に関する調査研究報告書』（労働政策研究報告書No.74，2007年），稲上毅・連合総合生活開発研究所編『労働CSR』（2007年），吾郷眞一『労働CSR入門』（2007年）等参照。

論が行われており，国際的に確立した定義があるわけではない[10]。例えば，OECDの2000年6月の多国籍企業行動指針[11]は，情報開示，雇用・労使関係，環境，贈賄防止，消費者利益，科学・技術，競争，課税等の分野における多国籍企業の責任ある行動について指針を示している。2000年の国連グローバル・コンパクト[12]は，当初，①人権，②労働，③環境を挙げていたが，2004年に④腐敗防止が加えられて4分野，10原則を挙げる。EUのCSRに関する2001年のグリーンペーパー[13]は，CSRを，自主的に，社会的事項および環境に関する事項を，業務遂行に統合し，また，ステークホルダーとの相互作用に統合する概念と捉えている。国際的な一つのスタンダードを示したものとしてしばしば引用されるGRI（Global Reporting Initiatives[14]）の持続可能性報告書作成のためのガイドラインは，いわゆる「トリプルボトムライン」として，①経済，②環境，③社会の3分野を挙げ，労働慣行や公正な労働条件は③社会の分野に含まれている。そして，社会的責任に関するガイダンス文書（ISO 26000）策定を議論しているISO（国際標準化機構：International Organization for Standardization[15]）では，社会的責任の7つの中核的問題として，①環境，②組織ガバナンス，③人権，④労働慣行，⑤公正取引慣行，⑥消費者問題，⑦コミュニティー参画・社会発展，を挙げている[16]。このように，CSRの概念自体は必ずしも統一されているわけではない。た

---

[11] OECDの多国籍企業行動指針は1976年に採択され，2000年に4回目の改訂がなされている。http://www.oecd.org/dataoecd/56/36/1922428.pdf

[12] コフィー・アナン国連事務総長が1999年1月31日にダボスの世界経済フォーラムで提唱し2000年7月26日にニューヨークの国連本部で正式に発足。世界の著名企業がその遵守を約して署名している。http://www.unic.or.jp/globalcomp/outline.htm

[13] European Commission, Promoting a European framework for corporate social responsibility-Green Paper, COM(2001)366.

[14] GRIは1997年に創設された国連環境計画の公認協力機関であり，2000年にGRIガイドラインを策定し，2002年に第2版，2006年には第3版が出されている。

[15] 1947年創設され，2007年現在，157ヶ国それぞれ1つの代表的標準化団体から構成されるNGO。

[16] http://isotc.iso.org/livelink/livelink/fetch/2000/2122/830949/3934883/3935096/02_news/news_letters/TG2%20N065%20-%20SR%20Newsletter%208%20-%202020070328.pdf

だ，いずれにおいても労働分野が社会的責任の重要なターゲットとされていることは確認できる。

日本において「企業の社会的責任」という概念の下に議論が展開されたのは1956年11月の経済同友会全国大会における「経営者の社会的責任の自覚と実践」についての決議にさかのぼるとされている[17]。その後，1970年代には，公害問題，石油ショック時の企業の売り惜しみや買いだめ等の反社会的な行動に対する批判から，企業の社会的責任論が高まった。そして，第一次石油ショックの翌年である1974（昭和49）年商法改正の際には，企業の社会的責任について商法に一般的規定を設けることの可否が議論された。しかし，社会的責任という概念の不明確さ，多義性，柔軟性が指摘され[18]，各方面から反対論が寄せられ社会的責任に関する一般的規定導入は実現しなかった。

その後，企業の社会的責任を巡る議論は下火となっていたが，1990年代から再び関心が高まってきている。今日，法律学においてもCSRの議論が盛んになってきている背景には次の様な要因があろう。第1に，企業不祥事が相次ぎ，法的責任（ハードローとしての法的責任）としてコンプライアンス問題がCSRの一環として議論されるようになっていることがある。第2に，コンプライアンスを超えた，具体的な法的サンクションを伴わない，あるいは，市場作用を利用した実効性確保の手法が，ソフトローとして法的議論の対象に入ってきたことがあろう。第3に，CSRが競争力の源泉，企業価値の向上と結びつけて論じられるようになってきたため，コーポレート・ガバナンスの観点からCSRを把握するようになってきたことも挙げられよう[19]。第4に，グローバル経済の進展によって，国内法のみを視野に入れた経営では十全な企業活動をなしえない状況（例えば諸外国における差別訴訟やボイコット）が生じていることも大きな要因といえよう。第5に，情報化の進展に

---

[17] 河本一郎「企業の社会的責任―法学的考察」ジュリスト578号106頁（1975年）。

[18] 竹内昭夫「企業の社会的責任に関する商法の一般規定の是非」商事法務722号35頁（1976年）は，社会的責任の概念の多義性，弾力性を「孫悟空の如意棒のよう」と称し，社会的にはその多義性が便利であるが，法的責任として立法化することに強い疑問を呈した。

より，多様なステークホルダーの企業情報へのアクセスが容易となり，企業がその社会的責任について多様なステークホルダーの評価にさらされ，そのインパクトも高まってきたことも挙げられよう。

　しかし，現在盛んなCSRの議論[20]においても，そこでいう「社会的責任」とは何かは依然として必ずしも明確ではない。

　日本経済団体連合会は1991年以降「企業行動憲章」を策定（その後3回にわたって改正）してきたが，2005年の「CSR推進ツール[21]」では，CSRの一般的理解として「企業活動において経済，環境，社会の側面を総合的に捉え，競争力の源泉とし，企業価値の向上につなげること」と定義している。こうした定義をより具体化明確化するため，日本経団連「CSR推進ツール」は，CSR主要項目として①コンプライアンス・企業倫理，②情報，③安全と品質，④人権・労働，⑤環境，⑥社会貢献を挙げている。経済同友会は「『市場の進化』と社会的責任経営」というサブタイトルを持つ2003年『第15回企業白書』を公刊したが，そこでは，CSRを「企業と社会の相乗発展のメカニズムを築くことによって，企業の持続的な価値創造とより良い社会の実現をめざす取り組み」と捉え，「中心的キーワードは『持続可能性（sustainability）』であり，経済・環境・社会のトリプルボトムラインにおいて企業は結果を求められる時代」としている。具体的には，コーポレート・ガバナンスの軸とCSR軸を組み合わせた企業評価基準を設けているが，CSR軸で対象とされているのは市場，環境，人間，社会である。また，2006年12月15日に公表された日本コーポレート・ガバナンス・フォーラムの「新コーポレート・ガバナンス原則」は，「CSRとは，会社が市場における取引主体であると同時に社会の一員であることを認識し，法令や社会規範を遵守し

---

(19) 日本における代表的な見解である谷本寛治編著『CSR経営』5頁［谷本寛治］（2004年）は，CSRを「企業活動のプロセスに社会的公正性や環境への配慮などを組み込み，ステークホルダー（株主，従業員，顧客，環境，コミュニティなど）に対しアカウンタビリティを果たしていくこと。その結果，経済的・社会的・環境的パフォーマンスの向上を目指すこと」と定義する。

(20) 日本のCSRの包括的な分析については稲上・連合総合生活開発研究所・前掲注(10)・24頁以下参照。

(21) http://www.keidanren.or.jp/japanese/policy/csr/tool.pdf

た上で，事業活動を行うこと」とし，また「CSR は，会社が主として長期的な株主利益の向上を目指しながら，その他のステークホルダーの利害をも考慮してより協力的な関係を構築することで，持続的な事業活動を行うこと」としている[22]。

　このように日本における CSR の定義は相当に抽象度が高く，その概念は必ずしも明確ではない。ハードローの対象を超えた場面での CSR を問題とする場合，法的な意味で CSR の概念を明確にする意義に乏しいため，これはある意味では当然のことかもしれないし，CSR が企業が主体となって自主的に取り組む行動であれば，統一的な概念規定の必要ないともいえる。しかし，企業がその社会的責任を果たしているか否かが評価の対象とされるとすれば，またそうした評価こそがソフトローとしての CSR の実効性を担保する鍵になるとすれば，そこでいう社会的責任を明確にしておく必要性が生ずる。これが実際に問題となるのがまさに SRI（社会的責任投資）の場面である。

(2) SRI とは

　SRI（社会的責任投資）とは何かについても，国際的に確立した定義が存在するわけではないが，社会，環境，倫理といった企業の社会的責任に関する指標を基準とする投資家[23]行動をさすものと解されているといってよかろ

---

[22] 注(9)参照。

[23] 日本の既存の議論（および日本の論者が参照する Social Investment Forum, 2005 Report on Socially Responsible Investing Trends in the United States, 2 (2006) 〈http://www.socialinvest.org/areas/research/trends/sri_trends_report_2005.pdf〉）は，「投資行動」という表現を用いているが，ここでの投資行動（広義の投資行動）には，狭義の投資行動（スクリーニング投資と，さらにはアメリカにならってコミュニティ投資）と，投資家による株主行動が含まれると論じられている。そうするとこれらを包摂する概念としては「投資行動」というより「投資家行動」と表現するのが適切であろう。この点，Eurosif は，SRI を「投資家の財務的目標をかれらの社会的・環境的・倫理的問題に関する関心と結びつけること」と定義している。Eurosif, European SRI Study 2006, 1 〈http://www.eurosif.org/publications/sri_studies〉

う[24]。SRIには大別して社会的スクリーニング投資と株主行動があるとされる[25]。社会的スクリーニング投資とは，社会・倫理・環境に関する基準により，投資銘柄（企業）を選別することを指す。この選別には，より望ましい企業のあり方を実践しているとして積極的に投資対象とする「ポジティブ・スクリーニング」と，社会的に許容されない企業運営を行っているとして投資対象から排除する「ネガティブ・スクリーニング」がある。これに対して，株主行動（shareholder activism, shareholder advocacy, shareholder engagement）とは，社会的・倫理的・環境的観点からの株主提案や議決権行使，経営陣との直接対話等を通じて，企業運営に対して影響力を行使することを指す。

　SRIの典型的手法が，第1のスクリーニングによる投資対象企業の選別である。かつてのSRIは，投資家自身の宗教観[26]や価値観・倫理観[27]によるネガティブ・スクリーニングを行ってきた。しかし，このような価値観・倫理観に基づく選別は，とりわけ，機関投資家の場合，受託者責任上の問題を

---

[24] 「労働におけるCSRのあり方に関する研究会中間報告書」3頁（2004年）（座長谷本寛治一橋大学大学院商学研究科教授）〈http://www.mhlw.go.jp/shingi/2004/06/s0625-8.html〉，谷本寛治編著『SRI社会的責任投資入門』1頁（2003年），同編著『CSR経営』15頁（2004年），社会的責任投資フォーラム「SRIの考え方」〈http://www.sifjapan.org/whatssri.html〉等参照。

[25] E.g. European Commission, ABC of the main instruments of Corporate Social Responsibility, p.48 (2004).なお，アメリカでは，これにコミュニティ投資，すなわち，通常，金融機関が融資しにくい地域の活性化・社会貢献のための投資行動を加えて，SRIには3形態があるとされている（例えば，Social Investment Forumはこの3分類を採用している〈http://www.socialinvest.org/Areas/SRIGuide/〉）。しかし，コミュニティ投資はアメリカでもその規模は極めて小さく（後掲図表2参照），主たるSRI手法としては，社会的スクリーニング投資と株主行動を念頭に置けばよかろう。谷本『SRI社会的責任投資入門』6頁，金井司「SRIと労働問題」季刊労働法208号37頁（2005年）等も参照。

[26] 例えば，タバコ，アルコール，ギャンブル等をキリスト教の観点から投資対象から排除する等。

[27] アパルトヘイト，環境，女性差別，少数者保護，人権，雇用等の問題への取り組み等を考慮した投資行動を行う等。

惹起するという難点があり，SRI 投資拡大を妨げる要因となっているとも考えられた。この点，最近では，SRI のとらえ方の変化が生じており，SRI の「メインストリーム化」と呼ばれる一般的投資との一体化した把握，すなわち Social の側面が後退し，投資判断材料の一要素として社会的・環境的側面をも考慮する方向に変化してきているとの指摘がある[28]。

　また，年金基金等の巨大な機関投資家はポートフォリオによる安定的な運用を基本とし，個別銘柄を頻繁に売買することを予定していない。そして，その保有株式が大きい場合には，売却も困難となる。そこで，こうした機関投資家は，株式の売却よりも株主行動を通じた影響力を行使する方向へと向かわざるを得ない。この投資スクリーニングと株主行動を財務的指標のみではなく，社会的責任に着目して行うのが SRI の眼目である。

　SRI においては，その社会的責任投資を行うに際して，企業の社会的責任を評価することが前提となる。そのためには，第1に，当該企業の社会的責任に関する情報が開示されることが必要であり，第2に，その情報を適切に評価する仕組みが必要である。ハードローとソフトローの機能という観点からは，これらの事項に関する法規制の有無や政府・民間団体の働きかけ，取り組みがそれぞれどのように行われているのかが検討すべき課題となる。以下この点を，近時の調査報告[29]を踏まえて，英米独仏の状況を概観する。

---

[28]　例えば，World Economic Forum, Mainstreaming Responsible Investment, 〈http://www.weforum.org/pdf/mri_summary.pdf〉, Social Investment Forum, 2005 Report on Socially Responsible Investing Trends in the United States, 11, 14(2006) 〈http://www.socialinvest.org/areas/research/trends/sri_trends_report_2005.pdf〉，谷本編著『CSR 経営』19 頁以下，河口真理子「SRI の新たな展開2 ─ Social の S から Sustainability の S へ─」(2006 年)〈http://www.daiwa.jp/branding/sri/060126sri.pdf〉等参照。

[29]　以下は筆者も参加した，労働政策研究・研修機構『諸外国において任意規範等が果たしている社会的機能と企業等の投資行動に与える影響の実態に関する調査研究』(労働政策研究報告書 No.88, 2007 年) に多くを負っている。

3　諸外国における SRI

(1)　アメリカ

　アメリカは世界で最大の SRI 市場を有している（図表1）。元来，アメリカでは，キリスト教や市民運動の価値観に基づくネガティブ・スクリーニングによる投資の長い伝統があったが，今日のような形態の SRI が登場するのは 1960 年代の公民権運動，フェミニスト運動，消費者運動，環境保護運動，ベトナム戦争反対運動といった社会的文化的変革が企業の社会的責任についての関心を高めた時期からであったとされる[30]。1980 年代以降になると，政府の関与したネガティブ・スクリーニングが注目されるようになる。すなわち，1982 年にコネティカット州が，州による投資企業選択の基準として南アフリカにおける人種差別禁止に関するサリバン原則を遵守することを求め，1983 年には，マサチューセッツ州が，南アフリカで活動している企業・銀行への州の投資を禁止した。さらに，アメリカ最大規模の年金基金を抱えるカリフォルニア州は，州の年金基金に対して，南アフリカで活動する企業の投資のうち 60 億ドルを超える部分の引きあげを求める立法を制定した。ニューヨーク州でも，南アフリカにおけるアパルトヘイトが株主行動における重要考慮要素であることを明らかにした[31]。

---

[30]　Social Investment Forum, supra note 28, 3.
[31]　Russell Sparks, Socially Responsible Investment, 52ff (2002)；労働政策研究・研修機構・前掲注[29]・23 頁［奥野寿］。

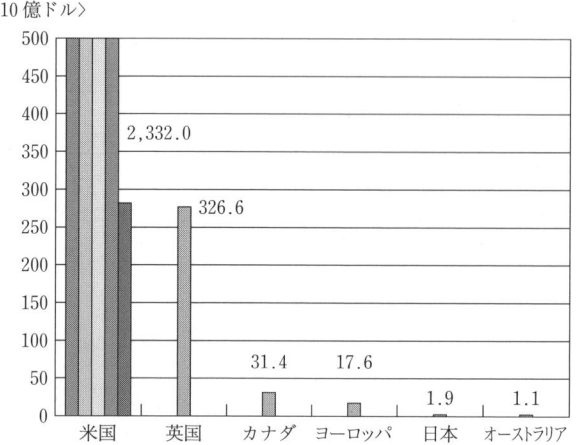

図表1　世界の SRI 資産残高推計（2001 年）[32]

（備考）ヨーロッパは英国を除く。
（資料）Russell Sparkes『Socially Responsible Investment』から作成

　このように，ネガティブ・スクリーニングについて，州政府が関与する例もみられた。しかし，社会的責任投資を一般に促すような法制度は存在せず，その後，アメリカの SRI の発展をリードしているのは，年金基金に代表される機関投資家である。例えば，最大の公的年金基金であるカルパース（CalPERS：California Public Employees' Retirement System カリフォルニア州公務員退職年金基金）は，コーポレート・ガバナンス原則とグローバル代理投票原則に基づき，投資先企業が社会的責任を果たすよう問題のある企業に対する働きかけや株主提案を行う等の株主行動を行っていることで有名だが，

---

(32)　経済産業省『通商白書2004』81頁より引用。
　　〈http://www.meti.go.jp/report/tsuhaku2004/2004honbun/html/G2143000.html〉
(33)　労働政策研究・研修機構・前掲注(29)・41頁［呉学殊］。もっとも，カルパース自身は，株主価値向上を阻害する社会・環境面に関する問題に対して議決権行使で対処しているにすぎず，SRI を行っているという意識はないとのインタビュー結果の報告もある（足達英一郎・金井司『CSR 経営と SRI』108頁（2004年））。

最近では，経営者の報酬や，労働，人権，環境分野で積極的な行動を行っている[33]。

また，アメリカ最大のSRI投資信託グループであるカルバートグループ (Calvert Group) は，①企業倫理とコーポレート・ガバナンス，②環境，③職場，④製品の安全と影響，⑤国際的事業展開と人権，⑥現地人の人権，⑦コミュニティ関連という7つの基準により投資先企業を選別している。こうした基準によってカルバートグループの投資対象リストから排除されたGE，シティグループ，コカコーラ，ウォルマート等の大企業がリスト組み入れを求めて協議を申し入れていることから伺われるように，カルバートグループのSRIは企業に一定の影響力を与えつつある[34]。

図表2　アメリカにおける社会的責任投資 1995～2005 [35]

(単位：10億ドル)

	1995	1997	1999	2001	2003	2005
社会的スクリーニング	162	529	1497	2010	2143	1685
株主行動	473	736	922	897	448	703
(スクリーニング＋株主行動)	—	(84)	(265)	(592)	(441)	(117)
コミュニティ投資	4	4	5	8	14	20

出所：Social Investment Forum (2006)

SRI市場は1995年からの10年で約3.8倍に成長し（図表2参照），その絶対額は投資マネジャーの総運用資産額の約9.4％（2兆4400億ドル中2290億）を占めるに至っている[36]。このようなSRI市場の拡大の背景には，タバコ排除の運用が高い支持を受けたこと，既存のSRI型の運用が好成績を上げていたこと，確定拠出型年金401kプランの選択メニューにSRI型の金融商品が広く取り入れられるようになったことが指摘されている[37]。特に，年金基金によるSRI運用に関しては，SRI投資信託が収益性以外の要素を考慮することは機関投資家としての受託者責任に反するとの懸念があったと

---

[34] 労働政策研究・研修機構・前掲注(29)・44頁［呉学殊］。

[35] Social Investment Forum, supra note 28, v.

[36] Social Investment Forum, supra note 28, iv.

[37] 経済産業省・前掲注(32)・82頁。

ころ，米国労働省が 1998 年に，「ERISA 法（従業員退職所得保障法）403 条及び 404 条に定める受託者基準について，SRI ファンドが提供するような，特定の投資機会を受託者が評価した結果の付帯的利益を考慮することを妨げるものではない」という見解を出したことが SRI 運用拡大に貢献したとされる[38]。

　拡大した SRI 市場の内訳を見ると，かつては株主行動が中心であったところ，90 年代後半から社会的スクリーニングが急増し，SRI の主たる手段となっている。社会的スクリーニングの中ではネガティブ・スクリーニングが中心である。社会的スクリーニング投資を，「投資信託（mutual fund）」と年金基金等が運用会社に運用を委託して運用する「特別勘定（separate account）」とに分けて分析した SIF（Social Investment Forum：SRI 促進を目指した NPO）報告書によると，圧倒的な規模で採用されているスクリーニング基準は，投資信託ではタバコとアルコール，特別勘定ではタバコであり，その他のスクリーニング基準についての規模はそれほど多額に達しているわけではない[39]。逆に，タバコやアルコールをスクリーニング基準としていれば SRI にカウントされるとすると，このような数値から表面的に SRI 市場の拡大を捉えると，その効果を過大に評価することになりかねない[40]。もっとも，最近では伝統的なタバコやアルコールといった単一基準によるスクリーニングから，より広範な社会・環境に関する責任を株主行動によって主張するようになってきている。とりわけ，SRI に特化していないいわゆるメインストリームの投資管理会社等も社会的・環境的ファクターを投資判断にあたって考慮するようになってきているとされ，SRI と伝統的なコーポレ

---

[38] 経済産業省・前掲注[32]・82 頁。

[39] Social Investment Forum, supra note 28, 8 頁及び 13 頁のグラフ参照。

[40] また，2003 年には株主行動の資産残高が半減したが，これは，カルパースと TIAA-CREF（全米学校教員保険年金協会／大学退職年金基金）という 2 つの巨大年金基金が調査対象となった 2 年間に株主行動を行わなかったためにカウントされていないことによる（Social Investment Forum, 2003 Report on Socially Responsible Investing Trends in the United States, 13 (2003)）。このように統計数値の評価には慎重な考慮が必要である。

[41] Social Investment Forum, supra note 28, 16.

ート・ガバナンスの株主行動との融合が進展しているとされる[41]。しかし、こうした状況下では、SRIへの考慮が広がっていることは確認できても、SRIがコーポレート・ガバナンスやCSRの推進にどのように効果を上げているかの測定はさらに困難となる。

　労働関係に関しても、アメリカのSRIは、海外現地法人やサプライヤー等の労働基本権の尊重[42]、宗教による雇用差別の禁止、アメリカ国内では雇用差別禁止といった労働法規のコンプライアンスに関するネガティブ・スクリーニングが中心といってよい[43]。ポジティブ・スクリーニングや株主行動が今後どの程度進展し、その中で、労働関係事項がどの程度考慮対象となり、具体的な影響を与えていくのかを更に注視していく必要があろう。

(2)　イギリス

　欧州委員会の支援の下に欧州各国に存したフォーラムを統合した団体であるEurosifのEuropean SRI Study 2006[44]によると、イギリスの2005年末のSRI市場は「狭義のSRI[45]」では305億ユーロ、アメリカ等と同様により広い概念で把握する「広義のSRI」では7810億ユーロであり、欧州で最大規模のSRI市場を有しており[46]、特に1990年代半ばからの成長が著しい。そして、2003年以降は、社会、環境、倫理（Social, Environmental, Ethicalの頭文字をとってSEEと略称されることが多い）という伝統的な指標によるSRIが、一般の投資プロセス、コーポレート・ガバナンスの一部に統合される傾向が顕著となってきている[47]。

　SRIの担い手は、もとより民間企業であるが、イギリスではCSRやSRI推進のために政府が積極的に関与している。まず、法規制の面では、CSR

---

(42)　カルバートグループは2000年初頭までGAPとNIKEが、ILOの中核的労働基準を海外のサプライチェーンが遵守しているか否かについて適切なモニタリングを行っていることの確信が持てないとして、投資対象から除外していた。しかし、両者がこれらに関する報告書を毎年作成することに合意したため、投資対象に含めることとした。労働政策研究・研修機構・前掲注(29)・44頁［呉学殊］。

(43)　労働政策研究・研修機構・前掲注(29)・52頁以下［呉学殊］参照。

(44)　Eurosif, European SRI Study 2006 〈http://www.eurosif.org/publications/sri_studies〉

情報の開示に関する規制が注目される。すなわち，1995 年年金法の 1999 年改正（2000 年 7 月 3 日施行）は，年金基金の運用受託者に対して「投資銘柄の選定，維持，現金化にあたって，社会，環境，倫理面の考慮を行っているとすれば，その程度」および「投資に関連する権利行使（議決権を含む）の基本方針」が存在する場合はその方針について，情報開示を義務づけている。この法改正は SRI を直接的に義務づけるものではないが，2000 年の施行以後，SRI 運用を行う年金基金の数は大幅に増加したとされる[48]。また，SRI に直結するものではないがコーポレート・ガバナンスに関わる法規制として公益通報者の保護に関する 1998 年の公益情報開示法（Public Interest Disclosure Act 1998）[49]がある。

---

[45] Eurosif, supra note 44 における「狭義の SRI（core SRI）」とは，倫理的排除とポジティブ・スクリーニング（ベスト・イン・クラス［各個別のセクターや産業の中から CSR 基準に照らして先進的な企業を特定し，その上位企業をポートフォリオに組み込む手法］，パイオニア・スクリーニング［持続可能な発展への移行や低炭素社会（温暖化対策）等の特定課題に関するスクリーニング］を含む）による SRI を指し，「広義の SRI」を含んでいない点で，アメリカより厳格な把握をするものである。これに対して，「広義の SRI（broad SRI）」とは，「狭義の SRI」のみならず，特定事項排除（simple exclusions），OECD，ILO，国連，UNICEF 等の国際的基準や規範に基づくネガティブ・スクリーニング（norms-based screening），株主行動（engagement）そして統合（integration：資産運用会社がコーポレート・ガバナンスや社会・環境・倫理リスクを伝統的財務分析に明示的に包含するもの）を加えたものを指す。

[46] Eurosif, supra note 44, 35.

[47] UKsif, History of SRI
  〈http://www.uksif.org/resources/introduction-background/History-of-SRI〉，労働政策研究・研修機構・前掲注[29]・83 頁以下［野村かすみ］参照。

[48] 経済産業省・前掲注[32]・83 頁，労働政策研究・研修機構・前掲注[29]・75 頁［神吉知郁子］参照。その後，情報開示に関しては，1985 年会社法の 2005 年改正により，企業の年次報告書に環境，従業員，社会・コミュニティ問題に関する情報開示が義務づけられ，2005 年 4 月 1 日より施行されるはずであった。しかし同改正については，産業界・政府内部から強い反対があり，施行前に凍結され，2006 年 1 月 1 日正式に廃止された。その他，CSR，SRI に関する法制度全般についての詳細は労働政策研究・研修機構・前掲注[29]・74 頁以下［神吉］参照。

また，行政による対応の面でも，イギリス政府はCSRの推進役を自認し，CSR担当大臣や担当部局をおき，2005年には「CSR国際戦略枠組（CSR International Strategic Framework）」を公表して政府の方針を示すなど，積極的役割を果たしている[50]。

　このようにイギリスでは国家，政府がCSRやSRIに積極的に関与しているといってよいが，ハードローによる規制は公益情報開示法や年金法改正による情報開示を通じたSRI環境整備に関するものに限られている。したがって，基本的には企業の自発的取り組みを支援するというスタンスをとっているといえよう[51]。

　このような環境の中で，イギリスでは，民間団体の格付け機関（例えばFTSE[52]やAccountAbility[53]）やその銘柄選定に協力するSRI調査機関（EIRIS[54]）が活発な活動を行い，SRI市場の拡大に貢献している[55]。例えば，著名なSRIインデックスであるFTSE4Goodは，毎年基準の見直しを行い，新たな基準を導入している。2002年には環境基準，2003年には人権基準，2004年にはサプライチェーンにおける労働基準，2005年には汚職基準，2006年には気候変化基準等である。2003年の人権基準については，当初問題のあるとされた企業も2005年にはほとんどの企業が要件に適合するよう

---

(49) 同法の内容については，國武英生「イギリスの公益情報開示法」労働法律旬報1545号20頁（2003年），柏尾哲哉「英国における公益通報者保護の現状と課題」自由と正義55巻4号78頁（2004年），長谷川聡「イギリスにおける内部告発者の保護（内部告発と公益通報者保護法2）」時の法令1762号42頁（2006年），労働政策研究・研修機構・前掲注(29)・73頁［神吉］等参照。

(50) 労働政策研究・研修機構・前掲注(29)・75頁［神吉］。このほかに，DTI（通商産業省）がファンドを拠出したシグマ（SIGMA: Sustainability-Integrated Guidelines for Management）・プロジェクトでは，2003年にCSR導入プロセスを明確化したシグマ・ガイドライン2003を公表したが，必ずしも成功せず，現在は終了している（同・前掲注(29)・95頁［野村］）。

(51) Department of Trade and Industry, Corporate Social Responsibility : A Government Update (2004)〈http://www.csr.gov.uk/pdf/dti_csr_final.pdf〉参照。

(52) FTSE社は，フィナンシャルタイムズ紙およびロンドン証券取引所の合弁会社であり，1995年に設立され，2001年にはSRIインデックス（株価指数）FTSE 4 Goodシリーズを開発し，世界有数のグローバルSRIインデックスとなっている。

第1部　労働法編

に対応しており，対応できていない企業はインデックスから排除されている。2004年のサプライチェーンの労働に関する基準はILOの支援の下に導入されたものであるが，問題のある可能性が高いとして対象となった62の企業（high risk companies）のうち，基準に適合している企業は7つに過ぎないが，基準を満たしていない多くの企業は基準に適合すべく対応を開始し，あるいはFTSEとの協議を行うなど，何らかの対応を行っている。このように民間のFTSEの活動はソフトローとしての実効性を考える上でも注目される。

もっとも，労働分野についてのSRIの基準は，差別，強制労働，児童労働，団結の自由に関するILO条約に基づいた諸原則の遵守といった，労働法でいえばほぼ最低基準のレベルを遵守させるにすぎない。これらの事項について，国外のサプライチェーンの労働問題にインパクトを与えうることの意義は大きいが，同時に，こうしたSRIに国内の労働法規制を代替するような効果を期待できるものでもないと思われる。

(3)　フランス

フランスの「狭義のSRI市場[56]」は，2005年末時点で82億ユーロ（広義

---

[53]　AccountAbilityは，1995年にビジネス，学会，NPO，コンサルタントによって創設された非営利の国際研究機関（NGO）で，CSRに関する規格「AA 1000」シリーズを策定し，1999年のAA 1000保証規格は企業の持続可能性報告書の憲章プロセスに対する世界初のガイドラインとなった。また，AccountAbilityは，シンクタンク・コペンハーゲンやイギリス政府等と共同で，「責任ある競争力コンソーシアム（The Responsible Competitiveness Consortium）」において，世界51ヶ国におけるCSR推進の度合いをランキング化した「責任ある競争力に関する指標（Responsible Competitiveness Index；RCI）」を作成している。労働政策研究・研修機構・前掲注[29]・76頁［神吉］参照。

[54]　EIRIS (Ethical Investment Research Services)は，反アパルトヘイトを目的に1983年に設立された教会・チャリティ団体によるNGOで，SRI調査機関としてFTSE 4 Goodの銘柄選定に協力している。

[55]　FTSE4Good, Impact of New Criteria & Future Direction : 2004-2005 Report (2005) 〈http://www.ftse.com/Indices/FTSE4Good_Index_Series/Downloads/future_direction_2005.pdf〉，労働政策研究・研修機構・前掲注[29]・90頁以下［野村］等参照。

のSRIは138億ユーロ）であり，欧州9ヶ国(57)中第4位にあり，2003年調査から約2倍に急速に拡大してきている。フランスのSRIは，倫理的観点からのネガティブ・スクリーニングは僅か3.5億ユーロであるのに対して，ベスト・イン・クラスという各個別のセクターや産業の中からCSR基準に照らして先進的な企業を特定し，その上位企業をポートフォリオに組み込む手法によるポジティブ・スクリーニングが78.5億ユーロと主流となっている点(58)が，他国と比較して注目される特徴である。

　こうしたSRIの拡大の要因として，政府がCSRとSRIに対して積極的に関与している点が指摘できる(59)。すなわち，政府は国家目標の中で「持続的発展」を掲げ，SRIをその達成手段の一つとして明確に位置付け，企業の格付けの普及，金融界のSRIへの関与促進などにより経済界全体が持続的発展に関与していく環境づくりをしている。中でも，2001年5月15日の「新経済規制法(60)」は，上場企業の年次報告書に含まれるべき情報として「会社の活動が社会的に，また環境に対して与える影響を考慮する方法に関する情報」を指定し（L.225-102-1条5項），CSR情報の開示を義務付けている。社会的事項に関しては，採用，解雇，時間外労働，外部労働力の利用，男女平等，労使関係，安全衛生，職業教育，障害者雇用等，雇用・労働問題に関する事項の公開がデクレによって規定されている。

　フランスのSRI市場において7割以上のシェアを占めるのが機関投資家である。その中でも，特に公的年金制度の財政的安定を目的として設立された年金準備基金（FRR：Fonds de Réserve pour les Retraites）の役割が重要視されている。この年金準備基金については，2001年7月17日の法律(61)が運用の際にCSRに配慮することを規定しており，年金準備基金の総裁は監視

---

(56)　注(45)参照。

(57)　Eurosif, supra note 44 の調査対象国であるオーストリア，ベルギー，フランス，ドイツ，イタリア，オランダ，スペイン，スイス，イギリスの9ヶ国。

(58)　Eurosif, supra note 44, 19.

(59)　以下については労働政策研究・研修機構・前掲注(29)・119頁［小早川真理］参照。

(60)　Loi no2001-420 du 15 mai 2001 relative aux Nouvelles Regulations Economiques, JORF du 16 mai 2001.

委員会に対して社会・環境・倫理面を考慮した運用であることを定期的に説明することとされている。また，公的機関の契約（新公共事業契約法典14条）に関しても，企業に環境や社会，倫理への配慮を促す法規定が存在する。

フランスについてもう一つ注目されるのは，国家の積極的関与と呼応して，労働組合もSRIに適合するか否かを判定し，認定ラベルを付与するという形でSRIに積極的に関与していることである。すなわち，フランスの従業員貯蓄制度は2001年2月19日の法律により長期運用を基本とする任意加入の貯蓄プランが創設されたが，従業員に提案される3つのプランの一つはSRI貯蓄プランでなければならないとされている。そして資産運用会社が企業に提供するこうした貯蓄プランに対し，フランスの労働組合4団体（CFDT, CGT, CFE-CGC, CFTC）は，2002年にCIESという連合体を組織し，SRIとして適格かどうかの選別を行い認定ラベルを付与することとした[62]。CIESのラベル認定は資金運用会社に対して相当の影響を与えており，また，ラベル認定SRIファンドの残高も急増してきている。

2003年以後は，SRIにかかわる大きな法改正はないにも関わらずSRI市場が拡大してきているのは，メインストリームの機関投資家がフランスのSRI市場に算入してきていることによるとの分析もある[63]。

いずれにしても，フランスにおいては，CSRおよびSRIの普及に政府や労働組合がかなり積極的に関与していることが注目される[64]。

(4) ドイツ

ドイツでは従来，CSRに関する議論は低調で，政府も労働組合も積極的に関与するという状況にはなかった。これは，国内の労働問題に関する限り，

---

[61] Loi no2001-624 du 17 juillet 2001 portant diverses dispositions d'ordre social, éducatif, et culturel, JORF 18 juillet 2001.

[62] 労働政策研究・研修機構・前掲注(29)・148頁以下［松尾義弘］。

[63] Eurosif, supra note 44, 21.

[64] もっとも，このように国家の積極的関与はあるものの，その違反について罰則等のサンクションは予定されていないことから，かかる規制の実効性については疑問視する見解もある。労働政策研究・研修機構・前掲注(29)・118頁［小早川］参照。

企業の社会的責任について関心が低いというより，むしろ，CSR の議論に依拠する必要がないほど，労働法制や労働組合によってステークホルダーたる労働者に対する企業の責任を規制してきたことの結果というべきかもしれない。すなわち，ドイツでは，コーポレート・ガバナンスに関して企業（監査役会）レベルと事業所レベルの双方について共同決定制度が法定されており，詳細な労働者保護に関する労働法制の整備や強力な産別労働組合による協約規制と相まって，相当に高いレベルで労働問題に関する企業の社会的責任を規制してきた。しかし，ヨーロッパにおける CSR 論の高まりの影響もあって，ドイツ政府も 2006 年 3 月に連邦労働社会省に CSR の管轄拠点を設置するなど，本格的取り組みを始めている[65]。

ドイツでは，SRI と意識されていたわけではないが，教会を中心とした倫理・社会・環境に配慮した投資行動は古くから行われていた。1970 年代から活発となった環境運動や平和運動に対応して，これらに着目した SRI への関心も高まり，特に 90 年代には SRI ないし持続可能投資（Nachhaltige Geldanlage）の認知度が高まった[66]。もっとも，2005 年末時点での「狭義の SRI」残高が 30 億ユーロで，「広義の SRI」残高は 53 億ユーロである。これはドイツの総運用資産額の 0.3％にすぎない。SRI の手法として最も多用されているのは倫理的観点からの排除で SRI 資産の 41％，社会・倫理・環境を伝統的な財務分析に織り込む統合的手法が 34％，各セクター・産業

---

[65] ドイツにおける労働関係と CSR については，根本到「ドイツにおける『企業の社会的責任』と労働法」季刊企業と法創造第 2 巻 2・3 合併号 48 頁（2006 年），労働政策研究・研修機構・前掲注(29)・150 頁以下［皆川宏之］，173 頁以下［川田知子］等参照。川田論文 192 頁は，ドイツの労働に関わる CSR 論の特徴として，第 1 に，労働関連の法令遵守を上回る部分については企業内部の任意規範に従って行動すべき解されていること，第 2 に，政府が，政労使やステークホルダーとの対話や CSR の認識を共有する場の設定，法令を超えた取り組みが期待できない中小企業向けの CSR 推進，CSR 推進のための広報活動等を積極的に推進しようとしていること，第 3 に，海外に拠点をもつドイツ企業における児童労働や搾取的な工場労働等について政府が途上国と協力しながら，労働法規範の整備や発展の途上国の開発援助などを通じて積極的にサポートしようとしていることを指摘する。

[66] Eurosif, supra note 44, 23, 労働政策研究・研修機構・前掲注(29)・181 頁［川田］。

の中からCSR基準に照らした先進企業を特定し，その上位企業をポートフォリオに組み込む「ベスト・イン・クラス」が27％，株主行動が22％，低炭素社会（温暖化対策）等の特定課題に関するスクリーニングを行うパイオニア・スクリーニングが11％等となっている[67]。規模は限られているとはいえ，SRI市場が拡大していることは確かで，2002年の29億ユーロから3年後の2005年には53億ユーロと3年間に1.45倍の伸びを示している。

　ドイツでもSRIの拡大に貢献したのは，2001年の年金法改正（2002年施行）による情報提供・報告書開示義務の導入である。すなわち，同法改正によって，年金運用者は，基金の投資運用に際して倫理的，社会的，環境的要素が考慮されているか否か，どのように考慮されているかについて，報告書で公表することが義務化された。これがSRI拡大に大きく影響したとされる。

(5)　諸外国のSRIと日本の状況

　以上のように，諸外国におけるSRIの展開と国家の役割を概観すると，次のように言うことができよう。アメリカは最大のSRI市場を有し，運用資産額の約10分の1がSRIとされている。しかし，その内容を分析するとタバコやアルコール関係を対象とするネガティブ・スクリーニングが中心であり，かかる統計数値のみから大きな効果を推定することは相当でなく，また，メインストリーム化も進行しており，これはSRIの考え方の普及と同時にSRI自体の効果の測定を難しくしている。アメリカでは，かつて州レベルでのネガティブ・スクリーニングへの関与があり，また，年金基金によるSRI運用の拡大に連邦政府見解が貢献したという経緯はあったものの，CSR情報開示規制はなく，CSR担当の政府部署も定められていないなど，欧州諸国と比べると国家のCSRやSRIへの関与は控えめである。

　これに対して，欧州ではEUや各国政府が積極的にCSRやSRI促進の任務を引き受けている。もとより，CSRやSRI自体を直接的に義務づけるような規制は行われていないが，SRI環境を整えるためのCSRに関する情報

[67]　以上につき Eurosif, supra note 44, 23.「狭義のSRI」「広義のSRI」については注(45)参照。

公開規制が行われている点が重要である。民間団体のSRI評価が実効を挙げているのもこのようなCSR情報公開規制を前提としたものといえる。また，フランスでは政府とともに労働組合もSRI推進に積極関与し，ラベル認定を行っていることも注目される。

では日本におけるSRIの実情はどうであろうか。日本では現在24のSRIファンドが存するが，その規模は2006年3月末時点で2586億であり，投資信託全体の純資産総額58兆4790億円の約0.4％を占めるに過ぎない[68]。そして，SRIがCSRやコーポレート・ガバナンスにどのような影響を与えているかに関する調査をみると，その効果は極めて限定的であることがわかる。例えば，2005年10月に実施された労働政策研究・研修機構調査によると，CSRに取り組んでいる理由としては，①企業不祥事を未然に防止するため（86.3％），②社会正義・公正のため（55.9％），③顧客などに対するイメージアップ（40.0％）の順であり，SRIを重視する投資家からの要請とする回答はわずか7.4％にすぎない。ちなみに，労働組合等からの要請によるという回答はほとんどない（図表3）[69]。

---

[68] 谷本寛治『CSR』114頁（2006年）。
[69] 労働政策研究・研修機構『企業のコーポレートガバナンス・CSRと人事戦略に関する調査研究報告書』28頁（労働政策研究報告書No.74，2007年）。

図表3　CSRに取り組む理由

(n＝417，3つまで複数回答，単位＝％)

項目	％
企業不祥事を未然に防止するため	86.3
社会正義・公正のため	55.9
顧客などに対するイメージアップ	40.0
安全と健康を経営の最優先としているため	28.3
CSRを企業戦略の中核にして、戦略を立案・実行しているから	18.5
従業員との一体感を高めるため	13.4
SRI（社会的責任投資）を重視する投資家の要請	7.4
経済団体等からの働きかけ	5.8
ビジネス・チャンスの掘り起こし	5.3
労働団体や労働組合等からの要請	0.2
その他	5.3

※ CSRについて「法令等の規定範囲以上に実施」『法令等の規定範囲を実施』と回答した企業を対象に集計。
労働政策研究・研修機構・前掲注(69)・28頁

　2005年11月に実施された稲上・連合総研調査でも，CSRに取り組むようになった理由・動機に関する回答でも，①企業不祥事発生の未然防止(61.9％)，②21世紀の企業市民としての責務を積極的に果たすため(59.3％)，③企業のイメージアップにつながるから(48.1％)とJILPT調査と同様の項目順位であり，「SRIの広がりを意識して」は14択中第8位の8.5％に過ぎず，「機関投資家からの要請があったため」は皆無であった[70]。

　SRIについてのメディアの関心は高く，企業もCSR報告書やCSRアンケートへの対応等を迫られてはいるが，SRIが実際のコーポレート・ガバナンスや企業のCSRへの取り組みに対する影響力はなお相当に限定された

---

[70] 稲上毅・連合総合開発研究所『労働CSR』288頁（2007年）。
[71] 高山与志子「日本企業のIR活動におけるSRI（社会的責任投資）の位置付け」証券経済研究52号85頁（2005年）も，機関投資家の投資決定においてCSRは主要な決定要因になっていないとする。

ものであるといわざるをえまい[71]。

　また，2007年の証券アナリストやファンドマネジャーに対するアンケート調査[72]では，社会的責任投資のためにSRI評価会社が作成している国際的なSRIインデックスの認知度は極めて低く，64.9％が知らないと回答し[73]，インデックス構成銘柄については81.8％がわからないとしている。SRIの判断材料としているのは，取材・インタビュー（52.7％），CSR報告書（43.2％），環境報告書（38.5％）で，各種インデックスはわずか4.1％にすぎない。つまり，ソフトローとしてCSRやSRIが実効性を挙げるためには，国家によるサンクションがなくとも事実上の規範や基準が社会的に確立し，それから逸脱した行動がそのようなものとして認識される必要があるが，日本のCSRやSRIについてみると，個別のアナリストや評価会社がそれぞれ独自に評価を行っている状況のようである[74]。

　また，政府の関与については，日本はアメリカと同様に，CSRを企業の自発的行動によるものと捉え，政府は環境問題を除き[75]，積極的には関与しておらず，SRIの前提となる情報公開に関する規制も存しない。

---

[72] 大和インベスターズ・リレーションズ「社会的責任投資（SRI）の日本企業への影響」（2007年1月23日〜31日実施）[http://www.daiwa-grp.jp/branding/news/pr070306.pdf]

[73] Domini, DJSI, FTSE4Good, Ethibel Sustainability Index, MS-SRIの5種のインデックスについて「どれをご存じですか」という問いに対する回答である。前4者は世界的に著名なSRIインデックスであり，最後者（MS-SRI）は，日本唯一のSRIインデックスである。

[74] もっとも，SRIインデックスは表面的な調査によっており，企業内部に踏み込んだ実質的CSR分析評価が行われていない，インデックス組み入れ銘柄は大手優良企業のみとなり中小企業が排除されてしまう，とする批判もある。河口真理子「SRIの新たな展開—マテリアリティと透明性—」〈http://www.daiwa-grp.jp/branding/sri/051003sri.pdf〉

[75] 環境問題については，2001年に環境報告書ガイドラインを策定し，2004年には環境配慮促進法を制定する等して，企業の環境問題への取り組みに積極的に関与している。稲上・連合総合生活開発研究所・前掲注(10)・36頁以下［稲上毅］，105頁以下［小畑史子］参照。

4　CSR・SRIと労働法

　本稿では，コーポレート・ガバナンスの変化に対応して，従業員利益の確保のための法規制，すなわちハードローにより対処する他に，ソフトローの機能によって同様の効果がもたらされる可能性がある場面として，CSRおよびSRIの状況を検討した。その概要をまとめながら，CSRやSRIが労働法政策にいかなる意義を持つのかという視点から若干の検討を行う。

(1)　ソフトローとしてのCSR・SRIとハードローとしての労働法
　CSRやSRIは企業の社会的責任の重要な柱として労働問題を対象としている。しかしCSRやSRIは，国家がハードローによって強制する性格のものではなく，あくまで，企業が自主的に取り組むべき事項と解されている。欧州ではEUや加盟国政府が積極的に関与しているものの，法規制はCSR情報の開示に関わる規制に留まる。いわばCSRやSRIの環境整備のための間接的な規制であり，CSRやSRIの実施自体は当事者の任意的な選択に委ねられている。その意味で，CSRやSRIが一定の規範的要素を持つとしてもそれはソフトローとしてのそれに留まる。

　そうすると，ハードローとしての労働法による規制とCSR・SRIはいかなる関係に立つのかが問題となる。これを，「CSRやそれを担保するSRIはハードローたる労働法を代替するか」という形で問いを立てて考えてみよう。このような問いは，CSRやSRIが国家法による労働法規制の整備が比較的弱いアメリカやイギリスにおいて盛んであり，労働法規制の発展したド

---

(76)　英米独仏の個別的労働関係法制の内容と比較検討については荒木尚志・山川隆一・日本労働研究・研修機構編『諸外国の労働契約法制』（2006年）参照。

(77)　島田陽一「CSR（企業の社会的責任）と労働法学の課題に関する覚書」季刊企業と法創造2巻2＝3号21頁（2006年）は，本来すべて遵守すべき労働法規の一部の履行をCSRの内容として取り出すことは，問題点を隠蔽する機能を持つ可能性すらあると指摘する。足達英一郎「企業の社会的責任と雇用・労働問題」日本労働研究雑誌530号52頁（2004年）も参照。

イツ⁽⁷⁶⁾では関心が低いことからも考えてみる価値のある問いである。また，国内でも，CSR と労働法の関係について，しばしば同趣旨の疑念が示されている⁽⁷⁷⁾。またアンケートで雇用・労働問題を CSR として論ずることがわかりにくいとする回答が多かったのも同じ理由によるものかもしれない⁽⁷⁸⁾。この問題を考えるには，CSR を担保する仕組みについて検討する必要がある。

　CSR は企業の自主的な取り組みによるものであるが，企業をしてそのような自主的取り組みに向かわせる仕組みとしては，市場メカニズムを利用したコントロールと交渉圧力によるコントロールが考えられる。まず市場メカニズムを利用したコントロールには，株式市場作用によるもののほか，顧客・消費者による顧客・製品市場作用によるものもある。日本のコーポレート・ガバナンスにおいてこれまで重視されてきた外的コントロールは株式市場のコントロールよりは顧客・製品市場のコントロールであった⁽⁷⁹⁾。株主によるコントロールを強化するガバナンス改革が進行しているという問題意識のもと，本稿では株式市場のコントロールとして企業の社会的責任を実現させる SRI の機能を検討した。その結果，諸外国で大きな規模を占めるに至っているとされる SRI 市場も，その内容を分析していくと，タバコやアルコール関連事項を排除するものや，労働条件規制については主として ILO の中核的労働基準である基本事項の遵守に照準を合わせるものなどであり，各国の労働法規が規制対象としている労働条件保護を代替しうるようなものではないことが明らかとなった。実際，EU のグリーンペーパーも CSR の議論は社会権等に関する法規制を代替するものとみなされるべきではないと確認している⁽⁸⁰⁾。日本における SRI は，その規模自体，極めて小さく，実際の資産運用において SRI が考慮される状況にはない。したがって，SRI によって CSR が担保され，労働法の規制を代替するといったことは現時点で

---

(78) 大和インベスターズリレーションズ・前掲注(72)。

(79) 荒木尚志「コーポレート・ガバナンスと雇用労働関係［下］商事法務 1701 号 44 頁（2004 年）。

(80) European Commission, Promoting a European framework for corporate social responsibility, Green Paper, 8 (2001).

は考えられまい。

　次に，交渉圧力によってCSRの実現を図る方策も考えられる。これには労働組合の団体交渉や従業員代表の協議，NGOやNPOの企業に対する働きかけ，地域住民の抗議行動等多様な関係者による企業に対する働きかけが考えられる。株式売却という選択を行使しがたい大株主による株主行動もexitではなくvoiceの権利を行使しているという意味では交渉圧力手段を行使していることになる。これら多様な関係者を等しく企業のステークホルダーと呼びうるとしても，企業への関与の度合いには自ずから差異がある。企業の所有者であり，会社法上諸種の権限を担保され，通常，ステークホルダーとは呼ばない株主を別とすると，従業員は他のステークホルダーとは交渉圧力手段の点で異なる取扱いを受けている。すなわち，従業員には，労働組合による団体交渉権や従業員代表を通じた協議等の交渉圧力手段が制度化されているが，その他のステークホルダーについてはそうではない。多様なステークホルダー間では利害の対立があり得，これをどう調整するかは難しい問題である。しかし，コーポレート・ガバナンスの観点から見ると，企業の構成員と位置づけうる従業員について団体交渉制度さらには従業員代表制度というvoiceのルートが制度化されることには十分な理由がある。ここに労働法の規制をCSR一般の議論に吸収すべきでない一つの理由があるといえよう[81]。

　したがって，CSRやSRIは国内の労働法規制を代替しうるような機能を持つものとは位置づけ得まい。

(2)　ソフトローとしてのCSR・SRIの意義

　CSRはハードローたる労働法規制を代替しないとしてしても，CSRの意義はハードローを超えたソフトローとしての意義にこそあるといいうる。この点を検討した先行研究[82]を踏まえると，CSRの意義としては次の点を指

---

[81]　稲上毅・連合総合生活開発研究所・前掲注(10)・144頁［山川隆一］は，多様なステークホルダーの利害対立問題を指摘し，マルチステークホルダー・フォーラムのような多様なステークホルダーの意見聴取・利害調整の機会活用も団体交渉等の労使自治を補完するものとして有益であるとする。

摘できよう。

　第1に，ハードローの直接的規制の遵守を確保し，実効性を高める上で意義がある（コンプライアンス確保機能）。日本では，CSRにおいて最重要視されているのが法令遵守である[83]が，これ自体は本来，国家が当該ハードローの履行確保を図るべきだとも言えるが，国家の資源が有限である以上，履行確保のために国家装置以外の手段を活用することも有益である。しかし，既述のように，CSRによる履行確保はあくまで補完的なものであってハードロー自体を代替すべきものではない。

　第2に，ハードローの規制を上回る措置や，努力義務規定等ソフトローの対象とされているに過ぎない事項についても，その実効性を高める作用を果たしうる（コンプライアンスを超える法規制の実質化促進機能）。

　第3に，ハードローの規制対象（とすべき）事項だが，国家法の限界ゆえに実効的規制を行えない場合に，法規制を補完する機能を果たしうる（グローバル経済における法規制の補完機能）。例えば，途上国のサプライチェーン等において，中核的労働基準が確保されていない場合に，国内法による直接的規制は行い得ないが，CSRやSRIというソフトローは，多様な関係者や市場の圧力によって国際労働基準の実効性を担保しうる。

　第4に，ハードローによる規制対象でもなく，制定法上の努力義務等の対象にも至っていない事項について，CSR自体が当該事項をソフトローの対象とする作用がある（CSR自身のソフトロー機能）。新たな価値を法規制の対象とするためには，その新たな価値が関係当事者や国民の間に浸透し支持されるに至る必要がある。しかし，新たな価値である以上，その支持の浸透は

---

[82]　小畑史子「我が国におけるCSRと労働法」季刊労働法208号5頁以下（2005年）は，労働に関するCSRの意義として①既存の労働法の履行確保の推進，②努力義務・計画策定義務の動機付け，③年休・育休等，法が制度整備までしか要求していないときに，その実際の利用促進，④法の要求以上の措置促進，⑤国家の枠組み超えた労働条件向上，⑥労働組合によって守られない労働者の保護促進，の6点を指摘する。稲上毅・連合総合生活開発研究所・前掲注(10)・117頁以下［小畑史子］も参照。

[83]　日本経済団体連合会「CSR（企業の社会的責任）に関するアンケート調査結果」（2005年10月21日）[http://www.keidanren.or.jp/japanese/policy/2005/066.pdf]，稲上毅・連合総合生活開発研究所・前掲注(10)・40頁［稲上毅］等参照。

必ずしも容易ではなく, 新たな価値の台頭によって相対的に既存の価値が低下することもあり, 抵抗も生じうる。その結果, 法規制のコンセンサスが生じず, あるいはなお時期尚早としてハードローによる規制が見送られることはすでに日本の労働法が多く経験してきた事実である[84]。他方で, このような新たな価値についてコンセンサスがないままにハードローによって規制することは, 社会の混乱を招き, 実効性も上がらない懸念が生ずる。こうしたハードローによる規制の問題を考えると, 企業の社会的責任として例えば, ワークライフバランスの推進や, 雇用の多様性確保といった事項が取り上げられ, このような努力を払っている企業が CSR 情報の公開を通じて株主 (SRI のポジティブ・スクリーニング) や一般市民, あるいは政府によって認知され評価されることが企業の競争力強化につながるとすれば, ハードローによる規制よりもより効果的であり得, かかる実務の定着は, 将来の法規制の環境を整える効果も持つであろう[85]。さらに, CSR という価値ないし規範は, それがハードロー化されない場合であっても, 公益的価値の実現に資するソフトローとして重要な意義がある。最後にこの点を, 国家の任務との関係で検討しよう。

(3) CSR と労働法・国家の役割

CSR は, 以上のように, 多様な機能を持つ広がりのある議論であり, ハードローたる労働法との関係でいえば, 第1の労働法規の遵守確保という面もあるが, 独自の意義は第2ないし第4の労働法の直接的規制が及ばない場面でのソフトローとしての機能にある。その場合, CSR と労働法そして国家の関与の関係はどのように解すべきであろうか。

先行研究が的確に指摘するように, CSR 論の特徴の一つとして広い意味での公益的価値を目指すものである点を指摘できる[86]。労働法は企業に雇用

---

[84] たとえば, 努力義務規定についてこの点を検討した荒木・前掲注(8)参照。
[85] 同旨, 稲上毅・連合総合生活開発研究所・前掲注(10)・138頁[山川隆一]。
[86] 稲上毅・連合総合生活開発研究所・前掲注(10)・131頁[山川隆一]は,「公益的性格とは……当該事項の取り扱いが, 労働関係の当事者に留まらずに, 一般市民や社会全体などに影響をもたらすという意味」とする。

される当事者ないし内部者としての労働者保護を目指した制度であり，憲法上の要請（憲法 27 条，28 条）もあり，その価値を実現するために精緻かつ詳細な労働法体系が整備されている。しかし，既存の労働法は，企業と直接的関係に立たない者，たとえば労働市場に参入していない新規学卒者，一旦労働市場から退出した女性や高齢者，国外の労働者等についての規制はきわめて限定的であった。このような場面における公益の実現において CSR の推進は有用である。

そうすると，既存の労働法の枠組みで対処困難な公益的事柄に適切に対処するためにソフトローたる CSR 推進を国家が主導することにも十分な意義が見出されてくる。国家がエンフォースしないソフトローにも，その規範を国家が形成しない自生的ソフトロー（下からのソフトロー）と，国家が形成するソフトロー（上からのソフトロー）がありうる[87]が，欧州で政府が積極的に関与し，上からのソフトローの定着に取り組んでいることも十分了解できる。また，CSR の実施自体は企業に委ねる点にソフトローたるゆえんがあるが，しかし，CSR 情報開示や説明責任という CSR を多様な利害関係者が認識するための環境整備についてはハードローの規制が採用されていることも注目される点である。国家は，CSR で達成しようとする価値・規範の直接的・実体的な法規制は控え，間接的・手続的規制に留める政策を採っているということができる。

しかし同時に，既存の労働法による規制の限界をソフトローたる CSR 論で対処することの問題点も認識する必要がある。本来，ハードローを整備して対処すべき問題に CSR として対処すればよい，として直接的・実効的な法規制が回避される可能性もあるからである[88]。

したがって，労働問題における CSR を考える上でも，本来ハードローで対処すべき問題か，当面ソフトローたる CSR 論で対処すべき問題か，性質上ハードローによる規制には馴染まず CSR としての対処が適切な問題か，

---

[87] ソフトローを検討する前提としての規範の形成とエンフォースメントの整理については藤田友敬「規範の私的形成と国家によるエンフォースメント：商慣習・取引慣行を素材として」ソフトロー研究 6 号 2 頁（2006 年）参照。

[88] ソフトローの問題として常に指摘される点である。荒木・前掲注(8)・20 頁参照。

さらにはハードローとソフトローとを併用して対応すべき問題か等を多角的視点から検討すべきであろう[89]。

　労働法の規制対象が多様化し，その規制範囲も広範になってくれば，規制の手法も多様化せざるをえない。ハードローとソフトローにはそれぞれのメリットとデメリットがあり，相互に補完的に機能しうるとすれば，今後は両者を政策目的毎にどのように取捨選択し，あるいは組み合わせて対応するかという点の検討が重要となる。CSRやSRIを巡る議論もこのようなコンテクストにおいて把握することが有益であろう。

---

[89]　例えば，既存の労働法体系は法の最低基準を上回る労働条件規制は団体交渉制度によって実現することを前提としてきたため，組織化されていない非正規従業員の利益実現には限界があったが，これをハードローで対処すべきかソフトローで対処すべきかもこのようなコンテクストで議論の対象となりえよう。

法制度と実態の関係に関する二つのテーゼ
――労働法制の改革をめぐり学者は何をすべきか――

大　内　伸　哉

1　問題の所在

(1)　はじめに

　現在（2007年3月時点），労働立法への関心が高まっている。新聞やテレビでは，ホワイトカラー・エグゼンプションや最低賃金といった法律専門用語が連日のように報道されている。労働契約法の制定も間近となっている。労働法制の根本的な改革が始まろうとしている。あるいは，すでに改革プロセスは始まっているといってよいのであろう。

　法律の改正であるから，それは最終的には国会で決まる。ただ，労働立法の場合には，議員立法案が出されることもときにはあるが，多くは政府から法案が提出される。政府提出法案は，通常，厚生労働省の審議会（労働政策審議会やその分科会など）で労使のトップが参加して議論したうえで決められる。学者も，公益代表として労働立法の立案過程にとりこまれている[1]。

　ところで，法律が，その時々のニーズに応じて制定されたとすると，それはパッチワークのようなものになり，労働法制全体としての整合性がとれなくなるおそれがある。審議会に学者が加わっているのは，公益の代表ということだけでなく，労働法制全体の観点からの整合性，理論的一貫性を図るという役割も期待されているのであろう[2]。

---

(1)　労働政策の形成過程については，少し以前の分析であるが，久米郁男「労働政策過程の成熟と変容」日本労働研究雑誌475号（2000年）2頁以下を参照。

第1部　労働法編

　では，労働法制における整合性や理論的一貫性とは，具体的に何を意味するのであろうか。本稿では，労働法制には，基本的なコンセプトを異にする二つの対極的なタイプのものがあるということを前提に，労働法制の改革はどのような方法論に基づき行われるべきものなのかについて考察を加えたい。

(2)　労働法制の二つのタイプ

　労働法制の分類にはさまざまな方法がありうるが，ここでは，「市場重視」型と「組織重視」型に分類するという方法を試みてみたい[3]。この分類において，理念型としての「市場重視」型の労働法制とは，市場メカニズムを基礎とし，市場をとおした労働力の適切な配分を重視する法システムをさす。そこでの法規制の主たる目的は，労働市場が効率的に機能するような環境整備を行うことや，労使が効率性を高める行動をとるように誘導していくことである[4]。このモデルの法制では，契約の自由が重視され，労働契約の内容に規制を加えることや外部労働市場に政府が規制的介入をすることに消極的である。アメリカが，このタイプの法制をもつ国の典型である。

　他方，「組織重視」型の労働法制とは，「労働の従属性」を原理的な前提にしたうえで，労働者を市場における弱者ととらえ，労働契約関係を市場メカニズムにゆだねることに懐疑的なスタンスを前提とする法システムをさす。そこでの法規制の主たるものは，解雇の規制であり，また労働契約の内容が

---

(2)　もちろん，実際の立法作業は，労使の頂上交渉という側面があり理論的一貫性を貫徹させることは現実には困難である。それでも，中立的な学者が関与することは，その時々の情勢に流されて，理論的な一貫性をあまりにも欠く立法となることを防止する意味があるといえよう。ただ，第166回通常国会で政府から提出された労働契約法案をみると，労使のコンセンサスを得ることが困難なテーマについて，公益委員が十分な役割をはたすのはきわめて困難であるとの印象を禁じえない。

(3)　この分類については，拙稿「グローバリゼーションが労働法制に及ぼす影響―イタリアの例―」神戸法学雑誌56巻4号（2007年）229頁以下で論じているので参照されたい。

(4)　前者の例として，使用者の偏見などにより非効率的な採用行動や労働条件の設定が行われることを防ぐための差別禁止規制があり，後者の例として，一定の行動をとったことに対する補助金の付与や一定の行動をとらないことに対するペナルティ（罰則）が考えられる。

使用者に不当に有利にならないようにするための規制（最低労働条件規制）である。規制の手法は，民事上の強行規定が用いられるのが一般的であるし，これに加えて公法的な規制（罰則や行政監督）が用いられることも多い。また，外部労働市場においては，弱者たる労働者が搾取されないようにするために，政府が規制的介入を行う。欧州大陸法系諸国の法制が，このタイプに属する。日本の法制も後で検討するように，このタイプに属すると考えてよい。

　もちろん各国の法制を，「市場重視」型か「組織重視」型かのいずれかに截然と分類することは容易でない。しかし，法制度の改革の動きが，どちらのタイプに向かっているかを判断することは可能であろう。この点について，私は別稿ですでに分析を行った。そこでの分析結果の要点は，次のようなものである[5]。

　欧州大陸法系諸国とアメリカの労働法制は，それぞれ「組織重視」型と「市場重視」型というように対照的であるが，現実には，欧州大陸法系諸国の中でも，とくに外部労働市場の分野では規制緩和が進められており，市場的な要素が強まりつつある。また，解雇法制についても，違法な解雇の場合に金銭的な解決で対処するのが一般的であり，雇用契約の解消それ自体を制約することにはなっていない。その意味では，市場メカニズムとの整合性も認められる。しかしながら，両者には，その基礎となるコンセプトに決定的な違いがあり，それが二つの法制を根本的に区別する要因となっている。

　欧州大陸法系諸国では，労働者は人的にも経済的にも従属的な存在と措定され，そのことがまさに労働法による保護規制の理念的根拠となっている。労働者は労働市場において使用者と対等に交渉できる当事者とはいえない，という従属労働論がベースにある。労働法は，労働市場に対する不信を基礎として構築されているのである。これに対して，アメリカでは，労働市場を機能させるために労働法が存在している。労働法の適用対象となる労働者は，欧州大陸法系諸国と同様に，使用者の指揮命令下にある者とされているが，これは元来，コモン・ロー上の代位責任法理によるもので，従属労働論をベ

---

(5) 拙稿・前掲注(3)論文「グローバリゼーションが労働法制に及ぼす影響」。

ースとする労働法固有のものではない。労働者の保護の根拠は、「市場の失敗」を是正することに求められたり、産業政策や経済政策上の理由に求められたりするものである。また、アメリカ労働法の基礎にあるのは「随意雇用 (employment at will) の原則」であり、契約の自由（解雇の自由を含む）が原則となっている。欧州大陸法系諸国では、解雇には正当な理由が必要とされており、契約の自由にも懐疑的である[6]。

(3) グローバリゼーションの影響

「組織重視」型と「市場重視」型という労働法制に関する二つの対極的なモデルは、グローバリゼーションが進展するなかで、程度の差こそあれ「市場重視」型へと移行する傾向を示している。こうした傾向が生じる理由の一つに、競争のグローバル化は、企業間において効率性を高めようとして、競争を熾烈にするということがある。これは、企業に労働コストを削減させる圧力となり、ひいては法制レベルでの規制緩和を求める圧力にもなる。これは「経済の論理」の優先といってよい。もちろん、労働法（労働保護法）は、企業が競争するなかで、「経済の論理」に対抗して労働者の生存を確保するために、労働条件の最低基準を定めることを目的とするものである。ところが、一国内において、労働法が競争するすべての企業に適用されるなら、それでよいが、グローバリゼーションのなかでは、そうはいかない。一国単位でみれば、「組織重視」型の法制により、国家の法律が強行的に労働契約の内容に介入していくことも問題はない。競争条件は同じである。しかしながら、グローバリゼーションとは、文字どおり、国際規模での競争をもたらすものである。労働法規制の緩やかな有力な国が存在しているかぎり、各国の労働法規制は緩和の方向に圧力がかかることは避けられない。

こうしたグローバルな「経済の論理」に対抗するためにまず考えられるのは、国際的な労働基準の樹立である。EU でも、経済的な統合が先行したが、「社会的側面（social dimension）」の統合にも力を入れて、各加盟国で守られ

---

[6] アメリカと欧州大陸法系諸国の代表であるドイツと日本の労働市場法制、解雇法制、労働条件変更法理を比較し分析した文献として、荒木尚志『雇用システムと労働条件変更法理』（2001 年、有斐閣）。

るべき労働法のルールの確立がめざされてきた。しかし,こうしたことをより広い国際規模で行うことは容易ではない。ILO の条約や勧告,あるいは(基本的な目的は異なるとはいえ)WTO の社会条項もあるが,これらも,現実には,実効的な国際労働基準の樹立に十分に成功しているとはいえないであろう[7]。

そもそも「市場重視」型が本当に「経済の論理」に忠実な効率的な法制といえるかどうかは議論の余地があろう。長期的な雇用保障を法的にもエンフォースし,「組織重視」型の法制を確立してきた高度成長時代の日本のような実例もある[8]。その意味で,「市場重視」型への圧力が高まっているとはいえ,それにのっていくことが必ずしもよいこととはいえない。グローバリゼーションが進むなかでも,日本の労働法制が「市場重視」型に変わっていかなければならない,とカテゴリカルに断言することはできないはずなのである。

2　法制度と実態との関係

いまかりに雇用社会の実態が市場指向的であるとしよう。そうであれば,労働法制も「市場重視」型のほうが安定的なものとなろう。雇用社会の実態が組織的であれば,労働法制も「組織重視」型のほうが安定的となろう。つまり,社会的な安定性という点では,実態と整合的な法制度が望ましい。

ところで,法学は規範の学問である。法制度は,規範を設定するものである。法制度は,社会のあり方を規定することができる。したがって,社会の実態がどうであろうと,法規範の観点から「かくあるべし」との要請があれ

---

[7] この点については,土田道夫「グローバリゼーションとは何か」浜田冨士郎・香川孝三・大内伸哉編『グローバリゼーションと労働法の行方』(2003 年,勁草書房) 9 頁以下を参照。また,NAFTA 締結国(アメリカ,カナダ,メキシコ)内での取り組みを紹介したものとして,桑原昌宏「北米貿易自由協定(NAFTA)とカナダ・日本―労働基準・雇用制度・社会保障」季刊労働法 171 号(1994 年)94 頁以下。

[8] 経済学においても,労働力の調達を市場における取引を通じて行うのと,企業内組織で行うのと,どちらが効率的であるかをめぐり議論があるところである。有名なコース(Coase)の理論によると,それは市場での取引の費用によって決まる。

ば，それが尊重されなければならない。安定的であるから，その労働法制が法的にみて正しいとはかぎらないのである。では，雇用社会に対して「かくあるべし」という規範的要請はあるのであろうか。あるとすれば，それはどのようなものなのであろうか。より具体的に言うと，労働法制が「組織重視」型と「市場重視」型のどちらであるべきかという点について，法学の側からの固有の答えはあるのであろうか。

　まず憲法を見てみよう。憲法は，法律より上位の規範であり，法律は憲法に違反したものであることは許されない。しかしながら，日本国憲法は，労働法制のあり方について，どのようなコンセプトに基づき定立すべきかにつき明確な指針を示していない。たしかに，憲法は資本主義経済，市場経済を前提としている（29条等を参照）。しかし，労働市場という市場に対してどこまで規制を行うかは立法政策にゆだねたものと解されている。もちろん，憲法には，生存権を頂点とする社会権条項がある。労働に固有の分野でも，27条2項は，勤労条件の法定主義の要請を定めているし，28条は，勤労者の団結権，団体交渉権，団体行動権を保障している。しかし，これは市場原理，あるいは，それを支える法原理である契約の自由を否定するものではない。市場原理や「契約の自由」をあくまで前提としたうえで，そこから派生してくる問題点に対処しようとするものである。問題は，そのための規制がどこまで求められているかである。規制の程度を大きくすることが憲法の要請であれば，「市場重視」型の法制は憲法違反の疑いが出てくる。ただ，この点について，憲法はどこまでの規制を要請しているのか必ずしも明確ではない[9]。勤労条件法定主義の要請も，一定の労働条件についての標準を作ることは求めているが，これだけでは漠然としている。結局，憲法は，具体的

---

(9) 集団的労使関係の基本法となる憲法28条の規範内容は比較的明確である。国会は労働組合の活動や機能を阻害するような立法をすることはできないし，個別的労働関係の分野でも，個々の労働者が団結して対等な立場で労働条件を決定することができるということを前提に解釈論・立法論を展開すべきというのが筆者の考え方である（拙著『労働者代表法制に関する研究』（2007年，有斐閣）9―10，24頁）。なお，労働組合は，カルテル機能をはたすものであることから，労働組合の結成を認めている法制は「組織重視」型と親和的ということができよう。アメリカも，集団的労使関係の面では，排他的交渉代表制が導入されており，そのかぎりでは組織的要素もある。

にどのような規制をするかを，国会の広い裁量にゆだねていると解さざるをえないであろう。

　以上のように，実定法規範の観点からは，具体的にどのようなタイプの法制を採用すべきという要請があるのかははっきりしない。そこで，基礎理論的な観点からの議論が求められることになる。ここでは，理論的にみてどのような内容の法制を採用すべきかという実体論と並んで，法制の改革をどのようなスタンスで行うべきかという方法論の観点からの議論がありうるように思われる。実体論は，法学，経済学その他の労働法政策にかかわる関連諸学問分野で検討がなされるべき事柄であり，本稿ではこれにはふみこまない（最後に私見を少しだけ述べる）。本稿では，方法論の次元での考察を中心に試みたい。具体的には，労働法制は，その適用対象となる雇用社会の実態との間でどのような関係であるべきかという点に焦点をしぼって論じたい。昨今の労働法制の改革の動きは，この意味での方法論的な問題を提起しているように思えるからである。

　私は，法制度と実態との関係について，次の二つの考え方があると考えている。一つは，労働法制は雇用社会の実態に整合的に展開すべきであるというものである。これを「第1テーゼ」と呼ぶこととする。「第1テーゼ」は，実態と整合的な法制度は安定性があるという，すでに確認したことと一見類似であるが，これと違うのは，安定性があるという事実上の状態の評価をするだけでなく，むしろ，そのような状態こそ「あるべきこと」とする点である（「Sein」の議論ではなく，「Sollen」の議論である）。

　もう一つは，労働法制は，雇用社会をあるべき望ましい方向に誘導すべきというものである。実態から距離をおいて抽象的・理念的な観点から議論をしようとするものである。これを「第2テーゼ」と呼ぶこととする。

　この二つのテーゼを，具体的に展開すると次のようになろう。「第1テーゼ」に従うと，日本の雇用社会の実態がどのようなものであるかが先決事項となる。雇用社会が組織的なものであれば，「組織重視」型の法制を維持すべきということになるし，日本の雇用社会が「市場指向」である，あるいは，その方向に変わっていっているのであれば，「市場重視」型の法制に転換すべきということになる。

これに対して,「第2テーゼ」に従うと,抽象的・理念的な規範論として,どちらのタイプの法制度であるべきかが先決事項となる。たとえば,「市場重視」型の法制度であるべきとすると,組織指向が強いところでも,「市場重視」型の法制度を整備すべきである,ということになる。逆に,「組織重視」型の法制度であるべきとすると,市場指向が強まってきていたとしても,現在の「組織重視」型の法制度を維持すべきである,ということになる。

日本の雇用社会の実態が,組織指向が強いのか,市場指向が強いのかを測るのは容易なことではない。この点の厳密な測定は,今後,関連諸学問と協力して取り組んでいく必要がある。ただ,少なくとも法制度面では,日本の「組織重視」型の労働法制が,少しずつ「市場重視」型に移行しつつあるようにみえる。これは,1(3)でふれたように,グローバリゼーションの流れのなかで,程度の差こそあれ,どの国にも起きている現象である[10]。ここにいたり,「第1テーゼ」と「第2テーゼ」のどちらを採用して労働法制を改革していくべきかは,日本の労働法制の今後を考えるうえでの重要な論点となる。

3　日本の労働法制の検討

(1) 従来の日本の労働法制

日本の労働法制は,前述のように「組織重視」型であったといえるが,このことについて,もう少し詳しく確認しておくこととしたい。

別稿で論じたように,ある法制度を「組織重視」型か「市場重視」型のどちらの傾向にあるかを分析するうえでは,4つの判断要素に着目するのが適切と思われる[11]。第1に,労働者概念について,「従属労働者」概念あるいは「労働の従属性」が法制の基本理念にあるかどうか,第2に,内部労働市場について,どの程度,法により契約内容を規制しているか,第3に,解雇規制について,それがどの程度厳格か,第4に,外部労働市場について,どの程度,法により規制的介入が行われているか,である。「組織重視」型の

---

[10] 浜田・香川・大内編・前掲注(7)書所収の論文を参照。
[11] 拙稿・前掲注(3)論文「グローバリゼーションが労働法制に及ぼす影響」。

労働法制は，これらの4つの判断要素について，いずれも肯定的な答えとなる。すなわち，労働者を（外部）労働市場における独立した当事者とみずに，使用者に従属する存在とみたうえで，解雇を制限することにより，解雇の脅威を取り除いて従属の程度を緩和させると同時に，労働契約内容の一方的な決定からくる危険を取り除き労働契約の内容を適正化するための規制を行い，いったん雇用を失った場合にも，国家ができるだけ介入して労働仲介業者に搾取されないようにして職業紹介を行うという法制である。これは，国家という組織が，労働契約の内容に介入したり，労働力の需給のマッチングに介入したりすると同時に，解雇制限により内部労働市場が重視され，企業が一つの組織的な共同体となるという意味で，二重の組織的構造をもつ。先にみた「第1テーゼ」によると，企業が労働者の雇用を保障しようとする傾向をもち，そこが共同体組織のようになっている実態があれば，「組織重視」型の法制が展開されるべきといえる。

では，日本の雇用社会の実態はどうなのであろうか。この点，一つのオーソドックスな説明によると，日本の雇用社会は，中核的な労働力である正社員に対する長期雇用システムを中心としたものとなっており，労働力の調達は外部労働市場ではなく，内部労働市場でまかなうという特徴があり，企業は従業員共同体としての性格をもつ，とされる[12]。この分析結果は，多くの研究者が共有できるものであろう。そうであるとすると，日本の雇用社会の実態は，少なくとも従来は組織指向であったということができる[13]。

では，日本の労働法制はどうであろうか。前記の4要素に照らして見てみると，次のようにいうことができよう。

まず第1に，「労働者」概念について，日本では，労働基準法上の「労働

---

[12] 菅野和夫『新・雇用社会の法（補訂版）』（2004年，有斐閣）2頁以下。集団的労使関係レベルでみると，企業別組合が一般的な組織形態であり，企業との間で労使協議を中心とした協力的な関係を展開しているという特徴もある。他方，非正社員は，こうした企業共同体の外（外部労働市場）にいる存在であり，こうした二重構造も日本の雇用社会の特徴であったといえる。

[13] このほかにも，日本の雇用社会には，年功的な処遇，頻繁な配転や職種転換，功労報償的な退職金制度，企業秩序の重視といった特徴もあり，これらもまさに企業という「組織」の論理をベースに展開されているといってよい。

者」とは使用従属関係にある者と解されている(14)。これは，従属労働論をベースにしたものと考えてよい。その意味で，「組織重視」型の特徴をそなえていることになる。

　第2に，内部労働市場をみると，集団的労働条件の変更については，契約原理を修正する就業規則の合理的変更法理(15)などにより，弾力性が高いものとなっている(16)。また労働条件の個別的変更についても，配転法理にみられるように，使用者による一方的な変更がかなり広く認められる弾力的なものとなっている(17)。この点では，「組織重視」型の欧州大陸法系諸国とは異なっている。

　第3に，解雇法制をみると，かねて判例上，解雇権濫用法理により解雇が制限されてきたし(18)，現在ではこの判例法理は労働基準法に採り入れられている（18条の2）。この法理は，有期雇用の雇止めにも類推適用される(19)。また，日本では，違法・不当な解雇は無効とされ原職復帰が原則となっており，正面から金銭的解決が認められていない点で(20)，解雇の規制の程度はかなり

---

(14) 労働者概念をめぐる日本の学説，判例の分析については，『労働政策研究報告書 No.67 「労働者」の法的概念に関する比較法研究』(2006年，労働政策研究・研修機構) 27頁以下が詳しい。

(15) 秋北バス事件・最大判昭和43年12月25日民集22巻13号3459頁等。

(16) 日本の集団的労働条件変更法理の概観は，荒木・前掲注(6)書240頁以下を参照。日本の判例法理に対する批判的な筆者の見解については，拙著『労働条件変更法理の再構成』(1999年，有斐閣) 247頁以下。

(17) 配転法理については，東亜ペイント事件・最2小判昭和61年7月14日労判477号6頁等を参照。

(18) 日本食塩製造事件・最2小判昭和50年4月25日民集29巻4号456頁等。

(19) 東芝柳町工場事件・最1小判昭和49年7月22日民集28巻5号927頁，日立メディコ事件・最1小判昭和61年12月4日判時1221号134頁等。

(20) 実際には，解雇がなされた後でも原職復帰はなされず，和解により退職するケースが多いといわれている（山口純子「解雇をめぐる法的救済の実効性」日本労働研究雑誌491号 (2001年) 62頁以下）。

(21) なお，中田（黒田）祥子「解雇規制の経済効果」大竹文雄・大内伸哉・山川隆一編『解雇法制を考える―法学と経済学の視点（増補版）』(2004年，勁草書房) 173頁以下も参照。

強いといえる[21]。この点では，まさに「組織重視」型の法制の特徴をもっているといえよう。

　第4に，外部労働市場については，伝統的に規制色が強い。職業安定法は，労働者供給を原則として禁止しており（44条），労働者派遣も久しく労働者供給にあたるものとされてきた。1985年の労働者派遣法の制定により，ようやく労働者派遣は厳格な規制の下とはいえ解禁され，それ以降，規制緩和が進められてきた。有料職業紹介も原則として禁止されていたが，近年では，大幅に規制緩和がなされている[22]。

　以上のようにみると，日本の労働法制は，総体的には「組織重視」型であったといってよい。欧州大陸法系諸国との違いは，内部労働市場において，使用者の弾力的な労働条件決定・変更の余地が高い点にある。この点は，日本に特有の就業規則法理（合理的変更法理）の影響が大きい。ただ，この法理を正当化する有力な議論によると，合理的変更法理は，解雇権濫用法理の制限の代償である[23]。この代償論が，理論的な意味での規範的正当化根拠となるかどうかについては疑問があるが，少なくとも，合理的変更法理が解雇権の規制のコロラリーという側面があることは肯定してよいであろう。さらに，合理的変更法理は，実質的には，労働条件の変更の適否を裁判所という国家機関にゆだねるものである[24]という点も考慮にいれると[25]，この法理はむしろ「組織重視」型の法制に親和的なものと評価することができる。実際，

---

(22) 法改正の流れは，水島郁子「職業安定法・労働者派遣法改正の意義と法的課題」日本労働研究雑誌523頁（2004年）16頁以下。

(23) 荒木・前掲注(6)書249―251頁を参照。さらに，菅野和夫『労働法（第7版補正2版）』（2007年，弘文堂）105―106頁も参照。

(24) 合理性の判断要素は示されているものの（第四銀行事件・最2小判平成9年2月28日民集51巻2号705頁），具体的な判断基準はあいまいだからである。

(25) 合理的変更法理以外でも，たとえば配転法理においては，就業規則に配転条項があり，個別的に勤務場所や職種を限定する特約がないかぎり，使用者には配転命令権が認められる。そのうえで，具体的な配転命令の有効性は，権利濫用論（民法1条3項）に照らし決定される。権利濫用が成立するかどうかは，裁判所の比較的広い裁量にゆだねられているので，実質的には，国家機関の介入があるといってよいであろう。配転法理以外にも，こうした権利濫用法理は，労働契約法理のさまざまな場面で用いられている。

労働条件決定過程への国家機関の介入に批判的で，契約の自由を重視する見解（その意味で，「市場重視」型の方向性をもつ見解）は，合理的変更法理に批判的である[26]。

以上のような日本の「組織重視」型の法制は，日本の組織的な雇用社会の実態と整合性があったものといえる[27]。

(2) 「組織重視」型の法制の変容のきざし

ところが，こうした日本の雇用社会の実態が少しずつ変化してきている。菅野和夫教授は，「高齢化，低成長化，大競争化，サービス化，多様化，個別化などの経営環境・労働市場の構造的変化によって，人件費のコスト高，高齢者の余剰と転職困難，労働者の独創性発揮の阻害等々，従来のシステムのデメリットが増大した。そのため，昇進，給与，退職金制度などにおいて年功システムが大きく修正された。また，ダウンサイジングやリストラクチュアリングによって，正社員の雇用保障観念にも動揺が生じつつある。」と述べる[28]。もちろん，こうした変化が生じているとはいえ，「長期雇用システムは依然として，基本においては維持されている」が，しかしながら「中核的人材のための内部労働市場が縮小する一方で，周辺的人材のための非典型雇用システムが拡大しており，また，一部産業・職種において新たに外部労働市場型雇用システムが発生している。」[29]

他方，「組織重視」型の法制も，変化をみせはじめている。すでに前述の

---

[26] 浜田冨士郎『就業規則法の研究』(1994年，有斐閣) 69頁以下，拙著・前掲注[16]書『労働条件変更法理の再構築』36—40頁。ただし，規制を重視する伝統的な立場からも，合理的変更法理を批判する見解は数多い（たとえば，西谷敏『規制が支える自己決定—労働法的規制システムの再構築』(2004年，法律文化社) 395頁以下）。

[27] 前記の4要素のところで述べた以外にも，企業秩序遵守義務を労働契約上の義務として認める判例（関西電力事件・最1小判昭和58年9月8日労判415号29頁等），懲戒解雇の場合の退職金の没収を認める裁判例（トヨタ工業事件・東京高判平成6年11月16日労判665号45頁等）も従業員に対して企業共同体的な規律を重く課すものであり，「組織重視」型の法制と親和的といえるであろう。

[28] 菅野・前掲注[12]書『新・雇用社会の法』413頁。

[29] 菅野・前掲注[12]書『新・雇用社会の法』413頁。

ように，外部労働市場においては規制緩和が進められてきている。また，内部労働市場においては，目立った変化はないものの，解雇規制については，金銭的解決の導入が議論の対象となっている。また，労働者概念そのものについては，法制度上の変化があるわけではないが，裁量労働制（労基法38条の3，38条の4）の導入や，最近のホワイトカラー・エグゼンプション（自己管理型労働制）[30]の導入論議は，伝統的な従属労働者とは異なる自律的な労働者が増大してきたことに対応したものと評価することができるのであり，実質的には，「労働者」概念が揺れ動き始めているとみることもできる。

(3) 労働法改革のコンセプト

日本の労働法制は，1990年代以降，大きく変革してきたことは事実である。この大きな変革の流れについて，市場原理主義のイデオロギーによるものといった批判もあり[31]，全体的に市場的要素の増大をみてとる者は少なくない。近年の労働法制の改革が，何らかの特定のコンセプトに基づいて行われてきたかどうかは定かではない。ただ，一連の労働法制の改革の多くは，菅野和夫教授と諏訪康雄教授による「労働市場の変化と労働法の課題—新たなサポートシステムを求めて」という論文（以下，菅野・諏訪論文という）[32]で示された構想に則して展開されてきていることも事実である。その意味で，この論文は，労働法制改革の綱領的論文であったといえる。では，菅野・諏訪論文は，どのような立法構想を示したのであろうか。

菅野・諏訪論文では，まず「労働法は，市場経済システムの枠組みを整え，その日常的な運営を支えるサブシステムの一つとしての法制度の一部であり，広い意味での労働市場システムを法的な規整の対象としている」とする（2頁）。そのうえで，労働者概念については，「個人としての労働者」に着目し

---

[30] ホワイトカラー・エグゼンプションについては，梶川敦子「ホワイトカラー労働と労働時間規制の適用除外—アメリカのホワイトカラー・イグゼンプションの検討を中心に—」日本労働法学会誌106号（2005年）等を参照。

[31] その代表的なものとして，西谷・前掲注(26)書52頁以下。

[32] 日本労働研究雑誌418号（1994年）2頁以下。同論文の紹介・評価については，小嶌典明・日本労働研究雑誌513号（2003年）42頁以下も参照。

(7頁)，それに相応した法制度の整備の必要性を提言している。その際にポイントとなるのは，①本人の資質強化すなわち職業能力向上へのサポート（教育訓練への支援），②労働市場の整備によるサポート（市場での取引を通じての地位向上），③市場における個別的交渉へのサポート（情報開示，相談体制，交渉支援，苦情・紛争処理など）であるとする（9頁）。

具体的には，まず外部労働市場については，転職へのサポート・システムのために，職業紹介機関の役割の再編成を主張する。とりわけ，職業紹介における民間の活力の活用，労働者派遣法制の規制緩和，将来のキャリアアップのための訓練システムの開発，労働市場における自発的選択の可能性を高めるための諸施策（自己都合退職のときの低すぎる退職金への対処，退職金をめぐる税制の中立化，企業年金のポータビリティの確保，企業福祉税制の中立化，パート特別税制の見直しなど）を提言している。

次に内部労働市場については，労働契約法の制定，有期契約規制の緩和，個別契約の機能の強化，個別的紛争の簡易迅速な処理システムの整備，ステレオタイプな差別を抑制するための男女雇用機会均等法の再編・整備，労働時間規制の緩和，女性労働者の母性保護以外の保護規制の緩和，働く女性のサポート・システムの整備を提言している。また，これらと関連して，紛争処理のための第3者機関の整備もあげている（9—13頁）。

前述のように，これらの提言のうちかなりの部分が，同論文が発表されて

---

(33) もちろん，これに対しては，「組織重視」型の労働法制の根底にある「労働の従属性」に固執する伝統的立場からの批判も強い。たとえば，脇田滋「雇用・労働分野における規制緩和推進論とその検討」萬井隆令・脇田滋・伍賀一道編『規制緩和と労働者・労働法制』（旬報社，2001年）139頁以下，西谷・前掲注(26)書125頁以下である。なお，この点についての私見の立場は，次のようなものである（学界の中では残念ながら異説である）。労働者は，個別的にみれば使用者との間で実質的な対等性はないものの，現行労働法は，労働保護法制で，労働条件の最低基準を設定することに加えて，労働者が団結して集団的な次元で実質的な対等性を実現する手段を権利として保障している（憲法28条，労組法）。このような法制上のサポートを前提とすると，現実にその権利を行使しているかどうかはともかく，潜在的には十分に使用者と対峙できる存在であり，法的な議論は，それを前提に構築すべきものと考えている（注(9)も参照）。

から10数年のうちに実現されてきたことがわかる(職業安定法・労働者派遣法の改正,労働基準法の数度の改正,男女雇用機会均等法の数度の改正,個別紛争解決促進法や労働審判法の制定,育児介護休業法の改正など)。

その一方で,菅野・諏訪論文では,解雇規制について直接的には言及していない。むしろ,雇用保障の観念は維持されることを前提としており(11頁),この点について,とくに規制緩和をしようとする主張はしていない。

以上のような菅野・諏訪論文のスタンスは,たしかに,「個人としての労働者」に着目し[33],また,労働市場の機能を正面から認めたうえでの議論をしている点[34]で,「市場重視」型の法制への改革をめざそうとしているようにみえる。しかしながら,同論文は,日本の雇用社会を組織指向とする根幹的な原理である雇用保障には改革のメスをいれようとはしていない。その意味で,「組織重視」型と180度異なる法制をめざそうとするものではないとみるべきであろう。

(4) 「市場重視」型への移行の適否

もしかりに労働法制を「市場重視」型の法制へと改革していこうとする場合,その適否はどのように判断すべきなのであろうか。

まず第1に,日本の雇用社会の実態において,市場的要素がどれだけ強まってきているかの把握が必要であろう。

実態として,市場的要素が広がっていれば,「第1テーゼ」によれば,法制度もそれに適合的な「市場重視」型に改めていくべきことになる。「第2テーゼ」によれば,「組織重視」型であるべきかどうかをまず検討し,そうあるべきということになると,実態の流れに抗して「組織重視」型の法制を維持すべきということになる。

かりに,実態として,組織的要素がまだ根強く残存していれば,「第1テーゼ」によれば,現在の「組織重視」型の法制を維持することになる。「第2テーゼ」によれば,「市場重視」型の法制に転換していくべきかどうかを

---

[34] 菅野・諏訪論文では,労働法を「労働市場での労働者の取引行為(交渉)をより円滑に機能させるために諸種の支援制度を用意する法体系」と位置づけている(13頁)。

まず検討したうえで，転換すべきということになると，「市場重視」型の法制を導入していくことになろう。

　菅野・諏訪論文が，「第2テーゼ」によっているのか，「第1テーゼ」によっているのかははっきりしない。ただ，同論文の主張は，雇用社会の実態に適合的な議論をそのまま展開しようとしているわけではない。同論文では，まず経済・社会環境の変化として，雇用保障の価値を支えてきた労働力過剰状態の変化（人口の高齢化と構造的な人手不足への移行），産業構造の変化（量的労働力が基本要素であった産業から，質的労働力に立脚して情報を駆使する産業への移行）を指摘したうえで（3頁），具体的には，長期雇用を享受する正社員層の縮小と雇用の流動化，年功的処遇から能力主義的処遇への変化，働き方の多様化と柔軟化，ピラミッド型のタテ社会からネットワーク型のヨコ社会への変化というような労働市場の変化を予測し，それに適合的な法システムとして，前述のような提言をしている（3－4頁）。つまり，現状そのものではなく，近い将来の雇用社会の実態を予想し，それに備えて労働法制の改革を進めようというものである。これは，厳密な意味での「第1テーゼ」によるものとはいえないであろう。むしろ，将来を展望しながら，あるべき労働市場像や労働者像から演繹的に「市場重視」型の要素のある政策プログラムの必要性を論じているという点では，「第2テーゼ」に近いとみる余地もある。しかしながら，菅野・諏訪論文では，日本の雇用社会の中核的な原理である雇用保障は前提としている（ここで変化が生じると予想していない）。また，雇用社会の将来の実態をふまえたうえでの提言をしようとしていることから，労働法制の改革により雇用社会をドラスティックに変えようとしているわけでもない。そうだとすると，菅野・諏訪論文のスタンスは，「第1テーゼ」と「第2テーゼ」の間の中間的なものというのが正確な評価といえるであろう。

(5)　労働経済学者の議論の台頭
　菅野・諏訪論文が出されてから10年以上経った。現在では，労働法改正に向けた政府レベルでの議論は，厚生労働相の諮問機関である労働政策審議会の労働条件分科会（会長は，西村健一郎・京都大学教授）で進められ，他方

で，経済財政諮問会議（議長は，安倍晋三首相〔当時〕）が，日本経済の生産性を高めるために設置した専門調査会の一つである，労働市場改革専門調査会（会長は，八代尚宏・国際基督教大学教授）でも検討が進められている。

首相直轄の経済財政諮問会議が労働法制の改革についても議論している点が，昨今の労働政策の形成過程における特徴といえる。現在の労働市場改革専門調査会の会長である八代教授は経済学者であり，いわゆる「労働ビックバン」の主唱者である[35]。「労働ビックバン」構想は，「第2テーゼ」により労働法制の改革を進めていこうとする立場と考えられる。

八代教授に限らず，最近では，労働経済学者が，労働法制の改革に積極的にコミットしたり，提言をしたりするケースが増えてきている。経済学者の中でもさまざまな立場があるが，規範論について発言する者の多くは「市場重視」の法制と親和的な考え方をもっているようにみえる[36]。そして，八代教授の見解[37]に象徴的にみられるように，経済学者の主張においては，組織指向の強い日本の雇用社会の実態を批判的にとらえて，より効率的で生産性の高いものに切り替えることが必要であるとし，法律をそのための手段としてとらえ，「市場重視」型の法制に改革していこうとする動きがみてとれる。とりわけ，経済学者の多くは，日本の雇用社会およびそれに整合的な「組織重視」型の法制の中核にあった，雇用保障・解雇制限にもメスを入れようとしている点で，労働法学の多数派の立場や前記の菅野・諏訪論文の方向性とも異なるものである[38]。こうした経済学者のスタンスは，「労働ビックバン」

---

[35] 「労働ビックバン」構想の具体像として，八代教授は，複線型の社会を実現し，働く一人ひとりが働きがいと意欲をもてるようにするために，①正規・非正規の壁，②性別の壁，③働き方の壁，④年齢の壁，⑤国境の壁，⑥官民の壁を克服することが必要と述べている。

[36] 経済学と市場との関係については，諏訪康雄「労働をめぐる『法と経済学』―組織と市場の交錯」日本労働研究雑誌500号（2002年）15頁以下も参照。

[37] 八代教授個人の労働法制に関する具体的な構想は，『雇用改革の時代―働き方はどう変わるか』（1999年，中央公論新社）に詳しい。

[38] 大竹・大内・山川編・前掲注(21)書では，解雇法制をめぐる法学，経済学双方の立場からの論文が掲載されている。さらに，福井秀夫・大竹文雄編『脱格差社会と雇用法制』（2006年，日本評論社）所収の論文も参照。

構想をとらない者であっても,「第2テーゼ」あるいはそれに近いスタンスに立っているとみることができる。経済学者の中でも,「組織重視」型の法制（とくに解雇規制）の経済的合理性を主張する者もいる[39]が,これは規範論を行っているわけではなく,したがって「第2テーゼ」によって「組織重視」型の法制であるべきと主張しているわけでは必ずしもない。

4 労働法制の改革は,どのように進められるべきか

(1) 「第1テーゼ」と「第2テーゼ」

労働法制の改革は,「第1テーゼ」と「第2テーゼ」のどちらで進められるべきなのであろうか。「第1テーゼ」は,雇用社会の現状に即した法制を展開していくものである。たとえば,ホワイトカラー・エグゼンプションを例にとると,成果に応じた処遇がなされ,それゆえ自律的な働き方を希望する労働者が多数いる場合には,「第1テーゼ」によれば,ホワイトカラー・エグゼンプションを導入することに肯定的となる。このことは,「労働者」概念の実質的な転換を示唆するのであり,「市場重視」型の一貫した法制への改革を要請することにもなろう。他方,こうした自律的な働き方を希望する労働者が少数にすぎない場合には,ホワイトカラー・エグゼンプションを導入することをはじめ,「市場重視」型の法制への改革はすべきではない,ということになる。

いずれにせよ,「第1テーゼ」によると社会とのフリクションは小さく安定的で,国民の支持も比較的得やすいであろう。もっとも,前述したように,安定的な法制が法的に正しいとは限らないし,そもそも雇用社会の現状をどのように測定するかは難問である。さらに,「第1テーゼ」の立場からの主張は,説得的なものとなりがちであるだけに,実証的根拠のあいまいな現状認識に基づいたものであれば問題もある。こうした主張は実質的には論者の価値感に基づく「第2テーゼ」の立場からの主張にすぎない可能性があるか

---

[39] たとえば,中馬宏之「解雇権濫用法理の経済分析：雇用契約理論の視点から」三輪芳朗・神田秀樹・柳川範之編『会社法の経済学』（1998年,東京大学出版会）425頁以下。

らである。こうした「第1テーゼ」のマントを着た「第2テーゼ」には注意する必要がある[40]。

　これに対して、「第2テーゼ」による場合には、「市場重視」型と「組織重視」型のいずれによるべきかを規範的に決定するのが先決問題となる。すでにみてきたように、「組織重視」型の基本コンセプトは従属労働論がベースになっており、「市場重視」型の労働法制と根本的な違いがある。法学者の中でも、どちらのタイプの法制を展開すべきかをめぐっては、深刻な対立がある。自律的な労働者像を基底に据えるべきとする立場からは、「市場重視」型が指向され、たとえばホワイトカラー・エグゼンプションを積極的に導入すべきということになる。伝統的な「組織重視」型からは、ホワイトカラー・エグゼンプションには否定的な評価となる。

　また、経済学者においては、経済的に効率的な雇用社会を実現すべく、法制はそれを実現するための手段とみる傾向にある。これは前述のように「市場重視」型であるべきという主張につながる。しかし、法学者の立場からは、こうした「法道具主義」には異論がある。法学では、効率性も法的正義の一要素にすぎず、正義の観点からのスクリーニングをとおして初めて規範論となりうると考えるからである。

　では、ここでの問題において、「市場重視」型と「組織重視」型のいずれが法的正義にかなっているのであろうか。この答えは、現実の法政策の形成過程では見つけだすことはできないというべきであろう。民主的な法治国家においては、国民の民主的な意思形成プロセスを経て国会で決定されたものが、いわば「暫定的」正義であるとして尊重するしかないのである。つまり重要なことは、どの法制が実体的な正義にかなっているかということではな

---

[40] たとえば単純な例でいうと、「労働者は従属的だから保護的な法制が必要である」という主張が、「第1テーゼ」によるもののようにみえるが、「労働者は従属的」というのは、実証された事実か、「労働者は従属的であるはずである」という単なる理論的推論かが問題となる。もし後者であれば、これは「第2テーゼ」によるものとなる。私も含めて多くの労働法学者は、この点をあいまいなまま議論をしてきたが、従属労働論について十分な実証的な根拠がないのなら、「第2テーゼ」の立場によるものであるということを明示した議論をすべきであろう。

く，どの法制が実質的にみて民主的なプロセスを経て決定されたかという手続的正義である。「実質的に民主的」というのは，多様な見解の選択肢があり，それを判断するための十分な情報が与えられたうえで取捨選択がなされるということである。法政策の形成過程における有力な経済学者による原理主義的な議論に法学者が違和感を感じるのは，経済的な効率性を唯一の正義とし，しかもこうした手続的なプロセスを軽視しているようにみえるからであろう。

(2) 労働法制の改革と学者の役割

労働法制を「第1テーゼ」によって改革していくか，「第2テーゼ」によって改革していくかは，最終的には国民の選択となる。そして，「第2テーゼ」によるとした場合に，「市場重視」型と「組織重視」型のいずれでいくかも，やはり国民の選択となる。学者は学問の世界では，「市場重視」型と「組織重視」型のどちらがよいかについて自らの見解を自由に表明することができる。経済学者が，「市場重視」型の法制に改革すべきとする趣旨の論文を書くのも，もちろん自由である。

しかし，法政策形成過程という政治的な場面においては，そこにコミットする学者の使命は，国民が選択判断をするうえで必要な情報を提供する役割をはたすことにあると思われる。もちろん，学者の見解は多様であるが，学者がいろいろな立法論を議論するという状況そのものに意味がある。議論の積み重ねの過程で，知見（とくに外国法の制度に関する知識やその分析）が蓄積されると同時に，論点も明確となる[41]。法政策形成過程で研究者が審議会などに参加することの意義は，こうした学界の議論状況や学術知識の到達点を伝達することにあると考えるべきである。あるいは，中立的な立場での伝

---

[41] 法科大学院の講義で行われるソクラティック・メソッドは，絶対的な真理がアプリオリにあるということを前提とすると成立しない。裁判所における弁論主義や対審構造も同様の発想をもっているものといえよう。学問的な議論で重要なのは，既存の学問に懐疑の精神をもって新たな学説を志向する態度であり，他方，他者が自説に懐疑の精神をもって疑問を投げかけてくることに対する寛容性である（これは自説に対する「謙虚な」自信にもつながる）。

達が難しいとすると，学説が分かれているようなテーマでは，対立する代表的な見解の論者が法政策形成過程にかかわるのが望ましい。もしアプリオリに「市場重視」型を良しとして労働法制の改革を進めようとするならば，それは問答無用の原理主義であり，こうした形で労働法政策が実現されていくということは避けるべきであろう。

このような考え方に対しては，学者が法政策形成過程に関わることになった場合には，政治的な役割を期待されるのであり，そのような役割をはたすべきだという議論もありうる。そのような場合には，その学者は一種の政治的な責任をも負うべきことになる[42]。しかし，選挙で選ばれたわけではない学者に対しては，政治的な責任を問う手段が，国民にはない。そうすると，やはり学者が法政策形成過程に政治的にコミットすることは妥当でないということになる。

労働法制の改革をめぐりアカデミズムの世界でやるべきことはまだたくさんある。まず，雇用社会の現状の把握も，まだ十分なものとはいえない。「第1テーゼ」による場合には，とりわけ実態調査は前提となる基礎資料となる。法学者の立場からすると，法学以外の分野で盛んな実態の調査研究について，前提作業として，もっと法学との連携ができればよい。

また，「第2テーゼ」による場合には，実際に政策形成過程に関与することの多い法学者と経済学者の協働作業と相互理解の深化が必要である。さらに，法学固有の領域でも，争点となっているテーマについて，より掘り下げた研究が必要であろう。ホワイトカラー・エグゼンプション，最低賃金，パートと正社員の均衡処遇だけでなく，労働契約法制の要否なども十分な議論が尽くされているとは思えない。労働者像や従属労働論についての法学固有の研究もまだ十分とはいえない。

---

[42] イタリアで，労働市場改革を進めようとしたBiagi教授は，労働法政策の形成過程に深くコミットしたが，テロリストから暗殺されるということになってしまった。政治的にパージできない学者が，法政策形成過程に関わることになると，このような形での責任追及がなされる危険が出てくるのである。本稿は，この痛ましい事件が二度と繰り返されないようにするためには，学者はどうあるべきかという筆者なりに考えた一つの結論でもある。

いずれにせよ，労働法制の改革は，「第２テーゼ」によるときには，これらの議論をふまえて，あるべき雇用社会をめぐる議論やどのような法制が法的正義にかなうかをめぐる議論がある程度尽くされたところで，最終的には国民の選択に基づき進めていくというのが正しいやり方と思われる。もちろん，これは学者の立場からの議論であり，政治家が学界での議論などを考慮せず「第２テーゼ」により改革を断行し，その結果について政治的責任を負うということはあるのかもしれない。しかし，それはあくまで政治の問題である。

5　おわりに──「第２テーゼ」による私見

菅野・諏訪論文の構想における「労働者」概念の転換は労働法制の根底を覆しかねないものであり，この点で同論文は「第２テーゼ」としての性格をもつ。他方，雇用保障を重視している点や，雇用社会の（近い将来）の変化を考慮に入れている点では「第１テーゼ」としての性格もある。日本の労働法制の今後の改革も，この「第２テーゼ」としての側面と「第１テーゼ」としての側面のどちらが強く出てくるかによって，社会からの反発の大小の差がでてこよう。今後，原理主義的に「第２テーゼ」で法制の改革を断行していこうとすると，社会からの反発は強いものとなることが予想される。

私は，個人的には，ホワイトカラー・エグゼンプションの導入や解雇法制における金銭的解決の導入などの「市場重視」型の法制への転換が必要と考えている。そして，現在の労働法制は「第２テーゼ」に基づき改革してよいのではないかと考えている。「市場重視」型の労働法制を支える理念は，「市場重視」型のほうが，「個人としての労働者」を「理念的に」尊重する政策だからである。それこそが憲法13条の「個人の尊重」に合致した労働立法なのである。現実に低労働条件で苦しむ労働者を救済するのは，労働保護法制の問題ではなく，労働組合法制や社会保障の問題である。「個人としての労働者」が市場における対等なプレーヤーとなれないのなら，なれるようにするための政策が展開されていく必要がある。解雇にしても，それを実体的に制限することが「労働者」にとって良いこととは限らない。十分に本人が

納得して辞めていくことができるような手続的ルールを整備することこそ考えていかなければならないのである(43)。

　私のような考え方にはもちろん反対があってよい。国民が支持しなければ，私見は政策にも反映されない。しかし，それは私にとってそれほど重要なことではない。学界で重要なことは論争的な状況があることである。論争的なままでは，政府は困ってしまうかもしれないが，専門的なことは学界で議論し，最終的に国民が決断するということは，民主主義社会においては，避けて通ることのできない手続コストである。国民が誤った判断をすることもあるが，それを直接的にチェックできるのは，法律より上位にある憲法だけである（たとえば，人権を侵害するような法律は認められない）。何が憲法違反かをめぐり，さらに憲法解釈の議論は続くのだが，これを最終的に有権的に解決するのは裁判所である。

　要するに，「第2テーゼ」で改革を進めていくためには手順を尽くすことが必要である。まず学界で当該改革内容について十分な議論の蓄積があることが必要である。その専門的な知見は適切な形で国民に知らされる必要がある。政府は審議会等をとおして法案を立てるときは，そのプロセスにおいて学界の専門的な知見ができるだけ反映されるようにし，国民およびその代表者の機関である国会が熟慮した判断をできるようにすることが必要である。法技術的には，「ソフト・ロー」を用いて，法制の社会にもたらす激変を緩和するような工夫も必要であり，こうした技術的な側面でのブラッシュ・アップも法学者の研究課題といえるであろう(44)。

---

(43) 拙稿「解雇法制の"pro veritate"(2004)」大竹・大内・山川編・前掲注(21)書256頁以下。

(44) 男女雇用機会均等法は，「第2テーゼ」による制度改革といえたが，制定当初は，「努力義務」規定を多数設けて，社会を巧みに誘導した。ただ，筆者の視点からは，「第2テーゼ」における先決問題（このような立法を制定すべきであったかという問題）についての議論が十分であったのかについては疑問が残る。なお，「ソフト・ロー」については，荒木尚志「労働立法における努力義務規定の機能―日本型ソフトロー・アプローチ？―」『労働関係法の現代的展開　中嶋士元也先生還暦記念論集』(2004年，信山社) 19頁以下を参照。このほか，激変緩和には，零細企業等への適用除外の手法も用いられるべきであろう。

年休取得不利益取扱い法理の再検討
―――沼津交通事件最高裁判決の射程距離―――

大　橋　　　將

1　はじめに

　労働時間短縮に関しては，昭和62（1987）年労基法改正に際して，週48時間制から週40時間制への移行措置とともに，年次有給休暇の付与日数の拡大についても意を用いられてきたところである。週40時間制への段階的移行に伴い，週休二日制の普及に伴って，年間休日日数は，1987年の94.0日から2006年の113.1日へと約20日弱増加した計算となっている。しかし，長時間労働解消と人間らしい働き方の重要なメルクマールである年次有給休暇に関しては，法改正以来20年を経た今日においても以下のような惨憺たる状況にある。
　2006年の年次有給休暇に関する統計数字によれば，全産業平均の年給付与日数は，1987年の15.1日に対し，17.9日（ピークは2003年の18.2日）と若干の改善は見られているものの，取得日数については，同じく7.6日に対し8.4日と僅か0.8日の微増に止まり，年休取得率は47.1％と5割を割り込む状況である。この統計の分母は1年間の付与日数であるから，労基法の2年の時効を前提とした通常行われている2年間の繰り越しを考慮に入れると，年間の付与日数27.5日に対し取得日数は8.4日ということになり，実質的な取得率は30％に過ぎなくなる。
　日本における年次有給休暇取得がこのような惨状で推移しているのは，ヨーロッパ諸国と比べ休暇（バカンス）に関する歴史的背景が異なり，したが

ってまた休暇に対する考え方が労使共に異なることがあげられている[1]。このような実態に対する警鐘は古くから鳴らされており，立法的・法政策的な休暇取得促進が必要であるとの提言もなされているところである[2]。

　立法的手当としても，昭和62年労基法改正以降，最低付与日数を年6日から10日に引き上げたのをはじめ，計画年休制度を創設し，短時間労働者に対する比例付与の制度を新設し，取得に対する不利益取扱いを防止するために，労基法136条（当時134条）が新設され，継続勤務期間の短縮，経年的付与日数の引き上げなどの施策が講じられてきたところである。これらの改正によって，年次有給休暇の取得率は一時期向上したかに見えたが，バブル経済の崩壊とともに再び冬の時代が到来しているかに見える。

　特に，新たに設けられた労基法136条の不利益取扱いが争われた裁判例は，平成に入ってから争われた年休を主たる対象とする裁判例三十数件のうち以下に取り上げる数件にとどまり，そのほとんどがタクシー会社の事例に関してであり，一般企業における年次有給休暇をめぐる裁判例は，長期休暇の取得をめぐるもの[3]や，研修期間中の年休請求[4]，計画年休協定の拘束力[5]などがほとんどで，不利益取扱いをめぐって争われた例はごく僅かである。このように，タクシー会社においてのみこの種紛争が多発していることについては，何らかの特殊事情の存在が考えられる。タクシー会社における年次有給休暇取得に対する不利益取扱いの判例法理が，一般法理として一人歩きしているかに見える現在，果たしてこれら裁判例がこの問題の先例とされていいのかどうかについて改めて検証し直す必要があると思われるのである。

　実際，タクシー会社の労働条件は，規制緩和の波によるタクシー増車や運賃引下げ，それに伴う運賃収入の減少等により，悪化の一途をたどっている

---

(1) 休暇に関する啓蒙書として，野田進＝和田肇『休み方の知恵』有斐閣（1991年），研究書として，野田進『「休暇」労働法の研究』日本評論社（1999年）がある。

(2) 野田進「年休制度の見直しの方向——付与日数拡大から取得日数拡大へ」季刊労働法214号（2006年）39頁以下等。

(3) 時事通信社事件・最三小判平成4.6.23民集46巻4号306頁。

(4) 日本電信電話公社事件・最二小判平成12.3.31民集54巻3号1255頁。

(5) 三菱重工業長崎造船所事件・福岡高判平成6.3.24労民集45巻1＝2号123頁。

という。これから見ていく各種裁判例においても，必ず「タクシー会社の特殊性」が結論の前提条件となっている。本稿においては，タクシー乗務員の労働条件の実態と休暇取得の可能性の検証をふまえて，沼津交通事件において確立されたかに見える「年休取得をめぐる不利益取扱いの判断基準」に関する最高裁判例の射程距離を探ることとする。

2 年次有給休暇取得に対する不利益取扱いに関する判例の動向

(1) 労基法改正による立法的手当の経緯

　年次有給休暇に対する不利益取扱いを禁止する規定は，労基法制定以来明文のものとしては存在しなかった。しかし，時季指定権と時季変更権の法理を介在して年休の権利性は明確に認められ，行政解釈においても年休取得の促進が強力に指導されてきたところである。それにもかかわらず年休取得率が目に見えて改善されたとは言い難かった。その原因の一つに，使用者による年休取得に対する不利益取扱いを原因とするものがあるとして，昭和62年労基法改正の際，附則134条（現在は136条に移行）において「有給休暇を取得した労働者に対して，賃金の減額その他不利益な取扱いをしないようにしなければならない」との立法的措置が講じられた。これは，従来行政解釈および裁判例において蓄積されてきた法解釈を明文化したものであった。しかし，いかにも曖昧なこの規定の仕方をめぐっては，法案段階から様々な議論がなされてきており，改正法成立後において，案の定紛争事例をめぐって裁判所を悩ませることとなったのである。

　労基法制定以来年次有給休暇の制度が定着する過程においては，年休取得に対する不利益取扱いとしての様々な態様の存在が指摘されてきたところである。年休取得を欠勤扱いとすることから始まり，一時金の減額や昇給・昇格の査定に際して稼働日数の基準を設けマイナス要素としてカウントする等が存在した。このような事態に対し，当初の行政解釈は，年休を取得しなかった日数に応じて賞与を増額する措置について「過去における実出勤日数に応じて賞与を支給することは，労働基準法違反とならない」[6]としていたが，

これに対しては批判が強かった。学説においては、さすがに罪刑法定主義の観点から直截に刑事罰の対象とする議論こそなかったが、民事上の効力については、公序良俗法理を媒介としてその違法性を認めるものが多数を占めていた[7]。これら学説の批判をうけて、後に行政解釈は、「①精勤手当の額の算定に際して、労働基準法第39条に規定する年次有給休暇を取得した日を欠勤として、又は欠勤に準じて取扱うこと（以下『不利益取扱い』という。）は直ちに法違反があるとは認めがたいが、年次有給休暇の取得を抑制する効果をもつものであり、労働基準法第39条の精神に反する。上記の不利益取扱いを定める就業規則の規定は年次有給休暇を取得したことによる賃金の減少の額の程度、年次有給休暇の取得の抑制の程度等のいかんにより、公序良俗に反して民事上無効と解される場合があるので、この点について周知すること。②賞与の額の算定に際して、労働基準法第39条に規定する年次有給休暇を取得した日を欠勤として、又は欠勤に準じて取扱うことについても、精皆勤手当にかかる不利益取扱いの場合と同様の問題があるので、上記に準じて取り扱うこと」[8]と態度を変更し、それは法改正後まで引き継がれている[9]。

改正法の立法趣旨に関して行政解釈は、「年次有給休暇の取得に伴う不利益取扱いについては、従来、①年休の取得を抑制する効果をもち、第39条の精神に反するものであり、②精皆勤手当や賞与の減額等の程度によっては、公序良俗に反するものとして民事上無効と解される場合もあると考えられるという見地に立って、不利益な取扱いを是正するよう指導が行われてきたところであるが、そのような取扱いをする事例も見られることから、附則に訓示規定を設けてその趣旨を労働基準法上において明確化したものである」[10]

---

(6) 昭和30.11.30 基収4718号。

(7) 法改正以前の学説の動きについては、下井他著『コンメンタール労働基準法』有斐閣（1979年）178頁〔渡辺章〕、東京大学労働法研究会著『注釈労働時間法』有斐閣（1990年）635頁以下等参照。

(8) 昭和53.6.23 基発355号。この点に関し、『新労働時間法のすべて』ジュリスト臨時増刊917号（1988年）137頁以下〔安枝英訷〕参照。

(9) 昭和63.1.1 基発1号。

と表現しているが，依然として私法上の効力についても明確な態度を示していない。

　法改正後のこの点に関する学説の議論は，さまざまな立脚点に立ちながらも，総じて私法上の効果を認める解釈が一般的である。例えば，元々労基法39条によって民事上強行法規たる性質を有している[11]，本条の新設によって強行法規たる効力を有するに至った[12]，等の説が唱えられている[13]。

　法改正後も，従来と同様年休取得に対する不利益取扱いをめぐる裁判事例は，さほど増加したというわけではない。しかし，法改正後間もなく最高裁は沼津交通事件[14]において，法解釈としては附則134条を努力義務規定と断じ，私法上の効力を否定する判決を下した。そして，この最高裁判決が，その後の同種事件において，必ず先例として引用されることとなっている。もとより，附則134（136）条の立法経緯，規定の仕方から見て，罪刑法定主義の原則を枉げてまで本条に刑事罰を付与することは難しい。裁判例において争われている問題点も，不利益取扱いに関する民事上の救済をめぐってであり，さらにどちらかといえば一過性の不利益取扱いの事例が多く，直接身分に関わるような解雇・懲戒に関するものであったり，過大な不利益を被る事例であるとは言い難い。理論的に見れば，不利益の大小が結論を左右するのは問題ではあるが，裁判所としても不利益の程度が比較的軽微であれば，労働者側の主張を退けやすくなることは人情かも知れない。事実，裁判例においては，「タクシー会社の特殊性」とともに，「年休取得を事実上抑制する程度の不利益性」がメルクマールとされている。もちろん，タクシー乗務員の年休取得が抑制されていいはずはないが，一連の判決が強調するように一般

---

(10)　厚生労働省労働基準局編『改訂新版労働基準法（上）』労務行政研究所（2005年）590頁。

(11)　菅野和夫『労働法（第7版補正2版）』弘文堂（2007年）297頁。

(12)　前掲注8『すべて』130頁以下〔安枝英訷〕。

(13)　詳細については，東大労働法研究会編『注釈労働基準法（下）』有斐閣（2003年）〔川田琢之〕参照。本稿は，不利益取扱いに関する学説の紹介を主眼点とするものではないので，この点については，これ以上触れない。

(14)　最二小判平成5.6.25民集47巻6号4585頁。1審静岡地沼津支判平成2.11.29，控訴審東京高判平成4.3.18（出典はともに前掲民集に収録）。

企業と本質的に異なるところがあるとすれば，それを解明することによって附則136条の法的効果についての判例法理の射程距離の検証が可能となる。結論を若干先取りすれば，不利益取扱いに対する理論上の争いというよりは，不利益取扱いにあたるかどうかの事実認定上の争いとなっているといえなくもない。そこで，まずは，判例が具体的な事実関係に即して，どのような判断基準をとっているのかを検証してみることとする。

(2) タクシー会社における年休取得に関する判例

すでに述べたように，過去の裁判例において，年次有給休暇を取得したことに対して直接的に賃金の減額を伴う不利益取扱いが問題になった事案は，ほとんどがタクシー会社に関するものである。労基法附則136（134）条制定前の事案も含め，いくつかの裁判例を取り上げて比較してみよう。

(a) モデルハイヤー事件[15]

この判決は，労基法附則134条制定前のもので，事案の概要は，「月算歩合給」が水揚高の45％とされており，稼働日数の増加に応じて賃金額が増えるのに対し，年休手当が健保法所定の標準報酬日額または基本給日額とされているため，従業員にとって年次有給休暇を取ることが賃金の減額を招くこととなる，というものである。判決は，上記賃金制度は年休取得を事実上抑制するものとはいえず，また労基法39条の趣旨に反するともいえないとした。この事件では，足切り額以上の水揚げに対して45％が歩合給として支払われる制度の下で，年休取得を抑制する程度によっては公序良俗違反になることもあるとしながら，「1か月に5日年休を取得しても，17万1518円はその月分の賃金として確保されており，これは，一般的にみて，その額が低すぎるため年休を取らずに稼働しなければ生活できないような金額ではなく，また，年休を取得したか否かの差額が1日につき5261円であって，それが著しい値を示し，労働者側において年休を放棄しなければ損失を被る

---

[15] 高知地判昭和63.7.7労判536号67頁。当時モデルハイヤーにおいては，地域性もあり，1勤務13時間拘束，10時間実労働・月間20乗務が標準となっており，深夜稼働を前提とした連続16時間乗務を1勤務（月間標準乗務11乗務）とするシステムが一般的となっている都市部におけるタクシー乗務形態と異なっている。

との感を強く受ける程のものということもできない」とした。昭和60年当時の月収17万円余が当時の物価水準においてどのような位置づけにあるかについては即断しがたいが，不利益取扱いの成否に関し賃金水準を年休取得抑制の判断要素としている点において，以後の裁判例と共通の性格を有しているといえるであろう。

(b) 沼津交通事件

労基法改正後の事例として注目を集めた前掲沼津交通事件は，法改正後年休取得を欠勤に該当するとして皆勤手当を減額していた従来の取扱い（労働協約）を労使交渉で改め，改正法施行後労働協約を改定して減額措置を取りやめることとした中で，原告が協約改定までの5ヵ月間の皆勤手当の支払いを求めて提訴した事件であり，請求額は1万数千円程度のものであった。最高裁は大略次のように判示した。

「労働基準法134条が，使用者は年次有給休暇を取得した労働者に対して賃金の減額その他不利益な取扱いをしないようにしなければならないと規定していることからすれば，使用者が，従業員の出勤率の低下を防止する等の観点から，年次有給休暇の取得を何らかの経済的不利益と結び付ける措置を採ることは，その経営上の合理性を是認できる場合であっても，できるだけ避けるべきであることはいうまでもないが，右の規定は，それ自体としては，使用者の努力義務を定めたものであって，労働者の年次有給休暇の取得を理由とする不利益取扱いの私法上の効果を否定するまでの効力を有するものとは解されない。また，右のような措置は，年次有給休暇を保障した労働基準法39条の精神に沿わない面を有することは否定できないものではあるが，その効力については，その趣旨，目的，労働者が失う経済的利益の程度，年次有給休暇の取得に対する事実上の抑止力の強弱等諸般の事情を総合して，年次有給休暇を取得する権利の行使を抑制し，ひいては同法が労働者に右権利を保障した趣旨を実質的に失わせるものと認められるものでない限り，公序に反して無効となるとすることはできないと解するのが相当である」。

最高裁は，次の事実を認定している。①自動車の実働率を高める必要から，乗務員の出勤率が低下するのを防止するため，皆勤手当の制度を採用し，②交番表に定められた労働日数及び労働時間を勤務した乗務員に対し，昭和

63年度は1ヵ月3,100円，平成元年度は1ヵ月4,100円の皆勤手当を支給することとするが，年次有給休暇を含む欠勤の場合は，欠勤が1日のときは昭和63年度は1ヵ月1,550円，平成元年度は1ヵ月2,050円を右手当から控除し，欠勤が2日以上のときは右手当を支給しない，③右皆勤手当の額の右現実の給与支給月額に対する割合は，最大でも1.85％にすぎない，④いわゆる有給休暇の買取りを行っていた，等である。そしてこれらの事実認定を前提としながら，次のように述べて結論として上告を棄却した。

「右の事実関係の下においては，被上告会社は，タクシー業者の経営は運賃収入に依存しているため自動車を効率的に運行させる必要性が大きく，交番表が作成された後に乗務員が年次有給休暇を取得した場合には代替要員の手配が困難となり，自動車の実働率が低下するという事態が生ずることから，このような形で年次有給休暇を取得することを避ける配慮をした乗務員については皆勤手当を支給することとしたものと解されるのであって，右措置は，年次有給休暇の取得を一般的に抑制する趣旨に出たものではないと見るのが相当であり，また，乗務員が年次有給休暇を取得したことにより控除される皆勤手当の額が相対的に大きいものではないことなどからして，この措置が乗務員の年次有給休暇の取得を事実上抑止する力は大きなものではなかったというべきである。

以上によれば，被上告会社における年次有給休暇の取得を理由に皆勤手当を控除する措置は，同法39条及び134条の趣旨からして望ましいものではないとしても，労働者の同法上の年次有給休暇取得の権利の行使を抑制し，ひいては同法が労働者に右権利を保障した趣旨を実質的に失わせるものとまでは認められないから，公序に反する無効なものとまではいえないというべきである。これと同旨の原審の判断は正当であって，原判決に所論の違法はない。」

労基法附則134条の趣旨について，立法以来種々議論されている中での最高裁判決として，注目を集めたものではあるが，事実関係そのものが一見して原告サイドに分があるものであったわけではなく，その実質においてリーディングケースとなるにふさわしい事件であったかどうかいささか問題がある事例であったにもかかわらず，その後いくつかあらわれたタクシー会社に

おける年休取得に対する不利益取扱いを争点とする裁判例においては，本件最高裁判決がリーディングケースとして引用されることとなったのである。

　(c)　錦タクシー事件[16]

　沼津交通事件判決以降の裁判例として，まず錦タクシー事件がある。この裁判例では，賞与計算等の「乗務日数」から労災休業日や年休取得日を除外することが賞与支給協定書によって定められていた。もと労働組合委員長であった原告がこの協定に基づいて減額された3期分の賞与100余万円を請求したところ，大阪地裁は，次のような理由によって原告の請求を退けている。つまり，「賞与は，労働の対価たる側面を有することは否定できないものの，賃金のように，労働契約上当然に使用者に支払いが義務付けられるものではなく，対象期間における使用者の収益や労働者の勤務状況，勤務態度等多くの要素を考慮して支給の有無やその額が決定せられるもので，使用者の利益の分配や労働者に対する報奨的性質も強く，その性格は必ずしも一義的に説明できるものではない。そして，賞与を支給するかどうか，どのような条件のもとに支給するかといった事柄は，使用者と労働者との個別の約定や労働協約，就業規則等によって具体化されることになるが，その収入のほとんどの部分を労働者の乗務による収入に依存せざるを得ないという・タ・ク・シ・ー・会・社・の・特・殊・性をも考慮したとき，被告における賞与の決定にあたっては，従業員の生活保障の観点とともに，利益獲得における従業員の貢献に対する報奨，将来の業務の奨励等の見地から，これに応じた諸要素の総合的考慮を行う必要のあることは，容易に推測できるし，このような見地から賞与の算定基準を設けることも是認できるというべきである」，とした上で，「確かに，年次有給休暇の取得や労働災害による休業は，労基法が労働者に保障した権利であり，尊重されるべきものであって，使用者が，賞与の算定にあたり，労働者がこれらの権利を行使したことを理由として，ことさら不利益に取扱い，労基法が右各権利を保障したことの意味を実質的に失わせることは許されないが，被告の賞与算定における取扱いがこれに該当するかどうかの判断に際しては，年次有給休暇の取得日数や労働災害による休業日数を控除した『乗

---

[16]　大阪地判平成8.9.27労判717号95頁。

務日数』が定められた趣旨や目的，被告の従業員が被る経済的不利益の程度等の諸事情を考慮したうえで，年次有給休暇の取得や労働災害による休業の権利に対する事実上の抑止力の強弱等を総合的に判断することが必要である」。「被告による『乗務日数』への不算入の取扱いが年次有給休暇を保障した労基法の精神に沿わない面を有することを完全に否定することはできないが，その効力については，前記のとおり，その規定が設けられた趣旨，目的，労働者が被る経済的不利益の程度，年次有給休暇の取得に対する事実上の抑止力の強弱等諸般の事情を総合して，年次有給休暇を取得する権利の行使を抑圧し，ひいては同法が労働者に右権利を保障した趣旨を実質的に失わせるものと認められるものでない限り，公序良俗に反して無効になるとすることはできない」としたのである。

　(d)　練馬交通事件[17]

　労基法改正後，十数年経過してからの事件である練馬交通事件においても，やはり沼津交通事件最高裁判決は大きな影響を及ぼしている。練馬交通(株)の賃金体系と年休取得者に対する取扱いは次のようなものであった（【　】内が賃金体系，その後が減額の取扱い）。

(ｱ) 本給　【2万1,238円】年休権行使が1出番の場合には減額されないが，2出番以上の場合には1出番につき1,931円（全体の11分の1に相当する金額）減額

(ｲ) 勤務給　【7万8,538円】1出番につき7,140円（全体の11分の1に相当する金額）減額される。

(ｳ) 能率給　【営業収入34万円超の額に対し45％】年休日の営業収入をゼロとして扱う

(ｴ) 安全服務手当　【9,000円】1出番につき4,500円（2出番以上は全額）減額

(ｵ) 皆勤手当　【5,500円】1出番でも年休権を行使した場合には全額減

---

[17]　東京地判平成16.12.27労判888号5頁，東京高判平成17.7.19判例集未登載。本事件については，原告側代理人である古田典子弁護士から，訴訟資料の提供を受けた。本稿は，事実関係の検証を含め，提供いただいた訴訟資料を参照しており，同弁護士に謝意を表する次第である。

額
- (カ) 乗務手当 【7,700 円】1 出番につき 700 円（全体の 11 分の 1 に相当する金額）減額
- (キ) 残業手当 【3 万 3,000 円】1 出番につき 3,000 円（全体の 11 分の 1 に相当する金額）減額
- (ク) 深夜手当 【上記(ア)ないし(キ)の合計額に営業収入に応じた乗率を掛ける】上記(ア)ないし(キ)の各手当に応じて減額
- (ケ) 調整手当 【営業収入 67 万円以上 38,000 円から営業収入に応じ累進し 80 万円以上の場合 9,500 円，以後 5 万円ごとに 2,000 円加算】年休日の営業収入をゼロとして扱う
- (コ) 家族手当 【配偶者 1,500 円，子 1,000 円（最大 3 人）】減額なし
- (サ) 交通費 【最大 3,700 円】年休権行使が 1 出番の場合には減額されないが，2 出番以上の場合には全額減額
- (シ) 公出手当 その日の営業収入の 6 割
- (ス) 有休手当 健保法に定める標準報酬日額相当額

原告らはこれを不当として未払賃金の請求を求めて提訴したのであるが，判決は前掲沼津交通事件最高裁判決を引用しながら，次のように結論づけている。

「原告らは本件……『勤務編成上の欠勤』に年休権行使は含まれないと主張するが，被告の就業規則には欠勤についての定義規定は存しないものの，出番を割り当てられた日に勤務しないという意味では，年休権行使も欠勤の一態様ということができ，これを『勤務編成上の欠勤』から除外すべき理由はない」。「被告の就業規則 52 条 1 項によれば，年休権を行使する場合には所定の手続により 7 日前までに所属長に届け出なければならないとされているが，実際には当日の午前 6 時半ころまでに電話等により乗務員から病気等を理由とする年休申請があれば，被告は当日の欠勤を年休権の行使として取り扱うことが多く，時には事後に申請があった場合にもそのように取り扱うことがあった」。「出番の直前に年休申請がなされることが多いため，代替要員の確保は実際上困難である」。「仮に代替要員を確保することができたとしても，その場合には当該代替要員が本来その月に指定されていた別の出番を

休むことになるので，被告にとっては，乗務員が年休権を1出番行使するということは，代替要員確保の可否にかかわらず，その月に1出番の休車が確定的に生じることを意味する」。「被告には約270名の乗務員が在籍しているところ，年休権行使により休車となった延べ台数（出番数）は，平成14年で1か月平均23.75台（最多は1月の59.5台），平成15年で1か月平均22.08台（最多は1月の54台）であるから，毎月約11ないし12人につき1人（1出番）の割合で年休権を行使している計算になる。」

そして，以上の事実認定を前提に置きながら，「本件減額は被告がタクシー事業者であり専ら営業収入により利益を上げていることや，交番表作成後の代替要員確保が困難であり，仮に確保できたとしても当該代替要員の乗務が予定されていた別の出番が休車になってしまうという事情から，車両の効率的な運行確保のために乗務員の11出番完全乗務を奨励する目的で行われているものであり，原告ら乗務員の年休権行使を一般的に抑制しようとする趣旨・目的があるとは認められない。」とした。そして，原告らの失う不利益の程度については，月間最大7.25％の減額は，「乗務員に対して常に年休権行使の抑制に結びつくほど著しい不利益を課するものと断定することはできない。」とする。また，「年休権行使に対する事実上の抑止力の強弱」についても，「1か月に11ないし12人につき1人（1出番）の割合で年休権を行使しており，原告らの中でも比較的行使回数の多い原告Ａは，……2年間で合計15出番（1出番は2日であるから日数でいうと30日）の年休権行使をして」おり，「本件減額によって被告の乗務員の年休権行使が一般的に強く抑制されているものとは認められない。」としたうえで，「結局，本件減額は，これについて見る限り，労働基準法39条及び136条の趣旨から見て望ましいものではないとしても，原告らの同法上の年休権行使を抑制し，ひいては同法が労働者に上記権利を保障した趣旨を実質的に失わせるものとまでは認められないから，公序に反し無効であるということはできない。」と結論づけた。

そして，高裁判決も地裁判決の事実認定を踏襲しながら，「皆勤手当・安全服務手当以外の手当も減額されるから，控訴人らの受ける不利益は大きい旨主張するが，控訴人らは，皆勤手当・安全服務手当の減額が労働基準法

39条，136条に違反して無効なことを前提として，その減額分の支払を求めているのであるから，その余の手当，賃金の算定方法に合理性があるか否かは，本件の争点ではない。本件減額が無効か否かは，あくまで，本件減額による不利益を前提として判断するほかはない。しかも，控訴人らの主張する勤務給，能率給，調整給，乗務手当，残業手当，深夜手当は，その手当の性質上，現実に乗務することを前提とする賃金として取扱うことが不合理とはいえないのであって，年休権行使に対する制裁的取扱いとまではいえない」。「本件では，労働基準監督署が文書で指導したにもかかわらず，使用者は年休権の行使による各手当の減額を続けていることを指摘する。仮に，控訴人ら主張の事実があったとすれば，望ましい事態であるとはいえないが，労働基準監督署の指導があったからといって，本件減額が直ちに公序に反するとまではいえない。」として，原告側の控訴を棄却しており，高裁判決が確定している。

(3) 裁判例における不利益取扱いの判断基準

以上の各裁判例の引用において傍点を付した部分が，タクシー会社の特殊性を強調する部分である。各判決では，タクシー会社における年休取得に対する不利益取扱いの合法性を認定するにあたって，タクシー会社の経営の特殊性をその大きな要素としているといえよう。

では，「タクシー会社の経営の特殊性」とは，どのような状態を指すのであろうか。一般的には，都市部におけるタクシー会社の車両の割り振りとして，タクシー1台につき2名の乗務員を割り当て，月間11出番（実乗務時間16時間＋時間外労働時間＋整備時間，実質2日）＋公休1日（公休は休日出勤扱いとなっており，月間車両稼働日数合計24日）を確保することで，車1台あたりの稼働率を100％とする勤務ダイヤ[18]によって勤務シフトが組まれている状態を指す。したがって，勤務ダイヤができあがった後に乗務員が休むと，代替要員の確保が難しく，結局そのシフトは休車せざるを得ない状態となる

---

[18] 各種判決では，出番表とか交番表と表現されていることが多いが，ここでは勤務ダイヤという表現を用いることとする。労働現場においては，呼称についてあまり意識されていないようである。

のである。そこで，タクシー会社は実車率を高めるために様々な方策をとってきた。その一つが皆勤手当の制度であり，この手当の支給除外条件の中に，「年休取得」が定められていることによって，紛争が多発しているのである。

たしかに，理由の如何を問わず欠務が休車に結びつくことは事実であり，この理屈は一見合理性があるかのように見える。しかし，勤務ダイヤ作成前に年休取得が分かっていれば休車という事態は回避できるにもかかわらず，実際には，勤務ダイヤ作成の前後を問わず，年休取得に対する取扱いに特に相違は見られず，この理由が正当性を持つかどうかについてはいっそうの検証が必要となる。

また，タクシー乗務員の賃金体系は，基本的に歩合給であり（そこには様々なヴァリエーションがあるが，固定給1本ということはない），月間運賃収入（運収）に応じて賃金率が決定されるので，通常欠務によって賃金額が減少する。しかしながら，年休を取得した場合にそれが「有給」であるためには，欠務がなかったと同様の賃金が支払われなければならないはずである。ところが，運収のばらつきが大きいため，ほとんどのタクシー会社では年休手当は標準報酬によっている。平均賃金と標準報酬を比較すれば，標準報酬の方が少ないのが通例であるから，それだけでも年休取得抑制効果が内包されているといわざるを得ない。そこに実車率を高めるためと称して「精皆勤手当」を減額することによって，よりいっそうの年休取得抑制効果が発生するのではなかろうか。この点に鑑みると，今まで取り上げた裁判例にあらわれた「ペナルティ」がどの程度の不利益をもたらし，「著しく年休取得を抑制」するか否かについて，改めて検討してみる必要が生じる。

3　実際の年休抑制効果を判断基準とすることについて

(1) タクシー乗務員の労働条件

ここで，タクシー乗務員の労働条件の実態を見ておくことにしよう。2005年全国平均の男性タクシー乗務員の年収は，平均年齢54.9歳・勤続9.4年で3,016,400円，全産業男性平均年収5,523,000円と比較すると，約55％であり，250万円以上の格差が存在する。全国最低の徳島県では1,799,000

円であり，同県の同年の最低賃金が約154万円（最低賃金額×8時間×26日×12ヵ月）であるから，年収に時間外割増賃金・各種手当て・臨時給等が算入されていることを考えると，平均的なタクシー乗務員は最低賃金以下の労働条件で働いていることとなる。ちなみに，東京は約406万円で全産業平均の60％，大阪は約332万円で同じく59％となっている[19]。

　このような賃金実態をもたらす賃金体系の仕組は複雑で，各社各様に異なっているが，大きく分けて基本給を加味した賃金体系と，歩合給1本の賃金体系が存在する[20]。

　両者とも，運収の額によって歩合率が異なることは共通しているが，基本給を加味した賃金体系では，歩合率（運収に対する賃金率）がやや低めに設定されており，基本給がなく歩合給1本の場合は，歩合率がやや高めになっている。問題は，タクシーは極端な労働集約型産業であり，乗務員の運収によってタクシー会社の収入が成り立っている点にある。運収のうち車両の減価償却やガス代等の固定費として仮に30％を控除するとすると，労働者への還元率は70％となり，労働者の中には整備や事務に従事する内勤者もおり，かつ法定福利費もかかるから，実質的な歩合率は50％を割り込むのが通例である。規制緩和の波に乗ってシェア拡大のため保有台数を増車すると，1台あたりの運収は必然的に低くなるため，固定費の比率を引き上げることによって対処しているタクシー会社も多い。また，乗務員の収入の面では，クレジット・カードによる支払いにつき，カード会社に対する手数料を乗務員負担にしているタクシー会社もある[21]。

　それでは，勤務ダイヤの編成はどのようになっているのであろうか。タク

---

[19] http://www.zenjiko.or.jp/deta/d_2_7.htm.厚生労働省2005年賃金構造基本統計調査からの推計。

[20] 私鉄総連加盟の私鉄ハイタク協議会の2004年賃金資料を参考にした。以下の実態は，概ね福岡における聞き取り調査とこの資料に依っている。なお，聞き取り調査の過程で耳にした，タクシー乗務員労働組合指導者の「年休の完全取得など全く夢物語で，年休の買い上げが実現することによって年休制度の実質が保たれる」という悲痛な言葉は，問題の本質をあらわしているように思われる。

[21] 本稿は，タクシーに関する規制緩和の問題を主題とするものではないので，これ以上踏み込まない。

シーに対する需要は地域によってまちまちで，大都市の中心部では深夜まで客足があるため1勤務16時間＋休憩時間（拘束18時間から20時間）のダイヤ編成となり，少ないところで11勤務（22日），多いところで13勤務（26日）が基準となっている。大都市でも郊外や地方都市，農村部においては，深夜の稼働はほとんどないため，日勤が主体となり，月間20勤務から26勤務が標準である。

さて，賃金額が運収の多寡によって左右されるという点が，最大の問題である。どのタクシー会社においても，一人あたり一定の運収を確保させるため，最低運収基準額（足切り）を定めている。足切り額に到達しないと，極端なところでは，歩合率が10％以上少なくなるところがある。そうすると，仮に40万円足切り制度の下で，足切り到達歩合率51％，未達成41％とすると，39万円の運収で終わると歩合給が159,900円なのに対し，40万円の運収をあげれば，204,000円と4万円以上の差がつく。このようなシステムだからこそ，乗務員が自腹で足切り到達まで運収をつぎ込むような土壌が生まれてくるのである。

(2) 労働実態の年休取得抑制効果

このような実態の中で，乗務員が年休を取得するとどうなるか。賃金面において標準報酬日額に相当する年休手当を支払われても，運収が足切り額に到達しなければ，当月の賃金は大幅にダウンすることになる。乗務員にとって不利益が一番少ないのが年休取得日について平均の売上げが上がったものとみなす運収保障方式であるが，経営サイドから見た場合，運収があがらず，人件費が増えるのでダブルパンチとなり，このシステムを採用している企業は非常に少ない[22]。このような実態の中で，運収保障方式による以外は，たとえ年休取得日に一定の年休手当が支払われたとしても，その月（もしくは半年＝ボーナス算定期間）の運収が少なくなれば，必然的に歩合率が低くな

---

[22] 前記賃金資料によれば，年休取得日の所得保障について，20社中仮想運賃方式（運収保障）を採用しているのは僅か1社にとどまり，平均賃金が3社，通常賃金が2社，標準報酬月額が6社，支払いなしが1社，その他が8社となっており，その他8社の支払い方は，全てまちまちである。

り，賃金総額も減少するという構造になっているのである。私鉄総連に組織されている労働組合のあるタクシー会社においてすらこのような実情にあるのであるから，その他の労働組合すらない圧倒的多数のタクシー会社においては，年休取得に支障のないような制度設計はほとんどなされていないと考えざるを得ない。

改めて，練馬交通事件の訴訟資料に基づいて，年休取得の場合の賃金について検討してみよう。練馬交通では，11勤2公休が標準であるので，11勤務満動した場合と1有休取得した場合の賃金をモデル的に試算して比較してみると次のようになる（1乗務営収5万円，扶養家族3人，交通費3,700円で試算）。

	11勤満勤の場合	1有休取得の場合
本　　　給	21,238	21,238
勤　務　給	78,538	71,398
能　率　給	94,500	72,000
皆　勤　手　当	5,500	0
安全服務手当	9,000	4,500
乗　務　手　当	7,700	7,000
残　業　手　当	33,000	30,000
深　夜　手　当	16,715	11,956
家　族　手　当	4,500	4,500
交　通　費	3,700	3,700
有　休　手　当		18,660
合　　　計	① 274,391	② 244,952

上記試算結果からも明らかなとおり，11勤務満動した場合の賃金①と1有休取得した場合の賃金②比較してみると，有休手当18,660円が支給されているにもかかわらず，②の方が①に比較して29,439円も低くなり，2有休取得するとさらに大幅に賃金が下がる。

結局，各種手当てのうち，実質的な労働時間に対応する残業手当，深夜手当，日割り計算の場合の交通費等については，減額の対象として問題は生じないが，運収に応じた能率給については，みなし営収（1乗務平均水揚げが

あがったことにして総額を算出）に通常の歩合率を適用して能率給を算定する方法によるのが適切である。このように算定してはじめて，労基法39条6項に定める「平均賃金又は所定労働時間労働した場合に支払われる通常の賃金」ということになるはずである。

労基法39条の「有給」の要件としての賃金は，通常の賃金・平均賃金が原則であり，標準報酬日額による支払いについては労使協定が要求されており，あくまで前二者による支払いが不可能な場合に限られると解するべきである。

すでに行政解釈においても，「年次有給休暇の賃金を支払うこととしながら，その支給額を基本経費に加算して運収額から差し引くものとすれば，実質的に年次有給休暇の賃金を支払ったことにならなくなるものと見られる」[23]とされており，この行政解釈は後の行政解釈によっても踏襲されている[24]。したがって，これらの行政解釈は，直接に不利益取扱いに関するものではないが，タクシー会社の年次有給休暇の賃金支払方法につき，明確な方向性を示しているのである。

この点に関し，月間水揚げに応じた歩合率を採用するのは，不利益取扱いとは別問題とする見解[25]があるが，賃金総額の比較において判断すべきであり，深夜手当，残業手当等の減額はともかくとして，支払われる通常の賃金や平均賃金が実質賃金と乖離が激しいときには，実質的に年休取得に経済的制裁を与えることになり，許容範囲を超えているといえよう。

ちなみに，最高裁は，年休取得を一時金減額の理由としたエス・ウント・エー事件[26]においては，明確に，賞与の計算上年休取得日を欠勤として扱うことは許されないとしている。

---

[23] 昭和48.7.24労働基準局監督課長，労働基準局賃金福祉部賃金課長通達。

[24] 昭和63.3.14基発150号。運収還元制とは，4ヵ月毎に各人の運収額を締め切り，その期間中の基本経費，走行経費及び基本給，時間外賃金，深夜割増賃金等を差し引いた残額を運収還元金として各人に支給する制度である。

[25] 菅野和夫『労働法（第7版補正2版）』弘文堂（2006年）297頁。

[26] 最三小判平成4.2.18労判609号12頁。

(3) 勤務ダイヤの作成時期と年休取得時期の前後関係

　タクシー業界においては，いったん勤務ダイヤを作成し勤務割が決定すると，その後の年次有給休暇申請については，代替要員の確保ができなければその出番について休車とならざるをえない。そのために，定年退職者等の代替要員をプールしておき，年次有給休暇取得者（病休等も同じ）が出た場合には，順次これらの者に交渉して代替要員として出勤してもらうのが慣例となっている。そして，年次有給休暇の取得態様によって，代替要員の確保に大きな差ができることとなる。この点を捉えて，裁判例では「タクシー業界の特殊性」の論拠の一つとされているが，例えば計画年休制度による月間3－4出番の年休取得が組み込まれた勤務ダイヤによった場合でも，年休取得者に対する賃金減額が同様のものであるとすれば，この論拠は成り立たなくなる[27]。今までの裁判例を見る限り，勤務ダイヤ編成前と編成後の年休申請について検討したものは見あたらず，聞き取り調査によっても特にその区別は意識されていなかった。したがって，この点についての本格的な検討も今後の課題である。

　また，タクシー業界は歩合制で成り立っており，固定給制の一般企業と異なるところが多い。一般企業であれば，年次有給休暇取得日について有給保証をする際，単に欠勤控除を差し控えるだけで問題は生じないが（休暇日の賃金が支払われたことになる），歩合制によって成り立っているタクシー業界

---

[27] この点を指摘する評釈として，野田進「年休取得と不利益取扱――沼津交通事件」平成5年度重要判例解説223頁以下参照。そこでは，「判旨の示した判断方法にもとづき，経営事情の特殊性を積極的に考慮するとしても，その評価の仕方についてはなお異論がありうる。特に本件では，原判決の認定した事実においても，交番表がいかなる時期に作成されるのかが明らかでない。これが相当以前に作成されるものであり，そのために労働者が年休の多くを，勤務予定表の作成後に請求せざるをえない状況にあるときには，年休の取得を抑止する取扱と解すべき余地がある。また，交番表の作成後の代替要員の手配についても，その困難の主たる原因が，普段から十分な要員を確保していないなど使用者側の事情によるものであるときには，やはり皆勤手当の不支給の根拠となしえないといえよう。これらの事実について，もう少し立ち入った検討のうえ，公序違反の有無についての判断が望まれるところである。」と結論づけている。

における年休手当がどのような構造であるべきかが次の問題点となる。

そして、これらの検討を通じて初めて、タクシー乗務員に対する年休取得の不利益取扱いの内実が明らかになると思われる。

4　不利益取扱いの判断基準と年休取得抑制効果

以上見てきた、一連の判決において重要なタームとなっているのが「年次有給休暇取得の権利の行使を抑制」しているか否かである。もちろん、労基法136条の立法趣旨が、年休取得を理由とする不利益取扱いによって、年休取得への萎縮効果が生じないようにすることにある。しかし、年休取得抑制効果の判断にあたり、相対的な程度問題に矮小化されすぎているのではないかとの懸念が禁じ得ない。

不利益取扱いの禁止は、単に年休取得の萎縮効果を防止する法政策的立法に止まらず、本来権利として保障された年次有給休暇取得に対する不利益取扱いを、まさに権利侵害として位置づけようとする趣旨も包含されているはずである。それにもかかわらず、古くは昇給基準の出勤率80％条項に年次有給休暇や生理休暇、労災による休業などが含まれていたことに対し、法令違反を前提とするこれら協約条項を違法とした日本シェーリング事件判決[28]以来、連綿として判例は権利取得に対する実質的な抑制効果を判断基準としてきた。しかし、私法上の効果として直截的に権利侵害を禁止（または努力義務）したものと解するのが妥当だと思われる。

その意味で、沼津交通事件をはじめとするタクシー会社における年休取得に対する不利益取扱いに関する裁判例が、実質的に年次有給休暇の取得を抑

---

[28]　最一小判平成元.12.14民集43巻12号1895頁。「従業員の出勤率の低下防止等の観点から、稼働率の低い者につきある種の経済的利益を得られないこととする制度は、一応の経済的合理性を有しており、当該制度が、労基法又は労組法上の権利に基づくもの以外の不就労を基礎として稼働率を算定するものであれば、それを違法であるとすべきものではない。」「80％条項の制度の下では、一般的に労基法又は労組法上の権利の行使をなるべく差し控えようとする機運を生じさせるものと考えられ、その権利行使に対する事実上の抑制力は相当強いものであるとみなければならない」とする。

制したかどうかを事実認定において重要な要素としている点は，問題を孕んでいると言わざるを得ないであろう。

日本のように，まとまった休暇取得どころではなく，病気欠勤の穴埋め（沼津交通でも練馬交通でも年休取得のかなりの部分が病休の穴埋めとして利用されている）として利用されるのが通例の風土において，練馬交通事件におけるように，年休取得抑制効果を否定する論拠として，たまたま2年間で30日という年休取得者の存在をもって，抑止効果が顕著でないとする裁判例の判断手法には大いに問題があるといわざるを得ない。

さらに，平成17年に全面改正された労働時間等設定改善法2条1項に規定された「事業主は，その雇用する労働者の労働時間等の設定の改善を図るため，業務の繁閑に応じた労働者の始業及び終業の時刻の設定，年次有給休暇を取得しやすい環境の整備その他の必要な措置を講ずるように努めなければならない。」との規定との関係性についても触れておかなければならない。この法律は，労働時間の短縮の促進に関する臨時措置法が題名改正されたものであり，もちろん直接的にタクシー会社を視野に入れたものではない。しかしながら，年休取得率の低迷の改善が労働行政上の急務となっている現在，本法の規定が今後のタクシー会社の同種事例にいささかの影響を与える可能性があり得ることを指摘しておきたい。

脳心疾患の業（公）務上外認定
——裁判例の傾向の意味するもの——

小 畑 史 子

1　はじめに

　業務上の過重負荷，過重労働が原因の脳血管疾患・虚血性心疾患を，本稿では過労死と呼ぶ。
　脳内出血や心筋梗塞等の脳血管疾患・心疾患は，働いていなくても日常生活を送る中で発症する病気である。人の血管は年と共に血管壁に老廃物がたまり，血液の通り道が細くなる。そこを血液が無理に流れようとすれば高血圧になり，血管壁にこぶ即ち動脈瘤等の瘤ができて血管病変となり，また心筋が血栓で閉鎖されて狭心症等を引き起こす。高血圧がこうじていくうちに，その血管病変が破れ，また心筋が壊死する等して脳血管疾患・心疾患を発症する。加齢や日常生活上の負荷により，自然の経過の中で発症したのであれば，無論それは業（公）務上疾病ではない。しかし，そうした血管病変や高血圧といった基礎的な疾患を抱えた労働者が，業（公）務上の過重負荷のために基礎的な疾患を悪化させて脳血管疾患・虚血性心疾患発症に至った場合には，業（公）務上疾病と認定され[1]，労災保険給付がなされうるという実務が，1970年代から蓄積されている[2]。
　『過労死』に関して注目が集まり始めたばかりの頃は，脳・心臓疾患で亡くなった労働者の遺族も，健康状態に全く問題のなかった労働者が，よほど度を超した長時間労働や理不尽な過酷な労働をさせられた場合でなければ，「労災保険給付を受けよう。」と考えるに至らず，「もともと体が丈夫な方で

はなかったから。」,「同僚の中でなくなったのは一人だけであるから。」と考えて断念したケースが多いと考えられる。しかし，その後の裁判例が示すように，被災者が体が丈夫でなかったとしても保険給付を受けられる可能性がある[3]。また「同じ職場で働く他の同僚労働者が過労死していなくても，当該被災者が過労死したと認められることがある」ということも，今では広く知られた事実である。

そこには，基礎疾患の程度が各労働者によって様々であり，同じ状況におかれても発症する労働者と発症しない労働者がいる中で，業（公）務上か業（公）務外かをどのように判断するのかという困難な問題が存在する。

本稿では，近年の裁判例において，判断方法が収斂しつつあることを指摘した上で，とりわけ後述する平成9年・12年の最高裁判決の出された後，労働者の発症する脳血管疾患・心疾患が業（公）務上と認められる範囲が広くなってきているという事実を指摘し，その理由を分析する。

2 裁判例の分析と考察

(1) 従来の下級審裁判例と平成9年・12年の最高裁判決

傷害と異なり，疾病の業務上外認定は困難を伴うことが多いため，労基規則35条別表第1の2第1号〜8号には職業病リストが設けられている。脳心疾患は職業病リストに掲げられておらず，労基規則35条別表第1の2第9号「その他業務に起因することの明らかな疾病」に該当するとして業務上疾病についての保険給付が支給される仕組みとなっている。この文言からは，労災保険給付の対象となるとされるためには，当該脳心疾患が業務に起因することが明らかでなければならないことが知られる。

業務に起因することが明らかであるとは，最高裁判決によれば，発症が「業務に内在（又は随伴）する危険の現実化」とみられるときを指す[4]。

1970年代以降，裁判例においては，発症を誘発する業（公）務負荷が基礎疾患と共に働いていれば業（公）務上と認められるとするものもあれば，業（公）務負荷が基礎疾患を著しく急激に増悪させた場合に業（公）務上と認められるとするものもあったが，徐々に，①基礎疾患が確たる発症因子が

なくてもその自然の経過によって発症する程度にまで進行していたとみることは困難であり，②他に確たる増悪要因を見出せず，③発症前に従事した業（公）務に基礎疾患をその自然の経過を超えて増悪させる過重な精神的，身体的負荷があった場合に，「業（公）務に内在する危険の現実化」とみることができるとするものが多くなった[5]。

それらの下級審裁判例の考え方の実質が，平成9年の大館労基署長（四戸電気工事店）事件最高裁判決[6]，平成12年の横浜南労基署長（東京海上横浜支店）事件最高裁判決[7]等により，採用され，その後の裁判例に影響を与えている。すなわち，①基礎疾患が確たる発症因子がなくてもその自然の経過によって発症する程度にまで進行していたとみることは困難であり，②他に確たる増悪要因を見出せず，③発症前に従事した業務に基礎疾患をその自然の経過を超えて増悪させる過重な精神的，身体的負荷があった場合に，「業務に内在する危険の現実化」とみることができるとする考え方である[8]。

大館労基署長事件はリフトでつり上げていた電信柱が急に目の前に落ちてきてかすり傷を負うと同時にショックを受け数日後に死亡したという事例で，業務上異常な出来事に遭遇するというタイプの過重負荷の事件であり，それに対して横浜南労基署長事件は運転手が不規則で長時間にわたる労働により発症したという，一定期間過重労働に従事するというタイプの過重負荷の事件であった。どちらのタイプの過重負荷の事例においても，最高裁が同様の考え方を示したといえる。

横浜南労基署長事件最高裁判決（前掲）の翌年に発表された新認定基準[9]も，業務による明らかな過重負荷が血管病変等をその自然経過を超えて著しく増悪させ脳・心臓疾患発症に至らしめた場合に「業務に起因することの明らかな疾病」として取り扱うという立場に立っている。

(2) 平成9年・12年の最高裁判決以降の裁判例
〈図表〉
①多くの事例
　過重労働×（なし）　＋　重い基礎疾患〇（あり）　→　×（業（公）務外認定）

第1部　労働法編

　　過重労働○（あり）　＋　重い基礎疾患×（なし）　→　○（業（公）務上認定）…多数
　　（過重労働の有無が業（公）務上外認定の結論に直結する傾向もみられる。）
②少数の事例
　　過重労働×（なし）　＋　重い基礎疾患○（あり）　→　○（業（公）務上認定）
　　（治療機会喪失）
　　過重労働○（あり）　＋　重い基礎疾患○（あり）　→　○（業（公）務上認定）
　　（治療機会喪失や，治療による改善の不確実性等に言及し業（公）務上とする例）

　平成12年の最高裁判決が出された前後各5年間の裁判例を分析すると，同最高裁判決後5年間の下級審裁判例は上記のような①②③の判断方法に通じる下級審裁判例とその実質をとりいれた最高裁判決の考え方を踏襲する傾向を示すと同時に，もう一つの傾向を示していることが知られる。
　以下2つの傾向について考察する。
　a．裁判例の判断方法の収斂
　まず第一の傾向についてであるが，平成12年の最高裁判決後の裁判例は，「過重労働」（業（公）務による明らかな過重負荷）と「重い基礎疾患」（確たる発症因子がなくても自然の経過によって発症する程度にまで進行していた基礎疾患）の存在に注目しており，しかも「過重労働」と「重い基礎疾患」の両方の存在を同時に肯定するものはほとんどなく，「過重労働」の存在を肯定すると同時に「重い基礎疾患」の存在を否定して業（公）務上と認定するか，逆に「過重労働」を否定すると同時に「重い基礎疾患」を肯定して業（公）務外と認定するかの二者択一である[10]。従来は，「業務負荷」が「基礎疾患」と共働して発症させた場合に業（公）務上，そうでない場合に業（公）務外というように，○＋○→○，×＋○→×すなわち，基礎疾患は常に○で業務負荷の有無が業（公）務上か業（公）務外かを決定するという考え方に立つ裁判例も存在したが，平成9年・12年の最高裁判決が出された後は，後に述べる治療機会喪失型[11]を除けば，「過重労働」と「重い基礎疾患」のうち

片方が○なら必ずもう片方が×という組み合わせになっている。

　これはまさに，基礎疾患と業務負荷の存在を両方同時に肯定したり，また肯定した上で比較したりするのではなく，自然経過で発症するほど進行していた基礎疾患がなかったか，それほど進行していなかった基礎疾患を自然経過を超えて増悪させ発症に至らしめる過重業務がなかったか，というメルクマールをたてる判断方法に，裁判例が収斂していったと分析できる。従来の共働原因という文言を用いる裁判例の中にも，自然的経過によっては発症しない基礎疾患を増悪させて発症に至らしめるほどの業務でなければ共働原因と呼べないとするなど，実質上これらのメルクマールを用いたものも相当数存在したが，裁判例にはそうした判断がますます増加した[12]。

　なお，脳血管疾患・心疾患で死亡する労働者の基礎疾患すなわち血管病変等の状態がどのような推移をたどったのか等の医学的資料が残っていないことが多く，そのように基礎疾患の程度が不明であるため，結局，「過重労働」の存在を肯定できる場合には「重い基礎疾患」はなかった，逆に「過重労働」の存在が肯定できなければ「重い基礎疾患」があったと判断する裁判例が存在することを指摘しておきたい。現にそう明言している判決が存在する[13]。

　b．「重い基礎疾患」と「過重労働」

　第二に，「重い基礎疾患」の存在を肯定する裁判例の範囲が平成12年の横浜南労基署長事件最高裁判決以降現在までの約五年間はそれ以前の5年間と比較して縮少し[14]，「過重労働」を肯定し「重い基礎疾患」を否定して業（公）務上と判断するものの範囲が広がる傾向が見られる[15]。平成12年の横浜南労基署長事件判決以前の5年間をとると，重い基礎疾患の存在を肯定する裁判例が多く存在した[16]（そして重い基礎疾患の存在を否定したものもかなり多かった[17]）が，同判決以降は少数になっている。ただし，ここでいう「範囲」とは，数を単純比較しようとするものではなく，その判断の仕方や基礎疾患の評価の実質についての観察である。

　なお，このような流れから外れる裁判例も少数ながら存在する。それは治療機会喪失型すなわち過重労働により基礎疾患が増悪して発症したのではなく，基礎疾患が重篤な状態に至っているにもかかわらず業（公）務のために

治療機会を奪われて発症したとして業（公）務上とするケースである[18]。
　第二の傾向すなわち「過重労働」の存在を肯定し「重い基礎疾患」の存在を否定して業（公）務上と判断する裁判例が多くなった理由を考察する。
　第二の傾向については，過重労働の意味する内容が広く捉えられるようになったことが関係している。
　先に述べたように，裁判例等では，労働災害とは何かを論じる際に，労働者災害補償保険の制度趣旨に鑑みて，「業務に内在する危険の現実化」とみることができる場合に労働災害と言えると説明することが多い。危険が業務に内在しているというのは，例えば爆薬を扱う仕事であれば，爆薬が爆発して怪我をする危険が内在しているとイメージすることができる。労働災害が「業務に内在する危険の現実化」であるとすれば，労働災害である過労死については，過重な労働により脳・心疾患で死亡する危険が業務に内在しており，それが現実化したと捉えることになる。
　それでは「過重な労働」とは何であろうか。その点の考え方の推移が，第二の傾向に大きく関係している。「過重な労働」の有無の判断，すなわち業務の過重性の判断については，誰を基準に過重か否かを判断するのか，またどの期間をとって過重か否かを判断するのかが，盛んに議論されてきた。そして平成12年前後から，前者については，「基礎疾患を有していたとしても日常業務を支障なく遂行できる労働者」を基準に判断する裁判例が圧倒的となり，後者については，事故の直前1週間といった短期間だけでなく「長期間の過重業務」，いわゆる蓄積疲労も考慮することが広く肯定されるようになった。これは平成13年の認定基準の立場でもある[19]。
　「基礎疾患を有していたとしても日常業務を支障なく遂行できる労働者」を基準にすれば，健康状態に問題を抱える労働者も業（公）務上と認定される可能性が高まる。また，「長期間の過重業務」を考慮するのであれば，その部署に配置になる前は（あるいは入社前は）それなりの健康状態を保っていたのに，その業務を長く行ううちに悪化したという判断が可能になり[20]，ある時過重な業務がのしかかって基礎疾患を悪化させて発症に至ったときのみを過労死と呼んでいた時代よりも，多くのケースで業（公）務上疾病たる過労死にあたるという判断がなされることになる。

以上のように「過重な労働」がより多くのケースで肯定される図式になっていることが明らかとなったが、同じ過重労働を行っていても、発症しやすい弱い労働者と、発症しにくい頑強な労働者がいるという点は、どのように考えるべきであろうか。言い換えれば業務に内在する危険が現実化しやすい労働者と、現実化しにくい労働者が存在するわけであるが、発症したのが危険の現実化しやすい弱い労働者であったとしても、過重労働があって危険が現実化した以上、「業（公）務に内在する危険の現実化」により発症したことに変わりはなく、過労死と認めてよいという帰結になる。ただし、あくまで自然の経過によっても発症したであろう程の重い基礎疾患はなかった場合である。

　第二の傾向に関係する事柄としては、先に指摘したように、死亡した労働者の生前の基礎疾患の状態等を示す医学的資料が残っていないことも挙げられる。高血圧や高脂血症、肥満は健康診断を定期的に受けていればその前後についてはある程度の診断ができるが、血管病変の進行具合等は、明らかにする資料が乏しい。病理学現象の機序や身体の機能にはいまだ解明されていないものも多く、業務起因性の立証を厳密に求めると、労働者やその遺族を切り捨てる結果になりかねないが、それを好ましくないとする裁判例が、厳格な立証を要求せず「基礎疾患が自然経過によって発症するほど進行してはいなかった」ということを医学的に矛盾なく説明できればよいとする立場をとっているものと考えられる。

　脳動脈瘤があることをどう見るかを例にとれば、以前は「医学的メカニズムも解明されていないため、よほどストレスが過大でなければ発症や増悪をもたらさない」とするものが見られ[21]、他方で「医学的に矛盾なく説明できればよい」というスタンスをとるものもあった[22]が、現在では後者の考えをとるものが蓄積されている[23]。

　また特発性心室細動についても、中央労基署長事件東京地方裁判所平成11年4月28日判決[24]は「その人の内的な基質に由来するものであるというのが医学研究者の一般的理解」であるとしていたが、中央労基署長事件東京地方裁判所平成14年2月27日判決[25]は「特発性心室細動は各種検査などにおいて明らかな異常を認めない状態の心室細動をいうものにすぎないし、医

学見地上，過労やストレスと重症不整脈との関係を肯定するものが多くある」として，過労と心室細動の末の急性心不全発症の関係につき高度の蓋然性を肯定した。

同じ事件で地裁判決と高裁判決とで異なる判断が出たケースとして佐伯労基署長事件を取り上げると，地裁[26]が，虚血性心臓病，本態性高血圧症，狭心症，高脂血症で治療している中で致死的不整脈に進展する危険が確認されていた労働者の心筋梗塞死について，過重労働もなかったとして業務外としていたのに対し，高等裁判所[27]は心電図所見が改善していた上に，発症前2ヶ月特に直前2週間に過重業務に従事していたとして業務上と判断している。

また京都上労基署長（大日本物流システム）事件も，地裁判決[28]は狭心症に罹患していたことを重視していたが，高裁判決[29]は狭心症が小康状態だったとして自然経過によって発症するほどの基礎疾患の存在を否定した。

このように同じ事件でも，どのような重い病気に罹患していたかのみに着目する地裁判決が，高裁判決により，その病気が改善傾向にあったか等までをも考慮することにより覆されている。

過重労働とは無関係に自然の経過でその時期に発症して死亡するはずであったという医師の診断が出ることはほとんどなく，逆に重い基礎疾患が肯定された数少ないケースは，そのような診断が出たケースであった。そのように自然の経過により発症する時期であった[30]と言えない限り，「自然的経過によっては発症しない程度の基礎疾患」であるという解釈も，文言上成り立ち得る解釈である。

以上述べたように，医学的資料がなく機序が不明であることから，基礎疾患が自然的経過によって発症するほど重くなかったと医学的に矛盾なく説明して，重い基礎疾患を狭く限定することが可能であるので，その方法をとる裁判例が多く存在するようになっていると考える。

なお，「過重な労働」の有無が「業（公）務上」か否かの判断に直結しがちであるという傾向があるからこそ，業（公）務上外認定の判断においては「過重な労働」の有無が重要な鍵を握ることになる。「過重な労働」については，100時間以上の時間外労働等，行政通達が数値の基準を示したが，その後，昼勤・夜勤の連続勤務による睡眠不足に注目して業務上と判断した事

例[31]や連続出張を重視した事例[32], 残業・持ち帰り残業の多さに着目した事例[33], 管理職としての多忙さやストレスを強調した事例[34]等, 様々な興味深い裁判例が出されている。

3 おわりに

以上のように, 近年の裁判例の判断方法には収斂がみられ (2(2)a), 過重労働の意味する内容が広くとらえられるようになり, また原告に厳しく医学的立証を求めない傾向等も関係して, 脳心疾患が業 (公) 務上と認定される範囲が更に広がった (2(2)b)。基礎疾患を有する労働者が発症した場合でも, そのように認定される範囲が広がったことは, 健康に不安を抱えつつ働く労働者の多い中で, 深い意味を有している。

今後, 働き方の多様化, 労働そのものの多様化により, 過重労働の内容も多様化することが予想される。業 (公) 務に内在する危険としての過重労働とは何かにつき, 更に注意深く検討していく必要がある。

---

(1) 脳心疾患の業 (公) 務上外認定に関する近年の文献として, 岩出誠「脳・心臓疾患等の労災認定基準改正の与える影響」ジュリスト1069号 (1995年) 47頁, 安西愈「脳・心臓疾患の公務災害認定をめぐる諸問題 (上)」労働判例693号 (1997年) 6頁, 上柳敏郎「過労死の業務上外判断」日本労働法学会誌90号 (1997年) 191頁, 保原喜志夫「労災認定の課題」日本労働法学会編『21世紀の労働法7巻 健康・安全と家庭生活』(2000年, 有斐閣) 70頁, 石田眞「作業関連疾患」日本労働法学会編『同』103頁等参照。また拙稿「『過労死』の因果関係判断と使用者の責任」日本労働法学会誌109号 (2007年) 21—35頁参照。
(2) 脳血管疾患・心疾患の業務上外認定を巡る歴史的経緯については, 東京大学労働法研究会『注釈労働基準法 (下)』(2003年, 有斐閣) 872頁以下 (執筆担当：岩村正彦) 参照。
(3) 良永彌太郎「基礎疾患や基礎疾病が存在する場合疾病の業務上認定はどのように行われるのか」山口浩一郎・保原喜志夫・西村健一郎編『労災保険・安全衛生のすべて』(1998年, 有斐閣) 194頁参照。

第1部　労働法編

(4) 地公災基金東京都支部長（町田高校）事件・最三小判平成8・1・23労働判例687号6頁。
(5) 拙稿「脳血管疾患・虚血性心疾患の業務上外認定に関する裁判例」山口浩一郎他編『労働関係法の国際的潮流』(2000年、信山社) 97頁参照。
(6) 大館労基署長（四戸電気工事店）事件・最三小判平成9・4・25労働判例722号13頁。
(7) 横浜南労基署長（東京海上横浜支店）事件・最一小判平成12・7・17労働判例785号6頁。
(8) 拙稿「過労死・過労自殺」『ジュリスト増刊労働法の争点第3版』(2004年) 249頁。
(9) 平成13・12・12基発第1063号。
(10) 平成12年7月17日横浜南労基署長事件最高裁判決以降、過重労働の存在を否定し重い基礎疾患の存在を肯定して業（公）務外とする裁判例は後掲注14、逆に過重労働の存在を肯定し重い基礎疾患の存在を否定して業（公）務上とする裁判例は後掲注15。拙稿・注1論文24頁参照。
(11) 水戸労基署長（茨城新聞社）事件・水戸地判平成11・3・24労働判例763号21頁（高血圧。脳出血）、中央労基署長（永井製本）事件・東京高判平成12・8・9労働判例797号41頁、水戸労基署長（茨城新聞社）事件・東京高判平成13・1・23労働判例804号46頁（高血圧。脳出血。過重労働が高血圧と並んで基礎疾患を自然の経過を超えて増悪させた結果発症したとするが、その高血圧につき出張のために治療機会が喪失したと判断）。なお、治療機会喪失型についての最高裁判決として、地公災基金東京都支部長（町田高校）事件・最三小判平成8・1・23労働判例687号16頁、地公災基金愛知県支部長（瑞鳳小学校）事件・最三小判平成8・3・5労働判例689号16頁。
(12) 拙稿・注5論文参照。また拙稿・注1論文27頁。
(13) 地公災基金北海道支部長（羊蹄小学校教頭）事件・札幌地判平成13・10・1労働判例823号39頁（過重負荷あり。再発性心筋梗塞による急性心不全。粥腫（アテローム）の動脈硬化等の身体状態と過重負荷を相関的に考慮。「公務起因性の要件は、原告側が立証すべき責任を負うものであるとしても、医学的に未解明である粥腫形成の程度や心筋梗塞発症の相関等についてまで原告側に立証責任を負わせることは相当でない。そうでなければ、粥腫形成があるというだけで、いつ心筋梗塞を発症しても不自然ではないことが強調され、公務災害と認める余地はない結果にな」って不当→相関的考慮）、大阪中央労基署長（大阪サービスセンター）事件・大阪地判平成13・4・11判例タイムズ1063号131頁（脳動脈瘤。実母が高血圧症くも膜下出血。遺伝的要素あるが程度は不明。しかし過重業務がないので業務起因性は否定。基礎疾患形成について業務が原因となっていないことも述べる）。なお、東京地判平成14・2・27労働判例825号32頁、東京高判平成14・3・26労働判例828号51頁もそうした

傾向を感じさせる。拙稿・注1論文27頁。

(14) 和歌山労基署長（宮井新聞舗）事件・和歌山地判平成12・11・21判例タイムズ1056号196頁（昭和62年最高血圧238。昭和63年脳動脈硬化症。脳出血で入院した当時、左室肥大所見。平成2年の発症までの間軽症脳梗塞を疑われる症状が出ていた。悪化の方向をたどる。いつ脳出血が起きても不思議でないと医師が判断。)、名古屋北労基署長（東海銀行）事件・名古屋高判平成12・9・28訟務月報47巻11号3362頁（昭和44年心臓弁置換手術、昭和48年急性心筋梗塞、その後14年間通院と服薬。不整脈発作などによる突然死が起こるリスクが相当高かったと推認。急性心不全）、千葉労基署長（新帝国警備保障）事件・千葉地判平成12・10・25訟務月報48巻1号81頁（就寝中急性心不全。高血圧症だった。過重労働をしていなかった。)、堺労基署長（松尾橋梁）事件・大阪地判平成13・10・17判例タイムズ1101号155頁（昭和63年から高血圧と高脂血症でアルコール性肝機能障害も有しており、平成6年2月の発症について、長年の疾病の継続で冠動脈の粥状硬化が相当進んでいたことが医学的に明らかであると、4人の医師すべてが自然的経過で発症するほどに進行していたことを肯定。)、大阪中央労基署長（大阪サービスセンター）事件・大阪地判平成13・4・11判例タイムズ1063号131頁（自然の経過によって発症する程度にまで基礎疾患が重かったとされたが、第二審で反対の結論とされた)、京都上労基署長（大日本京都物流システム）事件・京都地判平成14・10・24判例タイムズ1117号270頁（昼夜勤。平成2年2月に治療し冠動脈を広げ血栓発生を防いだ。翌3月16日に心筋梗塞で死亡。狭心症の自然悪化によると判断された。この地裁判決は高裁判決（大阪高判平成18・4・28労働判例917号5頁）により取り消された。)。ただし、雑誌未掲載のものがありうることも指摘しておかなければならない。公務外とされた数少ない事例として地公災基金奈良県支部長（大淀病院）事件・大阪高判平16・9・2。拙稿・注1論文27頁。

(15) （西宮労基署長（大阪淡路交通）事件・最一小判平成12・7・17労働判例786号14頁（理由述べず))、中央労基署長（永井製本）事件・東京高判平成12・8・9労働判例797号41頁（高血圧だった疑い。くも膜下出血。動脈瘤ないし血管病変)、地公災基金三重県支部長（伊勢総合病院）事件・津地判平成12・8・17労働判例800号69頁・名古屋高判平成14・4・25労働判例829号30頁（被告は原告が立証に成功していないと主張したが判決は医学的に矛盾なく説明できればよいとする。潜行していた脳動脈瘤。くも膜下出血）、平塚労基署長（東都春陽堂）事件・横浜地判平成12・8・31判例タイムズ1102号166頁（昭和62年に不整脈の疑いありとされたが再検査せず。平成2年4月に帰宅後に心室細動、心房細動、心停止、無酸素脳症発症)、佐伯労基署長（協栄産業）事件・福岡高判平成12・9・27判例タイムズ1073号162頁（高血圧、高脂血症、心電図所見改善していた。しかも発症前2ヶ月特に直前2週間に過重業務に従事。心筋梗塞)、富岡労基署長（東邦塗装）事件・仙台高判

第1部　労働法編

平成12・9・27労働判例794号19頁（高血圧症だった可能性が高い）、地公災基金岡山県支部長（倉敷市役所職員）事件・広島高岡山支判平成12・10・26労働判例811号58頁（重篤な冠動脈硬化に至ったのがそもそも公務のためであると判断。心筋梗塞。高血圧症、高脂血症、高尿酸血症で投薬治療。喫煙。配置換え後高血圧が一段と進む）、厚木労基署長（アジア航測）事件・横浜地判平成13・2・8労働判例811号42頁（心臓突然死。高血圧、喫煙、飲酒。半年に10kg体重が増加したがちょうど業務量が増加した時期と一致）、中央労基署長（電通）事件・東京地判平成13・5・30労働判例813号42頁（くも膜下出血。高血圧だったが内容や程度は不明）、地公災基金群馬県支部長（桐生市消防職員）事件・東京高判平成13・8・9労働判例815号56頁（「冠動脈硬化症を有していたとしても公務のせいで」急性心不全発症）、地公災基金北海道支部長（羊蹄小学校）事件・札幌地判平成13・10・1労働判例823号39頁（健康診断異常なし。心筋梗塞）、平塚労基署長（東都春陽堂）事件・東京高判平成13・12・20労働判例838号77頁（心室細動、心房細動、心停止、無酸素脳症。WPW症候群を自然の経過を超えて増悪させ発症に至った）、中央労基署長（スポーツニッポン新聞社）事件・東京地判平成14・2・27労働判例825号32頁（出張先のホテルで致死的不整脈から急性心不全。基礎疾患が見当たらない。特発性心室細動。「仮に心臓に何らかの素因があったとしても、その自然的経過を超えて進行」→経験則上業務が誘因と判断）、中央労基署長（三井東圧化学）事件・東京高判平成14・3・26労働判例828号51頁（急性心筋梗塞。高血圧、左心室肥大、高尿酸血症、高脂血症、低HDL血症。投薬治療していた。冠状動脈硬化症による血管病変。判決は業務と発症との間に時間的近接性があったことを強調。治療機会は奪われていないと判断）、中央労基署長（新太平洋建設）事件・東京地判平成14・12・12労働判例845号57頁（気管支喘息の基礎疾患、心不全死。判決は「自然の経過を超え、有意に悪化させた」ので業務に内在する危険の現実化と言えると判断）、中央労基署長（電化興業）事件・東京地判平成15・4・30労働判例851号15頁（脳動脈瘤）、和歌山労基署長（NTT和歌山設備建設センター）事件・和歌山地判平成15・7・22労働判例860号43頁（平成13年の認定基準に照らしても妥当と判断。脳内出血に起因する消化管出血死。高血圧症）、栃木労基署長（レンゴー）事件・宇都宮地判平成15・8・28労働判例861号27頁（脳動脈瘤破裂によるくも膜下出血。血圧も高くなかった）、福岡中央労基署長（日本エリクソン福岡事務所）事件・福岡地判平成15・9・10労働判例864号78頁（飲酒後、外で寝て死亡。血管病変等があり健診の際に息切れ、動悸を訴える。喫煙、肥満）、立川労基署長（東京海上火災保険）事件・東京地判平成15・10・22労働判例866号71頁（平成13年の認定基準にも言及。システムエンジニアの心室細動死。心室頻脈を起こす基質があったと推測されるが社会生活上問題なし）、地公災基金大阪府支部長（堺小学校）事件・大阪高判平成16・1・30労働判例871号74頁（公務が唯一の発症原因だった。脳梗塞）、長崎労基署長

(三菱重工業長崎造船所)事件・平成16・3・2労働判例873号43頁(テニス中に心筋梗塞。軽い高血圧,高脂血症,狭心症だった疑い。フレックスタイムの海洋研究所長),大阪中央労基署長(榎並工務店)事件・大阪地判平成16・7・28労働判例880号75頁(時間外労働は76時間だが鉄粉が目に刺さり激痛で睡眠不足に。心房細動。高脂血症,飲酒),地公災基金京都府支部長(宇治市立西小倉小学校)事件・大阪高判平成16・9・16労働判例885号57頁(公務が唯一の発症原因。もやもや血管に発生した動脈瘤。脳出血),岡山労基署長(東和タクシー)事件・広島高岡山支判平成16・12・9労働判例889号62頁(深夜に及ぶ勤務。高血圧,高脂血症。虚血性心疾患),立川労基署長(東京港運送)事件・東京高判平成16・12・16労働判例888号68頁(冠動脈硬化。外気温と20度違うコンテナ内で作業。急性心不全),成田労基署長(日本航空)事件・千葉地判平成17・9・27労働判例907号46頁(基礎疾患不明。脳動脈瘤),札幌東労基署長(北洋銀行)事件・札幌地判平成18・2・28労働判例914号11頁(健康診断異常なし。システム統合のための作業と支店統合のショック。くも膜下出血),京都上労基署長(大日本京都物流システム)事件・大阪高判平成18・4・28労働判例917号5頁(不安定狭心症が小康状態にあったことから,安静を保ち治療を受けていれば直ちに心筋梗塞を発症するという状態にならなかった蓋然性が高いとする。にもかかわらず一日に12時間拘束され,深夜交替勤務)。

(16) 堺労基署長(仲川交通)事件・大阪高判平成7・10・23労働判例687号61頁(過重と主張されている業務が始まる前に通院して降圧投薬治療。それを怠ると悪化するにもかかわらず通院しなくなる。医者が冠状動脈の粥状変化がかなり重篤だったと証言。心筋梗塞),半田労基署長(日本油脂)事件・名古屋地判平成8・1・26労働判例691号29頁(昭和51年高血圧症罹患。適切な管理がなされないまま昭和54年脳内出血発症。過重労働なし),静岡労基署長(三菱電機静岡製作所)事件・東京高判平成8・3・21労働判例696号64頁(高血圧性でない先天的要因による脳動静脈奇形による出血。脳出血),三田労基署長(ニュー・オリエント・エキスプレス)事件・東京地判平成8・10・24労働判例710号42頁(脳動脈瘤破裂によるくも膜下出血。冷気下で排便中に発症。高血圧症,肥満,喫煙,飲酒。減量を指摘されながら試みず,自ら健康管理を怠っていた),山形労基署長(山形交通)事件・仙台高判平成9・3・17労働判例715号53頁(バルサルバ洞動脈瘤破裂。先天性。本態性高血圧で左心室肥大。肝炎と高血圧につき投薬治療。「運転が排便の時の昇圧程度と大差ないことに照らすと」として判断),半田労基署長(日本油脂)事件・名古屋高判平成9・3・28労働判例716号62頁(昭和55年最高血圧200近く,最低血圧も110以上。昭和54年脳内出血発症),淀川労基署長(大鉄工業)事件・大阪地判平成9・4・21労働判例718号29頁(基礎疾患なし。過重業務なし。他の要因により発症したとする。急性心不全),地公災基金千葉県支部長(松ヶ丘中学校)事件・東京高判平成9・7・16労働判例732号64頁(心筋梗塞。運転中に自然に死亡),北九州労

第1部　労働法編

基署長（オカジ株式会社）事件・福岡地判平成9・7・30労働判例725号67頁（明らかな高血圧症。十分な治療を継続的にしなかった。高血圧症による脳血管壊死が進行していた可能性が高い。高血圧性脳内出血）、京都上労基署長（明星自動車）事件・京都地判平成9・8・22労働判例789号70頁（高血圧治療せず。脳内出血）、山形労基署長（山形交通）事件・最三小判平成10・3・10労働判例741号17頁（原判決維持）、地公災基金東京都支部長（清瀬小学校）事件・東京地判平成10・3・5労働判例737号35頁（特発性脳内出血。基礎疾患を有していたことが疑われ、職務が軽かったから公務外とする）、愛知県支部長（瑞鳳小学校）事件・名古屋高判平成10・3・31判例時報1660号131頁（特発性脳内出血の大血腫形成の病態生理学的機序における自然の経過の範囲内の経過をたどって発症）、佐伯労基署長（協栄産業）事件・大分地判平成10・4・20判例タイムズ987号198頁（虚血性心臓病、本態性高血圧症、狭心症、高脂血症、治療していたが致死的不整脈に進展する危険が確認されていた。心筋梗塞死）、足立労基署長（日の丸自動車）事件・東京地判平成10・4・28労働判例738号13頁（心筋梗塞。4年前から高血圧症治療。発症前10日余りは降圧剤を服用しなかったと推測される。喫煙）、岸和田労基署長（永山病院）事件・大阪地判平成10・5・27労働判例746号28頁（昭和54年高血圧、昭和55年高血圧症、心拡大。薬断続的服用。昭和59年脳出血発症）、中央労基署長（帝都自動車交通）事件・東京地判平成11・4・28労働判例766号30頁（特発性心室細動）、大阪中央労基署長（日本フード）事件・大阪地判平成11・5・19労働判例772号83頁（高血圧症。飲酒・喫煙により小動脈瘤化。治療せず）、品川労基署（東京労災補償保険審査官）事件・東京地判平成11・7・14労働判例722号47頁（高血圧。降圧剤の処方を受けていたものの喫煙・飲酒を続け安定せず。再検査の指示も無視。肥満・肝機能障害の指摘も無視。治療せず）、京都上労基署長（明星自動車）事件・大阪高判平成11・7・29労働判例789号67頁（重症の若年性高血圧症。降圧剤治療を必要とするほどの状態だったにもかかわらず何らの治療も受けていなかった。過重労働なし）、地公災基金福岡県支部長（久留米消防署）事件・福岡地判平成11・12・22判例地方自治201号44頁（高血圧。脳梗塞）、東京高判平成12・4・26判例時報1733号138頁（脳動脈瘤破裂によるくも膜下出血。境界性高血圧。泥酔し下着姿で戸外に1時間出ていたことが影響。休みを取り自宅にいたから治療機会は奪われていないとする。脳心疾患の多くは業務とは無関係に発症する。ストレスが係ると脳動脈瘤が破裂するというメカニズムも医学的に解明されていない。ゆえにストレスが極めて過大なものであれば発症又は増悪をもたらすことがあり得ると推認）。拙稿・注1論文25頁。

(17)　名古屋南労基署長（東宝運輸）事件・名古屋地判平成7・9・29労働判例684号26頁（高血圧症、動脈硬化症。くも膜下出血）、名古屋西労基署長（冨士交通）事件・名古屋地判平成8・3・27労働判例643号46頁（糖尿病だったが治療でコントロール。冠動脈の血管病変。心筋梗塞）、地公災基金愛知県支部長（名古屋市豊正中

学校教頭）事件・名古屋地判平成 8・5・8 労働判例 696 号 25 頁（冠動脈粥状硬化とそれによる冠動脈内腔の狭窄・血管病変。昭和 49 年に心筋梗塞が強く疑われる疾患に。昭和 58 年に心筋梗塞），三田労基署長（東日印刷）事件・東京地判平成 8・6・13 労働判例 698 号 18 頁（高血圧，高脂血，肝機能障害だったがいずれも数値は高くなかった。糖尿病だったが治療でコントロール。心不全），地公災基金大阪府支部長（吹田市西消防署）事件・大阪地判平成 8・7・29 労働判例 699 号 14 頁（高血圧），京都上労基署長（ローム）事件・京都地判平成 8・9・11 労働判例 709 号 59 頁（業務以外に有力な原因なし。心不全），地公災基金宮崎県支部長（日向工業高校）事件・宮崎地判平成 8・9・20 労働判例 711 号 83 頁（業務が過重なものになった時期に境界高血圧が高血圧症に転じた。脳出血），地公災基金千葉県支部長（匝嵯高校）事件・千葉地判平成 8・9・25 労働判例 704 号 97 頁（解剖で古い心筋梗塞の病変が見つかったが死に至る高度の素因を有していたとは言えない。心筋梗塞），北九州西労基署長（東京製鉄九州工場）事件・福岡地判平成 8・9・25 労働判例 705 号 61 頁（高脂血症。血管病変はあったが軽度。急性心不全），西宮労基署長（大阪淡路交通）事件・神戸地判平成 8・9・27 判例タイムズ 934 号 241 頁（高血圧症。投薬治療で日常業務に支障が生じない程度にコントロールされていた。脳出血），関労基署長（美濃かしわ）事件・岐阜地判平成 8・11・14 労働判例 708 号 43 頁（高血圧，脳動脈瘤。くも膜下出血），名古屋南労基署長（矢作電設）事件・名古屋高判平成 8・11・26 労働判例 707 号 27 頁（血管病変，高血圧。脳出血。「現代医学の枠組みの中で当該疾患の形成及び発症の機序として矛盾なく説明できれば相当因果関係あり」とする），帯広労基署長（梅田運輸）事件・釧路地判平成 8・12・10 労働判例 709 号 20 頁（高血圧の証拠はないが高血圧性脳出血だと考えると矛盾なく説明できる），地公災基金長野県支部長（更埴市職員）事件・長野地判平成 9・9・26 労働判例 731 号 46 頁（心臓の器質的基礎疾患あり。ただし直ちに死を招くほどではない。不整脈による心停止），地公災基金静岡県支部長（吉田高校教員）事件・東京高判平成 9・10・14 労働判例 727 号 50 頁（脳動脈瘤奇形。しかし必ず破綻出血するわけではない），西宮労基署長（大阪淡路交通）事件・大阪高判平成 9・12・25 労働判例 743 号 72 頁（高血圧症），小諸労基署長（金岩建設）事件・東京高判平成 10・3・25 労働判例 739 号 99 頁（血圧に異常なかった。脳動脈瘤破裂によるくも膜下出血），三田労基署長（東日印刷）事件・東京高判平成 10・3・26 労働判例 760 号 88 頁（冠状動脈硬化症），北九州西労基署長（教育出版）事件・福岡地判平成 10・6・10 労働判例 741 号 19 頁（高血圧症），地公災基金宮崎県支部長（日向工業高校）事件・福岡高宮崎支判平成 10・6・19 労働判例 746 号 13 頁（高血圧。公務に従事するまでは境界性高血圧。脳血管障害死），丸亀労基署長（農協吉田給油所）事件・高松地判平成 9・1・14 労働判例 754 号 83 頁・高松高判平成 10・7・17 労働判例 754 号 79 頁（軽度の高脂血症。「多くの労働者が健康上の問題を抱えながら日常の業務に従事。そして

第1部　労働法編

高齢化。ゆえに平均的労働者の最下限の健康状態の者にとって危険といえるか否かが問題」)、札幌中央労基署長（札幌通運）事件・札幌高判平成10・9・18労働判例753号60頁（脳動脈瘤の血管病変）、関労基署長（美濃かしわ）事件・名古屋高判平成10・10・22労働判例949号17頁（境界域高血圧、高脂血症）、北九州労基署長（東京製鉄九州工場）事件・福岡高判平成11・3・25労働判例761号96頁（高脂血症、房室性期外収縮だったが冠状動脈硬化があったと確定することはできない。本件作業以外に有力な原因なし。急性心筋梗塞）、中央労基署長（永井製本）事件・東京地判平成11・8・11労働判例770号45頁・東京高判平成12・8・9労働判例797号41頁（動脈瘤ないし血管病変。くも膜下出血）、姫路労基署長（姫路自販機）事件・神戸地判平成11・10・26判例タイムズ1042号148頁（高血圧のため重い荷物を持てなかった。動脈硬化症も。会議中の口論で興奮し脳出血）、堺労基署長（名糖運輸）事件・大阪地判平成12・1・26労働判例780号20頁（冠動脈硬化。心筋梗塞）、地公災基金京都府支部長（京都市梅屋小学校）事件・京都地判平成12・1・28労働判例791号33頁（特に異常はなかった。血管の病変等。心筋梗塞。「厳密な医学的判断が困難であっても発症の機序として矛盾なく説明できれば相当因果関係あるというべき」)、地公災基金鹿児島県支部長（内之浦教育委員会）事件・鹿児島地判平成12・4・21判例地方自治206号44頁（バイパス手術を受けていた。陳旧性心筋梗塞あり。それでも自然経過で「直ちに死亡に至るまでの可能性があったとは言えず」としている。心筋梗塞）、茨木労基署長（大龍産業）事件・大阪高判平成12・6・2労働判例786号33頁（高血圧症。「基礎疾患のみで自然の経過で血管の破綻をもたらし発症させ得たかは疑問」。脳出血）。拙稿・注1論文25頁。

(18)　前掲注11判決参照。

(19)　拙稿「過労死の業務上外認定―最高裁判決と行政通達」ジュリスト1197号（2001年）8頁。福岡高判平成12・9・27判例タイムズ1073号162頁、広島地判山支判平成12・10・26労働判例811号58頁、横浜地判平成13・2・8労働判例811号42頁等は、長期間の過重業務を視野に入れるからこそ救済される事例と考えられる。

(20)　地公災基金岡山県支部長（倉敷市役所職員）事件・広島高判山支判平成12・10・26労働判例811号58頁、厚木労基署長（アジア航測）事件・横浜地判平成13・2・8労働判例811号42頁（高血圧、喫煙、飲酒。半年に10kg体重が増加したがちょうど業務量が増加した時期と一致）。なお平成12年以前の裁判例ではあるが、地公災基金宮崎県支部長（日向工業高校）事件・福岡高宮崎支判平成10・6・19労働判例746号13頁参照。拙稿・注1論文28頁。

(21)　東京高判平成12・4・26判例時報1733号138頁。

(22)　岐阜地判平成8・11・14労働判例708号43頁、京都地判平成12・1・28労働判例791号33頁等。

(23)　東京地判平成14・2・27労働判例825号32頁、名古屋高判平成14・4・25労働

判例 829 号 30 頁。
⑳　東京地判平成 11・4・28 労働判例 766 号 30 頁。
㉕　東京地判平成 14・2・27 労働判例 825 号 32 頁。
㉖　大分地判平成 10・4・20 判例タイムズ 987 号 198 頁。
㉗　福岡高判平成 12・9・27 判例タイムズ 1073 号 162 頁。
㉘　京都地判平成 14・10・24 判例タイムズ 1117 号 270 頁。
㉙　大阪高判平成 18・4・28 労働判例 917 号 5 頁。
㉚　鹿児島地判平成 12・4・21 判例地方自治 206 号 44 頁参照。
㉛　中央労基署長（電化興業）事件・東京地判平成 15・4・30 労働判例 851 号 15 頁。
㉜　中央労基署長（三井東圧化学）事件・東京高判平成 14・3・26 労働判例 828 号 51 頁。
㉝　和歌山労基署長（NTT 和歌山設備建設センター）事件・和歌山地判平成 15・7・22 労働判例 860 号 43 頁。
㉞　長崎労基署長（三菱重工業長崎造船所）事件・長崎地判平 16・3・2 労働判例 873 号 43 頁。

労働関係の規律内容の予見化と柔軟化[1]
——イタリアの認証制度をめぐる議論を素材として——

小 西 康 之

I は じ め に

　労働契約は両当事者の意思の合致によって成立し，展開する。労働契約関係においては，両当事者の対等性が前提となる（労働基準法2条1項参照）が，使用者と労働者との間の労働関係には，実質的には非対等性が認められることが多い。そこで，わが国の従来からの労働法システムにおいては，「（従属）労働者」に該当する者に対して，強行的性質を有する規範を適用することにより，労働者保護を図ろうとしている。

　こうした特徴を有するわが国における従来型の労働法システムは，現在，以下の2つの検討課題に直面している。

　第1に，労働関係の規律内容の予見化についてである。

　従来型の労働法システムは，その適用対象を「（従属）労働者」に設定し，「（従属）労働者」に対して保護を及ぼす。しかし，いかなる就業者が労働法システムにおいて保護を受ける「（従属）労働者」であるか否かは，実定法上明らかにされているとは言い難い状況にある[2]。そのため，具体的就業関係につきいかなる規律が適用されるかは事前に明確にはならず，その結果，当該就業関係に労働法規範が適用されるか否かに関して，訴訟に持ち込まれ

---

[1] 本稿は，『労働関係の多様化・個別化と労働条件規制システムの課題』（財団法人労働問題リサーチセンター・財団法人ILO協会，2007年）掲載の拙稿（53頁〜74頁）を加筆，修正したものである。

ることが多い。また反対に，労務提供者と注文者の当事者間において，契約締結時に，当該契約は労働契約でないことが契約書面において明示されることにより，就業の実態は「(従属)労働者」であったとしても，訴訟に持ち込まれることなく，労務提供者への労働法規範の適用が事実上阻止されることもしばしば見受けられる。

さらに，裁判例において蓄積されてきたいわゆる「(従属)労働者性」の判断基準も，具体的なケースでどのように適用されるかは明らかでない。その結果，関係当事者は，事前に（裁判所の判断を待つことなく）当該就業関係につき労働法規範が及ぶか否かを知ることができない状況におかれている。こうしたことなどから，わが国においては，労働法規範の適用の有無や規律内容に関して事前に関係当事者に明らかにすることが要請されている。

第2に，労働関係の規律内容の柔軟化についてである。

従来の労働法規範は，「(従属)労働者」に該当する者に対して一律に適用されるだけでなく，強行的性格を有し，それが設定する基準を下回る労働協約や個別契約を無効と扱っている（労働基準法13条参照）。同様の関係は，労働協約と個別契約との関係においてもみられる（労働協約の規範的効力，労働組合法16条参照）。このような強行性については，画一的な「(従属)労働者」像がその前提状況としてあった。

しかし近年，わが国においては，社会状況の変化とともに，就労形態の多様化が進展し，画一的な「(従属)労働者」像が必ずしも容易には措定できなくなってきている。また，グローバリゼーションの中で一層の競争化が進行しつつある経済状況において，国家および企業にとっては，競争力を向上させることが喫緊の課題となっている。こうした社会・経済状況のなかで，労働契約の内容を，労働法規範や労働協約の強行性によって画一的に設定するだけでなく，より柔軟に設定する方法につき検討する必要性が主張される

---

(2) たとえば，労働基準法は，適用対象たる労働者につき，「職業の種類を問わず，事業又は事務所……に使用される者で，賃金を支払われる者」(9条)と規定しており，労働基準法の保護を受けるためには，労務提供の実態が「使用される」と評価される必要があるところ，「使用される」とは具体的にはいかなる場合をいうか，いかなる基準で判断されるかは，明確でない。

ようになってきている。

　この点，イタリアにおいては，2003年に，労働契約の認証制度が法制度化されるに至った。当該認証制度においては，一定機関が労務提供契約につき法的性質決定を行う（従属労働契約か，独立労働契約[3]か等）こととされており，労働関係の規律内容を事前に明確にすべしとの要請に応えて成立した。さらに，当該制度については，それが労働関係の規律内容を柔軟化する機能をも有するかに関して，議論が行われてきた。したがって，イタリアの認証制度をめぐる議論につき分析を行うことは，わが国における労働関係の規律内容の予見化と柔軟化をめぐる議論について示唆を与えることが予想される。

　本稿は，以上の問題状況を前提として，労働関係の規律内容の予見化と柔軟化の観点から，イタリアの認証制度をめぐる議論について検証し，イタリアで模索されている労働法システムの方向性と課題を明らかにした上で，わが国の労働関係における規律内容の決定方法についても示唆を得ようとの試みである。

II 認証制度の法制化に至る背景

1 VALLEBONAの議論

　認証制度についての議論は，1991年に，「個別自治と労働関係」をテーマとする学会で取り上げられたのが端緒である。そこでの議論において，現行の労働法システムは，労働者は契約上弱い立場にあることと，そのために，個別自治が排除され，強行規定によって外部的に規律されることを前提としており，個々の労働者の具体的な状況を考慮していないとの主張がなされた。その主張からは，労働市場において十分に強い立場にあり，使用者と対等に交渉することのできる労働者に対しても，労働法の強行規定による保護が一律に及ぶことが問題視された。

---

(3) イタリアにおいては，日本で「自営業」といわれる活動は「独立労働」と表現され，「労働（lavoro）」の一形態として位置づけられている。したがって本稿においても，「労働」と表現する場合には，「従属労働（lavoro subordinato）」のみを指す場合と，「独立労働（lavoro autonomo）」をも含む概念として用いる場合がある。

第 1 部 労働法編

このような主張を行ったのは，VALLEBONA であるが，彼はさらに，法の明確性の観点から強行性（逸脱不可能性：inderogabilità）はハイコストであることを述べる[4]。

すなわち，法律や労働協約に置かれている強行規定は，一般的かつ抽象的な性格を有するために，契約当事者は，当該規範の不明確性ゆえに解釈上の困難に遭遇し，具体的なケースに対して，具体的な規定によって将来発生しうるであろう問題に対処することが妨げられているとする。

このような問題意識のもとで，VALLEBONA は，「補助された意思（volontà assistita）」モデルの利用を提唱した。それは大略，労使間の規範設定に際して，公平な第三者機関のもとで，契約意思を探索し，そこでの労働者による意思の表明は，それが強行規定に反するものであっても有効であるとするものである。またこのモデルにおいては，両当事者による契約類型の選択についても，第三者機関は，事前に，両当事者によって提示された契約の具体的内容が，予め選択された契約類型に相応しているか否かを判断することになるとする。そして，「補助された個別自治」によって強行性を免れうる規範は，集団自治によってのみ強行性を免れうる，半強行的法規範（norme di legge semimperative）と並んで，労働法システムを構成し，それによって，労働者の保護の要請と，法の明確性と具体的状況への対応を実現することができるであろうとする[5]。

1990 年代初頭に提起された VALLEBONA の議論では，「認証」という文言は使用されていない。しかし，彼の提唱した「補助された意思」モデルは，公平な第三者機関のもとで労働契約の内容を定め，それを前提として労働契約の法的性質決定を行おうとするものであることから，認証制度の萌芽をみてとることはできよう。また，彼の議論では，法的明確性の観点から，集団自治（労働協約）だけでなく個別自治（個別契約）によっても強行規定からの逸脱が認められる可能性が主張されている。すなわち，労働関係の規律内容

---

(4) A. VALLEBONA, *Norme inderogabili e certezza del diritto : prospettive per la volontà assistita, Il diritto del lavoro (DL)*, 1992, I, 479ss.

(5) A. VALLEBONA, *Norme inderogabili e certezza del diritto : prospettive per la volontà assistita, DL*, 1992, I, 480.

の予見化を実現する手段として，労働関係の規律内容の柔軟化という方策が位置づけられており，この点に特徴がある。

2　Biagi, Tiraboschiの議論

Vallebonaの議論で得られる示唆を現実に労働政策として取り込むことを視野にいれたのが，1997年にBiagiとTiraboschiによって書かれた論文である[6]。そこでは，法の明確性を確保し，労働関係の法的性質決定に関する係争を減少させることが志向され，その目的を達成するために，労働関係の当事者によって付与された当該労働関係の法的性質決定を「認証」するメカニズムを設けることが提言されている（「労働関係の『認証』」）[7]。

さらに当該論文は，かかるメカニズムを実効的なものとするために，労働関係に関する紛争やヤミ労働化等を進行させる原因を除去すべく，独立労働と従属労働との間における取扱いの差異を減少させること（「保護の再調整」）が提言されている。「保護の再調整」に関しては，当事者間の契約によって，逸脱することのできない基本的保護[8]を確保することが言及されている一方で，かかる最小限の強行規範を超える部分については，相対的にのみ逸脱不可能 (inderogabili relativi)，すなわち，所轄の行政機関が認めた場合にのみ

---

(6) M. Biagi, M. Tiraboschi, *Ipotesi di lavoro per la predisposizione di uno Statuto dei lavori, AGENS,* anno 6 numero 1, 2004, 166ss. 1998年3月25日には，この考えは法案草稿として提出された。*Progetto per la predisposizione di uno "Statuto dei lavori", AGENS,* anno 6 numero 1, 195ss.

(7) M. Biagi, M. Tiraboschi, *Ipotesi di lavoro per la predisposizione di uno Statuto dei lavori, AGENS,* anno 6 numero 1, 168s.

(8) 具体的には，労働者の人格の保護（意見表明の自由，意見表明に対する調査の禁止等），結社の自由と労働組合活動の自由，労働における健康と安全（1日または1週あたりの最大労働時間の問題を含む），継続的訓練の権利，差別禁止規範，平等取扱い，母性保護，労働市場の情報や雇用サービスへのアクセスの無償，労働者とその家族の基本的要請に対応する「最低」または「社会的な」報酬，労働関係の継続性の度合いに応じた労働関係の最低限の安定性，最低限の退職手当，労働関係中断の際の（たとえば勤続期間に応じた）段階的な保護，があげられている。M. Biagi, M. Tiraboschi, *Ipotesi di lavoro per la predisposizione di uno Statuto dei lavori, AGENS,* anno 6 numero 1, 2004, 191s.

集団的または個別的レベルで処分可能である権利を認めることを仮説として定立し，集団自治および個別自治による規律の範囲を広く認めることが適切であるとする⁽⁹⁾。

BIAGI, TIRABOSCHI は，労働契約の法的性質決定に関する係争を減少するとの目的を達成するために，行政機関による認証メカニズムを通じた労働関係の規律内容の予見化を主張している。そしてさらに，労働関係の規律内容の柔軟化についてもその必要性を述べ，その手段としても認証メカニズムの利用を提唱している。このように，BIAGI, TIRABOSCHI は，VALLEBONA と異なり，労働関係の規律内容の予見化だけでなく柔軟化についても，達成すべき目的として位置づけた上で，認証メカニズムを，労働関係の規律内容の予見化と柔軟化の双方を実現するための手段として位置づけている。

3 労働市場白書

このような議論のなか，BIAGI を中心として作成された，「イタリアにおける労働市場白書」（以下，「白書」）が 2001 年 10 月に公表された。

当該白書は，EU が指摘したイタリアの政策の構造的な問題をふまえ，労働市場と福祉政策に関する政府の指針を示したもので，労働法と労使関係に関する制度を根本的に再考することを提起している。白書はさまざまな問題を網羅的に取り上げ，提言を行っているが，以下では，本稿の問題関心と特に関連を有すると思われる点を中心に紹介し，検討する。

(1) 補完性の原則

白書は，補完性の原則を，EU・国家間，国・州間にとどまらず，公的規制と労使の市場での活動との関係においても適用すべきであり，立法者は，労使が十分に規整的役割を果たすことができない場合にのみ介入すべきであると主張する。その上で，従来からイタリアでの労働条件規制につき大きな比重を占めている，企業横断的に適用される労働協約は，企業間の適切な競争を規律する措置であると位置づけ，その機能を評価している。

しかし他方で白書は，個々の労働者や企業の利益・期待に対応する個別的

---

(9) M. BIAGI, M. TIRABOSCHI, *Ipotesi di lavoro per la predisposizione di uno Statuto dei lavori*, *AGENS* anno 6 numero 1, 2004, 191s.

規制の重要性を認識し，労働関係に関する各事項にはいかなる規制（集団的規制（労働協約）か，個別的規制（個別契約）か）が適切かを検討するよう，政府が労使に対して求めることを提案している。さらに白書は，企業の柔軟性への期待や労働者の新たな主観的傾向に対応するために，公的機関や労使機関が就業に関する契約内容を認証するメカニズムによって，一種の「補助された逸脱可能性（derogabilità assistita)」を実現し，労働者の真の意思を保障する方途を検討するよう，提案している[10]。

(2)「労働憲章（Statuto dei Lavori)」構想

イタリアの労働法システムは，経年的に法規範が上積みされるという多層構造となっていて，非常に複雑である。さらに，社会・経済状況が進展するなかで，さまざまな形態で就業が行われるようになり，そのため，自営業としての活動である独立労働か，労働法上の保護を受ける従属労働かを判別することが困難な状況が多くなった。その際とくに，経済的には従属状態であるものの独立労働として扱われることが多い準従属労働者に対して，いかなる法的保護を与えるべきか[11]，が問題とされていた[12]。

このような状況に対して，白書は以下のように述べている。

独立労働と従属労働とを明確に区別することは非常に困難である。市場は柔軟性，簡潔なルール，法的な明確さを求めているが，独立労働と従属労働の間に協働労働という新たな契約類型を設けることは，市場の要求を完全に

[10] MINISTERO DEL LAVORO E DELLE POLITICHE SOCIALI, *Libro bianco sul mercato del lavoro in Italia,* 2001, 35s.
[11] 継続的かつ連携的な事業を協働者が主として自ら遂行するという協働労働関係（いわゆる「継続的・連携的協働労働関係 collaborazione coordinata e continuativa」）に関する紛争については，従属労働関係と同様に，個別的労働紛争の規定が適用される（民事訴訟法典 409 条 3 号）。また，準従属労働者も労災保険制度の適用を受ける。このように以前から個々の分野においては，準従属労働者を念頭においた制度設計がなされていた。大内伸哉『イタリアの労働と法』（日本労働研究機構，2003 年）21 頁。
[12] イタリアにおいて，従属性の判断は，基本的には，実際に行われる労務の実態に基づいて判断される。ただし，最近の裁判例の傾向としては，契約において当事者が表明した意思が裁判所によって重視されるようになってきたとの評価もなされている。R. ROMEI, *art. 2094,* in G. AMOROSO, V. DI CERBO, A. MARESCA, *Il Diritto del Lavoro,* Vol.1, 2004, 514ss.

満足させるものではない。社会・経済の変化に対応して、様々なタイプの契約が生じうるのであり、新たな契約類型を設けても、将来にわたって十分機能するとは思われない。さらに、独立労働と従属労働とは別に、新たに「第3の（*tertium genus*）」契約類型を設けることは、結果として、地下経済のさらなる進行の原因になると考えられる。

この問題の解決には根本的な対応、すなわち、労働に関する諸制度を全面的に現代化する作業が必要である。具体的には、小規模事業主も多大な法的・経済的負担を被らずに利用できる規範システムを構築することが必要である。さらに、簡潔かつ確実な規制は、ヤミ労働の合法的労働への転換を容易ならしめるとともに、適切な企業間競争を実現することから、かかる方向に従った現行規制の再編と統一法典化が必要である、とする。

白書は以上のように述べ、政府が「労働憲章」構想[13]を進めることの必要性を説いている。

すなわち白書は、第3の類型を設けるなど、概念の定立に着目するのではなく、急速かつ継続的に変化する労働契約上の現実を認識したうえで、独立労働契約、従属労働契約の分なくすべての労働契約関係に共通するモデルを設定することを提案している。具体的には、すべての労働者に保障される不可欠な権利として、労働における健康・安全の保護、労働者の自由と尊厳の保護、児童労働の排除、労働へのアクセスにおけるあらゆる形態の差別の除去、正当な報酬、センシティブ情報の保護、組合の自由の権利を挙げ、これらが、労働憲章の核になると考える[14]。

そして、全ての労働者に不可侵の権利を認めることは、労働者の契約上の地位の保護や人格保護の要請にのみ対応するものではなく、ヤミ労働や児童労働にもとづく搾取などによるソーシャル・ダンピングを抑制し、競争の枠組をも保護することになるとする。

---

[13] 「労働憲章」構想は、Treu 教授と Biagi 教授によって、作成されたものである。M. Tiraboschi, *"Progettare per modernizzare" : il contributo di Marco Biagi alla riforma del mercato del lavoro italiano, AGENS,* anno 6, numero 1, 2004, 15. この「労働憲章」構想は、従属労働者に対する保護立法である「労働者憲章法（Statuto dei Lavoratori）」（1970年5月20日法律300号）との対比で考察する必要がある。

このように労働市場白書における「労働憲章」構想は，全ての労働者にとって不可侵の権利を認めた上で，それを超える部分については，権利のタイプにしたがって，集団的自治（労働協約），または個別的自治（個別契約）に委ねることが適当であるとする。すなわち，「労働憲章」構想では，あらゆる形態の労働活動に基本的な権利を認める規範を中心とした，同心円のシステムを構築することを提起し[15]，契約類型によってではなく，問題となる内容に応じて，適当な保護の段階化・多様化を進めることをその主眼としている[16]。

(3) 認証制度

　さらに白書は，簡潔な労働関係システムを企図するにあたって，公的機関や労使の機関によって，両当事者の意思を事前に判断する認証手続を実験することが有用であり，これにより，就業に関する契約の法的性質決定に関する紛争を予防することが期待できるとする。具体的には，①認証手続は任意

---

[14] 白書では，労働憲章を策定する前提として，国際組織における 2 つの重要な文書の検討を行っている。

　第 1 には，1998 年 6 月に ILO で承認された「労働における基本的原則および基本権に関する ILO 宣言」である。ここでは，結社の自由と団体交渉権，あらゆる形態の強制労働の禁止，児童労働の実効的な廃止，労働及び職業へのアクセスにおけるいかなる差別の禁止，という 4 つの基本権を認めている。第 2 には，2000 年 12 月にニースで発表された「EU 基本憲章」である。そこでは，これらの基本権と並んで，詳細に一連の権利を定めている。この中には，労働権，自由に選択し受け入れた職業を遂行する権利，企業における情報権・協議権，無償の職業紹介サービスを受ける権利，健康で安全かつ適正な労働条件に対する権利，社会保障給付や社会サービスへのアクセス権，個人情報保護の権利が含まれる。

　そして白書は，イタリア憲法によって認められた基本的原則や基本権（イタリア憲法には，労働に関する規定が多く含まれている）が扱われていることを指摘する。

[15] 具体的な内容は異なるものの，労働にかかる権利を同心円状に配置する試みを提示したものとして，A. SUPIOT (sous la derection de), *Au-dela du l'emploi,* 1999, pp.88 ets. がある。この点については，A. PERULLI, *Lavoro autonomo e dipendenza economica, oggi, Rivista giuridica del lavoro e della previdenza sociale (RGL),* 2003, n.2, 258 も参照。

[16] MINISTERO DEL LAVORO E DELLE POLITICHE SOCIALI, *Libro bianco sul mercato del lavoro in Italia,* 2001, 38ss.

的かつ実験的な性格を有すること,②比較的代表的な使用者団体と労働組合のイニシアティブで設立された労使機構(後述Ⅲ2⑵(a)参照)または県労働局において実施されること,③認証機関や関係資料の保持に関する定めを置くこと,④認証の内容・手続を明らかにすること,⑤労働関係の法的性質決定について疑義が生じた場合には,認証手続に際しての当事者の態度についても司法機関による評価がなされること,を骨子として制度設計される必要があると提言する。

⑷　白書と予見化・柔軟化

白書は,「労働憲章」構想における議論でも明らかなように,独立労働と従属労働とを区別することが困難であることを問題視し,労働契約の法的性質決定に関する紛争を減少させることを要請していることから,労働関係の規律内容の予見化を主張するものと評価できる。

他方で白書は,企業間の適切な競争を規律する措置として,企業横断型労働協約の意義を認めつつも,企業の柔軟性への期待や労働者の新たな主観的傾向に対応するために,個別自治を再評価することを要請している。このように白書は,労働関係の規律方法について,個別自治へのシフトというかたちで柔軟化することを求めている。

このように白書は,「予見化」と「柔軟化」の双方を要請しているが,以下の2点につき,留意する必要がある。

第1に,白書では,「柔軟化」の要請は,「予見化」の要請の実現手段としてであったり,それに付随する意義にとどまるものではなく,それ自体主要な意義として捉えられている点である[17]。

第2に,とはいえ,白書における究極の目標は,「労働憲章」システムの実現であり,労働関係システムの再編成にあるという点である。そこでは,「予見化」と「柔軟化」は,それぞれ,「労働憲章」システムを構成する骨子であると同時に,密接に関連している。

そして第3に,白書で提唱されている認証制度については,「労働契約の事前の法的性質決定による労働関係の規律内容の予見化」と「『補助された

---

[17] P. TULLINI, *Art. 75*, in E. GRAGNOLI, A. PERULLI (a cura di), *La riforma del mercato del lavoro e i nuovi modelli contrattuali*, 2004, 822.

逸脱可能性』の実現による労働関係の規律内容の柔軟化」を実現する手段として位置づけられている点である。

Ⅲ 2003年委任立法276号に基づく認証制度[18]

1 成立の経緯

BIAGI, TIRABOSCHI によって構想された，認証制度の創設を含む「労働憲章」に関する法案は1998年3月25日に提出された。またこの法案以外にも，認証制度の設立に関する提案は出されていた（1997年委任立法案2049号等）が，いずれも，認証制度の設立を法制度化するには至らなかった。

認証制度の法制化の直接的な端緒となったのは，2001年11月15日に上院に出された委任立法案848号である。当該委任立法案はその後修正され，2002年9月25日に上院を通過し下院において再修正された後，最終的には，2003年2月14日に法律30号として成立した。そして2003年9月10日には，法律30号を基礎として，委任立法276号が発せられた[19]。

2 認証制度の概要
(1) 目的・対象

2003年委任立法276号によると，認証制度は，あらゆる労働契約の法的性質決定[20]に関する紛争を減少させようとの観点[21]から，導入されている（75条）[22]。

ただし認証制度においては，労働契約の法的性質決定だけが認証の対象とされているのではなく，労働契約に関する放棄・和解の内容も認証の対象と

---

[18] Ⅲ以降で引用する条項については，特に言及がないかぎり，2003年委任立法276号のものである。また，行政機関の名前については，同委任立法制定時のもので記載する。

[19] イタリアでは一般に，2003年法律30号および委任立法276号に基づき実施される施策を，イタリアでは一般に，「BIAGI改革」と呼んでいる。

[20] 2003年委任立法276号制定時には，認証手続の利用は，間歇労働契約，パートタイム労働契約，プロジェクト労働契約等に限られていたが，2004年10月6日委任立法251号により，その対象範囲が労働契約全般に拡大された。

されている(82条)。

(2) 機　　関

2003年委任立法276号によると，労働契約の認証を行うことができるのは，以下の機関である（76条1項）。

(a) 当該地域（国レベルで認証委員会が設立される場合は国）において設立される労使機構（enti bilaterali）

労使機構とは，比較的代表的な使用者・労働者団体の発議により構成される団体である（2条1項h）。当該機構は，労働力仲介事業や見習労働などの訓練事業を行うことができる（6条3項，48条4項c））ほか，就業に関しての認証機関としての役割も果たす。労使機構は，それが定める地理的管轄範囲において認証を行う。

(b) 県の労働局および県

両当事者は，労働者が勤務するであろう事業所やその支部が存する区域の県および県労働局の認証委員会に，認証手続の開始申請を提出することができる。

県および県労働局に設置される認証委員会においては，県の代表者のほか，INPS (Istituto Nazionale Previdenza Sociale：全国社会保険機構）およびINAIL (Istituto Nazionale per l'Assicurazione contro gli Infortuni sul Lavoro：全国労働災害保険機構）の代表者が委員として参加する（2004年7月21日労働社会政策省令1条2項，3項）[23]。

(c) もっぱら専任の労働法の教員が協働し助言を与える場合に，この目的で登録された大学（大学の財団も含む）

認証委員会を設置しようとする大学は，労働社会政策大臣が教育大学研究

---

[21] 1997年委任立法案2049号や2001年委任立法案848号においても，「労働関係の法的性質決定に関する紛争を減少すること」が認証制度の目的と位置づけられている。

[22] この認証制度は，実験的性格を有しており，当該制度発効から18ヶ月後に制度の見直しを含めて再検討することとされている（86条12項）。しかし現在（2007年10月）に至るまで大きな見直しの動きはない。

[23] このように認証手続に社会保障機関が参加することについては，就業の実態が社会保障機関に把握されることを懸念して，当事者が認証手続を利用しない可能性があることが指摘されている。

大臣と一致して当該目的のために発する命令にもとづき，労働社会政策省のもとで定められる名簿に登録される必要がある。登録を受けるには，大学は，労働社会政策省の指示する類型の労働契約の法的性質決定に関して，裁判例から抽出される指標や基準についての課題を，登録時およびその後6ヶ月ごとに，クリアする必要がある（76条2項）[24]。

大学への認証の申請については，地理的な制限はない。

(d) 労働社会政策省の労働条件保護総局

当該機関は，事業所が2つ以上の県にまたがる場合等にのみ認証委員会となりうる。

(e) 県議会労働専門委員会

当該機関は，新たに公的負担を必要としないかぎりで，管轄内の労働契約について認証委員会となりうる。

(3) 手　続

認証手続を利用するか否かは両当事者に委ねられている。両当事者が認証の申請を行う際には，書面によってなされる必要がある（78条1項）。

認証手続の開始に際しては，その旨県労働局に通知されなければならず，県労働局は，認証による効果と関係を有する公的機関に伝えることとされている（78条2項a））[25]。

認証手続については，各認証委員会において，グッドプラクティス（buone pratiche）を尊重してなされることとされている。グッドプラクティスに関しては，労働社会政策大臣は，労働関係の認証に際して，処分不可能な条項（clausole）を特定するために，手引き（codici）を作成することとされている[26]。この手引きは，連合間協定が存する場合にはその指摘を受け取る（78条4項）。また，労働社会政策省令によって，適当なフォーマットが作成されることとされている。これは，独立労働か従属労働かといった労働契約の法的性質決定に関する，裁判例の動向を考慮して作成されることとさ

---

[24] ただし，認証機関の1つであるモデナ・レッジョ・エミーリア大学では，当該大学の行った認証に関するデータを提出するにとどまっている。このように，当該規定は実際には十分に機能していないようである。

[25] かかる公的機関は，認証委員会に所見を提示することができる（78条2項a））。

れている（78条5項）。

　したがって，2003年委任立法276号によって導入された認証手続制度は，少なくとも現段階においては，労働契約の法的性質決定に関して，契約当事者の意思に基づく強行規範からの逸脱（derogation）を進めるものではなく，認証委員会は，過去の裁判例において形成されてきた基準に依拠して認証することが予定されている[27]。

　認証手続においては，認証委員会は申請を受領してから30日以内に結論を出さなければならない（78条2項b））。

　認証においては，私法上，社会保障上，租税上の効果が明記される必要がある（78条2項d））。

(4) 効　果　等

　認証委員会による認証は，訴えが提起され，裁判所が当該認証の結果を否定しないかぎり，第三者に対しても効力を有する（79条）。

　ただし，両当事者および利害を有する第三者は，契約の法的性質決定が誤って行われた場合や認証された契約プログラムとその後の実態とが乖離する場合には，訴えを提起することができる（80条1項）。ただし，事前に，調停の勧試（tentativo di conciliazione）が実施される必要がある（80条4項）。

　当事者によって訴えが提起された場合，裁判官は，認証手続に際して認証委員会においてなされた両当事者の行動を評価したうえで，判断することができる（80条3項）。

---

[26] 「処分不可能」か否かが手引きによって特定される対象としては，法規定は対象とならず，もっぱら労働協約上の「条項」に限られるとする考えがある。L. DE ANGELIS, *Le certificazioni all'interno della riforma del mercato del lavoro*, *Rivista Italiana di Diritto del Lavoro (RIDL)*, 2004, I, 248 ; A. BELLAVISTA, *La derogabilità assistita nel d.lgs. n.276/2003*, WP C.S.D.L.E. "Massimo D'Antona".IT-16/2004, 10. ただし，手引きは現在のところ（2007年10月）出されていない。

[27] 労働契約の類型を両当事者が自由に決定することができないことは，多くの学説のほか，憲法裁判所の過去の判例においても述べられている（1993年3月29日121号（*Il Foro Italiano (FI)*, 1993, I, 2432），1994年3月31日115号（*FI*, 1994, I, 2656）参照）。なお，78条5項が定めるフォーマットは現在のところ（2007年10月）出されていない。

法的性質決定が誤っていることについての確認の効力は，契約締結時から効力を有する。契約プログラムとその後の実態とが乖離している場合には，判決によってかかる不一致が生じたと認められた時点から効力を有する（80条2項）。

認証手続に違反があった場合や認証委員会が権限を逸脱して認証を行った場合には，認証を行った認証委員会が属する所轄の州行政裁判所に訴えを提起することができる（80条5項）。その際に出される行政裁判所による判決は，遡及的効果を有する。

(5) コンサルティング，助言活動

認証機関は，とりわけ，労働契約の作成や契約プログラムの修正に際し，権利の処分可能性（disponibilità）や労働契約の正確な法的性質決定などについて，コンサルティング・助言活動を行うこととされている（81条）。

(6) 権利放棄・和解

認証委員会のうち，労使機構については，両当事者の権利放棄または和解の意思を確認して，民法典2113条にいう権利放棄および和解を認証する権限を有する（82条）。

3 権利の処分と認証制度

2003年委任立法276号82条は，認証委員会のうち労使機構については，両当事者の権利放棄または和解の意思を確認して，民法典2113条にいう権利放棄および和解を認証する権限を有する旨を定めている。当該規定に関しては，①認証委員会である労使機構は，両当事者による権利の処分（権利放棄および和解）についていかなる機能を果たすか，そして，②その際，いかなる権利を対象とするか，が問題となる。

(1) 権利放棄・和解と民法典2113条

上記の問題を考察するに際して，イタリアでは従来から，労働者の権利の放棄・和解についてどのような規律がなされているかをみておく必要がある。

民法典2113条によると，従属労働関係および準従属労働関係等について，法律や労働協約の強行規定により生ずる権利を対象とする放棄や和解は効力を有しない（non sono valide）とされている（1項）。ただし，労働者が権利

放棄や和解の効力を争うためには，労働関係の解消時から6ヶ月以内に，また労働関係解消後に権利放棄，和解がなされたときは，その権利放棄，和解のときから6ヶ月以内に異議申立を行う必要がある[28][29]（2項）。かかる異議申立は，労働者のみ可能であると考えられている[30]。

民法典2113条における権利放棄や和解の対象となる権利は，労働者のもとで既に具体的に発生した権利（既発生の権利）に限られると解されている。これに対し，将来に発生しうる権利の放棄や和解は，強行規定違反として民法典の一般原則により絶対的に無効となる（民法典1418条1項）[31]。

ただし，裁判上の和解（民事訴訟法典185条）や，労働協約で定められたところに従って行われる組合調停や行政調停（民事訴訟法典410条）での和解の場合については，民法典2113条は適用されない（民法典2113条4項）。したがって，これらの手続において，既発生の権利につき放棄，和解がなされた場合には，それらは有効なものであり，労働者による異議申立は認められない[32]。

このように，強行規定により既に発生した権利については，それを放棄または和解することは，原則有効でないものの，放棄または和解した後の労働者による異議申立に対しては時間的制限が設けられている。また，一定の機関で和解された場合には，強行規定により生じた権利に関する和解はそもそも有効とされ，労働者による異議申立は認められていない[33]。これらのこ

---

[28] 異議申立期限が労働関係継続中に到来することなく，労働関係の終了後に到来することについては，労働関係の継続中には，労働者は，注文者による報復を恐れて異議申立を行わないことが予想されることがその理由であると指摘されている。G. SANTORO PASSARELLI, *Diritto dei lavori,* 2004, 177 ; M. ROCCELLA, *Manuale di diritto del lavoro,* 2005, 435. また，異議申立期間を一定期間に制限していることは，注文主の利益を保護するために，当該期間経過後は，労働者による異議申立を排除することによって，法的安定性を確保しようとする趣旨に基づく。E. GHERA, *Diritto del lavoro,* 2003, 434s.

[29] 当該規定は，労働者による権利放棄・和解に対する異議申立を一定期間に制限していることから，労働者による取消可能性を定めたものとして評価されている。破毀院1998年7月13日6857号，*RIDL,* 1999, II, 439.

[30] L. GALANTINO, *Diritto del lavoro,* 2005, 631.

[31] 破毀院1998年7月13日6857号，*RIDL,* 1999, II, 439.

とからするとイタリアでは，強行的な規定から生じる権利の処分不可能性は絶対的なものではなく，①権利の発生時期，および，②権利処分が行われる機関に応じて，部分的に相対化されているといえる[34][35]。

(2) 権利放棄・和解と認証委員会の機能

認証委員会の一つである労使機構の権利放棄や和解に対する機能については，①単に，権利放棄や和解といった権利処分の存在を確認するにとどまる，との考えと，②労使機構は，民法典2113条4項によって参照される手続に追加して，権利処分を有効なものとする，との考えがある。①の見解に対しては，仮にこの立場に依拠すると，両当事者間で権利の処分が行われたとしても，労使機構は当該権利処分を有効なものとはしないため，労働者は異議申立を行うことが可能となり，その結果，当該権利処分は確定的な効果を有

---

(32) 当該規定の趣旨については，両当事者とは異なる第三者の存在とそれによるサポートにより，労働者は，注文者に対する自らの従属的・劣位的地位を解消しうることにある，とされている。F. CARINCI, R. DE LUCA TAMAJO, P. TOSI, T. TREU, *Diritto del lavoro,* vol. II, *2. Il rapporto di lavoro subordinato,* 2005, 426；M. ROCCELLA, *Manuale di diritto del lavoro,* 2005, 435；A. BELLAVISTA, *La derogabilità assistita nel d.lgs. n.276/2003, WP C.S.D.L.E. "Massimo D'Antona".IT* -16/2004, 3.

(33) このように既得の権利について労働者は処分しうるケースがあることについては，既得の権利の処分は，強行的な法律や労働協約が適用された後，これらの規範によって具体化された権利に対してなされるものであることや，既得の権利の処分は，権利の獲得を排除しまたは制限するものではなく，既に獲得された権利についての処分であることがその根拠として挙げられている。E. GRAGNOLI, *L'attività sindacale e la derogabilità assistita, RIDL,* 2005, I, 98s.

(34) A. VALLEBONA, *Istituzioni di diritto del lavoro, II,* 2002, 599ss；A. BELLAVISTA, *La derogabilità assistita nel d.lgs. n.276/2003, WP C.S.D.L.E. "Massimo D'Antona". IT* -16/2004, 8.

(35) 権利の処分については，具体的にいかなる状況の場合に有効になされたと評価されるかが問題となる。

この点については，労働者による黙示の放棄は，労働者の注文者に対する従属的状況等を考慮して，基本的には認められておらず，行為主体によって，権利の存在の認識と一義的な意図が示されるような状況が認められる場合にのみ，有効なものであるとされている。破毀院1986年3月25日2130号 (Cfr. G. SANTORO PASSARELLI, *Diritto dei lavori,* 2004, 178)。

しないこととなる。この場合，権利関係を確定させたい両当事者は，民法典2113条4項が参照する和解のルートを選択することが予想されるが，そこでは権利処分を確定的に有効としない認証制度を設ける意義を見出すことは困難となる。

したがって，認証委員会の一つの設置形態である労使機構は，②民法典2113条4項により参照された機関による和解と同様に，権利処分を有効なものにするとの考えが一般的である。

(3) 対象となる権利

それでは，認証委員会においては，いかなる権利についての放棄や和解が有効とされるであろうか。この点については，①認証委員会の一つである労使機構は，既に発生した権利のみならず，将来の権利についても処分可能であるとする見解，②既に発生した権利のみを対象とする見解，③プロジェクト労働[36]に関してのみ，将来の権利をも対象とする見解が出されていた。

①の見解は，81条において，認証委員会は「権利の処分可能性」につき助言等を行うことが定められているが，ここでの助言等は，将来に向けての契約規制の形成や修正を含むと解しうることを根拠の一つとする[37]。また，78条4項は，労働社会政策大臣が「処分不可能な」条項を確定するために手引きを命令によって採択することを定めているが，当該規定の解釈により，「処分不可能な」条項以外については，強行規定により将来発生しうる権利についても処分することが可能となるとの帰結が導かれるとする。

---

(36) 他人の事業組織と継続的に連携しながら協働者が自ら事業を遂行するという「連携的・継続的協働関係」は，経済的には従属性を有しているものの，法的には独立労働の一種と位置づけられる。そのために，かかる形態での就業は，従属労働者を保護の対象とした法律の適用を回避し，人材の弾力的活用における抜け道として利用されることが多く，また，訴訟で争われるケースも多かった。そこで，2003年委任立法276号は，連携的・継続的協働労働は，注文者が決定し協働者が自律的に管理する，特定のプロジェクト等と結びつくものでなければならないとし，かかる労働を「プロジェクト労働」と位置づけた上で，プロジェクト労働者に対して，一定の保護（労働の質・量に応じた報酬，疾病・妊娠・災害の際の労働関係の停止等）を定めている。

(37) E. GHERA, *La certificazione dei contratti di lavoro*, http://www.csdn.it/csdn/relazioni_doc/Ghera_certificazione_labourlsit.doc, 14.

②の見解は，民法典2113条4項によって参照される調停手続と同様に，既に発生した権利の処分のみを有効になしうることができ，強行規定から生じる将来の権利を処分することは絶対的に無効であるとする。

　③の見解は，2003年委任立法276号旧68条の規定の存在をその根拠とする。旧68条は，プロジェクト労働関係の認証に際して，「当該委任立法に含まれる諸規定から生じる権利は，放棄または和解の対象となりうる」旨，規定していた。そして，(i) 2003年委任立法276号においては，民法典2113条4項の手続と同様に既に発生した権利の処分を認める82条のほかに，旧68条が規定されていること，(ii) 82条は，既に発生した権利のみを対象とすることを前提としている民法典2113条について言及しているが，旧68条は民法典2113条について言及していないこと，(iii)当初，委任立法案においては，「民法典2113条の手続を逸脱しても」との表現が用いられていた（その後削除された）ことなどから，82条からは既に発生した権利のみを対象とするとの帰結が導かれるとしても，旧68条の存在により，プロジェクト労働については，将来発生しうる権利についても放棄・和解の対象となりうる，とする[38]。

　これらの見解については，①に対しては，82条は，「放棄」，「和解」という表現を用いているが，これらの用語法について2003年委任立法276号には特別な言及がないこと，したがって，82条にいう「放棄」，「和解」とは，民法典2113条にいう「放棄」「和解」の意味において捉えることが自然であり，そのように解することが求められること[39]，認証委員会による助言等を定める81条から個別契約による逸脱可能性が引き出されるとの帰結は，直ちには導かれないこと，78条4項に関して，行政機関である労働社会政策大臣に，強行的な法規や労働協約を下回る基準を設定することのできる対象を決定する権限をも与えることは，行政機関に重大な立法権限が付与されることになり，憲法違反のおそれがあること，また，労働協約の強行性を侵害

---

(38) L. NOGLER, *La certificazione dei contratti di lavoro*, WP C.S.D.L.E. "Massimo D' Antona".IT‑8/2003, 54.

(39) A. BELLAVISTA, *Art. 68,* in E. GRAGNOLI, A. PERULLI (a cura di), *La riforma del mercato del lavoro e i nuovi modelli contrattuali*, 2004, 780s.

することは労働組合の自由（憲法39条参照）に影響を与えることになること[40]，等の批判がある。

③に対しては，旧68条を根拠としてプロジェクト労働につき将来発生しうる権利をも対象にすることは，授権法である2003年法律30号の委任した範囲を超えて2003年委任立法276号が立法化することになり，憲法違反のおそれがあること[41]，プロジェクト労働について定める2003年委任立法276号の他の諸規定は，個別契約による不利益な方向での逸脱を例外的にしか位置づけておらず，旧68条が一般的に個別契約による不利益な方向での逸脱を認めたものと解することとは整合しないこと[42][43]，などの批判がある。

このような議論状況のなか，認証委員会は，②民法典2113条と同様に，既に生じた権利についてのみ放棄および和解の対象となしうる，との考えが有力である。そしてこの立場からは，労働社会政策大臣が定める手引き（78条4項）は，単に確認的役割を果たすものであり，従来からの労働法システムと整合的なものであると考えられている[44]。

なお，2004年10月6日委任立法251号により，2003年委任立法276号68条は，プロジェクト労働において，労働関係に由来する既に生じている権利は，民法典2113条の枠組みにしたがって，労働関係の認証の際に，両当事者間の放棄または和解の対象となりうる，と改正された。これにより，

---

[40]　A. BELLAVISTA, *La derogabilità assistita nel d.lgs. n.276/2003*, WP C.S.D.L.E. "Massimo D'Antona".IT -16/2004, 10.

[41]　L. DE ANGELIS, *Le certificazioni all'interno della riforma del mercato del lavoro*, RIDL, 2004, I, 266.

[42]　A. BELLAVISTA, *La derogabilità assistita nel d.lgs. n.276/2003*, WP C.S.D.L.E. "Massimo D'Antona".IT -16/2004, p.15 ; A. BELLAVISTA, *Art.68*, in E. GRAGNOLI, A. PERULLI (a cura di), *La riforma del mercato del lavoro e i nuovi modelli contrattuali*, 2004, 783.

[43]　2003年委任立法276号旧68条の意義をこのように制限的に解する立場からは，一般的な労働関係における権利放棄・和解については，労使機構のみが有効としうるのに対し（同委任立法82条参照），プロジェクト労働については労使機構に限らず他の認証機関も権利放棄・和解を有効としうるところに旧68条の意義を見出す見解もある（E. GRAGNOLI, *Art. 82*, in E. GRAGNOLI, A. PERULLI (a cura di), *La riforma del mercato del lavoro e i nuovi modelli contrattuali*, 2004, 862s.）。

プロジェクト労働に関しても，既に発生した権利についてのみ，放棄または和解の対象となるとの解釈が一層根拠づけられたといえよう。

4 認証制度に対する評価
(1) 認証制度の利用と両当事者の対等性

労働者と注文者との間の対等性が実現されているか否かは，労働関係の規律内容の予見化や柔軟化の観点からも重要な考察対象となろう。

この点については，認証機関によって，当該労働者の権利義務の内容や性質，また認証の性質（認証の効果が当然に確定的なものではないこと），従属労働契約の基準等に関して，情報提供や，助言，コンサルティング（81条）がなされることにより，労働者と注文者間の情報の非対称性が克服されるとの評価がある[45]。

ただし他方で，認証制度を利用するか否かは両当事者の同意に基づくが（78条1項参照），実際上，注文者が新たに労働契約を締結するに当たり，認証制度の利用を労働契約締結の必要条件として提示し，当該注文者に対する労務の提供を望む者は認証制度の利用を半ば強制されることも考えられる。そしてこのとき，注文者のイニシアティブのもとで労働契約が認証され，労働者は注文者に実質上拘束され[46]，その後の労働者による異議申立も実際上抑制されることが指摘されている[47]。

このように，2003年委任立法276号によって導入された認証制度には，認証機関に助言等の機能を持たせて，関係当事者間の情報の非対称性を克服することにより，対等性を実現する方向性は認められる。しかし，情報の非対称性を克服するだけでは，両当事者間の不均衡は解消されず，両当事者間

---

[44] A. BELLAVISTA, *La derogabilità assistita nel d.lgs. n.276/2003*, WP C.S.D.L.E. "Massimo D'Antona".IT-16/2004, 10.

[45] V. SPEZIALE, *La certificazione dei rapporti di lavoro nella legge delega sul mercato del lavoro*, RGL, 2003, I, 299s.

[46] また，訴訟の減少という2003年委任立法276号が企画する帰結は，注文者の圧力のもとで認証制度が利用される結果として招来されるとの指摘もなされている。V. SPEZIALE, *La certificazione dei rapporti di lavoro nella legge delega sul mercato del lavoro*, RGL, 2003, I, 305s.

の対等性を確保されない状態で制度が利用されることが懸念されている。
(2) 労働関係の規律内容の予見化との関係

　2003年委任立法276号によって導入された認証制度は，法文上も明らかなように，労働契約の法的性質決定における係争の減少を目的としている（75条）。このように2003年委任立法276号は，従来の学説や白書における議論を踏まえて，労働契約の法的性質決定による労働関係の規律内容の予見化を，認証制度の第一義的な役割と位置づけている。

　ただし，かかる認証制度がその目的（労働契約の法的性質決定における係争の減少）を実際に達成しうるかについては，見解が分かれている。

　この点については，多くの学者によって，消極的な意見が出されている。そこでは，当該認証制度による認証の効力は，裁判によって覆される可能性があり[48]（80条），裁判上の紛争を減少させるという認証制度の目的を達成するのに十分でなく，認証の実質的な意義は認められないとの指摘がされている[49]。

　ただし，認証制度の労働関係の規律内容を予見化する機能について，積極的な評価が存しないわけではない。

　その一つとしては，認証の効果は絶対的に確定的なものではなく，訴訟の提起を認めなかったり，訴訟において裁判官を拘束するものではないものの，

---

[47] V. Speziale, *La certificazione dei rapporti di lavoro nella legge delega sul mercato del lavoro*, RGL, 2003, I, 300 ; P. Alleva, *Ricerca analisi dei punti critici del decreto legislativo 276/2003 sul mercato del lavoro*, RGL, 2003, I, 922.

[48] 判例においては，労働契約の法的性質決定は，契約締結時の意思の表明や契約書面のみによって判断されるのではなく，第一義的には，当該労働契約関係の実態を考慮して判断されるとの立場が確立されている。この点については，M. Rusciano, *D. Lgs. 276 e subordinazione : variazioni sul tema*, DL, 2005, I, 449s.および V. Speziale, *La certificazione dei rapporti di lavoro nella legge delega sul mercato del lavoro*, RGL, 2003, I, 306 を参照。また，P. Alleva, *Ricerca analisi dei punti critici del decreto legislativo 276/2003 sul mercato del lavoro*, RGL, 2003, I, 921 は，認証制度は，単に道徳的価値を有するものであって，認証委員会に対する信頼という脆弱な基盤に依拠するものと評価する。

[49] V. Speziale, *La certificazione dei rapporti di lavoro nella legge delega sul mercato del lavoro*, RGL, 2003, I, 301, 304.

裁判官に対して，事実上の説得的効果を有するという考えがある[50]。そしてこの事実上の説得的効果については，認証行為は，手引きによって裁判例の傾向に依拠して行われるとされていること（78条2項）や[51]，認証機関において両当事者によってなされた行動全体は，労働裁判官によって評価されうること（80条3項）[52]等によって，担保されると考えられている。また，社会保険機関等の第三者は，認証機関によっていったん認証されると，それに異議がある場合には，裁判所に訴えを提起する必要がある。そして，訴えを提起して裁判官によって異議の申立が認められなければ，当該行政機関が望む法的効果は発生しない。このようにいくつかの手続をふまなければ認証の効果は覆されないことから，第三者がこのような手続をふむことをあきらめることも考えられることから，認証機関による認証の効果は実際上持続するとの予想もなされている[53][54]。

(3) 労働関係の規律内容の柔軟化との関係

2003年委任立法276号によって導入された認証制度においては，認証委員会の一つである労使機構には，法律や労働協約の強行規定により労働者のもとで既に発生した権利について，放棄や和解を認証し，それを有効なものとする権限が付与されていると一般的には考えられている。この意味においては，認証制度の導入は，労働関係の規律内容の柔軟化をすすめたと評価することも可能であろう。

---

[50] M. G. GAROFALO, *La legge delega sul mercato del lavoro : prime osservazioni*, RGL, 2003, I, 381.

[51] G. SANTORO PASSARELLI, *Diritto dei lavori,* 2004, 350.

[52] L. GALANTINO, *Diritto del lavoro,* 2005, 57s. このような評価に対する否定的な見解として，A. CONTI, *Il problema dell'indisponibilità del tipo negoziale,* in G. PERONE, A. VALLEBONA (a cura di), *La certificazione dei contratti di lavoro,* 2004, 152s.

[53] G. SANTORO PASSARELLI, *Diritto dei lavori,* 2004, 348.

[54] このほか，認証制度の「予見化」機能とは直接的な関係はないが，認証に対する訴えが提起される前に，調停の勧試の実施が義務付けられている（80条4項）ことも，労働紛争に関する裁判上の訴えを減少させるであろうとの指摘もある；L. GALANTINO, *Diritto del lavoro,* 2005, 57s.；A. VALLEBONA, *L'incertezza del diritto del lavoro e i necessari rimedi,* RIDL, 2004, I, 18.

しかし,「柔軟化」との関係では,現行認証制度の意義はそれほど大きいものとはいえない。というのは,現行認証制度においては,強行規定から将来生じるであろう権利の放棄・和解については,それを有効なものとする権限は付与されていないと一般的に考えられているからである。この点については,VALLEBONAの議論や白書では,強行規定から生じる将来の権利についても公平な第三者機関のもとでは処分可能とすることが要請されていたことからすると,現行の認証制度における「柔軟化」の機能は,これらの議論に比して弱められた程度で実現されたといえる。

また,強行規定から生じる既得の権利の放棄・和解の有効化に関しては,イタリアにおいては既に,組合調停や行政調停における和解,裁判上の和解といった他の制度によって実施されており（民法典2113条4項参照),関係当事者がわざわざこの新たな認証制度を利用するであろうか,との疑問も提起されている[55]。

Ⅳ　検　証

1　労働関係の規律内容の予見化

従来から,イタリアにおいては,労働契約の法的性質決定は,労務提供の実態により判断され,事後的に裁判所が判断することによって確定されている。そのため,労働契約締結時点において両当事者は,当該労働契約がいかに法的性質決定されるかにつき確定的な認識を有することができない。その意味において,労働契約関係は事前に明確にはされていない。

このような状況に対して,イタリアでは,公平な第三者機関の立会いのもとで両当事者間によってなされた契約締結時の決定を重視する見解が出された。このような議論を踏まえて成立した認証制度は,事前に労働契約の法的性質決定を認証することによって,労働関係の規律内容を予見可能なものとし,その結果,裁判に持ち込まれる労働紛争の減少を目的とする。

労働契約の法的性質決定は労働契約関係の実態を考慮して裁判所が事後的

---

[55] E. GRAGNOLI, *Art. 82*, in E. GRAGNOLI, A. PERULLI (a cura di), *La riforma del mercato del lavoro e i nuovi modelli contrattuali*, 2004, 859.

に確定するという基本原理は，認証制度導入後も変更はない。しかし，労働関係の規律内容ができるだけ予見可能なものとなるように，2003年委任立法276号は，裁判例の動向を考慮した，労働契約の法的性質決定に関する所定のフォーマットを労働社会政策省令によって発すること（78条5項）[56]や，認証機関による両当事者に対する助言機能を定めている（81条）。また，認証手続における両当事者の行動については裁判所によって考慮されうる旨を定め（80条3項），これにより，認証手続の結果が裁判での結果と一致する可能性を高くすることによって，間接的にではあるが，「予見性」を高める措置を講じている[57]。

日本には，個別労働紛争に関する事後的な紛争処理手続につき，司法制度としては，裁判所による訴訟手続のほか，2006年4月から実施された労働審判制度があり，行政制度としては，個別紛争解決制度（総合労働相談，都道府県労働局長の助言・指導制度，紛争調整委員会のあっせん制度）が設けられるなど，整備されつつあるが，事前に労働関係を明確化する制度については十分な検討はなされていない[58]。イタリアの認証制度にはなお解決すべき問題が残されているが，労働関係の予見可能性を高めるシステムを構築するというアイディアは，今後の労働紛争の発生に対する取り組みを検討していく上では有益なものとなろう。その際，労働関係の規律内容の予見化をすすめていくためには，当事者による制度利用を促進させる仕組みも重要となる。

[56] ただし，裁判例においては，現在もなお，従属労働関係と独立労働関係とを区別する明確な基準は定立されておらず，裁判例の傾向も一義的に捉えることは困難な状況にある。こうしたことからすると，78条5項の規定による措置がとられたとしても，認証制度による労働関係の明確化については限界があるといえる。なお，注(27)参照。

[57] 「労働憲章」構想のもとでは，従属労働契約と独立労働契約との区別を解消して一元的な規整を行うことが目指されており，労働契約の法的性質決定の予見化の要請は，その限りでは，解消されるものといえよう。しかし，労働関係の規律内容はどのようなものであるかを事前に明確にし，予見可能なものとすることは，「柔軟化」の要請と相俟って重要な役割を担うことが予想される。

[58] 現行法においても，労働基準法15条において，労働条件の明示が求められており，事前に労働関係を明確にする制度がないわけではない。また，2007年11月に成立した労働契約法制定に向けての過程では，労働契約の締結や変更の段階で事前に労働関係を明確にすることについて議論がなされてきた。

2 労働関係の規律内容の柔軟化
(1) イタリアにおける柔軟化

イタリアでは，1990年代から個別契約によって，法律や労働協約の強行規定を下回る内容の個別契約を許容し，労働関係の規律手法につき個別契約に比重を移すことを志向する議論が行われており，労働関係の柔軟化が模索されている。

しかし，個別契約と法律や労働協約の強行規定との関係や，個別契約による柔軟化の是非や，範囲，限界についての議論が，1990年代以前にはなかったわけではない。従来からの議論もふまえた上で，柔軟化について，①客体へのアプローチと，②主体へのアプローチにより整理すると次のようになろう。

(a) 客体へのアプローチ

イタリアでは，権利放棄・和解に対する法規制と判例によって形成された枠組みが，個別契約による柔軟化を議論する上での出発点となっている。

そこでは，強行法規が定める権利の放棄や和解といった処分の対象となるのは，既に発生した権利に限られ，これらについては一定の手続のもとで処分することができる。これに対して，将来に発生しうる権利の処分は，強行規定違反として絶対的に無効となる。また，既に発生している当該権利の放棄・和解に対しては，労働関係終了時（またはその後に権利放棄・和解がなされた場合はその時点）から6ヶ月を経過すると，労働者は異議申立を行うことはできない。

処分の対象となるのは既に発生した権利に限られるとの取扱いは，2003年委任立法276号が成立し，認証制度が導入された後においても，変化はない。こうした意味においては，イタリアではなお，現時点では，将来に発生しうる権利についての，強行的な法規定や労働協約上の規定からの個別契約の逸脱という，労働法システムの根幹を揺さぶる変容が看取されるまでには至ってはいない。

とはいえ，法律や労働協約の強行規定から逸脱した個別契約を許容すべきとの議論がとりわけ1990年代以降，労働法学者の一部によってであるが，

強く主張され続けており，従来から存続してきた労働法システムは，BIAGI改革を一つの契機として具体的な法政策のレベルで，再検討の機会に接したと言うことはできよう。

　柔軟化の対象となる事項については，それを絶対的に逸脱不可能な基本的な権利から区別する試みが学説や白書によってなされているが，法制化されるまでには至っていない[59]。また白書においては，全ての労働者にとって不可侵の権利以外の部分については，権利のタイプにしたがって，労働協約や個別自治に委ねることが必要であるとしているが，どの事項が集団自治または個別自治に委ねられるべきかについては言及されていない。2003年委任立法276号は，処分不可能な事項を特定する手引きの作成を規定するが，現在（2007年10月）なお，手引きは出されていない。

　(b)　主体へのアプローチ

　柔軟化の主体に関しては，労働協約による強行法規範からの逸脱だけでなく，個別契約による法律や労働協約の強行規定からの逸脱の可能性が議論されている。現在では，個別自治重視の傾向がみられ，個別契約による強行規定の解除が主たる議論の対象となっている。

　ただし，個別労働者が柔軟化の主体たりうるとしても，個別労働者と注文者たる企業との間には，実質的な非対等性が認められ，労働者の「真の意思」が確保されないおそれがある。

　この点については，イタリアでは，公正な第三者機関を立ち会わせることで対処しようとしている。具体的には，強行規定により既に発生した権利の放棄および和解は原則として効力を有しないが，組合調停，行政調停，裁判上の和解の手続をとることによって，労働者による権利放棄や両当事者による和解は有効なものとされる（民法典2113条4項参照）。さらに2003年委任立法276号に基づく認証制度の導入によって，認証委員会の一つである労使機構にもその権限が付与されることになった。また，強行規定からの個別契約による逸脱の可能性を認めるべきとの提唱が学説や白書においてなされて

---

[59]　ただし，イタリア憲法には，労働に関する規定が数多く含まれ，たとえば，週休日および年次有給休暇の権利については，これを放棄することができない旨，定められている（36条3項）。

いるが，そこでも，公平な第三者機関のもとで「補助された意思」が確保される必要があるとされている。

このようにイタリアの議論においては，まさに規律の対象となる契約当事者自身の意思を尊重し，第三者機関の立会いによって，契約当事者の「真の意思」による合意の達成を実現しようという姿勢がうかがわれる[60]。

(2) 日本法への示唆

労働関係の規律内容の柔軟化について，イタリアの認証制度の展開や学説上の議論からは，次のことを指摘することができよう。

(a) 客体へのアプローチに関しては，既に労働者のもとで権利が発生しているか否かによって取扱いを変えている点や，労働者のもとで既に発生した権利について労働関係終了後一定期間の時間的限界のなかで労働者は異議申立をなしうるとしている点は興味深い。しかし，以下の点に留意する必要がある。

第1に，権利の発生前においても当該権利を処分することは理論的には可能であるとも考えられる[61]。いかなる権利が処分の対象となるかは，法政策上の選択の問題として考える余地はあり，イタリアにおける取扱いのみが理論的に許容されるかはさらなる検討を要す。

第2に，労働契約の継続性に鑑みたとき，権利の発生時点で区別する取扱いはいかに評価されるか。継続的契約においては，時間の経過とともに権利が発生し，その結果，次々と将来発生しうる権利が既発生の権利に転換する[62]。しかも，どの時点で発生しているかが両当事者にとっても必ずしも明確でない場合がある[63]。このような不明確な基準を権利の処分が可能か否かの基準としたうえで，法的効果を大きく異ならしめることについては検討の余地があろう[64]。

---

[60] さらに，第三者機関による立会いのもとでの「柔軟化」の実現は，労働関係の規律内容の予見化の要請をも満たすこととなろう。

[61] 荒木尚志「判批」ジュリスト1239号（2003年）164頁も参照。

[62] Cfr. R. Voza, *Norma inderogabile e autonomia individuale assistita, Giornale di diritto del lavoro e di relazioni industriali*, 1998, 638.

[63] 代表的な例としては，賃金債権のケースがあげられよう。

第3に，第2の点と関連するが，イタリア民法典2113条の権利放棄および和解に関するシステムは，既発生の債権を対象とすることから，このうち，労働者の債権に対する規律（賃金に対する規律等）を主たる対象とするにとどまる。認証委員会が放棄・和解を有効としうる権利の範囲に関する議論についても同様のことが妥当しよう。しかし，労働関係の規律内容の柔軟化の問題は，労働者の債権に対する規律に制限されるとは限らない[65]。労働契約関係の柔軟化を抜本的に検討する際には，民法典2113条の権利放棄および和解のシステムとは異なるシステムの構築の可能性も検討する必要がある。

　第4に，労働関係終了前に既に発生した権利についても労働関係終了後一定期間までは労働者は異議申立をなしうるとの取扱いは，仮に労働関係中に異議申立期間が満了するならば，注文者による契約解除の脅威から，労働者は労働関係中に異議申立を行うことを躊躇するであろうことに配慮するものと考えられる。しかし，従属労働者については解雇規制が適用されることからすると，少なくとも解雇規制が適用される従属労働者についてもこのような配慮が不可欠であるとは必ずしもいえない。

　(b)　主体へのアプローチについては，イタリアでは，契約当事者の個別契約による強行規定からの逸脱について議論されている。日本においては，労働者集団との合意による強行規定からの逸脱の可能性については法制化されているが（たとえば，労働基準法36条），契約当事者の個別合意による逸脱は認められていない。実際に規律の対象となるのは労働者個人であり，各労働者の事情はそれぞれ異なりうることを考慮すると，個別契約による逸脱の可能性も議論から排除されるべきではない[66]。

　また，公平な第三者機関を立ち会わせることによって，強行規定から逸脱する個別取扱いを可能とすることも，日本において今後労働者個人による強行規定の解除を議論する際の素材になるであろう。すなわちイタリアでは，

---

[64]　イタリアではこのような問題点に対しては，既に発生した権利についても，その黙示の放棄を例外的な場合にしか認めないことによって対処しているものと考えられる。

[65]　たとえば，使用者の義務に対する規律（労働時間に対する規律等）が存しよう。

[66]　大内伸哉「従属労働者と自営労働者の均衡を求めて」土田道夫・荒木尚志・小畑史子編集代表『労働関係法の現代的展開』（信山社，2004年）60頁参照。

情報の非対称性および注文者による反社会的な圧力行為を解消する措置を採用することにより，当事者の「真の意思」を確保し，当事者間が「対等に」交渉しうる場を設定するというスタンスがとられている。他方で，イタリアの認証制度をめぐる議論においては，労働者個人の属性に着目し，交渉力の高い労働者についてのみ derogation を議論したり，労働者による真の同意が合理的な理由の客観的な存在によって担保される必要があるとするスタンス[67]はとられていない。

ただし，第三者機関の立会いに基づく情報の非対称性の解消のみによっては，必ずしも契約当事者間の実質的な対等性が常に実現されることにはならないであろう。また，注文者の圧力行為は第三者機関の立会い以外の場面でなされることもあろう。転職に際して外部労働市場が十分に機能しているとはいえず，注文者が契約の締結及びその内容の決定につき主導的立場に立っているケースが少なくないわが国の状況においては，これらの事情を考慮する必要性は高い。したがって労働関係の規律内容を柔軟化するにあたっては，両当事者間の実質的な対等性の要請を考慮するならば，第三者機関の立会だけでなく，他の手段（たとえば，労働者の属性による制限）を講ずることも検討すべきであろう。

V おわりに

イタリアにおいては，労働法システムの再編という大きな課題と結びついて，従来からの従属労働者に対する強行規定の適用を中心とした労働法システムから契約当事者間における意思の合致を中心とした労働法システムへの脱皮が模索されるとともに，契約自治の重心を集団自治（労使協約）から，第三者機関の立会いでの「補助された意思」に基づく個別自治（個別労働契約）へ移行させようとの試みがみられる[68]。

集団自治と個別自治の役割分担については，白書は，権利のタイプにしたがって区分することを提案しているがその具体的な区別基準やそれぞれの対

---

[67] 日新製鋼事件（最 2 小判平成 2 年 11 月 26 日民集 44 巻 8 号 1085 頁）を参照。

象領域については述べていない。両者を具体的にいかに区分するかは，難しい作業となろう。

　2003年委任立法276号は，①労働協約たる連合間協定に基づいて，個別労働者によって処分可能な事項と処分不可能な事項を区分することを定め，②労使機構のもとで，一定程度，労働関係の規律内容の柔軟化を図ることを企図している。①については，一つの柔軟化の方法ではあると評価できるが，さらに，労働協約によって処分不可能とされている事項であっても，個別契約に基づく柔軟化を認める余地はあるのか否かがさらに問題となろう。ただし，個別契約による労働協約からの不利益な方向での逸脱が認められるとすると，労働協約の規範的効力の意義が問われることにもなる。規範的効力を否定することになれば，集団自治や労働組合の役割は根本的に変容することとなろう。

　②については，当該労使団体が，適切に個別労働者の意思を評価することができるかが問題となろう[69]。

　これらの問題を検討する作業は，日本における労働法システムのあり方を考える際にも不可避であるが，今後の課題としたい。

---

[68]　V. SPEZIALE, *La certificazione dei rapporti di lavoro nella legge delega sul mercato del lavoro*, RGL, 2003, I, 278.

[69]　労使機構による認証は，現在までのところ（2007年10月），なされていないようである。

会社解散と雇用関係
――事業廃止解散と事業譲渡解散――

菅野和夫

1 はじめに

　平成バブル崩壊後の事業再構築の動きのなかで，合併，企業買収，営業（事業）譲渡，会社分割，会社解散などによる企業再編成が盛んに行われてきた。そのなかで，労働者に特に深刻な影響を与えるのは，雇用そのものを危うくする会社解散を手段としたものである。実際，平成初期以来の労働関係の裁判例・命令例を見ると，そのような経済社会の動きを反映してか，会社解散による企業再編成をめぐる労使紛争が相当数，労働民事事件や不当労働行為事件となっている。それらの事件では，法律問題も複雑多様であって，会社解散の自由とその限界，解散会社による解雇の有効要件，事業譲受会社による雇用承継の有無，譲受会社による採用拒否と採用の自由，解散会社の親会社の使用者性，「偽装解散」の成否，法人格否認の法理の適用の有無，などが論じられている。

　これらの問題については，従来から，企業廃止（会社解散）の自由，事業譲渡の「特定承継」性，法人格による責任の分離などの原則を乗り越えて雇用保護を図る理論的試みが学説・裁判例上行われてきたが，平成時代の裁判例の増加の中で，それらの試みが進展している。

　本稿は，会社解散の場合に解散会社の従業員の雇用関係がどうなるかの問題を，平成期の裁判例[1]を主要な素材として検討する。中心は，ある企業が解散してその事業の全部または重要部分を他企業に譲渡する「事業譲渡解

散」の場合において，雇用関係がどうなるかの問題であるが，まずは，企業（会社）が解散して事業を全面的に廃止してしまう「事業廃止解散」における雇用関係の顛末を検討し，これとの関連で「事業譲渡解散」おける雇用関係の帰趨を検討したい。なお，ここでの「事業譲渡解散」は，その中心は解散企業が会社法上の事業譲渡を行うケースであるが，学校法人，医療法人，

---

(1) 「会社解散と雇用関係」に関する平成期の裁判例としては，以下のものを素材とした。
  [1] 池本興業・中央生コンクリート事件・高知地判平3・3・29判タ788号191頁
  [2] 新関西通信システムズ・大阪地判平6・8・5労判668号48頁
  [3] グリン製菓事件・大阪地決平10・7・7労判747号50頁
  [4] 日進工機事件・奈良地決平11・1・11労判753号15頁
  [5] タジマヤ事件・大阪地判平11・12・8労判777号25頁
  [6] 青山会事件・東京地判平13・4・12労判805号51頁
  [7] 大阪証券取引所・大阪地判平14・2・27労判826号44頁
  [8] 青山会事件・東京高判平14・2・27労判824号17頁
  [9] 大森陸運ほか2社事件・神戸地判平15・3・26労判857号77頁
  [10] 大阪証券取引所・大阪高判平15・6・26労判858号69頁
  [11] 第一交通産業（佐野第一交通）事件・大阪地岸和田支決平15・9・10労判861号11頁
  [12] 大森陸運ほか2社事件・大阪高判平15・11・13労判886号75頁
  [13] 勝英自動車学校（大船自動車興業）事件・横浜地判平15・12・16労判871号108頁
  [14] 第一交通産業（佐野第一交通）事件・大阪地岸和田支決平16・3・18労判896号82頁
  [15] 静岡フジカラーほか2社事件・静岡地判平16・5・20労判877号24頁
  [16] 御殿場自動車事件・静岡地沼津支決平16・8・4労経速1882号22頁
  [17] 東京日新学園事件・さいたま地判平16・12・22労判888号13頁
  [18] 第一交通産業（佐野第一交通）事件・大阪高決平17・3・30労判896号64頁
  [19] 静岡フジカラーほか2社事件・東京高判平17・4・27労判896号19頁
  [20] 板山運送事件・名古屋地判平17・4・19労判899号76頁
  [21] 勝英自動車学校（大船自動車興業）事件・東京高判平17・5・31労判898号16頁
  [22] 東京日新学園事件・東京高判平17・7・13労判899号19頁
  [23] 三陸ハーネス事件・仙台地決平17・12・15労判915号152頁

公益法人などの他種類の事業体がその事業の全部または一部を譲渡する場合をも含み、また会社法上の会社が同法上の事業譲渡に該当しない態様で実際上その事業の全部または一部を別企業に承継させる場合をも含んでいる[(2)]。本稿は、「事業廃止解散」と「事業譲渡解散」において雇用関係がどうなるかの問題について、平成期以降の裁判例の法理面での考え方を析出し、その当否を検討する。

なお、事業廃止解散・事業譲渡解散の双方について、解散会社の従業員(その組合)が親会社に対して不当労働行為の責任を追及する場合の親会社の使用者性も、最近の労働委員会における重要問題であるが、裁判例・命令例も多く、それ自体で論究を要するので、本稿では割愛する[(3)]。

---

(2) 平成期の裁判例で見る限り、「事業譲渡解散」の主たる態様は、解散企業が会社法に規定する事業譲渡を行うか、学校法人・医療法人などが会社法の事業譲渡に類似する事業の譲渡を行うものであるが、それら事業譲渡に至らない営業財産の譲渡により事業が実質的に承継される事例もある。また、昭和末期の裁判例には、解散会社に替わり新会社が設立され、解散会社の財産が現物出資の方法で新会社に引き継がれて同一の営業が継承されたと見られるものもある(宝塚映像事件・神戸地伊丹支決昭59・10・3労判441号27頁)。本稿は、これらも視野に入れて、「事業譲渡解散」の類型を設定することとする。

(3) 本稿の問題に関する最近10年間の文献としては、和田肇「企業の組織変動と労働関係」ジュリ1104号112頁(1997)、香山忠志「解散・営業譲渡と法人格否認の法理」季労184号112頁(1997)、武井寛「営業譲渡と労働関係——労働法の視角から」学会誌労働法94号122頁(1999)、中内哲「企業結合と労働契約関係」『講座21世紀の労働法第4巻』(有斐閣、2000)272頁、橋本陽子「営業譲渡と労働法」日本労働研究雑誌484号61頁(2000)、橋本陽子「営業譲渡と雇用関係の承継」ジュリ1192号231頁(2001)、野田進「企業組織の再編・変容と労働契約」季労206号52頁(2004)、徳住賢治「企業組織の再編と労働法の新たな課題」季労206号68頁(2004)、中町誠「合併・営業譲渡と労働関係」季労206号80頁(2004)、本久洋一「企業間ネットワークと雇用責任——労働関係における法人格否認の法理の再検討」学会誌労働法104号45頁(2004)、などがある。

なお、本稿の草稿を紫田和史法政大教授にお読みいただき、会社法の見地からの助言をいただいた。

2 事業廃止解散と雇用関係

(1) 企業廃止（会社解散）の自由

会社の解散については，古くから，労働組合を嫌悪し，これを壊滅させる意図で会社を解散した場合に，解散それ自体が不当労働行為になるかという問題が論じられてきた。そして，憲法上の職業選択の自由や営業の自由といえども団結権の保障によって制約を受けるとして，不当労働行為意思による解散は無効とする裁判例・学説も存在した[4]。しかし，やがて，労働組合の団結権の尊重は企業存続を前提としての要請であって，企業を廃止する自由は私有財産制下の法体系におけるより根本的価値であること，商法上，総会決議の無効となるのは決議の内容が法令・定款[5]に違反する場合のみであって，決議の動機が違法不当な場合を予定していないことなどが主張されて，学説・裁判例上，企業廃止の自由を優先させる考え方が支配的となった[6]。

平成期における裁判例においても，会社解散により解雇された労働者がその解雇の効力を争う事件においては，企業廃止の自由が，依然として，会社法における公理のように確認され，出発点とされている。そして，会社解散の自由は，事業が真に廃止される「真実解散」であることが前提とされ，真実解散である限り解散の動機に労働組合を嫌悪しこれとの関係を切断する意

---

[4] 裁判例としては，太田鉄工所事件・大阪地判昭31・12・1（労民集7巻6号986頁）が代表的なものである。学説としては，正田彬「会社解散と不当労働行為」季労46号46～48，54頁（1962）など。

[5] 昭和56年改正前の商法252条では解散決議の無効事由に「定款違反」を含んでいたが，同改正以後は無効事由は「法令違反」のみとなり，「定款違反」は取消事由となった。

[6] 古くは，福岡国際観光ホテル事件・福岡地判昭27・5・2労民集3巻2号125頁，三協紙器製作所事件・東京高決昭37・12・4労民集13巻6号1172頁。学説として，西原寛一「会社解散と不当労働行為」『労働法大系第4巻』（有斐閣，1963）91頁，石川吉右衛門「会社の解散決議が不当労働行為として無効となるか」ジュリ126号43頁（1957），石井照久『新版労働法』（弘文堂，1973）465～466頁など。この問題に関する裁判例・学説については，西谷敏「会社解散・解雇と法人格否認」大阪市大法学雑誌32巻1号159～162頁を参照。

図が含まれていても，解散の効力には影響しないとされている。例えば，「そもそも企業を廃止し，会社を解散するか否かを決めるのは，企業主（株主）の自由であることからすると，解散が直ちに不当労働行為となることはなく，また客観的かつ合理的な必要性がなければ解散してはならないというものではないから，……本件のごとく株主の真意に基づく解散決議がなされた以上は，……解散は有効となる。会社と組合間で解散直前まで団体交渉を継続しており，組合嫌悪の意図も窺われるが，事業主の廃業の自由を否定しなければならないだけの事情とは認められない」（[3] グリン製菓事件・大阪地決平10・7・7労判747号50頁），と説かれる[7]。

「会社解散の自由」それ自体は，憲法の財産権の保障，営業の自由，職業選択の自由から派生する現行法秩序の基本原則であり，本稿で論じる会社解散と雇用関係の諸問題においても，基本的な出発点となる。

(2) 事業廃止解散の場合の解雇の効力——解雇権濫用規制の適用

企業廃止（会社解散）の自由から出発した場合には，解散決議後に行われる従業員の解雇は，企業廃止に伴う当然の（ないしはやむを得ない）措置として，当然に有効と認められそうである。このような「解散による解雇当然有効説」は，解散会社においては，いずれ清算手続が結了すれば消滅する運命にあるので，たとえ解雇も退職もなされないままであったとしても，従業員の労働契約関係は清算結了と共に終了してしまうことによっても，首肯できそうである。組合壊滅の動機にでた場合でも会社解散決議は有効であることを説く前掲の裁判例も，解散決議が有効である以上，それに伴う解雇は会社清算のための当然の措置であって，有効であると判示していた[8]。平成に入っての裁判例でも，「企業主には職業選択の自由（憲法22条）の一環としてその企業を廃止する自由があり，その自由は労働組合の存続に影響を及ぼ

---

(7) その他，[4] 日進工機事件・奈良地決平11・1・11（労判753号15頁），[16] 御殿場自動車事件・静岡地沼津支決平16・8・4（労経速1882号22頁），[12] 大森陸運ほか2社事件・大阪高判平15・11・13（労判886号75頁），[23] 三陸ハーネス事件・仙台地決平17・12・15（労判915号152頁）（後掲）
(8) 前掲の福岡国際観光ホテル事件・福岡地判昭27・5・2（労民集3巻2号125頁）

す場合であっても原則として制約されるものではない。被告［会社］は従業員の立場を軽視したとの批判は免れないけれども，解散を偽装したわけではなく，真実解散したものと認められるので，それに伴う原告らの解雇自体はやむをえない」と述べる裁判例[9]，があり，これは会社解散の自由から発した解雇当然有効説の立場といえよう[10]。

　しかしながら，労働組合嫌悪の動機に発する会社解散決議といえども有効であるとする従来の学説の下でも，解散に伴う解雇は，当該企業が，清算手続において存続している限り，不当労働行為として，または解雇権の濫用として無効となりうることが主張されてきた[11]。このような主張は，解雇権濫用法理が制定法上のものとなった今日では，一層有力な見解となると思われる。

　すなわち，判例法理が樹立してきた解雇権濫用法理は，「解雇は，客観的に合理的な理由を欠き，社会通念上相当であると認められない場合には，その権利を濫用したものとして無効とする」との一般性をもった法理であり，しかも，平成15年改正によって法律上の一般原則に高められた。このような解雇権濫用規制の一般的性格から，企業廃止解散に伴う解雇についても，

---

[9] ［1］池本興業・中央生コンクリート事件・高知地判平3・3・29（判タ788号191頁）。Y₁社が一部従業員の地域労組加入を嫌がり，委託元であるY₂社に委託契約を解約してもらい会社を解散した事例

[10] 前掲の［12］大森陸運ほか2社事件・大阪高判平15・11・13（労判886号75頁）も，この考え方にたつ裁判例といえる。この事件では，前掲の解散の自由に関する判旨に続いて，②解散に伴う解雇には客観的に合理的な理由があるので，原則として有効である。但し，本件では労使協議協定があるので，それに違反していれば解雇権濫用となるが，労使協議も尽くしていると認められる，③Y₃社への機材の譲渡，一部従業員の採用も，組合員排除のための工作（偽装解散）とは認められない，と判断された。なお，昭和期において，布施自動車教習所・長尾商事事件・大阪高判昭59・3・30（労判438号53頁）は，企業には解散の自由があるから，不当労働行為意思をもって解散しても，解散とこれに伴う解雇は有効であると述べている。他方，中本商事事件・神戸地判昭54・9・21（労判328号47頁）のように，解散による解雇を労働協約上の事前協議条項違反として無効と判断したものもある。

[11] 前掲の石川論文45頁，西原論文92頁，外尾健一『労働団体法』（筑摩書房，1975）262頁。

それへの同規制の適用の有無を問題とする裁判例が多くなっている[12]。

しかも最近の裁判例は，事業廃止解散による解雇への解雇権濫用法理の適用を検討するなかで，整理解雇法理（判例法理として樹立されているいわゆる整理解雇の「四要件」ないし「四要素」）[13]の適用の有無を検討している。平成期の裁判例は，解散によって企業を廃止する際に行われる解雇は，経営困難に陥った企業がその存続を図って行う整理解雇とは異なるので，整理解雇の「四要件」ないし「四要素」をそのまま適用するのは適切でない，という点では一致している。しかしながら，企業廃止解散に伴う解雇を当然に有効とするのではなく，解雇に至るプロセスの相当性を中心に一定の要件を課す考え方が有力となりつつある。いわば，「解散による解雇限定規制説」である。

例えば，[3] グリン製菓事件・大阪地決平10・7・7（労判747号50頁）においては，前掲の企業廃止の自由に関する判旨に引き続いて，「[事業廃止] 解散に伴う全員解雇が整理解雇と全く同列に論じられないことは言うまでもないが，いわゆる解雇権濫用法理の適用において，その趣旨を斟酌することができないわけではない。」と出発し，整理解雇の四要件のうち，人員整理の必要性は，会社が解散される以上原則としてその必要性が肯定されるから，これを問題とすることは少ないであろうし，解雇回避の努力についても，それをせねばならない理由は原則としてないものと考えられるけれども，被解雇者選定の合理性と整理解雇手続の相当性・合理性の要件については，企業廃止に伴う全員解雇の場合は，解雇条件の内容の公正さまたは適用の平等，解雇手続の適正さとして，考慮されるべき判断基準となる，と述べている。このような「解散による解雇限定規制説」に立って，判決は，本件

---

(12) 典型的には，[4] 日進工機事件・奈良地決平11・1・11（労判753号15頁）は，会社解散（真実解散）は組合嫌悪の動機があっても有効であるとするが，「しかしながら企業に雇用される労働者の労働契約は，企業の解散決議によって当然終了するものではないから……，企業の解散に先立って労働者に対する解雇が行われるときは，解散の効果とは別に当該解雇の効力を吟味することが必要になる」と述べる。

(13) いうまでもなく，人員削減の必要性，解雇回避の努力をつくしたこと，被解雇者選定の基準・適用の妥当性，従業員（被解雇者）への説明・協議，という4つの要件ないし考慮要素である。菅野和夫『労働法第7版補正2版』（弘文堂，2006）428～432頁

解雇は，組合との団体交渉の継続中に突然なされたものであって，解雇基準の合理性やその手続全体の適正さに疑問が残るものであり，清算法人になった以後の解雇の諸条件に関し協議を尽くすべき信義則上の義務に反し，解雇権の濫用に当たる，との結論を導いている。

また，[23] 三陸ハーネス事件・仙台地決平 17・12・15（労判 915 号 152 頁）は，親会社の専属下請会社である子会社が親会社の経営悪化によりその支援を得られなくなって解散し従業員を解雇した事案であるが，

① 企業には営業の自由により事業廃止の自由があるが，事業廃止による解雇については労基法 18 条の 2 により「客観的に合理的な理由を欠き，社会通念上相当であると認められない場合」には権利を濫用したものとして無効となる。

② その場合に当たるか否かについては，整理解雇の四要件ないし四要素を適用するのは妥当でない。

③ 事業の廃止が合理的でやむを得ない措置とはいえない場合，または，解雇の必要性についての労働組合・労働者への説明，労働者の再就職準備の時間的余裕，労働者の生活維持への経済的配慮，再就職の支援などにおいて解雇の手続が妥当でなかった場合には，解雇権濫用となると解すべきである。これらは総合的に判断すべきであって，企業が倒産の危機に瀕しているなど事業廃止の必要性が高い場合には解雇手続の妥当性はほとんど問題とならないが，経営戦略上の判断から廃止する場合には手続の妥当性が大きな要素となる。

④ 本件では，親会社が高コスト体質を改善するために国内生産を断念し，海外生産に切り替えることとしたのは経営戦略上合理的であり，Y 社の経営状態は K 社の賃率補正による援助がなくなれば苦境に陥る状況にあったから，事業廃止の決断は合理的でやむを得ないものといえる。

⑤ Y 社は，組合との団体交渉を通じて事業廃止の必要性について理解を求める努力を重ねてきたのみならず，本件解雇が従業員の生活に与える打撃を出来る限り緩和すべく種々の措置を重ねてきたものといえるので，解雇の手続も妥当であった，

との判断を行っている。[14]

会社が解散した場合でも，会社は清算目的のために存続し，従業員に対しては未払賃金・退職金等の労働債務の清算と，退職ないし解雇による雇用関係の打ち切りが清算人の重要な任務となる。そして，解雇を行うには，労働基準法20条の予告や，組合との労働協約上義務づけられた労使協議を履行することが法律上の義務として必要とされる。しかし，これのみならず，被解雇者に対しては，解散のいきさつや，清算手続のなかで解雇せざるを得ないという事情，退職金の取扱い，などを説明し，また今後の身の振り方についての準備を促すこと等が，労働契約関係における配慮義務として要請されよう。解雇権濫用規制は清算手続のなかでも会社が存続する限りは適用があると考えられるので，このような手続的配慮を同規制の適用において要件化する「解散による解雇限定規制説」は，妥当な考え方として賛成したい。

(3)　解散をもたらした親会社等第三者への責任追及

　事業廃止解散による解雇がより熾烈に争われるのは，解散会社が親会社等の第三者の支配のもとで解散に追い込まれたとして，解雇された子会社従業員が親会社等に対して雇用や労働債権に関する責任を追及するケースである。そのような責任追及の法的構成としては，典型的には親会社等との関係で子会社の法人格の否認の主張が行われるが，その他，法人格否認の主張とは別個に解散会社従業員の解雇に関する親会社の不法行為責任が主張されること

---

(14)　Y社は，K社の100％子会社・専属下請会社として，S工場において乗用車のワイヤーハーネスの製造に従事していた（Y社役員は全員K社からの出向者）。K社は，バブル経済の崩壊以降，売上げ・利益の双方において経営が悪化したため，国内生産を縮小して海外発注を拡大する方針を建て，平成16年11月までにY社のS工場を閉鎖し同社を解散する方針を公表した。しかし，58名の従業員のうち18名はZ組合（地域の合同労組）に加入し，閉鎖方針の撤回を要求したので，Y社は平成17年4月末から8月初旬の間に6回の団体交渉を開催し，工場閉鎖の決定に至った経緯と理由を，資料を提示して説明した。また6～7月には任意退職に応じる場合の退職金の1～4月分の特別加算などを従業員に明らかにした。そして，任意退職に応じないXらに対して9月末に解雇の通知をした。Xらが，解雇は不当労働行為ないし解雇権の濫用（整理解雇の要件不備）のために無効と主張して，Y社を相手として雇用契約上の地位保全・賃金仮払いの仮処分を申請したという事件である。

もある。

(ア) 法人格否認の要件と法律効果

まず、法人格否認の主張は、子会社の法人格が形骸化しているので、ないしは親会社が子会社の法人格を濫用しているので、雇用主は親会社とみなされるべきであるという主張である。このうち法人格濫用の主張は、典型的には、親会社による子会社解散が、親会社が子会社に存する労働組合を嫌悪し、それを壊滅するために行った不当労働行為であるという主張と結びついて行われる。

これまでの裁判例を見ると、親会社によって支配された子会社の従業員が、子会社により支払われない賃金ないしは退職金を親会社に対して請求するという事案では、親会社による子会社法人格の濫用ないしは子会社の法人格の形骸化を認め、親会社の支払い責任を肯定する判断が行われている。

労働関係への法人格否認の法理適用の嚆矢とされる川岸工業事件・仙台地判昭45・3・26（労判99号42頁）はその例であって、親会社が子会社の業務財産を一般的に安全に支配し得る株式を所有し、子会社を企業活動面において現実的統一的に完全に管理支配しているので、「Xらの解雇が不当労働行為によるものとして無効となるときは、法人格否認の法理によりXらに対する雇傭関係についての責任も親会社であるY会社において引き受けているものと解すべきである」として、子会社の事業廃止解散により解雇されたXらが親会社に対して行った未払い賃金請求を認容した。

また、黒川建設事件・東京地判平13・7・25（労判813号15頁）は、グループ会社の中心であるY$_1$社およびグループ会社の社主Y$_2$との関係で子会社A社の法人格を否認し、A社を退職した役員（X$_1$、X$_2$）の従業員としての未払い賃金と退職金について、Y$_1$社、Y$_2$に対する支払い請求を認容している。この事件は、解散や営業譲渡のケースではないが、親子会社の関係における子会社の法人格否認の典型的判断例として参考となる。判旨は、ある会社の法人格の形骸化を認めるためには、他の会社ないし株主が当該会社に対し支配を及ぼしているのみならず、当該会社の業務執行、財産管理、会計区分等の実態を総合考慮して、法人としての実体が形骸にすぎないかどうかを判断すべきであると判示した。そして、本件では、A社は一応自己の名で取

引を行い，形式上同社固有の会計処理を行っているが，実質上 Y_2 が99％の株式を所有し，同人が支配する数社からなる企業グループのなかに所属して，同グループはあたかもそれ自体が一企業体をなし，グループ各社はその一部門であるかのごとく位置づけられていた。そして，グループ各社の人事・給与・財務は Y_2 の実質決定権の下，Y_1 社の総務部・財務部で一括管理され，それ以外の業務執行についても，各社の代表取締役及び取締役会はごく限られた事項を除き，Y_2 の承認を得てのみ決定できることとされていた。さらに，A社に対しては高額の賃料を課すなどして同社に留保されるべき利益を Y_1 社に吸収し，ないしはグループ内他社に分配させていた。以上によれば，A社の株式会社としての実体は形骸化しているので，その法人格は否認されるべきであり，Y_1 社と Y_2 は，A社の別個の法人格を理由に本件請求を免れることは許されない，と判断したのである。

以上のように，子会社従業員の未払い賃金・退職金などの労働債権については，子会社の法人格の形骸化や濫用が認められれば，親会社にその責任を負わせることが裁判例上認められており，例外的救済法理としての法人格否認法理の性格に合致した法的処理として是認できよう。問題は，雇用契約上の包括的責任（使用者としての地位）であるが，事業廃止解散により解雇された子会社従業員が，親会社に対して法人格否認法理を援用して労働契約上の地位を主張した事件において，この主張を認めた裁判例が昭和50年代に3件存在する（徳島船井電機事件・徳島地判昭50・7・23労判232号24頁，中本商事事件・神戸地判昭54・9・21労判328号47頁，布施自動車教習所・長尾商事事件・大阪地判昭57・7・30労判393号35頁）[15]。いずれも，親会社が子会社を，親会社（ないし親会社が中心となっている企業集団）の一事業部門と

---

[15] 徳島船井電機事件・徳島地判昭50・7・23（労判232号24頁）では，「［Y_1 社の子会社であり，専属下請け会社である］Y_2 社は形式上は独立した企業体となっているが，実質的には役員，従業員に対する人事，給与，労務対策の決定，財政経理面，営業形態，生産目標の決定等企業活動のすべてにわたり Y_1 社の現実的統一的な管理支配の下にある一製造部門にすぎず，両会社は経済的に単一の企業体たる実質を有する」と判断された。そして，Y_1 社は Y_2 社におけるA組合の活動を嫌悪し，その活動の激しさが他の子会社に波及するのをおそれ，A組合を壊滅することを決定的動機として Y_2 社の代表者と意思相通じて本件解散に至ったと判断された。

して，現実的統一的に支配しているなかで，親会社が子会社で戦闘的に活動する労働組合を嫌悪し，その壊滅ないし弱体化を企図して子会社を解散し，従業員を解雇したと認定された事案である。そして，いずれも，子会社の法人格が親会社との関係で形骸化しているとまではいえないとしつつ，親会社がその支配する子会社の法人格を不当な目的で濫用した場合として子会社の法人格を否認し，親会社の子会社従業員に対する雇用責任を肯定している。これら裁判例は，類似する事案につき同様の法人格否認論を展開して親会社の雇用責任を認めたもので，「法人格否認の三部作」とでも称しうるものである。

これら三部作は，法人格否認の要件についても，共通の考え方を採用して

中本商事事件・神戸地判昭54・9・21（労判328号47頁）では，「Y社は分会員の組合活動……を嫌悪するとともに，分会結成によるNグループ各社に対する波及効果を恐れ，分会排除の意図のもとに，……A社の経営担当者と相謀って前記認定の株式譲渡，役員の交替，取引の停止等の一連の行動に出，A社の解散，Xらの解雇に至らしめた」という事案において，XらがY社に対して雇用契約上の地位保全・賃金仮払いの仮処分を申請し，認容された。Y社とA社との関係については，「Y社がNグループの中核的立場から，同グループ全体について設定した経営政策に基づき，A社を，Y社を頂点とするNグループの運送部門として，その役員，従業員の人事，給与等の労務対策，財政経理，営業政策等企業活動全般にわたって現実的統一的に管理支配していた［が，……］Y社とA社との間には財産の混同があったとの疎明がない」と判断されている。

布施自動車教習所・長尾商事事件・大阪地判昭57・7・30（労判393号35頁）は，教習所を営むY$_2$社を解雇された労働者のうちの41名によるY$_2$社およびその親会社のY$_1$社に対する地位保全・賃金仮払いの仮処分申請を認容した事件である。判決は，Y$_1$社はY$_2$社を自己の意のままに道具として用いることができる支配的地位にあったと判断した上，Y$_1$社は自己所有の不動産を運用する目的でY$_2$社を設立し，賃料名目で多額の収入を得てきたが，賃料収入増加のためには，Y$_2$社にできたA分会が障害になるとして，その壊滅ないし弱体化のためにY$_2$社をして団体交渉の拒否，労働協約の全面破棄申し入れ，夏季・冬季一時金の不払いなどをさせ，さらにA分会を屈服させる手段として教習生入所受付の停止や転退校等の措置をとらせ，その結果Y$_2$社の経営状況が悪化するや，Y$_1$社の利益を守るためにY$_2$社を解散させ，従業員を全員解雇した，と判断している（Y$_2$社については労働協約上の協議義務不履行により解雇は無効と判断）。

おり，それは三部作の最後の布施自動車教習所・長尾商事事件・大阪地判昭57・7・30（労判393号35頁）において，法人格が否認されるべき法人格の形骸化の場合とは，「会社と社員間または複数の会社間に実質的・経済的同一性が存し，会社が会社として独立して存在しているとは到底いいえない場合，すなわち，法人格否認の対象となる会社が実質的には完全な個人企業で会社としての実態を有していない場合あるいは従属会社が支配会社の単なる一営業部門にすぎないような場合をい」い，法人格が否認されるもう一つの場合である法人格の濫用の場合といえるには，「(イ)会社の背後の実体が，会社を自己の意のままに［道具］として用いることができる支配的地位にあり（支配の要件），且つ(ロ)背後の実体が会社形態を利用するにつき違法又は不当な目的を有していること（目的の要件）を要する」，と要約されている。法人格否認の要件論では，三部作はその後の裁判例でも踏襲される標準的な定式を提供したといえよう。

　一方，法人格が否認される場合の法律効果については，三部作はきわめて特徴的である。いずれも，子会社の法人格が否認される場合には，親会社は，解散した子会社から解雇された従業員に対して，雇用契約上の使用者としての責任を負うと考え，しかも，その責任は，法人格の形骸化の場合のみならず法人格の濫用の場合にも生じる，と解しているからである。三部作の最初の徳島船井電機事件では，形式的にせよ契約当事者は子会社となっていること，一般に親会社はいわゆるコンツェルン形態を利用することによって危険の分散を図ること，そのような場合に子会社を事実上支配することは何ら現行法秩序に反しないこと，契約当事者以外の者に契約責任を追及することは通常許されるべきではないこと，雇用契約は一回限りの取引ではなく継続的な関係を内容とする重大な責任を伴うことなどに鑑みると，法人格否認によって包括的契約責任を課すのはたやすく認めるべきでない，との考慮がなされている。それにもかかわらず親会社の契約責任を肯定すべきとしたのは，本件では，親会社が子会社の組合の活動を嫌悪し，組合組織を壊滅させる目的（ないし決定的動機）で子会社を解散させているのであり，そのような場合に「法人格の異別性を形式的に貫き親会社に子会社従業員に対する雇用契約上の使用者としての責任を問い得ないとすることは，正義，衡平の観念に

反し，極めて不当である」との考慮による。そこで，法人格否認の要件について厳格な要件を設定した上で，それに該当する場合には形骸化と濫用のいずれの場合でも親会社の契約責任を肯定したと見ることができる。(16)

しかしながら，上記布施自動車教習所・長尾商事事件の控訴審である大阪高判昭59・3・30（労判438号53頁）は，第一審と同様に親会社の子会社法人格の濫用を認めつつも，未払い賃金支払義務のみを認め，雇用契約上の包括的責任は認めなかった。そのような結論を出す理由は，本件での子会社解散決議は子会社の組合壊滅を目的とした不当労働行為に基づくものではあるが，解散を真実行う意思でなされているので，解散の自由から解散決議もこれに伴う解雇も有効であり，そうすると，親会社と子会社を法人格否認により同一視しても，解散決議と解雇が有効であることには変わりがない，というものである。しかし論理的には，子会社の法人格が否認されれば，子会社の解散は親会社の一事業部門の閉鎖とみなされ，解雇は事業部門閉鎖に伴う整理解雇として整理解雇の要件を満たさなければ有効とはなり得ないはずである。法人格否認の効果を一時的賃金債務の処理に限定するその考え方は，法人格否認の例外的救済法理としての性格を重視した政策的なものととらえざるを得ない。

平成期に入ってからは，親会社に対する子会社従業員による地位確認請求について，法人格の形骸化と濫用の双方を否定した裁判例があるのみであ

---

(16) なお，法人格の濫用の場合に親会社が負う雇用契約上の責任と子会社の雇用契約上の責任との関係については，徳島船井電機事件・徳島地判昭50・7・23（労判232号24頁）は，子会社の法人格は否定されるのであるから，親会社の単独責任になるとしたのに対して，布施自動車教習所・長尾商事事件・大阪地判昭57・7・30（労判393号35頁）は，両社の不真正連帯責任となるとしている。

(17) [10] 大阪証券取引所事件・大阪高判平15・6・26労判858号69頁。この事例では，N証券会社が経営不振で解散し従業員41名を全員解雇したところ，39名が証券取引所を営むY取引所に対し，法人格の否認の法的構成により地位確認の訴訟を提起した。Y取引所はN証券の株式の保有，役員の派遣，仲立手数料改定や売買取引方法等を通してN証券の経営に強い影響力を行使できる立場にあった。そして，N証券の経営破綻は，Y取引所が行った大幅な手数料の引下げおよび立会外売買取引制度の導入が証券不況による売買取引額の減少と相まって同証券の急速な業績悪化をもたらし

る[17]。こうして、子会社の事業廃止解散における親会社の法人格否認については、その法律効果が未払い賃金・退職金に限られるのか、包括的な雇用責任に及びうるかは、裁判例上はいまだ決着がついていない状況といえる。

　学説は、法人格の濫用による否認の場合にも親会社の雇用契約上の包括的責任を認める三部作の判旨に対して、これに賛成する見解が多いが、法人格否認の一時的例外的救済法理としての性格に照らして反対する見解も有力である[18]。筆者は、拙著『労働法』の初版 (1985) 以来、親会社が実質上の一事業部門として完全支配下にある子会社における組合を嫌悪し、それを壊滅させるために子会社の解散を行ったという場合には「親会社が子会社の法人格を違法（団結権尊重の公序違反）な目的のために濫用したとして、子会社従業員の親会社に対する労働契約関係の主張を認容すべき場合があろう」との見解を表明してきたが（初版75頁）、第5版 (1999, 94頁) において「子会社従業員が親会社に対して継続的・包括的な労働契約関係の存在を主張することは、子会社の法人格が全く形骸化しており、しかも組合を壊滅させることを目的とした解散のような法人格の明白な濫用性が認められるケースでのみ問題となり得よう。」と上記の見解を修正した（現在の第7版補正2版では88頁）。そのあたりが、法人格による責任の分離（リスクの分散）の基本原則と団結権擁護の基本政策との適切な調和点と考えたからである。この法人格否認による親会社の責任の問題は、後述の事業譲渡解散の問題類型にお

　　たことによる。しかし、他方、N証券は決算、税務処理、経理処理、従業員の採用・勤務管理などを独自に行っていた。［7］第一審（大阪地判平14・2・27労判826号44頁）は請求を棄却し、本控訴審も控訴を棄却した。控訴審は、N証券は独立の法人としての実体および会社組織を備えていたことは明らかなので、法人格の形骸化を認めることはできず、法人格の濫用については、法人を道具として意のままに支配しているという「支配の要件」と共に、法人格を違法又は不当な目的のために用いたという「目的の要件」をも満たす必要があるところ、本件では、Y取引所はN証券に対して支配力を行使できる立場にはあったが、上記支配力をA分会の壊滅のために用いたとまでは認めることができない、と判断した。

[18]　賛成説の代表的なものとして、西谷敏「子会社解散と法人格否認の法理」労旬1561号36頁 (2003)、反対説の代表的なものとして、香山忠志「解散・営業譲渡と法人格否認の法理」季労184号125頁 (1997)。

いても生じており，新たな責任限定説が有力となっている。同所でさらに考察することとしよう。

(イ) 親会社等の不法行為責任

法人格に否認が認められない場合でも，子会社の解散と同社従業員の解雇の事態に至ったことについて，親会社等が不法行為責任を追及されるケースも見られる。

上記の「解散による解雇限定規制説」によれば，事業廃止解散が，労働組合を嫌悪しそれとの関係を絶つために行われた場合には，前述の企業廃止（解散）の自由から解散の効力それ自体は有効であるが，解雇は強行法規である労組法7条に違反する解雇として，あるいは客観的に合理的な理由を欠き，社会通念上相当と認められない解雇，として，無効とされうる[19]。

このように，組合壊滅を狙った事業廃止解散による解雇は労組法7条違反ないしは解雇権の濫用として違法無効となる，との法理が裁判例上樹立されつつあるが，この法理は，その種の会社解散が親会社や業務委託会社の主導で行われたと見られる場合には，解雇をされた労働者にとっての重要な救済手段を基礎づけることとなる。すなわち，組合壊滅を狙った当該事業廃止解散が，解散会社の親会社や業務委託会社の組合嫌悪の情から，解散会社と親会社ないし業務委託会社との共謀のもとで行われたという場合には，7条違反行為を惹起した親会社・業務委託会社の責任をも追及する可能性を拓くのである。実際，これについては，解散の契機となった業務委託解除を，組合との関係を断絶する意図のもとに共謀のうえ行った業務委託会社およびその経営者に対して，不法行為による損害賠償責任を認めた注目すべき裁判例が現れている。

すなわち，［1］池本興業・中央生コンクリート事件・高知地判平3・3・29（判タ788号191頁）では，Y社から委託を受けて従業員をY社にミキサー車運転手として派遣していたA社が，A社従業員Xらが加入する労組との紛争の過程でY社から委託契約を解除され，また従業員による賃金仮払い仮処分により売掛代金債権を差し押さえられて，事業廃止解散と従業員の

---

[19] 前掲［3］グリン製菓事件・大阪地決平10・7・7（労判747号50頁）を参照。

解雇を行った。Xらは，法人格否認，不当労働行為などを理由にY社およびA社・Y社の経営者である兄弟に対して雇用関係確認等を請求する訴を提起したところ，裁判所は，地位確認請求は棄却し，解散・解雇までの賃金相当額の損害請求を認容した。判旨は，まず，A社とY社は社会的に見て単一体であるとはいえないとして法人格否認の主張を排斥したが，Y社による委託契約の解除とこれを受けてのA社の解散・解雇は，両社を経営するP・Q兄弟がXらの組合活動を嫌悪して意思を相通じて行ったものと認められるから，不法行為が成立すると判断した。

(ウ) 親会社との黙示の労働契約の主張

親会社による子会社解散のケースで子会社従業員が親会社に対して雇用関係を主張する法理としては，以上のほか，親会社との黙示の労働契約の成立が理論的には考えられる。しかし，そのような主張には，子会社従業員が親会社に対して労務を提供し，親会社がこれに賃金を支払っていると求められるような事実関係を必要とし，結局，子会社が業務執行と財産，収支，労務人事などの管理において親会社に完全に支配されて別個の企業としての実体を有しておらず，完全に親会社の一部と認められるような場合であり，法人格が形骸化している場合とほぼ一致しよう[20]。しかし，親子会社間において子会社法人格のそのような形骸化が認められるケースは実際上稀と考えられる。むしろ，親会社が子会社を支配しているが法人格の形骸化には至っておらず，したがって「目的の不当性」をも加えて法人格の濫用の方を主張するというケースの方が多いであろう。平成期の裁判例でも，子会社解散の事例で親会社との黙示の労働契約が正面から主張されたものは見あたらない。

3 事業譲渡解散と雇用の承継

次は，会社は解散するが，その事業の全部または一部が他企業に譲渡されて存続する事業譲渡解散の場合である。この場合には，解散会社従業員の雇

---

[20] 布施自動車教習所・長尾商事事件・大阪地判昭57・7・30（労判393号35頁）は，このことを指摘する。文献では，香山忠志「解散・営業譲渡と法人格否認の法理」季労184号128頁（1997）。

用が譲渡先企業に承継されるか否かが，中心的な問題となる。

(1) 事業譲渡一般における権利義務承継の考え方

　事業譲渡解散の中心は，従来の商法に規定されてきた営業譲渡（平成17年制定の会社法で「事業譲渡」に用語変更）によって，解散会社の事業が他企業に譲渡されて存続する「事業譲渡解散」であり，これに関する法理が他の態様の「事業承継解散」の処理にも基本的に妥当する。

　営業譲渡は，一定の営業目的のために組織された有形無形の機能的財産を債権契約によって一体として譲渡する行為であるが，そこでは営業の有機的一体性を失わない限り個々の財産ないし権利義務を承継の対象から除外しうるものとされてきた[21]。つまり，営業譲渡における権利義務の移転（承継）は，会社合併の場合に合併によって消滅する会社の権利義務が合併後の会社に包括的に承継されるのとは異なって，営業譲渡における譲渡人と譲受人の間の債権契約において承継すべき権利義務の範囲を設定し，それに従って権利義務移転の手続を行うことによって生じる承継であるとされてきた。

　しかし，営業譲渡における雇用の承継については，雇用の保護の見地から，雇用関係は営業譲渡に伴い一体として当然に承継されるとの説が古くから唱えられた[22]。この雇用関係当然承継説は，営業譲渡は有機的に一体をなす営業を全体として譲渡する取引であることや，近代企業と労働者の関係は人的な性格を捨象された物的な関係であることなどを理由として，譲渡される事業に従事してきた労働者の雇用が当然に譲渡先企業に承継され，従って，使用者は労働者の同意を得なければその権利を第三者に譲り渡すことはできないとの民法625条1項の規定は，営業譲渡には適用がないと説いた。しかし，

---

[21] 石井照久『商法上巻』（勁草書房，1950）83頁以下，大隅健一郎『商法総則』（有斐閣，1957）313頁。最近では，神田秀樹『会社法第7版』（弘文堂，2005）284頁および江頭憲治郎『株式会社法』（有斐閣，2006）847頁。

[22] 典型的には，末弘厳太郎「雇傭契約」『法律学辞典第4巻』（岩波書店，1938）2779頁，我妻栄『民法講義・債権各論中巻二』（岩波書店，1962）568頁。『新版注釈民法（16）』（有斐閣，1989）65頁［幾代通］は，我妻説を多数説と把握して同説を支持する。しかし，同書の学説の把握はかなり古い時期に関するものといえよう。

これに対しては，同説は，営業譲渡に際しては一部権利義務を除外しうるとの，その権利義務承継の性格に反し，かつ営業譲渡に際しての労働者の意思（希望）を無視するものであるとして，営業譲渡に際しての雇用の承継も他の権利義務の承継と同様に解すべきであるとの説が対立した[23]。このような対立を経て，学説・裁判例では，譲渡企業，譲受企業，労働者間の合意の合理的な解釈として雇用の承継をできるだけ認めていこうという考え方が広まったといえよう[24]。この，「合理的意思解釈説」は，営業の一体的譲渡ではあるが譲渡範囲は契約によるという，営業譲渡の債権契約的性格を前提にしつつ，事業譲渡が労働者の雇用関係を含めて行われているケースでは，三者間の合意の合理的な解釈として，そこから除外された労働者を含めて雇用の承継を認めていこうという考え方と理解することができる。

　平成 12 年の商法改正によって「会社分割」の制度が創設されたが，その構想過程では，事業譲渡（ここからこの用語による）による権利義務承継の上記のような性格を，「合併」についての「包括承継」と対比される「特定承継」と呼んだ[25]。そして，新たに制度化する「会社分割」制度における権利義務の承継については，合併の場合の全面的包括承継，営業譲渡の場合の個別的特定承継との対比で，分割対象となる事業に属する権利義務部分が分割先の会社に包括的に移転するという「部分的包括承継」の考え方が採用された。そこで，同時に制定された「会社分割に伴う労働契約の承継等に関する

---

[23] 石井照久「営業の譲渡と労働契約」『商法における基本問題』（勁草書房，1960）161 頁以下，同『商法総則（会社法 I ）第 2 版』（勁草書房，1971）104 頁，同『新版労働法』（弘文堂，1973）218 頁，龍田節『会社法［第 10 版］』459 頁（2005）。

[24] 例えば，有泉亨『労働基準法』（有斐閣，1963）126～127 頁は，営業譲渡は物的施設とそこに配置された人的施設の有機的組織体を一体として移転する場合が普通であるので，物的組織だけを移転するという場合には特約を必要とし，それがなければ雇用は承継されたと解すべきとの趣旨の論旨を展開している。これは合理的意思解釈説と理解できる。また，中内哲「営業譲渡と労働契約」ジュリ増刊『労働法の争点第 3 版』（2004）184 頁は，従来の判例・学説を自動承継説と意思解釈説に大別している。裁判例のより詳細な分析としては，最高裁判所事務総局編『労働関係民事裁判例概観上巻』（1986）83～86 頁（昭和 45 年～59 年の裁判例を整理），香山忠志「解散・営業譲渡と法人格否認の法理」季労 184 号 113～118 頁（1997），橋本陽子「営業譲渡と労働法」日本労働研究雑誌 484 号 63 頁（2000），などを参照。

法律」においても，分割対象である営業に主として従事してきた労働者の雇用は分割先の会社に承継され，そうでない労働者の雇用は分割元の会社に残存するという考え方で，承継対象労働者の画定の手続が定められた[25]。

　以上要するに，事業譲渡においては，譲渡される事業に従事してきた労働者の雇用（労働契約）が譲受企業に承継されるか否かは，譲渡企業，譲受企業，労働者の三者間の合意によって決まる問題であるというのが今日の通説である。したがって，譲渡企業・譲受企業間で労働者の雇用の承継が合意されて，当該労働者も承継に同意する場合には，雇用の承継が行われる。これに対して，譲受企業または労働者のいずれかが雇用の承継を拒否する場合には，雇用は譲受企業には承継されない。そこで，譲受企業は，譲渡対象である営業に従事してきた労働者の全員の雇用を承継するか，一部の労働者のみを選別して承継するか，全く承継しないかの選択をすることができる。また，労働者の方も，譲渡企業と譲受企業の双方が雇用の承継を望んでいる場合でもこれを拒否する自由がある。

　事業譲渡に際しての雇用承継の仕方を法的により子細に見れば，事業譲渡契約において対象事業に従事する労働者の雇用を譲受企業が包括的に引き受ける旨が明らかにされたうえ，労働者の退職・採用の手続もとられないという場合には，使用者の地位（権利義務のすべて）の譲渡と考えることができ

[25] 原田晃治「会社分割法制の創設について（上）」商事法務1563号11～12頁（2000）。会社分割における労働契約承継法の構想を作った『企業組織変更に係る労働関係等法制研究会報告』（平成12年2月10日）では，「営業譲渡においては，権利義務の承継の法的性格は特定承継（営業の譲渡が個々の権利義務の個別的な合意による移転の総和として行われるもの）であり，権利義務は，譲渡会社と譲受会社の間の合意に加え，債権の移転について債務者の同意等を必要とする等，法律や契約に定められている譲渡の手続を経た上で個別に承継される。」と把握されている。そして，「営業譲渡においては，労働契約の承継の法的性格も他の権利義務と同様の特定承継である。したがって，労働契約の承継については，譲渡会社と譲受会社間の個別の合意が必要とされるとともに，労務者の権利義務の一身専属性を定めた民法第625条第1項が適用され，承継には労働者の個別の同意が必要である。」と述べられている。

[26] 注24掲記の研究会報告書，荒木尚志「合併・営業譲渡・会社分割と労働関係」ジュリ1182号20～22頁（2000），菅野和夫＝落合誠一編『会社分割をめぐる商法と労働法』別冊商事法務 No.236, 73頁以下（2002）

よう。したがって，労働者がこれに明示または黙示の承諾（民法625条1項）を与えたと見られる場合には，使用者の交替が行われることとなる（労働条件は労働者と新使用者間で特段の合意なき限り従前のままとなる）。これに対して，労働者が譲渡企業から退職し，ないし譲渡企業によって解雇されたうえで，譲受企業の採用手続に応じ，採用されるという場合には，退職または解雇による譲渡企業との雇用関係の切断と，譲受企業との労働契約の締結が行われることとなる（労働条件は採用に際しての特段の合意なき限り採用先の企業のそれに従うこととなる）。事業譲渡に際しての雇用の承継について，譲受企業が「選考のうえの新規採用」との方針を譲渡契約において明示し，その方針を手続的に実践する場合には，合理的な意思解釈を行っても，黙示の合意による雇用の承継を肯定できるケースは考えにくい。事業譲渡に際して雇用承継の黙示の合意が認められるのは，雇用が使用者の地位の譲渡の手法で処理されるケースとなりそうである。

　平成期における事業譲渡と雇用の承継に関する裁判例を見ると，事業譲渡が使用者の地位の譲渡の手法で行われている場合でも，譲渡対象事業に従事してきた労働者が，譲受企業への雇用の移転を拒否しているケースでは，雇用の承継は否定され，譲渡企業との雇用関係の存続が認められている[27]。ま

---

[27] マルコ株式会社事件・奈良地葛城支決平6・10・18（判例タイムズ881号151頁）では，Y会社が営む飲食店で労働組合が結成されたところ，同社は同店の営業を関係会社に譲渡し，その従業員の雇用関係が関係会社に移転したと主張した。これに対して，組合員の一部（Xら）はY社との雇用関係が存続していると主張し，この主張が認められた（賃金仮払いの仮処分申請を認容）。本位田建築事務所事件・東京地判平9・1・31（労判712号17頁）では，営業譲渡を行った会社の従業員兼務役員2名が，そのまま譲渡先会社の役員になり，2ヶ月後に辞任して，譲渡会社に対し従業員としての退職金を請求した。会社は，営業譲渡によってその雇用は当然に譲受会社に移転したので退職の事実はないと主張したが，判決は，2名が雇用承継について明示に同意を与えているとの証拠がないので，雇用は承継されておらず，譲受会社の役員になった時点で譲渡会社の方は退職していることとなる，と判断した（請求認容）。なお，解散が絡む事例であるが，[5] タジマヤ事件・大阪地判平11・12・8（労判777号25頁）では，Xは，A社によって整理解雇され，その効力を争って地位保全・賃金仮払いの決定を得たが，A社はその直後にY社に営業を譲渡して解散し，Xを再度解雇した。Xは，雇用の承継を主張して，Y社に対し地位確認，賃金支払い

た，労働者が譲受企業への雇用の移転を望み，同企業との雇用関係を主張するケースにおいて，その主張を認める裁判例も，包括承継や当然承継の考え方によるのではなく，譲渡企業と譲受企業間の雇用承継の黙示の合意の法的構成によっている[28]。

(2) 譲渡企業が解散する場合の譲受企業への雇用承継の有無

以上は，会社解散を伴わない事業譲渡における雇用関係の承継の有無であるが，会社解散の場合に従業員の雇用関係がどうなるかという本稿のテーマに即していえば，ここでの問題は，ある企業がその事業を他企業に譲渡したうえで解散した場合に雇用関係は譲受企業に承継されるのか，というものとなる。すなわち，事業譲渡解散を行った企業の従業員に対しては企業廃止解散の場合と同様に，譲渡企業が解散（企業廃止）という「やむを得ない理由」によって解雇することが認められ，他方，解散企業の事業を譲り受ける企業は「特定承継」という事業譲渡の法的性格に従って解散企業の従業員を選別して雇用することができる，ということとなるのか。それとも，事業廃止解散とは異なり，解散企業の事業が譲受企業において何らかの形で存続するが故に，解散企業の従業員の雇用関係についても，特別の考慮が行われるのか。

(ア) 「解散の自由＋特定承継性」の論理

これについては，事業譲渡解散も，解散企業にとっては企業廃止解散であるので，それによる解雇はやむを得ないものとなるとし，他方，譲受企業による解散企業従業員の選別不採用の方は事業譲渡の特定承継としての性格か

を請求したところ，裁判所は，Xに対する最初の解雇は整理解雇としての要件を満たさず，再度の解雇も理由がないとして，いずれも無効と判断し，そのうえで，Y社がA社に在籍していた従業員全員を雇用していることからすると，譲渡対象となる営業には従業員全員との雇用契約も含むものと推認できるとして，Xの請求を認容した。

[28] よみうり事件・名古屋高判平7・8・23（労判689号68頁）。退職・採用の形式を踏みつつも労働者の全員の雇用を引き継いだ本件営業譲渡においては，民法615条の個別の承諾がなくとも，雇用契約上の雇い主たる地位は同一性を保ったまま譲渡会社から譲受会社に移転していると判断され，譲渡会社とその従業員間の配転命令無効確認訴訟の被告適格が譲受会社に移転している，とされた。

らこれを是認するという解釈が，解散と事業譲渡それぞれの法的論理に忠実な立場と指摘することができる。

このような立場に立った裁判例としては，[22] 東京日新学園事件・東京高判平 17・7・13（労判 899 号 19 頁）がある。この事件では，学校法人 A 学園がその営む専修学校を新規に設立された学校法人である Y 学園に譲渡し，解散した。この過程で，A 学園の教職員 183 名が Y 学園に応募し面接を受けた結果，154 名が採用された。ここで採用されなかった A 学園の組合委員長の X が Y 学園に対し雇用関係を主張したが，①Y 学園は A 学園とは別個の学校法人であり，A 学園から承継した専修学校についても教育プログラムを変えているので，同じ専修学校を営むとしても実質的同一性ありとはいえず，②営業譲渡において雇用は当然には承継されないのであって，本件の譲渡契約においても，Y 学園は A 学園教職員の雇用を当然には承継せず採用行為を行う旨を合意しており，③Y 学園が譲渡契約において A 学園教職員中の応募者全員を採用する旨を合意していたとは認められず，むしろ Y 学園自身が独自に採用を判断決定するとされていた，と判示された。そして，X の不採用は同人の評価が低かったからであって，採用の自由により適法である，と判断された。

(ｲ) 事業の実質的継続に着目した法理

しかしながら，事業譲渡解散においては，解散企業の事業が廃止されるのではなく，譲受企業に承継されるので，解散会社による解雇と譲受企業による不採用によって一部従業員の選別排除が行われる場合には，譲受企業で継続される事業の同一性（譲渡前後での事業の一体性）が認められる限りでは，従業員の整理解雇に類似することとなる。そこで，事業譲渡解散における従業員の選別不採用について，まず譲渡企業における解散による解雇を事業の実質的継続のゆえに無効とし，譲渡企業との間で継続している雇用関係は事業譲渡と共に譲受企業に承継される，との判断を行う裁判例が現れている[29]。

---

[29] このような視点からの学説のひとつの試みとして，中内哲「企業結合と労働契約関係」『講座 21 世紀の労働法第 4 巻』（有斐閣，2000）288 頁は，営業譲渡が「事実上の合併」と見られるケースでは，譲渡先に雇用を承継されない労働者は整理解雇法理の潜脱として譲受企業との労働契約関係の存在を求めうる，と説く。

例えば、[4] 日進工機事件・奈良地決平11・1・11（労判753号15頁）では、S社が経営不振を理由に解散して従業員を解雇し、その土地建物等はその経営者A夫妻に、機械工具類はAが経営しS社の製品を加工販売してきたY社に売却した。この過程で解散会社の従業員X_1〜X_7は、組合を結成しS社と団体交渉をしたところ、Aはいったん解散・解雇を撤回しY社との統合の方針を表明したが、これを白紙撤回し、再度解雇を通告した。X_1〜X_7は、Y社を相手に労働契約上の地位を仮に定める仮処分等を申請した。本決定は、Aが真実S社の事業の廃止を企画しているかは疑問で、むしろ同社の不動産、機械工具類を譲り受けて同社の事業を規模縮小しながらも継続する意思を有しているものと一応認められ、企業廃止は仮装のものであるので、企業廃止を理由とする本件解雇は無効と判断した。そして、「S社の営業は、これと実質的一体性を有するY社に継承されるものであるから、XらとS社との間の労働関係も、XらとY社との間の労働関係として継承されるものと言うべきである。」と判断した（申請認容）[30]。

また、事業譲渡解散においては、選別排除された従業員が解散会社において労働組合に加入しており、同組合を通じて解散会社と交渉してきたという経緯の中で、企業解散・解雇・採用拒否について組合員排除の意図が認められるという事例が相当数見られる。そのような事例においては、譲渡企業による解雇と譲受企業による不採用は、全体として整理解雇の実態を有し、しかも組合員排除のための不当労働行為にあたる解雇と見ることができる、との判断が行われている。

例えば、[17] 東京日新学園事件の第一審（さいたま地判平16・12・22労判888号13頁）では、Y学園によるA学園の事業の承継は営業譲渡に類似したものであり、A法人とその教職員との雇用関係を事業と有機的一体をなすも

---

[30] 同様の判断は、経営に行き詰まった会社が同一事業を行う新会社を設立し、同社に事業を承継させつつ、雇用承継において従業員の選別を行った事例に関する昭和末期の裁判例において行われており、旧会社による解雇は整理解雇の要件を満たしておらず、新旧会社には実質的同一性があるとして、新会社に対する地位保全・賃金仮払いの仮処分申請を認容している（宝塚映像事件・神戸地伊丹支決昭59・10・3労判441号27頁）。

のとして承継したといえるので、Y学園によるXらの当該事業からの排除（採用拒否）は解雇権濫用法理に準じて合理的な理由が必要であり、それが認められなければ合理的と認められる内容の雇用契約が締結されたのと同様の法律関係が生じる、と判示した。そして、Y学園による本件不採用は、「人員削減の必要性」、「不採用によることの妥当性」、「選別の妥当性」、「手続の妥当性」のいずれの点から見ても客観的・合理的理由を欠き、かえってXが組合員であることを嫌悪した不当労働行為に当たると判断した。

　㈦　不当労働行為救済における譲受企業との雇用関係

　しかしながら、たとえ譲渡企業による解雇が不当労働行為として無効であり、譲受企業による不採用が組合員であるが故のものであっても、当該労働者と譲受企業間に雇用関係が創設されるわけではない。

　このような事案が仮に行政機関である労働委員会に不当労働行為救済事件として係属したのであれば、労働委員会は、譲受企業に対して、事実上の措置として従業員としての取扱を命じることも考えられよう。

　すなわち、事業承継解散における雇用承継から労働組合員を排除する事案について、譲受企業を被申立人として労働委員会に不当労働行為の救済申立てが行われる場合には、労働委員会は、事業譲渡における譲受企業による不採用が組合員であるが故のものかを審査し、そのように判断できる場合には同企業に対し採用等の措置を命じる命令を発することとなる。この種事件では、労組法7条1号が一般的に採用差別にも適用されうる規定なのかが問題となり、［6］青山会事件第一審（東京地判平13・4・12労判805号51頁）のように営業譲渡における採用拒否については同号の適用を肯定する解釈を行った裁判例も存在する。しかし、近年の最高裁判例は、従前の雇用関係における差別とみなしうるような特段の事情がない限り、同号の規制する「解雇その他の不利益な取扱」には採用拒否は含まれない、との解釈を樹立するに至った（JR北海道・日本貨物事件［北海道・国労］事件・最1小判平15・12・22判時1847号8頁）。この判例によれば、事業譲渡解散において組合員であるが故にある労働者が雇用承継から排除されたという採用拒否を7条1号によって救済するには、「従前の雇用契約関係における差別とみなしうるような特段の事情」のあることを示す必要がある。上記［8］青山会事件の第二

審（東京高判平14・2・27労判824号17頁）[31]は，採用の自由の法理を意識してか，事業譲渡解散における雇用承継からの排除を実質的な解雇であると把握し，そのような実質的解雇を組合員であるが故に行ったのであるから7条1号の「解雇その他の不利益取扱」に該当すると判示して，労委の救済命令を支持した。事業承継解散における雇用承継拒否について，労働委員会による行政救済のなかで，解雇との機能的類似性を重視し，その法的救済を試みた点で，ここで検討している労働民事裁判例と共通した取り組み方といえよう[32]。

(エ)　民事訴訟における譲受企業との雇用関係の基礎づけ

民事訴訟における権利義務問題としては，事業譲渡解散において譲渡企業から解雇され譲受企業に採用されなかった労働者と，採用を拒否した譲受企業との間における雇用契約関係を肯定するには，なお一層の理論的な詰めを必要とする。これは，譲渡企業と譲受企業の法人格の違いをどのように乗り越えるかという問題である。

これについては，譲渡企業・譲受企業間の関係（親会社は絡んでいない）において法人格否認の法理を用いる裁判例が見られる。すなわち，[2] 新関西通信システムズ事件・大阪地決平6・8・5（労判668号48頁）は，新会社設立→それへの事業譲渡→従業員の取捨選択について，旧会社の倒産を

---

[31] 本控訴審は，本件病院譲渡においては，A会・Y会間の譲渡契約で，Y会がK病院職員の雇用を承継せず，それら職員を採用するか否かはY会の専権事項とする旨を合意しているが，実際には，Y会はA会の従業員を多数採用しており，特にP，Qの所属する看護科の職員については両名を除いて採用希望者は全員採用しているのであって，実態は新規採用というよりも雇用関係の承継に等しいものであり，労働組合法7条1号本文前段が雇入れに適用あるかについて論じるまでもなく，本件不採用については適用があると解すべきである，と判示した。そして，上記合意はA会とY会がZ組合およびこれに属するP，Qを嫌悪した結果これを排除することを主たる目的としたものと推認されるので，P，Qの不採用はその組合活動を嫌悪して解雇したに等しいというべきであり，7条1号の不利益取扱いに該当する，と判断した。

[32] これとは反対に，前掲の [22] 東京日新学園事件・東京高判平17・7・13（労判899号19頁）は，営業譲渡の譲受企業による譲渡企業従業員の採用拒否について，上記最高裁判例に忠実に，採用の自由により労組法7条の不当労働行為規定の適用はない，と判示している。

回避して事業を継続するためになされ，かつ組合排除の意図をも有していたと認定したうえ，このような状況での旧会社による従業員全員解雇と新会社による旧会社従業員の一部不採用は整理解雇の法理を潜脱するものであって，法人格の濫用と評価せざるを得ず，したがって，旧会社による解雇と新会社による従業員の不採用については整理解雇の法理が適用され，解雇として無効となる，として，新会社との雇用関係を肯定した。

　譲渡企業・譲受企業・労働者三者間の合意の合理的解釈として，譲受企業・労働者間の黙示の労働契約関係を認め得るケースでは，そのような意思解釈の手法が法理論上もっとも安全であるが，その手法が使えない場合には，この裁判例のように法人格否認法理の適用が，譲受企業との雇用関係を基礎づけうるひとつの論理ということとなる。しかしながら，譲渡会社と譲受会社とが，株主・役員をほぼ完全に共通にし，株主総会・取締役会など意思決定手続，業務運営，財産，経理などが混同されているなどの事情によって実質的に見てほぼ完全に同一企業と認められ，法人格の形骸化が認められるといった場合[33]なら格別，両社が企業の実体としては別個のものであって，ただし，法人格が解雇法理や不当労働行為法理の潜脱のために濫用されている

---

[33] 江頭憲治郎『株式会社法』(有斐閣，2006) 41〜42頁は，裁判例の多くは，単に株主・親会社が会社・子会社を支配しているだけでは法人格が形骸化しているとはいえず，①株主総会・取締役会の不開催，株券の違法な不発行等，②業務の混同，③財産の混同など，法人形式無視の諸徴表が積み重なって初めてそういえる，と概括している。

[34] [20] 板山運送事件・名古屋地判平17・4・19 (労判899号76頁) は，労働組合との紛争が続くA有限会社が，その主要な営業部門を，株主・経営者が共通の同族会社であるY株式会社を設立してY社に譲渡し，従業員 (非組合員) の多くをY社に移した後，解散し，A社に残っていた組合員を解雇した事例である。被解雇者らがY社に対して労働契約関係の確認を求めたのに対して，裁判所は，Y社は独自の事務所をもち，独自に経理処理や株主総会の開催を行っており，両社間に法人格の形骸化は認められないとし，またY社の設立やA社の解散も組合壊滅のための不当労働行為とまでは認められないと判断して，請求を棄却した。この事例では，「Y社の設立には不可解な点がある」とまでは指摘されており，もしY社の設立とA社の解散とが組合壊滅の手段として行われたと認められ，法人格の濫用とされたとしたなら，その法律効果はどのようなものとされたか興味深い。

にすぎないという場合にまで，譲受会社への雇用関係の承継を認めてよいかは，なお検討すべき論点である[34]。また，これまで法人格の否認は，会社とその一人株主の関係または親子会社の関係において法人格の異別性を克服する法理として認められてきたのであり[35]，上記のケースのように事業譲渡会社と譲渡先会社の関係における法人格の異別性を克服する法理としても成り立ちうるかはなお検討すべき課題である。そして，これらの点は，次に見る親会社が絡む事業譲渡解散のケースにおいて，裁判例においてさらに検討されているのである。

以上要するに，事業譲渡解散に際しての従業員の選別排除は，譲渡企業と譲受企業とを一体としてみた場合には整理解雇に類似した側面があるので，裁判例は，整理解雇に関する法理から出発して，雇用承継を基礎づける法的構成がないかを模索している。これまでのところは，法人格否認の法理の適用が最も説得的な構成であるが，なお精密化すべき課題が残されているといえよう。

(オ) 労働条件変更のための事業譲渡解散

なお，これとの関係で最近の裁判例に現れたやや特殊な問題として，事業譲渡解散に際して，変更解約告知の性格をもつ従業員の選別排除がなされた場合の法的処理いかんという問題がある。すなわち，事業譲渡解散における従業員の承継については，譲受企業における労働条件に従う限りで承継が行われるのが通例と思われる。退職または解雇によって解散会社との雇用関係を切断した上，譲受企業による採用によって同会社との雇用関係に入る雇用の承継においては，譲受企業の労働条件を受け入れない労働者は同企業によって採用されないので，そのようになるであろう。また，民法625条の使用者としての地位の譲渡として行われる雇用の承継においても，労働条件については譲受企業におけるそれに従うことが明示または黙示の約定となると思われる。そうでなければ，譲受企業における労働条件の公平性や統一性が保ちがたいからである。

しかしながら，事業譲渡解散が労働条件を切り下げる目的で行われたと見

---

(35) 江頭憲治郎『株式会社法』(有斐閣，2006) 38頁以下参照。

られるケース，すなわち，労働条件の切り下げを望む企業が組合や従業員の反対によって切り下げ困難となり，これを実現するために，事業を密接な関連のある他企業に譲渡して自らは解散し，当該他企業が労働条件切り下げに同意する従業員のみを雇用するというケースでは，労働条件の切り下げに反対し続けて雇用関係から排除された労働者について，雇用の承継を認める裁判例が現れている。

すなわち，[21] 勝英自動車学校（大船自動車興業）事件・東京高判平17・5・31（労判898号16頁）においては，自動車学校を営むO社の赤字が続いていたので，親会社のS社がO社の株式と土地建物をY社に売却した。そこでY社は，O自動車学校の再建策を検討して，従業員の賃金引き下げが必要と判断し，S社から同学校の営業の譲渡を受けつつ，賃金引き下げに同意する従業員のみを雇用し続けることとした。そして，営業譲渡契約書の中に「乙（Y社）は，営業譲渡日以降は甲（S社）の従業員の雇用を引き継がない。但し，乙は，甲の従業員のうち平成12年11月30日までに乙に対して再就職を希望した者で，かつ同日までに甲が乙に通知した者については，新たに雇用する。」と規定した。S社従業員の多数は賃金引き下げに同意し，退職届を出した上で，Y社に雇用されたが，Xら9名は賃金引き下げに同意せず，退職届を提出しなかった。S社は解散を理由にXらを12月15日付で解雇したところ，XらがY社を相手に地位確認・賃金支払い請求した。

[13] 一審（横浜地判平15・12・16労判871号108頁）は，S社の解散は真実解散として有効なものであり，解散を理由とする解雇も特段の事情のない限り就業規則所定の解雇事由である「やむを得ない事業上の都合によるとき」に該当する。しかし，本件では，Xらの解雇は一応会社解散を理由としているが，実際にはY社の賃金等の労働条件がO社を相当程度下回る水準に改訂されることに異議のある従業員を個別に排除する目的で行われたと言うことができるので，そのような解雇は客観的に合理的な理由を欠き，社会通念上相当として是認できず，解雇権の濫用として無効となる。そして，O社とY社間の営業譲渡契約においては，O社と従業員との労働契約を自動車学校の事業継続に必要なものとして承継する旨の原則的合意が含まれているので，Xらの雇用はこの合意によってY社に承継される，と判断した。[21]

本控訴審は，この第一審の判断を是認し，Y社の控訴を棄却した[36]。

上記の裁判例は，労働条件の切り下げ（切り下げに同意しない従業員の排除）を目的としての事業譲渡解散についての判断例であって，事業譲渡における雇用承継に伴う労働条件の更改を否定するものではないと理解すべきであろう。そのような理解のうえで上記の裁判例を見た場合，労働条件切り下げ目的で行われる事業譲渡解散による解雇は無効であって，その場合には被解雇者の雇用は譲受会社に承継されるとの法的判断は，労働条件切下げ目的に事業譲渡解散を利用することを容認すると変更解約告知の要件が潜脱されてしまうという実質的考慮からは，首肯できなくもない。しかしながら，「雇用承継」というその法的効果は，解散に伴う解雇の原則的有効性や，事業譲渡の特定承継としての性格に照らして，なお十分な理論的説明を施されていないといわざるをえない。

(3) 事業承継解散に親会社が絡むケース
(ｱ) 親会社主導の偽装解散と雇用関係の問題

事業承継解散における雇用承継問題がより複雑な様相を呈するのは，親会社が子会社Aを解散し，その事業を別の子会社Bに譲渡するケースである。そのようなケースでは，親会社・両子会社三社の共謀による「偽装解散」の不当労働行為であるとの主張がなされることが多い。

「偽装解散」とは，組合壊滅のための解散であると主張される事件において，「真実解散」と対比して用いられる講学上の概念であり，ある企業が自企業に存在する労働組合を嫌悪し，それを壊滅させるために解散・全員解雇

---

(36) 事業譲渡解散が行われた事例ではないが，企業譲渡（全株式の売却）に際して労働条件変更のためになされた全員解雇を無効とした事例としては，外港タクシー（本訴）事件・長崎地判平13・7・24（労判815号70頁）がある。
(37) 例えば，西原寛一「会社の解散と不当労働行為」『労働法大系第4巻』（有斐閣，1963）84頁。ただし，「偽装解散」は他の意義にも用いられる。例えば，「組合潰し」との主張のない会社解散において，真に事業を解散してしまう「真実解散」と対比して，実質上の同一企業によって実質上の同一事業を継続する解散を指しても用いられることがある。例えば，[11] 第一交通産業（佐野第一交通）事件・大阪地岸和田支決平15・9・10（労判861号11頁）においては，「偽装解散」は「その解散が，真

を行いつつ，同一事業を資本・経営者などにおいて実質的に同一の企業によって継続することをいう[37]。そこでは，当該組合に所属しない従業員は，事業承継企業によって採用されて，雇用を続ける場合が多い。このようなケースにおいては，労働委員会の実務では事業を承継する実質的に同一の企業に対して，行政上の事実上の措置として，従業員としての取扱いを命令できると考えられている[38]。本稿での問題は，そのような「偽装解散」の主張が民事訴訟においてはなされる場合には，どのような法律効果を導きうるのか，である。いいかえれば，組合壊滅のための「偽装解散」を認定できる場合には，解散会社による組合員の解雇と譲受会社による組合員の採用拒否とが一体として7条違反の無効な法律行為とされ，譲受会社との労働契約関係が肯定（創設）されるのか，である。

ただし，裁判例では，親会社・両子会社三社の共謀による「偽装解散」の不当労働行為であるとの主張が事実認定上認められなかったものが多い。

例えば，[19] 静岡フジカラーほか2社事件・東京高判平17・4・27（労判896号19頁）では，Y_1社の子会社であるY_2社はデジカメ時代の到来などで営業が不振となり，組合と打開策について協議していたが，退職金を払う余力のあるうちに廃業することとし，解散して事業を同じY_1社の子会社であるY_3社に譲渡することを決定した。その際Y_2社は，その従業員の約半数

実企業を廃止するものではなく，不当労働行為等を目的として，廃止に見せかけて新会社ないし別会社に肩代わりさせ実質的に同一の企業経営を継続している場合」と定義され，不当労働行為のみならず，解雇権濫用法理や就業規則変更法理を潜脱する目的での偽装の解散をも含む意味に用いられている。しかし本稿では，そのような解散は「事業譲渡解散」の一場合と理解しておけば足りると思われる。

[38] 正田彬「会社解散と不当労働行為」季労46号47〜48，52〜53頁（1962），塚本重頼『不当労働行為の認定基準』（総合労働研究所，1989）137頁。命令例では，例えば，北見第一印刷事件・北海道地労委昭48・1・12命令集49集23頁，峡東生コンクリート事件・山梨地労委昭51・1・14命令集58集91頁，峡東生コンクリート事件・中労委昭52・12・7命令集62集727頁，九州産業通信社事件・福岡地労委昭52・12・23命令集62集632頁。また，緑運送・東西物流事件・中労委平17・10・19別冊中央労働時報1340号409頁は「偽装解散」という概念は用いていないが，事案上はそのような事案で同一性をもって事業を承継している会社に対して就労させるべき命令を発している。

(組合員も)をY₃社に採用して貰うことをY₃社に頼み込み，その旨の同意を得た。しかし，組合は解散・営業譲渡に反対し続け，Xら組合員はY₃社が実施した採用面接に応募しなかった。XらはY₂社に対して，解散決議無効，不当労働行為，整理解雇の要件欠如などを理由として，解雇は無効と主張し，地位確認・賃金支払の請求をした。また，同一の訴えにおいて，Y₃社に対しても，営業譲渡による雇用の承継を主張して，地位確認・賃金支払を請求し，さらにY₁社に対しては，本件解散・解雇・営業譲渡はY₁社がY₂社・Y₃社に対してその支配力を不当に行使して行ったものであるとして，損害賠償を請求した。

[15] 第一審（静岡地判平16・5・20労判877号24頁）はこれらの請求のいずれをも棄却し，本控訴審はXらによる控訴を棄却した。一審，二審とも，解散・営業譲渡は経営不振に陥った子会社（Y₂社）の判断・決定によるものであり，労働組合とも協議を重ねているので，その決定に反対し続けて，譲渡先企業の募集に応募しなかったのは，自らの選択と言うほかないとして，親会社・両子会社三社の共謀による「偽装解散」の不当労働行為との主張を排斥した。第一審は，Xらの解雇につき整理解雇の要件に照らした判断をも行い，人員削減の高度の必要性，解雇回避の努力，人選の妥当性，解雇手続の妥当性のいずれにおいても不当とはいえないとも判示したが，上記の控訴審は，この判断を，「本件は，Y₂社の会社解散，営業譲渡に伴う従業員全員解雇であって，いわゆる整理解雇とは事案を異にするが」という語句を挿入しつつ，引用している[39]。

(イ) 法人格否認法理による親会社の責任論の新たな展開

問題は，民事訴訟において，親会社による子会社Aの解散とその事業の子会社Bへの譲渡が組合壊滅のための一連の措置（「偽装解散」）であると認定される場合において，雇用を失ったA社の従業員（組合員）がどのような請求をなし得るかである。これについては，たとえ解散・事業譲渡が組合排除の意図に出ていることが認定される場合でも，それは共謀関係にある親会社，解散会社，譲受会社に対する7条違反の不法行為を理由とする損害賠償請求は基礎づけうるが，事業を承継した譲受会社との労働契約関係を基礎づける効力まではもち得ず，ましてや，株主として解散・事業譲渡を決した親会社

との間における労働契約関係を基礎づける効力はもち得ないと思われる。A社従業員の労働契約の相手方（労働契約上の使用者）はあくまでA社であって、親会社やB社ではない（これらはA社とは別個の企業である）からである。

そこで、親会社が絡む事業譲渡解散の事例において、解散会社の従業員が事業譲受会社または親会社に対して労働契約関係を主張するうえでの法的構成としては、親会社が絡まないケースにおけると同様に法人格否認の法理の適用が主張される。ここでの特有の問題は、親会社の解散子会社・譲受子会社に対する支配力が強く、解散・事業譲渡が親会社のイニシアティブでなされている場合には、法人格否認の法理の適用が考えられないか、そして、その場合、どの会社の法人格を否認し、どのような法律効果を導くのか、である。

この問題を考えるうえで恰好の裁判例としては、[18] 第一交通産業（佐野第一交通）事件・大阪高決平17・3・30（労判896号64頁）がある。この事件では、Y社がタクシー業を営む100％子会社のA社において新賃金制度の導入を企図したが、A社の組合の強固な反対により困難となったので、同一営業区域において別の子会社B社の営業所を設置して、A社の非組合員を同事業所へ移籍した後、A社を解散し、同社に残っていた組合員（Xら53名）を全員解雇した[40]。Xらは、Y社を相手に、本件はY社が子会社A社における組合を壊滅させるためにA社の事業を子会社B社に肩代わりさせてA

---

(39) その他、[12] 大森陸運ほか2社事件・大阪高判平15・11・13（労判886号75頁）では、Y_2社の親会社（100％株主）であるY_1社がY_2社を解散し、その従業員を全員解雇した。この過程で、Y_2社は、輸送用車両とY_2社従業員数名をY_3社（取引先）に引き取って貰ったが、K労組所属のXは採用されなかった。Xは、本件解散決議は労働組合壊滅を狙ったもので無効であり、従って解雇も無効であると主張して、Y_1社、Y_2社に対し労働契約上の地位確認・賃金支払を請求した。また、Y_3社に対しても、営業譲渡による雇用の承継を主張し、地位確認・賃金支払を請求した。[9] 第一審（神戸地判平15・3・26労判857号77頁）はXのいずれの主張も認めず、請求を棄却し、本控訴審も、会社解散の自由を強調したうえ、解散に伴う解雇には客観的に合理的な理由があるので、原則として有効であり、本件では労使協議協定で義務づけられた労使協議も尽くしており、Y_3社への機材の譲渡、一部従業員の採用も、組合員排除のための工作（偽装解散）とは認められない、として、Xによる控訴を棄却した。

社を解散した不当労働行為であり，したがってA社の法人格はY社との関係で否認されるべきである，と主張し，雇用契約上の地位と賃金仮払いの仮処分を申請した。本申請については，[11] 仮処分原決定（大阪地岸和田支決平15・9・10労判861号11頁）がXらのY社に対する雇用契約上の地位を認めて，その必要性が認められる者について賃金仮払い命令を発した。これに対する異議申立て事件において [14] 大阪地岸和田支決平16・3・18（労判896号82頁）がこの仮処分命令を認可したが，[18] 抗告審（上記大阪高決平17・3・30）は解散後3年間の賃金相当額の損害賠償（不法行為）の限度で仮払いを認めるように仮処分原決定を変更した。

　仮処分原決定は，まず，法人格否認の法理を本件のような親会社が絡んだ事業譲渡解散に適用するうえでの判断枠組みについて，法人格の形骸化の場合と濫用の場合とを分けて考えるべきであるとする。すなわち，①子会社の法人格が親会社との関係で形骸化している場合には，子会社は親会社の一営業部門にすぎないこととなるので，子会社解散を理由とする解雇は，整理解雇の要件を満たす場合を除き無効となり，子会社との労働関係は親会社の労働関係そのものとしてそのまま存続することとなる。②これに対し，子会社の法人格を違法な目的のために濫用したという場合には，子会社の（反社会的）行為の責任を親会社にも追求する法理であるから，子会社の責任が前提となる。したがって，子会社の解散が真実解散である場合には，解散の自由の故に，解散による解雇も基本的に有効であり，子会社の責任は未払賃金債務のみとなるので，親会社の責任もそれに限定される。他方，その解散が，不当労働行為等の目的で，企業廃止に見せかけて別会社において実質的に同一の企業経営を継続する偽装解散の場合には，同一の会社が存続しているのであるから，解散を理由とする解雇は解雇理由を欠く無効なものとなり，労働関係は解散会社と実質的に同一の別会社との間で存続することとなる。そして，この偽装解散の場合に，さらに親会社に対しても労働契約上の責任を

---

(40) このように，同事件は営業譲渡そのものはなされていないが，親会社が解散した子会社の営業区域に別の子会社の営業所を設置し，解散子会社の事業と実際上同一の事業を行わせるなかで，解散子会社の組合員の排除が行われた事件であり，事業譲渡解散に類似する事実関係にある。

追及できるためには，実質的に同一企業である解散会社・譲受会社と親会社の間において法人格の否認が認められる必要がある。

　仮処分原決定は，以上の一般論を次のように本件に適用する。Y社はA社およびB社を現実的統一的に支配管理してきたが，両子会社の法人格が全く形骸化しているとまでは認めることができない。しかし，B社の当該営業所はA社の営業を引き継ぐために設立されたものであり，両社は共にY社の100％子会社で，その統一的管理を受け，同一の事業を行っているのであるから，社会的実体としては同一と認めるのが相当である。そして，A社の解散は真に事業を廃止するためのものではなく，B社において事業を継続する偽装解散であり，A社の解散とB社への営業譲渡は，Y社が両社に対する統一的な支配力を用いて就業規則変更や整理解雇の法理を回避するために行われていると見られるので，両社の法人格を濫用したものと言うことができる。従って，Y社はXらに対して両社と同一の労働契約上の責任を負うこととなり，XらはY社に対して労働契約上の地位を有することとなる。

　異議申立審決定は，仮処分原決定の上記判断を要約して踏襲した。

　親会社が絡んだ事業譲渡解散に法人格否認の法理を適用するうえでの仮処分原決定の判断枠組みは，①の法人格の形骸化の場合および②の法人格の濫用であって真実解散の場合については説得的であるが，②の法人格の濫用であって偽装解散の場合については，解散子会社の従業員の労働契約関係が同会社と「実質的に同一の企業体」である事業譲受会社に何故に引き継がれるのかの法的論理が明確でない。たしかに不当労働行為救済申立事件において偽装解散が認定される場合には，労働委員会は行政的措置として，実体としての同一性が認められる譲受会社に対し解散会社の従業員を譲受会社の従業員として取り扱うように命令できるかもしれない。しかしながら，民事訴訟における権利義務関係としては，裁判所は，実質的同一性だけでは，別個の法人である譲受会社に対して，解散子会社の従業員との労働契約関係を肯定することは困難である。親会社との関係での解散子会社の法人格否認について，形骸化の場合と濫用の場合とを区別するその出発点からすれば，解散会社と譲受会社間でも法人格の形骸化による否認が必要となろう。また，②の法人格の濫用であって偽装解散の場合についての最後の命題，すなわち〔さ

らに親会社に対しても労働契約上の責任を追及できるためには，実質的に同一企業である解散会社・譲受会社と親会社の間において法人格の否認が認められる必要がある〕との命題については，そもそも解散子会社の法人格が親会社との関係で形骸化はしていないが濫用されたという②の場合についての命題なので，譲受会社の法人格についても形骸化していないが濫用されているという場合でよいとされている。しかし，親会社の労働契約上の責任は，真実解散であれば法人格の形骸化が必要なのに，何故偽装解散の場合には法人格の濫用だけで足りるのか，十分な説明がなされていないといわざるをえない。

　以上のような原決定および異議申立決定に対して，抗告審決定は，XらのY社に対する雇用契約上の地位および賃金請求権を認めず，不法行為に基づく損害賠償請求権のみを認めた。同決定は，まず，法人格否認の法理について，原決定の判断枠組みを途中までは引き継ぎつつ，Y社の労働契約上の責任については結論を異にさせる次のような枠組みを建てている。

　親子会社の関係において子会社の法人格が形骸化している場合[41]には，子会社が解散しても，親会社の一営業所の閉鎖と同一視され，子会社従業員は，親会社に対して直接雇用関係を主張できる。しかし，子会社の法人格が形骸化しているとまではいえず，ただし，子会社に存する組合を壊滅するためにその解散と従業員（組合員）の解雇を行って，その法人格を濫用しているという場合には，子会社従業員は実質的に同一の事業が継続される偽装解散であれば，実質的に同一の事業体である譲渡先会社に対して雇用契約上の地位を主張できる。しかしながら，そのような偽装解散の場合であっても，親会社に対して雇用契約上の責任（地位）を主張できるのは，親会社との関係で譲渡先会社の法人格が形骸化している場合（親会社と譲渡先会社の法人格が同一視される場合）に限られる。ただし，形骸化が認められなくても，親会社

---

[41] 親子会社の関係での法人格形骸化の判断基準については，抗告審決定は，子会社が株式所有，役員派遣，営業財産の所有，専属的取引関係などを通じて親会社に支配され，両社間で財産・業務が混同されてその事業が実質上同一視され，子会社が実質上親会社の一営業部門とみなされる場合には，子会社の法人格は形骸化しているというべきである，と判示している。

は解散子会社の法人格を濫用したものとして，解散子会社から解雇された労働者に対して不法行為責任を負うべきである。

　本抗告審は，上記判断枠組みを本件に適用して，A社・B社の法人格は形骸化しているとまではいえないので，Xらと親会社ないしB社との雇用関係は認められないが，親会社が子会社に対して有する支配力を利用して労働組合の壊滅と組合員の排除を狙って行った営業譲渡・解散と認められるので，親会社は子会社の法人格を濫用した不法行為による責任として解散後3年間分の賃金相当額の損害賠償責任を負うとしたのである。

　本件のように，親会社が子会社の組合を嫌悪して，その壊滅と組合員排除を狙って，当該子会社を解散し，その事業を別の子会社に譲渡したと認められる場合の雇用関係に関しては，組合員らは，自己の雇用主である解散子会社に対しては解雇が解雇権の濫用または不当労働行為として無効であることを主張し，労働契約上の地位確認を請求できよう。しかし，それは清算手続終了までの実効性のない法的救済となるので，譲渡先子会社ないしは親会社に対して労働契約上の地位を請求しようとする。本件の原決定は，それらの請求を，法人格否認の法理によって基礎づけることはできないか，どのような要件を満たせば肯定できるかについて，法人格否認の法理を深める理論的な考察を行ったが，前記のように論理的検討を詰め切れず，展開を誤った感がある。これに対して，抗告審決定は，原決定の論理展開を正し，親会社が絡む偽装解散を民事訴訟において救済する適切な法理を打ち出したといえよう。

　すなわち，親会社が子会社の組合を嫌悪して，その壊滅・組合員排除を狙って，当該子会社を解散し，その事業を別の子会社に譲渡したと認められる場合において，解散により解雇された従業員は，二つの子会社間で法人格の形骸化が認められる場合（両社が全く同一の事業体であると認められる場合）には，別の子会社に対して雇用関係を主張できる。また，親会社との関係で解散子会社の法人格が形骸化しており，解散子会社が親会社の一営業部門とみなすことができる場合には，それら従業員は親会社に対して雇用関係を主張することができる。しかし，解雇された従業員が親会社ないしは事業承継会社に対して雇用責任を追及できるのは，これらの会社との関係で解散会社

の法人格が形骸化している場合だけである。そのような形骸化が認められない場合には，組合壊滅（不当労働行為）のために解散会社の法人格を濫用していると認められても，解散子会社の労働者と親会社との雇用関係は基礎づけられない。ただし，法人格濫用の場合には，組合壊滅のための解散・解雇を行った親会社には不法行為による損害賠償責任が生じ，この責任は失業期間における賃金相当額の賠償を含みうる，というものである。

　これらの法理は，親会社が子会社の組合を嫌悪して子会社の解散・事業譲渡を行ったために雇用を失った子会社の労働者（組合員）に対して，法人格による責任分離原則の下で親会社と子会社従業員との利益を実際的に調整した，穏当な民事救済を与える法理と思われる(42)。ただし，不法行為による損害賠償というその救済内容そのものは，団結権尊重の公序ないし労組法7条の趣旨（政策）に反する違法な行為によって雇用の利益を侵害した（民法709条）という，より簡易な法的構成によっても導きうるはずである。このことは，親会社が子会社の組合壊滅を決定的動機として事業廃止解散を行うケースについて，前述のとおり，すでに裁判例で示唆されている(43)。それだけに，そのような救済をあえて法人格否認法理の中に織り込むことの法理論としての適切さが，さらに問われることとなろう。

　なお，ここでの上記救済法理の特徴は，組合壊滅のための解散・解雇を行った親会社には失業期間の得べかりし賃金相当額の損害賠償責任が生じうる，とした点であり，このような損害賠償法理は，親会社が子会社の組合壊滅を決定的動機として事業廃止解散を行う前述のケースにも応用されうることを指摘しておきたい。

---

(42)　抗告審決定の損害賠償法理については，すでに，親企業等の第三者がその支配力を不当に行使しての会社解散のケースについて，不法行為法理を活用して得べかりし賃金額の賠償として救済することを提唱する学説が存在している。本久洋一「企業間ネットワークと雇用責任」学会誌労働法104号45頁（2004）。

(43)　親子会社の関係ではなく，業務委託の関係についてであるが，[1] 池本興業・中央生コンクリート事件・高知地判平3・3・29（判夕788号191頁）。

4 おわりに

　以上，会社解散の場合に雇用関係がどうなるかの問題を，平成期のリストラや企業再編成を背景として相当数現れている裁判例を主要な素材とし，事業廃止解散と事業譲渡解散という二つの会社解散類型について検討した。その結果を大まかに要約すれば，会社解散と雇用関係の諸問題については，平成期の裁判例において，解散の自由，解散による解雇当然有効説，事業譲渡の特定承継性，法人格による責任の分離などの伝統的な法理論を乗り越えて，解散会社労働者の雇用を保護するための法理が，次のように進展している。

　① 事業廃止解散の場合において，解散を理由とする解雇を当然に有効とするのではなく，解雇濫用規制（労基法18条の2）を適用し，解散・解雇に至るプロセスの相当性を中心に解雇権濫用の有無を検討する「解散による解雇限定規制説」が有力となっている。

　② 事業廃止解散が，解散会社の親会社や業務委託会社が解散会社における組合を嫌悪し，これを排除するという動機に発している場合には，親会社ないし業務委託会社に対して，違法な解雇を惹起した不法行為として損害賠償を請求する途が認められている。

　③ ②の事業廃止解散において，解雇された子会社の従業員が親会社に対して雇用契約上の責任を追及するには，子会社の法人格が形骸化していると認められる必要があり，形骸化が認められずに，不当労働行為などの違法な目的による濫用のみが認められる場合には，親会社の責任は不法行為による損害賠償にとどまる，との考え方が有力となっている。

　④ 事業譲渡解散に際しての従業員の選別排除は，譲渡企業と譲受企業とを一体としてみた場合には整理解雇に類似した側面があるので，裁判例は，整理解雇に関する法理から出発して，雇用承継を基礎づける法的構成がないかを模索している。譲渡企業における解散による解雇は事業の実質的継続のゆえに無効となり，その結果譲渡企業との間で継続している雇用関係は譲受企業に承継されるとの法理論，譲渡企業による解雇と譲受企業による不採用は全体として整理解雇の実態を有し，しかも組合員排除のための不当労働行

為にあたる解雇と見ることができるとの法理論，旧会社による従業員全員解雇と新会社による旧会社従業員の一部不採用は整理解雇の法理を潜脱するものであって，法人格の濫用と評価せざるを得ず，したがって，旧会社による解雇と新会社による従業員の不採用については整理解雇の法理が適用され，解雇として無効となる，との法理論などである。これまでのところは，法人格否認の法理の適用が最も説得的な構成であるが，なお精密化すべき課題が残されている。

⑤ 親会社が子会社の組合を嫌悪し，その壊滅・組合員排除をねらって，当該子会社を解散し，その事業を別の子会社に譲渡した場合において，解散子会社の従業員が別の子会社ないしは親会社に対して雇用責任を追及できるのは，これらの会社との関係で解散会社の法人格が形骸化している場合だけであるが，形骸化が認められない場合にも，組合壊滅（不当労働行為）のために解散会社の法人格を濫用している親会社に対しては，不法行為による損害賠償責任を追及でき，この責任は解雇期間における賃金相当額の賠償を含みうる，との有力な法解釈が提示されている。

今後の学説・裁判例が，会社解散と雇用関係をめぐる諸問題について，以上を基礎として，さらなる理論的深化を図ることを期待したい[44]。

---

[44] 本稿を執筆するに当たっては，中央労働委員会事務局・池田稔氏に資料収集について助力を得た。

懲戒権における「企業」と「契約」
―― 懲戒法理における「契約」のあいまいな位置 ――

野 田　　進

1　はじめに

(1)　労働契約における「合意の原則」と懲戒

　平成 19 年 3 月 15 日に閣議決定された，「労働契約法」草案では，第 1 条の冒頭において，同法が「労働者及び使用者の自主的な交渉の下で，労働契約が合意により成立し，または変更されるという合意の原則」(以下，本稿では「合意の原則」という) を定めることを予定している。個別的労働関係が，当事者の合意を機軸に形成・展開すべきこと，及びこれを同法の基本理念とすることを高らかに宣言したものといえよう。そして，同草案 7 条によれば，労働者及び使用者は，「その合意により，労働契約の内容である労働条件を変更することができる」と定めていることからすれば，反対解釈をいうまでもなく，合意によることなく相手方に不利益に変更することはできないとする原則を定めたと解することが許されよう。

　一方，同草案第 15 条では，懲戒権の濫用についての規定を設け，「使用者が労働者を懲戒することができる場合において，当該懲戒が，当該懲戒に係る労働者の行為の性質及び態様その他の事情に照らして，客観的に合理的な理由を欠き，社会通念上相当であると認められない場合には，その権利を濫用したものとして，当該懲戒は無効とする」と定めている。この規定では，そもそもいかなる場合が「使用者が労働者を懲戒することができる場合」にあたるのかが明らかにされていないし，何よりも，上記「合意の原則」が労

働契約法全体を支配する原理であるとしながら，同原則と懲戒権との関係については，特別の言及がない。すなわち，懲戒は，労働者の非違行為を理由に不利益を課すという制度であるが，これが「合意の原則」で説明され，その支配下にあるのか，それとも同原則のらち外の領域にあるのかは，明らかにされていない。

こうした規定方法の背景には，使用者が「労働者を懲戒することのできる」根拠を，労働者と使用者の合意そのものに求めるのではなく，使用者の作成した就業規則に求めるとの解釈があるのかもしれない。本稿の3において検討するが，たとえば，フジ興産事件（最2小判平成15.10.10労判861号5頁）に表現された判例の立場は，就業規則における懲戒についての定めが懲戒の有効要件であるとの考え方を示している。その意味で，懲戒は労働契約における合意の枠組みを離れて存在しており，懲戒には通常の意味での「合意の原則」が及ばないものと理解されていることをうかがわせる。

もしそうだとすれば，懲戒に関していうならば，労働契約法に示された「合意の原則」は，直接には就業規則の定めを媒介としてのみ支配が及ぶにすぎないことになり，同原則が労働契約法を支配するとまで言えるかは疑問になる。かくして，労働契約法の制定に際して，懲戒の場合に限っては，「合意の原則」が易々と軽視されているようにも思われる。

指摘されるべきは，懲戒法理の中の「合意」ないし「契約」の位置づけの曖昧さである。わが国でも労働契約法の制定という事態を迎えるに至った現在，懲戒と労働契約との関係を再整理する必要があるし，労働契約を支配する「合意の原則」という観点から，懲戒としてなされる労働契約の不利益変更の意味を，いま一度洗い直す必要がある。

(2) 本稿の目的

労働契約の一方当事者が，他方に対する「懲らしめ」を目的として不利益を課しうるのはなぜか。また，懲戒処分であるならば，労働契約の内容を，相手方の同意なしに一方的に不利益に変更しうるのはなぜか。これらの問題の本質は，懲戒の本質を労働契約における合意により説明するのか，それとも，労使合意から切り離された企業という何らかの権力関係から説明するの

かという，長年にわたる論争に由来するものである。この懲戒権の本質論争[1]は，わが国では理論的な決着や収斂を見ることはなく，最高裁が昭和50年代の一連の判決により打ち出した「企業秩序維持権」論の定着の後は，いわば棚上げにされたまま，今日に至ったようにみえる。

そこで本稿は，上記のように，労働関係が労使間合意の支配下に置かれることをする基本原理と定める労働契約法草案の制定過程の中にあって，特に労働契約の不利益変更を伴う懲戒処分（降格，出勤停止，配転など）について，使用者の懲戒権の意義を，労働契約法理の側から再検討する視点を提供したいと考える。

その目的に資するために，本稿では，懲戒としての降格処分の法理について，懲戒の本質を，「合意」と「企業」のせめぎ合いの中で折り合いをつけようとし，そのための厳しい論争を経験している，フランスの判例動向と学説の論争経緯を紹介し，分析する。そこで設定されるのは，後述の Hôtel Le Berry 判決で示すように，「使用者が，懲戒処分として労働契約の不利益変更である降格を行ったとき，その問題の解決は懲戒法理によりなされるのか，それとも労働契約の変更法理によりなされるのか」という，実務に直結した問題である。

この問題を通じて，フランスの法理をわが国の理論状況と対比させ，「労働契約法」のもとでもわが国懲戒法理のあり方について契約法理の側から再検討を試みたい。

2　フランス懲戒法理における労働契約

(1)　予備的検討——懲戒法理と労働契約変更法理の概要

フランスの「懲戒処分と労働契約の関係」を紹介・分析するためには，そ

---

[1]　わが国の懲戒権に関する論争を論じた代表的文献として，小西國友「懲戒権の理論」労働法文献研究会編『文献研究労働法学』(1978，総合労働研究所) 105頁，籾井常喜「懲戒権論」同編『戦後労働法学説史』(1996，労働旬報社) 808頁，鈴木隆「企業の懲戒・制裁」講座21世紀労働法第6巻『労働者の人格と平等』(2000，有斐閣) 146頁などを参照。

の前に，この国の，①懲戒の法制度の概要，および，②労働契約の不利益変更の法理を，簡単に紹介しておく必要がある。これらを，後の論述に必要な範囲で取り上げておきたい。

(1)　フランスにおける懲戒の法的規制の概略[2]

(イ)　懲戒の法的規制

フランスは，使用者の懲戒権について，包括的な法整備を行っている国の一つである。1982年に，「企業内の労働者の権利に関する1982年8月4日の法律」が制定され，この法律の大部分が，労働法典に組み入れられて，法制度を構成している[3]。

この1982年の立法がなされるまで，この国の労働法令には，懲戒処分について定める一般規定は存在せず，わずかに1932年2月5日の法律で，懲戒処分として罰金（amende）を課すことが禁止されているのみであった（同規定は，そのまま現行法でL.122-42条〔2008年に施行予定の新法典ではL.1331-2条〕として存続）。このような制度のもとでは，使用者のなした懲戒処分の適法性に対して，司法判断の関与はきわめて限定的であった。特に，処分の相当性，すなわち非違行為と制裁との均衡（proportionnalité）について，司法判断は及ばないものと理解された。企業長は，企業の運営や利益について責任を負うのであるから，懲戒処分の相当性について，「唯一判断者（le seul juge）」であり，これに対する司法判断は及ばないというのが，判例の立場であった。したがって，裁判所がなしうるのは，使用者の主張する非違行為の事実を確認するのみであり，事実の認定評価に誤りのある場合に限り労働者からの損害賠償が許容された。

1982年の立法は，時の労働大臣の名前を冠して「オルー法」と呼ばれる，一連の4立法の一つとして定められ，いずれも企業内における従業員の民主的地位，企業変革のための従業員の主体性の確立などを政策意図とするものであった。懲戒処分についての規整も，使用者の強大な懲戒権限を認めるこ

---

(2)　フランス懲戒制度の概略については，野田進「懲戒処分における『時の経過』」労旬1580号4頁（2004）。

(3)　1982年法に基づくフランス懲戒法の詳細については，山崎文夫『フランス労働法論』（1997, 総合労働研究所）第1部第4章「フランスにおける懲戒権」を参照。

とが，企業内における従業員の帰属意識や主体性を低下させ，結局は企業競争力を弱めているとの認識によるもので，企業改革のための一方策として導入された。

なお，この法律に先立ち，1973年に普通解雇（人的理由による解雇）についての規制立法が制定され，①解雇の正当性の要件として，正当事由（解雇の「真実かつ重大な理由」）によるべきこと，②呼び出し・面談などの解雇手続を履践すべきこと，③解雇の要件の判断につき，裁判所が一定の権限で関与すること，④正当性を欠く解雇の場合の効果等が規定された。このうちの②や③が，1982年法による懲戒処分の手続の規整に実質的に影響を及ぼしたのである。

1982年法，すなわち現行の懲戒に関する規制の要点は，3つである。第1に，懲戒処分について定義を定めることにより権限の広がりと規制対象を限定した。第2に，懲戒を実施するにあたっての手続を要件として設置した。第3に，懲戒処分の相当性，すなわち非違行為と制裁との間の均衡に対する裁判所の審査（contrôle）権限を大幅に広げた。以下，その概要を示しておく。

(ロ)　懲戒処分の定義

労働法典 L.122-40（新法典 L.1331-1条）条は，懲戒を次のように定義する。「懲戒とは，労働者の行為のうち使用者が非行とみなすものに対して，使用者が行う口頭注意を除くあらゆる制裁（sanction）のうち，企業内での労働者の出席，その職務，その性格，またはその報酬に，直接であるか否かにかかわらず，影響を及ぼすものをいう。」

ここでは，懲戒の対象となる非行については制限を設けない一方，処分の種類も労働者の地位に影響を及ぼす広い範囲である。言い換えると，懲戒処分の定義や範囲においては限定や規制を加えることなく，懲戒の手続と相当性について規制を加える趣旨と理解することができる。

(ハ)　懲戒手続

使用者は，次のプロセスで懲戒を実施することが求められている。すなわち，

①使用者は，懲戒を予定する労働者について，目的を示して呼び出す。

②面談を実施し，懲戒理由を明らかにして，労働者の釈明を求める。その際に，1名の従業員を補佐人として同行させることを認める。
③面談から丸1日以後・1ヵ月以内に，理由を付して懲戒を言い渡さなければならない。
④その際には，制裁と同時に，懲戒理由を必ず書面で通知しなければならない（以上，労働法典L.122-41条2項，新法典L.1332-2条）。
⑤使用者は，非行を知ったときから2ヵ月の期間を過ぎると，懲戒処分手続を開始することはできない（以上，L.122-44条2項，新法典L.1332-4条）。

以上のように，呼び出し，面談，書面通知という一連の手続を，使用者の主導で実施するプロセスになっている。これに加えて，②の1ヵ月以内の言い渡し，⑤の懲戒手続着手の権利における2ヵ月の時効期間など，懲戒処分に至る「時の経過」に伴い厳しい制限が定められていることも重要な特色である。

(二) 懲戒権限に対する司法審査

懲戒に関する訴訟に関して，法律では，事実審裁判所である労働審判所の判断事項と，立証責任（立証危険）について規定が設けられた。

すなわち，訴訟に際しては，労働審判所[4]は，懲戒手続の適法性，および非行事実の懲戒該当性を評価し，さらに，必要に応じて証拠調べをなしたうえで，判断を行う。また，この結果として，「疑いの存するときには，労働者の有利に帰する」（L.122-43条1項，新法典L.1333-1条）。これは，使用者の主張立証が不充分で疑いが残るときには，使用者が結果の負担を負うべき趣旨を明らかにした規定である。

そして，労働審判所は，①手続違反の処分，②理由を欠く処分，または犯した非行と均衡のとれていない処分について，これを取り消すことができる（同条）。すなわち，事実審裁判所に，懲戒手続の実施および処分の相当性についての審査権限を認めるとともに，手続または処分理由において適法性の

---

(4) 労働審判所（Conseil de prud'homme）とは，フランスで労働契約上の個別紛争を主たる管轄とする，第1審の特別裁判所である。いわゆる参審制が採用され，職業選挙で選ばれた労使同数の審判員が裁判を担当する。

ない懲戒処分については，これを取り消す（annuler）すことを法律上承認するものである。この取消により，懲戒処分ははじめから効力のない（nul）ものとなる。ただし，懲戒としてなされる解雇（すなわち懲戒解雇）については，解雇の規制によるのを本体とするから，この「取消」権限は適用されない（L.122-43条3項，新法典L.1333-3条）。

(2) 労働契約変更（労働条件引き下げ）法理の概略[5]

(イ) 法的規整の原則

この国では，労働条件の変更問題は，個別労働契約の変更の問題として取り上げられるのであり，就業規則や労働協約の規定変更が前面に現れることはない。就業規則は，常時20人以上の労働者を雇用する事業場で制定を義務づけられるが，その規定内容は安全衛生と懲戒に限定されており，就業規則を通じた労働条件の変更ということはほぼあり得ない。また，労働協約については，協約の定めが労働契約の内容となるという内容化体の考え方が原則として否定されるから，協約を通じて労働条件の不利益変更をなす方法も例外的である[6]。

労働契約の変更法理については，この国で長年にわたる判例・学説の理論史を通じて形成されてきた。その結果として，1993年に一条文が制定された（労働法典 L.321-1-2 条，新法典 L.1222-6 条，2005 年に部分改正）。同規定は，次のとおりである。

「使用者は，L.321 条の 1 に述べた事由の一つにより，労働契約の本質的要素の変更を予定するときには，各労働者に対して，受領証明付の書留郵便により，その提案をするものとする。

この文書においては，労働者が，その変更を拒否するときには，それを知らせるための期間として，受理の日から1ヵ月の期間を有することを通

---

(5) 野田進『労働契約の変更と解雇―フランスと日本―』（1997，信山社）122頁を参照。

(6) ただし，フランスの労働協約では，複数組合が署名当事者となるから，協約の一部当事者たる労働組合が既存の協約を破棄したり，一部の規定について協約改定を行ったときに，複雑な問題が生じる。この問題については，野田進前注(5)文献136頁以下を参照。

知する。

　労働者が1ヵ月の期間内に返答をなさないときには，提案された変更を承諾したとみなされる。」

　このうち，「L.321条の1（新法典L.1223-3条）に述べた事由」とは，解雇における経済的事由をいう。すなわち，同条は，「経済的事由による解雇とは，特に経済的困難または新技術の導入に引き続きなされた，雇用の廃止もしくは変動または労働契約の本質的変更の結果としての，労働者の人的領域に属さない一または数個の事由により，使用者が実施する労働契約の解約をいう」と定めている。したがって，かかる経済的事由による労働契約の変更については，右の規定により解決される一方，経済的事由以外の事由（人的事由）については，判例が形成してきた一般法理の方式により解決されることになる。

　(ﾛ)　労働契約変更の方式

　以上の法整備のもとで，労働契約の変更は，次のような解決がなされる。

　第1に，法的規制の対象となる労働契約の変更というるためには，使用者の指揮命令にもとづく勤務条件の変更ではなく，労働契約の本質的な内容の変更でなければならない。前者であれば，労働契約の履行の一側面にすぎず，特別の規制はあり得ない。判例は，報酬については一般的に労働契約の本質的変更であるとし，降格など格付けの変化をともなう職種の変更，賃金に影響を及ぼす労働時間の変更なども同様とする。他方，勤務地の変更は，転居を伴う異動であるときには本質的変更と認められることが多いが，労働契約に移動条項があるときには，その範囲の解釈にもよるが一般的には本質的変更ではない。いずれにせよ，契約当事者の意思解釈が判断の重要な基準となる。

　第2に，契約内容の変更であっても，労働者が同意したときには変更は達成されるが，その方式については，上記の法的規制による。すなわち，使用者が本質的変更（契約内容の変更）を予定するときには，①その変更が経済的事由によるときには，使用者は書留郵便でその旨を通知し，労働者が1ヵ月以内に拒否すれば変更の効力は生じず，それ以外の場合には変更を承諾したとみなされる。②その変更が経済的事由以外の事由（人的事由）であると

きには，労働者が明示的に同意したときに限り承諾とみなされ，それ以外の場合には黙示の拒否とみなされる（次にみる Le Berry 事件は，このケースである）。

第3に，以上の手順により，契約内容の変更について労働者が拒否したと認められるときには，従前の労働契約が維持されるとともに，使用者は解雇の意思表示をしたとみなされ，その手続を開始しなければならない。

(2) 問題設定——Hôtel Le Berry 事件破毀院判決

以上を前提にして，先に設定した，懲戒処分における懲戒法理と契約法理の対比を表現する重要判例として登場した，Le Berry 事件破毀院判決を紹介しよう（アンダーラインは，引用者）。

(1) Sté Hôtel Le Berry 事件（1998年6月16日破毀院社会部判決[7]）

【事実の概要】 原告 Khouhli 婦人は，1990年8月5日，Le Berry 社にホテル支配人の資格で採用され，最初に Nantes で勤務した後，Bourges にあるホテル・レストランに配属された。1993年に至り，被告会社の資本は Baron 婦人の管理する新会社に譲渡されたところ，同婦人と原告との関係は険悪なものとなり，被告会社は1994年4月20日，原告の管理職としての不手際や仕事のミスを理由に，懲戒手続としての事前面談を経て，同人を賃金を維持したままフロント係長に降格する旨通知した。同月26日付け文書で，原告がこの労働契約変更を拒否したため，同人は，同月29日付けで解雇（＝即時解雇）された。

原告 Khouhli 婦人は，Bourges 労働審判所に訴えを提起したところ，同審判所は，同年12月15日の判決で，解雇予告補償手当，年休補償手当および解雇手当の支払いを命じた。すなわち，同解雇には理由があるが，労働者にこれら両手当を奪うほどの重い過失（faute）はなかったと判断したのである。

これに対して，控訴審である Bourges 控訴院は，1995年9月15日判決で，被告に対して，上記の諸手当に加えて，本件解雇が「真実かつ重大な理由の

---

[7] Soc. 16 juin 1998, Dr.soc.1998 803.

ない解雇」であるとして，これを原因とする賠償手当の支払いを命ずる判決を言い渡した。その理由は，① 1994 年 4 月 20 日に，非違行為を構成する理由により事前面談の後に言い渡された降格は，懲戒処分に該当するものであったこと，②降格が言い渡された結果として，使用者は懲戒権限を行使し尽くして（épuiser）いたのであり，もはや懲戒理由をさらなる解雇の理由として援用することはできないこと，③したがって，解雇はその理由が「真実かつ重大」であるかを論じるまでもな［く違法である］，というものであった。

【判旨】 原判決破棄 「労働者の懲戒の名目で言い渡された労働契約の変更は，その労働者に強制することはできない。しかしながら，労働者がそれを拒絶する場合，使用者はその懲戒権限の枠内で，拒絶された処分に代わる別の処分を言い渡すことができる。」

「控訴院によれば，本件降格は，faute を構成する非違行為を理由とするものであり，面談手続もなされたのであるから懲戒処分に当たる。その結果，すでに制裁のなされた非違行為は，もはや解雇理由として援用することは許されないとする。」

「しかし，控訴院は，一方で，原告 Khouhli 婦人が労働契約の変更を拒否していたことを指摘していながら，またそうである以上，使用者によって援用された事実が解雇の真実かつ重大な理由にあたるかを検討するのは控訴院であったにもかかわらず，［上記法条］に違反したものである。」

「よって，Bourges 控訴院により，1995 年 9 月 15 日に言い渡された判決は，同判決が本件解雇を「真実かつ重大な理由」がないとして，Le Berry 社に手当を支払うよう命じた点に限り，破棄しこれを取り消す。」

(2) 控訴院と破毀院との分岐点

本破毀院判決の意義を明らかにするために，まずは，控訴院と破毀院との考え方の違いを確認しておこう。

まず，Bourges 控訴院の考え方の基本は，被告会社が，懲戒処分として降格を命じることにより，当該懲戒解雇についての懲戒権限を「行使し尽くして（épuiser）いた」と判断している点にある。それゆえ，その後に，原告労働者が降格を拒否したために被告が同人を解雇した場合，それは，降格拒否を理由とする解雇にほかならず，一種の二重処分に当たり許されない。し

がって，そもそも解雇は理由がないという点で不適法なのであったから，解雇理由の適法性（解雇理由が「真実かつ重大」であるか）について判断するまでもなく違法である，とするのである。

これに対して，破毀院の考え方の骨子は，判示事項にあるように，「たとえ懲戒処分であっても，労働契約の変更である以上，労働者の同意を要し，労働者が拒否するときには，これを強行することはできない」という点にある。すなわち，本件降格は，たとえ被告会社が原告に対する懲戒処分として行ったものであるとしても，降格である以上労働契約の本質的変更にほかならない。そして，労働契約の変更については，労働者がこれを拒否したときには，使用者としては，①労働契約変更が拒否されたことにより解雇の意思表示をなすか，②懲戒権限の範囲内で，別の懲戒処分を命じることができるにすぎない。本件においては，被告は①の解雇をしたのであるから，その解雇は一般の解雇と同様に，解雇理由の適法性（すなわち，解雇の真実かつ重大な理由）を要する。ところが，控訴院はこの解雇理由の存否について判断をしていないのであるから，破棄を免れない，と判断した[8]。

(3) 判例理論の背景

(イ) 判例の動揺

この判決は，「たとえ懲戒処分であっても，労働契約の変更である以上，労働者の同意を要する」という立場を明らかにした。この判断は，実は上述の懲戒処分についての立法が整備されて以後，判例・学説における重大な論争点に対するものであり，破毀院がこの論争に一つの決着をつけたことになる。

---

[8] なお，破毀院の考え方では，本件解雇は，控訴院の判示するような，すでに使い果たした懲戒事由を解雇にも用いた，二重処分ではない。労働者の変更拒絶は，新たにこの2つの可能性（①と②）を生み出したのであり，その意味で新たな解雇事由が生じたからである。

また，破毀院としては，この解雇は，降格を拒否したことによるものであるとはいえ，「真実かつ重大な理由」があると考えているようである。本判決は，最後の部分で『『真実かつ重大な理由』がないとして，Le Berry 社に手当を支払うよう命じた点」を取り消しているからである。おそらく，本件降格ではホテル支配人としての賃金が維持されており，その点で解雇の理由ありと判断されたのではないだろうか。

もともとこの議論は，企業内における従業員代表制度の委員に対してなされる，降格処分の事案から始まる。すなわち，企業委員会メンバーなど従業員代表制度の委員は，「保護対象労働者（travailleurs protégés）」と称せられ，その職務保護の観点から，解雇について保護を受けており，労働監督官による許可が有効要件とされている。懲戒としてなされた降格であれ，これを労働契約の変更と考え，その拒否による離職を解雇とみなすならば，労働者が降格を拒否すれば使用者はただちに労働監督官の許可を求めなければならない。1988年の破毀院判決（フランスメカニック社事件）は，そのような考え方を承認したのである(9)。

次に，1990年の破毀院社会部（サン・ミシェル事件）は，同じ解釈を一般労働者にも及ぼし，労働者の懲戒処分としての降格について，これを労働契約の変更であるとして，労働者が拒絶する権利を承認した(10)。

ところが，破毀院は，次にその立場を変更した。1991年の破毀院判決では，懲戒としてなされた降格や配転に服することを労働者が拒絶することは，その懲戒が「不当でもなく，犯された非行から見て不均衡でもない」ときには，重大な非行（faute grave）を意味し，使用者は予告なしに，また解雇手当を支払うことなしに，解雇することが認められると判断した。すなわち，懲戒処分たる降格・配転に対する拒否を，即時解雇理由として承認したのである(11)。

(ロ) 判例法理への批判

しかし，この1991年の判例変更に対しては，有力学説において強い反対意見が寄せられた。その代表的存在がJean Pélissier教授であり，同教授はいくつかの論説の機会で，この判例法理を批判している。その主張が簡明か

---

(9) Soc. 3 mars 1988, Bull., V no 154.

(10) Soc. 21 févr. 1990, Dr. Soc. 1991 16, note A. Mazeaud, L'arrêt Saint-Micheal.

(11) Soc. 9 oct. 1991, Dr. Soc, 1991 787. L'arrêt Cie Internationale des wagon-lits （国際寝台車会社事件）。

(12) Jean Pélissier, Les ambiguïtés du droit disciplinaire dans les relations de travail, in *Les orientations sociales du droit contemporain*, mélange Prof. Jean Savatier, PUF, 1992, p.367.

つ説得力をもって表現されている,「労働関係における懲戒権の曖昧さ」と題する論文の一部を,以下に抄訳しておく(12)。

「使用者の懲戒権を承認することと,労働契約に対する本質的変更を拒否する権利を認めることとの間には,何ら矛盾はない。懲戒権限は,使用者が制裁を科すことを許すかもしれないが,だからといって,懲戒という方法を媒介にして,労働契約の本質的変更を使用者が労働者に押しつけてよいことにはならない。労働契約を締結することにより,使用者と労働者は双務的な義務(engagement)を負担する。彼らは,お互いに,彼らのいずれかが期間の定めのない労働契約を破棄することを決めない限り,これらの義務に拘束されている。言い換えると,使用者が懲戒権限を保有するとしても,彼は同時に契約当事者であって,契約原理に縛られている。前者を,後者に優越させることについて,いかなる明らかな理由もない。懲戒権限と契約上の権利は,それらの各自の場所を持っている。それらは,それぞれに適用されなければならない。企業長は,懲戒権限の保有者として,労働者が一定の重大さを持った非違行為を犯したならば労働者を解雇することができるという意味で,広い権限を有している。彼は,自らの利益または労働者の利益において,降格のような,厳しさのより少ない措置をとることができるが,そのときは,労働者の同意に服することでしか,制裁を行うことができない。なぜなら,彼には,強制力を持つ労働契約を一方的に変更する権限がないからである。」

この論旨は明解であり,くり返し解説する必要はないであろう。要するに,労働契約法において懲戒の領域は「曖昧さ」のまま放置され,時として独自

---

(13) もともと J. Pélissier 教授の立場は,労働関係における懲戒権そのものに懐疑的であった。同教授は,すでに 1978 年の著作において,次のように述べている。「労働者は企業長の懲戒権限に服するが,同時に契約関係によっても使用者に結びつけられている。したがって,使用者は常に,契約当事者たる資格と企業長たる資格の二重の——より正確には,選択によりいずれかの——資格を表に出すことができる。……以上の分析は,懲戒権限と契約上の権利との共存が曖昧さをもたらすこと,また『懲戒権』なるものを構成する努力が無駄であることを,明確にしている。」(Michel Despax et Jean Pélissier, La gestion du personnel, 1974, t. II pp 18 à 19.) なお,野田進「労働者の非行を理由とする解雇——フランスにおける諸議論——」阪大法学 122号1頁(1992)も参照。

の領域が主張される。しかしその領域は，一貫した契約法の法理のもとでは，限定的にしか容認されないのである[13]。かかる批判的な主張が，Le Berry 事件における，新たな判例の転換を導いたものと解される。

この判例変更は，しかし，Jean Mouly 教授と Antoine Mazeaud 教授との間を中心に，興味深い論争を巻き起こし注目を浴びた。これが次の論点である。

(3) Le Berry 判決をめぐる論争の展開
(1) 「契約領域と懲戒領域との混同」

Le Berry 判決は，判例集に掲載された当初は，一つの重要な判例変更として注目されたにすぎなかったが，2002 年に Droit Social 誌に掲載された，Jean Mouly 教授の「Le Berry 判決に対する間接的な判例変更」という論説[14]から，懲戒権の本質論に及ぶ論争が生じた。同論説の要旨は，次のとおりである。

この判決は，それまでの判例を変更して，「労働契約の変更は，懲戒処分として行われたときも，労働者に強制することはできない」とするものであり，有力な学説の影響を受けたものであるが[15]，疑問である。なぜなら，その理論は，労働関係における契約領域と懲戒領域との理解の混同によるものであるからである。

本来，使用者の懲戒権は，契約の領域と区別された独自の領域を形成する。それは，労働者の「やる気（bon vouloir）の喚起」という独自の目的によるものであり，労働契約の当事者において合意により権限停止することはできない。したがって，労働者が懲戒処分に同意したりこれを拒否したりできるものではない。ゆえに労働契約の変更拒否の問題とは，次元が異なる。

そして，懲戒による契約内容の変更は，企業長（chef d'entreprise）の権限に属するものであるから，労働者がそれに従わないことは，自動的に労働者

---

[14] Jean Mouly, Une remise en cause indirecte de la jurisprudence Hôtel Le Berry : l'utlisation des clauses de mobilité à titre disciplinaire, Droit social 2002 955.

[15] その見解として，同論文に，Jean Pélissier, Modification substantielle du contrat de travail et droit disciplinaire, D. 1992 chron. p. 30.を挙げる。

における非行（faute）を意味するはずである。

ところが，破毀院の立場では，労働者に faute があるのに，労働者から拒否されると懲戒処分としての降格をすることができず，普通解雇しかできなくなる。そして，その解雇も，懲戒としてなされた sanction が正当であるときにしか，正当理由（「真実かつ重大な理由」）が認められない。その結果，同判決によれば，使用者は降格が可能な場合しか解雇の正当性がなくなる。とすれば，結局，使用者は労働者による拒否を恐れて，直接に「解雇という誤った選択肢（une fausse alternative au licenciement）」を採用してしまい，そのことは，むしろ労働者に不利益をもたらすことになるだろう。かくして，本判決は，使用者の懲戒権限に「歪み」をもたらすのである[16]。

(2) 「契約的であるが，しかし懲戒的である」

これに対する反論が，Antoine Mazeaud 教授によるものであり，文字どおり「契約的であるが，懲戒的である」という趣旨を展開する短い論説[17]であった。

すなわち，使用者は，労働関係において，労務指揮権，規則制定権，懲戒権など多様な権限を有しており，それらは労働契約または企業制度理論から説明されてきた。それらの権限は，いずれにせよそれらを通じて，使用者が「企業利益」を追及するという点で共通である。ところで，これらのうち労務指揮権と懲戒権との間には，区別しがたいグレーゾーンが存在する。その

---

[16] 同論文は，これに引き続き，労働者の成績不良を理由に，懲戒目的でマルセイユからボルドーに配置転換を命じたところ労働者がこれを拒否したため解雇を言い渡した，2001年の破毀院判決の例に言及している。その労働契約には移動条項（clause de mobilité）が定められていたところ，同判決は，次のように判示した。「移動条項にもとづく配転の実施は，労働契約の変更を引き起こさない。たとえ，労働者の配置換えが懲戒処分の性格を持つものであるときも，その解雇が労働者の非行を原因とするものである以上，解雇は濫用的とはいえない。」（L'arrêt SA Franfiance, Soc. 11 juillet 2001, Bull, V, no 265）Mouly 教授は，その解雇が「非行を原因とする」とされたことにより，少なくとも移動条項があるときには，懲戒目的の配転も労働契約の変更ではなく懲戒そのものとする立場であると理解し，部分的に Le Berry 判決の射程が狭まったというのである。同論文の表題の「間接的な判例変更」とは，その意味である。

[17] Antoine Mazeaud, Contractuel, mais disciplinaire, Droit social 2003 164.

典型が「労働者の能力不足を理由とする懲戒」の問題である。

この問題につき，破毀院は Le Berry 判決において，「契約領域の重視」という解決方法を示した。それによれば，懲戒処分であっても契約法が貫徹されるのであり，いずれの当事者も相手方に労働契約の変更を押しつけることはできず，変更を提案することができるだけである。この基本原則は，いかなる場合にも変えることはできない。また，このように解するとしても，使用者の懲戒権限が無力化するわけでもないし，懲戒権に歪みが生ずるわけでもない。

以上の原則は，すべての契約変更において共通であり，契約法および契約に基づく権利は貫かれる。したがって，懲戒目的で労働契約を変更する場合についても，かかる契約ロジックを捨て去る理由はどこにもない。

したがって，判例は，「二重のヴィザ」を用いて判断している。すなわち，労働契約の変更が本質的でなく，ただの「労働条件の変更」に過ぎないときには懲戒権限が優先する。また，労働契約に移動条項があるときには，例外的に「契約の要塞が開かれ」，懲戒権限が回復する。要するに，「契約か懲戒かではなく，その両方なのである。」

(3)　「懲戒的であり，したがって非契約的である。」

これに対しては，Mouly 教授がただちに，かなり激しい文調で再反論を行

---

(18)　Jean Mouly, Disciplinaire, donc non-contractuel, Droit social 2003 395.

(19)　「契約化（contractualisation）」とは，労働法における，国家の規制の後退と，当事者間の合意的契機の拡大・支配の傾向をいうものであり，この国ではやや否定的（危機的）な傾向として用いられることが多い。契約化の例は多様な領域におよび，労働時間の法的規制に対して労働協約による特例を許容する特例制度（dérogation）の増加，労働契約における明示的条項による労働者義務の拡大傾向（移動条項，目標条項など），失業保険における 2001 年から導入された給付システム「再就職援助プラン（PARE）」である。なお，最後の PARE とは，求職者が雇用保険管理団体と間で契約を結び，それにもとづき徹底的な面接を受け，同人の再就職に向けての能力レベルを適性を評価するもので，あわせて求職活動と保険受給とを結びつけようとする制度である。「契約化」についての総合的な研究論文として，Alain Supiot, Une faux dilenme : la loi ou le contrat ?, Droit social 2003 59. なお，野田進「労働契約における目標条項」中嶋士元也先生還暦記念『労働関係の現代的展開』(2004，信山社) 97 頁も参照。

った。その主張の骨子は、タイトルどおり「懲戒的であることは、それがゆえに契約的であってはならない」というものである[18]。

まず、破毀院の立場は、やはり使用者権限の本質に歪みをもたらす。移動条項があるから懲戒権限が復活するというのは、契約ロジックに起源をもつ問題を、懲戒領域の問題として取り扱うことを意味する（労働者は、移動条項に同意するときに、懲戒処分に同意したわけではない）。Le Berry 判決は、「懲戒権限の契約化 contractualisation のワナ[19]」に捕らえられているのである。

また、Mazeaud 教授の議論は、使用者の懲戒権限に対する契約領域の侵略を意味するものである。フランスでは、半世紀もの理論の蓄積で、懲戒領域と契約領域との間には、峻別が必要であることを確認してきた。

すなわち、労務指揮権は、個別的労使関係における指揮命令権限の一環として、労働者の法的従属性に由来する。それは、契約の強制力と結びつくものであるから、同権限によっても契約内容の変更を強制することはできない。

他方、懲戒権限は労務指揮権では処理できないときに実施する制裁的権限であり、企業長のもう一つの顔である。これは、労務指揮権と異なり、契約内容に関わるものであっても同意したり拒否したりすることはあり得ない（企業長の一方的権限なのであるから）。

また、懲戒権限は、使用者が契約的権限を援用できないときに実施されるものであるから、契約条項が懲戒処分の根拠や歯止めになることはあり得ない。かかる懲戒権限の歯止めは、法律のみがなし得るのであり、（上記の）1982 年法はそのようなものとして制定された。

結局、Hôtel Le Berry 判決の支持者は、やはり契約と懲戒とを混同することにより、懲戒権限の意味づけを変えようとしている。「その理論は、誤っており、危険であり、無駄である。」

(4) 小括――両説の相違点と共通点

以上の学説の立場の違いを、やや図式的に対比するならば、次のとおりである。すなわち、Mazeaud 教授は、労働契約の変更をもたらす懲戒処分の問題においても、懲戒ロジックだけでなく契約ロジックも適用されるべき

である（したがって，両方が適用されるべきである）として，上記判決を支持する。これに対して，Mouly教授は，契約ロジックと懲戒ロジックはオルタナティブな関係にあるべきであり，懲戒処分としてなされた労働契約の変更についても，懲戒法理の独自性が維持されるべきであると考える。したがって，判決の立場は契約ロジックと懲戒ロジックの「アマルガム」であり，前者から後者への侵略であり，一種の「契約化」であると非難している。

しかしながら，この論争を少し距離を置いて見るならば，それが安定した共通の土俵で論じられていると見ることが可能である。すなわち，使用者の行った，労働契約の不利益変更となる懲戒処分を，懲戒＝企業ロジックと契約ロジックとの両方からくる規制原理で検討しようとするという共通の見方である。労働関係の場で生じた紛争に対して，企業理論に由来する懲戒原理と労働契約論による規制原理とが2つながら適用されるのであり，(Mouly教授によれば）いずれか，あるいは（Mazeaud教授によれば）両方によって解決がもたらされるという共通の認識である。そして，この両方の基底による規範構造は，労働契約に本質的変更をもたらす懲戒の場合だけでなく，移動条項があるときのように，本質的変更があるとはいえないときにも，いわば潜在的に存在する。このことも確認されたように思われる。

要するに，一方の見解は，懲戒と契約には「棲み分け」が必要であると述べ，他方は両者が重畳的に作用する（se superposer）と述べる違いにすぎない。はたして，このような議論の対立構図から見ると，わが国の懲戒法理はどのように眺望できるだろうか。

3　日本における懲戒法理の中の「契約」

(1)　判例の懲戒法理における「企業」と「契約」

わが国の判例が確立した懲戒法理において，「企業」と「契約」は，どのように位置づけられ，交錯しているだろうか。以下では，これを「懲戒の必要性と根拠」および「懲戒権の主体」という2つの角度から，問題状況の確認し，若干の考察と展望を行う。

(1)　懲戒の必要性と根拠

わが国の判例では、周知のように、昭和50年代以降の一連の最高裁判決において、懲戒権の根拠を企業秩序に求める法理が定着してきたのであるが、契約論との関係という観点から見ると、それは決して一貫した流れではない。

(イ) 必要不可欠性としての企業秩序＝「契約」ロジックの不在

まず、昭和52（1977）年の、富士重工業（最3小判昭和52.12.13民集31巻7号1037頁）は、企業における企業秩序の必要性から、懲戒権を導こうとした。すなわち、①「そもそも、企業秩序は、企業の存立と事業の円滑な運営の維持のために必要不可欠」なものである。②「企業は、この企業秩序を維持確保するため、これに必要な諸事項を規則をもって一般的に定め、あるいは具体的に労働者に指示、命令することができ」る。また、③「企業秩序に違反する行為があつた場合には、その違反行為の内容、態様、程度等を明らかにして、乱された企業秩序の回復に必要な業務上の指示、命令を発し、又は違反者に対し制裁として懲戒処分を行う」ことができ、その「ため、事実関係の調査をすることができることは、当然のこと」である。

この判示は、企業においては、企業秩序が「必要不可欠」であり、このために企業は規則制定や指示・命令をなし得るのであり、それに違反する行為があったときには懲戒処分をなし得るという構成である。この考え方は、昭和54（1979）年の国鉄札幌駅事件（最3小判昭和54.10.30）においても同様に受け継がれる。たしかに、企業の懲戒の必要性や本質を、労働者の能力不足や成績不良と区別された、その意味で、労働者の契約不履行とは区別された「企業」の秩序維持に求めることは、それなりに常識に適った法理であり、納得を得られやすい立論であるといえよう。

しかし、これには少なくとも2つの問題が生じる。

第1に、懲戒の必要性を企業秩序に求め、そこから規則制定や指示・命令についての権能を導くことができるとしても、これを根拠に、労働者に対して一定の義務を強制し、または不利益を受認させることができるかは別問題である。労働関係は契約で結ばれているのだから、それを無視して契約上の地位を変更することはできない。言い換えると、2でみた、フランスにおける論争経過を想起すれば明らかなように、懲戒として降格や配転など労働契約に本質的変更をもたらすのは「当然のこと」ではなく、それをなし得るだ

けの根拠がなければならないはずである。

　第2に、懲戒の法的根拠までも「企業」に求めるならば、それは懲戒についての「企業固有権説」にほかならず、労働関係の本質を契約原理に求めるという、共通了解ともいいうる我々の基本認識からあまりに乖離することになりかねない。

　(ロ)　契約ロジックからの立論

　そこで最高裁の懲戒法理では、「契約」ロジックへの模索が始まる。すなわち、昭和58（1973）年の関西電力事件（最1小判昭和58.9.8）は、「労働者は、労働契約を締結して雇用されることによって、使用者に対して労務提供義務を負うとともに、企業秩序を遵守すべき義務を負い、使用者は、広く企業秩序を維持し、もって企業の円滑な運営を図るために、その雇用する労働者の企業秩序違反行為を理由として、当該労働者に対し、一種制裁罰である懲戒を課することができる」と判示した。平成18（2006）年のネスレ日本事件も基本的に同様の立場と見ることができる[20]。

　本判示においては、企業秩序遵守義務は労働契約の締結から生じた義務であり、労働契約上の付随的義務として位置づけられる。その意味では、懲戒権の出自（＝法的根拠）は労働契約にあることが明らかにされた。

　ただ、それにもかかわらず、当該義務に違反する行為は、契約罰ではなく「一種制裁罰」であるとする。したがって、そこでは、契約上の義務違反であるにもかかわらず、契約罰ではなく制裁罰を予定するという、独特の法律関係が予定されていることになる。必要性の論拠としては「企業秩序」であり、違反行為には「秩序罰」をもって臨むが、その法的根拠は契約であることになる。まさしく、懲戒法理の中に、契約ロジックが曖昧なままに取り込まれたとみるしかないのである。

　(ハ)　就業規則による有効要件

　他方、平成15（2003）年のフジ興産事件判（最2小判平成15.10.10労判861号5頁）は、「使用者が労働者を懲戒するには、あらかじめ就業規則にお

---

[20]　ネスレ日本事件（最2小判平成18.10.6）も、「使用者の懲戒権の行使は、企業秩序維持の観点から労働契約関係に基づく使用者の権能として行われるものである」として、懲戒権を労働契約から説明している。

いて懲戒の種別及び事由を定めておくことを要する」と判示しており、懲戒処分の有効要件として、労働契約そのものではなく、就業規則の規定に求めている。そして、同判決は、就業規則を「労働者に周知させる手続」を要件として、それが「法的規範としての性質を有するものとして、拘束力を生ずる」ことを承認しているから、懲戒の要件設定は労働契約の内容となって当事者を拘束しうることになる。

　以上の展開を要約するに、懲戒処分は、「企業秩序」違反に対して「秩序罰」をもって応じるものであり、就業規則の定めにより、それが労働契約の内容となって当事者を拘束することが有効要件とされる。したがって、たとえ企業秩序違反行為があったとしても、就業規則がなければ有効要件を欠いていることになるから、懲戒をなすことができない。以上が、現在までに到達した最高裁の懲戒法理とみることができよう。

(2)　懲戒権の帰属・行使主体

　先に見た富士重工業事件判決の判決文によれば、企業秩序を定立し、規則制定権を有し、指示命令を発し、制裁として懲戒処分を行うとの判決文の文章の主語は、常に「企業」である。したがって、懲戒権限が帰属し、制裁として懲戒処分を行うことができる主体は、紛れもなく「企業」とされており、使用者や事業主ではない。

　このように懲戒権の帰属主体を「企業」とする点では、国鉄札幌駅事件における、国鉄という公共企業体の場合でも同様であり、同判決でも懲戒権の帰属主体および行使主体は、まぎれもなく「企業」であることが明言されている。

　ところが、最高裁においては、その後の関西電力事件判決で、「企業」主体の構成が「使用者」主体の構成にとって代わるのである。同判決によれば、上記引用のように、「使用者は、……その雇用する労働者の企業秩序違反行為を理由として、……懲戒を課することができる」。したがって、富士重工業や国鉄札幌駅事件では、労働者に限らず企業秩序に対する違反行為者全般に対して懲戒を及ぼしうる射程であったのに対して、関西電力事件では、「雇用する労働者の企業秩序違反行為」に限って懲戒処分をなし得る構成である。すなわち、ここにいう「使用者」とは、労働契約の当事者である使用

者，すなわち事業主を意味する。

　関西電力事件が，いかなる理由から，懲戒権の主体を企業から労働契約の主体たる事業主に改めたのかは，明らかではない。しかし，上述のように，同判決の懲戒に対する理解は，「企業秩序」違反に対して「秩序罰」をもって応じるものであるが，その法的根拠は労働契約にあるとするものである。その意味では，契約当事者たる使用者を権利主体に変更することは，自然な成り行きであるといえよう。

　しかし，同判決は，企業の懲戒法理のもつ，重大な理論上の課題を抱え込んだことになる。すなわち，労働契約の一方当事者である使用者が，契約違反行為に対して，契約責任を追及するのではなく，「一種制裁罰である懲戒を課することができる」のはいかなる根拠によるのかという理論上の問題である。この問題は，フジ興産事件判決においても，未解決のまま持ち越されているというしかないのである。

(2)　懲戒法理における「契約」論の展望
(1)　最高裁の懲戒法理における「契約」

　以上をまとめると，懲戒に関する最高裁の判例法理は，次のような要素から成り立つことがわかる。すなわち，①懲戒の「不可欠性」の本質が「企業秩序の維持」にあること，②懲戒処分はこれに違反することによる「秩序罰」であること，しかし，③懲戒権は労働契約にもとづく権利であること，および，④懲戒権の主体は契約当事者たる使用者であること，という構成である。このうち，①および②は，懲戒の本質を「企業秩序」に求める点で一致しているが，これらと③および④との関係は，必ずしも明らかでない。日本の懲戒法理においては，フランスとはやや異なる意味で，懲戒の中の「契約ロジック」の意義が曖昧であるようにみえる。そこで，以上を前提に，これらの要素に対して評価と展望を行いたい。

(2)　「企業秩序」論の意義

　上記①～④の構造のうち，懲戒の本質を「企業秩序」論に求める①および②の点は，相応の評価を与えるべきものと考える。そもそも企業の懲戒に対する否認論が理論上あり得ないわけではないが，最高裁が繰り返し説示する

ように、「企業秩序は、企業の存立と事業の円滑な運営の維持のために必要不可欠」であり、使用者が企業秩序に責任と権限を有するのは否定しがたいところである。また、現代の労働関係において、企業という実体を無視できない以上[21]、秩序を持った企業運営が、労働法においても重要な価値であることは否定できない。

　このことは、フランスでの議論と同様に、降格を例に取り上げて考えると理解しやすい。使用者は、たとえば労働者の成績不良について、人事的措置の一環として降格をなし得る。これについて、裁判例においては、次の原則が確立している。すなわち、人事権行使の一環としての降格は、労働契約において認められた人事権にもとづくものとして、自由裁量に委ねられ、裁量権の範囲を逸脱することのない限り、人事考課にもとづいて自由に決定することができる（エクイタブル生命保険事件・東京地決平成2.4.27労判656号79頁）。ただ、基本給の引き下げをもたらす場合は、労働契約の重要な条項の変更を意味するから、使用者が資格・等級を一方的に引き下げるにあたっては、少なくとも就業規則等において、資格の見直しによる降格の可能性が予定され、その権限が根拠づけられている必要がある。その根拠なしに一方的に格付けを下げ、減給をもたらす措置は無効と解されている（アーク証券事件・東京地決平成8.12.11労判711号57頁）。

　これを上掲のフジ興産事件と対比すると、使用者が本来の権限を有して、就業規則の定めがその有効要件として同権限を制限するという点では、懲戒としての降格と人事措置としての降格の間には、大きな差異がないことがわかる。

　しかし、懲戒権の一内容としての降格は、懲戒としての目的と必要性から行使されるのであり、人事考課とは意義や範囲を異にする。すなわち、懲戒を正当化するのは、「企業秩序」であり、懲戒処分の本質が「秩序罰」であるとする基本的な差異が浮かび上がる。したがって、等しく降格を行う場合でも、その趣旨（実施理由）およびその対象範囲において、懲戒による降格は人事措置としての降格と区別されるであろう。

---

[21]　労働契約の法理形成における「企業」理論の意義については、野田進「解雇法理における『企業』」法政研究67巻4号923頁（2001）を参照。

このように見ると，企業秩序論は，懲戒の意義や本質を捉えた議論としては，その限りで正鵠を射ており，評価されるべきであると考える。

(3)　「契約」への根拠付与論の可能性

以上に対して，「秩序罰」が労働契約上の権利・義務となることの根拠，および「秩序罰」をなしうる主体が契約当事者たる使用者であるという，上記③および④の問題については説明不十分である。最高裁の法理は，上記のように理論的な説明に成功しておらず，さらなる検討の必要がある。

この点については，問題を拡散させないために，またフランスについての議論の射程とずれを生じさせないように，「懲戒処分として労働契約の不利益変更」（降格など）を想定して考えることにする。そうすると，労働契約が懲戒の根拠となる（または，ならない）ようにする理論の発展のあり方として，次の2つの可能性を考えることができる。

(イ)　就業規則による根拠付与

まず，使用者の懲戒処分の根拠を，就業規則に求めることが考えられる。就業規則に一定の非違行為について懲戒処分をなしうる旨の規定があれば，それが労働契約の内容になり，使用者はそれを根拠に労働契約の不利益変更を強制しうると考えるのである。上述のように，フジ興産事件判決では，最高裁は懲戒の有効要件として就業規則の規定を求めた。これを一歩進めて，就業規則の規定を，懲戒の根拠として明確に承認するのである。

この考え方は，労働契約関係において就業規則の存在を重視する傾向にある，わが国の判例法理の流れに棹さすものであり，現実的な発展の可能性が高いといえよう。また，この見解は，最高裁が就業規則の法的性質において，「定型契約」という意味の契約説を採用していることを前提とするならば，懲戒権の根拠についても一種の契約説を採用したことになる。しかしながら，この法理によっても，なお重大な問題が残る。

第1に，かかる法理でも，使用者が労働契約にもとづき「秩序罰」を課すという，理論的な疑問はやはり払拭できない。就業規則の規定は，合理的な内容であることを前提に労働契約の内容になるが，そうである以上，労働契約を根拠に契約責任と区別された「秩序罰」を課しうることの説明がさらに必要である。

第2に，かかる法理だと，常時10人以上の労働者を使用していない事業所で，就業規則を作成していないとき，懲戒処分の根拠がなくなることの説明ができない。こうした小規模事業所においても，「企業」を運営している以上，秩序は不可欠であり，企業秩序違反に対する秩序罰は必要である。就業規則を懲戒の根拠規定とすることは，その意味で不都合である。

(ロ)　懲戒処分としての労働契約変更の否認

　それでは，フランスと同様に，降格などの労働契約変更を，懲戒処分としてなすことを否認する選択肢はありうるだろうか。この解決方法は，さらに2つに分けて考えることができる。

　第1に，人事的措置としての降格処分しか認めない考え方である。使用者は，懲戒処分として降格等をなすことはできず，企業秩序違反を理由とする場合にも，人事的措置としての降格のみなし得ると考える。わが国では，フランスと異なり，使用者の人事権行使について広範な裁量権限が認められている。上記の裁判例のように，使用者は就業規則に降格等があり得る旨の規定を設けておく必要があるが，そのような規定があれば，労働契約の不利益変更の問題に拘泥することなく，濫用に至らない限り原則として自由裁量により降格をなすことが認められている。したがって，企業秩序違反として，あえて「懲戒として」降格を行う必要はなく，人事権の行使として行えばその目的はほぼ達成できるのではないか[22]。

　第2に，常時10人以上の労働者を使用していない等の理由で就業規則を定めていない事業所においては，使用者は変更解約告知により，懲戒処分としての降格を行うことができると考える。フランスにおいて，降格処分を被処分者が拒否すれば解雇がなされたものとみなされるのは，労働条件の引き下げを通告し拒否されると解雇することによる。これは，わが国の表現では，変更解約告知がなされたことを意味する。とすれば，懲戒目的で行う労働契約の変更は，変更解約告知によりその適法性の範囲内でのみ，実施すればよいのである。

---

[22]　その結果として，使用者は「懲戒として」労働契約上の不利益処分を行うことができなくなり，フランスの法理と同様に，懲戒処分としては，懲戒解雇か，事実上の不利益処分をなしうるにすぎないことになる。

以上2つの方式につき，使用者は，両方の方式を同時に実施することも可能である。しかし，人事権の行使について，就業規則の規定が整備されているときには，まず第1の方法を実施し，それが困難なときや就業規則の規定を準備していないときには，第2の方式を模索するのが妥当である。

以上は，懲戒法理において「契約」および「合意の原則」を一貫させた場合に，降格処分についてわが国で導かれる帰結である。一般的な企業慣行からみると，やや非常識な結論にならざるをえないが，労働契約法による合意の原則をうち立てる場合は，そうした慣行から踏み出す必要も生じうるであろう。いずれにせよ，今後の理論喚起の一素材となることを願うものである。

戦時経済下の工場法について（覚書）

渡辺　章

1　はじめに

　一　第2次大戦終結以前の，日本の最も代表的な労働者保護法令は，明治44（1911）年に制定された工場法（明治44年3月法律46号）である。工場法の制定および内容の概略は次項で述べる。本稿は工場法の原型が，戦時経済下においての労働関係（今日でいう個別的労働関係）に関する法の理念や雇用契約観念が変遷するのと歩調を併せて，どのように取り扱われ，変容し，法学者がそれをどのように「正当化」したのかを明らかにすることを目的にしている。このような作業は，第2次大戦後今日まで労働法学の分野で意識的に行われたことはないが，戦争期ももとより労働関係の法の空白期ではあり得ず，それどころか労働関係は国家の重要政策分野として，夥しい労務統制法の支配統制下にあった。その時代における工場法の変遷，変容を検討することは，そのような労務統制法の支配統制の一端を明らかにするに過ぎないとはいえ，それ自体興味のあるところであり，工場法からかなりの部分を受け継いだ労働基準法（昭和22年法律49号，以下労基法という）の諸制度の歴史的，今日的意味を考える上でも有益なものがあるであろう。

　二　第2次大戦前における日本の戦時経済（ないし戦争経済）は，一般に昭和6（1931）年の「満州事変」を起点に日本のポツダム宣言受諾による降伏（1945年8月）に至るまでの経済体制を指す＊。そして昭和12（1937）年の「日支事変」は戦時経済統制を一層強化，確立した画期とみなされている。ある者は「昭和12年以来，わが国は戦争経済の段階に入り，我が国国民総力をあげて戦はなければならぬこととなった。」（川島b 161頁）と言い，あ

る者は「支那事変の勃発を契機とし，更に第二次欧州大戦，大東亜戦争の相次ぐ勃発によって，高度国防国家の建設と大東亜共栄圏の確立と云ふ目標の下に，国家総力戦完遂を期すべき戦時的統制経済の全面化へと推移されて来た」，と言った（金沢（一）531頁，なお杉村1351頁参照）。

美濃部達吉によれば，「事変」は正式の宣戦布告によって開始されたのでないため法律上「戦争」とは称せられないだけであり，「其の実質に於いて」は戦争である，そして「戦時」とは，法律上の名義を問わず「実質上外国……との間に武力を以て勝敗を争ふ状態の継続して居ることを意味し，……戦争の危険が目前に切迫し又は戦争終了後其の善後の為に必要な期間を含む」（美濃部（一）1813〜1814頁）。昭和6（1931）年から少なくとも昭和20（1945）年まではそのような期間と言うことができよう。

* 田中二郎は，戦時経済体制を「経済の国家的指導といふ新しい方向」と性格づけ，「昭和6年満州事変を境として準戦時体制に入った我が国経済は……自由経済より統制経済への第一歩を踏出し，経済の国家的指導といふ新しい方向に向って進むことになった。それが支那事変を契機とし，事変の進展に伴ひ，急速に，戦時体制を整備する必要に迫られた。」，と述べ，続けて「事変当初，ごく局部的に，必要に応じ個々的に始められた国家の権力的統制は，事変の長期化全面化に伴ひ，漸次全般的総合的統制にまで推進められねばならぬことになった。経済の一角に加へられた統制は結局経済の殆ど全面に波及せずんば已まぬ所に統制の特殊性がある。」，と述べた（田中（一）741頁）。

三　戦時経済（あるいは戦争経済）の，特にそれが長期にわたる場合の特性については，戦後の労働経済学の分析をかりてつぎのように理解をしておく（以下，氏原a 360頁以下による，第一，第二等の区分は一部引用者）。

第一に，戦時経済，とくに長期戦の場合は，長期にわたり無限に近い軍需需要を充足できるように経済の再生産構造を再編成しなければならない。それは軍需品が不断に拡大再生産されるよう，軍需品生産資材の生産拡充，軍需産業の拡大と生産性上昇のための機械設備の拡充を必要とする。このためには，産業構造の再編成と労働力の再配分，しかも急激なそれが要求される。それには，国家の介入が必要であり，労働政策に関しては労働市場および技術者養成に対する国家の介入が行われる。

第二に，ところが，このようなタイプの経済にも一定の制限が加えられる。

もともと戦時経済は，本質的に再生産過程から脱落する軍需品の無限に近い需要を前提にする経済である。それ故，生産力の増大が国民生活の向上に結びつくことはあり得ず，逆にそれを無限に切り下げる衝動を持っている。だがこれも，長期戦を前提とする戦争経済とは矛盾する。なぜなら，戦時経済の長期的再生産，さらにその拡大再生産のためには，その主体的担い手の労働力もまた再生産されなければならず，その質的向上さえ図られなければならない。労働者大衆の私的消費も労働力再生産のための生産的消費ということになる。

　第三に，戦争経済はもともと全般的な労働力不足経済であり，しかも膨大な労働移動を随伴する。この二つの要因はともに賃金上昇と賃金構造変動の要因となる。そこでこの賃金の上昇を抑制する賃金統制が必然化するのであるが，それは単に賃金抑制の段階に止まり得ず，その基準として最低生活の保障，労働力再配分のための労働移動を促進し，また労働力を定着させるための賃金構造を導入せざるを得ない。

　以上は，「長期戦経済一般にかかわること」であるが，それは戦争の技術的性質によってだけ規定されるのではなく，資本主義の新たな段階（国家独占資本主義）の到来をも意味する。したがって，戦時経済は戦争遂行のための経済ではあったが，戦争が終結したならば直ちにかやがて元に復帰するといった性質のものではなかった（以下，略）。

　以上の第一は，軍需品生産体制のための労働市場の再編成に，第二は軍需品を拡大再生産に従事する主体的担い手である労働力の再生産体制に，第三は労働移動の促進・定着のための賃金統制に，それぞれかかわっている。工場法の変遷，変容は主として第二，第三の問題に関係することは言うまでもない。しかし行論の過程では，労働市場再編のための労務統制法令についても必要なかぎりで触れざるを得ないであろう。

2　工場法の原型（概要）

(1) 工場法の先駆

　日本のもっとも早い時期の労働者保護法は明治23（1890）年に制定された

「鉱業条例」（明治 23 年法律 87 号）である。その「第 6 章・鉱夫」（64 条〜72 条）には、「雇役」に関し、特別の約定のない場合には、双方（鉱業権者と鉱夫）とも 14 日前に解約通知ができること、鉱業主は「何時たりとも鉱夫を解雇すること」ができ、鉱夫は「何時たりとも其の雇役を罷むること」のできる自由が定められ、鉱業権者に対し賃金の通貨払い、鉱夫の使用に関する「鉱夫工役規則」および就業中の負傷等に関する「救恤規則」の作成（いずれの規則も鉱山監督局の認可を必要とする）などが義務づけられた。その後、(旧) 鉱業法（明治 38 年法律 45 号）が制定されて鉱業条例は廃止されたが、鉱夫保護の基本的部分はそのまま受け継がれ、その一部は工場法に受け継がれた。その意味で鉱業条例（ないし (旧) 鉱業法）は工場法の、したがって日本の労働者保護法の先駆と言うことができる*。

> * 「鉱業条例」は、上記のように明治 38（1905）年制定の「鉱業法」（明治 38 年法律 45 号）により廃止された。しかし、「工役規則」は「鉱夫の雇傭及労役に関する規則」に、また「救恤規則」は「扶助規則」に名称を変えて法制度として定着した（鉱業法 64 条・66 条、その鉱夫に対する告知義務に関し 67 条）。鉱業条例は、「工役規則」の作成に関し、鉱業権者に対し、①鉱夫の就業時間を 1 日 12 時間に制限し、②女工の工役の種類を制限し、③14 歳以下の男女職工の就業時間と工役の種類を制限し、その範囲内で規則を作成すべきものと定めた（71 条）。これには当時の鉱山労働の特殊な原生的労働環境が背景にあったことを窺うことができるが、一般の鉱夫を含めて法的規制の対象にし、15 歳未満の保護鉱夫と女工の工役の種類を制限し、かつ今日で言う「就業規則」の作成を義務づけた点において、法制度自体としては、工場法の職工保護法制より数歩進んだ内容であった。なお、鉱業条例の「工役規則」は、鉱業法の下でも、その施行規則（明治 38・6・15 農商務省令 17 号）において変更しない限りそのまま適用し得るものと定められた（同 86 条）。鉱業法下の「扶助規則」も同様に取り扱われた（同 89 条）。

(2) 工場法の総則的事項

一　工場法の制定と改正　本稿の検討する工場法は、(旧) 鉱業法の制定から約 6 年後の明治 44（1911）年に制定され、実施のために必要な予算措置に 5 年を費やし、大正 5（1916）年 9 月 1 日施行された（工場法施行令大正 5・8・3 勅令 193 号、工場法施行規則大正 5・8・3 農商務省令 19 号）。工場法は、第 1 次大戦終結後に国際労働機構（ILO）が設立され工業的労働者の

8時間労働時間，最低就業年齢，母性保護，女性および年少労働者の深夜業禁止など重要な労働条件に関し国際条約が採択されたこと，および日本が経済発展期にあったことを背景にして，大正12（1923）年3月に大幅な改正が行われ，保護的規制の内容がある程度レベルアップされた（大正12年法律33号）。この改正工場法は同年の関東大震災（9月1日）のため施行が大正15（1926）年7月1日まで大幅に延期された（施行令大正15・6・5勅令152号，施行規則大正15・6・7内務省令13号）。工場法は，本稿が「戦時」の起点にした昭和6（1931）年後も規制の強化に向けて一定の修正が行われたが，このことは後述する。

二　工場法の普遍的性質　　工場法は，鉱業条例・（旧）鉱業法が鉱山において「鉱業に従事する労役者」（同法8条）のみを対象にしたのと異なり，原則的に事業の種類にかかわらず，「工場」労働に従事する「職工」の保護を目的にして制定された。したがって工場法は，職業の種類を問わず，事業または事務所に使用される「労働者」を適用対象にする労基法と共通の性質を帯びている（労基9条参照，労基法が「鉱物採取の事業」にも適用されることに関し，同法「別表第1」の2号参照）。一般に工場法が労基法の前身だと評される所以である。

三　適用対象　　工場法は「工場」に適用された。その工場は，①原動機（蒸気機関・タービン，電動機，水車など）を使用し，かつ常時15人以上の「職工」を使用する工場（大正12（1923）年改正により，常時10人以上に拡張された）＊と，②事業の性質上危険なるもの，または有害のおそれある工場である（毒劇物，毒劇薬等の有害化学物質，特定の油等を使用する工場，粉じんを発生させる業務を行う工場等）。危険有害業務には，当時盛業の繊維関係工場では，織物または編物の起毛，製綿等の業務が指定されていた（以上，法1条2項，施行令1条・2条，3条）。

工場法は，工場に使用されているすべての労働者（当時は，主に「労務者」と言われた）をカヴァーしたわけではなく，工場に使用される「職工」にのみ適用された。職工とは，工場の主たる作業または主たる作業に関係する作業に従事する者でなければならず，それ以外の労務者（たとえば門衛，給仕，便所の掃除夫，寄宿舎の賄方等）は除外された（岡293頁）。以上のように，工

場法の適用範囲は工場の範囲および職工の範囲の両面で相当程度絞られており，上に述べた普遍的性質は限定的である。職工は，「保護職工」と，保護職工を含む職工一般とに明確に二分され，保護的規制の適用が区別された。保護職工とは，女子（年齢を問わない）および男子労働者のうち一定の年齢未満の年少者**をいう。

> *　「工場」のうち，人力のみでなくある程度の「原動機」を使用し，常時15人以上の職工を就業させている場合でも，食品，日常雑貨品，装飾品等の事業で，蒸気・ガス・石油機関や電動機などを使用しないものは適用対象から除外された。大正12（1923）年改正に際しては，その適用除外範囲が相当程度縮減された（1条2項，施行令1条，施行規則1条）。
>
> **　工場法は，制定当初，12歳未満の者を職工として使用することを禁止し（2条1項本文），15歳未満の者を女子とともに特別保護の対象とした（3条～8条・9条～11条）。したがって，工場法が特別保護の対象にした年少者は，当初は12歳～14歳の児童である。しかし工場法は，例外的に，工業主が法施行時10歳以上の幼年者を引き続き就業させ，また地方長官（東京府の場合は警視総監，法施行令42条）の許可を得て軽易の業務に就業させることを認めていた（その後の改正については本節(3)二第一参照）。

　四　保護的規制事項　　工場法の規定する保護的規制を制定当初についてみると，保護職工に対する保護的規制は，広義の労働時間規制（3条～8条），危険有害業務への就業禁止（9条～11条），産婦の就業の制限禁止（12条）などである。他方，保護職工を含む職工一般に対しては，病者の就業の制限禁止（12条），工場および附属建設物設備に関する危害予防措置・使用停止の命令（13条），労働災害扶助の義務づけ（15条，施行令4条～20条），徒弟（16条，施行令28条～32条），雇入・解雇・周旋の取締（17条，施行令21条～27条）などについて取締規定が定められた。すなわち，広義の労働時間規制と危険有害業務への就業制限等は保護職工のみを対象にしたものであり，一般職工にはこれらの事項に関するどんな保護的規制も定められなかった。このように工場法をその保護的規制の適用対象からみるときは，その普遍的性質は一層限定的である。

　五　保護の理念　　工場法の保護的規制の法的理念なり思想がどのようなものであったかは，「工場法の制定根拠」を問うことでもある。岡実は大別して三つの弊害を取り締まることにあると述べ，「工場設備の不完全」によ

る弊害,「職工の不当使役」による弊害,それに職工の誘拐,不正な周旋など「職工の雇入解雇」にともなう弊害について,法的規制の必要性を説いた(岡206～256頁参照)。職工の不当使役による弊害は,その対象を保護職工に絞り込むことによって,はじめて法制化に漕ぎ着けることができたが,その意義を大河内一男は個別資本による労働力の「顧みることなき喰潰し」から労働者を守ること,「再生産の条件」を保証すること,と表現した*。

　工場設備の不完全による弊害の取締りについてはどうか。それらは職工の健康障害の諸原因(工場の空気の汚染,工業中毒,過労,熱気,湿度,採光,有害原料,伝染病の伝播など)への取組みとして,危害の特性に対応する防止基準をつくること,および被災者の扶助制度に具体化されるべきものであった。工場法は,鉱業条例の創設した鉱夫扶助法制と同様に労災扶助制度を設けた。このことはよく知られている(前言した)。しかし,危害防止基準に関しては保護職工,産婦,病者の就業制限を規定したものの,それ以外は一般的な命令委任規定**と行政官庁の工場に臨検する権限規定(法13条・14条,施行令41条)を設けただけで,そのための省令(今日の労働安全衛生規則)がつくられることはなく,昭和4(1929)年にいたってはじめて一定の措置基準が策定された(後述(3)二第七参照)。

　工場法制定当初,岡はこの点に言及し,それは工業主に新たな負担を課すことになり,資力の乏しい工場主は廃業のやむなきにいたるものと考えられたからであると述べている(岡544頁)。こうした政府の態度は,大正12(1923)年の工場法改正の際にも変化しなかった。改正工場法の施行は,前言したように大正15(1926)年であり,本稿でいう日本の資本主義経済の「戦時経済」への移行前夜にあたる。そうした状況下で,改正工場法における労災扶助制度改良の法的,政策的見地に関し立案者の一人がつぎのように述べていたことは,日本における労働者保護の政策理念なり実質なりを言い当てたものとして深く記憶されてよい。

　「傷病予防の為にする就業制限や設備の取締には自から限界があって之に依って禍を絶無ならしむることは到底不能たるを免れない。蓋し就業制限とは抵抗力の弱い或は注意力の薄い女子,年少者や病者に対するものであって健全な成年男子の就業を禁止するが如きは工業が社会生活上の必要

條件たる以上到底社会の忍び得る所ではない。唯害の猛烈にして且社会生活上の絶対必要物に非る黄燐の如きものに付てはいずれの國でも使用禁止を認められたるにすぎない（黄燐燐寸製造禁止法）。鉛，燐，硫黄の如き其の他化学工業の薬品には人体に有害なるものが多いけれども社会は一部の人が社会の需要の為に之が犠牲になることを容認しなければならぬ。……或程度の災害は避くべからざる現象として豫防の範囲外に属する」，しかしながら「近代工業の害悪を労働者のみに負担せしむるは社会組織の一缺陥であって之が救済を計るは社会政策の第一歩である。之を以て……労働者の傷病に対する雇主の責任を認むるに至った。」（北岡（四）83～84頁，傍点・引用者）。

* 大河内一男『社会政策（総論）』143頁，有斐閣，1963年
** 工場法のその規定（13条）は次のような内容である。「行政官庁は命令の定むる所に依り工場及附属建設物並設備が危害を生じ又は衛生，風紀其の他公益を害する虞ありと認むるときは豫防又は除害の為必要なる事項を工業主に命じ必要と認むるときは其の全部又は一部の使用を停止することを得」。しかし，その「命令」は遂に発せられなかったことは本文に述べるとおりである。

(3) 工場法の最も進歩した段階

一 末弘嚴太郎は，戦後（1950年），第2次大戦前の日本の労働者保護法の特色に触れて，保護の内容が著しく国際基準より低かった（政府は，それから起こる実際上の不都合を社会保障によって除去しようと意図した）こと，また保護の程度が労働者の種類によって甚だしく違っていたことであるとし，そうしたなかでも最も高い保護を与えられていたのは工業労働者であり，工場の職工および鉱山の鉱夫が最も手厚く保護されていた（鉱夫については，鉱業法およびその附属規則，殊に鉱夫労役扶助規則による），と指摘している（末弘97頁）。以下，末弘が「労働者保護法令中最も代表的な法律であった工場法が，その最も進歩した段階において如何なる内容をもっていたか」として概説するところを参考に，工場法の原型（概略）を述べておく（末弘98～99頁参照）。その内容は当然に大正12（1923）年改正工場法が主要なものである（工場法は，昭和4（1929）年，昭和10（1935）年，昭和19（1944）年

に主に労災扶助関連の若干の規定が改正されている）＊。

　二　工場法の適用範囲は，上に述べたように大正15（1923）年施行の改正法により常時10人以上の職工を使用する工場に拡げられ（旧15人以上，法1条），また職工数にかかわらず適用対象になる危険有害業務の範囲が拡大された（改正施行令3条）。その結果，新規に約6,000工場が適用下に入ったが，それでも工場法の適用工場は全体（87,398ヵ所）の27.6％からようやく3分の1強の34.3％に届く程度であった。これに対し，工場法を適用される職工数は法改正前より約7万人増加し，全体（約169万人）の81.4％から85.5％になった（北岡（一）1525頁，1530頁，1536頁）。以上の背景の下に工場法の保護的規制の原型（概要）は以下のようであった。

　第一に，「工業労働者最低年齢法」（大正12年法律34号）が別途制定され，工場法の適用対象か否かにかかわらず一切の採掘鉱山，工場，土木建築，貨物輸送，貨物取扱い事業を対象に，就業最低年齢をこれまでの12歳（旧工場法2条，鉱夫労役扶助規則5条）から14歳未満に引き上げ（2条本文），違反者に罰金刑の制裁を定めた（6条）。しかし，12歳以上の尋常小学校修了者，および12歳以上で現に就業している者の使用を例外的に認めた（2条ただし書）。この改正を受けて工場法は，保護職工の年齢を，改正法施行後3年間（昭和4（1929）年6月末まで）適用を猶予した上で，15歳未満から16歳未満に引上げた（法3条・4条・7条・9条〜11条・附則③）。

　第二に，労働時間規制は保護職工のみを対象とすることに変化はなく，その内容はつぎのようであった。①1日の就業時間の上限を11時間とし旧法より1時間短縮した（ただし，器械生糸製造，紡績および輸出絹織物の業務は改正法施行後5年間余は12時間まで1時間の延長を認めた，法3条，施行規則3条）。つぎに，②保護職工の就業を禁止する深夜時間帯を午後10時から午前5時（旧法は4時）までとした（ただし，2交替制の場合に改正法施行後3年間適用を猶予した，法4条・法附則）。特定業務に関する深夜業禁止の例外（法5条）は廃止した。③毎月少なくとも2回の休日を与え，就業時間が6時間超のときは30分の，10時間超のときは1時間の休憩時間を，一斉に付与すべきことを定め（法7条），④非常時に主務官庁が労働時間の延長，深夜業および休日の就業を認めることができる場合を16歳以上の女子のみに制限

した（法8条2項）。⑤産後休業を4週間から5週間に延長し，新たに産前4週間の休業を加え，1歳未満の新生児のために1日2回各30分の育児時間の保障を定めた（法12条，改正施行規則9条・9条の2）。⑥16歳以上の男子労働者に関する就業時間等の規制は依然存在しなかった（その考え方に関しては，前記(2)五参照）。

　第三に，賃金は毎月1回以上支払うこと，職工の死亡，解雇の際は権利者の請求により遅滞なく賃金の支払いおよび積立金，貯蓄金等を返還する義務が定められ，これら規定に違反する契約，違約金の定めもしくは損害賠償の予定が原則として禁止され，貯蓄金管理の方法について地方長官の認可を受けるべきことが規定された（法施行令22条〜25条）。

　第四に，労働契約規制に関して「職工の雇入，解雇，周旋の取締及徒弟に関する事項は勅令を以て之を定む。」の1ヵ条が置かれ（旧法以来の17条），施行令，施行規則にこれら労働契約に関してある程度の規制が行われた。すなわち，①14日前の解雇予告または14日分の解雇予告手当の支払い，②解雇証明書の付与（施行令27条の2・27条の3）などが重要であり，③扶助義務，賃金の支払い義務，職工の貯蓄金返還義務，解雇された未成年者および女子が15日以内に帰郷する場合の帰郷旅費の支払い義務，解雇予告義務などに違反した工業主に対し罰金刑の制裁が定められた（同33条，参照，労行史217頁以下，北岡（五）285頁以下）。

　第五に，改正工場法は，はじめて，常時50人以上の職工を使用する工場の工業主に対し，「就業規則」を作成し，地方長官へ届け出ることを強制した（変更時も同じ）。就業規則には，①始業終業の時刻，休憩時間，休日および職工を2組以上に分けて交替に就業させるときは就業時転換に関する事項，②賃金の支払いの方法および時期に関する事項，③職工に食費その他の負担をさせるときはそのことに関する事項，④制裁の定めがあるときは之に関する事項，⑤解雇に関する事項の記載が必要とされた。地方長官には就業規則の変更命令権が与えられた（施行令27条の4）。就業規則の法的効力（労基93条のような最低基準効）に関しては，特に規定は定められなかった。事業主は就業規則を職工に周知し，労働時間事項は工場の見易い場所に掲示し，賃金事項は就業前に職工に明示すべきことが併せて規定された（施行規則12

条・12 条の 2)。

　第六に，徒弟の就業等に関し一定の条件の具備，一定の事項についての地方長官の認可，徒弟たる保護職工の就業に関する規制等が行われた（法施行令 28 条～32 条)。

　第七に，工場の安全衛生（危害防止基準）に関しては，前言したように保護職工等についてのみ一定の制限を規定し，一般的には危害防止に関する命令委任規定を置いただけで（前記(2)五)，施行規則に工場または附属建設物内における一定の事故に関し地方長官への届出義務（施行規則 26 条）を定めただけの期間が長く続いた。かなり後になって，「工場危害予防及衛生規則」（昭和 4・6・20 内務省令 24 号)，「汽罐取締令」（昭和 10・4・9 内務省令 20 号）が公布された（労行史 238 頁，252 頁)。

　第八に，業務上の負傷，疾病または死亡に対して工業主に扶助義務を負わせた。扶助の主たる内容は無料の療養，療養中の休業扶助，療養後に残った身体障害に対する補償，死亡の場合の平均賃金の約 1 年分の遺族扶助および葬祭料の支払いを義務づけた。

　第九に，工場監督官が，中央行政機構として農商務省内に（「農商務省管制」大正 4・12・25 勅令 231 号)，地方行政機構として警察部および警視庁に置かれた（「地方官管制中改正の件」大正 5・1・21 勅令 6 号など。労行史 7 頁，11 頁，193 頁以下参照)。

　＊　拙稿「工場法史が今に問うもの」日本労働研究雑誌 562 号（2007 年 5 月）
　　 105～107 頁参照。

3　戦時経済と雇用契約の法的性質

(1)　国家総動員法の労働関係規定

　一　戦時経済としての統制的法体制は，昭和 12（1937）年の日支事変を境にそれまでより格段に強化され（前出 1 二)，「国家総動員法」（昭和 13 年法律 55 号）がその基本法として制定された。同法は，「国家総動員」の意義を定義して，「戦時に際し国防目的達成のため……人的及物的資源を統制運用するを謂ふ」と定めた（1 条)。しかし同法は，直接国民生活を統制すること

の定めをなすものではなく，その定めをなすことを極めて広い範囲において勅令等に授権し，法律自体はただその統制なすべき事項の大綱を定めたに止まる（美濃部（一）1816頁，田中（一）745頁）。

その法的性質および同法の（旧）憲法上の根拠に関しては種々の議論が主張され，なかには「戦時又は国家事変の場合」の天皇の非常大権を規定する（旧）憲法31条（あるいは同規定の精神）に求める説もあったようであるが，大方は，普通の法律と同様に，（旧）憲法5条（「天皇ハ帝国議会ノ協賛ヲ以テ立法権ヲ行フ」）に基づくものと考えられたようであった（美濃部（一）1817頁，須貝518頁，杉村1362～1363頁）。同法の制定目的は，戦争遂行のための資源の動員，軍需の充足および国民生活の確保のために，政府が臨機の処置を講じることを可能にすることであった（第73帝国議会における内閣総理大臣の提案理由，須貝506頁，508頁）。元来，国民生活の確保は無限の消費資材である軍需の充足のために行う国民総動員と相容れ難いのであるが，それが政府の行う戦争遂行上必要な国家活動としての臨機の処置の一つとして，同法の制定目的に掲げられたのは，国民自身が軍需の対象としての必須の人的資源と考えられたからにほかないであろう。

二　国家総動員法に基づく経済統制は，憲法学の立場から「国民の経済力を保全する為に国家の一般的統治権に基づき人民の私経済的生活に関与する作用」というように言われ（美濃部（二）2042～2043頁），同法はその重要分野である労務統制に係る勅令等を直接根拠づける二つの規定を置いた。その一は労働契約および労働条件（従業条件）に関する統制規定（6条）であり，その二は人的資源の動員の基礎とするためになす国民の職業能力の申告に関する統制規定（21条）である（美濃部（一）1830頁）＊。労務統制（または勤労統制）は，両者を一括する概念であり，具体的には①雇用制限，②就業時間制限，③賃金制限の三分野に区別される（美濃部（三）2230～2232頁）＊＊　＊＊＊。

三　このような労務統制法令を含む国家総動員法に基づく経済統制法は，要するに，「所有権・契約・企業等の各々の国家的職分又は機能を現実具体的に果たさせることを目標とし，又それがその職分なり機能なりを果たす上で必要なるが故に，その限度に於て，これを法的に保障するといふ建前の上

になり立って居る」、では、こうした観点から「経済統制法を通して見られる契約」の職分なり機能なりはどのように考えられたであろうか。契約の自由は、「近代的な契約自由の特色である所の如何なる内容でもその中に盛ることのできる形式的抽象的自由としてではなく、むしろ限りある人的物的資源を国家の必要とする方向に集中し最も能率的に活用する見地から、個人意思に基く契約の自由を認めることがよく国家的需要を充足することを得、且つ国家総力を発揮する所以である故に、その意味に於て、認められるのであって、現実の契約は今日あらゆる角度から国家的統制を受け、時には国家の形成行為によってとって代はられて居るのである。」(以上、田中(三)189頁)。これは、個人意思に基づく契約の自由と統制による国家的需要の充足とは原理的には対立しないのであるが、戦争時の現下、資源を国家の必要とする方向に集中せしめるべく契約の自由は国家的統制を受けているとするものであり、自由と統制との苦渋に満ちた（少なくとも、筆者にそのように思える）法的関係づけと言うことができる＊＊＊＊。

　ところで、雇用契約は本稿の取り扱う工場法の保護的規制を盛り込む法的器である。その雇用契約と経済統制（労務統制）法令との関係についてはいったいどのように法理論構成が行われたのであろうか。これがつぎの問題である。

　　＊　国家総動員法は、労働契約および労働条件の統制に関し、当初いわゆる「平時規定」のかたちで「政府は国家総動員上必要あるときは勅令の定むる所に依り従業者の使用、雇入若くは解雇又は賃金其の他の労働条件に付必要なる命令を為すことを得」(6条)と規定していた。しかし昭和15(1940)年には、同規定を戦時規定に修正した上で、雇用者側だけでなく、労働者に対し直接統制できるように、「政府は戦時に際し国家総動員上必要あるときは勅令の定むる所により従業者の使用、雇入、若くは解雇、就職若は退職又は賃金、給料其の他の従業条件に付必要なる命令」をすることができると、制限をなし得る範囲を拡大する改正を行った（傍点改正箇所、末川 b 4頁、吾妻216頁）。

　　　国民の職業能力の申告に関しては、「政府は国家総動員上必要あるときは勅令の定むる所により帝国臣民及帝国臣民を雇傭若は使用する者をして帝国臣民の職業能力に関する事項を申告せしめ帝国臣民の職業能力に関し検査することを得」(21条)と、国民、使用者の双方を義務づけ得る規定が置かれた。

　　＊＊　吾妻光俊は後述(2)(e)のように「労務統制法の諸面」を、①「労働力の動員」、②

第1部　労働法編

「労働力の維持・培養」および③「労務者の地位」に関するものの三分野に区分している。

＊＊＊　(i)　国家総動員法には，雇入れ制限，労務および報酬に直接関連する上記6条，21条の規定に基づく法令以外にも，労働関係に直接重要な影響を与えざるを得ない問題が多様なかたちで存在していた。国家総動員法は，①「政府は……労働争議の予防若は解決に必要なる命令を為し又は作業所の閉鎖，作業若は労務の中止其の他の労働争議に関する行為の制限若は禁止を為すことを得」（7条）と定め，②「政府は……物資の生産，修理，配給，譲渡其の他の処分，使用，消費，所持，移動に関し必要なる命令を為すことを得」（8条）と定め，③「政府は……輸出若は輸入を制限若は禁止を為し」（9条）と定め，④「政府は，……総動員物資を使用若は収容し又は総動員業務を行ふ者をして之を使用若は収容せしむることを得」（10条）と定め，⑤「政府は……総動員業務たる事業に属する工場，事業場，船舶其の他の施設を……管理，使用又は収容すること」ができ，その場合は「勅令の定める所に依り其の従業者を使用せしめ」ることができる（13条1項・2項）と定め，⑥「政府は……鉱業権，砂鉱権及水の使用に関する権利を使用若は収容し又は総動員業務を行う者をして……使用せしむることを得」（14条），と定めていた。

　こうした国家総動員法の規定に基づいて発せられる命令（勅令）によって，労働者が雇用先に使用されなくなり，あるいは雇用先でない総動員業務に使用された場合に，そうした結果としての雇用・労務の履行不能は，有期雇用者に関しては「已むことを得ざる事由」によるものとして即時解雇事由になるか（民法628条），労働者は有期雇用，無期雇用を問わず当事者双方の責に帰すべからざる事由により労務の履行が不能になったものとして報酬請求権を失ってしまうのか（民法536条2項），といった法的問題が当然に生じ得る。

　(ii)　同様の問題は，③事業主が，国家総動員法8条に基づく「電力調整令」（昭和14年勅令708号）により電力消費者の電力の使用を制限，禁止する場合（同令3条）にも当然に生じ得る。また，④国家総動員法4条に基づく「国民徴用令」（昭和14・7・8勅令451号）が制定され，同法によって労働者が他の役務に徴用され，雇用主の下で労務に服することができない場合や，同法5条に基づき「総動員業務」に国民として協力し役務を提供したために，本来の業務をなし得なかった場合などについては，解雇や再雇用をめぐり深刻な法的問題が生じ得た（以上は，末川a 559〜560頁による）。

＊＊＊＊　末弘厳太郎はもっと率直（？）である。曰く「統制経済は政治による経済の支配によって行われる。」，「統制経済は国民経済全体の円満なる運営を期する為に本来自由なるべき資本と経済主体とを全体的企画の下に統制するものなるが故に，個人的権利の確認に依って個人的自由の保護を図ることを最高理念とする法律理想は最早ここでは其権威を主張し得ないのである。」，と（末弘厳太郎「経済統制法の法律社会

208

学的考察」法律時報 13 巻 10 号 12〜13 頁・1941 年)。なお、自由主義経済社会における契約の自由とその社会的弱者のためにする制約として出現した社会政策的諸立法との関係、およびこれら諸立法と戦時下の経済統制法との関係に関し、本文の田中より上記末弘の見解に近い立場から総合的考察をしたものに金沢(二)845〜848 頁、850〜851 頁がある。

(2) 戦時経済下の経済統制と雇用契約
(a) はじめに

前言したように、雇用契約は、労働者の保護的規制を規定する工場法の諸規定を盛りこむ法的器である。その雇用契約と戦時経済下の経済統制法(具体的にはその重要分野を構成する労務統制法)とはどのように関係づけられたのか。この問題をめぐる法学者の見解は多様であり、労務統制法を近代自由主義経済下の雇用契約の特殊分派的なものと説く見解、近代自由主義経済下の雇用契約の原理を新原理によって変貌させた新たな役務提供契約と説く見解、両者間に法的原理の異質性を認めず連続性を説く見解、労務統制法を自由主義経済下の雇用契約の発展形態と説く見解などが見出されるのである。以下順を追って検討する(以下、この項の主要文献は初出の際にかぎり刊行年を記す)。

(b) 分 派 説

一 末川博は、国家総動員法制定後、国家総動員法令を中心にして「戦時体制と雇傭契約」の問題を論じた(末川 a・1940 年)。それによると、民法の雇用規定(623 条)にいう労務者の「労務に服すること」とは、人的資源の個性的な動態的発現そのものにほかならないが、国家総動員法下の労務統制法令は、こうした従来の雇用概念に異変をもたらし、新たな分化、分派を形成するものであるとする(同 545〜547 頁)。元来、労務は(有償の)自由役務をも含むものであったが、そこから「機能的、継続的、また或意味で人格的に依存性を有するいはゆる従属的労働」を特に区別し、労働契約を分派せしめた(545 頁)。そして今は、さらにそこから「総動員業務」(国総法 3 条)について、業態別に特殊な規制を受ける雇用(労働契約)の分派が形成され、業態別に詳細に分解せしめられたという(546 頁)。

二　その特性はどのようなものか。それは，戦時経済体制の整備と強化とを目的にして，労働力の補給増加を図り，労働力の適正配置を期することにあり，雇用契約はまず「従業者雇入制限令」（昭和14年勅令126号）その他により相手方選択の自由を制限された*。次いで「工場就業時間制限令」（昭和14年勅令127号），「賃金統制令」（昭和14年勅令128号）などによって労働時間，賃金等の労働条件の基本的部分が大きな制約，詳密な制約を受けることである。

三　末川はこのように，戦時経済下の統制法令によって規制される労働契約を民法の雇用契約概念の「分派」であるとし，戦時経済下において変容を余儀なくされたものとするのであり，雇用契約の本質的な発展形態と見たり，新たな理念的形態と考えたわけではない。末川は，戦時経済が平時経済に移行すれば民法の雇用概念（自由主義的契約概念を基礎にする）は再起するものであり，それゆえ工場労働者の就業時間，賃金の支払い等に関する規定も，戦時経済下での特別規制であり，それを恒久的なものとは考えていないことが見て取れる**。

しかし，戦時経済下の労務統制法令を適用される雇用について，末川のこのような見方は，それを戦時下の特殊雇用形態とする相対的性格づけの主張であり，あまり支持を得られなかったようである。むしろ，戦時経済統制法令（労務統制を含む）を私法（民商法）の法的発展段階ないし法的発展の一形態，新形態であるとする主張が登場し，主流になる。

* （i）末川の言う雇用契約における相手方選択の自由に関する主要な総動員勅令は「従業者雇入制限令」（昭和14・3・31勅令126号）である。同令は，軍需関連産業における技術者，経験労働者の移動制限対策を定めたものであるが，その内容は後記(c)において関連する命令と一括して概説する。その前年には「学校卒業者使用制限令」（昭和13・6・28勅令599号）が，労働力不足の状況下に就職分野が偏在しがちな学校卒業者について軍需関連産業への配置を促進する目的で制定されている。同令は，厚生大臣指定の大学の研究科（大学院），学部（工学部）および学科の卒業者（修了者）を使用する事業主に対し，雇用契約に基づいて使用する員数について厚生大臣の認可を得るよう義務づけた（労行史932頁参照）。「従業者雇入制限令」の制定された翌年には労働力不足がますます深まり，これに対する対策として国家総動員法6条に基づき「青少年雇入制限令」（昭和15・2・1勅令36号）が制定された。この勅令は，厚生大臣の指定学校を卒業（修了）していない者（要するに，「学校卒業

者使用制限令」の適用外に置かれた者で12歳～15歳未満の男子，12歳～20歳未満の女子（これを本令は「青少年」という））の雇い入れを制限した。男子については，①現在の使用員数が厚生大臣の命令する員数に達していない場合，②当該命令で指定する員数につき職業紹介所長の認可を受けて雇用する場合等の外は雇入を許さないとするものであり，女子の雇入に関しても同様の制限を課した（労行史952頁以下参照）。

　(ii)　労働条件の基本的部分を制約するものとして末川の挙げる「工場就業時間制限令」（昭和14年3月勅令127号），「賃金統制令」（昭和14年勅令128号）については工場法と関連づけて後記4において検討する。

＊＊　末川の本文に述べた考え方は，統制経済と私法的規範との一般的な関係に関する見解にも表われている。曰く，今日の統制経済にあっては，従来の自由主義経済の下で自由に活動する人々の間に自然に発展し自然にでき上るところの，自然経済秩序をそのまま肯認するのではなく，経済活動の単位が各自の計算と責任とにおいて活動すべきことを前提としながら，その経済活動の自由が抑圧され指導され調整される。したがって，従来の私法の根幹たる私有財産制度の如きを基盤としてその上に新たな理念と方向とをもって統制秩序が進展せしめられるのが常であり，統制経済の法的表現たる統制法がそれ自体全く新たな構想の下に私法制度と絶縁された体系として成り立つものではない。私法的規範は，例えば人目にはつかない「塗りかくされる柱や鉄筋」のようなものであり，統制法規範はあたかも「塗られた壁や飾られた窓」のように人目を惹くものである，と。とはいえ，「契約の自由」を例にとると，統制法は，売買・貸借・雇用等の面において契約の自由の原則を制限するだけでなく，契約の要素と考えられる意思表示を全く形式化せしめるところがあり，契約の本質に変化をきたさしめている場合も少なくない，とも述べる（「統制法の強化と私法への関心」法律時報13巻10号975～976頁・1941年）。

(c)　変　貌　説

一　孫田秀春によれば，第1次大戦後のドイツ労働法学において展開された従属労働論は，「労働協約理論」にもっともよく実を結んだが，それは国家内部が階級対立により幾多の勢力関係に分裂し闘争状態を呈した段階において現出したものである。労働協約は，個人の形式的抽象的平等理念に代わり，集団構成員の実質的経済的平等を実現するものとして労働法制の中核に据えられたが，その法制は「多数決原理」に代えて「多数者の力の支配」を容認するものである。そうした支配の容認は，労働契約において労働者は使用者に対し従属的立場に置かれるという，労働契約の本質に関する論議と関係する（孫田401～402頁・1942年）。

二　労働者の従属性は，労働契約において，労務と報酬と交換する債権的要素とならんで忠実と保護との身分的要素を基礎づける。しかし，と孫田は言う。労働者の忠実と使用者の保護といった相互的義務は，およそ従属性といった考え方からは出てこない（同404〜405頁），労働関係の身分的要素は，労働者と使用者との「人格的道義」の結合（人格的道義性）であり，労働関係の法原理は従来の従属性の観念に代え，その基礎に人格的道義性を据えることにより一変させなければならない，と（同417〜418頁）。さらに言う。労働者はこの人格的道義性により「経営協同体の秩序の中に組成」され，「分肢関係」(Gliedshaftverhaeltnis) の当事者として，双方的に誠実義務を負う（同417頁）。しかも，このような労働関係は労働契約によって生じるのみでなく，国民徴用＊によっても，また雇入強制等の行政行為＊＊によっても生じうるのであり，労働者の個人としての人格，意思はもはや其処（経営協同体）には存在しない。個人は，自由主義的・個人主義的「権利（権能）秩序」の一員ではなくなり，協同体秩序（義務秩序）の一分肢としての人格および機能を有するのみである，と（同426頁）。

三　以上のような労働関係の法的性質に関する孫田の主張は，国民徴用や雇入の強制によって生ずる（結合する）経営内部の組織的関係を「協同体」と考え，加えて個人にその組織の「一分肢」としての機能しか認め得ないとする人的関係を同時に「人格的」と言い切ってしまうまでに，「協同体」や「人格」に関する法的概念を変容（むしろ"堕落"と言ってよい）させることを厭わない法思想的態度によってはじめて成り立ち得るものであろう。

それはともかく孫田は，労働者は労働契約，徴用あるいは雇入れ強制などによって企業ないし経営協同体に編入されることにより，「人格的協同体秩序」の下で，主体的個人としてではなく，企業（有機的組織体）の「一分肢」として労務に服するものであると，労働関係の法的構造を解している。この点，労働者は企業という「縦の統一的秩序」のなかの「職分的存在」として労務に服する地位にあるとする，つぎの川島武宜の主張と通底している。しかし，そこまでに至る川島の法理論構成は一層複雑である。

＊　「国民徴用令」（昭和14・7・8勅令451号）に先だって「国民職業能力申告令」（昭和14・1・7勅令5号）が制定され，使用者に対し，厚生大臣の指定する業務に

従事する者の職業紹介所長への申告を義務づけることにより，労務の強制配置に係る法体制の基礎を整備した。国民徴用令は，国家総動員法4条に基づいて制定され，16歳～50歳未満の国民で国民職業能力申告令の「要申告者」を，一定期間（原則3ヵ月），命令によって「総動員業務」に徴用できるようにした。これにより政府は，徴用を，政府の行う職業紹介または労働者募集の方法によって充足できない不足員数を充足させる法制として機能させた。国民徴用の方法は，徴用を必要とする業務の所管大臣が厚生大臣に請求し，厚生大臣が地方長官に「徴用命令」を通達し，地方長官の任命する「国民徴用官」が徴用選考基準に基づいて対象者を選考し，「徴用令書」を発した。

　国民徴用令は，その後数次にわたって改正され，徴用の対象者を国民職業能力申告令の要申告者以外の者にも拡大し，かつ政府が管理する工場，事業場の総動員業務以外の業務への徴用をも可能にした（15年10月19日勅令674号，16年12月15日勅令1129号，18年7月20日勅令600号）。

　太平洋戦争開始後は，特に，軍関係工場のほか民間工場への動員政策の中心になった。昭和16（1941）年が徴用のピーク（約100万人）であったが，給源は農村，その後中小企業の転廃業者で，出頭要求数の3分の1～5分の1程度しか適格者を選考できなかったといわれる（労行史948頁，菊池d 373頁参照）。

＊＊　政府による軍需産業に必要な労働力の確保を目的にする雇入制限は，はじめ「従業者雇入制限令」（昭和14・3・31勅令126号）に基づいて行われた。同令は，金属工業，機械器具工業，鉱山業に関係する厚生大臣指定の93種の重要職業に，引き続き3ヵ月以上従事した16歳～50歳未満の技術者，経験労働者（およびそれに相当する者）の移動を制限するために，当該職業・年齢の男子を雇い入れる事業主は，その者が指定重要職業に就業する（した）地の職業紹介所長の認可を受けなければならないと規定した（労行史919頁，940頁以下）。

　しかし，同時期に「賃金統制令」（昭和14・3・31勅令128号）が発令され，これによって実収入の減少をきたした労働者がより高い賃金の就業場所を求めて転退職を激化させ，一層軍需関連産業の労働力不足を深める結果となり（後述），政府はより一層徹底した「従業者移動防止令」（昭和15・11・9勅令750）によって対応した。本令は，「従業者の雇入及使用の制限並に解雇」に関する命令を定めたものであり，雇入制限を14歳～60歳未満の男子で，厚生大臣の指定事業に1ヵ月以上修業した者（指定従業者）を対象に，引き抜き（被用者たることを勧誘し，他人をして勧誘させること）を防止し，雇入に職業紹介所長の認可を得ることを要し，職業紹介所長は認可を得ないで雇入れた指定従業者の解雇を命令できること，労務供給事業の対象にすることを禁止するなどの強制措置を採った（労行史961頁）。しかもなお，配給制資材の欠乏により事業が成り立たなくなった中小企業者が続発し，労働者の移動を激化させた。

第1部　労働法編

　こうした状況下で，まず「国民労務手帳法」（昭和 16・3・7 法律 48 号）が制定された。この法律によって，工業，鉱業，土木建築，交通運輸，貨物取扱，通信の事業に使用される 14 歳～60 歳未満の技術者または労働者（男女を問わない）に，国民職業指導所長が「国民労務手帳」を交付し，所持させ，所定の事項を記載させた上で，その雇入および就職の要件とすることとした（労行史 966 頁，菊池 d 368 頁）。

　次いで政府は，遂に「労務調整令」（昭和 16・12・8）を制定した。これは国民労務手帳法と相まって，労働市場に対する総合的統制法令の完成版と言ってよいであろう。同令は，「従業者の雇入，解雇，就職及退職」をつぎのように制限した。すなわち，①政府（厚生大臣）の指定する工場に使用されている「従業者」等の「解雇及退職」につき国民職業指導所長（職業紹介所は昭和 16（1941）年から国民職業指導所と改められた）の認可を必要とすること，②「雇入及就職」に関し，一定の「技術者」は，国民職業紹介所長の認可または紹介を要し，国民学校修了者の雇入は職業紹介にのみよってこれをなすこと，③一般青壮年（14 歳以上 40 歳未満の男子および 14 歳以上 25 歳未満の女子）の雇入または就職は，国民職業紹介所長の認可，紹介等の方法によりを行うこと，④厚生大臣は労務供給事業者による労務者の使用制限に関し必要な命令をなしうること，などがその主要な内容である。以上により，国民の職業選択の自由，事業主の採用の自由，労使双方の解約の自由などを否定する徹底した強制労働の法体制ができあがった。

　昭和 18（1943）年になると，労務調整令は一層深刻な労働力不足に対処するため，遂に男子従業者の雇入を一定の指定業種（たとえば事務補助者，現金出納係，外交員，出札改札，車掌，番頭，客引き，給仕人，料理人など）について禁止し，また企業整備によって転廃，休業した企業の従業者に対し，厚生大臣の指定する事業主への就職を命令できるように改正された（昭和 18・6・17 勅令 523 号）。

　翌年末には，労務調整令の適用対象になる労働者の年齢の上限が男子は 40 歳未満から 60 歳未満に，女子は 25 歳未満から 40 歳未満に拡張された（金沢（一）538 頁，541〜542 頁，（二）847〜848 頁，850〜851 頁，（四）1291 頁，労行史 919 頁，1107〜1115 頁，氏原 a 373〜376 頁参照）。

　氏原正治郎は，「このような大規模な小零細企業の破壊と遊休労働力の軍需産業への強制就労は，古今未曽有の大規模な自営業者の収奪であり，無産者の強行的創出であった。」と述べた（氏原 a 376 頁）。

(d)　連　続　説

　一　川島武宜の以下にとりあげる論文は，一連の戦時における労働市場統制体制の整備がほぼ完成した段階（前述(c)の注＊および＊＊を参照）で登場した（川島 b・1943 年）。川島によれば，企業は，資本主義経済の発展によって外部に対し完全なる統一体として独立，自由の法人格を承認され，また内

部において財産的統一体（株主総会の多数決による）として法的主体性を得た。一つ一つの企業の財産的統一は，さらに規模を拡大し，合併，カルテル，コンツェルンなどにより一群の企業間の支配と統一を実現した。その法的手段は契約の自由であり，会社の意思決定の自由であった。このように私法的「自由」は，その形式性の故に，反対物たる経済的支配を生み出した。その変化・発展は，経済みずからの原動力によってなされたのであるが，その統一と支配は実体法（私法）上の自由をとおして，現実の生ける法秩序として成長した（川島b 147～151頁・1943年）。

　二　一方，労働者の人格的主体性は，労働売買の商品市場的世界においてのみ存在し，企業内部では統一ある指揮命令によって人的統一（企業秩序の確立）が図られる。それが，労働法学でいう「技術的従属関係」(technische Abhaengigkeit)である。このような「有機体的協同体」における労働者らの「従者たる地位」は，平等的孤立者の対立を本質とする民法的秩序のそと（傍点，著者，以下同様）にあるのではなく，まさにそのなかにある。なぜなら，「企業の秩序維持の権力・支配権は，経済法則と経済的実力との支配を一般的に承認し保障するところの民法的『自由』の具体的現実的内容」にほかならないからである（同152頁）。

　三　労働法の歴史的成立は，この民法的自由の原理（形式的「自由」における経済法則と経済的実力の支配の原理）から離れた新しい領域を形成したが，他方で自主的労働運動の「横の統一」は個々の企業協同体としての「縦の統一」を破壊し，産業平和を脅かした。かくして，企業協同体回復への国家の法的干渉統制が現下の自主的労働運動に対しなされているのだ（同153～154頁）。

　四　では，国家による「経済統制の法的構造」はどのようなものか。戦時下における国家の統制は，企業が私法的自由の下においてみずから経済法則と経済的実力によって拡大しつつあった統一と秩序への，はるかに大きい規模と程度でなされる「国の参加」であった。それは，自由の形式の背後に存在したものの現実化であり，企業協同体における統一（企業の指導者的地位と労務者の従者的服従義務との関係）を，労働者の横の統一，つまり自主的労働運動による破壊の脅威から守り確立する。かくして「労働」は，国民経済

の構成要素，一の人的資源としての「労務」なる概念に置き換えられる（同162〜163頁）。

　　五　現代の戦争経済における統制法は，国民経済全体に対し，一段高い地位において，独自の理想をもってなされるところの「経済に関する一般国民の法」である。それ故，「労働に関する法と体系的に対立するものではなく，むしろこれを一般国民の法"Volksrecht"の一部分に吸収したものである。」（165頁）。国の指導者的地位は，自由経済時代の「突然変異的なもの」ではなく，経済統制法は「民法的基礎の上における発展」であり，「民法的基礎の上においてその『自由』の克服が現実化したところのもの」である。経済が社会的分業と商品交換を通じて営まれるという根本的機構においては，統制経済は自由経済からの本質的飛躍をしていない。それはただ，「利己心の原動力の『自由』な支配を克服した」のである（同165〜166頁）。

　　六　このようにして，民法の諸制度（人・所有権・契約）は，「現実にあるところの『結合』において具体的存在として規定され」，「国民経済の全体的秩序の有機的一部分としてとらえられる。そこでは，個々の存在は部分として存在し，部分は常に全体に対しそれぞれに応じた意味をもつ。個人は全体における職分的地位（Gliedstellung）を有し，……契約は国民経済の部分秩序である。」個人法的関係は，現代においてはまた自由経済の成長の中に徐々に具体化しつつあった社会法的関係＊として存在する（同167〜168頁）。

　　七　以上のように，川島は，企業が経済法則と経済的実力で形成し拡大した「縦の統一」と，国が経済（労務）統制法令によって実現する支配と統一とは，「規模と程度」の違いだとするのであり，近代法の自由の法的諸原則との間に矛盾や対立はこれを認めない。近代法の「自由」は，否定されたのではなく，その内容を「利己心の原動力」から戦時における「独自の理想」に変化（克服）せしめられたのである。誠に，「民法的世界と統制法の世界との間には，もっとも本質的なところでは差異はない」（同164頁），と喝破した。

　したがって川島によれば，労務統制法令によりつくりだされた国家による強制的労働体制は，国民経済の部分秩序である企業協同体の内部に労働者の「職分的地位」を据えて行うところの，労働法なき時代における企業の支配

と統一（それは民法的自由によって形成され，拡大した）の「規模と程度」を一層強化したものであり，近代社会の「自由な労働」の法的構造ないし性質との関係においては根本的差異を認めないことに帰着する。川島がこの論文を発表した当時（1943年）は，先に見たように，すでに政府が昭和16（1941）年「労務調整令」等により総動員業務に関し強制的労働の法体系をほぼ完成していたことに留意しなければならない。「自主的労働運動」は「企業協同体としての『縦の統一』を破壊し，産業平和を脅かす」ものとして，これに対する「国家の法的干渉統制」は「企業協同体回復」の意味をもつという見解とともに，川島は戦時経済における労務統制法の法的正統性をもっとも純度高く論証する論陣を張ったものと評価できるであろう。

　＊　ここに「社会法」とは，個人法的権利も，それが妥当するところの社会的団体が承認する限りで存在するという意味での，「経済の法」の社会法的構成を指し，社会政策的な法，あるいは公私法の中間領域としての法をそう呼ぶのではない（同172頁）。

(e) 発 展 説

一　吾妻光俊は，最初に，現下の法学界には，戦時経済下の経済統制法に関し，伝来の自由経済の法律制度の個別的な修正を読みとることに満足せず，近代的な法律制度の根幹を揺り動かす核心的な意味を見出す傾向が見られるとした上で，国民経済の統制も，戦前までの自由経済の進展とそれに対応する法律制度の変遷とを，それとして前提すべき運命をにない，この推移の地盤に立ってこそ，はじめてこれを戦争目的へ転換しうるという基本的立場を明らかにする（吾妻199～200頁・1943年）＊。

二　吾妻によれば，労務統制法の進展は支那事変（1937年）を際立った画期とするが，国家総動員法（1938年）を中心とする労務統制法令がつぎつぎと制定されたのは，軍需生産の爆発的な激増によって生じる労働力の欠乏現象によって労務者の争奪，賃金の吊り上げ，労働時間の延長が行われ，こうした事態に対し自由経済の労働機構は完全にその「無力と弱点」をさらけ出した故である（同203頁）。労務統制法令はその歴史的段階に応じ政策の重点が推移している。それらはつぎの三方面に分けて考察することが適当である。

第一の面は，資源としての労働に着目した「労働力の動員政策」である。

労働配置そのものが法律の規制の対象にされ，労働関係の成立と内容の決定について，法の干渉が行われた。これこそ経済統制法が新たにもたらした問題である（211〜212頁）。動員政策は，「国民職業能力申告令」（昭和14・1・7勅令5号）をはじめとする国家による労働力把握のための法令，「従業者雇入制限令」（昭和14年3月31日勅令126号）を中心とする労務者の雇入，使用等の制限令，最後としてそれら制限令を統合した「労務調整令」（昭和16・12・8勅令1063号），「国民労務手帳法」（昭和16・3・7法律48号）などの諸法令が制定され（215〜217頁），さらに国家による強制労働策として前言した「国民徴用令」（昭和14・7・8勅令451号）の制定にまでいたった（217〜220頁）。

　第二の面は，「生産要素としての労働力政策」であり，労働力の維持・培養の原理に立った法的規制が行われた（212頁）。「工場就業時間制限令」（昭和14年勅令127号），「工場事業場技能者養成令」（昭和14・3・31勅令131号）**，一連の「賃金統制令」（第一次賃金統制令・昭和14年勅令128号，賃金臨時措置令・昭和14・10・18勅令705号，第二次賃金統制令・昭和15・10・16勅令675号）等が制定され，最終的には労働，賃金，厚生施設，労働争議の予防・禁止，労務管理などの全面にわたり「戦時体制の確立という意味で従前の統制法の到達点」として意味づけることのできる「重要事業場労務管理令」（昭和17・2・25勅令106号）が制定された（同220〜224頁，特に上記労務管理令に関しては同224〜231頁参照）。

　第三の面は，労働者の社会的，国家的存在としての労務者の人格の問題であり，労働者を，資源として動員する第一の面，労働の生産性という純然たる経済的意義において理解する第二の面とも異なる「労働者の主体性の問題」である。しかしわれわれは，「労務統制法の中にこれに対応すべき労務者の主体性を見出すのに苦しむ」（同231〜232頁）。

　三　以上の経済統制法と労働法との関係は法理論的観点においてどのように考えられるべきものか。民法から労働法への発展によって，労働関係は個人間の契約関係を離れ，工場生産なるいわば社会的領域において観察されるにいたった。かかる労働関係の秩序と民法理論とは矛盾する。その矛盾は労働の商品化に現われ，労務者の人格の抑圧が強く感じられ，労働者の人格尊

重，社会的地位の向上が強く意識された。そこで労働組合が登場したものの，労働の生産性の面は背後に押しやられ，団体協約は経済的打算による経済的側面，効果を決定したに過ぎない（同247〜248頁）。

　四　以上を前提にして労働法と経済統制との接触面と（法原理の）転換を考える。すなわち，㈠労務統制法は，従来個別企業の打算または労務者・労働組合との対立によって徹底を欠いていた「労働の生産力の拡充」を目標にして労働関係に強く加えられた統制として，新しい原理を発展せしめつつある。㈡その目的達成のために，①国家は労働力の処分，管理権に関与し，②労働条件の事業主による一方的決定の法的拘束力を承認する。こうして，「労働契約の概念は完全に近い追放が見られるのである」。㈢それは生産力の拡充至上主義が，労使の対立的な契約概念を障害と感ずるに至ったからであり，その結果として国家から事業主へ，事業主から労務者への一方的な労働関係の決定に導いた。これが経済統制法であり，ここに「契約乃至協約概念が国民経済を規整する基本的法律制度としての意義を失いつつある現実が窺われる」（同248〜250頁）。

　五　「私は民法から労働法へ，労働法から経済統制法への発展を近代民法典成立以後の経済機構の変遷に伴ふある意味では必然的な展開であると考へる。」それは，いままで説いてきたように，民法典の前提にする自主的人格概念は労務者の中に見失われた。労働運動は失われた人格回復に努めようとしたが，階級対立は労働関係を「対立的個人間の契約概念に復帰」せしめ，労使の平和的結合を果たし得なかった。この分裂をどう排除するか。そのためには「国民的生産力の拡充を要請する戦争乃至準戦時体制に於ける労働の経済的側面を通して，すなわち経済法的観点に於てはじめて可能とされ，ここに労務者の職分的団結を通して労務者の人格がはじめて回復されるのである。この意味で経済統制法は民法から労働法への発展を一応完結せしむる意義を持つともいへよう。」（同253〜254頁）＊＊＊。

　自由経済は，「各個企業の打算を離れることを得ぬ……機構とこれを裏付ける契約乃至所有権の自由の故に，国民経済としての全体的な合理化に到達し得ないのである。」労働法は，経済統制法の下でも残るが，しかし「もとより労働組合を前提とする立法乃至法理が，その衰滅とともに労働法から除

外さるべきは説くまでもない。」(同 255～256 頁)。

　六　吾妻はこのように主張して,「重要事業場労務管理令」を戦時体制の確立という意味で「従前の統制法の到達点」として意味づけつつ, その命令を含む労務統制法の中に, 労務者の人格の問題に対応するところの「労務者の主体性を見出すのに苦しむ」と表白する。しかしその一方で, 労務者の人格の回復は「国民的生産力の拡充を要請する戦争乃至準戦時体制における労働の経済的側面を通して, はじめて可能とされる」と言う。重要事業場労務管理令は, 後にやや詳細に見るように, 日本の第 2 次大戦時における労務統制法制の終局的体制ともいうべき内容のものであり, まさに「戦時体制における労働の経済的側面」の総仕上げとしての意味を有している。そこに労務者の主体性を見出す苦しみと人格の回復の可能性とを同時に見出そうとする吾妻の矛盾(主張)は, もはや法的理論の枠を超越しており, かえって自らの破綻を露出することによって統制体制自体の陥穽を世に暗示したのかも知れない。

　＊　吾妻(1944 年)は, 上記川島 b と同時発表された「労務統制法の発展と労働法」国家学界雑誌 57 巻 1 号(1943 年)を採録したものである。
　＊＊　「工場事業場技能者養成令」(昭和 14・3・31 勅令 131 号)は, 16 歳以上の男子労働者を 200 人以上使用する工場, またはそれ以外の 16 歳以上の男子労働者を 50 人以上使用する工場で厚生大臣の指定するものに対し「技能者養成」を義務づけた。事業主は「技能者養成計画」の作成を義務づけられた。事業場の指定(22 事業場を指定), 養成すべき養成工の員数, 養成期間(原則 3 年)等は厚生大臣が定める。また, 養成は「中堅工」に相応しい知識, 技能を, 原則として無料で修得させるものとし, 養成に必要な時間は命令で定められた。事業主は, 必要な養成施設を設け, 法令に就業時間の定めがあるときは養成を就業時間とみなすことなどが定められた。戦時に際し特別の必要があるときは, 養成期間を短縮できるなどの便宜的例外も規定された(労行史 943 頁参照)。氏原によれば, 日本における重化学工業部門は, 素材および機械設備の一貫した製造体制を持つ金属機器具工業として成立することなく, 素材と機械設備を輸入に依存し, 軽工業品の輸出がこれを支えたものであったため, 熟練労働者の蓄積がなく, その絶対的不足は, 同時にその養成制度の未熟にも依っていた, 工場事業場技能者養成令はこうした背景をもって制定されたが, 過去の技能者養成の欠陥を露呈しただけで, それほどの実効はなかった, と述べている(氏原 a 366 頁, 371～372 頁)。

　「工場就業時間制限令」(昭和 14 年勅令 127 号), 一連の「賃金統制令」および「重

要事業場労務管理令」（昭和17・2・25勅令106号）の内容は，それぞれ工場法のあり方に直接関連するものであるため後記4で触れる。
＊＊＊　石井保雄「戦前期の吾妻光俊の軌跡」獨協法学71号（2007年3月）76～79頁は，吾妻のこの部分をとらえて，「現実的なものには合理性があるかのごとき理由をもって，労務統制法を肯定的に理解している。」，それは「戦争遂行のための生産力の増強を実現するに資する労働統制立法の進展を合理化しようとする試みの一つであった」と述べる。当時は法学者や社会政策学者のなかに，労務統制法を「肯定的に理解」しない者は，刊行されたものから見るかぎり，存在しなかったのであり，それはそれとして本稿における私の関心は，吾妻のそうした「試み」がその論理自身において整合しているかにある。

4　戦争経済下の工場法

(1)　労働時間法制

一　工場法制定の中心目的の一つは，「職工の不当使役」による弊害を取り締まることにあり，工場労働に従事する保護職工に対象を限定してのことであったが，広義の労働時間を規制した（2(3)二第二）。戦争経済は，支那事変を契機に大規模徴兵による労働力不足と軍需品の急速な増産の必要に常に迫られており，工場法の保護職工に対する労働時間保護規制はまず軍需品工場を手始めに緩和された＊。もっとも政府は，闇雲に規制緩和に突き進んだのではなく，むしろ長時間化を抑える趣旨で，保護職工以外の一般労働者を含めた「軍需品工場ニ対スル指導方針」（昭和12・10・8内務省社会局長官通牒）を発し，工業主に対し適当な指導を行い，「過長労働時間の抑制，産業災害の防止，労働者の健康の保持に努めること」を求めた。

要約すれば，①1日の就業時間を，残業を含め12時間以内とし，特別の場合も14時間を超えないこと，②休日は最低月2回与え，臨時緊急の必要，機械の修理および交替班の転換其の他やむを得ない事由に基づく場合は与えないことができること，③生産額を増加する必要があり生産設備の拡張が困難な場合，特に繁忙なる作業部署の調整等には，作業の性質上可能な範囲において交替制を採用すること，などが通牒された。この故に，この通牒は「労働力保全通牒」と呼ばれた（労行史631頁，岸本英太郎『日本労働政策小

史』（有斐閣・1948年）151頁，氏原 a 378頁）。

　また，「軍需品工場ニ於ケル交替制実施ニ関スル件」（昭和13・8・19厚生省発労54号）では，就業時間の上限を1日12時間以内に制限する交替制の実施を勧め，あわせて作業工程の単純化，労働者の休養，栄養の補給等を指示した（労行史845頁）＊＊ ＊＊＊。

　　＊　工場法8条2項は，工業主は「避くべからざる事由に因り臨時の必要ある場合」は就業時間（3条），深夜業の禁止（4条）にかかわらず職工を就業させ，休日（7条1項）を廃することができると定めていた（参照，北岡（二）1744頁）。政府は，この規定を根拠に「軍需品工場の年少者及女子労働者の就業時間並休日の取扱に関する件」（12・7・14内務省社会局通牒）を発し，「急速に軍需品の製造を為す必要ある工場」にかぎり，軍部の証明を要件に，保護職工の就業時間および休日の制限の緩和を許可した。しかし，数ヵ月を経ないうちに「急速に軍需品の製造を為す必要ある工場」以外の工場への適用を許可した（「軍需品工場に於ける保護職工の就業時間の延長並休日廃止の許可に関する件」昭和12・10・8内務省社会局長官通牒）。

　＊＊　氏原によれば，当時，1日12時間は「生理的限界ぎりぎりであり」，12時間を超える労働者は6.2％ほどに過ぎなかった（機械工業に関する厚生省調査）。要するにこの「労働力保全通牒」は，その実，労働時間の一層の延長に導いたと評価されている（氏原 a 379頁）。

＊＊＊　「鉱夫労役扶助規則」（大正15・6・24内務省令17号，昭和3・9・1内務省令30）についても大きな転機が訪れた（同規則に関し，労行史279頁以下，284頁以下）。政府は，鉱山監督局長に宛てて，鉱夫の就業制限緩和はやむを得ないとし，制限緩和にあたって「適当の限度に止め労働力の維持培養を図る」という内容の「事変の際に於ける鉱夫労役扶助規則の改正に関する件」（12・10・8内務省社会局長官通牒）を発し，その「適度の限度」に関し，①成年男鉱夫について同規則の定める坑内上限10時間を12時間に延長し，②保護鉱夫の坑外就業時間を上限10時間から12時間に延長し，③保護鉱夫といえども高温坑内以外の坑内労働に従事させ得ること，④必要に応じ保護鉱夫の深夜業を許可すること，などを認めた（「事変の際に於ける鉱夫労役扶助規則の取扱に関する件」（昭和12・12・27社会局長官通牒，労行史636頁）。

　二　以上のように，工場法がなんら制限を課さなかった15歳以上の男子労働者の労働時間を1日12時間の枠内にとどめようとする方針は，逆に，工場法の保護職工に対する労働時間規制の緩和と並行して採られたことが明らかである。それを強行的基準にしたのが国家総動員法6条に基づく「工場就業時間制限令」（昭和14・3・31勅令127号）である。日本において保護職

工以外の労働者に対する労働時間規制の歴史はここに始る。工場労働者の就業時間の延長が蔓延し，災害，疾病の増加が危ぶまれたからである（労行史847頁）。

その規制の概要はつぎのとおりである。①原則として，機械製造，船舶車輛製造，器具製造，金属品種製造，金属精錬業において，16歳以上の男子職工の1日の就業時間を12時間に制限し，月2日の休日を設け，1日6時間を超えるときは30分以上，10時間を超えるときは1時間の休憩時間を付与すること，である。②例外として，交替制採用工場は地方長官の許可を得て就業時間を延長することができ，または已むことを得ない臨時の必要があるときは同様の手続の下に就業時間を延長し，休日を廃止することができる（概略は，菊池d 383頁参照）。

三　しかしその約4年後には，「工場法戦時特例」（昭和18年6月15日勅令500号）が制定され（労行史1039頁），政府指定の工場の保護職工（16歳未満の年少者，女子）について工場法の保護規定を適用しないでよいことにした。具体的には，①工場の保護職工の就業時間，深夜業，休日，休憩の制限規定（工場法3条・4条・7条）は，後述の「重要事業場労務管理令」に基づいて指定する工場および金属精錬業，造船，航空機製造業から厚生大臣が指定し通知する工場に適用せず（令2条，規則1条・2条）*，また②行政官庁の許可を受けることを条件に，保護職工を厚生大臣の定める業務（危険有害業務のこと・引用者）にも就かせることができるようにした（令3条）** ***。「職工の不当使役」による弊害の取締りを主要な目的にして制定された工場法は，こうした戦時特例をもって法律としての生命の過半を失ったと言うことができる。

* 政府は，工場法戦時特例を発する一方で，「就業時間に関する指導方針」（昭和18年6月19日厚生次官通牒）により，事業主に宛てて，1日の所定就業時間を休憩時間を含め原則12時間，月2日の休日付与，長時間就業者，夜勤者，有害業務従事者に対する健康診断を実施しビタミンB剤を支給することなど，労働者の健康管理のために自発的勤労管理を促進させるよう通牒した。
** 工場法は，保護職工を危険な業務に就かせることを禁止し（9条），有害な業務については保護職工のうち16歳未満の者の就業を禁止し（10条），16歳以上の女子については行政官庁がその適用を定めるとしていた（11条2項）。

第1部　労働法編

＊＊＊　同じとき政府は、「鉱夫就業扶助規則の特例に関する件」（昭和18年6月16日厚生省令21号）により、鉱山における「保護鉱夫」（16歳未満の年少者、女子）にも労働時間規制の適用を除外した。すなわち、①石炭坑の鉱業権者は、保護鉱夫について就業時間を延長し、休憩時間を短縮し、休日を廃止することができ、16歳以上の女子を深夜業に従事させることができる（1条）。②石炭坑は16歳未満の男子と20歳以上の女子の坑内作業を、その他の鉱山においては25歳以上の女子（妊娠中の者を除く）の坑内作業を認める（2条）。③保護鉱夫を危険有害業務に使用することができる（3条）。④坑内就業の保護鉱夫に対する毎年2回の健康診断の実施、要注意者に対する健康保護上必要な措置をとらしめること（5条～8条・9条）。①～③の措置には鉱山監督局の許可を受けることが必要とされた。

19年2月10日には「鉱夫就業扶助規則の特例に関する件中改正の件」により、上記1条は石炭坑以外の一般鉱山に拡張適用され、深夜業の特例を保護鉱夫全体に適用することとした。また2条の保護鉱夫の範囲を全鉱山について16歳未満の男子および20歳以上の女子とした（それまでは、石炭坑以外の鉱山は25歳以上の女子であった）（労行史1044頁）。

(2)　賃金統制法制

一　賃金統制法制は、「支那事変」（1937年）の長期化が明確になった情勢下の昭和14（1939）年以降、はじめは戦争経済の労働配置政策として、次いで低物価政策の一環として、最後には労働力維持（生活維持）政策を含む賃金構造自体への公的介入（「賃金の適正化」といわれた）として実施された。それは、徴兵によって労働者が激減し、労働者の引抜き・争奪が激化して労務配置が偏り、かつ賃金が昂騰し、急激な軍需インフレが進行する（細かい数値は一切省略せざるを得ないが、資材配分が切りつめられ、著しく製造量が減少した生活消費物資の小売価格の高騰、殊に被服品、生鮮食料品の価格は「本騰」とすら表現された）といった状況が慢性化の傾向を示したためである。戦時下の賃金統制法制は三段階に分けて行われた。以下、その概略を述べておく（吾妻221～225頁、菊池d 384頁参照）。

なお工場法は、賃金に関してはほとんど実体的規定を置いていない（2(3)第三～五）。しかし、賃金は労働条件とならぶ重要な労働条件であり、その統制システムは戦後の賃金法制（典型的には、民間におけるいわゆる基本給の決定要素および最低賃金法制）の歴史的縁由を知るためにも欠かせないものと

二　第一次賃金統制　　政府は，昭和14（1939）年に「従業者雇入制限令」により技術者，経験労働者を厚生大臣指定の「重要職業」（93種）に釘付けする措置を講じた（参照，3(2)(b)の注＊，(c)の注＊および＊＊を参照）。しかしこの命令は，かえって雇入制限令の対象外に置かれた未経験工の引抜き・争奪を激化させて彼等の賃金の高騰を招いた。ために政府は，軍需産業への労働力の確保を狙いにして「賃金統制令」（昭和14・3・31勅令128号）を制定し，「未経験労働者の初給賃金」を公定した。事業主（鉱業権者を含む）は，雇入れ後3ヵ月間はこの公定初任給に準拠した賃金を支払うべきことを義務づけられた。未経験工の初給賃金は「中央賃金委員会」の答申を受けて決定することとされ，12歳～20歳未満を8つの年齢別に区切り，かつ地域別に，「標準額」と「最高最低の幅（割合）」とが公定された（参照，「昭和14年8月の男子未経験労働者の初給賃金の公定状況」，労行史774頁以下）。

　地方長官には，実際の支払額が「著しく不適当と認むるとき」は将来に向って変更を命令できる権限が与えられた。本令のいう「未経験労働者」の意義は，その後の賃金統制法令の適用関係において重要な意味をもつ。それは，職歴と学歴を基準にして，つぎに掲げる者以外の者とされた。①本賃金統制令の適用事業の業務と同種の業務に3ヵ月以上従事した者，②工場，事業場で6ヵ月以上労働に従事した者，③所定の養成期間で3ヵ月以上の課程を修了した者，④工業または鉱業に関する学校で2年以上学習した者，⑤尋常小学校卒業後5年間以上，高等小学校卒業後3年間以上の修業年限を有する学校の課程を修了した者，である。

　本令は，以上の賃金額の直接的統制以外に，常時50人以上の労働者を使用する工場，事業場に対し「賃金規則」の作成および地方長官への届出を義務づけ，地方長官に「不適当を認むるとき」はその変更を命令する権限を与えた。

　その後，政府は，高騰する諸物価を統制するのと軌を一にし，物価対策の一環として，有効期間1年とする「賃金臨時措置令」（昭和14・10・18勅令705号）を制定し，同年9月18日時点の賃金を基準にする「9・18ストップ令」を発した。この命令は，①基本給（定額給，請負賃金における保証給，

単位時間給など）の引上げと賃金基準（諸手当などの賃金算定方法）の変更を禁止し，指定期日以後雇入れる労働者の基本給を地方長官に届出ること，②常時50人以上の労働者を使用する工場，事業場等は「昇給規則」を作成して地方長官へ「報告」すること，地方長官がこれを「不適当と認むるとき」は変更を命令できることなどを定めた。蔓延する闇給与に対する監視体制がとられたわけである。

　他方，賃金臨時措置令は，「雇傭主相互間」において基本給・賃金基準・昇給内規に関し賃金協定が成立したときは，当該協定による賃金の支払いを認めるという賃金の「自律決定方式」を取り入れた（氏原a 384頁，労行史788頁以下参照）。

　三　第二次賃金統制　　賃金統制は，第二次の「賃金統制令」（昭和15年10月16日勅令675号）によってその適用範囲，内容を大幅に変え，賃金構造自体への公的介入（「賃金の適正化」といわれた）を行った。そこでは一応，労働力の維持培養（いわゆる「人的資源」の確保）の観点が考慮されたと言われている（川島a 446頁）。

　第一に，適用範囲が第一次統制のそれ（鉱山と金属機械器具工場）からほぼ全産業（ほぼ現行労基法の「別表第1」第1〜8号の事業）に拡大され，第一次賃金統制令を適用される産業より適用されない平和産業の賃金が高くなるといった賃金統制の余波（産業間の賃金不均衡）を是正しようとした（2条）。

　第二に，「賃金規則」の作成義務を常時50人以上から10人以上の労働者を使用する工場，事業場に拡げ，雇用主は「賃金規則に依り賃金の支払を為すことを要す」と規定して，その法的拘束力を明確にした（4条・5条）。賃金規則は，変更時を含めて地方長官へ報告し，地方長官は賃金規則が本令または本令の規定に基づく処分に違反する場合だけでなく，「著しく不適当と認むるとき」も変更命令できるとされた（6条・7条）＊　＊＊。

　第三に，賃金構造への公的介入が行われたが，その内容は極めて複雑であった。とはいえ第二次賃金統制令は，日本の賃金法制上はじめて「最低賃金制度」を創設した点等において歴史的意義を有する。すなわち，まず①一定の労務者について「最低賃金」を定め，その額を下まわる賃金で雇用することを禁じ（9条），つぎに②一定の労働者について「最高初給賃金」を定め，

未経験労働者には雇入の日から3ヵ月間，それ以外の労働者は1年間その額を超える賃金を支払うことを禁止し（10条），最後に③一定の労働者について「最高賃金」を定め，その額を超える賃金を以て雇用することを禁止した（11条）。④その上で，①〜③の定めの適用を受けない労働者の賃金で「高額に失すと認められるもの」は雇用主にその引下げを命令できる，と定めた（13条）。

　もっとも，①の最低賃金には，それを経験労働者を含めて適用すべきものとする一方で，第一次賃金統制令によって公定した「未経験労働者」の「初給賃金」の額をもって充てた（38条）。要するに，こうしたかたちで最低賃金の切下げを断行した。②の「最高初給賃金」は第一次賃金統制令によって公定した12歳〜20歳未満の「未経験労働者」の「最高初給賃金」の額とみなすとした（38条）。このようにして，政府は，〔その1〕経験か未経験を問わず労働者一般について年齢別・地域別最低賃金を決定し，また20歳〜30歳未満の未経験労働者の最高初給賃金と初給賃金標準額を定め，〔その2〕30歳未満の未経験労働者以外の労働者の経験年数別・年齢別・産業別・男女別の「最高初給賃金」を公定した（鉱夫についても公定された）。こうしてきめ細かく労働移動抑制策として「適正な賃金構造」に整備した。

　第四に，工場，事業場ごとに賃金支払い総額を規制した（14条）。この「総額規制方式」は，工場，事業場の賃金支払い総額が，労務者の級別（第1級〜3級）・男女別・年齢階層別・業種（99業種）別に公定された「工場平均時間割賃金」（昭和14・9・11厚生省告示404）に，工場，事業場別の総就業時間数を乗じて得た金額を超えないように規制するという，賃金規制の新方式であった。これは賃金水準を賃金支払総額でみる考え方であり，戦後のいわゆる「ベース賃金」の端緒だと評価され，職種別・年齢別・経験年数別に基本給を整理する考え方は，戦後のいわゆる「年功賃金」，日本型「職能給」，「職務給」の原型だと評価されている（氏原a 385頁）。

　第五に，一定の労務者に支払う賃金の単位生産量当たりの賃金を決定し（15条），また請負単価等に関する認可制を定めた（16条）。

　第六に，前出の賃金臨時措置令と同様の「雇傭主相互間」の賃金協定があるときは，その協定に定める賃金を支払うべきものとし（21〜24条），協定

に参加しない雇傭主をも協定に従わせることができることとした（25条）。これが戦後日本の最低賃金法によって最初に採られた最低賃金の決定方式（「業者間協定方式」）の原型とも考えられる。

　以上の賃金統制令を評して，川島武宜は，本令においては「賃金」が労働者の生活維持の源泉であるよりもはるかに多く，価格構成分子としての面において問題となっている，それはあわせて価格の面を通じての労働配置の一つの役割も果たすべきものとされ，こうしたことは労働がもはや法の世界において独自の価値ないし地位をもつことをやめ，今やもっぱら生産の一構成分子としての資格において，一般経済の法のなかに位置せしめられていることを示すものだ，と評した（川島a 449頁）＊＊＊。

* （i）「賃金規則」にはつぎの事項を記載すべきものとされた。①所定就業時間数，②賃金の締切りの期間，支払期日，③定額給の場合の初給額および最低額，④請負賃金制の保証給，単位時間給の場合の保証給等の初給額および最低額，⑤単価請負，請負単価，請負時間または請負歩合の賃金算定方法，⑥諸手当の名称，額または率ならびに給与条件，⑦米，麦，食事，住居の給与をなすときはその数量，評価額および給与条件，⑧遅刻早退の場合の賃金の計算方法，⑨貯蓄等により控除する場合の定めの要旨（規則5条・6条・8条）。
　（ii）また，事業主には「賃金台帳」の作成と保管（3年間）義務が課せられた。賃金台帳には，労働者別に，①毎就業日の就業時間，②賃金締切り日におけるその期間中の金銭給与たる賃金の総額と内訳，③金銭以外の給与その他の利益の種類および価格を記載しなければならないとされた（施行規則）。
** 　川島は，賃金が労働者と雇用主との契約に基づいて決定されるというのは，畢竟一の仮設であり，労働契約は雇用主の一方的に決定するところの雇用条件へのadhésionに過ぎない，本令の「賃金規則」の規定は，かかる企業の支配権の地盤の上に立っている，と述べる（川島a 449頁）。
*** 　大河内一男は，本令に関連し，賃金に対する国家的規制は，①国民経済全体としての生活費ないし生活物資総量（生活費の「国民的大いさ」）の視点と，②戦時生産力を具体的に担う勤労者としての生活条件の保持のための生計費（その「個人的大いさ」）の視点とから考察する必要があるとし，長期戦時体制における生産力を維持するに足りる勤労能力を培養できるだけの費用である「標準生計費」と，現下の国民消費量との間に数量的に食い違いが生じていると問題点を指摘し，生活費は「生産力の人的担当者（世帯主）自身の勤労の再生産費用であるだけでなく，妻子等の扶養家族の扶養費をも含まなければならない」ことを強調した（大河内b（一）9〜11頁，22〜23頁，（二）43頁）。

(3) 就業規則法制
(a) 重要事業場労務管理令の概略
一 昭和16 (1941) 年12月，日本は太平洋戦争に突入し，軍需品の生産を確保する至上命題のため，戦争の主要原動力となる「重要事業場」に関し，昭和17 (1942) 年，国家総動員法6条，7条に基づく「重要事業場労務管理令」（昭和17・2・25勅令106号）を制定し，即日施行した（施行規則昭和17・2・28厚生省令10号）＊。その目的は，事業主と労働者の双方を対象にして，「従業者の使用，解雇，従業，退職及賃金，給料その他の従業条件に関する命令」，および「労働争議の予防及解決に関する命令」を定めることであった（1条）。適用対象の「重要事業場」は，総動員業物資＊＊の製造および運輸の業務を行う工場，鉱山等で，厚生大臣が指定し，指定は軍事機密保持のために事業主に対する通知によって行い，事業主はこのことを従業者に周知させるべきものとされた（2条・3条・23条）。

二 「従業規則」等作成義務と労働者の服従義務　本令は，事業主に「従業規則」を作成させ，厚生大臣が認可し（変更も同じ），必要に応じて変更を命じることができるとし，事業主は従業規則によって従業者を従業させる義務を負うと規定した（4条・5条，周知に関し6条）。他方従業者は，従業規則および同規則に基づく事業主の指示に服する義務を負う（7条1項）。さらに事業主は，「賃金規則及給料規則」により賃金，給料を支払い，「昇給内規」にしたがった昇給を行わなければならない（11条1項）。従業規則にはつぎの事項を記載しなければならないとされた（本令施行規則2条）。

① 従業者の身分，職務及指揮監督に関する事項
② 始業及終業の時刻，休憩時間，休日並に交替制に於ける就業転換に関する事項
③ 早出，残業及宿直に関する事項
④ 入場，退場，遅刻及早退に関する事項
⑤ 欠勤及休暇に関する事項
⑥ 保健衛生に関する事項
⑦ 危害予防に関する事項

⑧　褒賞及懲戒に関する事項
⑨　解雇及退職に関する事項
⑩　上記①〜⑨の事項の外，従業に関し必要なる事項

　三　厚生大臣の独立命令権限　　厚生大臣は事業主または従業者に対し，「従業者の使用もしくは従業に関する事項」（従業時間の延長，短縮，休日，遅刻，早退，休暇の制限，従業者の従事すべき業務その他）について（8条），また「労働争議の予防又は解決」に関して，必要な命令を行うことができ（16条），この場合に従業者は，従業規則の定めではなく，厚生大臣の指示（命令）に服して従業する義務を負う（7条2項・3項）。さらに厚生大臣は，事業主または従業者に対し解雇または退職を命令する権限を有し（9条），賃金給料（実物給与，手当，賞与，臨時の給与等を含む）等に関しても必要な命令を行うことができた（13条）。このような命令および上記16条に係る命令があったときは，事業主は当該命令に抵触する賃金の支払いを制限される（11条2項）。

　四　重要事業場労務管理体制　　事業主は各事業場に「主任労務担当者」（2以上の事業場を有する場合は「中央労務担当者」）を選任し，「重要事業場の労務管理に関する事項」を担任させるものとし（17条・18条），厚生大臣はその業務に関し必要な命令を行うことができる（19条）。厚生大臣は，庁府県と鉱山監督局の高等官（必要に応じ厚生省高等官）から「労務監理官」を選任し，重要事業場の事業者と従業者を「監督指導」させる（20条）。

　　＊　国家総動員法6条，7条については前出3⑴二の注＊および＊＊＊を参照。本令は厚生大臣の指定した約2,000の鉱山，工場に適用されたと言われる（氏原a 392頁，労行史1203頁は「適用事業数，労務監理官数，重要事業場数は別表のとおり」としながら掲載していない）。
　　＊＊　「総動員物資」の意義は国家総動員法（2条）に規定されており，兵器・艦艇・弾薬等の軍用物資にかぎらない。被服・食料・飲料・飼料，医薬品・医療器具，船舶・航空機・車両・馬等の輸送用物資，通信用物資，土木建築物資，燃料・電力，それらの生産・修理・配給または保存に必要な原料・材料，機械器具・装置等の物資等（これらに加えて勅令で追加される物資）など，国民経済全般にわたる広範囲な物資が指定されている。

(b) 就業規則法制

　一　先にみたように，工場法は常時50人以上の職工を使用する工場の工業主に対し就業規則の作成を義務づけた（同施行令27条の4第1項，その記載事項とともに前出2(3)二第五参照）。そして，地方長官は必要と認めるときは変更を命令できる権限を有するとした（同条2項）。しかし，就業規則が労働者に対しどのような法的効力を有するかについては特別の定めはなかった＊。そして本令に先立って第一次「賃金統制令」（昭和14・3・31勅令128号）は，常時50人以上の労働者を使用する工場，事業場に対し「賃金規則」の作成，届出を義務づけ，地方長官において「不適当と認むるとき」は変更を命令できるとし（その記載事項は，第二次「賃金統制令」に関する本節(2)三の注＊を参照），「賃金臨時措置令」（昭和14・10・18勅令705号）は常時50人以上の労働者を使用する工場，事業場等に「昇給規則」を作成して地方長官へ「報告」し，地方長官は賃金規則と同様に「不適当と認むるとき」は変更する命令権を有した。賃金規則の法的効力については，工場法（施行令）により作成を義務づけられる就業規則と同様に特に規定されてなかった。

　二　重要事業場労務管理令の規定する「従業規則」は，前言したように，こうしたこれまでのいわゆる「自律的規則」とは明らかに異なっている。地方長官が従業規則の認可，変更命令権限を有することは従前の法令と変わらないが，事業主は従業規則に従って従業者を従業させる義務を負い，従業者は従業規則および同規則に基づく事業主の指示に服して，重要事業場の業務に従事する義務を負うことが明記されている。他方，厚生大臣は労働時間，賃金のほか特定の従業者に対する解雇，退職の人事等に関し独立して命令することができ（労働条件等の個別的，直接的，公法的形成），そのような独立命令が行われたときは，従業規則は賃金規則・給料規則とともに，その範囲において法的拘束力を失うことも明記された。そうして，国の労務監理官と事業主と事業主の選任する事業場の中央労務担当者・主任労務担当者とが，"縦の系列"を構成するところの，労務管理権限の実践的系統づけが行われた（上記(a)三・四参照）。

　三　従業規則の法的拘束関係

　(ア)　重要なことは，先に述べた「工場就業時間制限令」，「賃金統制令」お

よび工業主に就業規則の作成を義務づけた工場法施行令の規定（27条の4）ならびに鉱業法（75条）に基づく「鉱夫労役扶助規則」（大正5・8・3農商務省令21号）が，本令の適用される重要事業場には適用されないと定められたことである（25条，なお，会社経理統制令により給与の規制を受ける者については本令の賃金給料に関する規定は適用されない，24条）。

　すなわち重要事業場労務管理令は，総動員物資の生産等にかかわる「重要事業場」を，一般の事業場と区別し，上記諸法令の適用を受けないものと規定し（一般的法規の適用外に置き），代わって重要事業場を国の官吏である「労務監理官」が各事業場で選任される「主任労務担当者」を手足として実施する個別的，直接的ガヴァナンスの下に置き，その定める「従業規則」の内容をコントロールする（公的干渉下に置く）権限を留保しつつ，従業規則の法的拘束力によって事業主および従業者を拘束するという労務管理体制をつくりあげた。「重要事業場」の事業主と労働者との権利義務に関する第一次的法源は「従業規則」であり，また厚生大臣の人事労務および労働条件に関する独立命令であり，国家の労働関係法令は第二次的法源の地位に置かれた。したがって本令は，国（政府）が事業場の人事労務管理権限を占有する体制を敷いたものと言って大過ない。

　(イ)　このような重要事業場労務管理令の制定を，社会政策学者はどのように受け止めたのであろうか。

　服部英太郎は，本令の前身である「労務緊急対策要綱」（昭和16・8・29閣議決定，労行史762頁）を評して，「新たな労務管理監督令は，従業者が国家に対し事業主の指揮にしたがひ従業義務をもつとともに，事業主もまた国家に対し従業者を適正なる条件のもとに従業せしむべき義務を負ふ，といふ理念に基いて，勤労の国家的性格を貫徹するとともに，企業の国家的性格をも労働体制の部面から，経営内の労務管理の指導監督を通じて現実に生かそうとするものである。」と評価した。そして続けて「労務管理の国家的性格を通じて，勤労の国家的地位に制度的保障があたへられ，同時にまた企業経営の国家的性格が推進さるべき展望は，著しく有利になった。」と述べ，国家の役割の全面化の意義を強調した（服部英太郎「労務緊急対策と労働体制の問題」法律時報13巻10号993頁，1941年）。

大河内一男は、重要事業場労務管理令は、「工場生産や、一般に商品生産の裡に久しく埋没して来た『人的資源』の復位であり、生産要素としてのそれの権威の回復であると言へる……『人的資源』……を『人的資源』としての高さと深さに於て、愛護し尊重することの裡に、生産活動の正しい合理性を発見しようとする態度にほかならない。」と労働者の主体面に着目した。さらに、本令が社会政策立法である就業時間制限令や工場法、鉱業法等の適用除外をしたのは「社会政策の労務管理化」というべきであると述べ、本令はかような労務管理を法制化の手続をとおし標準化することによって「労務管理の社会政策化」を進行させることに歴史的意義があると、断然肯定的に評した（大河内 a 481 頁・486 頁）。

㈦ 法学者は本令をどのように受け止めたであろうか。概して言えば似たり寄ったりといったものであるが、まず経営内部における労働者の地位に関しては、上に述べた社会政策学者の見地（大河内のそれ）と鋭い対照をなしている。その主張は、本令は「我が労働法の発展における劃時代的なものと称せらるべきもの」であり、本令により労働関係の契約性は希薄化させられ「労働関係の公法化」が進められたという川島武宜の見解に集約できる（川島 c 654 頁）。川島はつぎのようにも敷衍する。「本令の下においては、労働関係の具体的内容は、もっぱら第一次的には事業主によって、第二次的には国家によって決定せられ、労働者はそれに対して全く何らの関係も許されない。企業者と国家とのいわゆる『指導者的地位』は徹底絶対的であり、労働者は労務管理のいはば客体に過ぎない。」、と（川島 c 同箇所、労働者の労働義務を国家に対する公法的義務と明言するものとして、前出服部 993 頁、富樫總一「労務管理監督令要綱について」法律時報 13 巻 10 号 1103 頁）＊＊。

では、前記二で述べたような強制力を与えられた従業規則（就業規則）の法的性質はどのようなものとされたか。それは「重要事業に於ける勤労に対する国家的規律の一部を為すもの」となったとの主張に集約できるであろう（前出富樫 1103 頁）。川島もまた富樫の所説を引証し、本令により、従業規則は、事業主および従業者に対し「単に私法上の権利義務関係を発生せしむるだけでなく、重要事業場における労働関係の強度の国家的性質に基づくところの国家に対する公法的義務を規定する点に主眼点がおかれている」、と解

㈣　しかしこうした大勢と異なる見解も存在していた。田中二郎はつぎのように説いていた。田中は，はじめに，重要工場事業等における賃金規則や就業規則を経済統制法の法源としての「自主法」のカテゴリーに位置づけた。そのうえで，これら諸規則は国家の特別な監督の下に設けられるものであるとはいえ，在来の民間工場における賃金規則等の定めと同様，「一種の自主法の性質を有するもの」と認めなければならないと説いた。そして，この種の自主法は今後も益々一般化し，統制の重要な基準となる傾向をもつものと考えるとし，つぎのように言う。「自主法は直接には自主団体の法であり，自主団体の内部的統制の法たる性質をもつ。従ってこれ等自主法に違反する行為に対しては原則として自主団体の自治的制裁を加へるのであって，これに対して当然に国家の刑罰権の発動を見るものとはいへず，——ただその実効性を保障する為めその統制に服すべき国家的義務を課し，その違反に対して，国家的刑罰を科する例のあることは上に述べた通りである——又違反行為の効力に付ても，自主法に違反する行為は国家法に違反する場合と異り，自主法に違反するが故を以て当然に無効とはいへぬ。それが如何なる効力を生ずるかは，国家法的な見地から——その私法的効力に付ては民商法の立場から——の判断を俟たなければならぬ。」，と（田中（一）757 頁）。

　田中の以上の見解によれば，従業規則，賃金規則に違反する行為の私法的効力は「民商法の立場から」判断すべきものであるとするのであり，労働者の労働義務を公法的義務などと言うことはできず，従業規則は基本的には国家的秩序の一部を構成するといった性質のものではなく，「自主団体の法」としての性質を保有すると解すべきことになる＊＊＊＊。

　私は，戦争経済下の終局的時期においてこのように考えた法学者も存在したことを記して本稿を閉じる。

＊　大正 12（1923）年改正工場法の立案に参画した北岡寿逸は，就業規則の法的性質をもって「社会的規範」とするも，「自治法」と称するも差支えあるまいと述べ，たとえ工場規則が不当でありこれに基づいて職工が賃金を減少せしめられ或は解雇されても，これを裁判所に訴えてその効力を争うが如きは事実上不可能である，と実務官僚的発想を披瀝している。しからば工業主に就業規則を作成させる意義は何か。彼に

よれば「於是多数職工の利益を代表して工場法を以て監督の規定を設くる要ある所以である。」すなわち，就業規則は工業主に対する国家の監督的手段であることにほとんどもっぱらの意義，機能が認められていたのである（北岡（五）303～304頁）。就業規則の法的性質（ないし私法的効力）を論ずるに当たって，国家の監督機関による変更命令権（労基92条2項参照）を根拠の一つに挙げるのは，このように労働者の法的，社会的無力の時代の戦前的思想の残滓ということも一面の真相である。

＊＊　もっとも川島も，本文の論文の最後に，「それにもかかわらず，労働者は単に働く機械ではない……管理の客体的地位に無条件におかれるには，適しないところの『人間』であり又社会的な存在である。」と述べている。しかし，それ以前も以後もこのことに関する言及はない。川島の主張の中心は，もっぱら本令が労働者を契約の主体から国家と事業主の行う管理の客体にすぎない地位に置いたことの「劃時代的」な意義を強調するところにあったことは明らかである（川島 c 654頁）。

＊＊＊　吾妻光俊は，こうした労働条件についての事業主の一方的決定権とその法的拘束力の承認は，「労働契約の概念の完全に近い追放が見られる」と述べた（吾妻249頁）。菊池勇夫も，労働関係に関する統制法を労働法の発展形態とする立場を旗幟鮮明にし，「重要事業場労務管理令」（昭和17年2月勅令106号）の元になった「勤労新体制」（昭和16年9月）に関し，労働関係の「社会法的関係を対立的社会関係から共同的社会関係へと発展させるもの」であり，「生産性・国家性・人格性の三位一体は……共同的労働法の理念」にほかならず，労働統制法制は，共同的労働法の戦時における具体化である，と説いた（菊池勇夫「戦時労働法の理論――緊急対策における臨時性と恒久性」法律時報13巻10号1097頁）。

＊＊＊＊　濱田冨士郎『就業規則法の研究』（有斐閣・1994年）19頁も，同様の趣旨に理解されておられるようである。なお，氏原正治郎は，戦後，少し違った観点でこの問題をとらえており，此処に記しておく意義があるであろう。つぎのように言う。「戦時労働統制の過程で，賃金規則・給料規則・従業規則などの形で，労働時間，賃金・諸手当などに関する規則が法令によって著しく整備された。全国的労働組合組織がなく，自主的に賃金・労働時間などの実質的雇用条件を決定し，それをめぐる紛争を処理する機構がなかった日本では，賃金・労働時間などの統制のためには個別企業の労務監理機構とそれを運用する規則である就業規則を政策手段として使う以外に方法がなかったからである。」，と（氏原 b 23頁）。

主要文献 （五十音順）

吾妻光俊『統制経済の法理論』河出書房・1944年
氏原正治郎 a 「補論　戦時労働論覚書」東京大学社会科学研究所編『戦後労働改革・5 労働改革』東京大学出版会・1975年

第 1 部　労働法編

氏原正治郎 b「労使関係における経済と法」『農村と労働の法社会学』磯田進教授還暦記念，一粒社・1975 年（氏原正治郎『日本の労使関係と労働政策』東京大学出版会・1989 年に収録）

大河内一男 a「経営社会政策の基本問題――労務管理令のために」法律時報 14 巻 5 号 8～14 頁・1942 年

大河内一男 b「標準生計費論」国家学界雑誌 58 巻 6 号（一）1～23 頁，58 巻 7 号（二）24～47 頁・1944 年

岡　実『改訂増補工場法論・第三版』（有斐閣，大正 6 年・1960 年復刻第 1 刷）

金沢良雄「経済統制法の被適用者」法学協会雑誌 61 巻 4 号（一）531～557 頁，61 巻 6 号（二）831～862 頁，61 巻 8 号（三）1107～1141 頁，61 巻 9 号（四）1288～1312 頁・1943 年

川島武宜 a「賃金統制令について」法学協会雑誌 59 巻 3 号・1941 年

川島武宜 b「経済統制法と民法」国家学会雑誌 57 巻 1 号・1943 年

川島武宜 c「新法令の解説・重要事業場労務管理令（昭和 17・2・25 勅令 106 号）法学協会雑誌 60 巻 4 号・1942 年

菊池勇夫 a「経済法の序論的考察」牧野英一教授還暦祝賀『法理論集』1938 年，有斐閣，『社会法の基本問題』有斐閣・1968 年に所収

菊池勇夫 b「転換期における社会経済法」1941 年，『社会法の基本問題』有斐閣・1968 年に所収

菊池勇夫 c「現時のおける立法政策の意義」1944 年，『社会法の基本問題』有斐閣・1968 年に所収

菊池勇夫 d「現代労働法の基礎理論」『日本国家科学大系・法律学三・第 7 巻・1942 年

北岡壽逸「工場法の改正に就いて」国家学会雑誌 40 巻 10 号（一）1468～1547 頁，11 号（二）1722～1756 頁，12 号（三）1852～1882 頁，41 巻 1 号（四）82～124 頁，2 号（五）285～317 頁・1926 年～1927 年

末川　博 a「戦時体制と雇傭契約――国家総動員法令を中心として」民商法雑誌 11 巻 4 号・1940 年

末川　博 b「国家総動員法の改正と民商法」民商法雑誌 14 巻 1 号・1941 年

末弘厳太郎『日本労働組合運動史』共同通信社・1950 年

須貝脩一「国家総動員法上の勅令」法学論叢 45 巻 4 号・1941 年

杉村章三郎「国家総動員法論序説」国家学会雑誌 56 巻 11 号・1942 年

孫田秀春「勤労新体制の基本原理」『日本国家科学大系・法律学三・第7巻・1942年
田中二郎「経済統制法の法源に関する一考察」法学協会雑誌61巻6号（一）737〜757頁，61巻11号（二）1530〜1557頁・1943年，62巻2号（三）183〜223頁・1944年
美濃部達吉「戦時経済体制の法律的形態」法学協会雑誌57巻10号（一）1813〜1835頁，57巻11号（二）2034〜2049頁，57巻12号（三）2225〜2232頁・1939年
美濃口時次郎『日本工業労働論』理想社・1945年4月
労働省編『労働行政史第一巻』労働法令協会・1961年（労行史として引用）

基礎年金制度に関する一考察

岩村正彦

1 はじめに

(1) 基礎年金制度を定める国民年金法は，その第1条において，制度の目的を「日本国憲法第25第2項に規定する理念に基き，老齢，障害又は死亡によって国民生活の安定がそこなわれることを国民の共同連帯によって防止し，もつて健全な国民生活の維持及び向上に寄与することを目的とする」と謳っている。第1条の文言は国民年金法制定当初から変わっていないから[1]，(1985年改正前の) 旧国民年金制度も，また現在の基礎年金制度も，「国民の共同連帯」を基礎としていることになる。ここでいう「共同連帯」とは，具体的には社会保険方式を意味するものと解されている[2]。

もっとも，国民年金制度，より具体的には現行の基礎年金制度は純粋の社会保険方式にもとづいて運営されているわけではない。基礎年金制度の給付費の財源の構成は実に複雑である。第1に，第1号被保険者が納付（または徴収）する保険料がある（国年87・88。他方で，第2号被保険者および第3号被保険者には保険料納入義務はない（国年96の4））。第2に，保険料納入義務のない第2号被保険者および第3号被保険者の給付費に相当するものとして厚生年金保険の保険者（政府。会計上は厚生保険特別会計年金勘定）および各共済組合が基礎年金の保険者（政府。会計上は国民年金特別会計基礎年金勘定）

---

[1] ただし，制定当初は「廃疾」という用語が用いられていたが，「障害に関する用語の整理に関する法律」（昭57・7・16法66）によって「障害」に修正されている。

[2] 喜多村悦司『国民年金法』（有泉亨・中野徹雄編『全訂社会保障関係法2』）（日本評論社，1983年）7頁。

へ納付する基礎年金拠出金がある（国年94の2・94の3）。第3に，わが国の社会保険制度の特徴の一つともいえる国庫負担（税財源）が基礎年金にもある[3]。最後の国庫負担は，従来は基礎年金の給付費の3分の1に相当する額であったが，2004年の法改正によって，2分の1に相当する額まで引き上げることが予定されている（現行の国民年金法85条および「国民年金法等の一部を改正する法律」（平成16・6・11法104附則13））[4]。別の見方をすれば，受給者が受け取る老齢基礎年金の額の2分の1（現在は3分の1からの引き上げ途上）は税によって賄われているということである。

したがって，国民年金制度において「国民の共同連帯」というとき，現行の具体的な制度に照らして見るならば，第1号被保険者を適用対象とする社

---

[3] 旧国民年金制度の発足時から，拠出制の給付費用の3分の1に相当する額の国庫負担があった（制定当時の国民年金法85条1項）。旧国民年金制度の立案過程では，拠出制年金制度（社会保険方式）とすることについてはコンセンサスがあったものの，非拠出制年金をどのような形態で導入するか，拠出制年金に関する国庫負担をどうするかをめぐって議論があった。社会保障制度審議会の1958年6月14日答申「国民年金制度に関する基本方策について」は，旧国民年金制度の適用対象者である自営業者等には低所得者層が多い等の特性があるため，定額制の拠出とし，それによって生じる逆進性は国庫負担で補正するという考え方をとり，保険料収入対国庫負担の比率を7対3とするという提案をしていた（審議会委員であった平田富太郎は，被保険者層が，事業主負担がない比較的低所得者層が多いことを考えて，3割の国庫負担を提案したと述べている（社団法人日本国民年金協会『国民年金二十年秘史』（日本年金叢書8）（社団法人日本国民年金協会，1980年）68頁））。非拠出制年金に関しては審議会の考え方は採用されなかったが，国庫負担については審議会の提案に近い考え方が取り入れられている。そして旧国民年金法の法案国会審議において，小山進次郎政府委員（厚生省大臣官房審議官）も，国庫負担を導入した背景として，「今度の国民年金制度によらなければ年金制度に入れないような人々，言いかえますと，農民とかあるいは零細な企業をやっている人とか，それらの従業員というような人々を年金制度に取り入れて参ります場合に，被用者保険のように事業主負担というものを制度上どうしても予定することができません。そういうような事情もありますので，そこのところはやはり肩がわりとして，相当国の方で多く持たなくちゃいけまいということが，今度の負担を踏み切らしたおもな事情になっておるわけでございます。」と説明している（昭和34年3月5日衆議院社会労働委員会における答弁。同日付官報号外衆議院社会労働委員会会議録14号22頁）。

会保険方式に，給付費用について税財源の投入（すなわち国庫負担）と被用者年金制度からの財源調整（基礎年金拠出金）とが混合したものを意味することになろう。国民年金法1条にいう「国民の共同連帯」は，第1号被保険者については社会保険方式を基礎としながらも，純粋な社会保険方式にとどまらない，税を通しての国民の連帯，および財政調整を通しての被用者年金制度の被保険者・事業主との連帯をも包含する意義を現行制度上は有するに至っているといってよい。

(2) しかし，上記のような意味での「国民の共同連帯」の基盤は，近年，揺らぎを見せている。それは，社会保険方式を基本として運営される第1号被保険者にかかる制度の部分について，保険料の未納者や免除者が多いことである。すなわち，第1号被保険者該当者の未加入者は1992年度当時の約192万人であったのが2004年度には約36万人[5]へと大きく減少しているものの，2005年度の現年度分の第1号被保険者の保険料納付率は67.1％にとどまり，とくに20歳〜39歳の年齢層の納付率が低くなっている[6]。加えて，2005年度には申請全額免除者と法定免除者とが合計して約328万人おり，第1号被保険者（任意加入者を除く）中の約15.2％を占めるに至っている[7]。

---

(4) 第2号被保険者および第3号被保険者の基礎年金の費用に充当するために各被用者年金制度が拠出する基礎年金拠出金についても国庫負担があり，2004年の法改正によって，負担額は拠出金額の2分の1に相当する額となることが予定されている（厚年80および「国民年金法等の一部を改正する法律」（平成16・6・11法104附則32）。したがって，第1号，第2号および第3号の被保険者すべてに対する基礎年金の給付に要する費用について国庫負担があることになる。

(5) 社会保険庁「平成16年公的年金加入状況等調査」。このように，未加入者が大きく減少した背景には，1995年度から第1号被保険者について職権適用を始めたこと，基礎年金番号が1997年1月から導入されたこと，がある。未加入者のうち40歳〜59歳の年齢層が約87.8％を占めるが，この年齢層の者は受給権取得に必要な被保険者期間（25年）を満たさない可能性が高いことによると思われる。

(6) 社会保険庁「国民年金の加入・納付状況」（2005年度）による。それでも，2004年度の納付率63.6％より改善をみている。

(7) 社会保険庁「国民年金の加入・納付状況」（2005年度）による。申請全額免除者・法定免除者以外にも，学生納付特例者が約176万人，申請半額免除者が約53万人（いずれも2005年度）いる。

こうした状況は，従前は法制度上は強制加入といいつつも，実態としては任意加入であったために顕在化していなかった。ところが，「国民皆年金」の理念に沿って未加入者を一掃すべく，1995年度から年金手帳送付による職権適用や1997年1月に基礎年金番号を導入して職権適用等の施策を促進した結果[8]，皮肉にも保険料納入意欲を欠く者や保険料負担能力のない者・少ない者が加入することとなったために前述の状況は発生したということができる。すなわち，職権適用をして強制的に加入手続をとっても，保険料負担能力はあるにもかかわらず確信的に保険料を納付しようとしない者，および保険料負担能力がない者または少ない者であって免除の手続をとらないものはそのまま未納者となってしまうのである。また，保険料負担能力がない者または少ない者が免除の手続をすればそれは保険料免除者として計上される。

この第1号被保険者に関する制度において，保険料未納者や免除者が多いという問題，すなわち，いわゆる「空洞化」問題は，基礎年金制度の根幹を揺るがすものとして大きく取り上げられている。そして，空洞化問題への対処として，たとえば現行の社会保険方式[9]を放棄して，基礎年金の全財源を租税（具体的に想定されているのは消費税の引き上げによって得られる税財源）に求める仕組み（いわゆる「税方式」）へ転換する案などが提唱されている。

(3) しかし，「空洞化」の問題が発生しているのは第1号被保険者に関し

---

[8] 基礎年金番号については，拙稿「基礎年金番号の意義と課題」ジュリスト1092号（1996年）22頁を参照。

[9] 第1号被保険者にかかる制度が「社会保険方式」を採用しているとはいっても，前述したように，国民年金（基礎年金）は，社会保険の仕組みを採用しているものの，純粋の社会保険方式ではない。

[10] もちろん，第2号被保険者・第3号被保険者と重なる厚生年金保険や共済組合制度に適用をめぐる問題がないということではない。厚生年金保険についていえば，東アジア・東南アジア諸国との国際競争の激化による人件費コストの抑制・引き下げ圧力，これらの国々への生産拠点の移転に伴う国内労働市場の空洞化，パートタイマーの雇用，派遣労働者・業務処理請負業者から派遣される労働者の利用，契約社員等の独立自営業者の形態を取る就業者の利用などにより，被保険者数が停滞ないし減少するという問題が生じている（このことは被保険者の被扶養配偶者，すなわち第3号被保険

てのみであり，第2号被保険者・第3号被保険者には直接の関わりがない[10]。しかも，公的年金制度について，第1号被保険者集団と被用者集団とを区分せずに，すべての範疇の国民年金の被保険者を一括りにして，たとえば基礎年金全体を税方式化するといった，その前提として検討すべき論点が数多く存在する[11]大上段の議論を行うことは必ずしも適切とはいい難い側面がある[12]。むしろ，第1号被保険者集団を従来とは違った角度から捉えることを試み，それにもとづいて第1号被保険者集団に関する基礎年金制度の適用のあり方を検討してしてみるということを考えてみる必要があるといえよう。それによって，第1号被保険者をめぐる「空洞化」をはじめとする諸問題について，これまでとは異なる視覚から解決の糸口を摑み，制度設計のあり方を考えることができる可能性がある。

者の伸び悩み・減少ということにもつながりうる）。もっとも，こうした就業者の「非正規従業員化」「非被用者化」は，厚生年金保険の被保険者であった者（あるいはこれまでであれば被保険者となるはずであった範疇の者）の第1号被保険者のシフトを引き起こし，それが第1号被保険者の「空洞化」問題に拍車をかけるということは想定されよう。
(11) 少し考えてみただけでも，①基礎年金の財源を賄うに足るだけの消費税率の引き上げは可能か，②それとの関連で，全面的に税を財源としたとき，年金給付水準は現行の水準を維持できるのか，③全面的に税を財源にすることによって当然予想される財政当局の発言力の著しい増大は，公的年金制度にとって適切か，④年金受給にあたって所得要件等が付加される可能性があるのであれば，基礎年金のレベルでは保険料の拠出によって年金受給権を獲得するという「自助努力」を捨象することになるが，それは適切か，など論点が存在する。確かに，現代でも最低所得保障年金について税方式を採用する国も存在するが，歴史的には税方式の老齢年金の失敗に鑑みて，社会保険方式の老齢年金制度が構築されたという流れである。その例としてはイギリスがあり，嵩さやか『年金制度と国家の役割　英仏の比較法的研究』（東京大学出版会，2006年）が詳細な検討を行っている。
(12) なお，被用者集団の中でも第3号被保険者をどう扱うかということについては，また別個の考察を要するので，その点の留保は必要である。

2 基礎年金制度の実相

(1) 周知のように，わが国の公的年金制度は，一般に，2階建て，あるいは3階建ての構造になっているといわれる。まず，いわゆる1階部分として20歳以上60歳未満（被用者年金制度の被保険者・組合員の場合は20歳未満の者および60歳以上70歳未満の者を含む[13][14]）の国民[15]を被保険者とする国民年金（基礎年金）制度が存在する。つぎに，いわゆる2階部分として，被用者年金制度（国年5①参照）がある。すなわち，民間部門の事業所を適用事業所とし，そこで常時使用される被用者を被保険者とする厚生年金保険制度と，公務部門（国および地方公共団体を対象とし，独立行政法人や国立大学法人等を含む）の常勤の公務員や常用の被用者を組合員（被保険者）とする共済組合制度[16]である。この上に，企業年金等のいわゆる3階部分が存在する。民間部門については，厚生年金保険の適用事業所で設立できる厚生年金基金制

---

[13] 被用者年金制度の被保険者は，国民年金の第2号被保険者である（国年7①2号）。したがって，20歳未満であっても，たとえば厚生年金保険の適用事業所に常用の被用者として使用されるに至ると，厚生年金の被保険者資格を取得するとともに，国民年金の第2号被保険者の資格も取得する。また60歳に達しても厚生年金の適用事業所で常用で使用される場合には，やはり厚生年金保険被保険者であるから，国民年金第2号被保険者であり続ける。しかし，70歳に達すると厚生年金保険の被保険者資格を喪失するから（厚年9），同時に国民年金第2号被保険者でもなくなる。60歳に達した以降に厚生年金保険被保険者資格を喪失し，したがって国民年金第2号被保険者資格をも喪失した場合には，もはや国民年金第1号被保険者や同第3号被保険者には移行しない（この二つの範疇では，60歳に達した者には被保険者資格がないため）。

[14] なお，第1号被保険者は本文で述べたように，60歳に達すると強制適用の被保険者資格を喪失するが，65歳に達するまでは任意加入することが可能である（国年附則5①2号）。

[15] 日本国籍を有しない者（外国籍者）も，正規の在留資格を持ち，国内に住所を持つ場合には，日本国民と同じに扱われる。

[16] 共済組合は，公務部門でない私立学校教職員についても存在する。また農協・漁協といった農林漁業団体職員についても共済組合が存在したが，バブル経済崩壊による農協等の経営危機を背景として，厚生年金保険に統合された。

度[17]，確定給付企業年金制度[18]および企業型の確定拠出年金制度があり，公務部門に関しては，共済組合制度が職域部分も含めた年金を支給する仕組みとなっている[19]。被用者年金制度の被保険者でない者，典型的には自営業者については，国民年金基金制度および個人加入の確定拠出年金制度が用意されている[20]。

1階部分である国民年金（基礎年金）は，第1号被保険者，第2号被保険者および第3号被保険者であった者に対し定額の年金給付を支給する一方で[21]，第1号被保険者から徴収する保険料は定額制を採用する[22][23]。2階部

---

[17] 厚生年金基金制度は，厚生年金保険制度本体の老齢年金の一部（標準報酬の再評価分とスライド分を除く部分）を代行するとともに，それに上積みする年金（加算部分やプラスアルファ分。いずれも将来の給付水準の約束がある確定給付型である）を支給する。

[18] 確定給付企業年金制度には規約型と基金型とがあるが，いずれも厚生年金基金のような代行部分を持たない，将来の給付水準の約束がある確定給付型の企業年金制度である。

[19] 国家公務員・地方公務員の共済組合制度における職域部分は，厚生年金基金等の企業年金とは異なり，公的年金制度の一環という位置づけである。この職域部分については，公務員と民間労働者の公的年金制度の一元化（その背景にはいわゆる官民格差の解消という考え方がある）および国の財政事情を理由とする国・地方公共団体側の税負担（実は使用者側掛金負担）の軽減を目的として，2010年に廃止し，替わりに新たに公務員制度としての仕組みを設けることとし，人事院の調査結果を踏まえて制度設計を行うとの閣議決定（「被用者年金制度の一元化等に関する基本方針について」(2006年4月28日)）がなされている。この閣議決定にもとづく要請を受けて，人事院は検討結果を2006年11月16日に内閣官房長官宛書簡として発出している。

[20] 国民年金基金制度への加入は第1号被保険者（保険料の免除をされている者を除く）であることと連結されている（国年116，127）。個人加入の確定拠出年金制度への加入も同様であるが，さらに掛金の拠出が国民年金第1号被保険者としての保険料の納付と連結されている（確定拠出68②）。

[21] ただし，保険料免除を受けないままに保険料を納付していない期間や保険料免除の期間があると給付額は減額される（国年27）。

[22] もっとも，所得の少ない第1号被保険者を対象とする保険料免除制度が，所得額に応じた多段階免除制度（全額免除，4分の3免除，半額免除，4分の1免除。国年5④〜⑦，89〜90の3）となることによって，定額保険料制度は変容したということができる。

分の厚生年金保険・共済組合は，被保険者・組合員であった期間に得た賃金[24]の総額に一定比率を乗じて算出される額の年金給付（いわゆる報酬比例年金給付）を支給する。これと平仄を合わせて，事業主と被保険者が負担する厚生年金保険・共済組合の保険料・掛金は，賃金[25]に一定比率を乗じた額である。3階部分の企業年金等の給付は規約等の定めるところにより算定・支給し，掛金もやはり規約の定めにもとづいて賦課・徴収する。

　以上のような階層構造は，法令がそれに対応する形で制定されていることの反映である。1階部分の国民年金（基礎年金）については，国民年金法および同法施行令・施行規則その他の関係政省令，告示および通達等が，2階部分の被用者年金諸制度については，厚生年金保険法および同法施行令・施行規則その他の政省令等ならびに国家公務員共済組合法等の諸法令等が，そして最上階の3階部分については，厚生年金基金に関する厚生年金保険法等の関係諸法令等や共済組合の職域部分に関する国家公務員共済組合法等の諸法令ならびに確定給付企業年金法・確定拠出年金法等の諸法令がそれぞれ対応している。こうした関係する諸法令等の組み上げ方を見るならば，わが国の公的年金制度は1階部分，2階部分および3階部分という階層構造になっているという理解は自然なものといえる。実際，公的年金制度（共済組合制度による部分を除く）を所管する厚生労働省も，従来から階層構造という捉え方で公的年金制度の説明をしてきている。制度構造についてこうした理解（ある意味では法制度的かつ公式的な理解）に立つならば，上述した「空洞化」問題等に対する対応として一階部分である基礎年金制度全体の改革（たとえば，既に触れた税方式化等）を論じるのも当然といえよう。けれども，問題は，

---

(23)　厚生年金保険の被保険者および共済組合の組合員，ならびにこれらの者の被扶養配偶者は，それぞれ国民年金の第2号被保険者および第3号被保険者であるが，この第2号被保険者と第3号被保険者からは保険料を徴収しない（国年94の6）。第2号被保険者と第3号被保険者の保険料相当分は厚生年金保険の保険料や共済組合の掛金に含まれているものとされ，厚生年金保険の保険者（政府）や各共済組合が基礎年金拠出金を国民年金に対して納付する（国年94の2〜94の4）。

(24)　正確には，標準報酬および標準賞与である。過去の被保険者期間・組合員期間に係るものは，現在価値に再評価したものを用いる。

(25)　正確には，標準報酬および標準賞与に対して保険料が賦課される。

このように公的年金制度を「階層構造」という視点で見ることが制度の実相と適合しているかである。

　(2)　もともとわが国の皆年金制度は，被用者については，厚生年金保険制度と共済組合制度[26]，それ以外の者（典型的には農林漁業従事者・商工業自営業者）については国民年金制度，という職域別の縦割りの二元的な制度として構築された[27]。そしてこの二つの職域の間を転職等で移動する者のために通算年金制度が用意されていた。しかし，1970年代頃にはわが国社会の急速な高齢化の進展の見通しが明瞭となったこと，高度成長によって産業構造・就業構造が急激に変化したこと（第2次産業化，第3次産業化と農林漁業従事者・商工業自営業者の激減を伴う被用者層の増加）とによって，（旧）国民年金制度の財政運営の確実な悪化が見込まれ，それへの対処が必要となるに至る[28]。そこで，職域別・縦割りの各制度に共通の部分を設定し，その共通部分の財政は全国民で支える仕組みとするとともに，国庫負担の投入をこの共通の部分に集中するという考え方に立って[29]，1985～6年の公的年金制度改革で制度の設計を大幅に改造し，(1)で概観したように，積み上げ型の階層構造へと改めたのである。

　しかし，現在の公的年金制度がこのように積み上げ型の階層構造をなしているといっても，それは法制度上のことにすぎない。まず，国民年金（基礎年金）の被保険者は，先に述べたように，第1号被保険者，第2号被保険者

---

(26)　被用者については，そのほかに船員保険制度が存在したが，1985～6年の公的年金制度改革のときに厚生年金保険制度に統合された。

(27)　もっとも，後に見るように（3(1)），国民年金制度は，厚生年金保険制度・共済組合制度の被保険者・組合員以外の者（これらの者の被扶養配偶者および学生を除く。被扶養配偶者や学生は国民年金に任意加入できるにとどまっていた）を被保険者とする制度であって，積極的に職域という観点から構築されていたわけではないので，厳密には，職域別の制度ではない。

(28)　辻哲夫「年金制度改革案の概要」ジュリスト810号（1984年）22頁。また，（旧）国鉄共済組合も産業構造の変化等によって財政構造の不安定化が進展していた（小山路男・高梨昌・高原須美子・山口剛彦「〔座談会〕年金改革と今後の年金制度」ジュリスト810号（1984年）7頁（小山発言），8頁（山口発言））。船員保険制度も同様である。

(29)　小山他・前掲注(28)座談会8―9頁（山口発言）。

および第3号被保険者に区分けされ，第2号被保険者は厚生年金保険の被保険者および共済組合の組合員であって，その被扶養配偶者は第3号被保険者という位置づけとなっており，被用者（およびその被扶養配偶者）集団とそれに属さない第1号被保険者とは明確に縦割りの線が引かれている。そして被保険者資格の取得・喪失に関する届出等の手続も，被用者集団に属する者については事業主や共済組合を通して行うこととなっている（国年12）。

つぎに，保険料の徴収についても同様のことがいえる。第1号被保険者と被用者集団とは異なる徴収の仕組みなっている。第1号被保険者の場合は，個々の被保険者に定額の保険料納入の義務が課されているが（国年88）[30]，被用者集団（第2号被保険者および第3号被保険者）は国民年金の保険料を納入することは必要でなく，保険料徴収も行わない（国年94の6）。被用者集団については，被用者年金保険制度の保険料のみを徴収する[31]。したがって，保険料に関してみれば，被用者集団の状況には1985～6年の公的年金改革前と何の変化もない。年金給付の支払いも，厚生年金保険の被保険者であった者については所轄官庁が基礎年金の事務も担当する社会保険庁であるため，厚生年金保険と基礎年金との区分は明確ではないけれども[32]，共済組合の組合員であった者については共済組合が基礎年金の請求・裁定および支払い事

---

(30) 個々の第1号被保険者に保険料納入の義務が課されてはいるものの（国年88①），世帯主にその世帯に属する第1号被保険者に関して保険料の連帯納付義務が課され（国年88②），夫婦にはそれぞれ他方配偶者たる第1号被保険者に係る保険料の連帯納付義務が課されている（国年88③）。したがって，第1号被保険者の保険料賦課はあたかも個人単位のように見えるが，実態は世帯単位，夫婦単位の保険料賦課である。そして，これに対応する形で，基礎年金の年金水準の設定も，高齢者夫婦世帯を単位として行われている。要するに，法令の定めを見る限り，基礎年金の第1号被保険者の部分は，個人単位の制度設計になっているかのようであるが，実際にはほぼ世帯単位・夫婦単位の制度設計なのである。基礎年金制度のこうした特性については，拙稿「社会保障における世帯と個人」岩村正彦・大村敦志編『個を支えるもの　融ける境超える法1』（東京大学出版会，2005年）でも論じている。

(31) 注(23)で述べたように，被用者年金制度側は，事業主負担分も含めて徴収した被用者年金保険制度の保険料総額から，被用者集団の基礎年金の費用として必要な額を基礎年金拠出金として基礎年金制度へと支払っている。なお，この基礎年金拠出金についても国庫負担がある。

務を担当する（国年令1，15①）こととなっており，やはり第1号被保険者と被用者集団との間には境界線があるといってよいであろう。

さらに，年金給付についても，第1号被保険者の年金（とくに老齢基礎年金[33]）の給付水準を論じる際には，高齢者夫婦二人分の老齢基礎年金の合計額を参照するのに対して[34]，被用者集団の場合は，年金（とりわけ老齢年金）の給付水準を議論するにあたっては，老齢厚生年金・退職共済年金の額のみではなく，老齢基礎年金（しかも被保険者本人の分に加えて，その被扶養配偶者である第3号被保険者の分を加えた額）をも含めた額で語るのが通例である。そもそも被用者集団の年金給付のあり様は，実は全体としては1985〜6年の公的年金改革前と，額の多寡や受給権者の違いはあるとはいっても，そう大きく変わっているわけではない。なぜなら，1985〜6年の公的年金改革前の被用者年金制度では，老齢年金は，定額部分，報酬比例部分および（被扶養配偶者や18歳未満の子がいる場合の）加給年金から構成されていたが，改革によって，このうち定額部分が被保険者本人の基礎年金に，65歳以上の被扶養配偶者にかかる加給年金が第3号被保険者たる配偶者の基礎年金に切

---

[32] 1985〜6年の改革前も，厚生年金保険の被保険者については，定額部分・報酬比例部分・加給年金の支給はすべて社会保険庁が所管していたところ，改革後も本文で述べたように定額部分に変わる基礎年金の分も含めて支給事務は社会保険庁の所管のままであり，また基礎年金も受給する厚生年金保険の年金受給者の年金証書は「国民年金・厚生年金保険年金証書」で一本となっている。そうすると，改革前と改革後で大きく物事が変わったわけでもない。

[33] 基礎年金制度においては，老齢基礎年金，障害基礎年金（障害等級二級）および遺族基礎年金の給付額（加算分を除く）は同一額であるので，老齢基礎年金の給付水準を論じることは，障害基礎年金（障害等級二級）・遺族基礎年金の給付水準を論じることをも意味する。

[34] 第1号被保険者については，基礎年金に上乗せする給付として，付加年金制度（国年44〜48），国民年金基金の老齢年金制度（国年128），個人加入の確定拠出年金制度があるが，いずれも第1号被保険者個々人の任意加入の仕組みであって，しかも相当普及しているともいいがたいところから（付加年金保険料納付被保険者は2003年度で約69万人，国民年金基金の加入者は2005年度で約138万人，個人加入の確定拠出年金制度の第1号被保険者該当の加入者は2005年度末で約2万8000人），第1号被保険者の老齢年金給付の水準を語るときに言及されることはない。

り替わったにすぎないからである[35]。

　ここまで見たような被用者集団と第1号被保険者集団との線引きは，制度の建前とは異なり，現実には，公的年金制度全体を貫いており，さらには，それ自体としては必ずしも公的年金制度と位置づけることはできない企業年金制度等[36]までも含めて貫いているといってよい。

　(3)　以上の観察によれば，法令上は基礎年金制度は被用者集団（第2号被保険者および第3号被保険者）と第1号被保険者とを貫くいわゆる1階部分として存在し，公的年金制度の階層構造の基盤を成しているように見えるが，実は《公的年金制度の全被保険者に共通する部分》としての基礎年金制度は仮想的な制度にとどまっているということができよう[37]。実態としては被用者集団と第1号被保険者との間には境界線が存在し，1985〜6年改革前の職域別・縦割りの仕組みがほぼそのまま残っているのである。

　そうだとすると，基礎年金制度の最も重要な実際上の存在意義は，高度成長期に急速に進行した産業構造・就業構造の変化に由来する被保険者数の急

---

[35]　第3号被保険者の導入は，女性の年金権の確立と，それと結びついた年金権の個人単位化という意義を持つものとして捉えられている（辻・前掲注(28)論文24頁，小山他・前掲注(28)座談会等）。しかし，第3号被保険者は自ら保険料の拠出をするわけではないから，第3号被保険者に独自の年金受給権を付与する現行の仕組みは，第2号被保険者の年金受給権の一部（配偶者加算分）の法定分割制度と見る方が実態に近い。

[36]　厚生年金基金制度は，厚生年金保険本体の一部を代行する役割を担っていたので，公的年金制度としての性格を有している（準公的年金制度ともいえよう）ということができるが，確定給付企業年金制度や確定拠出年金制度は，国が制度の枠組みを法令で規制し，制度の適正な運営を監督するものの，個々の制度の実施や加入の発意を行うのは事業主や個人（個人加入の確定拠出年金制度や国民年金基金制度の場合）であって，適用範囲に入る事業所や個人に加入が法律によって強制される公的年金制度とはやはり性格を異にする。この点については，小島晴洋「『企業年金』からの卒業を——本質的に異なる厚生年金基金と確定給付企業年金」日本労働研究雑誌504号（2002年）36頁を参照。

[37]　もっとも，事務組織の面では，(旧)国民年金の担当部署が第1号被保険者，第2号被保険者および第3号被保険者の加入記録等を扱う部署に改組される等の動きがあったから，基礎年金制度が全くの仮想であるというわけではない。その点では，本文の叙述はやや書きすぎ気味かもしれない。

速な減少と高齢化の進展に起因する受給者の増加とによって生じた（旧）国民年金制度の財政状況の不安定化に対処するために，基礎年金拠出金によって被用者年金制度の被保険者集団（およびその事業主）と（旧）国民年金の被保険者集団との間で財政調整を行う仕組みを導入したところにあるといってよい[38]。もちろん，1985～6年の改革には公的年金制度の成熟化と高齢化の進展によって上昇する年金給付の水準の抑制をも重要な目的としていたし，基礎年金制度の創設には被用者の被扶養配偶者の年金権の確立（第3号被保険者制度の導入）という意義もある。しかし，前者は，基礎年金構想を実現するか否かに関わりなく，当時の状況下では講じなければならなかった措置であって，基礎年金の問題とは同じ次元で論じることは適切ではない。後者は基礎年金制度を構築することを前提とした上で被用者の被扶養配偶者（1985～6年の公的年金改革前は（旧）国民年金への任意加入ができるにとどまっていた）をどう位置づけるかという課題への答えである上，被用者集団内部の問題にとどまっているから，その意義の持つ重要度は，前述した財政調整の仕組みの構築に比べると高くはないと評価できよう。

　したがって，基礎年金制度の実相とその有している最も重要な実際上の意義（財政調整）に鑑みると，法令上存在している基礎年金制度をそのままに受け取って制度・政策を論じることは必ずしも適切ではない。そして，既に論じたように，職域別・制度別の縦割り構造が依然として存続しており，第1号被保険者の公的年金制度と被用者集団のそれとは同質性に乏しい。こうした見方は，いわゆる基礎年金の「空洞化」問題に関しては，「公的年金制

---

[38]　1985～6年の公的年金改革による定額給付の基礎年金制度の創設の意義として，いわゆる「ナショナル・ミニマム」の成立が挙げられることがある（たとえば，河野正輝「社会保障法体系と年金統合」ジュリスト810号（1984年）28頁（「年金によるナショナル・ミニマムの保障に踏み出した」という），佐藤進「年金法改正の意義と問題」ジュリスト843号（1985年）21頁，22～3頁）。しかし，立案担当者は，基礎年金と「ナショナル・ミニマム」なるものとを結びつけることには慎重である（1984年8月1日の衆議院社会労働委員会における吉原健二厚生省年金局長の答弁（衆議院社会労働委員会会議録30号34頁，1985年4月19日の参議院社会労働委員会等による連合審査会における同局長の答弁（参議院社会労働委員会等連合審査会会議録1号31頁）。

度の被保険者共通の基礎年金制度」という仮想的な制度について考えるのではなく，現実的な存在である第1号被保険者の制度に焦点を絞って検討する方向も十分に考慮に値することを示唆しているといえよう。

3　第1号被保険者の概念と実状

(1)　上述した観点から，第1号被保険者の制度を捉え直してみよう。公的年金制度，なかでも基礎年金制度の概要をわかりやすく述べるにあたっては，各範疇の被保険者等に具体的に当てはまる者の典型例を挙げることが多い。各範疇の被保険者のうち，それに該当する者の典型例が明確なのは被用者集団を対象とする第2号被保険者や第3号被保険者である。前者は厚生年金保険の被保険者や共済組合の組合員，すなわち民間部門と公務部門の正規従業員および常勤公務員等，後者はこれらの者の被扶養配偶者，すなわち専業主婦と生計維持要件を満たす範囲で就労する主婦パートタイマーとである。

これに対して，第1号被保険者は，国民年金法上は，第2号被保険者にも第3号被保険者にも該当しない20歳以上60歳未満の者と定義される（国年7①1号）。同様の定義の仕方は，1985～6年の公的年金改革以前の国民年金法（以下では「旧法」という）でも採用されていた[39]。つまり，第1号被保

---

[39]　制定当時の国民年金法は，その被保険者につき，つぎのように規定していた。
「第七条　日本国内に住所を有する二十歳以上六十歳未満の日本国民は，国民年金の被保険者とする。
　2　次の各号のいずれかに該当する者は，前項の規定にかかわらず，国民年金の被保険者としない。
　一　被用者年金各法の被保険者又は組合員（恩給法に定める公務員及び他の法律により恩給法に定める公務員とみなされる者，地方公務員の退職年金に関する条例の適用を受ける地方公務員，厚生年金保険法附則第二十八条に規定する共済組合の組合員，執行吏並びに国会議員を含む。）
　（二号ないし五号は省略）
　六　前五号に掲げる者の配偶者
　（七号は省略）」
「被用者年金各法」の範囲は，その後の改廃や統合によって変化しているが，基本的な構造は現行の第一号被保険者の範囲の定め方と同じである。

険者は，条文上は，消去法によって定義されているにすぎない。

　しかし，第1号被保険者や旧法下の被保険者に関して，消去法による定義以上の該当者の典型例が想定されていなかったわけではない。第1号被保険者についてみれば，「自営業者，農林漁業従事者，無職者等」が典型例として挙げられるのが通例であるし[40]，旧法の被保険者についても，農林漁業従事者・商工業自営業者等を対象とするものと理解されていた[41]。したがって，旧法以来，現在に至るまで，第1号被保険者（旧法の被保険者）としては，

---

[40] 西村健一郎『社会保障法』（有斐閣，2003年）228頁。厚生労働省も，公的年金制度の概要を示すにあたって，第一号被保険者の具体例として自営業者等を挙げている（http://www.mhlw.go.jp/topics/nenkin/zaisei/01/index.html 参照。2006年3月31日現在）。

[41] 喜多村・前掲注(2)書3頁，20頁。最近では，加藤智章他『社会保障法（第3版）』（有斐閣，2007年）79頁も同旨といえよう。もともと，旧法による国民年金制度の創設は，それまでに既に存在していた厚生年金保険制度などの被用者年金制度の適用を受けない「農民，商工業者，零細企業の被用者など」に，公的年金制度の適用を及ぼすことを目的としていた（1959年2月13日衆議院本会議および参議院本会議における坂田道太厚生大臣の法案趣旨説明。同日付官報号外衆議院本会議会議録14号179〜180頁，同参議院本会議会議録12号152頁）。なお，旧法当時は，厚生年金保険は，個人事業所・法人事業所のいずれも，使用する被用者が常時5人未満のものは強制適用事業所ではなく，したがってそこで使用される被用者は強制被保険者ではなかったので，任意適用となっていない限り，旧法の被保険者となった。そのため，旧法下では，自営業者等とあわせて，こうした小規模事業所の被用者も，重要な被保険者集団であった。この状態は，1986年4月から段階的に，非適用業種の法人の事業所や，法人の小規模事業所にも厚生年金保険（および健康保険）の強制適用が拡大されるまで続いていた。

[42] たとえば，①厚生年金保険や共済組合の適用のない事業所に使用される常用の被用者，②厚生年金保険の適用事業所で使用されているが，適用除外者（日々雇用される者等）に該当し，かつ第2号被保険者の配偶者ではない者（短期の雇用や週あたりの所定労働時間が30時間に満たないパート・タイム雇用に断続的に従事するフリーターなどもここに入る），③第2号被保険者の配偶者で厚生年金保険の適用事業所でパート・タイマーとして就労しているが，週あたりの所定労働時間が30時間に満たない等のために厚生年金保険の被保険者資格はないものの，年間の稼働所得が130万円を超えるために生計維持要件を満たさず，第3号被保険者とはならない者，がこの範疇に属する。

第 2 部　社会保障法編

図 1　就業状況別第 1 号被保険者の状況（2002 年）

	自営業主	家族従業者	常用雇用	臨時・パート	無職	不詳
男女計	17.8 %	10.1 %	10.6 %	21.0 %	34.7 %	5.7 %
男子	29.0 %	6.8 %	14.5 %	15.6 %	28.0 %	6.1 %
女子	6.8 %	13.4 %	6.9 %	26.3 %	41.3 %	5.4 %

出典：国民年金被保険者実態調査

　被用者集団のように明瞭に職域で境界線が引かれてはいないものの，おおむね農林漁業従事者や商工業自営業者とその家族が念頭に置かれているといってよいであろう。

　もちろん，旧法の被保険者や第 1 号被保険者に該当する者には，被用者年金制度の対象となっていない国民（現行法上は日本国内に住所のある者）に公的年金制度の保障を拡大する趣旨から，農林漁業従事者・商工業自営業者等だけではなく，厚生年金保険制度等の被用者年金制度の適用を受けない被用者が入るし[42]，無業者も入る[43]（2002 年現在の状況について，図 1 参照）。現在の第 1 号被保険者の場合は，学生や自営業者の専業主婦が無業者の代表例である。この 10 年ほどの間の目を引く傾向は，被用者であるにもかかわらず第 1 号被保険者である臨時・パート雇用の者の占める比率の増加である（図

---

[43]　旧法につき，喜多村・前掲注(2)書 23 頁。なお，旧法下では，厚生年金保険等の被用者年金制度の被保険者の配偶者，具体的には専業主婦は強制的の被保険者ではなく，任意加入が認められるにとどまっていた。

[44]　1999 年の国民年金被保険者実態調査によれば，自営業者，その家族従業者および専業主婦の合計で，第 1 号被保険者の 46.5 ％を占める（学生は 13.2 ％）。2002 年の調査ではデータが明らかでないが，無職者に学生納付特例者が 13.7 ％いるので，状況は 1999 年とそれほど大きくは変わらないと推測できる。

図2　第一号被保険者就業状況分布の変化（男女合計）

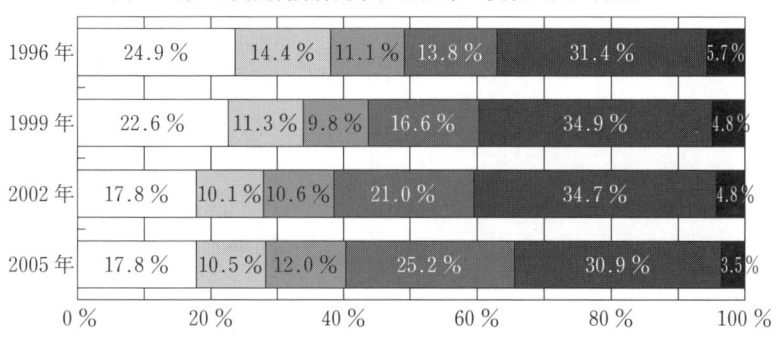

年	自営業主	家族従業者	常用雇用	臨時・パート	無職	不詳
1996年	24.9%	14.4%	11.1%	13.8%	31.4%	5.7%
1999年	22.6%	11.3%	9.8%	16.6%	34.9%	4.8%
2002年	17.8%	10.1%	10.6%	21.0%	34.7%	4.8%
2005年	17.8%	10.5%	12.0%	25.2%	30.9%	3.5%

図3　第一号被保険者就業状況分布の変化（男性）

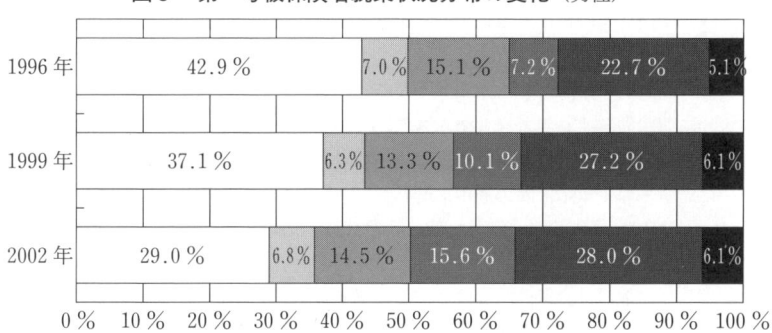

年	自営業主	家族従業者	常用雇用	臨時・パート	無職	不詳
1996年	42.9%	7.0%	15.1%	7.2%	22.7%	5.1%
1999年	37.1%	6.3%	13.3%	10.1%	27.2%	6.1%
2002年	29.0%	6.8%	14.5%	15.6%	28.0%	6.1%

図4　第一号被保険者就業状況分布の変化（女性）

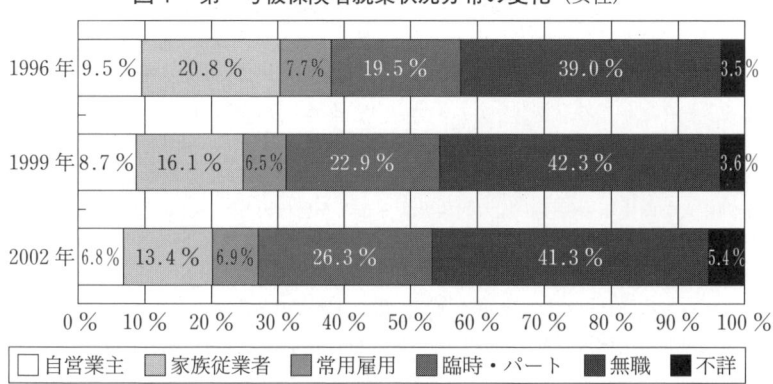

年	自営業主	家族従業者	常用雇用	臨時・パート	無職	不詳
1996年	9.5%	20.8%	7.7%	19.5%	39.0%	3.5%
1999年	8.7%	16.1%	6.5%	22.9%	42.3%	3.6%
2002年	6.8%	13.4%	6.9%	26.3%	41.3%	5.4%

□自営業主　家族従業者　常用雇用　臨時・パート　無職　不詳

出典：国民年金被保険者実態調査

2)。男女別に見たとき，この傾向は女性により強く表れている（図3，4）。それでも，自営業者とその家族従業者，および無業者の中に含まれている自営業者の専業主婦を合計すれば[44]，第1号被保険者の中で占める比重は相対的に大きい[45]。

(2) このように，農林漁業従事者と商工業自営業者等を主たる対象として想定し，実際にもその比重が相対的に高いにもかかわらず，旧法の被保険者や第1号被保険者には，被用者年金制度の対象外の被用者や無業者（とくに

[45] 第1号被保険者の中で，被用者，とくに臨時・パート雇用の者の比率が増加していることは，第1号被保険者をめぐる問題，とくにいわゆる「空洞化」の問題に新しい課題を提起しているといえよう。背景には，人件費圧縮のために，正規従業員ではなく，臨時・パートの利用を進めている企業の雇用政策があるのはいうまでもない。臨時・パートの被用者の扱いに関しては，第1号被保険者の枠の中で問題の解決を図るという方向もあるが，むしろ厚生年金保険等の被用者年金制度の適用の拡大によって根本的な問題の解決を図るべきであろう。その意味で，臨時・パートの形態で就労する者に関する公的年金の適用問題は本稿の検討の対象外となる。なお，パート・タイマーに対する厚生年金保険の適用に関しては，「国民年金法等の一部を改正する法律」（平成16法104）附則3条3項により，「社会経済の状況，短時間労働者が多く就業する企業への影響，事務手続の効率性，短時間労働者の意識，就業の実態及び雇用への影響並びに他の社会保障制度及び雇用に関する施策その他の施策との整合性に配慮しつつ，企業及び被用者の雇用形態の選択にできる限り中立的な仕組みとなるよう，この法律の施行後五年を目途として，総合的に検討が加えられ，その結果に基づき，必要な措置が講ぜられるものとする」となっている。安部首相は，2006年10月6日の衆議院予算委員会において「再チャレンジの推進等々におきまして，非正規と正規雇用者の例えば社会保険についての不公平を是正していくために，社会保険の拡大を進めていかなければいけない」と表明し（衆議院予算委員会会議録3号），これを受けて，2006年11月14日開催の与党年金制度改革協議会は，2004年改正法附則3条3項よりも前倒しで検討する方針を決定した。そして，厚生労働省は，週20時間以上働く人を厚生年金保険の加入対象とすることを目標としつつも，当面は①正規従業員の就業時間の3分の2，すなわち週26～7時間以上勤務するパートタイマーで，②標準報酬月額が現行の厚生年金保険の下限である9万8000円以上であり，③2～3年以上継続して勤務している者，に限定して適用を及ぼし，その後，段階的に対象者の範囲を広げる方針を提示している（2006年11月19日付朝日新聞）。そして，「被用者年金制度の一元化等を図るための厚生年金保険法等の一部を改正する法律案」にこの方針が盛り込まれ，166国会に提出されたが，継続審議となった。

学生)もが包含されている。それは，第1には，前述のように，国民皆年金の達成のために，旧法が，被用者集団に属さない者を包括的に旧法の被保険者とすることを課題としていたことによる[46]。また第2には，国民健康保険と同様に，住所地を基準とする市町村への帰属関係に着目して保険関係を把握する仕組みを採用し，市町村を第一線の現年度の保険料徴収の事務担当としたことに起因する。地方分権改革の一環として（「地方分権の推進を図るための関係法律の整備等に関する法律」（平成11法87）200条による国民年金法の改正），2002年4月1日から国民年金の現年度の保険料徴収事務[47]は市町村から社会保険庁（実際には社会保険事務所）に移管されたが，保険関係把握の構造は従前と同じである。

けれども，現在，基礎年金の第1号被保険者の仕組みが直面している脆弱性（具体的にはいわゆる「空洞化」の問題）は，自営業者等を中核としながらも，就業状況等の属性の異なるいくつかの人的集団を一括して，住所地を基準とする市町村への帰属関係を軸に保険関係の成立や保険料徴収を行う制度設計であることに由来しているところが大きい。とりわけ，上述した地方分権改革によって，国民年金の現年度の保険料徴収事務が，市町村から社会保険庁（社会保険事務所）に移った結果，第1号被保険者を基礎年金制度に結合させる意味を有し，それゆえにこそまさに保険料徴収事務の基盤をなしていた，第1号被保険者と市町村との帰属関係が切断されてしまったことが，この脆弱性に一層拍車をかけることになる。実際，手帳送付による強制適用（1995年度から）や基礎年金番号の導入（1997年度）によって徐々に低下しつつあった第1号被保険者の保険料納付率は，社会保険庁（社会保険事務所）への現年度の保険料徴収事務の移管に伴い，大きく低下し，それ以後ほとんど横ばいで推移している（図5参照）[48]。2003年度以降の保険料納付率の63

---

[46] 厚生労働省提供の資料によれば，1955年当時，厚生年金保険等の被用者年金制度の適用を受けていた者は，その配偶者を含めても，20歳〜59歳人口の28％を占めるにすぎなかった。この比率は，被用者集団以外の者にも公的年金制度を整備することが当時どれだけ大きな意味を持っていたか想像させるに十分であろう。

[47] 現年度に徴収できなかった保険料の徴収事務は，従前から社会保険庁（社会保険事務所）の事務であった。

％前後での推移の要因は，保険料免除の扱いの手直しや当該年度に新たに保険料納付対象となった者（新規加入者や保険料免除の対象外となった者等）の納付率などであって[49]，2005年度に納付率が若干好転したのも，保険料免除の扱いに関する要因によるところが大きい[50]。したがって，社会保険庁（社会保険事務所）への現年度徴収事務の移管による帰属集団（市町村）と第1号被保険者との切断による影響は依然として残存していると推測されよう。

　(3) 欧州のいくつかの国に見られるように，帰属集団の属性の違いを保険関係の成立や保険料徴収の事務のあり方にも反映させる途も考えられるところではあるが，国民年金・基礎年金（第1号被保険者）については，旧法以来現行法に至るまで，そうした考え方は採られていない。

　実は，旧法の立案過程では，諸外国の制度を研究し（主として研究したのはイギリスであり，また西ドイツについても研究をしていた）[51]，また政党サイドでも欧米の調査をしていた[52]。とくに，イギリスでも西ドイツでも，組織化されていない自営業者，とくに零細自営業者や農林漁業自営業者・従業者を対象とする年金制度の構築や運営の困難さを指摘されていた[53]。したがって，組織化された職域集団に焦点をあわせずに制度設計をし，実際に運用していくことは非常に難しいということは，おそらく立案当時から担当者には

---

[48] 2002年度の保険料納付率の大幅な低下の要因として，当時の社会保険庁は，①免除制度の改正（「国民年金法等の一部を改正する法律」（平成12法18）による半額免除制度の導入）の結果，全額免除の対象者が半減し，保険料納付対象者が大幅に増えたこと，②市町村から社会保険庁（社会保険事務所）への現年度保険料徴収事務の移管にあたって，実務体制の整備に手間取ったこと，市町村が保険料徴収に利用していた納付組織（納税組合や自治会など）の仕組みの利用をやめたこと，③バブル崩壊後の厳しい経済情勢のために保険料負担能力が低下したり，離職率が上昇したことを挙げている（2003年7月24日の第22回社会保障審議会年金部会における社会保険庁の説明，および同部会資料）。

[49] 社会保険庁「国民年金の加入・納付状況」（2001年度～2005年度）。

[50] 社会保険庁「国民年金の加入・納付状況」（2005年度）。

[51] 社団法人日本国民年金協会『国民年金二十年秘史』（日本年金叢書8）（社団法人日本国民年金協会，1980年）18～37頁（小山進次郎）。

[52] 社団法人日本国民年金協会・前掲注(51)書81～82頁（喜多一雄）。

[53] 社団法人日本国民年金協会・前掲注(51)書82頁（喜多一雄）。

理解されていたものと推測される。

　それでも，(旧)国民年金法以来，市町村を現年度保険料徴収事務の担当とすることにより，職域集団の代替として，地域社会を一種の帰属集団とすることが可能となる構造がとられてきた。そして，その基盤構造は，保険料徴収事務に納税組合や自治会を利用していた市町村では強化されていた。このことが一つの重要な要因となって，人口の多い都市部を除けば，保険料の納付率はおおむね良好な水準を維持してきたといえよう。しかし，既に見たように，現年度保険料徴収事務の社会保険庁（社会保険事務所）移管は，まさにこの基盤を崩してしまい，個々の（より正確には世帯単位での）第1号被保険者と社会保険事務所が個別に一対一で向き合う構造に組み替えてしまった。そのため，(旧)国民年金法の立法過程で指摘されていた，職域集団を媒介とせずに制度を運営することの難しさが顕在化したと考えることができよう。

4　総括と今後の検討課題

(1)　以上の考察をまとめると，おおむねつぎのようになろう。

　第1に，法的な制度構造としては，原則として20歳以上60歳未満の国内に住所のある者を包括的に被保険者とする仕組みである基礎年金制度は，実態としては，第1号被保険者の集団と，職域で括られている第2号被保険者・第3号被保険者の被用者集団とに縦割りになっている。したがって，いわゆる「空洞化」問題の解決の施策（税方式への移行等の制度設計のあり方そのものも含む）を考えるにあたっては，第1号被保険者に的を絞る方向を模索する余地が十分に存在する。

　第2に，旧法以来，第1号被保険者に該当する者は，法律上，消去法で定義されてはいる。しかし，第1号被保険者に該当すべき典型的な例として，農林漁業・商工業の自営業者とその家族が挙げられるのが普通であり，臨時雇用やパート・タイマーを含む被用者および学生も対象となるものの，やはり自営業者等の比重は相対的に大きい。被用者や学生については別途の処方箋を検討しうることに鑑みると[54]，第1号被保険者全般ではなく，自営業者

第2部　社会保障法編

等に的を合わせて，その公的年金制度のあり方を考察する意義がある。

　第3に，旧法や第1号被保険者の仕組みの弱点は，被用者年金制度のような職域の基盤を持たず，住所地を連結点として市町村（現在では管轄社会保

⑸4)　パート・タイマーについては，注（45）で触れたように，一定の条件を満たす場合には，厚生年金保険の適用を及ぼす方向で検討が進められている。これによって，第1号被保険者または第3号被保険者該当のパート・タイマーは，厚生年金保険の被保険者（したがって第2号被保険者）となって，その数は減少することになる。また，厚生労働省は，厚生年金保険の適用事業所で使用されているが，被保険者とならないパート・タイマー等であって第1号被保険者に該当する者について，事業主に給与からの国民保険料の源泉徴収および保険料納付義務を課すとともに，低収入のパート・タイマー等には保険料免除や納入猶予の申請を勧める義務を課すことを検討している（2006年11月22日付朝日新聞）。この対応策は，これまで職域で括らずに，自営業者等と同じ範疇（第1号被保険者）に置かれていたパート・タイマー等を，第1号被保険者のまま，職域集団である被用者集団に含める方向で考えるということを意味していると理解することができよう。そこから，そうしたパート・タイマー等を使用している事業主に給与からの国民年金料の源泉徴収と納入義務を課すという発想が導き出されていると考えられる。被用者保険の社会保険料等に関しては，事業主に給与からの保険料（ただし被保険者負担分）の源泉徴収と納入を義務づけているが，それは保険料徴収コストの節減と保険料徴収の確実性を狙ってである。上記の厚生労働省の考え方も同じ狙いを持つといえよう。ただ，被用者保険の場合には，事業主自身も保険料負担義務を負っており，そのことが事業主の（被保険者負担分も含めた）保険料納入義務と結びついていると考えられるのに対し，第1号被保険者たるパート・タイマー等の場合には，保険料の事業主負担がない。そのため，事業主が納入義務を負うことに対する根拠づけが弱いように感じられる（前記・朝日新聞の記事も企業側の抵抗が予想されるという）。もっとも，事業主負担のない所得税・市町村民税（住民税）に関しては，日給・時間給で短期（2か月以内）で雇用されるのでない限り，パート・タイマー等についても既に事業主に所得税の源泉徴収義務が課されているから，第1号被保険者たるパート・タイマー等の国民年金保険料もそれと同列に考えるということになるのであろう。国民年金保険料も，国税徴収の例によって強制徴収をする（国年95）ことに鑑みれば，局面はかなり異なってはいるが，国税である所得税と同様の源泉徴収義務を事業主に課すという発想にも合理性があるといえるのかもしれない（パート・タイマー等の保険料徴収の一種の民営化という見方もできる）。この発想を帰属集団の主体から保険料を徴収すると再構成して，税にとらわれずに展開させれば，学生については，その在学する学校に保険料徴収を行わせるという考え方もないではない。

険事務所）を基盤に保険関係の成立や保険料の徴収を行うところにある。こうした脆弱性は旧法の立法作業の中でも，当時の英独の調査によって認識されていたようであり，現在のいわゆる「空洞化」に関しても，依然として問題となっている。そうだとすれば，第 1 号被保険者のうちの自営業者等については，現行制度とは異なる連結要素に着目して，保険関係の成立や保険料の徴収のあり方を模索することが検討に値しよう。現に，そうした試みは始まっている[55]。

(2) 本稿では，国民年金（基礎年金）の第 1 号被保険者をめぐる問題を，従来とはやや視点を変えて，自営業者の公的年金制度という角度から眺めてみるという試みである。実は，第 1 号被保険者の中で相対的に大きな比重を占める自営業者等をめぐる法的課題と施策の考察を試みるようとしても，残念ながら社会保障法学は，自営業者に焦点を当てた研究にはそれほど取り組んできてはいない。また，公的年金制度の制度設計や政策を検討するにあたって，有用性の非常に高い比較法研究も，自営業者に関する成果は乏しい。したがって，本稿のような視点から考察をさらに進めるためには，その基礎となる研究作業として，欧米主要国の自営業者を対象とする公的年金制度について研究を深めることがまず必要である。

---

[55] 2002 年度以来の保険料納付率の低迷に対する対応策として，一方では，社会保険庁（社会保険事務所）への現年度保険料徴収事務移管以前に，帰属集団としての役割を果たしていた市町村との連携の再構築が行われつつあるが（① 2004 年 10 月からは，市町村の協力で所得情報を得ることができるようにし，さらには②国民健康保険の保険者たる市町村との連携による国民年金未手続者に対する届出勧奨を実施するとともに，やはり国民健康保険の保険者たる市町村との間で被保険者資格に関する情報の相互提供を検討し（社会保険庁 2006 年度事業計画），③市町村が他の公金とあわせて保険料の収納できるようにすることを検討する等（社会保険庁 2006 年度事業計画）），他方では，職域集団に着目して保険料徴収の実を挙げようという方向も採用され始めている。すなわち，同業者団体等への保険料収納の委託が方策として挙げられ（社会保険庁 2005 年度事業計画），それを具体化して，商工会および都道府県商工会を納付受託者（国年 92 の 3～92 の 6）に指定することを開始している（社会保険庁 2006 年度事業計画）。また，同業者団体を基礎とする国民健康保険組合に対して，国民年金への加入や口座振替等の加入・納付促進への協力依頼も計画されている（社会保険庁 2006 年度事業計画）。これらは，保険料収納事務の一種の民営化である。これとの

また，自営業者を対象とする公的年金制度の制度設計や政策を検討するにあたっては，自営業者に適用される税制との密接な関係にも注意を払う必要がある。たとえば，既に述べたように，現行の基礎年金では，（保険料免除の対象となる低所得者を除けば）所得の多寡にかかわらず保険料は定額であり，これに対応して年金給付も定額制である。かりに，所得額に一定率を乗じる方式で保険料を賦課し，年金給付を算定するとすれば，税制上，自営業者の所得をどのように把握するのか，そしてそれをいかなる方法で公的年金の保険料賦課や年金給付算定に反映させるかを検討しなければならない。けれども，税制との関わりを意識した自営業者の公的年金制度上の扱いについての社会保障法学における理論の蓄積は必ずしも十分ではない。ましてや，欧米諸国の比較法研究となると，既存の研究は非常に乏しいのが現状である。

さらには，そもそも自営業者が，被用者集団と同じ公的年金に対する期待やニーズを持っているのかも，制度設計や政策を考える上では重要な論点である。これは，従前から論じられている論点ではあるが，公的年金の一元化が華々しく議論されている現在，改めて考えてみる必要のあるところである。しかし，この点についても，わが国の社会保障法学はあまり関心を有していないし，比較法研究もほとんど見られない。

以上のような状況に鑑みれば，今後の課題は，自営業者の公的年金制度を正面から取り上げて，欧米諸国の比較法研究を手始めとする基礎的な研究を蓄積することである。それを基盤とすることによって，自営業者を含むわが国の基礎年金の第1号被保険者の制度の設計に関する研究をさらに発展させ

関連では，現在検討されている社会保険庁の解体と公的年金の保険料収納機関の構想では，市場化テストや民間委託による収納事務の民営化が中心となっているようであるが，職域集団等の第1号被保険者の帰属集団に着目しない民営化が有効性を持つのかについては検討の余地があろう。そもそも収納率向上の成果と緊密に連結する報酬体系を採用した場合に，第1号被保険者と職域集団等で繋がりを持たない民間事業者が，収納困難な被保険者に対して熱心に働きかけるかは疑問である。元々収納可能な被保険者を顧客にした方が収納率が向上するからである。その弊害を避けるためには，報酬体系に工夫を要するし，納付を容易にするための措置をある程度裁量で被保険者に事業者が提案できるようにする必要もあろう。しかし，公的な性格を持つ保険料についてそうした裁量を事業者に付与することは困難であろう。

ていくことが可能となろう。

（2006年11月脱稿。本稿は，2005年度～2007年度厚生労働科学研究費補助金（政策科学推進研究事業）「自営業者と公的年金制度」（主任研究者：岩村正彦）の研究成果の一部である）

「事実上の現物給付」論序説

小島晴洋

1 はじめに

(1) 問題の所在

社会保障の給付は，その方法として伝統的に現物給付と金銭給付に分けられてきた。しかし，最近，法律上の建前は金銭給付でありながら実態上は現物給付で行われているものが，多く登場している。古くは健康保険法における家族療養費がその代表であったが，1997年の介護保険法で原則的な給付方法として採用されて以来，支援費支給制度や障害者自立支援法でも採用され，今や，社会保険制度に限らず，公費負担による福祉制度も含めて，給付方法の主流になりつつある。

しかし従来，家族療養費について（あるいは健康保険法において），この給付方法が現物給付たる療養の給付とは別に意識され，検討対象とされることはほとんどなかった。ようやく介護保険法以降，問題意識が生じ，研究が本格化してきたに過ぎない[1]。本稿は，この給付方法を，「事実上の現物給付」と捉え，本格的な検討を試みたものである。

---

[1] 介護保険法についての個別論考は枚挙にいとまがないが，この給付方法を正面から捉えて論ずるものとしては，さしあたり，堀勝洋「社会保障の給付」日本社会保障法学会編『講座社会保障法第1巻：21世紀の社会保障法』（法律文化社，2001）117頁，倉田聡「医療保険法の現状と課題」日本社会保障法学会編『講座社会保障法第4巻：医療保障法・介護保障法』（法律文化社，2001）50—52頁。

(2) 定　義

家族療養費の支給方法は，健康保険法で次のように規定されている：「被扶養者が［保険医療機関等から］療養を受けたときは，保険者は，その被扶養者が［当該保険医療機関等に］支払うべき療養に要した費用について，家族療養費として被保険者に対し支給すべき額の限度において，被保険者に代わり，［当該保険医療機関等に］支払うことができる」（110条4項。［　］は引用者による），そして「前項の規定による支払があったときは，被保険者に対し家族療養費の支給があったものとみなす」（同条5項）。

本稿では，このような規定によって実態上の現物給付が実現しているものを，検討の対象とする。すなわち，法律上定められた「事実上の現物給付」である。これに対して，法律上金銭給付として規定されているのみでありながら，個別契約等によって実際上は現物給付としているものは，検討対象とはしない[2]。以下，検討対象たる事実上の現物給付はカギ括弧つきで「事実上の現物給付」と表記し，その他の実際上現物給付化されている給付と区別したい。

2　立法の沿革[3]

(1)　立法の歴史

(a)　職員健康保険法（昭和14.4.6法律72号）

「事実上の現物給付」が最初に登場した立法は，職員健康保険法と思われる。当初の健康保険法がいわゆるブルーカラー労働者のみを対象としていたのに対し，いわゆるホワイトカラー労働者を対象とした医療保険立法として

---

[2]　戦前の健康保険法または職員健康保険法に関する勅令は，本稿では法律と同視している。「事実上の現物給付」でない実際上の現物給付の例としては，健康保険法における柔道整復師に対する療養費の受領委任払い，介護保険法における「基準該当サービス」（介保42条1項2号）などがある。最近の改正では，健康保険法の出産育児一時金等について，「受取代理」の取扱いが可能とされた（2006.8.30保発0830005号保険局保険課長通知）。また高額療養費については，政令で現物給付化がなされている（健保令43条）これは，将来いずれの時期かに法律化されるという，過渡的な形態と見るべきであろうか。

制定されたのが職員健康保険法であるが，中核的な保険給付である医療に関して，健康保険法が法律上の現物給付たる「療養の給付」を原則としたのに対して，職員健康保険法は金銭給付たる「療養費」を原則とした。具体的には，次のとおりである。

被保険者がその疾病または負傷に関し療養を受けたときは，療養費を支給する（職員健康保険法47条）。その額は，療養に要する費用の8/10である（同法施行令76条1項，昭和15.5.31厚生省告示153号）。被保険者が，保険者の指定した医師等につき療養を受けた場合においては，保険者は，その被保険者が当該医師等に対し支払うべき療養に要した費用につき，「療養費トシテ被保険者ニ対シ支給スベキ額ノ限度ニ於テ被保険者ニ代リ当該医師，歯科医師又ハ薬剤師ニ対シ之ヲ支払フコトヲ得」（同77条1項）。その場合においては，「被保険者ニ対シ療養費ヲ支給シタルモノト看做ス」（同77条2項）。

職員健康保険法は，昭和17.2.21法律38号によって健康保険法に吸収・統合されたが，統合後の給付方法は，健康保険法の従来からの原則である「療養の給付」が維持された。結局，職員健康保険法による「事実上の現物給付」原則は，短期間で消滅することとなった。

(b) 健康保険法に基づく家族給付

「事実上の現物給付」のもう一つの源流は，健康保険法に基づく家族給付である。

(ア) 補 給 金

立法当初の健康保険法の給付対象は被保険者のみであったが，昭和14.4.6法律74号による改正で，世帯員に対する「補給金」を支給することが可能となった（1条2項）。この当初の家族給付は，入院または手術の一部のみが対象で，給付額は要した費用の1/2であった（昭和15.6.1勅令373号による改正後の健康保険法施行令87条ノ3）。支払方法は，金銭による償還払いが原則とされた（昭和15.5.31厚生省令19号による改正後の健康保険法施行規

---

(3) 以下，この節において，条文は特段の記述がない限り当時のものである。また，老人保健法は平成18.6.21法律83号による改正で「高齢者の医療の確保に関する法律」に改められたが，施行が平成20.4.1であるので，本稿ではさしあたり従前のままとして記述している。

則56条ノ4，56条ノ5）（以下，この段階のものを「旧・補給金」という）。

この「補給金」の支払方法が「事実上の現物給付」化されたのは，昭和17.3.30勅令291号による健康保険法施行令の改正によってである（昭和17年4月1日実施）。これにより，世帯員が保険者の指定した医師等につき療養を受けた場合には，保険者は，その世帯員が当該医師等に対し支払うべき療養に要した費用につき，「補給金トシテ被保険者ニ対シ支給スベキ額ノ限度ニ於テ被保険者ニ代リ当該医師，歯科医師又ハ薬剤師ニ対シ之ヲ支払フコトヲ得」（87条ノ3第4項）。その場合においては，「被保険者ニ対シ補給金ヲ支給シタルモノト看做ス」（同条5項）とされた（以下，これを「新・補給金」という）。

(イ) 家族療養費

次いで，家族給付を「被扶養者」に対する法定給付とした健康保険法の改正（昭和17.2.21法律38号）が昭和18年4月1日から施行されたが，そこでは現行とほぼ同様の，「事実上の現物給付」としての家族療養費が制度化された。すなわち，昭和17.12.10勅令826号による改正後の健康保険法施行令87条ノ2〜87条ノ6により，被扶養者が保険医等の中から自己の選定した者につき受けた療養に要した費用について，その5/10の額の家族療養費が支給されることとされた。

第二次大戦後，新憲法の施行に伴い，従来は勅令（政令）で定めていた事項を法律で定めることとする改正が行われ（昭和23.7.10法律126号），家族療養費に関する規定は健康保険法59条ノ2とされたが，昭和18年からの仕組みは，原則として維持された。これは，基本的に現在まで引き継がれている[4]。

(c) 健康保険法に基づく特定療養費

特定療養費制度は，保険医療機関における選定療養（差額ベッドや高額な歯科材料の提供など）および特定承認保険医療機関における高度先進医療等を受けた場合に支給されるもので，昭和59.8.14法律77号による改正で導入された。選定療養や高度先進医療等を受けた場合に，基礎的な診療部分に

---

[4] 船員保険，各共済など被用者医療保険制度も基本的に同様であり，詳細は省略する。
　　以下に記述する特定療養費，訪問看護療養費，入院時食事療養費なども同様である。

ついては特定療養費として保険給付の対象とし，新しい医療技術や患者の欲求の多様化等に応じた部分を患者の自己負担とする制度である。
　特定療養費に関する規定の書き方は，家族療養費とほぼ同様であり，制度発足当初から「事実上の現物給付」化されていた（健保44条）。
　なお，この特定療養費制度は，平成18.6.21法律83号による改正で，評価療養（以前の高度先進医療等に当たる）および選定療養を受けた場合に支給される「保険外併用療養費」に改められたが，規定の書き方は同様である（86条，63条2項）。

(d) 老人保健法に基づく老人保健施設療養費

　昭和61.12.22法律106号によって改正された老人保健法は，いわゆる中間施設としての老人保健施設を制度化し，そのための給付として老人保健施設療養費を規定した（6条4項，12条5号の3）。具体的には，次のとおりである。
　市町村長は，老人医療受給対象者が，老人保健施設から施設療養（看護，介護，機能訓練等）を受けたときは，その者に対し，老人保健施設療養費を支給するが（46条の2第1項），「その老人医療受給対象者が当該老人保健施設に支払うべき当該施設療養に要した費用について，老人保健施設療養費として老人医療受給対象者に対し支給すべき額の限度において，老人医療受給対象者に代わり，当該老人保健施設に支払うことができる」（同条7項）。そして，その場合には，「老人医療受給対象者に対し老人保健施設療養費の支給があったものとみなす」（同条8項）。
　なお，この老人保健施設療養費は，介護保険法の制定によって介護保険制度に取り込まれ（介護保険施設サービスに係る「施設介護サービス費」。現・介保48条），老人保健法からは削除されている。

(e) 老人保健法に基づく老人訪問看護療養費

　平成3.10.4法律89号によって改正された老人保健法は，在宅の高齢者に対する訪問看護サービスを新たな給付として制度化したが，この老人訪問看護制度も，保健事業の名称としては「老人訪問看護療養費の支給」とされ（12条5号の5），「事実上の現物給付」の方式が採用された。
　規定の書き方は，老人保健施設療養費とほぼ同様であった（46条の5の

2)。訪問看護制度は，その後，健康保険法でも採用され（平成6.6.29法律56号)，訪問看護療養費が同様に「事実上の現物給付」化された（44条ノ4）。両者とも，基本的に変更なく現在に至っている（健康保険法は現88条）。

　(f)　健康保険法に基づく入院時食事療養費

　入院時食事療養費は，入院時の食事の質の向上・多様化への対応，入院患者と在宅患者の間の費用負担の公平化などを図るため，平成6.6.29法律56号による改正で導入された。療養の給付の対象である「入院」から給食部分を切り離して，別個の給付として独立させたものである（43条2項，43条ノ17）。

　具体的な支給方法は，「事実上の現物給付」化されており，入院の実態としては大きな変化がないこととされた（47条ノ17第5・6項）。規定の書き方も，一連の「事実上の現物給付」とほぼ同様であった。これも，基本的に変更なく現在に至っている（現：健保85条）。

　(g)　介護保険法（平成9.12.17法律123号）に基づく各種給付

　介護保険法に基づく給付は，立法当初から「事実上の現物給付」を中心として組み立てられている。健康保険法における療養の給付に対応するような法律上の現物給付は，介護保険法には原則として存在しない。

　介護保険法で「事実上の現物給付」とされているのは，居宅介護サービス費，居宅介護サービス計画費，施設介護サービス費などであり，主要な給付はほぼこの範疇に属する。その他，これらを補完する特例居宅介護サービス費などや，居宅介護福祉用具購入費，居宅介護住宅改修費などが純粋な金銭給付となっている。

　介護保険法における「事実上の現物給付」も，その条文の書き方は，今までの一連のものとほぼ同様である[5]。

　(h)　支援費支給制度

　支援費支給制度は，主に障害者関係の施設・在宅福祉サービスについて，旧来の措置制度に代わるものとして，平成15年から実施された（平成12.6.

---

[5] ただし，居宅介護サービス費の場合は，「事実上の現物給付」とされるために，当該指定居宅サービスが居宅介護支援の対象となっている等（ケアプランの対象となっている場合など）の要件が必要とされている（介保41条6項，同法施行規則64条）。

7法律111号)。措置制度が法律上の現物給付として規定されていたのに対し,支援費支給制度はそれを「事実上の現物給付」化したものである。

　たとえば施設訓練等支援費を受給して身体障害者更生施設等に入所する場合は,次のように規定されていた。

　市町村は,身体障害者からの申請に基づいて,施設訓練等支援費の支給を決定し(身体障害者福祉法17条の11第1項・2項),決定を受けた身体障害者が指定身体障害者更生施設等に入所して指定施設支援を受けたときは,当該身体障害者に対し,施設訓練等支援費を支給する(同17条の10第1項)。その額は,「基準額マイナス施設利用者負担額」である(同条2項)。そして市町村は,「施設訓練等支援費として当該施設支給決定身体障害者に支給すべき額の限度において,当該施設支給身体障害者に代わり,当該指定身体障害者更生施設等に支払うことができる」(同17条の11第8項)。その支払があったときは,「施設支給決定身体障害者に対し,施設訓練等支援費の支給があったものとみなす」(同条9項)。

　この支援費支給制度は,障害者自立支援法(平成17.11.7法律123号)の施行によって廃止され,平成18年から原則として「自立支援給付」制度に移行した。

(i)　障害者自立支援法に基づく自立支援給付

　自立支援給付制度も,「事実上の現物給付」として構成されている。障害者が施設に入所して介護や訓練を受ける例でみると,次のように規定されている。

　市町村は,障害者からの申請に基づいて,介護給付費等の支給を決定し(22条1項),決定を受けた障害者が指定障害者支援施設から指定障害福祉サービスを受けたときは,当該障害者に対し,介護給付費等を支給する(29条1項)。その額は,厚生労働大臣が定める基準額の90/100である(同条3項)。そして市町村は,「介護給付費…として当該支給決定障害者等に支給すべき額の限度において,当該支給決定障害者等に代わり,当該指定障害福祉サービス事業者等に支払うことができる」(同条5項)。その支払があったときは,「支給決定障害者等に対し,介護給付費…の支給があったものとみなす」(同条6項)。

(j) 健康保険法に基づく入院時生活療養費

入院時生活療養費は，特定長期入院被保険者（療養病床に入院する高齢被保険者）が療養の給付と併せて受けた生活療養について支給されるものであり，平成18.6.21法律83号による改正で導入された（85条の2，63条2項）。入院から，食事および居住部分を切り離して，事実上，介護保険と同額の食費および居住費の一部負担を求めるものである。

支給方法についての条文は，入院時食事療養費に関する規定（85条5・6項）を引用している（85条の2第5項）。

(2) 「事実上の現物給付」方式採用の趣旨・理由
(a) 職員健康保険法の制定

職員健康保険法で「事実上の現物給付」の方式が採用された理由について，当局者による説明は次のようなものである：①現物給付の本旨に変更はないこと[6]，②被保険者による医師選択の自由を拡大すること[7]，③事務の簡便化を図ること[8]，④被保険者による一部負担を導入したため，健康保険法のような法律上の現物給付では，会計法上の障害があること[9]。

このうち，「②医師選択の自由の拡大」および「③事務の簡便化」とは，次のようなことである。すなわち，健康保険法においては，「保険者ノ指定シタル医師」等から療養の給付を受けることが原則であったが（健保43条，同法施行令75条），例外として，その他の医師等から診療を受けた場合に療養費の支給も認められていた。しかしその要件は，原則として保険者の事前

---

[6] 第74回帝国議会貴族院職員健康保険法案特別委員会における松平保男議員に対する進藤誠一政府委員（保険院長官）の答弁（昭和14.3.17議事速記録第2号11頁）。

[7] 第74回帝国議会衆議院職員健康保険法案委員会における中崎議員に対する佐藤基政府委員（保険院総務局長）の答弁（昭和14.3.11委員会議録第5回2頁）など。

[8] 第74回帝国議会貴族院職員健康保険法案特別委員会における實吉純郎議員に対する進藤誠一政府委員（保険院長官）の答弁（昭和14.3.18議事速記録第3号5—6頁）。

[9] 第74回帝国議会貴族院職員健康保険法案特別委員会における松平保男議員に対する進藤誠一政府委員（保険院長官）および佐藤基政府委員（保険院総務局長）の答弁（昭和14.3.17議事速記録第2号11—12頁）。

の承認が必要等,厳しく制限されていた（健保44条,同法施行令77条）。これに対して,職員健康保険法では,原則を療養費払いとして（47条）,「保険者ノ指定シタル医師」等から診療を受けた場合には「事実上の現物給付」とし（職員健康保険法施行令77条1項）,その他の医師等から診療を受けた場合には償還払いとする（同77条3項,職員健康保険法施行規則58条）という方法を採用し,被保険者による医師選択の自由の拡大を,簡単な手続きで実現できるようにしたものであった[10]。

また,「④会計法上の障害」については,被保険者の一部負担分（2割）を医師がいかなる資格で受領するかという問題がある,また,10割の歳出があって2割の歳入があるのでは,保険者としての政府に歳入歳出混淆の問題が生ずる,と説明されている[11]。

(b) 健康保険法による職員健康保険法の吸収・統合

職員健康保険法が健康保険法に吸収・統合された時点において,なぜ健康保険法側の原則である「療養の給付」が維持され,職員健康保険法側の原則である「事実上の現物給付」が採用されなかったかについては,明確な説明が見あたらないようである[12]。この昭和17年改正法は,同時に療養の給付に被保険者の一部負担金を導入したものであったが（健保43条ノ2）,それにもかかわらず,職員健康保険法において問題とされた「会計法上の障害」

---

[10] さらに加えて,保険者の指定する医師の範囲も,健康保険法における指定を利用しつつ,それよりも広くする方針が議会答弁で示されている。

また,この問題に関連して,職員健康保険法が事実上の現物給付方式をとった理由について,「多年にわたる日本医師会等との契約上の紛争を……回避して,制度運用上の安定性を得たいという意向が強かったのではなかろうか」との指摘がある（厚生省保険局編『健康保険三十年史（上）』（社団法人全国社会保険協会連合会,1958）76―77頁）。それによれば,健康保険法における政府管掌健康保健事業では,日本医師会等と団体請負契約を締結することによって,実際の医療が行われており,診療報酬は人頭割請負方式であって,政府・医師会間の毎年の契約更新は紛争の連続であった。そこで,職員健康保険法では,診療報酬に勤労定額制（点数単価方式）を採用し,医師会等との契約を不要にしたというのである（厚生省保険局編『健康保険三十年史（下）』（社団法人全国社会保険協会連合会,1958）11―13頁,266―271頁）。

[11] 前掲注(9)のほか,築誠「職員健康保険法概論」健康保険協会編『健康保険実務要論』（健康保険協会出版部,1940）183頁。

が，同様に問題視された痕跡は残っていない。

これについては，次のような事情が推測される。

第一に，この改正に基づき導入された一部負担金は定額方式であった（内服薬5銭／1剤1日，処置5銭／1回，入院30銭／1日など。昭和18.2.8厚生省告示67号）。同時に，診療報酬も，従来の人頭請負制から労働定額制（点数単価方式）に変更され，医師会を経由せずに直接医師に支払うこととされた（昭和18.2.8厚生省告示66号）。その結果，医師等において一部負担金を受領し，診療報酬の残額を保険者から医師等に支払うという方法は，少なくとも実務上は，さほどの困難なく実施できることとなった。心配されていた「会計法上の障害」は，ほとんど形式的なものになったと考えられる。

第二に，保険医等の指定が，行政により強制的に行われることとされた（健保43条ノ3）。従来は医師会等との団体請負契約により，事実上は医師会が保険診療担当医を決定しており，その量的・質的な不足が問題視されていたが，改正法では，地方長官が道府県医師会長等の意見を聴きながらも強制的に保険医等を指定することとしたのである（健康保険法施行令75条）。保険医の不足の解消によって，被保険者による医師選択の自由も拡大し，療養の給付を受けることが困難なために療養費を請求しなければならない事態は，あまり心配する必要がなくなった。

以上の2点は，いずれも職員健康保険法が「事実上の現物給付」方式を採用した主要な理由と密接に関連する。すなわち，簡便で，「会計法上の障害」もなく，医師選択の自由度も拡大されるのであれば，健康保険法としては，「療養の給付」という法律上の現物給付の原則をあえて変更する理由はない。これが，職員健康保険法の吸収・統合の段階で，「事実上の現物給付」の方

---

(12) 当局者には，金銭給付と比較して現物給付には利点が多いことから，なるべく現物給付化をしたいという意図があったことが認められるが，それ以上の積極的な理由が説明されたものは発見できなかった（鈴木武男『改正健康保険法解説』（教学館，1942）155頁には，［職員健康保険法の統合について，現金給付と現物給付の比較の後］「……結局現物給付の原則を採りつつ医療機関の整備を行ひ，不便なく保険の組織に於て治療を受けらるゝことが理想的であり，改正法はこの目標に向って進められてゐる」との記述がある）。

式が採用されなかった理由と考えられる。

(c) 健康保険法に基づく家族療養費

家族療養費がなぜ「事実上の現物給付」として定着したかについても，当局者による明確な説明は見あたらない。

旧・補給金が金銭給付として創設されたのは，任意的・付加的な給付として，財政状況による必要な制度の改廃を容易にする観点があったものと思われる。しかし，当局者には，家族に対しても被保険者と同様に，なるべく現物給付で医療を受けさせることが望ましいという考えがあった[13]。実際，制度上は償還払いの方法が規定されていたが，被保険者が保険医に委任状を提出することにより，保険医が補給金を直接に保険者から受領するという方法で，実際上現物給付とする取扱いが行われていた[14]。

次いで「事実上の現物給付」とされた「新・補給金」について，当局者は，「被保険者の傷病に関する療養の給付と全然同様な形に依ることになり只一部負担の額が被保険者の場合より多くなる点が異るのみと云ふことになる。即ち補給金は形式上被保険者に支給されることになってゐたのが傷病ある家族に現物給付されることに改められる」との認識を示している[15]。この方式が，基本的にはそのまま昭和18年4月からの家族療養費に引き継がれた。

このような経緯からみると，補給金としての発祥がやはりその後の発展形態を左右したものと考えられる。当局者には現物給付化の意図があったが，それは，「事実上の現物給付」化によって実現したと考えられ，それ以上に法律上でも現物給付とすることまでは求められなかった。職員健康保険法制定時における問題意識にもみられるように，一部自己負担を利用者に求める場合には，形式上は金銭給付としたほうが問題は少なく簡便にみえる。補給金も家族療養費も，定率（5割）の給付（すなわち5割の自己負担）とされており，簡便に問題なく事実上で現物給付とされれば，あえて法律上の現物給

---

[13] 鈴木武男「健康保険法改正要項」健康保険協会編『健康保険実務要論』（健康保険協会出版部，1940）111—112頁。

[14] 玉川嘉彦『現行改正健康保険法令並二月改正健康保険法解説』（社会保険普及会出版部，1942）8頁。

[15] 鈴木・前掲注(12) 215頁。

付化まで求める必要性は乏しかったのであろう[16]。

(d) 健康保険法に基づく特定療養費

(ｱ) 特定療養費制度が創設された趣旨は，患者の選択による特別室への入院や金等の歯科材料を使用した治療および高度先進医療を受けた場合の負担について，法令に基づき適正なルール化を図り，保険給付と国民の多様なニーズとの調整を図る趣旨であった[17]。すなわち，差額ベッドや歯科差額の問題について，通達等に基づく運用によって行われていた従来の取扱いを改め，認められるものを特定療養費の対象として健康保険法上明確に位置づけ，適正な規制の下に運用しようというものである。

「事実上の現物給付」方式を採った理由について，当局者は，現物給付の原則を変えるものではないとしつつ，「立法技術的な観点から」と説明している[18]。

すなわち，医療とは一体的な給付であるから，療養の給付は「オール・オア・ナッシング」になってしまい，保険診療と自費診療を混合させることができない[19]。ところが，これを費用の問題ととらえれば，医療にかかった費用のうち，どの部分を保険給付の対象として支払うかという形で整理して両

---

[16] さらに，次のような事情も想像できる。昭和17年改正法では，被保険者に対する療養の給付に一部負担が導入されたが，それには抵抗が大きかった。そこで，一部負担金を定額方式で定めた。家族に対する給付を，「5割の自己負担付きの法律上の現物給付」として規定したとすれば，それが被保険者に対する療養の給付にも波及して，給付切り下げの端緒になるのではないかと懸念され，問題となった可能性がある。

おって，後日の議論であるが（昭和59年），家族療養費制度を「前近代的な労働者保護的社会保険思想の残りかす」として，被用者保険における家族の法律上の身分を是正すべきだとの指摘に対して，国民健康保険との比較から，「被扶養者につきましても，そういう現物給付の形に直します場合に家族保険料の問題をどうするか」という問題が出てくると答弁している例がある（第101回国会参議院社会労働委員会における大浜方栄議員に対する吉村仁政府委員（厚生省保険局長）の答弁（昭和59.7.17会議録第14号25頁））。

[17] 昭和59.9.22厚生省発保87号各都道府県知事宛て厚生事務次官通知「健康保険法等の一部を改正する法律等の施行について（依命通知）」。

[18] 第101回国会衆議院社会労働委員会における浦井議員に対する吉村仁政府委員（厚生省保険局長）の答弁（昭和59.5.10議録第13号19—20頁）。

者の併存を可能とすることができる。そこで、既存の家族療養費の形式を利用して、「差額徴収というものを一つ法律の規定にした」というのである[20]。

(イ) 特定療養費を制度化した昭和59年改正法は同時に、療養の給付に定率（1割）の一部負担金を導入したものであったが、その際に、過去の職員健康保険法のように、療養の給付そのものについて「事実上の現物給付」とすることが検討された形跡はみられない。ここでは、療養の給付に一部負担を付けながらも、それとは別個の給付として、特定療養費が制度化されたという点が注目される。そして、そこで課題とされたのは、保険診療と新しい医療技術の併存であり（高度先進医療）、または保険給付と患者の欲求の多様化との調整（選定療養）であった。

なお、被扶養者に対する高度先進医療や選定療養は、相当する給付が家族療養費の中に設けられ、条文上も従来の家族療養費に溶け込んで一体とされた（59条ノ2）。「家族特定療養費」といった給付が別個に設けられたわけではないが、これは立法技術上の理由によると思われる。

(e) 老人保健施設療養費以降の各給付

(ア) 1986（昭和61）年の老人保健施設療養費を含め、それ以降に登場した各給付については、立法時の国会答弁や当局者による執筆物などにおいて、「事実上の現物給付」方式を採用した趣旨・理由に関する言及は見あたらないようである。

ところで、これらの各給付に共通する特徴として、「利用者による一部負担」の存在を挙げることができる。すなわち：

老人保健施設療養費は定額で定められ（昭和63.3.19厚生省告示82号）、施設は利用者から一定の範囲で利用料の支払いを受けることができるとされた（老人保健施設の施設及び設備、人員並びに運営に関する省令（昭和63.1.4厚生

---

[19] 東京地判平成元.2.23訟務月報36巻12号2179頁は、「一連の医療行為」及び「混合診療禁止」の考え方は、絶対的なものでは必ずしもないとしつつ、「少なくとも特定療養費制度新設後は、……法は、「療養の給付」の中での保険給付外診療との混在は認めないとの方針を明確に採用したものと解せられる」と判示している。

[20] 前掲注(18)のほか、第101回国会衆議院社会労働委員会における浦井議員に対する吉村仁政府委員（厚生省保険局長）の答弁（昭和59.7.12会議録第24号19頁）

省令1号）25条）。老人訪問看護療養費は，定額の基本利用料が利用者の一部負担とされたほか（老人保健法46条の5の2第2項（現46条の5の2第4項），平成4.2.29厚生省告示30号），訪問看護ステーションはその他の一定の費用についても利用者から受け取ることができることとされた（平成4.2.29厚生省令3号20条，平成4.2.29厚生省告示31号）。

　入院時食事療養費は，入院時の給食に関して選定療養の考え方を導入したものとみることができる。また，介護保険制度の各給付は原則として支給率9割（1割が自己負担）であり，さらにいわゆる「差額部分」を含め一定の範囲の費用の支払いを，施設は利用者から受けることができる（指定介護老人福祉施設の人員，設備及び運営に関する基準（平成11.3.31厚生省令39号）9条など）。支援費支給制度では，本人や扶養義務者の負担能力に応じた利用者負担額が市町村長によって設定されることとされていた（身体障害者福祉法17条の10第2項2号など）。障害者自立支援法に基づく自立支援給付も，支給率は原則9割である。

　(ｲ)　以上の一部負担について，健康保険法の療養の給付における一部負担金に類するのか，それともいわゆる差額部分に類するものか，という観点からその性格をみると，①両者が併存しているもの（老人訪問看護療養費，入院時食事療養費，介護保険，自立支援給付），②両者が混在・一体化して区別が難しいもの（老人保健施設療養費），③両者のいずれに類するとも言いにくいもの（支援費支給制度）というように，一応分類することができる。純粋に「療養の給付における一部負担金」的な性格を有するものがない点に着目すれば，特定療養費をモデルとして「事実上の現物給付」という立法形式が採用されたことについて特段の問題意識が生じなかったとしても，それは自然な成り行きだった可能性がある。

　少なくとも老人保健施設療養費の制度化以降は，その性格はどうあれ，利用者による一部負担付きで現物給付を実現するための法技術として，「事実上の現物給付」方式が定着したものとみることができようか[21]。

---

(21)　新田秀樹『社会保障改革の視座』（信山社，2000）272頁。

3 「事実上の現物給付」の法理論

「事実上の現物給付」の法律関係は，基本的には 3 者間で構成される（図）。第一に，保険者から被保険者へ（または市町村から障害者へ）の給付がある。この関係においては，債権者は被保険者（または障害者）で，債務者は保険者（または市町村）である（債権債務関係 A）。第二に，医療機関等（事業者）から被保険者等（または障害者）へ医療，介護等のサービスが提供され(22)，その結果(23)，被保険者等は医療機関等へ対価（治療費等）を支払うべきことになる。この支払関係においては，債権者は医療機関等で，債務者は被保険者等である（債権債務関係 B）。

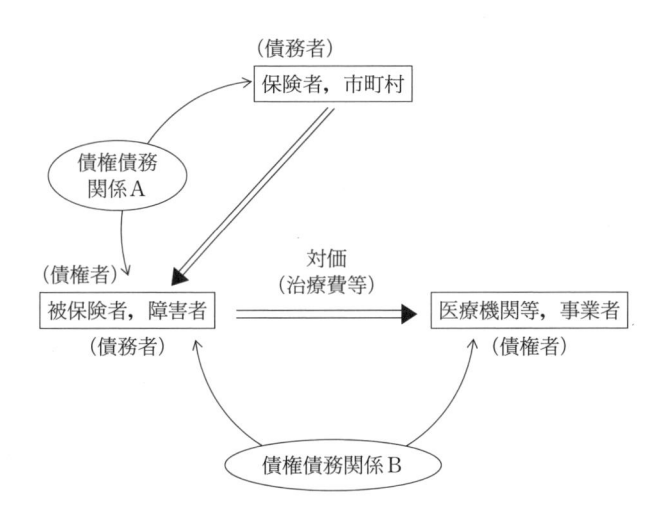

```
                        (債務者)
                     ┌──────────┐
              ┌─────▶│保険者，市町村│
           ╭──╮     └──────────┘
           │債権債務│         │
           │関係A  │         │
           ╰──╯         ▼
        (債権者)      対価        
     ┌──────────┐ (治療費等) ┌──────────────┐
     │被保険者，障害者│═════════▶│医療機関等，事業者│
     └──────────┘           └──────────────┘
        (債務者)                 (債権者)
                    ╲         ╱
                     ╲  ╭──╮ ╱
                      ╲│債権債務│╱
                       │関係B  │
                       ╰──╯
```

---

(22) たとえば家族療養費では，被扶養者が医療を受け，被保険者が家族療養費の支給を受ける。このように厳密には当事者が異なる場合について，どのような理論構成を行うかは議論の余地がある。しかし，ここでは詳細には立ち入らず，さしあたり同一当事者に債権債務が帰属するものとして考察することとしたい。

(23) 被保険者等と医療機関等との間に，診療契約，介護契約等が存在することを前提としている。

「事実上の現物給付」では，保険者等が被保険者等「に代わり」，医療機関等へ「支払う」こととされているが，それではこの操作によって，これらの債権債務はどのように処理されることになるのであろうか。

(1) 条文の読み方

まず，「(保険者等が) 被保険者等に代わり，(医療機関等に) 支払う」という，「事実上の現物給付」に共通する条文の読み方をはっきりさせておくことが必要であろう。①「(給付を) 被保険者に支払う代わりに，(医療機関等に) 支払う」という読み方と，②「(治療費等を) 被保険者が支払う代わりに，(保険者等が) 支払う」という読み方の，どちらも可能であるようだからである。

通常の理解は，①と思われる（行政解釈もそのようである）[24]。しかし，②も可能であり[25]，日本語としては自然ともみえる。そこで両者を比較してみると，②の読み方には，次のような弱点があることがわかる。

第一に，②の読み方は，家族療養費には適用できない。治療費等は，条文上も「その被扶養者が…支払うべき」とされているからである。①の読み方なら，「事実上の現物給付」全体の共通した読み方として採用することができる。第二に，後に論ずる法的構成との関係で，②の読み方は，「第三者の弁済」または「債務引受」の法的構成と直結しがちになるが，①の読み方なら，すべての可能性を視野に入れることができる。

そこで本稿では，さしあたり通常の理解を採用し，①の読み方を前提として，以下論じていくこととしたい。

(2) 法的構成―諸説
(a) 代理受領
(ア)「事実上の現物給付」の説明として，現在通常用いられているのが，

---

[24] 『健康保険法の解釈と運用 (11版)』(法研, 2005) 841頁など。
[25] 支援費支給制度について明確にその読み方を示すものとして，新田秀樹「福祉契約と市町村の行政責任―支援費の支給決定の法的構造を中心に」新井誠・秋元美世・本沢巳代子編著『福祉契約と利用者の権利擁護』(日本加除出版, 2006) 286頁。

「代理受領」という表現である[26]。介護保険制度および自立支援給付制度では，指定事業者の人員・運営等に関する各基準を定める厚生労働省令においても，「法定代理受領」という用語が定義され，用いられている（たとえば，指定居宅サービス等の事業の人員，設備及び運営に関する基準（平成11.3.31厚生省令37号）2条5号）。

代理受領を字義通り解すれば，「医療機関等が被保険者等を代理して，保険者等から給付を受領する」ことになる。債権債務関係Aにおいて，被保険者等の代理人として保険者等から給付を受領する（すなわち，債務の弁済を受領する）権限が，医療機関等に与えられていると解することになろう。被保険者等と医療機関等の間には，取立委任に類似する関係が，法律によって形成されていると考えられる。「（被保険者等に対し）支給があったものとみなす」旨の規定は，代理人に対する弁済の結果，債権が消滅することを入念的に規定したものと解することができる。

医療機関等は，受任者として受領した金銭を，委任者たる被保険者等に引き渡さなければならないが（民646条），債権債務関係Bにおける対価（治療費等）の請求権との相殺が行われる。結果として最終的には，被保険者等は一部自己負担を行うことにより，「事実上の現物給付」を受けられることになる。

(イ) 類似の用語として「委任受領」ないし「受領委任」がある。これは，本稿が検討対象から除外した，法定でない実際上の現物給付において用いられている。古くは，健康保険法における旧・補給金の支払方法の説明として用いられていた[27]。また，現在では，柔道整復師の施術に係る療養費（健保87条等）について，厚生省通達は，「柔道整復師が療養費の受領の委任を被

---

[26] 代理受領という用語は，もともと民間損害保険において用いられていたもののようである。「これ［＝代理受領］は，保険の目的物についての所有者たる被保険者が，保険の目的物の担保権者その他の債権者に対し，あらかじめ，保険事故発生の場合における保険金を受領する権限を付与し，かつ，保険者の承諾を得ておいて，保険事故が発生した場合には，その受領した保険金を債務の弁済にあてさせるものである」（田辺康平『新版現代保険法』（文眞堂，1995）179頁）。

[27] 鈴木・前掲注(13)111－112頁。

保険者又は被扶養者から受け，保険者等に請求する場合の取扱い」を「受領委任の取扱い」と定義している（「柔道整復師の施術に係る療養費について」平成11.1.20 保発144号・老発682号厚生省老人保健福祉局長・保険局長通知）。

「委任受領（受領委任）」と「代理受領」の法的構成は，基本的に同一である。実務上も，ほとんど区別なく用いられている[28]。介護保険制度の厚生労働省令にみられるように，「法定」の2文字を冠することにより，両者の区別が明らかになるに過ぎない。

(ウ)　「受領委任」に関しては，最近，あん摩マッサージ指圧師等が柔道整復師と同様の取扱いを求めて，保険者や国等に損害賠償等を求めた訴訟が複数提起されている。報道によると，いずれも請求は棄却されている[29]。

受領だけの委任ないし代理であれば，本来，委任者・受任者間で瑕疵のない委任契約があれば，問題なく債務者からの弁済が受けられるはずである。しかし，裁判所が，柔道整復師には認められている「受領委任の取扱い」をあん摩マッサージ指圧師等に認めない判断をしたのは，「受領委任」といいながらも，その内容は受領だけでなく，請求自体の委任も含んでいると理解したからに他ならない。すなわち，請求して受領するという一連の行為すべてについて，被保険者が施術者に委任することの可否が問題となった。

このことは，「代理受領」という表現が，必ずしも一義的でないことを示唆している。特に，請求行為までが内容に含まれるかは，重要な課題である[30]。この点は，後に検討する。

(b)　第三者の弁済

(ア)　これは，債権債務関係Bにおいて，被保険者等が医療機関等に対して負う対価支払い債務を，保険者等が第三者として弁済するという法的構成

---

[28] 第101国会衆議院社会労働委員会における沼川議員に対する吉村仁政府委員（厚生省保険局長）の答弁（昭和59.7.5会議録21号20頁）。

[29] 『週刊社会保障』2376号（2006.4.3）16頁。公刊されている裁判例としては，千葉地判平成16.1.16（LEX/DBインターネット TKC法律情報データベース文献番号28090943）がある。

[30] 健康保険法の特定療養費について，「代理請求あるいは委任払い」と説明した例がある（第101回国会衆議院社会労働委員会における浦井議員に対する吉村仁政府委員（厚生省保険局長）の答弁（昭和59.5.10議録第13号19頁））。

である。

　民法上の原則では，第三者の弁済の有効要件として当事者の意思が問題になるが（民474条。当事者が反対の意思を表示したときは，第三者による弁済はできない），「事実上の現物給付」の場合は，法律に定めることにより，当事者の意思にかかわらず有効なものとされていると解される。弁済による代位の結果として，債権債務関係Bにおける対価支払い請求権は保険者等に移転する。これも，民法で原則上必要な「債権者の承諾」（民499条1項）は，法律に定めることにより不要とされ，一種の法定代位が生ずるものと解される。

　債権債務関係Aは，代位により移転した対価支払い請求権と，被保険者等の給付請求権との相殺が行われることにより処理されることになる。ただし，「事実上の現物給付」化されている各給付は，社会保障給付受給権の通例として，本来，差押が禁止されているものである（健保61条など）。民法510条は差押禁止債権を受働債権とする相殺を禁止しているので，その点をどう説明するかという課題が残る。

　(ｲ)　職員健康保険法や新・補給金の理解としては，制度の法的構成を第三者の弁済の一種ととらえることが，むしろ一般的であった[31]。(a)で述べたように，当時は整復術師に対する支払や旧・補給金のように，委任状を用いて行われる実際上の現物給付を「委任受領」と説明し，法定の「事実上の現物給付」を第三者の弁済と説明して，両者を区別していた。最近でも，歯科における混合診療の可否が問題となった裁判で，判決理由中に特定療養費の「事実上の現物給付」化を「代位弁済」と説明した用例がみられる（東京地判平成元.2.23訟務月報36巻12号2204頁）。

---

[31] 職員健康保険法について：築・前掲注(11)187頁，鈴木武男『職員健康保険法解説』（健康保険協会出版部，1940）85頁。ただし，「医者ガ被保険者ノ委任ヲ受ケテ，保険者ニ対シテ金ヲ請求スル」と説明した議会答弁もある（第74回帝国議会貴族院職員健康保険法案特別委員会における小池議員に対する佐藤基政府委員（保険院総務局長）の答弁（昭和14.3.17議事速記録第2号5頁））。家族療養費について：鈴木・前掲注(12)215頁。当局者による現行の解説書にも，新・補給金について「代位弁済的な支払方法」との説明が残っている（前掲注(24)834頁）。

(c) 債務引受

債権債務関係Bにおいて，被保険者等が医療機関等に対して負う対価支払い債務を，保険者等が引き受けるという法的構成である。「(被保険者等に対し)支給があったものとみなす」との規定は，債権債務関係Aにおいて，保険者等が債務を引き受けたことにより被保険者等が受けた利益について，保険者等の給付債務を免除する旨を規定したものと考えることになる。

広義の債務引受には，「免責的債務引受（被保険者等は，医療機関等に対して負う債務を免れる）」「併存的（重畳的）債務引受（保険者等と被保険者等が併存して同一内容の債務を負う）」および「履行の引受（保険者が直接医療機関等に対して債務を負うことはなく，被保険者に対してその債務を履行すべき債務を負うにとどまるものであり，債務の移転は生じない）」の3種類があるが，そのいずれとみるべきかについては，現段階では直ちに決することができない。

「事実上の現物給付」の法律構成を債務の引受と説明した例は，職員健康保険法に関する当局者の解説中に，1件みることができる[32]。

(d) 債権譲渡

債権債務関係Aにおける被保険者等の給付請求権を，医療機関等へ譲渡するという法律構成である。民法466条2項に定める「当事者の反対の意思」および467条1項の「債務者への通知等」は，法律で定めることにより問題がないものとされていると解することになろう。この債権譲渡の原因行為を売買ととらえれば，その代金と被保険者が負う対価支払い債務とが相殺され，債権債務関係Bが処理されることになる。

ただし，「事実上の現物給付」を債権譲渡と説明した例は，発見されていない。また，「事実上の現物給付」化されている各給付は，社会保障給付受給権の通例として，本来，譲渡が禁止されているものであるので（健保61条など），その点をどう説明するかが課題として残る。

(3) 受給権の発生

以上の仮説は，いずれとも決めがたいように思われる。当局者の考えも，

---

[32] 長瀬恒蔵『職員健康保険法釈義』（健康保険医報社，1941）145頁。

一貫しているとは言い難い。介護保険法および障害者自立支援法の厚生労働省令において「法定代理受領」という用語が採用されており，また事業者が審査支払機関に請求する金銭は「介護給付費」等とされている（介護給付費及び公費負担医療等に関する費用の請求に関する省令（平成12.3.7厚生省令20号），介護給付費等の請求に関する省令（平成18.9.29厚生労働省令170号））が，これは，介護保険法の立法担当者が「事実上の現物給付」を代理受領と理解していたためと考えられる[33]。

これらの法律構成は，いずれも債権・債務の存在を既定のものとして組み立てられているが，代理受領の項でみたように，債権（この場合は受給権）の発生自体が問題となることもある。内容に「請求から受領まで」の一連の行為を含みうるにもかかわらず「代理受領」と呼ばれているのは，おそらく通常は受給権が発生しない事態をあまり考慮する必要がないからであろう。しかし，あん摩マッサージ指圧師の裁判が示したように，療養費（健保87条等）については，請求して受給権を発生させることができるかが問題となった。それは，療養費の支給については，その可否・支給額等に関して，保険者の裁量が広く認められる法規定となっているからに他ならない。

各仮説の適用可能性を論ずる前提として，受給権発生の法構造が各給付についてどのように規定されているかを確認することが必要であろう[34]。これは，「事実上の現物給付」の概念を正確に理解するためにも重要な作業と思われる。

(a) 療養の給付

ここでまず，法律上の現物給付である健康保険法の療養の給付について，受給権発生の法構造を確認したい。この作業は，「事実上の現物給付」と法律上の現物給付の比較の観点からも，重要な意味を有すると考えられる。

被保険者は，自らの疾病または負傷に関して，療養の給付を，保険医療機

---

[33] 遠藤浩・神田裕二「介護保険法案の作成をめぐって」九州大学法政学会『法政研究』66巻4号（2000）1802頁。

[34] 理論上は，債権債務関係Aのみならず，債権債務関係Bについても債権発生の問題を検討する必要があることになるが，これは基本的に各制度に共通であり問題も少ないと思われるので，さしあたり省略したい。

関等のうち,「自己の選定するものから受けるものとする」(健保63条)。その費用につき,被保険者は一部負担金を保険医療機関等に支払い(同74条),保険者は残額を保険医療機関等に支払う(同76条1項)。その際,保険者は,診療報酬点数表や療養担当規則等に照らして審査を行う(同76条4項)。

このように,療養の給付に関しては,疾病・負傷という事実があれば[35],行政による決定を介在させず,保険医療機関から給付を受けることができる構造になっている[36]。審査は,費用の支払いの段階で事後的に行われる[37]。被保険者の受ける給付は,法律上も現物給付である「療養の給付」(診察・治療等の行為など)であるが,その受給権の発生の確実性は極めて高い。また,保険医療機関等の保険者に対する診療報酬請求権も,「当該機関が療養担当規則等に従って被保険者に対して療養の給付を行う都度,算定方法告示の規定に従って発生する」と解されている[38]。その意味で,事業者(保険医療機関等)にとっても,債権の発生の確実性は高い。このような法構造(「事実の発生」プラス「事後の審査支払」)を,さしあたり「現物給付の基本型」と呼ぶこととする。

 (b) 入院時食事療養費,特定療養費(保険外併用療養費),家族療養費および職員健康保険法

これらは,現物給付の基本型と同じ法構造によって,受給権が発生するものである。

健康保険法に基づく入院時食事療養費,家族療養費などは,いずれも基本的に事実の発生のみが要件として規定され[39],行政による決定は介在していない(85条1項,85条の2第1項,86条1項,110条1項)。事後の審査支払

---

[35] 厳密にいえば,体調の不良を訴えて診察の結果異常がなかった場合も,療養の給付の対象になる。

[36] 太田匡彦「権利・決定・対価(一)」法学協会雑誌116巻2号(1999)213頁。堀勝洋『社会保障法総論[第2版]』(東京大学出版会,2004)228—229頁。

[37] 診療報酬の審査の結果,療養の給付の範囲が限定されたり,極端な場合は対象外とされる可能性は留保されている。最判昭和61.10.17判時1219号58頁。

[38] 大阪地判昭和56.3.23判時998号11頁。

については，いずれも療養の給付に係る76条4項が準用されている（85条9項，85条の2第5項，86条12項，110条7項）。

職員健康保険法については，一部の例外を除き[40]，「被保険者ガ其ノ疾病又ハ負傷ニ関シ療養ヲ受ケタルトキ」に療養費が支給されることになっており（47条），事実の発生のみが要件として規定されていた。事後の審査支払の規定はないが，それは時代背景によるものであろう[41]。

(c) 支援費支給制度および自立支援給付

これらの給付においては，まず行政による支給決定が行われる。支援費支給制度においては，市町村等により，支給の要否（たとえば，平成17.11.7法律123号による改正前の身体障害者福祉法17条の11第2項），支給する期間および障害程度区分（同条3項）が定められることとされていた。また，自立支援給付では，市町村による障害程度区分の認定が行われ（障害者自立支援法21条2項），支給の要否および支給量が決定される（同法22条1項・4項）。

給付は，これらの決定を受けた障害者等が指定事業者（施設）等からサービスを受けたときに支給されるものとされており（身体障害者福祉法17条の10第1項，障害者自立支援法29条1項），その段階では基本的に事実の発生のみが要件として規定され，行政による決定は介在していない。指定事業者等からの請求に対しては，両制度とも，基準に照らしての審査・支払が規定されている（身体障害者福祉法17条の11第10項，障害者自立支援法29条7項）。

この両制度は，重要な要素として行政による事前の決定が存在するが，その決定を経た後については，現物給付の基本型が採用されているものとみてよいであろう[42]。

---

(39) 厳密にいえば，療養の給付の場合は「疾病・負傷の存在」という事実に対して，「療養」そのものが給付されるが，これらの「事実上の現物給付」の場合には，「療養を受けた」という事実に対して金銭が給付される。以下の各「事実上の現物給付」も同様である。

(40) 診療所収容，看護および移送については，「保険者ガ必要アリト認ムルモノニ限ル」とされていた（職員健康保険法施行令75条3項）。

(41) 現行の健康保険法76条4項も，昭和32年法律42号による改正によって，43条ノ9第4項として追加された。

(d)　補給金，老人保健施設療養費および訪問看護療養費

これらの給付に共通するのは，「(保険者が) 必要と認める場合に限り，支給する」旨の規定が設けられていることである。

創設当初の補給金は，「保険者ニ於テ必要アリト認メタル場合ニ之ヲ支給ス」とされており (昭和15.6.1勅令373号による改正後の健康保険法施行令87条ノ3第1項)，この規定は，「事実上の現物給付」とされた「新・補給金」でも維持されていた。また，老人保健法による老人保健施設療養費は，「市町村長が必要と認める場合に限り，支給する」と規定されていた (平成9.12.17法律124号による改正前の46条の2第2項)。訪問看護療養費も，「(保険者が) 必要と認める場合に限り」，支給される (健保88条2項，老人訪問看護療養費について，老保健46条の5の2第2項)。

すなわち，これらの給付は，事実の発生 (健保88条1項など) に加えて，受給権の発生のために行政 (保険者等)[43]による決定が介在する構造となっている。事後の審査・支払に関しては，それぞれ規定が設けられている (健保88条10項など)。現物給付の基本型の中間段階に，行政決定が介在する形といえようか。

(e)　介護保険制度

介護保険制度の給付を受けるためには，まず市町村による要介護 (支援) 認定を受ける必要がある。その段階で，要介護状態区分 (支給額と連動している) が決定され (介保27条10項)，さらに場合により，受けることのできるサービスの種類が指定されることがある (37条)。

認定を受けた被保険者が，指定事業者等からサービスを受けたときに給付が支給されることになるが (たとえば，居宅介護サービス費について41条1項)，それには，「市町村が必要と認める場合に限り，支給する」との限定が付されている (同条2項)。事後の指定事業者からの費用の請求については，基準に照らしての審査・支払が規定されている (同条9項)。

---

(42)　堀・前掲注(36)228—229頁では，療養の給付に関しても，保険者による被保険者の資格確認を事前の要件ととらえており，その立場からみれば，療養の給付，支援費支給制度および自立支援給付は，同じ法構造ということになる。

(43)　健康保険組合も，この場合は行政とみなしている。

以上から，介護保険制度の各給付の場合には，行政による事前の決定を経た上で，さらに現物給付の基本型の中間段階に，再度の行政決定が介在する形となっているものといえる。

(4)　小　　括
　療養の給付は，行政による決定を介在させず，受給権の発生の確実性が高い法構造となっている（現物給付の基本型）。これに対して「事実上の現物給付」は，いくつかの類型がある。法構造が現物給付の基本型と同じものが，同様に受給権発生の確実性が高いといえることは当然として，現物給付の基本型に事前の行政決定が付属している形のもの（支援費支給制度，自立支援給付）も，事前の決定を経た後であれば，同様に確実性が高いといってよいであろう（事業者は，その旨さえ確認できれば，安心してサービスを提供できる）。しかし，現物給付の基本型の中間段階に行政決定が介在する形となっている場合（訪問看護療養費，介護保険など）には，その分，受給権の発生に不確定要素が含まれることになる。その「（保険者が）必要と認める場合に限り，支給する」との条項をどう理解すべきかも今後の重要な論点であるが，いずれにしても行政の決定が介在する以上，事業者は行政によって給付が拒否される不確実性を抱えながらサービスを提供することになる。
　受給権の発生と法的構成の関係でいえば，介護保険法において「事実上の現物給付」が代理受領と説明されていることが，若干奇妙な感を覚える。すなわち，代理受領との説明がよく妥当するのは，債権債務関係Aにおいて債権の発生（給付の受給権の発生）が確実な場合である。ところが受給権発生の法構造をみると，介護保険法はもっとも不確実性の高い分類に属する。行政の決定が介在する以上，指定事業者が「代理」する内容は，受領のみならず，請求から受領までの一連の行為を含むものと考えるしかないであろう。
　前述のように，介護保険法の厚生労働省令において「法定代理受領」という用語が採用されており，そのためであろうか，「事実上の現物給付」の法的構成を代理受領と理解する見解が一般化しつつあるようである。私もかつてそのように考えていた[44]。しかし，介護保険法においては，むしろ，確実な債権債務関係Bを基礎にした説明（第三者弁済または債務引受）のほうが

なじみやすい可能性があるようにも思われる。今後の課題としたい。

4　結びに代えて

(1)　「事実上の現物給付」の概念

(ア)　本稿は，「事実上の現物給付」について，当初，次のように定義して検討を行ってきた：①「(被保険者等に) 代わり，(医療機関等に) 支払うことができる」，そしてその場合には「(被保険者等に対し) 支給があったものとみなす」という旨の規定によって，給付の支給方法が定められているもの。
　その結果，以下の事項が明らかになってきた。
　②　歴史としては，職員健康保険法まで遡ること。介護保険法以降は，医療保険のみならず，福祉分野でも採用されるに至っていること。特に，社会保険方式以外においても採用されていること。近年は，一部負担付きで現物給付を実現するための方式として，定着しつつある感があること。
　③　法的構成の説明の可能性は，必ずしも代理受領に限られないこと。特に，代理受領との説明は，比較的最近になってから登場したものであること。
　④　給付を現実に担当する医師，医療機関，事業者等は，保険者，行政等から指定を受ける等により範囲が限定されるとともに (健保63条3項1号，介保41条1項など)，一定の基準が定められて監督の下に置かれるものとされていること (健保70, 78, 80条など，介保73—77条など)。
　⑤　給付が支給されるに当たっては，一定の基準に照らして審査した上で支払われることとされていること。
　⑥　受給権の発生の法構造は，一様でないこと。大別すれば，現物給付の基本型と同様に行政の決定を介在させないものと，「(保険者が) 必要と認める場合に限り，支給する」との規定によって行政の決定を介在させているものに分けることができること。

(イ)　そのほか，本稿では十分な論証を行うことができなかったが，「事実

---

(44)　山口浩一郎・小島晴洋『高齢者法』(有斐閣, 2002) 173—174頁。この現在の研究の進行によって，将来，見解が改められる可能性があることを，お詫びかたがたお断りしておきたいと思う。

上の現物給付」に関しては，次のような特徴を挙げることができる。

　⑦　支給手続きを定める省令レベルでは，多くの場合，「(医療機関等に対して)　支払͘うものとする͘」と規定され（健康保険法施行規則57条，63条，93条など。傍点引用者），法律より進んだ表現で「事実上の現物給付」が制度化されていること。

　⑧　療養の給付を受けることができなかった場合に療養費が支給されうるように，ほとんどの場合，原則としての「事実上の現物給付」が受けられなかった場合に，例外としての金銭給付が支給されうることとされていること（健保87条，110条7項，介護保険法42条など）。

　⑨　診療報酬請求権の譲渡差押可能性（医療機関の有する診療報酬請求権を，医療機関の債権者が差し押さえることができるか）や減点査定をめぐる裁判例において，家族療養費が療養の給付と別異の法律関係として特に論じられた形跡は，ほとんど見あたらないようであること[45]。

　(ウ)　定義を含めて，以上の9項目がさしあたり「事実上の現物給付」の特徴として提示されうるものと思われる。これらの特徴を有するものとして，

---

[45]　将来の診療報酬請求権の譲渡可能性まで容認したリーディングケースたる最判昭和53.12.15判時916号25頁では，下級審からの一連の訴訟中においても，家族療養費が療養の給付と別個に論じられた形跡はない。わずかに東京地判昭和25.11.8下民集1巻11号1780頁（仮差押決定を認可）に，「家族療養費が保険医等に直接支払われることがあること…等の規定から直ちに譲渡または差押えの禁止に関し診療報酬債権を保険給付を受ける権利と同視すべき実質的理由を見出すことは出来ない」との説示がある。

　　また，医療保険の減点査定に関するリーディングケースたる前掲注（38）大阪地判では，家族療養費分の減点査定も争われているが，「保険者が家族療養費相当額を保険医療機関に直接支払う場合には保険医療機関と保険者との法律関係は被保険者に対する療養の給付の場合と同様に解することができる」と判示されている。

　　なお，「事実上の現物給付」のみから構成されている介護保険法について，減額査定に関する裁判例が本稿脱稿後はじめて公刊された（高松高判平成16.6.24判タ1222号300頁）。介護報酬についても，療養の給付（健康保険法）における診療報酬請求権と同様に，減額査定された事業者は，審査支払機関（県国民健康保険団体連合会）および保険者に対して，直接に報酬を請求する民事訴訟を提起しており，それがそのまま審理され，判決に至っている。

純然たる現物給付でも純然たる金銭給付でもない，給付の一類型として「事実上の現物給付」を捉えることは可能ではないだろうか。

(2) 今後の研究課題

(ア) 本稿は，課題ばかりが残される結果となってしまった。最大の課題は，債権債務関係を処理する法的構成をどのように決着させるかであろうが，その解決のためには，以下の課題にもそれぞれ解答を与えていく必要がある。

① 「指定」の法的性質： 健康保険法の療養の給付に関して確立した感のある「公法上の契約」という判例法理[46]は，「事実上の現物給付」の場合にも当てはまるのか。法律上の現物給付と「事実上の現物給付」が混在している健康保険法と，法律上の現物給付が存在しない介護保険法等と，その性質は異なりうるのか[47]。

② 「（保険者が）必要と認める場合に限り，支給する」との規定の解釈：直接的には，この「必要と認めるか否か」の判断を，行政処分と解するかどうかが問題である[48]。歴史的には制定当初の健康保険法施行令に遡る（大正15勅令243号74条3項）。その立法趣旨，運用の実態をふまえた上での適切な解釈を探る必要がある。

③ 被保険者等と医療機関等（事業者）との契約の解釈： 診療契約ないし福祉サービス提供契約が存在すると考えられるが，その内容は給付に関する各法によって制約されるのか。具体的には，指定事業者に関する基準や報

---

[46] 代表的な判例は，前掲注(38)大阪地判。

[47] 私はかつて，介護保険法上の「指定」を一種の確認行為と解した（山口・小島・前掲注(44)172―174頁）。この見解も，現在の研究の進行によって，将来，改められる可能性があることを，お詫びかたがたお断りしておきたいと思う。介護保険法上の「指定」についての最近の論考としては，大沢光「介護保険法における指定制度の法的意味」神長勲・紙野健二・市橋克哉編『公共性の法構造（室井力先生古希記念論文集）』（勁草書房，2004）599―628頁がある。

[48] 前掲注(45)高松高判によると，介護保険報酬に関する減額査定について，事業者は県介護保険審査会に対し審査請求を行ったが，減額査定は「行政庁の処分」には当たらないとして，不適法却下する裁決が下されている。山口・小島・前掲注(44)175―177頁。

酬に関する基準は，契約内容となるのか。なるとしたら，それはどのような法理論に基づくのか。また，医療機関等（事業者）は，保険者から当初予定したとおりの給付が支払われなかった場合，あらためてその部分を被保険者等に請求できるのか。

④　「事実上の現物給付」をめぐる法理論は，社会保険制度の場合とその他の制度の場合（自立支援給付など）とで異なりうるのか。あるいは極端な場合，各法律ごとに異なりうるのか。

(イ)　これらの課題は相互に絡み合っており，一括して首尾一貫した説明が可能な解釈を探る必要がある。「事実上の現物給付」をめぐっては，従来，「現物給付ではなく公的責任や公的コントロールの範囲が縮減している」等の問題点を指摘する論調が多かったように見受けられる[49]。しかし，今日，むしろ「事実上の現物給付」を給付の新しい一類型として積極的に捉え直し，現在の条文の書き方を前提としながら，なお「現物給付としての保障」を実質的に担保できるような方向での解釈を探ることこそが重要であると思われる。

---

[49]　たとえば，加藤智章・菊池馨実・倉田聡・前田雅子『社会保障法（第3版）』（有斐閣，2007）243頁，260-261頁（前田雅子稿），久塚純一「医療保障と医療供給体制の整備・再編」日本社会保障法学会編『講座社会保障法第4巻：医療保障法・介護保障法』（法律文化社，2001）91頁。

イタリアの医療保障・保健制度
――職種・業種別制度から普遍主義的制度への転換――

中 益 陽 子

1 イタリアの社会保障制度と労働

「イタリアは，労働に基づく民主的な共和国である。」(イタリア共和国憲法1条)。イタリアの社会保障制度の多くが労働者(就業者)を対象としていることは[1]，労働を基礎としこれを尊重するこうした憲法の表明と無関係ではない。この点，1947年に労働省のもとに設立された社会保障改革委員会 (1947年4月22日暫定元首令377号。いわゆるダラゴーナ委員会) の叙述が象徴的である。同委員会は，ILOのフィラデルフィア協定 (1944年) で承認されたソーシャル・セキュリティーの理念を社会政策の本質として認めつつも，すべての個人を対象とするこうした普遍主義的な制度の構築を無条件に受け入れなかった。曰く，社会政策の本質的な任務は，「ソーシャル・セキュリティー (sicurezza sociale) の保護が必要なすべての人に対し，最低所得と医療扶助を確保するために，このソーシャル・セキュリティーという手段を拡大していくこと」[2]であるが，「社会保障 (previdenza sociale)[3]は，自己およ

---

(1) もっとも，イタリアでは，労働の概念は広範に捉えられる (「共和国は，労働を，そのあらゆる形態および適用において保護する。」(憲法35条1項))。従属労働関係のない自営業活動だけでなく，一般には就業者と考えられないような主体についても，状況に応じて労働活動と構成されることがある (たとえば，労働災害保険制度への主夫・主婦の強制加入の例など)。

(2) cit., in L. Barassi, *Previdenza sociale e lavoro subordinato I*, Milano, 1954, 122.

び家族の生活の糧を労働から得ているというまさにその事実のために，常に潜在的な困窮状態に曝されているすべての人を対象とすべきである」[4]。ここに，社会保障の対象を労働者とし，それ以外の個人と区別する考え方が現れているといえよう。

この点，イタリアの社会保障制度の中で，医療保障制度は特異である[5]。

---

(3) "previdenza sociale" の意義・概念・用法は，時代，論者・政策者，状況等によって非常に多様である。伝統的には（また現在でも通俗的には），労働者保護や手段としての社会保険（assicurazione sociale）を "previdenza sociale" の指標とする見解が多いが（p. e., L. Barassi, op. cit., 3, G. Mazzoni, *Previdenza, assistenza e sicurezza sociale*, in AA. VV., *Studi in memoria di Tullio Ascarelli III*, Milano, 1969, 1226, AA. VV., *Legislazione e previdenza sociale : Manuale teorico pratico*, Napoli, 2002, 236），労働者への限定については，憲法の規定を根拠にした批判が強く（M. Persiani, *Diritto della previdenza sociale*, Padova, 2004, 26 ss.），また，医療保障制度が社会保険方式を採用していた時代において，しばしば同制度が "asssitenza"（扶助："previdenza sociale" と対比して「社会扶助（assistenza sociale）」）の形で用いられる）と呼ばれていたことに鑑みれば，むしろ，"previdenza sociale" の多様な用法に共通する要素である「所得能力保障（risarcimento e/o sostituzione della capacità reddituale）」の意味とする考え方（R. Pessi, *Lezioni di diritto della previdenza sociale I*, Padova, 2005, 9）に共感を覚える。ただし，「所得能力保障」の訳は原語外の内容を多分に含み，その適否自体綿密な検証を必要とする問題であるから，本稿では，暫定的な訳として，本来の語義に忠実な「社会保障」を採用したい。なお，"previdenza" は，"prevedere（予め見る，予想する，予め備える）" の名詞形であり，「困窮状態を引き起こす事実の発生に予め備える」の意味，そして，"sociale" は，"libero（自由な）" との対立概念で，国家の社会政策の範疇であることを指す言葉といわれている（P. Olivelli, *La Costituzione e la sicurezza sociale : principi fondamentali*, Milano, 1988, 36）。

(4) cit., in S. Hernandez, *Lezione di storia della previdenza sociale*, Padova, 1972, 88. ss.。

(5) イタリアの医療保障制度に関する邦語文献には SSN の成立をテーマとしたものが多く，須田和子「イタリアの医療改革と国営医療サービス法の成立」『季刊社会保障研究』15巻2号（1979）120頁，岩間大和子「イタリアの新医療保障制度の概要―国民保健サービスの創設―」『レファレンス』29巻10号（1979）100頁以下，第3回外国医療費対策研究調査団「西欧諸国の医療費問題とその対策（中）」『健康保険』34巻1号（1980）45頁以下，須田和子「イタリアの保健医療改革」『季刊社会保障研

つまり,全国民を対象とし,租税によって賄われる公的保健サービス制度(国民保健サービス；Servizio Sanitario Nazionale,以下「SSN」とする)を採用している(6)。しかし,労働ないし労働者の重視ということからすれば,フランスのように労働者カテゴリー別の制度に分立した社会保険方式もありえようし,また沿革的にみればその方が自然でもある。実際,イタリアの医療保障制度は,SSN が創設される 1978 年まで,労働者のカテゴリー別に仕組みの異なる強制疾病保険制度を採用していた。こうした強制疾病保険制度を維持ないしこれを基礎として制度全体を調整するのではなく,抜本的に制度を転換し,SSN のような制度を採用したことからすれば,イタリアの医療保障制度は,普遍主義に基づく公的保健サービスを意識的に選択してきたことがうかがえよう。

このようなイタリアの選択は,医療保障制度の対象者のあり方を検討するうえで興味深い。その理論的基礎や社会的な諸事情を考察することは,医療保障制度の対象者の基礎を労働者あるいは一般市民のいずれに置くにせよ,1 つの貴重な参考例となるであろう。また,医療保障制度のみが他と異なる制度体系を採用することからすれば,社会保障制度が対処しようとするさまざまなリスクの中で,医療保障制度が対象とする疾病のリスクの特徴や特異性を明らかにするのにも有益であると思われる。とくに,高齢のリスク(老齢年金制度)との対比は,この 2 つのリスクの普遍性,つまり,あらゆる個

究』17 巻 1 号(1981)51 頁以下,ジョヴァンニ・ベルリングェル著・大津静夫監修・大津真作訳『保健・医療改革の方向:イタリアの保健のための改革』(三一書房,1981),石本忠義『世界の医療保障制度』(勁草書房,1982)148 頁以下他多数ある。それ以前の制度については,上村政彦「イタリアの社会保障制度」平石長久・保坂哲哉・上村雅彦『欧米の社会保障制度』(東洋経済新報社,1976)87 頁以下,セベリーノ・デローグ著・上畑鉄之丞他訳「イタリアにおける医療制度の成立と発展」『公衆衛生』42 巻 8 号(1978)531 頁以下等参照。また,近年のイタリアの医療・医療保障制度に触れたものとして,伊藤春樹「医療保険制度改革に向けて―イタリアの経験をもとにして―」『藤女子大学・藤女子短期大学紀要 第 II 部』25 号(1997)1 頁以下等がある。

(6) このような公的保健サービスの採用は,イギリスや北欧を除くヨーロッパ大陸では,イタリアが初であった(1978 年 12 月 23 日法律 833 号)。

人が関わりうるという共通点をもちながら，それぞれが別の枠組に立脚することからして[7]，注視すべき論点と考える。

2 職種・業種別制度の成立と発展

(1) 普遍主義の萌芽

(a) 第1次大戦後の社会

医療保障における普遍主義的制度の発想は，実のところ1910年代の終わりにすでにその萌芽が現れていた。1910年代終わりといえば，第1次世界大戦によって直接・間接にもたらされた人的・物的損害や著しいインフレーション，軍事産業における失業などが生き残った人々（とくに負傷者，未亡人，孤児など）の生活を苦しめる一方で，衛生状態の悪化が人々の健康を損ない，さまざまな社会問題が生じていた時代である[8]。にもかかわらず，イタリアでは，こうした問題を解決する公的な制度の整備が十分に進んでいなかった[9]。医療についても，第1次大戦以前の原始的な制度，つまり，共済

---

(7) 年金制度と医療保障制度とで，対象者の枠組が異なる国は，イタリアのほかにアイルランド，オランダなどがある。アイルランドの場合は，イタリアと同じく，年金制度つき職種・業種別制度，医療保障制度につき普遍主義的制度である。これに対して，オランダは，年金制度につき普遍主義的制度，医療保障制度につき職種・業種別制度である。ただし，長期疾病を対象とする特別医療費保険（Compartment 1，公的介護保険に相当）は，普遍主義的制度である（M. Ferrera, *Modelli di solidarietà: Politica e riforme sociali nelle democrazie*, Bologna, 1993, 90 ss.,大森正博「オランダ」『世界の社会福祉年鑑 2001』（旬報社，2001）219頁）。

(8) R. Pessi, *Lezioni di diritto della previdenza sociale* II, Padova, 2005, 20.

(9) 1865年に，公衆の健康の保護を公共の秩序として保護し，この保護の権限を中央レベルでは内務省に，地方レベルでは県知事と市長に与えることが決められ（1865年3月20日法律2248号），また1888年には，保健高等評議会（Consiglio superiore di sanità）の成立や内務省における公衆衛生総局（Direzione generale della sanità pubblica）の設置があり，これを受けて，県知事の管轄下に県保健局，市にも同様の局を設置した（1888年12月22日法律5849号，いわゆるクリスピ−パリアーニ法）。また，1886年には任意共済組合に関する規制を定め（1886年4月15日法律3818号），1890年には慈善団体（病院を含む）等をIPAB（Istituzioni pubbliche di as-

イタリアの医療保障・保健制度（中益陽子）

組合[10]や各種慈善団体・宗教団体といった財源の乏しい組織的に未成熟な民間主体に頼らざるをえなかったが，これらの民間主体は，戦中・戦後の過大な負荷（戦争による負傷者や結核の再流行による患者の増大など）に耐えうるようなものではなかった[11]。

(b) 公的保健サービス制度の提案

このような社会情勢を背景に，第1次大戦後のイタリアでは，社会保障制度の整備が盛んに議論されるようになった。そうしたものの1つが，1917

---

sistenza e beneficenza,公的扶助慈善機関）として整備し（1890年7月17日法律6972号，いわゆるクリスピ法），1907年には保健に関する初の統一法（1907年1月8日勅令603号）を定めた。しかし，これらは，秩序維持や衛生状態の改善（伝染病の抑制等），カトリック教会の影響力の統制といった観点からの制度の整備であり，保健・医療保障としては限定的であった（M. Cocconi, *Il diritto alla tutela della salute*, Padova, 1998, 9 ss.）。

(10) 共済組合は19世紀半ばから急速に拡大し（1860年181組合，1862年から1863年408組合ないし443組合，1967年573組合，1885年4,896組合），1904年にはイタリア全土で6,535組合に達していた（A. Cherubini, *Profilo del mutuo soccorso in Italia, dalle origini al 1924*, in INPS, *Per una storia della previdenza sociale in Italia : studi e documenti*, Roma, 1962, 96 ss., M. Ferrera, *Il welfare state in Italia : Sviluppo e crisi in prospettiva comparata*, Bologna, 1984, 28）。労働者による任意の相互扶助団体であり，保険の仕組みを利用して，疾病，労働災害，労働不能（場合によって失業，死亡，扶養家族の増加）等のリスクに備えていた。ただし，こうした共済組合を設立しうる労働者のカテゴリーは富裕層に限られていたため，もともと構成員が少なく，（一見矛盾のように思われるが）十分な財源を集めることが困難であった。さらに，構成員が高齢化すれば，若年者は新たな共済組合を立ち上げるため，共済組合の多くは崩壊の道を辿るのが常であった（M. Cinelli, *Diritto della previdenza sociale*, Torino, 2005, 29）。

(11) ただし，イタリアがとりわけ遅れていたわけではない。この時点で公的医療保障制度を整備していたのは，ドイツ（1883年の強制保険制度）とオーストリア（1888年の強制保険制度）くらいである。なお，部分的な制度も含めれば，スウェーデン（1864年にすべての個人に対し入院に関するサービスを提供），ノルウェー（1909年に低所得者に対する医療保障制度を整備），イギリス（1911年の強制保険制度。ただし，金銭給付のみ）やスイス（1916年に，州の権限により，州レベルでの強制疾病保険制度を導入することが認められている）等の制度がある（M. Ferrera, *Modelli di solidarietà*, cit., 86 ss.）。

年に議会に設置された疾病保険に関する特別研究委員会である。同委員会は，一定の所得以下のほとんどのすべての労働者（多くの自営業者カテゴリーを含む），失業者および貧困者を対象とし，国が直接に運営する病院制度を利用した公的保健サービス制度の創設を1919年に提案した。これは，所得によって対象者を絞る社会扶助制度といえるが，その横断的な対象者の設定に後の公的保健サービス制度の原型をみることもできるだろう。

この時期のイタリアにおいて，かかる普遍主義的性向をもつ医療保障制度が構想された理由としては，次の2点が考えられる[12]。第1は，大戦が普遍主義という発想を受け入れる政治的な土壌を形成したことである[13]。第1次大戦という国を挙げての総力戦は，階級や地域といった垣根を越え[14]，イタリア国民を1つにする効果をもったと思われる。そうした中で，政策担当者の中に，「国民の連帯（solidarietà nazionale）」という普遍主義の理念を着想する者が現れたと考えるのは自然であろう。また反面で，同じように徴兵・動員され傷つきながら，所属する階級や就業上の地位によって保護の有無や程度が異なるというのでは不公平だとする社会的な不満が鬱積し，これが爆

---

[12] 概ね同旨，M. Ferrera, *Modelli di solidarietà*, cit., 222 ss.. Ferrera は，さらに，当時の政治状況，つまり，戦後，中道左派（自由民主党，改良主義社会党および人民党）の同盟が形成されたことで，政治闘争を呼びかける最大綱領主義者（massimalista）の過激化が抑えられ，さまざまな経済・社会問題に対応できた点も挙げる。

[13] 大戦の経験は，強制加入に関する政治的な合意の形成も促した。たとえば，戦時中のイタリアでは，解放県（第1次大戦までオーストリア領であった南チロル，トリエステなどの地域。いわゆる「未回収のイタリア」）におけるオーストリア型の疾病保険や一部の労働者（軍事支援施設の労働者）のための保障金庫が，強制加入制度を採用していた。任意加入の共済組合制度が危機的状況にある中で，こうした前例の存在が強制加入支持派を後押しすることになった（A.Cherubini, *Storia della previdenza sociale in Italia(1860-1960)*, Roma, 1977, 227. ss.）。

[14] Fargion は，徴兵による北部の肉体労働者と南部の農民の接触が，社会保障制度改革を推し進める要因となったことを指摘する（V. Fargion, *Stato e previdenza in Italia : linee evolutive dell'intervento pubblico in prospettiva comparata*, in AA. VV., *Scienza dell'amministrazione e politiche pubbliche*, a cura di G. Freddi, Roma, 1989, 217）。

発することを,当時の政府が懸念した可能性もある[15]。第2に,大戦のもたらした経済・社会的な効果が考えられる。戦中および戦後の混乱は,多くの人々の生活に打撃を与え,その経済状態を一様に引き下げた。これはもちろん,賃金労働者や無職の者に限らない。戦時中における物資の徴用や地代の滞り,インフレーション等は,有産階級の経済的安定性をも脅かし,その自助能力を疲弊させた。これによって,有産階級の中でも,とくに中小企業事業主や職人,商人等の中産階級には,自らの健康や労働能力,生活等を自衛できない人々が現れた。このように階級間の格差が縮小したことで,各階級の保険数理的な状況が均質化し,異なる階級同士が社会保障制度上協調する素地が生まれたと考えられる。つまり,持てる者から持たざる者への再配分がもたらす持てる者にとっての財政的な痛みが,戦前に比べ相対的に小さくなったのである。

(2) 疾病保険制度構想
(a) 社会保険制度の勃興

しかし,政策担当者の関心は,以上のような普遍主義的な制度の構想よりは,広く労働者を対象とする強制加入の疾病保険制度の創設に集まった[16]。こうした疾病保険制度の構想は,第1次大戦後に何度か議会で議論され,制度の実現には至らなかったものの,1919年および1920年には実際に法案化されるまでになる。このうち,1920年の法案は下院に提出されたが,これ以上議論されることがなかったため,内容は不詳である[17]。一方,1919年の

---

[15] cf. A. Cherubini, *Storia della previdenza sociale in Italia(1860-1960)*, cit., 226 ss..
[16] この時期には,他の社会保障の領域でも労働者のための社会保険制度が実現している。たとえば,農業分野の労働者に関する労災保険制度(1917年8月23日監国委任立法1450号),被用者や一部の自営業者に対する障害・老齢保険制度(1919年4月21日監国委任立法603号),被用者のための非自発的失業保険制度(1919年10月19日委任勅令2214号)等である。
[17] このとき同時に,農業部門の労働災害保険,障害および老齢年金制度,失業保険制度に関する3つの法律命令も下院に提出されたが,疾病保険に関しては法案にとどまっている(A. Cherubini, *Storia della previdenza sociale in Italia(1860-1960)*, cit., 242)。

法案は，1917年8月23日監国法律命令1450号によって設立された研究委員会（いわゆるラーヴァ委員会）が策定したもので，労働のリスクに関する包括的な強制保険構想だった[18]。具体的には，①一定の所得以下の事務労働者，徒弟，見習労働者，家内労働者，家政婦，折半小作農・借地人，一定の所得以下の自営業者および自由専門職等といった広い範囲の就業者およびその家族を対象とする強制保険制度であること（すでに強制的労働災害保険制度および出産保険制度の対象である者に関しては所得制限なし），②職業病・一般的疾病および労働災害に起因する一時的不能，障害，死亡，非自発的失業ならびに出産のリスクに対処すること，③被保険者またはその家族の保健および整形外科的な扶助，妊娠期間，産褥期および授乳期のための特別扶助，ならびに，一定期間の一時的不能や非自発的失業に関する金銭給付（賃金の半額），障害の程度（場合によって扶養家族の程度も考慮）に応じた障害手当ならびに被保険者死亡の場合の葬祭助成金，就労年齢に達していない子への臨時年金および寡婦年金を提供すること，④拠出は賃金比例で労働者と使用者が分担し（自営業者の場合は自営業者自身が全額負担），慈善組織，市および国が財政支援することなどを内容としている。

(b) 社会保険制度構想浮上の背景

このように，低所得の一般市民ではなく労働者を対象とする疾病保険制度が活発に議論された理由はさまざまに考えうる[19]。政治的にみれば，労働者には医療保障の推進に関して強力な利益団体（労働総連合（Confederazione generale del lavoro），全国協同組合同盟（Lega nazionale delle cooperative），イタリア共済組合連合（Federazione italiana delle società di mutuo soccorso）等）が存在し，労働者のための疾病保険制度の成立に関して数々の働きかけ

---

[18] cf. A. Cherubini, *Storia della previdenza sociale in Italia(1860-1960)*, cit., 225 ss., M. Ferrera, *Modelli di solidarietà*, cit., 219 ss..

[19] そもそも，肉体労働者を貧困者と同視する当時の考え方からすれば（たとえば，V. Magaldi, *Previdenze sociali postbelliche*, in *Rassegna di assicurazioni e previdenza sociale*, 1918, n. 6, 575(cit., in A. Cherubini, *Storia della previdenza sociale in Italia(1860-1960)*, cit., 238)），一定の所得以下の者すべてを包含する公的医療保障制度とかかる広範な労働者を対象とする疾病保険制度とでは，対象者の点で実質的な差異はほとんどなかったということもあろう。

を行ったことや[20]，1912年に男子普通選挙制度が導入されたことで，自由主義政権が大きな票田である労働者層の要望にとくに応える必要があったという事情が挙げられる。また，諸外国（とくにドイツ）における疾病保険制度の前例の影響も無視しえない[21]。さらに，財政的な事情も大きかったと思われる[22]。第1次大戦後のイタリアは，戦費の多くを負債で賄ったが，戦勝国としての見返りが少なかったため[23]，莫大な債務を負って財政危機に陥っていた。このように財政的に苦しい状況に置かれた国に，医療保障制度にかかる費用負担のすべてを期待することはできない。したがって，労働者と使用者の保険料を基本とする疾病保険制度が現実的な選択肢だったといえよう。

(3) 制度の細分化
(a) ファシズムの台頭と疾病共済組合制度の誕生

第1次大戦後のイタリアで社会保障制度の整備の動きが盛んであったことは，一面で，戦中・戦後の混乱によって困窮した人々の不満の反映でもあったと思われる。つまり，当時の自由主義政権は，社会保障制度をはじめとするさまざまな社会政策の提供により，こうした不満を慰撫する必要があった[24]。実際，1919年から1920年の2年間は，都市部では労働者による大規模なストライキが発生し，また農村部では，農民が地主の土地を占領して地代の支払いを拒否するなど，イタリア全土で社会不安が増大した時期であった。

こうした状況の中で台頭してきたのがファシズムである。ムッソリーニ率いる戦闘ファッシは，労働運動を武力で抑え，共産主義の進出や労働運動の

---

[20] A. Cherubini, *Storia della previdenza sociale,* cit., 225 ss..
[21] M. Ferrera, *Il welfare state in Italia,* cit., 29 ss..
[22] IPAB（公的扶助慈善機関）等による1915年の会合では，「疾病強制保険は，扶助や予防という崇高な目的に応えるだけでなく，公的機関の費用を抑制する」のにも有用と指摘されている（cit., in A. Cherubini, *Storia della previdenza sociale,* cit., 226）。
[23] パリ講和会議では，いわゆる「未回収のイタリア」の併合は認められたが，その他の領地拡大要求は概ね退けられた。
[24] A.Cherubini, *Storia della previdenza sociale in Italia(1860-1960),* cit., 226 ss., M. Ferrera, *Il welfare state in Italia,* cit., 32 ss..

激化を恐れた資本家や大地主，軍部などの支持を得てその勢力を拡大した（1921 年にファシスト党に改名）。1922 年のローマ進軍を経て政権を握ったムッソリーニは，1926 年にはファシスト党以外のすべての党を解散して，一党独裁体制を確立する。

資本家層や軍部を支持母体とするファシスト党は，大戦後の激しい労働運動の中で失われた労働者に対する統制の回復という支持者らの要望を実現するために，従前の労働・社会保障制度を徐々に解体し[25]，資本と労働との協同関係を構築するための仕組みを新たに作り上げた。ファシスト党のもとで整備が進められた社会保障制度もこうした仕組みの1つである[26]。

この資本と労働の協同を保健・医療保障制度において実現したのが，労働憲章[27]（1927 年）28 宣言 2 項である。同項は，次のように宣言する。「技術的に可能な場合は，労働協約において，使用者および労働者が拠出し[28]，これらの代表によって管理され，協同体組織（organi corporativi）の監視を受ける疾病共済組合金庫（casse mutue）の設立を定める。」

---

[25] 労働社会保障省の廃止，地方行政からの自治権の奪取，労働時間制限規制の歪曲，労働監督機関や職業安定所，社会主義的傾向をもっていたイタリア共済組合連合の解体，強制老齢・疾病保険制度からの農業自営業者の除外等，多様な制度や法規が変更，廃止された。

[26] 「保障は，協同原則の崇高な現れである。使用者と労働者は，この責務を相応して分担しなければならない。国は，協同体組織および職業連合を通じて，可能な限り，保障制度および機関の調整と統一に努力する。」（労働憲章 26 宣言）。

[27] 労働憲章は，ファシズム大評議会が起草，採択した文書であるが，法律でも政令でもなく，政府主張と大評議会評議員，使用者と労働者の業種別団体議長等の署名した，国家と社会の構成原理に関する 30 項目の政綱的宣言である。詳細については，竹村英輔「イタリアの労働憲章」東京大学社会科学研究所編『ファシズム期の国家と社会 5　ヨーロッパの法体制』（東京大学出版会，1979）235 頁以下等参照。

[28] 実際は，労働者のみが負担する共済組合金庫もあった。イタリアの場合，一般的な医療保障制度は，労働災害保険と異なり，使用者に財政負担を求める根拠に乏しいと考えられている。なぜなら，労働災害保険制度が「職業上の危険」という一種の報償責任（自己の従業員を災害の危険にさらす使用者は，その業務から利益を得ている以上，保険料負担を通じて災害の危険が現実化した場合の結果を引き受けるべき）に拠っているのに対し，一般の医療保障制度は，職業に関連しない疾病のリスクに対処するものだからである（M. Persiani, *Diritto della previdenza sociale*, cit., 268）。

後に，疾病手当の規定が労働協約制定の要件となったことで，同項の定めは法的に整備されることになった（1928年5月6日勅令1251号，1928年6月15日施行）。

(b) 共済組合金庫の増殖

しかし，こうして誕生した疾病共済組合制度では，使用者が自己利益優先の立場を堅持しようとしたために，多様な使用者の個別の便宜に応じて数多くの共済組合金庫が生まれた[29]。ファシスト体制のもとでは，労働組合がその自立性を失い形骸化する反面，資本家階級が労働者階級を圧倒するようになったため[30]，制度が使用者の便宜の犠牲になることを避けがたかったのである。このように共済組合金庫が増殖した結果，その仕組みも金庫の数だけ多彩になり，また，医療保障制度を整備する能力にもばらつきが出たため，

---

[29] 共済組合金庫は，企業別共済組合金庫（従業員数100人以上の企業），混合共済組合金庫（同じ企業連合に属する複数の企業），職業・産業別共済組合金庫および組合組織に属さない共済組合金庫に分類できる。1929年において許可を受けた共済組合金庫は，総計で1,107（加入者682,356人）あり，そのうち企業別共済組合金庫が712（加入者397,553人），混合共済組合金庫が6（同4,283人），職業・産業別共済組合金庫が216（同240,920人），組合組織に属さない共済組合金庫が173（同39,600人）である。これが，1932年には，総計で1,875（内訳不明）となる（I. Piva, *Dal libero mutualismo alle Casse nazionali di malattia*, in AA. VV., *Dalla libertà all'obbligo La previdenza sociale fra Giolitti e Mussolini*, Milano, 1998, 404 ss.）。

[30] 1926年4月3日法律563号（いわゆるロッコ法）は，ファシストの組合組織（associazione sindacale）を法的に承認することによって，これ以外の組合組織（とくに労働組合）を実質的に非合法化した。ファシスト以外の組合組織の存立は法的には自由であったが，労働組合の自衛のための闘争や階級闘争，経済的諸要求によるストライキなど，その活動がすべて法的に規制され，その違反に刑事罰が課されたためである。ファシストの組合組織としては，生産部門を，いくつかの部門（当初は，工業，農業，商業，金融・保険業，自由業の5部門）に分け，それぞれの部門につき，使用者と労働者の組織が1つずつ作られた（自由業は使用者組織なし）。労働憲章や1934年2月15日法律は，団体交渉や労使代表の参加する常設評議会の形で使用者組織と労働者組織との交渉を定めていたが，使用者組織および労働者組織の幹部はファシスト党員であり，また，労働者は生産への協力を義務付けられていたために，交渉は形式的なものになったといわれている（山崎功『ファシズム体制』（御茶の水書房，1972）328頁以下）。

地域や産業によって医療提供の状況に大きな差が生じることとなった。

他方で，こうした共済組合金庫の多くは財政的に苦しい状況に置かれていた。これは，使用者が保険料率の引上げを嫌い[31]，また，国による財政補助がなかったために，財源が限られていたという事情もあるが，その財政運営が不透明だったことも大きく影響した。共済組合金庫の財政に公的な監督が及ばず，自治的な運営に委ねられたため，多くの共済組合金庫が，組合員たる労働者の健康の保護のために使うべき財源を浪費してしまった[32]。その結果，多くの共済組合金庫で医療給付水準が低下したが，場合によっては，共済組合金庫が，厳格な規則を設けて労働者側からの医療給付請求を退けることもあった。

自制の効かなくなった疾病共済組合制度の不利益をとくに被ったのは，生活の苦しい肉体労働者である。実際，共済組合の医師は，見返りの少ない組合員の患者の治療よりも，それ以外の患者を優先する傾向があった[33]。また，疾病共済組合制度でカバーされる薬剤は基本的な生薬に限られており，いわゆる専門薬は除外されていた。もちろん，疾病手当によって疾病共済組合制度でカバーされない必要な薬剤を購入することはできたが，その支給が遅れることが常であったため，貧しい肉体労働者は，薬剤の購入よりは日々の生

---

(31) 1935年についてみると，工業分野では保険料率が賃金の2％にも届いていなかったが（なお，同時期のドイツでは10％，オーストリアでは8.8％，D. Preti, *La modernizzazione corporativa(1922-1940) : Economia, salute pubblica, istituzioni e professioni sanitarie*, Milano, 1987, 257），1939年にはこれがさらに引き下げられる例もあった。このように保険料率が低いのは，ファシズム政権が低額賃金政策を取っており，これ以上保険料を引き上げることができなかったためである（I. Piva, *op. cit.*, 424 ss.）。

(32) 運営費用は，順調な共済組合金庫で予算全体の10-12％，高いところでは35-40％にも達した（I. Piva, *op. cit.*, 424）。

(33) 各疾病金庫連合と医師組合が協定を結び，組合員1人あたりについて医師が受け取る報酬を規定する仕組みがとられた。農業部門では，賃金労働者および日雇い労働者たる加入者1人につき7.5-9リラ，その家族につき8-10リラ（1936年2月24日協定，1939年2月3日に更新），折半小作農1人につき8-9.5リラ（1937年10月14日協定，1938年6月10日に補完），工業部門では，加入者につき11リラ，その家族につき9リラ（1937年1月20日協定，1940年3月1日に補完）等である。

活のために疾病手当を使ってしまうことがままあった[34]。換言すると，肉体労働者にとっては，ファシズム下の疾病共済組合制度は，適正な医療を提供する制度というよりは，（単なる金銭としての）疾病手当を給付する制度にすぎない場合が多かったといえる。

このように疾病共済組合制度が使用者の便宜の犠牲になり細分化したのは，これがファシズム政権にとっても都合が良かったためと思われる。つまり，ファシズム政権は，一方で，使用者に利益を供することで彼らを体制に繋ぎとめなければならず[35]，他方で，体制の脅威となるような労働者の団結の芽を摘む必要があった[36]。換言すれば，ファシズム政権は，疾病共済組合制度を，自らの政権下での政治的安定を維持するための社会統轄の手段として用いたといえよう。

(c) 行政権限の細分化

また，医療・保健事業を運営・監督すべき行政の体制の細分化・増殖，そしてその権限の重畳と不統一のために，実効的な他律的抑制システムが作用しなかったことも，疾病共済組合制度の態様に影響を与えたと考えられる。自由主義時代には，内務省のもとに中央政府の医療・保健関係の権限が統一されていたが，ファシズム政権はこうした権限の多くを医療・保健と関連の薄い他の省庁へ移転した[37]。これは，ファシズム政権の立法者が，医療・保健事業を不況対策等の経済計画と結び付けていたためといわれる[38]。また，地方レベルでも，医療・保健事業に関する権限が分散した。その1つの理由は，県の廃止を目的とした地方行政改革が失敗に終わり，国，県および市の

---

[34] D. Preti, *op. cit.*, 115 ss..

[35] 使用者層はファシズム政権を支持したが，その協調関係は，ファシズム期全体を通じて必ずしも安定しなかった（高橋進『イタリア・ファシズム体制の思想と構造』（法律文化社，1997）193頁）。

[36] V. Fargion, *op. cit.*, 220 ss..

[37] 保健に関する行政の権限配分等について規定した1934年の保健統一法（1934年7月27日勅令1265号）によれば，公衆衛生の保護は保健省の管轄とされている（1条）。しかし実際は，マラリア対策は農林省，衛生事業は公共事業省，労働安全衛生は協同省（Ministero delle Corporazioni）の管轄と，権限が細分化した。

[38] D. Preti, *op. cit.*, 120 ss.

権限の競合が整理されなかったことである。こうした権限の競合は，国，県および市による権限争いを生み，この結果，それ以前の体制下で医療・保健事業を担ってきた市から多くの権限を奪った[39]。他方で，ファシズム政権は，国の権限に属する事業の財政負担を市や県に強いたため，1930年以降市税の税率の引き下げが定められた市は，もともと乏しかった財源の更なる緊縮を迫られ，医療・保健事業に関する機能を奪われたに等しかった。かくして市を中心に発達してきた従来の医療・保健体制は崩れ，国や県の機関，各種公社[40]，そして共済組合金庫等の無数の主体の乱立を招く結果となった。こうした制度の細分化は，数々の統一の試みにもかかわらず[41]，イタリアの医

---

[39] 梅毒や結核等の社会的に重要な疾病および一般的な予防権限は県の各組織（予防センター，衛生監督所，消毒事業機関など）の権限と統合され，市の保健機構（嘱託医や保健所，薬局等）は県の規制下に置かれた。市の権限としては，貧困者に対する医療扶助等だけが残された。

[40] 全国母子事業（ONMI），イタリア赤十字，全国ファシスト社会保障機関（INFPS），全国保険機関（INA），全国ファシスト労働災害保険機関（INFAIL），全国ファシスト国家公務員保障扶助機関（ENFPAS），全国ファシスト地方公共団体職員扶助機関（INFADEL），全国ファシスト公社職員保障機関（ENFDEP），傷痍軍人援護事業（ONIG）等。

[41] 1930年3月6日に，工業部門の2つの使用者・労働者連合が労働協約を締結し，当該部門の共済組合金庫に適用される規則のモデルを定めたが，給付の種類や支給方法，保険料等の規制は，各共済組合金庫に委ねられた。また，1934年9月6日法律勅令19号（1935年1月14日法律123号に転換）は，全国工業労働者共済組合金庫連合を設立して，当該部門の共済組合金庫の加入を義務付け，これらの統一と調整を図った。しかし，職業ないし企業別に分立した共済組合基金を調整することは困難で，給付や保険料の統一には至らなかった。1937年7月14日勅令1486号は，全国工業労働者共済組合金庫連合の規約を改正して，同連合を集団的労働関係に関する法規の適用を受ける機関とすることで，同連合に加入する共済組合基金間の調整を図ろうとした。しかしながら，共済組合基金の運営上の独立を基本的に認めるという規定は修正されなかったために，規約内部で数々の矛盾が生じる結果となった（I. Piva, *op. cit.*, 405 ss.）。さらに，1939年1月3日の全国労働協約で，加入者数700人未満の地域別，企業別および職病別の工業部門の共済組合金庫は，複数の県に跨る形の職業別共済組合に統合することが定められたが，安定的で高い水準の雇用を誇る企業別共済組合金庫の多くは，こうした規定を無視して単独で事業を継続し，他の金庫と比べて有利な独自の規制を維持し，また，財政上の優位を確保し続けた（A. Cherubini,

療保障制度の特徴として長年残ることになる[42]。

(4) 制度改革の試み
(a) 共済組合金庫統一の試み
(ア) INAM の創設

　制度統一の試みの最たるものは，ファシズム末期に成立した強制疾病保険制度である。1943年に労働者疾病扶助機関が設立され（1943年1月11日法律138号），これが後に名称変更してINAM（全国疾病保険機関；Istituto nazionale per l'assicurazione contro le malattie）となった（1947年5月13日暫定元首委任立法435号）。

　この強制疾病保険制度の目的は，無数の共済組合金庫を1つの組織，つまりINAMに統一することであったが[43]，完全には達成されなかった。とい

Storia della previdenza sociale in Italia(1860-1960), cit., 349)。

[42] この時期の主な共済組合金庫およびその連合として，INFADEL（全国ファシスト地方公共団体職員扶助機関），ENFPDEDP（全国ファシスト公社職員保障扶助団体），ENFPAS（全国ファシスト国家公務員保障扶助団体），全国工業労働者共済組合金庫連合，全国農業労働者疾病共済組合金庫連合，ENPAIA（全国農業従事者・事務労働者保障団体），全国商業従事員疾病金庫，全国金融・保険・税金業務労働者扶助機関，全国商業代理業者・代理店扶助機関，全国行商・新聞販売員扶助機関，全国公証人保障扶助機関，全国イタリアジャーナリスト保障機関，全国教職員労働組合扶助金庫，全国薬剤師扶助金庫，民間企業，県・市または合弁企業体の経営する鉄道・市内電車・陸水航行路線の従業員に関する疾病金庫，全国弁護士・検察官扶助保障団体，全国航空関係肉体労働者疾病共済金庫，全国日刊新聞印刷所肉体労働者共済組合，全国興行労働者扶助金庫，市営運送公社による自動車配達サービスの従業員に関する疾病金庫，全国定期空路個人会社事務労働者相互代表疾病共済組合金庫，全国美術労働組合の全国扶助金庫，全国画家・彫刻家労働組合扶助金庫，全国助産婦労働組合扶助金庫，全国医師労働組合扶助金庫，全国音楽家労働組合扶助金庫，全国専門職・芸術家連合扶助金庫，全国ガス・水道民間企業肉体労働者疾病金庫等がある。

[43] ただし，ファシズムによるプロパガンダ的な要素が強い（F. Mazzini, *Il sistema previdenziale in Italia fra riforma e conservazione : gli anni della Costituente*, in AA. VV., *Amministrazione pubblica e istituzioni finanziarie : tra Assemblea Costituente e politica della ricostruzione*, a cura di A. O. Battaglini, Bologna, 1980, 521 ss.)。

うのも，一方で，すべての共済組合金庫がINAMへ統合されず，他方で，統一的な制度であるべきINAM内部でも職種・業種別の取扱いの差が残ったためである。

(イ) 適用除外

まず，INAMへの加入が義務付けられたのは，ファシスト農業労働者連合，ファシスト工業労働者連合，ファシスト商業労働者連合，ファシスト金融保険企業労働者連合およびファシスト専門職・芸術家連合に加盟する労働組合員の組合員たる労働者およびその家族に限られた（1943年法律138号4条）[44]。これ以外の既存の共済組合金庫もすべてINAMに統合されるものと定められたが（1943年5月4日勅令400号1条），もっぱら企業レベルでのみ効力を有する労働協約によって設立された企業別共済組合金庫は，当該労働協約の有効期間であることを理由に金庫の存続が認められた[45]。かかる適用除外は例外的な運用の予定であったが，これ以外にも，①有効な労働協約によって規制されること，②INAMに対し一定の拠出金を納付すること，③INAMの制度の定める給付を超える額の給付を支給することを条件に，第2次大戦後もINAMの承認を得て，INAMから独立した独自の制度を維持しているものもある。存続の条件からうかがえるように，こうした共済組合金庫には，賃金水準が高く雇用の安定した労働者のカテゴリーに関するものが多かった（たとえば，医師，薬剤師，弁護士・検察官，ジャーナリスト，航空機乗務員，興行労働者，上級官吏職，国家・地方公務員等）。要するに，有利

---

[44] 後に，家庭での家事サービスに従事する者（1952年1月18日法律35号），見習労働者（1955年1月19日法律25号），年金受給者（1955年8月4日法律692号），漁師（1958年3月13日法律250号），家内労働者（1958年3月13日法律264号）等にもINAMへの加入義務が拡大する。一方，自営業者（小規模事業主）については，市ないし県レベルで組織された共済組合金庫（産業別の全国疾病共済組合金庫連合がこれらの共済組合金庫を統括する）への加入が義務付けられた（自営農につき1954年11月22日法律1136号，職人につき1956年12月29日法律1533号，商人につき1960年11月27日法律1397号）。

[45] 1960年の段階でも，こうした企業別共済組合金庫は，約280（加入者数約40万人）残っていたといわれる（A. Cherubini, *Storia della previdenza sociale in Italia(1860-1960)*, cit., 349, 404）。

な給付を享受し,財政状態も良いこれらの共済組合金庫の加入者にとって,INAM への統合は,メリットがないどころか,むしろ既得権の放棄というデメリットしかもたらさなかったのである。

(ウ) 制度内部格差

次に,INAM の制度内部についてみるに,給付や拠出の仕組みなどに関してそれ以前の制度の仕組みが引き継がれたため,同じ INAM の制度の適用を受けながら,職業カテゴリーごとに多様な構造が残ることになった。各産業・職業カテゴリーの枠を超えた広範な連帯から生じる再配分によって既得の利益を喪失する可能性のある集団が,ここでもまた統一的な規制の適用を望まなかったのである[46]。

まず,給付についてみれば,制度利用の開始時期や受給者たる地位の喪失時点も職業ごとに異なっている。金銭給付(疾病手当)に関しては,工業・商業部門の労働者は制度自体がなく,農業部門の労働者は定額給付,その他の労働者は賃金比例であり,その支給期間や種類なども多様であった。また,保険料に関しては一般に労使折半であったが,農業部門の労働者にのみ国が保険料を一部負担した。工業部門,商業部門および金融・保険部門の労働者の保険料は賃金比例制であり,日雇い労働者および農業部門の賃金労働者はみなし賃金に対する比例制,小作農・折半小作農,徒弟,工事現場の作業員および漁師については定額制であった。

(b) 2つの研究委員会と普遍主義

(ア) 普遍主義の不採用

ファシズム体制の崩壊とそれに続く第2次大戦の終了は,かかる細分化した医療保障制度はもちろん,既存の社会保障制度全体を改革する好機であった。1946年には,憲法制定省のもとに労働問題研究委員会(いわゆるペゼンティ委員会;1945年7月31日監国令435号)が,そして1947年には労働省のもとに前述のダラゴーナ委員会が設立され(1参照),新たな社会保障制度のあり方を模索することになる。

しかし,両委員会は,「ベヴァリッジ報告」(1942年)の影響を受けながら

---

[46] A. Cherubini, *Storia della previdenza sociale in Italia(1860-1960)*, cit., 356.

も⁽⁴⁷⁾，普遍主義の採用には至らなかった。その理由として，ペゼンティ委員会は，次の3点を挙げる。第1に，普遍主義による過剰な財政負担の可能性，第2に，労働によって収入を得ない人々（労働者の家族は除く）の困窮にまで対処することに対する反発，そして第3に，伝統的な共済と労働に基づく社会保障制度の尊重である⁽⁴⁸⁾。

(イ) 普遍主義実現の障害

敗戦によって国土が荒廃し，多大な被害を被っていたイタリアにとって⁽⁴⁹⁾，財政的な事情が普遍主義の障壁となったことは容易に想像がつく。この点は，第1次大戦のときと状況があまり変わらないが，第2次大戦終了時に関して異なるのは⁽⁵⁰⁾，産業，職業または企業といったカテゴリー別の疾病共済組合制度が存在したことである。

主要な政治・社会集団の中で普遍主義を支持する声がほとんど上がらなかった背景には，たとえば上記の第2点目に現れているように，労働者の困窮とそれ以外の市民の困窮状態を，事実上ないし倫理上区別しうると捉えていたことがあろう⁽⁵¹⁾。しかし，そうした事実認識や倫理観以上に，普遍主義を

⑷⁷　M. Frerrera, *Modelli di solidarietà*, cit., 233.

⑷⁸　M. Frerrera, *Modelli di solidarietà*, cit., 237.

⑷⁹　イタリアにおける第2次大戦の被害額は，国民総資産額（推定約7億リラ）の30％に相当すると推定されている。また，農業生産額は1938年の55％に，工業生産額は戦前の25％に減少し，戦争による生産設備の被害額は，1938年の国民所得の3倍相当であったといわれている。もっとも，こうした被害状況は，他のヨーロッパ諸国並と評価されていた（皆村武一『イタリアの戦後改革』（晃洋書房，1985）13頁以下）。

⑸⁰　第1次大戦がイタリアを1つにまとめる効果をもったのに対し，第2次大戦は逆にこれを分断した点も違いの1つである。1943年7月25日にファシズムが崩壊した後に，イタリア半島は，「ゴシックライン」と呼ばれるドイツ軍防衛戦線を境に，連合軍支配化の国王政府の南部と，ドイツ軍に支えられたイタリア社会共和国の北部に分かれ，一時期には国の再統一さえ疑われるような状況であった（M. Ferrera, *Modelli di solidarietà*, cit., 234）。

⑸¹　実際，1で引用したように，ダラゴーナ委員会は，「社会保障は，自己および家族の生活の糧を労働から得ているというまさにその事実のために，常に潜在的な困窮状態に曝されているすべての人を対象とすべき」ものと明言しており，こうした考え方

採用することは,既存の疾病共済組合制度を前提とすると実際問題として困難だったと思われる。つまり,それぞれに多様な仕組みをもつ共済組合金庫やその連合を取り込んで,すべての市民に対する単一の制度を構築し,その規制を均一にすることは,保険数理上好調で特権的な規制をもつカテゴリー(この時期のイタリアの場合,公務員や公共企業の職員,一部の自営業者や自由専門職)からそうでないカテゴリーへの再分配の効果を生む。したがって,再分配をめぐって,カテゴリー間で対立を惹き起こすのである。第3点目の労働を基礎とする既存の制度の尊重は,裏を返せば,各カテゴリーの「排他主義的で派閥主義的な (particolaristico-clientelare)[52]」性質の現れに他ならないといえよう[53]。

(c) 包括的社会保険制度の提案

(ア) 包括的社会保険制度構想とその挫折

こうした再分配のもたらすカテゴリー間の対立が社会保険制度にとっても無縁ではないことは,INAMによる共済組合金庫の統一が不完全に終わったことに象徴的である。このことのもう1つの証左が,前記のダラゴーナ委員会が当時のデ・ガスペリ政府に提案した社会保障改革法案(1948年)をめぐる対立であった。

がうかがわれる。なお,「労働によって収入を得ない人々」であるところの「資本家,富裕層,金利生活者」や「売春婦,被拘留者および浮浪者」は当時,100万人程度(全体の2%に満たない)と推計されている。こうした少数の人々を社会保障制度から排除することは連帯の理念を損なわないとみられていた(M. Frerrera, *Modelli di solidarietà*, cit., 237 ss.)。

(52) 福祉国家の類型に関して,イタリアを「排他的・派閥主義的 (particolaristico-clientelare)」モデルとして位置付ける見解は広く共有されている(U. Ascoli,*Il sistema italiano di welfare*, in AA. VV., *Welfare state all'italiana*, a cura di U.Ascoli, Bari, 1984, 17 ss., M. Ferrera, *Il welfare state in Italia*, cit., 269 ss., M. Paci, *Pubblico e privato nei moderni sistemi di Welfare*, Napoli, 1989, 75 ss.)。なお,クライエンテリズム (clientelismo, clientelism) という概念は,弱い立場の人間(クライアント)が差し出す忠誠と強い立場の人間(パトロン)が与える庇護が交換されるような人間関係(俗にいう「親分子分関係」)を指す(馬場康雄「イタリア人と政治」馬場康雄・岡沢憲芙編『イタリアの政治』(早稲田大学出版部,1999) 31頁以下)。

(53) M. Ferrera, *Modelli di solidarietà*, cit., 246.

第2部　社会保障法編

　同委員会の提案は，次のようなものである。①所得を問わず，すべての被用者および自営業者とその家族に制度を拡大する。②すべての労働者に関して単一の機関による単一の制度を構築し，最低限の手当を保障する。③疾病に起因する一時的な健康状態の悪化，出産，労働災害，失業，恒常的障害，老齢，家長の死および家族の扶養といったリスクに対する包括的な保険を設立し，金銭給付（場合によって被用者のみ）と現物給付（とくに医療分野）を提供する。④金銭給付は，被用者については賃金に，自営業者についてはみなし所得に比例させる（被用者の場合，疾病の場合の日額給付や老齢年金・障害年金は，賃金（老齢の場合は最終賃金）の 50-60% を予定）。⑤賃金またはみなし所得に比例する拠出を通じて財源を賄う(54)。

　上記の通り，ダラゴーナ委員会の提案は，保護しようとする対象者の点でも，対処すべきリスクの点でも，包括的かつ統一的な社会保険制度の設立を企図するものであるが，各方面からの反発を受け，政策策定の場で大きく議論されることもなく頓挫した(55)。ここでの対立構造の特徴は，医療保障制度と他の社会保障制度とを統一的に提供するシステムが想定されていたために，医療保障制度以外の対立構造も影響した点である。

　(イ)　自営業者の組込みをめぐる対立

　問題となったのは，とくに自営業者をめぐってであった(56)。拠出逃れのお

---

(54)　cf. M. Ferrera, *Modelli di solidarietà*, cit., 238 ss..

(55)　財政的な事情が障壁となった側面もある。1948年の試算によれば，ダラゴーナ委員会の提案に従った場合，社会保障にかかる国の負担は，従来の約3倍，つまり，1947-1948年度のイタリアの国家予算とほぼ同額にまで膨らむとみられた（M. Ferrera, *Modelli di solidarietà*, cit., 240）。

(56)　M. Ferrera, *Modelli di solidarietà*, cit., 241 ss., A. Cherubini, *Storia della previdenza sociale in Italia(1860-1960)*, cit., 365 ss..自営業者の組込みをめぐる問題は，全就業人口に占める自営業者の割合の高さに鑑みれば，イタリアでは決して無視しえない。同時期の被用者ならびに自営業者および自営業者を補助する家族の割合を各国についてみると，イタリアの場合，被用者 56.0% と自営業者およびその家族 38.7%（不明 5.3%），イギリスの場合，それぞれ 90.4% と 7.5%（不明 2.1%），デンマークで 72.0% と 27.9%（以上 1951年），スウェーデンで 74.9% と 25.1%（1945年），オランダで 70.9% と 29.0%（1947年）である（cf. M. Ferrera, *Modelli di solidarietà*, cit., 243）。

それがあるにもかかわらず，自営業者に自動給付の原則[57]（拠出納付懈怠があっても保険給付を支給する）が適用されれば，被用者の財政的犠牲のもとに自営業者が利益を受けるかもしれないという懸念から，被用者の団体は，自営業者の組込みに激しく反対したのである[58]。

一方，自営業者の側でも，制度に取り込まれることに対して強い反発を示していた。同提案の実現には，被用者に関して賃金の約 28％から 31.7％，自営業者に関してみなし所得の約 15.8％に相当する拠出が必要と試算されていたが，こうした拠出率は一部の自営業者には極めて負担が大きかったためである[59]。

(ウ) 垂直的再分配の問題

異なる労働者カテゴリー間の連帯によって生じる「水平的再分配」のほかに，所得層別のカテゴリー間の連帯による「垂直的再分配」も問題となる。ダラゴーナ委員会の案は，労働者一般を対象とするものであり，その所得によって対象者を制限しない。そして，金銭給付については，給付算定の基礎となる賃金ないしみなし所得が上がるにつれ，かかる賃金ないし所得に対する給付額の割合が小さくなる仕組み（賃金ないし所得に対する給付の逆進性）が定められた。したがって，低中所得層により有利な仕組みであったといえる。

折しも，第2次大戦後のインフレによる影響の修正を目的として，従来の

---

[57] このときまでに，労災給付（1935年8月17日勅令1765号），失業手当，結核手当および出産手当（以上，1939年4月14日法律勅令636号），疾病手当（1943年法律138号）に関して，自動給付の原則が確立していた。

[58] CGIL（イタリア労働総同盟）が，いくつかの自営業者のカテゴリーに対する制度の拡大自体には賛成していたことからすれば（F.Mazzini, *op. cit.*, 455），反対の主眼は自営業者と被用者との同化だったといえよう。たとえば，その後の年金制度の発展をみると，自営農・折半小作農・小作農，職人および商人は，被用者とは別の独立の年金事業という形で公的年金制度の強制加入の対象者となっている（それぞれ，1957年10月26日法律1047号，1959年7月4日法律463号および1966年7月22日法律613号）。

[59] 1950年代から1960年代にかけて設立された自営業者にかかる年金制度の拠出率が，みなし所得の1.5％程度だったことからすると，15.7％といった拠出率が当時の自営業者にとっていかに高率であったかが推測される。

積立方式に加え賦課方式に基づく特別給付が年金制度に導入されていたところに[60]，こうしたダラゴーナ委員会の提案は，高所得者層の不満を誘発した可能性が高い。実際，工業部門の使用者団体であるイタリア工業連盟（Confindustria）や自由専門職といった高い所得カテゴリーに属する集団は提案に激しく反発し，声高にこれを非難している[61]。

　民主主義や自由，社会的公正といった新しい理念のもとに，ファシズムの枷からできるだけ早く脱却しようという当時の政治・社会的な風潮からすれば，自営業者の組込みにせよ，低所得者への再分配にせよ，旧態依然とした社会的対立を克服できなかったことは一見矛盾のように思われる。しかし，実際は，新しい社会を早期に構築しようというこうした風潮こそが，皮肉にも，根本的な改革に向けた政治・社会的合成の形成を阻んだ側面がある。つまり，新制度の実現を急ぐあまり，当時の政府は，大規模な改革の機運を醸成する時間的な余裕をもてなかった。この結果，社会保障制度改革は，権限の簡素化といった制度の微調整にとどまり，当初の意図に反して，戦前の排他主義や制度の細分化を事実上容認することになってしまったのである[62]。

3　普遍主義の契機——医療保障制度と年金制度の分岐

(1)　CNEL の提案
(a)　普遍主義的制度構想の背景

　以上のように，イタリアでは，さまざまな制度の可能性が検討されながらも，不統一で細分化された医療保障制度の構造が長い間克服されなかった。そうした可能性の中には普遍主義的な発想も存在したが，諸事情により社会保険制度が現実的な選択肢として議論されてきた状況は上述の通りである。

　しかし，1963 年の CNEL（全国経済労働評議会）[63]の提案（「社会保障改革に

---

[60]　1945 年 3 月 1 日監国委任立法 177 号，1947 年 7 月 29 日暫定元首委任立法 689 号，1952 年 4 月 4 日法律 218 号等によって，賦課方式による年金支給額の調整がなされた。

[61]　M. Ferrera, *Modelli di solidarietà*, cit., 244.

[62]　V. Fargion, *op. cit.*, 222.

関する考察と提案」[64] の際には状況が異なった。CNEL は，医療保障制度に関して，国が財政を賄い，すべての市民を包括する統一的な国民保健サービス制度を構想し，実際に，後の SSN の基礎となる提案を示したのである。こうした普遍主義的な発想は，医療保障分野にとどまらなかった。年金制度に関しても，従前の所得状況に関わらない定額の最低保障給付をすべての市民に支給し，その財源はすべて租税とすることが提案された[65]。つまり，目指されたのは「南欧におけるスウェーデン」である。

1960 年代当初に普遍主義的な志向が再び台頭してきた理由として，Ferrera は次のように説明する[66]。まず，労働者という限定はあれ，対象者を広範に捉える先例（前述 2(2)のラーヴァ委員会や 2(4)(c)のダラゴーナ委員会）が存在し，とくに左派の間でその反響が根強く残っていた[67]。いずれにせよ，普遍主義の達成が社会保障制度の最終目標であるという認識は，主だった政治主体の間で広く共有されていた。こうした中で，国内外の状況の変化が，普遍主義的発想の進展を後押しすることになる。1950 年代には，イギリスや北欧諸国で普遍主義的社会保障制度が実際に成立・始動し，高く評価されるようになっていた。また，イタリア国内に目を向ければ，1950 年代から 1960 年代にかけての経済復興（いわゆる「経済の奇跡」）により財政的な余裕が生まれ，普遍主義の実現に伴う財政負担の痛みが相対的に小さく感じられ

---

(63) CNEL は，両議院および政府の諮問機関であって，法律の発案権を有し，経済・社会問題に関する法律の起草に関与することができる（憲法 99 条）。1957 年 1 月 5 日法律 33 号によって設立され，翌 1958 年 2 月より始動している。

(64) 同提案の邦訳として，柴田敏夫訳「主要国における社会保障計画(1)イタリア経済労働国民審議会の社会保障改革に関する意見と提案」『国際社会保障』2 号（1970）38 頁以下。

(65) 労働者（被用者および自営業者）については，こうした基礎年金制度に加えて，保険料を財源とし，就業年数や従前賃金（被用者の場合）ないしみなし所得（自営業者の場合）に比例した補完的年金を支給すべきものとされた。

(66) M. Ferrera, *Modelli di solidarietà*, cit., 248 ss..

(67) たとえば，イタリア共産党第 8 回大会（1956 年）で採択された「綱領的宣言」等（邦訳として，村田陽一・高橋勝之編「イタリア共産党の綱領的宣言要綱（最終正文）」『社会主義への前進―各国共産党の新しい綱領―』（合同出版社，1957）152 頁）。

るようになった。同時にこの時期，産業構造の変化によって就業人口の構成に変化が生じ（とくに，製造業の増加と自営業者の減少）[68]，労働市場における職業別集団の人数構成が近似したことで，普遍主義に伴う再分配への抵抗感が従来に比べて低下した。政治状況をみても，1960年の中道左派連合の成立は，普遍主義に親和的な左派の主張を実現する好機となったことはもとより，不安定な連合政権の基盤強化の観点から，広く一般市民の支持を取り付けるための道具として，社会保障制度を普遍主義に向かわせる契機となった。

このような社会・政治状況の中で，CNELの提案は注目を集め高く評価された。すべての市民に対する基礎年金制度と国民保健サービス制度の構想は，各種の報告書や協定に取り込まれ，最終的には中道左派連合政府が承認した1966年から1970年の5ヵ年経済発展計画（1967年7月27日法律685号により承認）の目標とされるまでなっている。

(b) 年金制度における普遍主義の発露

しかしながら，こうした野心的な計画のすべてが実現したわけではない。具体的には，CNELの計画のうち，医療保障制度に関する部分だけが後に日の目を見ることになる。これに対して，他の社会保障制度の中でもとくに年金制度は，普遍主義的制度の構築へ向けた措置が実施されたにもかかわらず，CNELの提案が普遍主義的制度への転換点とはならなかった。

そもそもイタリアの年金制度は，当初，比較的広範な領域の就業者を対象とし，INPS（全国社会保障機関）が統合的に運営する統一的な社会保険制度だったのである[69]。しかし，ファシズム期および第2次大戦後を通じて徐々

---

[68] 1951年に最大の構成員数を誇ったのは第1次産業（全体の40.0％，これに対し第2次産業30.4％，第3次産業24.3％，不明5.3％）であったが，10年後の1961年には第2次産業が首位となった（全体の39.4％，これに対し第1次産業28.2％，第3次産業29.5％，不明2.9％）。また，被用者と自営業者の割合は，1951年が56.0％対38.7％（不明5.3％）だったのに対し，1961年には，66.4％対38.7％となり，格差が広がった（M. Ferrera, *Modelli di solidarietà*, cit., 258）。

[69] 1919年に成立した公的年金制度は，被用者（肉体労働者および一定の所得以下の事務労働者）および一部の自営業者（折半小作農および借地農）に対して老齢および障害年金を給付する強制加入の社会保険制度であった（1919年4月21日監国法律命令603号）。

に制度の分裂が進み，INPS 以外にもさまざまな管理運営主体が台頭するようになったため[70]，CNEL の提案がなされた 1960 年代の状況は医療保障制度と大差なかった。

　CNEL の提案が，こうした局面を打開する好機であったことは疑いない。1965 年に，租税方式の給付をすべての個人に支給することを目的とした社会基金（fondo sociale）が創設され，租税を財源とする定額給付の「社会年金（pensione sociale）」（後述の低所得の高齢者に対する「社会年金」と区別するために，以下では「社会年金部分」とする）が導入されたことは（1965 年 7 月 21 日法律 903 号），普遍主義へ向けた動きの第一歩と評価できる。たしかに，この「社会年金部分」は，通常受給する年金に加算されるもので，その対象者が年金受給者[71]（年金制度の対象者が労働者に限定されていることからすれば，労働者）に限られてはいたが，これは，普遍主義の限定というよりは，むしろ既存の年金機関・基金・事業等の統合と基礎年金の実現に向けた前段階の措置と考えられるだろう[72]。

　1969 年に導入された同名の「社会年金（pensione sociale）」（1969 年 4 月 30

---

[70]　とくに，公務員や自由専門職の領域でこれが顕著である。医療保障に関して述べた前述の ENPAS, INADEL, ENPDEP, ENPALS, ENPAIA のほか，全国公証人保障扶助団体，INPGI（全国イタリアジャーナリスト保障機関），ENPAF（全国薬剤師保障扶助団体），ENPAM（全国医師保障扶助団体），弁護士・検察官保障金庫，ENASARCO（全国商業仲介業・代理店扶助団体），INPDAI（全国工業企業上級官吏職保障機関），全国土地測量士保障扶助団体，ENPAV（全国獣医保障扶助団体），全国エンジニア・建築士保障扶助団体，全国会計士・公認会計士保障扶助団体，全国商学士保障団体，ならびに，INPS が管理する特別基金（公共輸送機関職員，ホワイトカラーの直接税徴収官，電力会社職員，電話局職員，航空会社従業員，在俗司祭・その他聖職者）および特別・独立事業（金融団体職員，鉱山・採掘場・泥炭地労働者，自営農・折半小作農・小作農，職人，商人等）等々がある。

[71]　被用者，高山・採掘場・泥炭地労働者，自営農・折半小作農・小作農，職人およびその家族に関する強制障害・老齢・遺族年金の受給者。

[72]　CNEL も普遍主義の実現の前段階として，①現在の職業別年金制度の調整と統一，②制度に取り込まれていない労働者への制度の拡張，③職業別年金制度殼の給付を受ける権利がなく，所得が一定以下の市民に対する非職業的年金制度の創設が必要だとしている（M. Ferrera, *Modelli di solidarietà*, cit., 255）。

日法律153号26条）もまた，こうした過渡的な制度だったと評価しえなくもない。租税を財源とする[73]この定額給付は，低所得の高齢者（65歳を超える者）に対する社会扶助給付ではあるが，「年金」との名称に基礎年金制度構想の影響がうかがえるためである。

(c) 年金制度における普遍主義の限定

しかし，これに続く措置の欠如と1960年代末の社会情勢の変化に鑑みれば，これらの措置は，普遍主義の意義を矮小化し，年金制度の方向性を労働者のための制度へと限定する起点となったようにも思われる。とくに，労働運動の激化（いわゆる「熱い秋」）に呼応する形で実施された1968年の年金改革の成果として，「拠出方式」から「報酬方式」への変更が実現したことで，労働者の受給する年金の額は，納付した社会保険料額ではなく退職前所得に比例することになっていた（1968年4月27日共和国大統領令488号）[74]。このように，一般の年金が，若中年期に就労活動によって収入を得ていた労働者のための従前所得保障という性格を強めていたところに，これとかなり性質の異なる「社会年金」を導入しても，少なくとも，両年金を基礎年金として統合する形での普遍主義の実現は難しかっただろう。したがって，残すは「社会年金」の拡充・基礎年金化による普遍主義的制度確立の可能性だったが，その後，「社会年金」はその対象者が拡大されないままに，最終的には1995年の年金改革で，「年金」の名称も廃止された（「社会手当（assegno sociale)」に変更される。1995年8月8日法律335号3条）。同様に，1965年に導入された前述の「社会年金部分」も，普遍主義への打開策とはならなかった。この手当は，給付額（12,000リラ）の見直しが長年なされず，時の経過に従いその価値が低下したために，最低所得保障という当初の目的からは乖離したものになっていく。

---

[73] 社会年金の給付主体は，上述の社会基金である。ただし，社会基金が租税で運営されるようになったのは1976年からで，それまでは，主として年金機関・金庫・事業の社会保険料収入が投入されていた（1969年法律123号5条）。

[74] 拠出方式と報酬方式の詳細に関しては，中益陽子「公的年金制度の被保険者の範囲に関する一考察―イタリアの老齢年金制度における独立労働者制度の発展―」『本郷法政紀要』10号（2001）379頁以下等を参照。

結局のところ、年金制度は、その対象者が労働者以上に拡大せず、また、職種・業種別の「排他的で派閥主義的な」制度を克服することもできなかった。かくして、イタリアでは、医療保障分野のみが普遍主義に基づく制度を実現し、異質で独自の色彩を放つことになったのである。
　しかし、ここまでに述べたとおり、イタリアでは、ごく初期の一部の例外（2(1)参照）を除けば、医療保障制度とその他の社会保障制度（とくに老齢年金制度）とで、その対象者に差を設ける発想はなかったといえる。現在の制度において、医療保障制度のみが国民一般を対象とし、それ以外の制度の多くで労働者を対象とする仕組みがとられているのは、政治・社会的な要因に左右された側面が大きい。

(2)　既存の主体の弱体化と新主体の台頭
(a)　病院・医療保障制度改革と州[75]の権限の強化
(ア)　1968年病院制度改革
　医療保障制度とその他の社会保障制度の発展を分けた要因としてまず挙げられるのが、既存の制度上の主体に対する対抗勢力の存在である。医療保障制度では、普遍主義的制度の成立に至るまでに、制度の統一の前提となる重要な改革がいくつかなされたが、この過程でINAMや共済組合金庫といった医療保険機関に替わる新たな主体が台頭し、かかる新主体を軸とした制度の再編・統一に途を開いた。
　医療分野における普遍主義採用の前提としてまず実施されたのは、病院制度の改革である（1968年2月12日法律132号）。病院に対する規制としては、第2次大戦前に定められた1938年9月30日勅令1631号（いわゆるペトラニャーニ令）が存在したが[76]、さまざまな技術的理由のために、すべての病院

----

[75]　イタリアの地方行政単位は、上層から順に、州（regione）、県（provincia）および市（comune、市・町・村の区別はない）である。州（通常州）は、1970年に創設された比較的新しい自治単位である。なお、県知事（prefetto）は内務省から任命、派遣される官選であるのに対し、州執行部長（presidente della giunta regionale）は州議会によって、市長（sindaco）は市民の直接選挙によって選出される。
[76]　1938年勅令1631号は、病院の分類、病院の施設面での要件、病院で働く医療従事

に同法の規定を適用することはできなかった[77]。また，病院運営の包括的責任を病院の組織ではなく医院長（direttore sanitario）などの個人に委ねていたために，事業基盤が非常に脆弱であった[78]。つまり，当時のイタリアの病院制度は，画一性に欠け，不安定な構造を有していたのである[79]。

このような状況を打開すべく，病院制度の統一を目的として既存の制度を全面的に改正したのが1968年法律132号である。同法は，病院団体（enti ospedalieri，1ないし複数の病院から構成される）を公的機関とし（2条），病院での医療サービスを行いうる機関を基本的には病院団体だけに限定したほか（1条）[80]，病院団体の内部組織（7条ないし14条），病院団体設立の要件やサービス内容（19条ないし25条），病院の事業計画（26条ないし31条），財政制度（32条ないし34条）など，病院制度の統一に資する規制を敷いた。

このように病院を組織として統一する過程で，1968年法律132号が病院事業の管轄主体として州を中心に据え，医療に関する権限を州に委譲する土台を作ったことは，同法の功績の1つである。つまり，州に対し，病院団体

者の地位（公務員とみなす），医療従事者になるための試験制度の整備，入院費用，有償で治療されるべき疾病および保険会社や共済組合金庫との協約に関する規制等を定めるものであった。なお，これ以前には，病院は，いわゆるクリスピ法（1890年法律6972号）の適用を受けていた。同法は，貧困者に対して医療の提供を含めた各種支援を行う団体（病院のほか，各種慈善団体や宗教施設等）を総称してIPAB（公的扶助慈善機関）と呼び，特別な規制を定めていた。

[77] G. De Cesare, *Ospedale, in Enciclopedia del diritto XXXI*, Milano, 1981, 458.

[78] C. E. Gallo, *Organizzazione sanitaria e diritto alla salute*, in AA. VV., *Profili attuali del diritto alla salute*, a cura di C. E. Gallo e B. Pezzini, Milano, 1998, 140. また，病院に対する共済組合金庫の負債額が増加したこともあり，この時期の病院経営は苦しかった（G. De Cesare, *op. cit*., 458 ss.）。

[79] 助手（assistente）や補佐（aiuto：病院の部局長（primario）と助手の中間職）だけでなく助産婦のような準医療従事者にも有期雇用契約のみが適用されていたために，これらの医療関係者が不安定な地位を余儀なくされるという問題もあった。

[80] ただし，精神病院および精神病のためのその他の治療機関，科学的と認められる収容・治療機関，民間のケアハウス，大学の収容・治療機関ならびに診療所は同法にいう病院ではないが，病院としての医療サービスを行いうる（1968年法律132号1条2項・3項）。

の監督および保護に関する権限や（16条），病院の新設，既存の病院の増設，移転，改修，廃業等に関する立法権限（29条2項・5項。逆に，州病院計画を定める州法の中に規定がない場合には，基本的には病院の開設や増設，移転は行えない（29条3項・6項・7項））[81]を与えることで，各カテゴリーの権益を固持しようとする既存の組織（医師や医療保険機関）の対抗勢力として，州が台頭する契機を提供したのである[82]。

(イ)　州への権限移転と公的保健サービス方式の部分的成立

州を要とする制度構想が浮上した背景には，1970年代に左派政党や労働組合の中で，人々の社会的ニーズを把握しやすく，これに身近に対応することができ，一般大衆のコントロールに服する地方分権的制度を望む見解が優勢になったという事情がある[83]。こうした構想は，イタリア共和国憲法の規定と整合的でもあった[84]。実際，憲法は，統一的な地域医療を形成し，医療への介入を組織的に行うためには，地方自治体に医療に関する権限を与えるべきとの見解に立つものといわれている[85]。このように，憲法という強力な

---

[81]　G. De Cesare, *op. cit.*, 460.

[82]　イタリアには，通常州と特別州（シチリア，サルデーニャ，トレンティーノ-アルト・アディジェ，フリウーリ-ヴェネツィア・ジューリアおよびヴァッレ・ダオスタ）という区別があるが，特別州については，医療保障制度の計画や公衆衛生の維持，予防等について特別な権限が以前から認められていた。かかる権限を用いて地域の共済組合金庫の領域を侵食していた特別州は，当初から，共済組合金庫の対抗勢力だったといえる（M. Ferrera, *Modelli di solidarietà*, cit., 256）。

[83]　G. Vicarelli, *Le basi sociali della politica sanitaria in Italia. Dalla legge 833 al decreto legislativo 229*, in AA. VV., *Mutamenti nella politica sanitaria : Le prospettive in alcuni paesi europei*, a cura di S. Turcio, Roma, 1999, 103.

[84]　憲法117条の定める州の立法事項の1つに，「慈善，保健扶助および病院扶助」が挙げられ，同118条では，117条に列挙された事項の行政権限は，州に属するものとされていた。なお，117条は，2001年10月18日憲法の法律3号によって改正されている。もともとの117条は，州の立法事項を限定列挙していたが，2001年の憲法改正により，原則と例外が逆転した。つまり，国の排他的立法事項および国と州との競合的立法事項を限定列挙し，これ以外の事項はすべて州の権限とされたことで，州の権限が大幅に拡大した（鈴木桂樹「イタリア（概観）」仲村優一・阿部志郎・一番ヶ瀬康子編『世界の社会福祉年鑑2002』（旬報社，2002）74頁以下）。

後ろ盾を得て，その後の立法は，州の権限を強化する方向で展開していく。

まず，1972年1月14日共和国大統領令4号は，医療保障制度および病院制度における国の権限を州に委譲し（1条・2条），国が監督していた医療保障・病院関連の団体のいくつかを州の管轄に移すという基本方針を示した（3条）[86]。続く1974年の病院改革（1974年8月17日法律386号）は，病院の財政状態の安定化と新たな医療保障制度の構築を目的として，各種の財政措置を定めたほか[87]，INAM等の医療保険機関が提供していた医療サービス（在宅・外来一般医療，外来専門医療，薬剤，入院診療，産科，小児科，補完医療，疾病手当の支給）のうち，病院での医療サービスの提供に関する権限を州に移管することによって，州の権限を強化した（12条）。この際，かかるサービスの提供については，州が直接に病院団体を利用するという形がとられたため，病院は団体としての性質を失い，州の一機関のようになったといえる。こうした権限の移転と同時に，INAM等の医療保険機関に加入できない主体に関しても病院での医療サービスの利用を認めたことで（13条），病院での医療サービスについては，州が保健サービス方式で全市民に提供する仕組みが成立することとなった。

(ｳ) 疾病共済組合制度の終焉

反面，1974年の病院改革は，INAM等の医療保険機関の理事会を基本的に解体し，1977年6月30日までにこれらの機関を解散させることを定めている（12条の2）。この旧体制解体の動きは，1977年6月29日法律349号がこれらの医療保険機関が有する医療に関する権限のすべてを州に移したことで最終的に決着し（1条），ここに，ファシズム期に遡る疾病共済組合制度は幕を閉じた[88]。さらに，同じ年の1977年7月24日共和国大統領令616

---

[85] デローグ・前掲注(5) 532頁，G. Cosmacini, *Storia della medicina e della sanità nell'Italia contemporanea*, Bari, 1994, 108 ss..

[86] 州への権限の委譲には，国の法律による各種団体の再編や地方公共団体の行政権限の配分が前提とされており，かかる法律が制定されるまでは，さしあたり現状が維持される（3条・4条）。

[87] 共済組合金庫が病院に対して負う負債の穴埋めのために公的財源を投入し（1条・2条等），病院での医療サービスに関する費用を公的に補完するための全国病院扶助基金を創設するなどした（14条）。

号は,「都市および農村部の地域の治安」等その他5項目とともに「保健および病院扶助」(つまり「人々の心身の福祉の状態を促進,維持および回復」すること (27条))に関する国等の行政権限を州に移し (17条・28条・29条・31条)[88],これによって憲法の予定する州の権限が医療分野で成立することになったのである。

(エ) 年金制度と分権

一方,年金分野でも,1960年代以降に労働組合が分権主義や民主的コントロールを主張したが,結果は医療保障制度の場合と全く逆であった。つまり,労働組合のこうした主張は,既存の年金基金・金庫・事業の運営に労働組合が自ら関わり,影響力を行使することに主眼があった[90]。事実,この目論見は本懐を遂げ[91],年金制度では,既存の組織がその勢力を維持したまま,

---

[88] ただし,SSN の創設を定める 1978 年法律 833 号 23 条 (予防労働安全上級機関の設立に関する委任),37 条 (在外イタリア人,イタリアのカンピオーネ市の市民および船員の医療扶助規定に関する委任) および 70 条 (イタリア赤十字の医療サービスの分割およびイタリア赤十字協会の再編) 1 項が定める委任立法の公布ないし委任の実施まで,1974 年法律 386 号 12 条の 2 の定める特別委員 (1977 年法律 349 号 2 条により,各種共済組合金庫の清算委員とされている) の権限が引き続き実施されることになったため (1980 年 2 月 29 日法律 33 号 5 条),SSN の成立後もしばらく,共済組合金庫は存続した。

[89] ただし,これは原則であり,国や県,市にも保健・医療保障制度に関する権限が残されている (28条ないし34条)。国の権限としてはとくに,国際レベルでの疾病の予防 (水際作戦や在外イタリア人に対する医療保障等),伝染病の予防 (ワクチン接種の強制),薬剤等の生産,登録,広告および売買等に関する行政上の権限 (30条),県の権限としては,保健施設の設置場所の決定等 (ただし,州の策定する計画の範囲内に限る。33条) がある。一方,市には,「国,州または県に明示的に留保されていない」権限のすべてが委ねられているが (32条),この規定は,国および州の法律によって留保されていない権限を委ねるという意味に解されている (U. Pototschnig, *TitoloIII : Servizi sociali : Introduzione, in AA. VV., I nuovi poteri delle regioni e degli enti locali : Commentario al decreto 616 di attuazione della legge 382*, a cura di A.Barbera e F. Bassanini, Bologna, 1978, 246)。

[90] M. Ferrera, *Modelli di solidarietà*, cit., 256 ss..

[91] とくに,INPS の管理運営組織における労働組合代表の参加に,この現象が顕著に現れている (1970 年 4 月 30 日共和国大統領令 639 号)。たとえば,INPS の理事会

制度の分極化をいっそう推し進めることになる。
  (b) 医師の細分化・過剰
  (ア) 医療の進歩と医師の細分化
　このように，同じく分権主義が主張されながら，医療保障分野でのみ州の権限強化が実現した背景には，制度統一に関する反対勢力や対抗勢力，つまり，一方で医師および医師の職業団体（FNOM；全国医師会連合)，他方でINAMおよび共済組合金庫といった既存の組織の弱体化がある。
　まず，イタリアの医師の大多数は，医師を自らの従属下に置こうとするINAM等の医療保険機関と対立していたが[92]，その反面，疾病共済組合制度の長い歴史の中で培われてきた医師の権限や職業上の自立性を弱める可能性のある病院改革や医療保障制度改革にも，概して反対であったといわれる[93]。しかし，この時期，集団としての医師は一枚岩ではなく，病院・医療保障制度改革を阻止しうるほどの圧力団体となっていない。
　その理由の1つは，医学や科学技術の発展であろう[94]。この抗し難い潮流は，医療行為を複雑にし，医学に隣接する諸領域（生物学，化学，心理学，理学療養等）との境界を曖昧にした。つまり，これらの領域に属する職業カテゴリーが医療を浸食し，医師と競合するようになったために，医師による医療の独占状態は脅かされ，医師の地位を不安定にしたのである。こうした状

　　（Consiglio di amministrazione）をみると，従属労働者代表18人（工業部門8人，農業部門4人，商業・旅行業部門3人，金融・保険・税務部門2人，上級管理職1人)，自営業者代表4人（自営農1人，折半小作農・小作農1人，職人1人，商人1人)，使用者代表9人（工業部門4人，農業部門2人，商業・旅行業部門2人，金融・保険・税務部門1人)，INPS従業員によって選ばれたINPS従業員代表2人，総局長レベルの官僚3人（労働社会保障省，国庫省および予算経済計画省から1人ずつ）である。
  [92] G. Cosmacini, *op. cit.*, 104 ss..
  [93] G. Vicarelli, *op. cit.*, 104.1963年のCNEL提案以降，SSNの実現までに15年の年月を要したのは，医師を支持層とするDC（キリスト教民主党）が，SSNの実現に対する医師層の反対を受け，改革を遅らせようとしたことが一因といわれている（M. Ferrera, *Modelli di solidarietà*, cit., 267 ss.）。
  [94] A. Secco, *La corporazione medica in età repubblicana*, in AA. VV., *Storia d'Italia Anno 10 : I professionisti*, a cura di M. Malatesta, Torino, 1996, 194 ss..

況の中で，集団としての医師は，自己防衛のために結束を強めるどころか，逆に分裂する傾向があった。というのも，医学の進歩は，医療に対する知識や医療行為を高度に専門化・特殊化するとともにこれを細分化し，分野の異なる医師同士の距離を広げ，医師の一体感に亀裂を生じさせたためである。

このような医師の分裂は，医師の利害関係の細分化だけでなく，その対立さえ招きかねない。分野ごとに異同のある医師の利害関係を調整することが困難になるにつれ，必然的に，政府に対する医師団体の交渉能力は弱まり，政策決定への影響力も制限されざるをえなかったといえよう[95]。

(イ) 医師・医師予備軍の増加

加えて，イタリアでは，医師の過剰がこうした医師の分裂・細分化に拍車をかけた[96]。この現象はすでにファシズム期から指摘されていたが[97]，1969年の大学入学の自由化（1969年12月11日法律910号）による医師予備軍および医師の激増が，問題をいっそう深刻にした[98]。これらの医師予備軍や医師に対して適正な職を確保する政策を望めば，その反面として，医師は，国の機構に組み込まれることを覚悟し，場合によっては自らの自由専門職としての地位を捨て，従属的な地位に甘んじなければならない。つまり，労働ポスト拡大の必要性と，職業上の自立確保の要請との間で，医師は身動きが取れなくなっていたのである。

一口に医師といっても，INAM等の医療保険機関と雇用契約を締結している共済医，その他の公的社会保障機関（INPS（全国社会保障機関）や

---

[95] たとえば，1968年の病院改革では，国や州の病院計画の策定に関して，FNOMには諮問機能が与えられたのみで，その決定過程には直接参与しない仕組みになっている（1968年法律132号27条・28条・61条・62条参照）。

[96] A. Secco, *La corporazione medica in età repubblicana*, in AA. VV., *Storia d'Italia Anno 10 : I professionisti*, a cura di M. Malatesta, Torino, 1996, 194 ss.

[97] 1924年のFNOMのトップ会談において，国に対し，医学部への登録削減による医師採用の制限と，医学部卒業者への職の確保が要求されている（A. Secco, *op. cit.*, 194 ss.）。

[98] 医師の数は，1881年に18,800人（医師1人あたり住民1,513人），1921年に32,900人（同1,154人），1961年に81,500人（同642人），1978年に143,700人（同394人）となっている（ベルリングェル・前掲注(5)58頁）。

INAIL（全国労働災害保険機関））と雇用契約を締結している医師，病院・診療所で働く医師，工場勤務医，大学勤務医，国や地方自治体の嘱託医，自由業の医師等々だけでなく，これらの兼業形態，そして無数の医師予備軍と多様である。そして，こうした多様な医師の間には，疾病共済組合制度から受ける恩恵と医療保障制度改革への期待のいずれにも，温度差が存在したと思われる。実際，病院制度改革に対して概ね反対の立場で結束を固めた医師も[99]，医療保障制度改革については，その立場が一様でなかった。疾病共済組合制度の枠内ですでに地位を確立していた医師が保身を考えたのに対し，多様な医師を包括し，その利益を代表するFNOMは，現状維持と変化の受容との間で揺れ動いていたのである[100]。

このように断固とした立場を取れなかった医師および医師組合は[101]，1978年の医療保障制度改革において，大きな妥協を強いられることになる。FNOMおよびその他の医師組合は，改革法案に対する修正案を提出したものの，結局何1つ採用されていない。常々の主張によりかろうじて医師の独立性だけは固持したが[102]，医師は，医療保障制度の方針決定機関や運営組織からは排除され，「医師なき改革」に甘んじなければならなかった。

(c) 医療保険機関の破綻

(ｱ) 就業人口の増加と医療費の増大

これに対して，INAMを初めとする医療保険機関の弱体化については，

---

[99] 1960年および1962年の病院改革案は，医師の反対によって実現しなかった。

[100] A. Secco, *op. cit.*, 210.

[101] 1978年の医療保障制度改革に関してイタリアの医療職を総体としてみれば，正面から反対することもなかったが，積極的に参加することもなかったといわれている（ベルリンジェル・前掲注(5) 121頁以下）。

[102] FNOMの立場で一貫しているのは，医師の従属労働者化（impiegatizzazione）に反対し，医師の自由と独立性を保つという点であり（A. Secco, *op. cit.*, 211 ss.），この点に対する改革には激しく反発した。この背景には，当時の医師の多くが，ある機関の勤務医である場合にも，自由業として行われるかけもち診療（勤務時間外の分院診療，自費患者の診察，特殊診療，顧問等）によって莫大な利益を得ていることが多かった事情があり（ベルリンジェル・前掲注(5) 272頁以下），こうした医師の利益を堅持しようとしたものであろう。

主としてその財政状況の悪化が引き金となった。

　1950年代から1960年代における就労人口の増加や被保険者の範囲の拡大[103]とそれに伴う制度加入者の増加，つまり，社会保険料の増収の可能性からすると，これは一見矛盾のようにみえるかもしれない。実際，主に年金分野を管理するINPS（全国社会保障機関）に関しては，1950年から1960年の10年間の保険料収入は，国民所得比でみると4.1％から8.4％に増加していた。しかし，こうした就業人口の増加による加入者の増加は，年金制度と医療保障制度では異なる意味をもつ。つまり，年金制度における加入者の増加が支出に影響するのは，これらの加入者が年金受給年齢に達する10年ないし数10年先である。これに対して，医療保障制度では，高齢者だけでなく若年層もまた医療サービスや金銭給付を受ける立場になりうるために，加入者の増加が，保険料収入の増加と同時に，支出の増加に直結するのである[104]。

　かかる事情に加えて，イタリアの場合，医療保障制度の社会保険料は，年金制度の場合よりもかなり低く[105]，その分財政の規模も小さかった[106]。

---

(103)　医療保障制度における被保険者の拡大については，注(44)参照。年金制度では，とくにINPSに関する加入者の拡大として，見習労働者（1955年1月19日法律25号），ガス供給企業の従業員（1955年7月1日法律638号），電気・エネルギー供給企業の従業員（1956年3月31日法律293号），自営農・折半小作農・小作農（1957年10月26日法律1047号），漁師（1958年3月13日法律250号），家内労働者（1958年3月13日法律264号），職人（1959年7月4日法律463号），商人（1963年7月22日法律613号）等がある。

(104)　M. Ferrera, *Modelli di solidarietà*, cit., 257 ss..なお，医療保障制度のサービス類型別利用者数をみると，1952年において，入院に関する制度の利用者が人口100人あたり32人，薬剤に関する制度の利用者が同22人，外来医療の利用者が同32人であったのに対し，1974年にはいずれも100人あたり56人にまで増加している（M. Ferrera, *Crescita da domanda o crescita da offerta? Un'analisi delle spese sociali in Italia*, in *Rivista italiana di scienza politica*, 1982, XII, n. 2, 318 ss.）。

(105)　年金制度の保険料率は，INPSに加入する民間の被用者の場合，1968年で賃金の20.65％（使用者負担13.75％，労働者負担6.90％）である。これに対し，同時期の医療保障制度の保険料率は，カテゴリーによって異なるが，概ね9％から12％であった（労働者負担分が0.15％で，残りが使用者負担分。ただし，1974年の病院

また，医療給付は10割給付で，薬剤費についても患者負担がない[107]。さらには，イタリアの疾病共済組合制度は，社会的統合を大義名分として，社会的合意の道具や雇用の受け皿，財源を生み出す魔術のように理解され，利用・乱用されてきた期間があまりに長かった[108]。こうした状況に，医療に対する信頼感の高まりによる制度利用の増加や医療機器の高度化といった一般的な医療費増大要因が相俟って，1954年から1967年におけるイタリアの医療保障制度の支出は，実に3倍（対国内総生産比）に膨らんでいたのである（同時期の年金制度の支出増は約2倍）[109]。

(イ) 病院関連費用の増加

一方，1968年の病院改革は，医療費の増大を抑制する1つの契機となりえたはずであるが，その増加に歯止めをかけるどころか，むしろこれに拍車をかけた[110]。事実，医療費の中でも病院に関する費用は，1968年から1974年の間に約2倍と大幅に増加している（対国内総生産比で0.82％から1.65％。なお，1952年では0.16％）[111]。これは，同改革で定められた入院費

改革（1974年法律386号）により，病院医療のための保険料として労働者負担分を0.15％引き上げ，0.3％にした）。具体的にみると，農業分野では，13,615リラの定額（1974-1975年），工業部門の肉体労働者12.1％（1965-1975年），工業部門の事務労働者10.1％，商業部門10％，金融部門9％等である（以上，1965-1975年）。

(106) 金額でみると，INPSの社会保険料収入が1955年で8,090億2,100万リラ，1965年で2兆7,859億7,200万リラであるのに対し，INAMの場合は，1955年で1,191億7,800万リラ，1965年で7,082億1,500万リラである（Istituto centrale di statistica, *Annuario statistico italiano*, Roma, 1956, 379, *id*, 1966, 374）。

(107) 1975年における1人あたり年間平均薬剤処方件数は，イギリスの6.3件，ベルギーの9件，フランスの10.5件，西ドイツの11件に対し，イタリアは21件であったとわれる（第3回外国医療費対策研究調査団・前掲注(5) 49頁）。

(108) G. Vicarelli, *op. cit.*, 103.とくに，DC（キリスト教民主党）による制度の乱用が顕著であったといわれる。実際，DCは，地方分権化による医療保障関連財源の分散のために，自らの利権が失われるのを危惧して，中央政府が管理する公社による制度運営という代案を繰り返し提案していた（M. Ferrera, *Modelli di solidarietà*, cit., 268）。

(109) M. Ferrera, *Il welfare state in Italia*, cit., 316.

(110) G. De Cesare, *op. cit.*, 460, M. Ferrera, *Crescita da domanda o crescita da offerta*?, cit., 321.

(retta di digenza)の仕組みに，医療サービスの提供者である病院に対して費用抑制のインセンティブを働かせようという視点が全く欠けていたためである。同改革の定めによれば，病院は，入院に直接関係のない費用（研究費等）を含めて，入院費（病院の役員会（Consiglio di amministrazione）が算定・確定する）としてINAMや共済組合金庫等の医療保険機関に請求することができる反面[112]，医療保険機関側では，これをコントロールする手段がほとんどなかった。医療保険機関に唯一残された選択肢は，病院から請求される費用の支払い全体を拒否することだけである。

以上のような状況の中で，INAMを初めとする医療保険機関の財政状況はおしなべて悪化し，1960年代および1970年代にはそのほとんどが破綻の危機にあるといってよかった。その帰結として，これらの機関は，自らの自立性を放棄して，国の支援に頼らざるを得なかったのである[113]。

(3) 再分配の再構成
(a) 制度内格差の変化
(ア) 格差の縮小と拡大

医療保険機関の財政状況が一様に悪化したことは，医療保障制度内における水平方向の再分配に対する抵抗感を著しく弱めた。つまり，およそすべての機関が財政的危機に瀕する状況は，各カテゴリーの保険数理上の優劣を消したに等しかったからである[114]。ここに，医療分野においては，制度統一の契機が訪れたといえよう。

---

(111) M. Ferrera, *Crescita da domanda o crescita da offerta?*, cit., 318.
(112) 入院費は，従業員の報酬，患者の診断，治療および援護等のみならず，「病院扶助にかかる総費用形成の一端となるその他のあらゆる出費に関して，病院が負担するすべての費用を含まなければならない。」(1968年法律132号32条3項)
(113) 共済組合金庫の負債額は，1965年ですでに2,500億リラ（うち，病院に対する負債は1,000億リラ）であったが，その2年後には約5,000億リラに上り，その後も増え続けた (M. Ferrera, *Modelli di solidarietà*, cit., 260, G. De Cesare, *op. cit.*, 458 ss.)。
(114) イタリアの場合，1950年代に年金受給者およびその家族に対して保険加入が義務付けられたが，各職業カテゴリーの年金受給者が，特定の機関に集約させられるこ

一方，年金制度では，カテゴリー間の格差がむしろ拡大した。前述のように，年金制度の財政状況は，医療保障制度に比べればむしろ良かったのである。実際，1960年代初めには，公務員や民間の上級管理職，自由専門職等，ほとんどの年金基金・金庫・事業が黒字であり，中でもINPSの管理する民間被用者の年金事業「被用者年金基金」は，1964年に1兆リラという記録的な黒字を計上していた[115]。

(イ) 自営業者制度の孤立と二極化

しかしこれには，例外が存在した。自営業者である。そもそも，自営業者の年金事業（自営農・折半小作農・小作農，職人および商人の3つ）は，経済的弱者保護として実施されたこともあり，構成員の所得が一概に低かった[116]。また，被用者の制度と異なり，こうした労働者の経済基盤の弱さを，使用者による社会保険料の一部負担で補完することもできない。このように，当初から財政状況が苦しかったことに加えて，徐々に自営業者の数が減ってきたことが状況をいっそう深刻にした。1950年代から1960年代に達成された経済復興において被用者のカテゴリーが就業者数を伸ばすなか，自営業者が逆に数を減らしたことはすでに触れたが（3(1)(a)参照），かかる自営業者の減少はとくに，社会保険料の負担が期待される若年者層について生じたといわれ

となく，現役時代に所属した保険機関の管理下に分散させられていた（ただし，各機関内部で，年金受給年齢に至らない若中年者と年金受給者とは会計上独立していた）。さらに，当時のイタリアにおいて高齢者の数自体があまり多くなかったことからすれば（稿末表参照），高齢者に関わる医療負担の問題の重要性は，今日よりは相対的に低かったといえよう。いずれにせよ，現在の日本のように，被用者保険の被扶養者となっている者以外の高齢者が国民健康保険制度に集中している状況と異なり（もっとも，2006年の公的医療保険制度改革により後期高齢者医療制度が創設されることになったので状況は変化する），制度統一の実現はより容易であったと思われる。

(115)　M. Ferrera, *Modelli di solidarietà*, cit., 260 ss..
(116)　自営業者に対する年金制度の拡大は，国の財政負担を増やすことになるため，限られた財源を分配する際には，貧困に苦しむカテゴリーを優先して行うべきと考えられた（*Atti parlamentari-Camera dei Deputati-Seduta del 27 luglio 1957*, 34688, 34855, *Atti parlamentari-Camera dei Deputati-Seduta del 30 maggio 1966*, 23716 ss.）。実際に，これらの自営業者の加入要件として，当初は所得制限が置かれた（自営農につき1957年法律1047号2条，商人につき1960年法律1397号1条）。

る(117)。したがって，自営業者の年金事業では徐々に構成員の高齢化が進み，保険数理状況が悪化する傾向にあった(118)。

　自営業者に関する年金事業とその他の労働者の年金事業がこうした二極化の状態にあったことは，両者の統合を著しく困難にした。財源の移転がみえにくい租税方式による普遍主義的制度の実現が当初から試みられていれば，多少は状況が異なったであろう。しかし，租税方式による基礎年金構想を実施するには，自営業者の所得を適正に把握し，徴収業務を的確にこなすべく，当時の税制に大きな変革を必要とするほか，制度の移行にかかる費用の捻出といった問題が生じる(119)。これを嫌ったイタリアの政府は，黒字の年金基金・金庫・事業から自営業者の年金事業への財源の移転を主たる方法として，普遍主義の第1段階を実現しようとしたのである(120)。結果は，一般の民間被用者だけでなく，上級官吏職や自由専門職，興行労働者等を含めた広範なカテゴリーからの激しい抵抗であった。とくに，3大総連合の1つであるCGIL（イタリア労働総同盟）は，こうした財源の移転による普遍主義的制度の実現を「法の押し付けか官僚主義的な強制」に他ならないとして激しいゼネストを組織し，徹底抗戦する構えをみせた（いわゆる「熱い秋」）。これに屈した政府が，最終報酬に比例する年金給付の実現といったCGILの要求を呑む形で年金改革を実施し（1968年，共和国大統領令488号，1969年4月30日法律153号），年金制度はますます普遍主義と乖離することになったのである(121)。

(b)　疾病および罹患者の変化

(ア)　疾病原因の複雑化

---

(117)　M. Ferrera, *Modelli di solidarietà*, cit., 261.
(118)　たとえば，自営農・折半小作農・小作農に関する年金事業では，1960年において社会保険料と給付の収支の割合がおよそ2対5だったのに対し，1965年には1対10に悪化した（M. Ferrera, *Modelli di solidarietà*, cit., 261）。
(119)　社会保険方式から租税方式への移行にかかる問題については，堀勝洋『年金制度の再構築』（東洋経済新報社，1997）170頁以下等を参照。
(120)　たとえば，前述の「社会年金部分」（注(58)）の財源のうち，国の負担はわずかで，ほとんどは被用者の社会保険料で賄われた。
(121)　M. Ferrera, *Modelli di solidarietà*, cit., 261 ss..

年金制度であれ医療保障制度であれ、その再分配の構造は、上記の水平的再分配（職業別カテゴリー間の再分配）だけでなく、同時代における高所得者から低所得者への所得再分配（いわゆる垂直的再分配）や若中年層から高齢者への世代間の再分配、同一個人における生涯所得の再分配のいずれの要素も程度の差はあれ有するといえよう[122]。前述のように、イタリアの医療保障制度における水平的再分配への抵抗感が低減したことは、イタリア独自の社会状況に左右された偶発的なものといえようが、当時の社会の変化に鑑みれば、医療保障制度では、再分配の構造全体に、より通性的・普遍的な変化が生じていたとも考えうる。

つまり、一方で、医学の発展によって、疾病の原因を多角的に把握しうるようなったために、疾病の発生は、場合によってかなり複合的な要因に左右されることが明らかになってきた。また他方で、第2次大戦後の急激な科学・工業の進展や生活様式の変化が、疾病の主流を、伝染病や欠乏症から循環器系疾患や腫瘍等に移行させた[123]。つまり、外的な要因だけをみても、文化的・社会的・経済的・地域的諸条件が複雑に絡み合い、医学の進歩をもってしても原因を1つに特定できないような疾病が増加してきた。このことは、罹患者の構造、延いては医療における再分配の構造の変化および複雑化に直結する。すなわち、このような社会の進歩の中にあっては、再分配に関する議論の前提となる、ある特定の疾病のリスクによる集団の形成と、別の疾病のリスクを基準とした集団の形成とを同列に論じえない。幾多の疾病が存在する中で、リスクの共有という観点から人々をグループ化することはか

---

(122) 年金制度における所得再分配について、牛丸聡「公的年金の所得再分配効果」『日本経済政策学会年報』34号（1986）166頁以下等、医療保障制度における再分配について、勝又幸子・木村陽子「医療保険制度と所得再分配」『季刊社会保障研究』34巻4号（1999）402頁以下等。

(123) 死亡原因をみると、1954年では首位から順に、中枢神経系の欠陥損傷（全体の13.6％）、心筋梗塞（同12.4％）、気管支および肺疾患（同7.0％）、1964年では中枢神経系の欠陥損傷（同13.7％）、心筋梗塞（同12.6％）、心臓の動脈硬化および冠状動脈疾患（同7.3％）、1974年では、虚血性心疾患（同15.5％）、脳循環不全（同13.9％）、心筋梗塞（同8.0％）である（cf., Istituto centrale di statistica, *Annuario statistico italiano*, Roma, 1956, 53, *id.*, 1966, 64, *id.*, 1976, 59）。

なり困難であり，かりに実施すれば，民間保険のように極端に細分化されてしまうだろう。

(イ)　医療保障制度における垂直的再分配

　たとえば，垂直的再分配についてみてみよう。普遍主義とは，所得を欠く者および低所得者を含めた包括な制度であるために，かりに貧困と疾病とが不可避的に結びつく現象であるとすれば，制度成立の議論の過程で，負担ばかりを強いられることになる中・高所得者から強い反発を招いたであろう。実際，インフラストラクチャーが十分に整備されず，食料事情や衛生状態も今日に比べて劣る前近代的な社会（たとえば中世のような時代）では，病気になることは収入を失って困窮することと同義であり，また逆に，衣食住を失って貧困に陥り心身を病む確率は，今日よりもはるかに高かったと考えられる。つまり，ある時代において，貧困者と病人はその多くが重複していた[124]。しかし，社会保障制度等の制度が整備され，衛生状態の向上や医学の進歩がみられる現代では，貧困と疾病の関連性はより希薄になると考えられる[125]。

　この点，当時のイタリアには，たしかに，貧困と疾病の関連性を示唆するデータが存在する。たとえば，乳児死亡率の高さは，所得の低い南部の州に顕著であって[126]，この場合に，貧困が乳児の死因の主因であったことをうかがわせる[127]。しかし他方で，腫瘍や循環器系疾患が死亡原因となった場合についてみると，地域差が逆転し，中北部の州で死亡率が高く，南部では

---

(124)　P. Racine, *Povertà e assistenza nel Medioevo : L'Esempio di Piacenza*, in *Nuova rivista storica*, 1978, LXII, 508, 517.

(125)　貧富と疾病との関係性に関する国際的な研究として，トーマス・マキューン著・酒井シヅ・田中靖夫訳『病気の起源―貧しさ病と豊かさ病』（朝倉書店，1992）115頁以下。

(126)　SVIMEZ(Associazione per lo sviluppo dell'industria nel Mezzogiorno：南部産業発達促進協会）の調査によれば，住民1人あたりの所得は，1951年のデータで，イタリア平均186,200リラ（北部239,200リラ）に対し，南部110,3リラ，1959年のデータで，イタリア平均303,700リラ（北部383,100リラ）に対し，南部172,00リラと，かなりの開きがある（SVIMEZ, *Un secolo di statistiche italiane : Nord e Sud 1861-1961*, Roma, 1961, 767）。

低い[128][129]。要するに，社会の変動およびそれに伴う疾病の変化が，ときに医療における再分配の構造を変え，場合によっては，従来よりもこれを流動的かつ不透明にした可能性がある[130]。再分配の構造およびそこから派生する再分配への抵抗感という点からみれば，当時のイタリアでは，職業や産業，労働類型別という集団形成が正当化されるのと同程度に，他の基準によるグループ化（たとえば地域別），さらには非グループ化（つまり一元化）も容認しうる状況にあったと推測される。

(ウ) 年金制度と再分配

一方，年金制度においても，老化や余命の長短（換言すれば死）は，多様

---

(127) 1964年の住民1000人あたりの乳児の死亡件数をみると，バジリカータ州が53.8人とトップであり，以下，プッリャ州（49.2人），カラーブリア州（43.9人）と南部の州が続き，全国最低のトスカーナ州（25.3人）と倍近い格差がある（Istituto centrale di statistica, *Annuario statistico italiano*, Roma, 1966, 72）。また，ジョヴァンニ・ベルリングェル著・大津静夫監訳・大津真作訳『保健・医療改革の方向：イタリアの保健のための改革』（三一書房，1981）253頁（巻末訳注）には，出典および年が不明であるが，職業別の乳児死亡率が掲載されている。それよれば，農民（住民1,000人あたりの乳児死亡件数43.38人），石工・ブリキ職人・建築労働者（同32.74人），製粉工・パン製造工・麺類製造工（同29.02人）といった低所得層の乳児死亡率が高く，弁護士等（同16.64人），公務員等（同18.28人），医師・薬剤師（同18.41人）では低くなっている。

(128) 1964年の住民10万人あたりの腫瘍による死亡件数をみると，最高がリグーリア州およびフリウーリ-ヴェネツィア・ジューリア州（239人），続いてトスカーナ州（228人），エミーリア・ロマーニャ（213人）である。逆に，低いのは，バジリカータ州およびカラーブリア州（84人），モリーゼ州（103人），カンパーニア州（105人）となっている。この北高南低の傾向は，循環器系疾患，肝硬変等の疾病のほか，事故死等に関してもみられる（Istituto centrale di statistica, *Annuario statistico italiano*, Roma, 1966, 69 ss.）。なお，ベルリングェル・前掲注(5) 112頁以下および262頁以下にも，地域別の指標がある。

(129) 社会や時代の変化による影響ということではなく，また，年金制度と医療保障とに差異をもたらすものでもないが，イタリアにおける再分配を複雑にする1つの要因として，高齢者の地域的分布がある。イタリアでは，北中部で高齢者の割合が高いのに対して，南部では低く，ここでもまた北高南低の傾向を示している（稿末表参照）。つまり，垂直的再分配と世代間再分配との流れは逆になるということである。

(130) ベルリングェル・前掲注(5) 40頁以下。

な要因が複雑に絡み合って生じるといえようが，一般に，年金受給の開始は個体差を捨象して一律に設定されている（つまり，「老化現象の抽象化」）。また，医療保障制度では，再分配における財源移転の負担者が，同時にその受益者ということが通常であるが，年金制度では基本的に，負担者は若中年層，受益者は高齢者と分化，固定化している。たしかに，高齢にともなって疾病のリスクは高まるが，すべての高齢者がすべからく病人であるとはいえない。要するに，高齢のリスクおよび疾病のリスクが，あらゆる個人に関係しうるという意味でいずれも普遍的であるとはいっても，その内容・程度には違いがあると思われる。さらに，金銭的な面をみても，疾病に伴う金銭上の困窮は，疾病の種類・程度に大きく左右されるが，高齢による所得の喪失の場合は，生活費について考慮すればよく，その分予測が立てやすいとも考えられる。つまりは，疾病のリスクの方が，より普遍的でより不確実と評価することができよう。

逆に言えば，年金制度における被保護事項（老化現象）の発現やそれに伴う財源の移転は，医療保障制度に比べて単純か，少なくとも，制度加入者にとって単純に感じられるということがありうるだろう。したがって，年金制度では，医療保障制度よりも再分配の対立構造が表面化しやすく，その分統合が容易でなかった可能性があると思われる。

(4) 規範としての「労働」からの解放
(a) 憲法の解釈

制度の対象者に関する年金制度と医療保障制度の分化については，上述のような社会・政治状況が先行し，両制度の差異を理論的に検証する試みは，むしろ後手に回った感がある。実際，医療保障制度および年金制度の双方を含む制度改革案で年金と医療保障を区別する発想はなく（たとえば，ラーヴァ委員会，ダラゴーナ委員会，CNEL），また，SSN成立以前の代表的な学説も，両制度が異なる論理的基盤に立脚するものとは考えていなかった。

このことは憲法の解釈に顕著である[131]。イタリアの憲法上[132]，社会保障制度に関する規定としては，まず第3章（経済的関係）に置かれた38条が挙げられる（「労働の能力をもたず，生活に必要な手段を欠くすべての市民は，

扶養および社会扶助（assistenza sociale）に対する権利を有する。」（憲法38条1項），「労働者は，災害，疾病，障害および老齢ならびに非自発的失業の場合に，その生活の必要性に応じた手段が規定され，かつ確保される権利を有する。」（憲法38条2項））。

医療保障に関しては，この38条のほかに，第2章（倫理・社会的関係）に置かれた32条も存在する（「共和国は，健康を，個人の基本的権利および共同体の利益として保護し，貧困者に対して無償の治療を保障する。」（憲法32条1項））。

この2つの条文を比べるとわかるように，38条が「労働者」とそうでない者（「労働不能で生計を欠くすべての市民」）を区別しているようであるのに対し，32条は「貧困者」とそれ以外の者を分けてはいるが，「労働者」か否かの区別は重視していないように読める。

これらの条文に関しては，一方で，労働者か否かの区別を重視し，社会保障制度もこの区別に応じて2元的に捉える見解が有力であった。この学説は，労働者（とくに被用者）のための保障（previdenza）[133]（憲法38条2項）と困窮した一般市民を想定した扶助（assistenza）を峻別し，さらに，扶助（assistenza）を，①貧困者に対する無償の治療（医療保障扶助：憲法32条1項）と②「労働能力を欠く者」に対する「生存の維持および社会扶助」（社会扶助：憲法38条1項）から成り立つものとして構成する[134]。

こうした見解に対しては，労働者とそれ以外の個人，および，保障（previdenza）と扶助（assistenza）の区別は，憲法32条や38条の根幹となる憲法3条2項の規定（「市民の自由および平等を事実上制限し，人格の十全な発展ならびに国の政治的，経済的および社会的組織へのすべての労働者の実効的

---

(131) そもそも，学説は，憲法の保障する健康に対する権利（32条）について，SSNの実現までほとんど論じてこなかった（M. Cocconi, *op. cit.*, 37 ss.）。

(132) 憲法の訳語については，斉藤寿・滝沢信彦「イタリア共和国憲法」大西邦敏監修・比較憲法研究会議編『世界の憲法―正文と解説―』（成文堂，1971）47頁以下，小島晴洋訳「イタリア共和国憲法（抄訳）」仲村優一・一番ヶ瀬康子編『世界の社会福祉：フランス・イタリア』（旬報社，1999）509頁以下等を参考にした。

(133) なお，憲法38条の文言には，"previdenza"という言葉は出てこない。

(134) G. Mazzoni, *op. cit.*, 1224 ss..

参加を妨げる，経済的および社会的障害を除去することは，共和国の任務である。」）に照らして根本的なものでないという批判があった。この見解は，憲法3条2項を根拠に，国が国民に対して「困窮からの自由（libertà dal bisogno）」の任務を負うものと解し，この任務の前では，労働者であるか否かの区別は重要でないとの帰結を引き出す。この「困窮からの自由」は，社会保障（previdenza sociale）を規定するものであり，これによって社会保障（previdenza sociale）は，被用者と使用者の限定的な連帯の制度から社会のすべての構成員の連帯に基づく一元的な制度に生まれ変わったと考えるのである[135]。

しかし，この2つの学説は，社会保障制度を一元的に捉えるか二元的に捉えるかの違いはあれ，医療保障制度と年金制度でその理論構成に異同があるわけではない。つまり，医療保障制度と年金制度は，制度の対象者という点からみれば同価値と考えられている。

(b) 「先送りされた賃金」としての年金

ただ，このような考え方は，より実務的な観念からは乖離していた可能性がある。実際，労働組合や左派政党の間では，年金を「先送りされた賃金（salario differito）」とし，その対象者を労働者に限定する一方で，医療保障制度を普遍的に解する考え方が支配的であった[136]。

まず，年金を「先送りされた賃金」とする主張の先鋒が，PCI（イタリア共産党）とCGIL（イタリア労働総同盟）である[137]。これによれば，年金は専ら労働者のものであり，労働者以外の者に給付する理由はない。1960年

---

(135) M. Persiani, *Lezioni di diritto della previdenza sociale I*, Padova, 1977, 23 ss., id, *Art. 38*, in *Commentario della Costituzione : Rapporti economici TimoⅠ: Art. 35-40*, a cura di G. Branca, Bologna, 1979, 237 ss..

(136) M, Cinelli, *Sicurezza sociale ed "assistenzialismo" nella prospettiva di crisi dello stato sociale, in Citta e regione*, vol. 8, n. 5, 1982, 120 ss..

(137) PCIは当初，年金分野における普遍主義的制度を支持していたが（注(67)参照），1965年以降方向転換し，労働者の権利擁護者という立場を明確に打ち出すようになった。労働者の激増によって，有権者としての労働者層の重要性が高まるなか，DC（キリスト教民主党）がこれに追随し，普遍主義を支持していた他の政党（PSI（イタリア社会党）や労働組合（CISL（イタリア労働者組合同盟）とUIL（イタリア労

代末の「熱い秋」や年金制度の分権化における労働組合の主張に典型的にみられるように，労働組合が年金に固執するのは，まさに，年金が労働者のものであるという信念ゆえである。

　年金と賃金とを関連付けるこの発想は，イタリアにおいて公的年金制度創設の端緒となった考え方にも沿う。実際，肉体労働者のための障害・老齢任意保険制度（1898年3月17日法律350号）の立法者は，労働者が現役時代に蓄えた貯蓄を「高齢期および障害を負った期間において，もっとも根本的な生活上の需要を充足させるもの」と位置付けたうえで，年金制度には「この貯蓄を増加させる」役割を課している[138]。つまり，イタリアでは伝統的に，年金給付と労働活動による貯蓄とをほとんど同視していた。

　これに対して，ベヴァリッジ報告に代表される普遍主義的な発想は，イタリアの立法者にも影響を与え，年金と労働との関連を断ち切り，年金給付を普遍主義の枠組に取り込むかにみえた（3(1)参照）。つまり，年金に対する権利に「困窮からの自由」という価値を与え，これによって，労働者の権利からすべての個人の権利として再構成する試みである。

　しかし，イタリアでは，年金分野における普遍主義モデルは，有所得者（とくに労働やサービスの提供によって所得を得る稼得者）たる労働者とそれ以外の市民との連帯を強制することであり，労働者を不当に害するという発想の方が強固であった。公平の実現とは，むしろ，富や財の配分・再配分を，所属する集団（広くは社会）への個人の功績・寄与に応じて行うことと考えられたのである[139]。要するに，「先送りされた賃金」の発想は，財源の支出に功績のあった者こそが見返りを得るべきという倫理観の再現・再評価である（2(4)(b)参照）。これに対して，かかる倫理観を超えた連帯と平等（つまり，有所得者とそれ以外の者の連帯と平等）は，形式的な画一化に過ぎず，公正の理念とは必ずしも合致しないと評価されたといえよう。

　　　働連合））も，この流れに抗しえなかった（M. Ferrera, *Modelli di solidarietà*, cit., 266 ss.）。

(138)　*Atti parlamentari-Camera dei deputati-Documenti 1a sessione 1897 : n. 66*, cit. in INPS, *op. cit.*, 258.

(139)　R. Pessi, *Lezioni di diritto della previdenza sociale* I, cit., 3.

(c) 医療保障における「労働」からの脱却
(ア) 労働災害保険制度の発展

一方,医療保障制度のすべての個人への拡張を主張し,SSN 実現の先導者であったのも,PCI や CGIL だったのである[140]。

このように医療保障制度において普遍主義が支持された理由は,憲法 32 条 1 項が健康を「個人の基本的権利および共同体の利益」とし,これを「労働者」に限定するイデオロギー的な障壁がなかったことのほかに,傷病にかかわる困窮を労働・産業部門から切り離すという考えが左派の間で共有されていたためといわれている[141]。そして実際に,1970 年代までには,医療保障制度と労働・産業部門との関係は希薄になっていた。これに代わって,労働災害保険制度および障害年金制度が発達してきたためである。これを換言すれば,それまでのイタリアでは,医療保障制度が,労働災害保険制度や障害年金制度が本来担うべき領域を補完していたために,医療保障制度と労働とが連結せざるをえなかったということでもある。

実際,疾病共済組合制度,労働災害保険制度および障害年金制度は,その成立当初いずれも,傷病によって所得を減少ないし喪失した労働者に対して,その所得を保障する役割を有していた。

まず,労働災害保険制度(1898 年 3 月 17 日法律 80 号)は当初,労働災害事故のみが補償の対象とされ,また,工業・建設業部門のうちとくに危険とされた事業に従事する肉体労働者に限り金銭給付と医療給付を行うものであった。したがって,疾病共済組合制度が,職業病や,労働災害保険制度から除外されていた産業・職業カテゴリーの労働災害に関する保護を担っていた側面がある[142]。これが,労働災害保険制度の保険対象事故と加入者の範囲が徐々に拡大した結果(とくに,職業病への制度の拡張(1929 年 5 月 13 日勅令 928 号)や農業部門の労働者の取り込み(1917 年 8 月 17 日監国法律命令 1450 号)

---

(140) ベルリングェル・前掲注(5) 23 頁。また,CGIL による 1960 年の SSN の提案について,G.Cosmacini, *op. cit.*, 260.
(141) M. Ferrera, *Modelli di solidarietà*, cit., 253.
(142) 実際,労働災害保険の対象者であった工業部門の被用者には,疾病共済組合制度上,疾病手当が支給されていなかった(2(4)(a)(ウ)参照)。

等)⁽¹⁴³⁾，被用者に関しては，労働に由来し労働能力を損なう傷病を労働災害保険制度で保障する仕組みが整備されることとなった。

事実，こうした労働災害保険制度の発展に呼応するかのごとく，共済疾病保険制度の「疾病」概念から，労働能力の要素が分離された⁽¹⁴⁴⁾。たとえば，労働憲章の成立後，疾病保険制度の実施に関する計画策定のために設立された委員会は，疾病を「絶対的または部分的労働不能を結果的に生じさせ，医療扶助および治療手段を必要とするあらゆる健康状態の悪化」と構成していた⁽¹⁴⁵⁾。こうした疾病の概念を採用した共済組合金庫の数自体はむしろ少なかったが⁽¹⁴⁶⁾，最大の加入者数を誇る農業部門の全国農業労働者疾病共済組合金庫連合が⁽¹⁴⁷⁾，疾病の概念を労働能力と結び付けていたことからすれば，やはり標準だったといってよい。これに対し，INAM の提供する医療保障

---

(143) ただし，こうした拡張の仕組みが実際に始動したのは，職業病について 1934 年，農業労働者について 1919 年である。また当初，職業病として認められたのは，6 疾病（鉛中毒，水銀中毒，リン中毒，二硫化炭素中毒，ベンゼン中毒，十二指腸虫症）にすぎない。さらに，農業分野については，職業病への制度の拡張は他の部門よりも遅れ，1958 年であった（1958 年 3 月 21 日法律 313 号）。

(144) 「疾病」概念と労働能力の分離についてもう 1 つ考えられる理由として，労働者の家族への制度が拡大が挙げられる（工業部門の肉体労働者および事務労働者の家族について 1939 年 12 月 23 日労働協約，農業労働者の家族について 1937 年 2 月 16 日連合間協定，商業労働者および商工企業の従業員の家族について 1941 年 12 月 18 日労働協約および 1942 年 7 月 15 日連合間協定など）。このように，労働者でない主体が疾病共済組合制度の対象者となることで，同制度のもつ労働者に対する保護という側面が後退し，結果，疾病概念を再構成する一因となったものと思われる。実際，農業部門における家族への制度拡大の結果，労働者自身については医療給付を労働不能に関連させたままであったが，その家族に関しては，1939 年の新規約で，「評価に値する健康状態の悪化または不安定をもたらし，治療の目的の医療行為を要する」疾病につき医療給付を支給するものとし，疾病の概念が変更されていた（A. Cherubini, *Storia della previdenza sociale in Italia(1860-1960)*, cit., 332）。

(145) I. Piva, *op. cit.*, 402.

(146) 全国工業労働者共済組合金庫連合や全国商業従業員疾病金庫等は，労働能力に関わらない一般的な疾病の概念を採用した。

(147) 1939 年の加入者数は，農業部門 641 万 1,700 人，工業部門 358 万 9,900 人，商業部門 38 万 3,200 人，金融部門 24 万 2,500 人である。なお，翌年には工業部門の労

制度では,「本機関は,他の保険方式によって法律上保護されている疾病の危険を除く,すべての疾病に関する扶助を提供する」(1943年法律138号5条)とし,労働能力に関わらない一般的な疾病の概念が採用されている。

(イ) 障害年金制度の拡大

他方で,1919年に成立した公的年金制度(1919年監国法律命令603号)もまた,老齢とともに,障害による所得減少および喪失のリスクを保障するものであった。この場合の障害とは,「稼得能力が,同じ場所で同じ仕事を遂行する者の通常の所得の3分の1以下に稼得能力を低下させる」労働能力の恒常的不能のことであって,その原因は問われない(同法7条2項)。

つまり,障害年金制度は,結果における労働との関わりに着目しているものであって,その原因における労働の寄与を顧慮しない。この意味で,障害年金と労働災害保険給付とは住み分けができていた。これに対して,障害年金と疾病共済組合の提供する疾病手当とは,その当初,同じく労働不能を対象とし,その原因を問わないという点で,保護事項がかなりの部分重複していたのである。こうした重複の背景には,おそらく,老齢・障害年金制度の始動時期に自営業者が制度から除外され(1923年12月30日勅令3184号),そのために,疾病共済組合制度における自営業者の労働能力の保護と所得保障が意識されたという事情があろう。しかし,1950年代および1960年代には,公的年金制度は,被用者だけでなく,自営業者の多く(自営農・借地農・折半小作農,職人および商人)にも拡大され,広範な領域の労働者を対象とする制度となった(注(103)参照)。

このように労働災害保険制度と障害年金制度に労働者の多くが吸収されたことで,疾病共済組合制度が当初有していた労働者に対する所得保障(つまり,疾病手当)の役割は,概ね終りを告げた。その結果,疾病共済組合制度の分野に新たな意義・役割を付与しうる余地が生まれたと考えられる。ここに,対象者を労働者に限らない一般的な医療保障制度の構想,とくに健康を「個人の基本的権利および共同体の利益」とする憲法32条1項の理念が現実

働者の家族を疾病共済組合制度の対象者とする仕組みが実際に始動したことで,この数は,農業部門755万人(うち家族が200万人),工業部門740万人(同400万人弱)となったと推計されている(I.Piva, *op. cit.*, 421)。

味を帯び，その実現に途を開く契機が訪れたといえよう。

(ウ)　「労働」という価値観の妥当性

　これに対し，年金制度では，こうした制度間の機能分化がみられず，年金制度と労働とは別ちがたく結びついたままであった。おそらくその理由は，年金制度の所得保障という性質が関係していると思われる。ここまで何度か述べたように，イタリアでは，社会的な寄与（とくに労働による寄与）を怠った者に対する困窮状態にまで対応しようとすることは，むしろ公平の理念に反するという根強い倫理観がある。「先送りされた賃金」の発想に典型的にみられるように，とくにこれが所得保障制度に関して強固であるのは，働かないことによる金銭的な欠乏状態については，本人に帰責しうる側面があるためだろう[148]。したがって，そもそも所得保障制度でしかありえない年金制度においては，「労働」という価値観からの脱却がより難しかったと考えられる。

　一方，医療保障の本来的な役割は傷病自体を治癒することであって，当該傷病に由来する金銭的欠乏状態の解消までを当然に含むとはいえないだろう。そして，働かないことと傷病に苦しむこととの間の因果関係は一般に希薄であるため，その分医療保障と上記の倫理観との結びつきが弱いのである。さらには，医療保障の対象者に関する独自性（とくに老齢年金制度と比べた場合の）も無視できない。つまり，医療保障制度の対象者には，現在の労働者でもかつての労働者でもない者が含まれざるをえない。要するに，子どもである。この「社会保障制度上，労働者であることを倫理的に求められない者」の存在は，健康の保護を「労働者」保護の枠内にとどめえない1つの大きな

---

(148)　働けないという状況に関しては，イタリアでは，社会保障制度よりは，労働政策の問題として考える傾向がある。実際，貧困者に対する社会扶助制度は規模として非常に小さく（たとえば，1997年のデータによれば，社会的保障費全体との割合でみると，医療21.0％，保障（previdenza）71.7％に対し，扶助（assistenza）は7.3％にすぎない。CENSIS, *32esimo rapporto sulla situazione del paese 1998*, Roma, 1998, 313)，その反面，イタリア政府は，いわゆる「社会的に不利な立場に置かれた者」（若年者，長期失業者，身体障害者，女性等）の「社会的包摂（inclusione sociale）」政策に力を入れている（各種就業政策や「参加のための最低所得（RMI）」制度等）。

理由であろう。

4　SSN[149]──新生保健制度

(1)　健康の保護

(a)　平等原則

かくして名実ともに「労働」という価値観から解き放たれた医療保障制度は，SSN の実現において，憲法 32 条 1 項の規定する「健康の保護」を，まさしく憲法に規定されたままに「個人の基本的権利および共同体の利益」として実現する好機を得た (1978 年法律 833 号 1 条。以下 1978 年法律 833 号を「改革法」とする)。SSN 全体を通して貫かれているこの「健康の保護」という理念は，SSN の各原則の基本となる考え方であり，同制度の方向性を決定づけたといっても過言でない。

まず，心身の健康は，人格の尊厳および自由を尊重しながら実現すべきものであり (改革法 1 条 2 項)，この健康という価値の前にあっては，あらゆる個人が平等に扱われなければならない (改革法 1 条 3 項)。そのために，地域保健機構 (unità sanitaria nazionale，以下「USL」とする) と呼ばれる SSN 「の任務の遂行を一定の地域において果たす 1 ないし複数の市の施設 (presidi)，部 (uffici) および課 (servizi) の総体」(改革法 10 条 2 項) をイタリア全土に整備することによって[150]，すべての市民に一元的にサービスを提供する[151]。

このように，組織の統一によって平等を達成するだけでなく，SSN が

---

(149)　SSN の内容については，注(5)で挙げた邦語文献を参照。また，1978 年法律 833 号の邦語訳として，藤川鉄馬「イタリアの「全国医療機構」(1)〜(5)」『国際社会保障研究』25・26・27・28・29 号 (1980) のそれぞれ 83 頁以下・107 頁以下・79 頁以下，51 頁以下，65 頁以下がある。

(150)　USL は，人口 5 万人から 20 万人ごとに組織される。USL の管轄区は，多くの場合市の地理的範囲と同じであるが，場合によっては，地形や社会・経済状況を考慮したうえで，複数の市に跨って，または，1 つの市をいくつかに分割して形成される (改革法 10 条・14 条)。なお，USL の区分については，INAM が採用していた地方単位がそのまま流用された。

USLを介して提供する給付の水準もまた，国の策定する全国保健計画 (piano sanitario nazionale) で全国的に一律に設定する（改革法3条・4条）[152]。ただし，全国保健計画が全国レベルでの一般指針および一律の水準をアプリオリに提示しても，イタリアに地域的な多様性・格差が存在する以上，実質的な意味での給付の平等が達成されないおそれがある。そこで，改革法は，全国保健計画の策定にあたって，各州の代表者を構成員とする全国保健評議会 (Consiglio sanitario nazionale) の意見を聞き，多様なだけでなく，ときには相矛盾する地方の利益を集約・調整すると同時に，国全体の利益も図りながら保健制度を構築していくことを目指した（改革法4条2項）[153]。

それだけではない。計画の適用段階では，より直接的な地域格差の是正策が採られている。つまり，州に対して州保健計画 (piano sanitario regionale) を策定する責務を課し（改革法55条），地域の状況に応じて各種の措置を講じ，州内での組織や給付の不均衡を是正したうえで，全国保健計画の定める一般的な基準へと地域の水準を調整するのである。このように，全国保健計画と州保健計画という2段構えの計画化によって，保健事業への地域（とくに州）の積極的参加を図り，実質的な平等の達成を図る仕組みといえよ

---

(151) すべての市民は，居住地域のUSLが保持する所定のリストへ登録し，保健手帳を受け（改革法19条3項・27条），基本的には，登録先のUSLのもとで医療・保健サービスを利用する。正当な理由のある場合，緊急の場合または居住地とは異なる地域に一時的に滞在している場合は，どの地域のUSLからも医療給付を受けうる（改革法19条4項）。なお，SSNの利用者は，医師および治療の場所を自由に選択する権利をもつ（同条2項，1980年2月29日法律33号5条）。

(152) 全国保健計画は，3ヵ年の計画で，保健費の赤字を抑制する必要性に鑑みて，全国経済計画に則って策定される。給付水準のほかに，3ヵ年の間に実現すべき目標，全国保健基金 (Fondo sanitario nazionale) への予算配分，全国医療基金から各州への予算配分，州法や州保健計画が遵守すべき諸指針，SSNの職員の処遇，計画の実施状況の評価方法等，SSNの一般指針と活動の実施方法等を内容とする。

(153) 全国保健計画の策定には，全国保健評議会の意見を聞いたうえで，保健大臣の提案に基づき政府が取りまとめ，議会の決議を経ることが必要である（改革法3条・53条）。全国保健評議会は，各州の代表者のほかに，保健省その他省庁の代表者および関係医療研究機関等の専門家から構成される（改革法8条）。

う(154)。

(b) 保護の包括性と普遍主義

「健康の保護」は，平等原則だけでなく「保護の包括性」とも深く関わる。この場合，「健康の保護」は「疾病の治癒」の対概念である。つまり，SSN は，心身の生理状態の異常を正常に復帰させるというだけでなく，そもそもそうした異常状態に陥ることを回避するような給付・サービスの提供をもその任務としている。この意味で，イタリアの制度は，「医療」保障を超えて「健康」の保持・保護，つまり，「保健」を志向するものになった。

実際，USLを介してSSNが提供する給付・サービスは，予防(155)，治

---

(154) こうした国と州との保健計画における責任・機能の分担は，SSN制度全体に一貫する医療行政の分権の一側面である。実際，改革法の構想では，総じて，国は，全国レベルでの統一的な医療保障の運営と保健に関する一般原則・目的を決定し，州に対する指針を提示するのに対し（改革法3条・4条・5条・6条），地方は，かかる一般原則に地域の情勢を適合させ，SSNの制度を具体的に適用する役割を果たすといえる。従来の制度に比べて地方に重点が置かれているのが特徴であり，中でも州の役割が顕著である（改革法7条・10条・11条・17条）。

(155) 予防措置としては，①生活環境および労働環境における有害・危険因子，汚染原因に対する規制，②有害因子等に関するデータ・知見の普及，③有害因子等の除去と生活環境および労働環境の現状復帰，④企業が使用する化学物質の種類や毒性およびその影響に関する情報の公開の義務化，⑤伝染病予防，⑥都市計画，工場立地計画および生産活動と環境保護の両立に関する評価（1978年法律833号20条）等がある。また，各工場内に環境衛生・労働医学事業を実施するUSLの部局を組織し，危険因子および有害因子の査定とその除去のための措置を実施する（いわゆる労働者予防医学事業，同21条2項以下）。さらに，保健大臣の管轄下に設立された予防労働安全高等機関（Istituto superiore per la prevenzione e la sicurezza del lavoro）が，職業病および労働災害の予防に関する国，州およびUSLに対する諮問等を行う（同23条，1980年7月31日大統領令619号，1982年8月12日法律597号）

(156) 治療給付は，①一般医療（小児科を含む），②専門医療，③看護，④入院，⑤薬剤給付からなり（改革法25条1項），一般医療，専門医療，看護は在宅および外来のいずれの形でも利用しうる（同条2項）。

一般医療および小児医療の給付としては，医師の診療所または患者の自宅で実施される診察，薬剤の処方，専門医による受診の指示，入院・温泉治療の提案，5日間の欠席の場合における保育園・小中高への再登校の承認，カルテの記載・更新等があり，SSNの職員たる医師（勤務医）またはSSNと協定を締結した医師（協定医）によっ

療⁽¹⁵⁶⁾，リハビリテーション⁽¹⁵⁷⁾および法医学活動（病状の法的確認）⁽¹⁵⁸⁾と多岐に亘るが，従来に比べてとくに予防が重視されるのが特徴であり，まさにこの「保健」の理念を体現したものといえよう（改革法14条・19条）。

> て無料で提供される。これらの医師はSSNの所定のリストに登録しており，この中から，SSNの利用者が担当医を選択する方法が採られている。この利用者と医師の関係は，利用者または医師の要請によって，いつでも解消することができる。（同条4項・5項）。1人の医師が担当しうる市民の数は，最大で1,500人（小児科医の場合は800人）である。
> 　専門医療は，一般医療を実施する担当医の要請によって，専門医が実施する。一般医療と同じく無料で利用できるが，機器および検査室を利用する専門医療（心電図検査，レントゲン検査，尿検査，血液検査等）については，患者の一部負担が原則である（いわゆるチケット制。費用の15％を負担）。ただし，負担額の上限と適用除外対象者が定められている。
> 　入院サービスは，患者の居住する州に存在する公立病院およびUSLと協定を締結した機関が提供する（同条8項）。
> 　薬剤給付は，治療便覧（prontuario terapeutico；薬剤の一覧表で，臨床効果，安全性および薬価が比べられるようになっているもの）に掲載された生薬および専門薬を提供する。これらの医薬品には，USLと協約を締結した公立および民間の薬局により患者に無料で提供されるいわゆる「必須医薬品」と，患者が一部を負担するその他の医薬品の2種類がある（1983年9月12日法律委任463号10条）。必須医薬品とは，「緊急の病状，高リスクの疾病，長期の治療を要する重大な病状や症候群に対する治療，および，慢性疾患における生存の保障に必要な治療に用いられる医薬品」である（同条2項）。一部負担に関しては，医薬品の公売価格の一部（1983年の時点では，1,000リラごとに150リラ）を負担するものと，一処方箋ごとに定額料金（1983年時点で1,000リラ）が定められているもの（主に抗生物質）がある（同条3項）。一部負担には，負担額の上限と適用除外対象者が定められている。

(157)　リハビリテーションは，USLの施設やUSLが協定を締結した特定施設を利用して，USLが直接に，患者の機能回復および社会復帰のための給付を提供する（改革法14条・26条）。

(158)　労働者の疾病状況の監督を目的とした監視活動である（改革法14条3項）。具体的には，INPSが労働者に対し疾病欠勤手当を支払う場合の労働者の病状について行う確認（1980年法律33号2条）や疾病や労災による労働者の健康状態の評価（労働者憲章法（1970年5月20日法律300号）5条）がこれに当たる。かつては使用者の求めに応じて，かつ，使用者の費用負担で，医療保険機関が実施していたこの監視活動を，USL等の外部機関に委ねることにより，その実効性を高めた。

こうした「保健」の観点によれば，普遍主義は，職種・業種別制度の対概念とはまた別の色彩を帯びるように思われる。なぜなら，疾病の治癒ということからすれば，その対象は傷病者に限られるのに対し，SSNが目的とする「健康の保護」は，あらゆる個人に関わるためである。つまり，こうした保護内容の昇華と相俟って，イタリアにおける普遍主義の実現とは，職種・業種別制度からの転換だけでなく，より高次の概念，すなわち，潜在的傷病者としての個人ではなく，個人そのものを直接保護するという意味での普遍主義の現出をも意味しているといえよう。

(2) 普遍主義をめぐる相関関係

　このように，普遍主義の理念がSSNの成立の基礎となり，また，SSNがその理念の成熟を促すという普遍主義とSSNとの相関関係は，SSNの成立過程からみられた普遍主義とこれに関わる諸要因の間の相互作用と同様である。そして，普遍主義をめぐるこうした相互作用の成否は，医療保障・保健制度と他の社会保障制度（とくに老齢年金制度）を分ける分岐点であったといえる。

　実際，SSNの成立にみる職種・業種別制度から普遍主義的制度への転換は，一方で，1960年代から1970年代にかけて高まった普遍主義の理念への昂揚感，他方で，同理念を支え，またこれに支えられたさまざまな政治・社会・経済要因が複合的に連鎖して達成されたものである。たとえば，改革に対する既存の反対勢力の（とくに経済的な意味での）弱体化は，新制度の軸となる州の台頭を許しただけでなく，各カテゴリー間の格差を縮小した。また，社会の発展に伴う疾病や傷病者の構造的変化によって，疾病のリスクが複雑になったことで，医療保障制度の再配分の構造が不透明かつ複雑になった。そのために，再分配をめぐる反発が弱まり，制度統一への一種不可逆的な流れに弾みがつく。さらには，他の社会保障制度との機能分化による医療保障制度と「労働」との分離，そして何よりも，健康を「個人の基本的権利および共同体の利益」とする憲法規定の存在とこれを裏付ける医療保障の特性が，普遍主義的制度の実現に規範的な正当性を与えていたといえる。すなわち，イタリアにおいては，理念としての普遍主義がこのような諸要因を繋ぎ，そ

してまた，これらの要因によって普遍主義の理念がいっそう強化されるという相関関係を，医療保障・保健制度のみが確立することができたのである。

もっとも，さまざまな理由のために改革法には実が伴わず，SSN は長い間画餅であった。SSN が名実ともに普遍主義的な制度として機能するようになるのは，1990 年代における第 2，第 3 の保健制度改革を待たねばならない[159]。しかし逆に言えば，このような長期の「保留」状態にもかかわらず，普遍主義の断念や旧制度への逆行がなかったのは，普遍主義的制度が，イタリアの医療保障・保健制度にもとより適していたためだろう。そしてまた，制度の成立過程および実際の運用の中で，普遍主義の理念が成熟し強化され，イタリアの社会に根付いていったことの証でもあると思われる。

---

[159] たとえば，租税方式への転換が遅れたために，旧制度の社会保険料方式が引き継がれ，拠出面での不平等が残ったこと，地方の行政能力・財政負担能力等の格差のために，SSN の実施状況に格差が生じたこと（M. Paci, *Il sistema di welfare italiano tra tradizione clientelare e prospettive di riforma*, in AA. VV., *Welfare state all'italiana, cit.*, 317ss.），そのために，「排他的・派閥主義的」システムが克服されず（M. Ferrera, *Modelli di solidarietà*, cit., 270），かつての産業・労働者・企業別のシステムが，ある意味地域別に再構成されたにすぎない面があること（M. Paci, *Il sistema di welfare italiano tra tradizione clientelare e prospettive di riforma*, cit., 317ss.），SSN の職員の賃金が高水準でかつ硬直的であったため，SSN の生産性低下の一因となったこと（M. Cocconi, *op. cit.*, 131），全国保健計画が長年作成されず，その間予算法による中長期的な視野を欠いた単発的な財政措置が繰り返されたこと（E. Granaglia, *Public intervention and health policy : an analysis of tendencies in progress, in* AA. VV., *State, market, and social regulation : New perspectives on Italy*, a cura di P Lange e M. Regini, Cambridge, 1989, 239），概して SSN の財源運用者が予算を抑制するというインセンティブが働きにくい仕組みであったこと（*id.*, 243），薬剤の一部負担に関する適用除外対象者がこの仕組みを乱用したこと（*id.*, 237），財源支出をコントロールする仕組みが機能せず，むしろ制度の硬直性を高めたこと（*id.*, 238）等である。イタリアの経済が減速するなかで，拡大する SSN の費用を賄うために採られた増税措置は，有権者の反発を招いた。この結果，イタリアでは，医療保障・保健制度に対するより抜本的な改革の機運が高まり，1990 年代の第 2 次および第 3 次保健制度改革（1992 年 12 月 30 日委任立法 502 号および 1999 年 6 月 19 日委任立法 229 号）を迎えることになるのである。

表　州別高齢者（65歳以上）の割合（％）

州	ピエモンテ	ヴァッレ・ダオスタ	ロンバルディーア	トレンティーノ-アルト・A	ヴェーネト	フリウーリ-ヴェネツィア・G	リグーリア
1961年	12.6	9.9	9.3	8.8	9.1	11.4	12.9
1971年	13.7	11.6	10.6	10.7	10.8	14.2	15.5
2004年	22.1	20.0	19.1	17.5	19.0	22.2	26.5
州	エミーリア・ロマーニャ	トスカーナ	ウンブリア	マルケ	ラツィオ	アブルッツォ	モリーゼ
1961年	10.7	11.9	10.1	9.9	8.1	9.9	9.7
1971年	13.0	14.3	12.4	12.1	9.4	12.3	13.0
2004年	22.7	23.2	23.3	22.4	18.8	21.1	21.8
州	カンパーニア	プッリャ	バジリカータ	カラーブリア	シチリア	サルデーニャ	全国平均
1961年	7.3	8.0	7.5	7.9	9.0	8.8	9.5
1971年	8.7	9.3	10.2	10.1	10.9	10.2	11.3
2004年	15.1	17.0	19.6	17.9	17.7	17.2	19.5

Istituto centrale di statistica, *Annuario statistico italiano*, Roma, 1966, 17 ss., *id*., 1976, 14 ss., *id*., 2005, 36 より作成。ゴチック体は全国平均より高い数値。

年金担保貸付の法律関係と適法性

堀　勝洋

1　はじめに

　多くの社会保障法に受給権保護の規定がある（介保25条，児手15条等）。年金保険法（国年，厚年等）も同様であり[1]，例えば国民年金法24条は次のように規定している。「給付を受ける権利は，譲り渡し，担保に供し，又は差し押さえることができない」。
　年金保険法が受給権の保護を規定したのは，公的年金（以下単に「年金」ということがある）が確実に受給者の生活のために使われるようにするためである[2]。すなわち，公的年金は，国民が高齢者，障害者又は遺族になった場合に，国家がその生活の安定と福祉の向上を図ることを目的として設けられたにもかかわらず（厚年1条参照），年金受給権が譲渡され，担保に供され，

---

(1) 年金受給権の保護規定は，官吏恩給法（明治23年法律43号）にまでさかのぼることができる。同法18条は，「恩給ハ売買譲与質入書入スルコトヲ得又負債ノ抵償トシテ差押フルコトヲ得ス」と規定していた（社会保障研究所編『日本社会保障前史資料　第3巻』（至誠堂，1981）388頁）。その後，各種恩給法令は恩給法（大正12年法律48号）に統合され，受給権保護は同法11条に規定された。

(2) 札幌地判平成1・5・31判タ708号161頁は，国民年金法24条の受給権保護規定の趣旨について，「年金給付が真に受給権者の利益のために用いられるべきもの」と判示している。この控訴審判決（札幌高判平成3・6・26判時1427号40頁）は，この箇所を引用している。
　年金受給権保護規定の趣旨については，社会保障法の教科書でも，政府関係者による解説書（『国民年金法の解説　平成19年度版』（社団法人日本国民年金協会，2007）84～85頁，『厚生年金保険法解説』（法研，2002）611頁等）でも，ほぼ同様の趣旨が述べられている。

又は差し押さえられた場合は，年金保険法のこの趣旨が損なわれてしまうからである。

なお，企業年金に関する法律には，次の2種類の受給権保護規定がある。①公的年金と同様，譲渡，担保提供及び差押えを禁止する規定（確定給付企業年金法34条等）。②企業年金の支払が確実になされるようにするための責任準備金・最低積立基準額の積立義務，忠実義務等の規定（同法59，60，70条等）。

年金保険法に②の意味での受給権保護が規定されていないのは，もともと国家に年金支給義務が課せられているからである[3]。企業年金の②の意味での受給権保護に関する研究は，近年急速に増えている[4]。これに対し，公的年金・企業年金を通して，①の意味での受給権保護に関する研究は，社会保障法の教科書で若干言及されてはいるものの，多くは民法学及び民事訴訟法学においてなされている。ただし，体系的な研究は少ない。最近筆者は年金受給権の差押禁止規定について若干の検討を行ったが[5]，本稿では，公的年金を担保に供する貸付の法律関係の解明と，年金担保貸付が担保提供禁止規定に違反しないかという問題について検討する。

　　ただし，有泉亨他編『厚生年金保険法』（日本評論社，1982）101頁は，その趣旨について，「本来，法の目的としない者に実質的に保険給付が行われるという不合理なことが生じうる」ことをも挙げている。また，岩村正彦『社会保障法Ⅰ』（弘文堂，2001）63頁は，次のように述べている。「受給権者は，将来への十分な配慮なしに，目先の利益にとらわれて受給権を譲渡してしまうから，保護する必要があった……。つまり，譲渡禁止は受給権者自身から受給権を保護するという目的のものであった」。

(3)　ただし，公的年金は，給付水準の引下げ，支給開始年齢の引上げ等，本文で述べた②の意味での受給権保護に反する制度改正がなされることがある。これは，企業年金が私的契約に基づきそれに拘束されるのに対して，公的年金は社会保障という政治システムに属しているため，国民の合意を得て給付水準等を変更することができるからである（堀勝洋『年金制度の再構築』（東洋経済新報社，1997）10頁）。

　　なお，近年における経済状況の悪化により，企業年金についても制度廃止，給付水準引下げ等が行われている。この問題に関する判決及び論文は相当数あるが，花見忠「企業年金給付減額・打ち切りの法理」ジュリ1309号（2006）が参考になる。

(4)　坪野剛司編『新企業年金　第2版』（日本経済新聞社，2005），森戸英幸『企業年金の法と政策』（有斐閣，2003）等。

以下では，公的な年金担保貸付（第2節），貸金業者等[6]による私的な年金担保貸付（第3節），及び金融機関による私的な年金担保貸付（第4節）に分けて検討する。なお，本稿で検討する「年金担保貸付」には，公的年金の受給権自体を担保に供する貸付だけではなく，実質的に年金を担保に供する貸付を含めている。また，本稿で「担保」とは，「債務不履行にそなえて，あらかじめ債務者またはその関係者から債権者に提供された，債務の弁済を確保する手段となるもの」を意味するものとして用いる[7]。最後に，本稿は試論的なものにとどまることを，あらかじめ断っておきたい。

　ところで，恩給，扶助料，共済年金等（以下，まとめて「恩給」という）を実質的に担保に供する貸付は，相当古くから行われてきた。現在では，貸金業者等が，年金証書，年金が振り込まれる預貯金口座（以下「年金振込口座」という）に係る通帳，当該通帳に係る印鑑・キャッシュカード等を預かって，年金受給者に対して金銭を貸し付け，年金振込口座から引き出した金銭を貸付金とその利子の返済に充てる事例が増えている。いわゆるヤミ金，サラ金等による貸付は近年極めて悪質化しているが，年金担保貸付についても同様である[8]。

　このため，平成16年に，いわゆる違法年金担保貸付対策法[9]により貸金業法が改正されて，次のように規制が強化された。①貸金業者は，公的な年金等の受給者の借入意欲をそそるような表示又は説明をしてはならない（貸

---

(5) 堀勝洋「社会保障法判例　預貯金の原資が年金であることの識別・特定が可能であるときは，当該預貯金債権の差押えは禁止されるとして，差し押さえられた額の不当利得返還請求が認められた事例（オリックス事件第一審判決）」季刊社会保障研究41巻4号（2006）。

(6) 本稿で「貸金業者等」とは，個人・法人，営業・非営業，営利・非営利，貸金業法（貸金業の規制等に関する法律）に基づく登録・無登録等の別を問わず，金銭を貸し付ける者を意味するものとして用いる。

(7) 阿部隆彦「金融取引と担保」加藤一郎他編『担保法大系　第1巻』（金融財政事情研究会，1984）62頁。

(8) 被害事例は，金融庁のホームページ，独立行政法人福祉医療機構他『違法年金担保貸付被害事例集』（以下「被害事例集」という。），『消費者法ニュース』等に掲載されている。

(9) 貸金業の規制等に関する法律の一部を改正する法律（平成16年法律158号）。

金16条2項4号)。②貸金業を営む者は、受給権保護規定がある公的給付がその受給権者等の預貯金口座に振り込まれた場合に、その口座に係る資金を当該受給者に対する債権の弁済に充てることを目的として、預貯金通帳、引出用のカード、年金証書等の引渡し若しくは提供を求め、又は保管をしてはならない(同法20条の2)。③この②に違反した者は、1年以下の懲役若しくは300万円以下の罰金に処せられ、又は併科される(同法48条5号の2)。実際にも、貸金業者が逮捕されている[10]。

2 公的な年金担保貸付

(1) 公的な年金担保貸付の概要

年金保険法は、担保提供禁止の例外として、「別に法律に定めるところにより」、年金受給権を担保とする貸付を認めている(国年24条ただし書等)。この「法律」としては、独立行政法人福祉医療機構法(3条2項、12条1項12、13号。以下「福祉医療機構法」という)、国民生活金融公庫が行う恩給担保金融に関する法律(以下「恩給担保法」という)、及び沖縄振興開発金融公庫法(19条1項2号)がある。

公的な年金担保貸付は、昭和13年の恩給金庫法等による恩給担保貸付から始まったが、その趣旨は次のように説明されている[11]。「[恩給の担保提供]禁止を絶対的に行うことは、恩給権者が経済的に困窮した場合にも金融手段を封ずることになり、現実にそわないことになるので、法は、厳重な規制のもとに国民金融公庫……から資金の融通を受けるみちをひらいている」。なお、恩給担保貸付は、当初は恩給金庫が行い、その後国民金融公庫、国民生活金融公庫に引き継がれていった。

独立行政法人福祉医療機構(以下「福祉医療機構」という)は、国民年金、厚生年金、労災年金等を担保とする貸付を行っている。福祉医療機構による

---

[10] 植田勝博「二〇〇五年・年金担保業者逮捕」消費者法ニュース66号(2006)。

[11] 鳥山郁男『新版恩給法概説』(ぎょうせい、1987)307頁。なお、恩給担保貸付の法律問題については、青谷和夫「恩給擔保金融について」民商29巻1号(1954)、同「恩給擔保金融について(二完)」民商29巻6号(1954)で詳細に検討されている。

年金担保貸付は，昭和48年の国民年金法等の改正により，旧年金福祉事業団が行うものとして始まった。創設の趣旨は，次のように説明されている（前掲注(8)の被害事例集32頁）。①様々な事情により資金を工面する必要が生じた年金受給者は，民間金融機関から低利融資を受けることが困難であった。②高利貸から年金証書を担保に高利の資金を借り入れ，生活困窮に陥る事例が見られた。③恩給，共済年金等に係る担保貸付が既にあった。

福祉医療機構が行っている年金担保貸付のあらましは，以下のとおりである[12]。①貸付対象は，国民年金，厚生年金，船員保険及び労災保険の年金受給者である。②貸付窓口は，福祉医療機構の代理店である金融機関である。③貸付の決定は，福祉医療機構が，社会保険庁（労災保険の保険者である厚生労働省を含む。以下同じ）に貸付希望者の年金受給状況を照会し，受給状況が確認された上でなされる。④貸付金の使途に制限はない。⑤貸付金の額は，原則として次の(a)(b)(c)の範囲内である。(a)10～250万円。(b)受給している年金年額の1.2倍までの額。(c)1回当たり返済額は，2か月ごとに受けている年金支給額の全額又は1万円単位の定額の12倍以内の額。⑥貸付利率は，貸付申込み時の利率であり，平成19年11月12日現在，労災年金担保貸付が年1.1％，その他の年金担保貸付が年2.1％であった。⑦貸付期間は，貸付額と年金額によって異なる。⑧元利金の返済は，社会保険庁が年金を福祉医療機構に支払うことによってなされる。⑨各期の返済額は，(a)支給される年金の全額，(b)年金の一定額（各期支給額の1割以上で，1万円単位），のいずれかを年金受給者が選択する。⑩平成17年度の実績は，貸付件数・金額が22万1091件・2351億円，貸付残高件数・金額が32万8891件・2185億円であった。

(2) 公的な年金担保貸付の法律関係

福祉医療機構による年金担保貸付は，福祉医療機構法，恩給担保法[13]，及び同機構等が作成する「金銭消費貸借契約証書」（以下「契約書」という）等

---

[12] 独立行政法人福祉医療機構『平成19年度独立行政法人医療福祉機構ごあんない』，前掲注(8)の被害事例集32～34頁，福祉医療機構のホームページ等による。

[13] 福祉医療機構法28条は，恩給担保法を準用している。

に基づいて行われている。年金担保貸付の法律関係については，契約書が恩給担保法等に基づいて作成されているので，以下では基本的に契約書を基に考察する。その法律関係は，結論からいうと，以下の①〜⑧のとおりであると考えられる。図1は，その法律関係を示したものである。

まず，年金受給者と福祉医療機構との間で，①金銭消費貸借契約が締結され，この契約に次のような内容の特約が付けられる。②年金を担保に供する（以下「年金担保特約」という）。③年金証書を引き渡す（以下「年金証書引渡特約」という）。④年金受給者は，福祉医療機構が社会保険庁から年金の支払を受けることを認める（以下「年金受領特約」という）。⑤元利金の返済は，福祉医療機構が受領する年金を充当することによって行う（以下「年金充当特約」という）。⑥年金受給権を失った等の場合は，債務についての期限の利益を失い，直ちに債務の全額を返済する（以下「期限の利益喪失特約」という）。

次に，社会保険庁と福祉医療機構との間では，次のような法律関係があると考えられる。⑦同機構は，年金担保貸付をした場合は，個々の年金受給者について社会保険庁に通知する。⑧社会保険庁は，福祉医療機構に年金を支払う。

以下では，これらの法律関係について考察する。まず，②の年金担保特約の法的性質であるが，契約書に明確に「年金受給権」を担保とすると規定されているため，年金受給権を担保とする契約である。なお，恩給担保法1条等は「恩給等」を担保に供すると規定している。

年金の受給権は基本権と支分権に分けられる。年金担保特約は基本権に担保権を設定した契約と考えられるが，支分権についてはどう考えるべきであろうか。民法上は，個別の債権が集まった集合債権を担保に供することが認められている[14]。しかし，年金担保貸付の場合は，支分権を集合債権としてそれに担保権を設定したととらえるまでもなく，基本権を担保に供したととらえれば足りるであろう[15]。

年金受給権は民法の指名債権に相当するが，指名債権を担保に供する方法

---

[14] 最判平成12・4・21民集54巻4号1562頁，内田貴『民法Ⅲ　債権総論・担保物権　第3版』（東京大学出版会，2005）546頁．

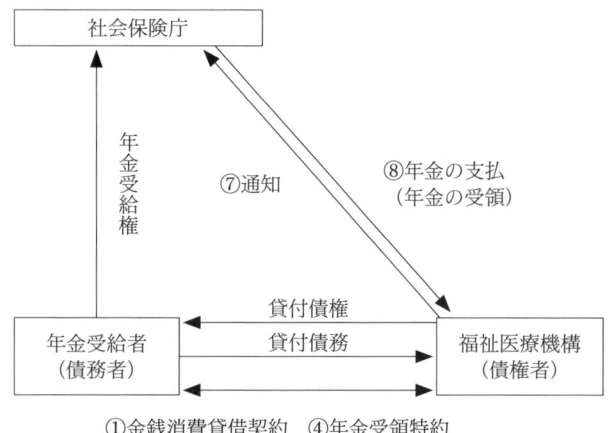

図1　福祉医療機構による年金担保貸付の法律関係

```
                    社会保険庁
            ↑                    ↑ ↓
         年金                ⑦通知  ⑧年金の支払
         受給権                    （年金の受領）
            │                      │
            │         貸付債権       │
     年金受給者 ←──────────────── 福祉医療機構
     （債務者）  ──────────────→  （債権者）
                    貸付債務
            ←──────────────→
```

①金銭消費貸借契約　④年金受領特約
②年金担保特約　　　⑤年金充当特約
③年金証書引渡特約　⑥期限の利益喪失特約

としては，質権と譲渡担保の設定がある。年金受給権は債権であるが，質権も譲渡担保も，物（動産・不動産）だけではなく，債権をも目的物とすることが認められている（権利質・債権質，民362，364条，内田・前掲注（14）546頁）。

一般に，質権も譲渡担保も譲渡し得ない債権を目的物とすることができない（民466条1項，343条1項，362条2項）。しかし，年金受給権は，譲渡することができない債権であるにもかかわらず，年金保険法等の規定に基づき福祉医療機構が行う貸付の担保とすることができる。債権に係る質権と譲渡担保に実質的に違いはないとされているが（内田・前掲注（14）546頁），譲

---

(15) 社会保障法学の通説は，基本権だけでなく，支分権にも受給権保護の規定が適用されるとしている（有泉・前掲注(2)101頁，岩村・前掲注(2)63頁，堀勝洋『社会保障法総論　第2版』（東京大学出版会，2004）239頁等）。前掲注(2)の本村訴訟第一審判決・控訴審判決も同様である。しかし，青谷・前掲注(11)民商29巻6号403頁は，恩給の基本権は権利質の目的物とすることはできないが，支給期が到来した後の支分権請求権は他に譲渡することができるから，質入することができるとしている。

なお，基本権は将来支分権を発生させる債権であるが，将来発生する債権にも質権を設定することができる（前掲注(14)の平成12年最判，内田・前掲注(14)490頁）。

渡担保は債権自体を譲渡するものであるため，年金担保特約は譲渡担保ではなく，質権類似の担保であると考えられる(16)。「質権類似の担保」と表現したのは，質権も譲渡し得ない債権を目的物とすることができないにもかかわらず（民343条1項，362条2項），年金保険法等が特別に年金受給権を担保に供することを認めたからである。

以上のことから，福祉医療機構による年金担保貸付は，年金受給権の基本権に質権を設定し，その派生的な権利である支分権に基づく年金を，貸付金の弁済に充てる貸付であると考えられる。

次に，③の年金証書引渡特約であるが，これの法的性質が(a)寄託か（民657条以下），(b)年金証書という動産への質権設定（民342条以下）かが問題となる。年金証書それ自体に金銭的価値はないと考えられ(17)，また年金受給者が年金証書を引き渡した後に受け取るのは「年金証書預り証」（傍点筆者）であるため（福祉医療機構「金融機関審査チェックリスト」），年金証書引渡特約は(a)の寄託ではないかと考えられる。青谷・前掲注（11）民商29巻1号

---

(16) 青谷・前掲注(11)民商29巻6号403頁，柚木馨他『担保物権法　第三版』（有斐閣，1986（第4刷））143頁は，恩給担保貸付を「質入」と表現している。

(17) 社会保険庁による年金の支払は，年金振込口座への振込という方法のほか，年金受給者に送付した年金送金通知書によって郵便局を通じて支払う方法がある（社会保険研究所『年金相談の手引　平成19年度版』（社会保険研究所，2004）319頁）。前者の場合は，年金証書の提示は必要とされない。後者の場合は，年金証書を提示する必要があるが，年金証書をなくした等の場合は，「年金証書再交付申請書」を提出するだけで再交付を受けることができるため，年金証書それ自体に金銭的価値はないと考えられる。しかし，年金送金通知書は金銭的価値があるので，譲渡，担保提供及び差押えが禁止されると考えられる（堀・前掲注(5)399頁）。

なお，年金証書，国民年金手帳等は動産であるが，動産の売得金額が低い場合には差押えが禁止されるため（民執129条），年金証書等の差押えは禁止されると考えられる（堀・前掲注(5)399頁）。大阪高決昭和57・8・19判タ481号72頁は，国民年金手帳の引渡請求権の差押えの申立てに対し，次の二つの理由で差押えを認めなかった。①国民年金手帳は無価値である。②本件差押えの申立ては，差押禁止規定を潜脱して，実質的に年金受給権の差押えを図ろうとするものである。中野貞一郎は，この②の理由により，同手帳の引渡請求権の差押えは許されないとしている（『民事執行法　増補新訂五版』（青林書院，2006）639頁）。

13頁も，恩給担保貸付についてではあるが，寄託契約であるとしている。年金証書を引き渡さなければ貸付を受けられないため，(b)の質権設定と考えられないわけではないが（民344条），福祉医療機構は年金受給権への質権設定，年金受領特約及び年金充当特約によって貸付金の弁済を確保できるので，年金証書に質権を設定すると構成する必要はあまりない。

　④の年金受領特約は，契約書の特約条項3条に基づくものであるが，福祉医療機構が年金受給者から委任を受けて年金を受領するのではなく，福祉医療機構が自己の名義で受領する契約であると考えられる。恩給担保法3条は，「［国民生活金融］公庫だけがこれに係る恩給等の支払を受けることができる」と規定しているからである。したがって，後で検討する貸金業者担保貸付における受領が，受領委任特約に基づくのとは異なっている。

　年金保険法の受給権保護規定は，担保提供禁止についてだけ別に法律に定めるところによる例外を認めており，譲渡禁止規定についてはこのような例外を認めていない。ところが，福祉医療機構は，年金受領特約によって実質的に年金受給権（支分権）の譲渡を受けるに等しい。しかし，恩給担保法によって福祉医療機構が年金の支払を受けることが認められているため，年金受領特約は譲渡禁止規定に違反しないと考えるべきである。

　④の年金受領特約及び⑤の年金充当特約は，相殺（民505条以下）ではないと考えられる。なぜならば，福祉医療機構には自働債権（福祉医療機構の年金受給者に対する債権）はあっても，受働債権（年金受給者の福祉医療機構に対する債権）がないからである。

　次に，④⑤の特約が，慣行的担保手段である「代理受領」であるかという問題がある。代理受領は，譲渡・差押えが禁止されている債権には譲渡担保及び質権を設定することができないため，それに替わる債務の弁済確保手段（担保）として利用されている。代理受領は，(a)貸付債務者が貸付債権者から金銭の貸付を受ける場合に，(b)債権者は，債務者の委任を受けて，第三債務者から弁済を受け，(c)債権者は，第三債務者からの弁済金を，貸付債務の弁済に充当するという法律関係を意味する。そして，判例・通説は，第三債務者が承諾して，第三者債務者に効力が及ぶものを代理受領としている[18]。福祉医療機構による年金担保貸付は，年金受給権そのものに質権を設定する

貸付であり，しかも福祉医療機構は自己の名義で年金を受領するので，④の年金受領特約及び⑤の年金充当特約を代理受領ととらえることはできない。

(3) 公的な年金担保貸付の適法性

福祉医療機構による年金担保貸付は，法律によって認められたものであり，かつ，年金受給者を生活困難に陥らせることのないように配慮されているため，適法である。しかし，政策論・制度論として問題がないわけではなく，次のようなことが指摘されている。

第1に，①借入れの申込みをした後，実際の貸付に至るまで時間がかかる。②返済期間中の返済方法の変更及び追加貸付が認められない。③貸付金が10万円に満たない場合には貸付が認められない。

第2に，年金担保貸付の返済のため，返済期間中は年金の全部又は一部が支給されなくなる。このことが原因となって，年金受給者が貸金業者等から借入れをせざるを得なくなることがある。また，公的な年金担保貸付には，返済できなくなる事態を招くことのないよう，借入限度額等が設けられているが，この借入限度額等があるため，公的な年金担保貸付で不十分な場合は，貸金業者等から貸付を受けざるを得なくなることがある。

第3に，年金担保貸付と生活保護との関係に関し，次のような事例が増えていると指摘されている。①生活保護を受給している年金受給者が，年金担保貸付を受けて，その貸付金を費消してしまった結果，貸付金の返済に充てる年金分所得が低くなったとして，生活保護費の増額を申請する。②所得が高くて生活保護が受給できない年金受給者が，年金担保貸付を受けたため，貸付金の返済に充てる年金分所得が低くなったとして，生活保護の受給開始

---

(18) 最判昭和44・3・4民集23巻3号561頁。代理受領の法的性質に関しては様々な意見があり，第三債務者に効力が及ばないものをも代理受領とする学説もあるようである。甲斐道太郎は学説を以下のように分類しているが（「契約形式による担保権―代理受領」遠藤浩他監修『現代契約法体系』（有斐閣，1984）40〜41頁），①説以外は第三債務者に効力が及ぶとする学説であると考えられる。①単なる受領（取立）委任説。②債権質に類似の無名契約説。③第三者のためにする契約説。④三面的無名契約説。⑤債権担保契約説。

を申請する。③貸付金の返済が終わった時に，再度年金担保貸付を受ける。

この問題に対し，厚生労働省は，次のような措置を講ずることとした[19]。①生活保護受給中の者に対しては，年金担保貸付を行わない。②過去に年金担保貸付を利用するとともに，生活保護を受給していたことがある者が再度借入れをし，保護申請を行う場合は，原則として生活保護を行わない。

3　貸金業者等が行う年金担保貸付

(1)　貸金業者年金担保貸付の法律関係

本節では，貸金業者等（預金口座を有する金融機関を除く）による年金担保貸付について検討する。この貸付には様々な内容のものがあり得るため，ここでは後述する判決例（A）及び（B）を参考にした，次のような内容の年金担保貸付を想定して検討する。すなわち，年金受給者と貸金業者等との間で，①金銭消費貸借契約を締結し，この契約に次のような内容の特約が付けられる。②年金受給者は，年金を担保に提供する（年金担保特約）。③年金受給者は，年金証書，預貯金通帳，当該通帳に係る印鑑・キャッシュカード等を，貸金業者等に引き渡す（以下「年金証書等引渡特約」という）。④年金受給者は，年金の受領を貸金業者等に委任する（以下「年金受領委任特約」という）。⑤受領した年金を貸付金の返済に充当する（年金充当特約）。⑥契約の解除権を放棄する又は解約しない（以下「不解約特約」という）。図2は，以上述べた法律関係を示したものである。

このような内容の貸付を，後で論ずる「金融機関年金担保貸付」と区別するため，以下「貸金業者年金担保貸付」という。なお，年金振込口座の名義を年金受給者以外のものにすることは認められないので，貸金業者等が自分名義の預貯金口座に年金を振り込ませることはできない。

以下では，これらの法律関係について考察する。②の年金担保特約は，公的な年金担保貸付と同様，譲渡担保ではなく，質権を設定する契約である。

---

[19]　平成18年3月30日付け厚生労働省社会・援護局保護課長通知・社援保発0330001号「生活保護行政を適正に運営するための手引について」による。このような措置を採った理由，法的根拠等も，同通知に記載されている。

ただし，質権の目的物は，(a)年金受給権，(b)年金証書，預貯金通帳等，のいずれかという問題がある。結論からいうと，年金担保は，(a)の年金受給権そのものに質権を設定するものではない[20]。その理由は，以下のとおりである。

第1に，年金受給権を担保に供するのは，年金保険法で禁止されており，それに違反する法律行為は無効である[21]。第2に，年金受給権は民法上の指名債権に相当するが，民法上年金受給権のような譲渡できないものは質権の目的物とすることができない（民362条2項，343条）。したがって，貸金業者等は，年金受給権そのものに質権を設定する契約を締結するとは想定し難い。

次に，(b)についてであるが，③の年金証書，預貯金通帳等の引渡しが，Ⓐ寄託か，Ⓑ年金証書等への質権設定か，によって結論は異なってくる。貸金業者等が年金証書，預貯金通帳等の引渡しを求めるのは，引渡しを受けた預貯金通帳と印鑑又はキャッシュカードで引き出した金銭を債務の弁済に充てるためである。それだけでなく，年金受給者に心理的圧迫を加えて，返済を促すという意味がある。したがって，年金証書等の引渡しは，Ⓐの寄託ではなく，Ⓑ質権の設定であり，②の年金担保特約は質権設定契約であると考えられる。

④の年金受領委任及び⑤の年金充当が，代理受領にあたるかという問題がある。前述したように，代理受領は慣行的な担保手段であり，第三債務者が承諾して効力が及ぶものを指す。しかし，第三債務者に相当する社会保険庁が貸金業者等による代理受領を承諾することはあり得ないため，代理受領で

---

[20] 最判昭和30・10・27民集9巻11号1720頁は，その控訴審判決（福岡高判昭和29・4・26民集9巻11号1725頁）が判示した「債務者である恩給受給権者が，債権者に恩給証書と恩給受領の委任状を交付して債務の弁済に充てることは，恩給を受ける権利そのものに質権を設定したものであり，無効である」（傍点筆者）とした解釈を，失当であるとした。

[21] 通説は，社会保障法の受給権保護規定は強行規定であり，同規定に違反する法律行為は無効であるとしている（有泉・前掲注(2) 101頁，岩村・前掲注(2) 64頁，堀・前掲注(15) 240頁ほか，三ケ月章『民事執行法』（弘文堂，1984）385頁等）。ただし，差押禁止債権の差押命令は無効でないとする説がある（五十部豊久「差押禁止債権」鈴木忠一他編『注釈民事執行法(4)』（第一法規，1985）532〜533頁。

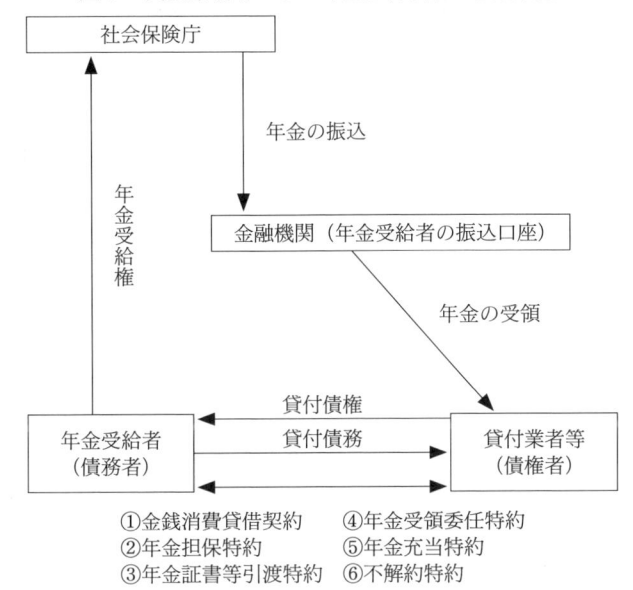

図2　貸金業者等による年金担保貸付の法律関係

```
                    社会保険庁
                      ↑     ↓ 年金の振込
                   年          金融機関（年金受給者の振込口座）
                   金                       ↓ 年金の受領
                   受
                   給
                   権          貸付債権
                      年金受給者 ←――――― 貸付業者等
                       （債務者） ―――――→ （債権者）
                                  貸付債務
```

　①金銭消費貸借契約　　④年金受領委任特約
　②年金担保特約　　　　⑤年金充当特約
　③年金証書等引渡特約　⑥不解約特約

はないと考えられる[22]。

　⑤の年金充当特約は，貸金業者等が，年金受給者に対して有する貸付債権を自働債権とし，年金振込口座から引き出した金銭に係る年金受給者の返還請求権を受働債権とする相殺をする旨の契約であると考えられる。

(2)　貸金業者年金担保貸付の適法性

　概説　貸金業者年金担保貸付は，形式的には担保提供禁止規定に違反しない。なぜならば，年金担保特約は，年金受給権そのものを担保に供する契約ではなく，年金証書，預貯金通帳等という物（動産）に質権を設定する契約にすぎないからである。なお，年金受領委任特約は，年金受給権（支分権）そのものの譲渡を受ける特約ではなく，年金振込口座から引き出した金銭を受領するという特約であるため，形式的には譲渡禁止規定に違反しな

――――――――――――
[22]　同旨，松本恒雄「代理受領の担保的効果（上）」判タ423号（1980）33頁。

い[23]。

　しかし，貸金業者等は，④年金受領委任特約及び⑤年金充当特約に基づいて，年金振込口座から引き出した金銭を債務の弁済に充てることができるため，実質的に債務の弁済確保手段（担保）として機能している。質権は，債務者が弁済できなくなった場合に，質物を換価して弁済に充てることに担保として意味があるだけでなく（換価的機能，優先弁済権（民 354 条）），債務者から質権の目的物の占有を奪い（民 342, 344 条），債務者に心理的圧迫を加えることによって，間接的に弁済を促すことに担保としての意味がある（留置的効力）。後者の意味でも，年金証書，預貯金通帳等への質権設定は，債務の弁済確保手段（担保）として機能する。

　⑤の年金充当特約は相殺であることは前述したが，一般に相殺には担保的効力がある[24]。年金担保貸付についていえば，貸金業者等は，貸付債権と前記の返還請求権（年金振込口座から引き出した金銭に係る年金受給者の貸金業者等に対する返還請求権）とを相殺すれば，他の債権に優先して弁済を受けることができる。

　なお，年金充当特約が，差押禁止債権を受働債権とする相殺を禁止した民法 510 条に違反しないかという問題がある。しかし，同条は年金受給権そのものとの相殺を禁止しているのであって，年金受給権ではない前記の返還請求権と相殺する年金充当特約は，形式的には民法 510 条に違反しない。返還請求権が年金の差押禁止の属性を承継しているとすれば，貸付債権と返金請求権との相殺は民法 510 条に違反するとの考えもあり得ようが，返金請求権は既に年金振込口座から引き出した金銭に係る債権であるので，もはや年金の差押禁止の属性を承継していないと考えられる。

　④の不解約特約は，一般的には有効とされている。ただし，後述するように，恩給担保貸付に係る不解約特約について，判例・通説は無効としている。

---

[23]　なお，名古屋高判昭和 60・4・30 判時 1168 号 76 頁は，年金預金口座から引き出した金銭について，その譲渡は受給権の一部譲渡と異なることはないこと等を理由に，民法 90 条に違反し無効であるとした。

[24]　内田・前掲注(14)257 頁以下，加藤一郎他編『担保法大系　第 5 巻』（金融財政事情研究会，1984）の第 41 章「相殺の担保的効力」等を参照。

判決例　公的年金に係る私的な年金担保貸付は，明治時代から恩給担保貸付として行われていた。古い時代の恩給は，現在と異なって，恩給証書を郵便局に提示して受給するという方法が採られていた[25]。したがって，恩給証書自体に担保的価値があるため，恩給担保貸付に係る訴訟は，恩給証書の返還請求訴訟として争われたものがほとんどであった。

恩給担保貸付は，恩給受給者（貸付債務者）が貸付債権者に恩給証書と委任状を交付して，恩給の受領を委任していた[26]（恩給受領委任特約）。恩給担保貸付契約には，受領した恩給によって債務を弁済する特約（恩給充当特約），及び不解約特約が付けられて，事実上担保権が設定されたのと同様の事情にあった[27]。

恩給担保貸付については，契約自体は有効であるが，解除権の放棄（不解約）特約は無効であるとする判例が確立している[28]。最新の昭和30年最判（注（28））も，恩給受領の委任と受領する恩給金による債務の弁済充当の合意は有効であるとしつつ，委任契約の解除権の放棄を特約することは，恩給

---

[25] 恩給は，最初は府県庁，大蔵省等が直接支給していたが，明治43年度以後郵便官署を通じて支給されるようになり（総理府恩給局『恩給百年』（大蔵省印刷局，1975）510頁以下），現在でも郵便局（日本郵政公社）だけが取扱機関となっている（恩給82条ノ3）。

[26] 『最高裁判所判例解説　民事篇　昭和30年度』（法曹会，1956）203頁以下。

[27] このような私的な恩給担保貸付には弊害も多かったようであり，これを排除するため，昭和13年に恩給金庫法が制定され，公的な恩給担保貸付が始まったという経緯がある（総理府恩給局・前掲注(25)524頁以下）。また，同時に，恩給法11条に2項が加えられて，恩給が譲渡され又は担保に供された場合は，恩給の支給を差し止めることができることになった。これは，恩給の受領委任を受けた貸付債権者が恩給を受領できないようにするためであった。

[28] 大判明治36・1・23民録9輯53頁，同大正4・5・12民録21輯687頁，同大正6・12・12民録23輯2079頁，同昭和5・10・10新聞3198号7頁，同昭和7・3・25民集11巻464頁，同昭和9・7・20新聞3728号16頁，同昭和9・9・12民集13巻19号1659頁，最判昭和30・10・27民集9巻11号1720頁等。

なお，判例は，恩給受領の委任を受けた債権者が，第三者に恩給受領を復委任することは，譲渡禁止又は担保提供禁止を規定した恩給法11条の規定を回避するもので，無効であるとしている（大判昭和12・11・2民集16巻1577頁，同昭和16・8・26民集20巻1108頁等）。

法11条に反する脱法行為であって無効であるとしている。

　無効であるとする根拠として，①公の秩序違反を挙げる判決と，②恩給法11条の担保提供禁止規定の脱法行為であることを挙げる判決がある。ただし，公の秩序違反とする判決の中に，恩給法11条違反を含むと受け取れるものもある。古い判決は①の公の秩序違反を理由に，新しい判決は②の脱法行為を理由に，無効としているようである。

　契約自体は有効であるとする理由は，①従来は恩給受給者のための低金利金融制度がなかったため，契約を無効とすると恩給受給者の金融の途を防ぐこと，②契約を全部無効にすると，恩給受給者に契約法上の特別の保護が拒否され，不当利得，不法行為等の一般法上の救済しか与えられないこと，が挙げられている（青谷・前掲注（11）民商29巻1号21～22頁）。

　上記の判例に対し，解除権の放棄について言及することなく無効とする判決や，委任契約自体を無効とする判決がある[29]。その理由として，恩給担保貸付は担保提供禁止規定の脱法行為であることが挙げられている。

　昭和30年最判以後は，これから紹介するごく最近の下級審判決例（A）（B）を除き，貸金業者年金担保貸付に係る判決は見当たらない。（A）（B）に係る判決は，利息制限法の制限利息を超えた利息の返済や不適正な貸付について，不法行為による金銭的・精神的損害の賠償請求を認めているだけである。（B）に係る判決は，原告が年金担保貸付の無効を主張したが，その主張を認めなかった。

　判決例（A）

　年金受給者（原告）は，年金証書，預金通帳，銀行印及びキャッシュカードを担保に入れ，通帳に振り込まれた年金を貸付金の返済に充当することを条件に，貸金業者（被告）から貸付を受けた。年金受給者は，貸金業者に返済した金銭のうち，利息制限法の上限利率を超えて支払った利息につき，不当利得返還請求訴訟を提起した。併せて，年金担保貸付という違法な貸付，取立方法等によって精神的苦痛を被ったとして，不法行為に基づく損害賠償請求を行った。

---

[29]　大判大正4・12・2民録21輯1971頁，大判大正7・4・12民録244輯666頁，同昭和9・8・3新聞3739号16頁，同昭和11・9・17新聞4038号15頁。

第一審判決[30]は,「年金証書等を本件貸付金の支払いを確保するための担保として徴収したものと認めるのが相当である」とし,貸金業法43条1項(いわゆるみなし弁済[31]規定)の適用を認めず,利息制限法の制限利率を超えて支払った利息等について,不当利得返還請求を認めた。そして,不法行為については,年金証書等を徴求したこと等を根拠に,損害賠償請求を認めた。その理由の一つとして,次のことを挙げている。「大蔵省銀行局長通達……で契約締結にあたり年金受給証等の債務者の社会生活上必要な証明書等を徴求することが禁止されていることにも現われているとおり,かかる態様の貸付行為は,借り主の生活を困難ならしめる危険性があり,その利益を著しく害するものであって,貸金業者の適正な貸付業務とは認められていない」。

　判決例（B）

　年金受給者（原告）は,貸金業者（被告）が,年金証書,年金振込先の預金通帳及び印鑑を保管し,実質的に年金を担保とする貸付を行い,年金から回収を図った行為が不法行為に該当するとして,損害賠償請求訴訟を提起した。予備的に,年金受給者が年金からの支払った額を不当利得であるして,返還を請求した。

　第一審判決[32]は,年金担保貸付が「年金受給権を事実上の担保として貸付金の回収を図るものである」ことなどを理由に,経済的及び精神的損害の賠償請求を認めた。また,利息制限法による制限利率を上回る過払い額の不当利得返還請求をも認めた。ただし,本判決は,年金担保貸付が公序良俗に反し,消費貸借契約も無効であるとする年金受給者の主張を退けた。そして,無効であることを前提に年金受給者がした不当利得返還請求を認めなかった。

---

[30]　福岡地裁小倉支部判平成10・2・26判時1657号102頁。

[31]　「みなし弁済」とは,利息制限法の制限利率を超える利息を債務者が任意に支払った場合は,一定の要件を満たせば,有効な利息債務の弁済とみなすことである。「任意に支払った」とは,債務者が利息に充てられることを認識した上,自己の自由な意思によってこれらを支払ったことをいう（最判平成2・1・22民集44巻1号332頁）。この最高裁判決を含めた多くの判決が,みなし弁済について規定した貸金業法43条1項の要件を厳しく解釈している。これらの最高裁の判決については,小野秀誠「貸金業にまつわる最近の最高裁判例の法理」ジュリ1319号（2006）等を参照。

[32]　大阪地判平成16・3・5金判1190号48頁。

控訴審判決[33]は，不法行為による経済的及び精神的な損害賠償請求を認めたが，不当利得返還請求については損害賠償額を下回るとして棄却した。また，第一審判決と同様，金銭消費貸借契約を無効であるとする年金受給者の主張を退けた。その理由として，「年金を担保として金銭を貸し付ける行為に罰則が設けられていない現状においては，……消費貸借契約が公序良俗に反して無効であるとまでは認められない」と判示した。

学説[34]　恩給担保貸付に関する古い学説は，①不解約特約を無効とするものと，②契約全部を無効とするものがある。①については，例えば我妻榮は，強行法規が禁じていることを回避する手段を弄して免れる脱法行為は許されないとして，次のように述べている[35]。「恩給は，担保に入れることを許さないものであるから（恩給法11条），民法の認める担保権たる質権（362条以下）を設定しえないことはもちろんだが，他の手段を講じて担保とすることも許されない。債権者に恩給の取立を委任して取立の代理権を授与し，元利の完済に至るまで委任を解除しないという契約をすることによって担保の目的を達することは，実際上しばしば行なわれていることだが，判例は，くり返して，無効と判示している。すなわち，債務者は，任意に委任を解除して，恩給証書の返還を請求することができる」。

②の全部無効説[36]の根拠は，①担保としての効力が認められなければ金を貸さなかったであろうという意思解釈と，②恩給法11条の脱法行為に法律

---

(33)　大阪高判平成16・9・9金判1212号2頁。

(34)　本稿で「学説」，「多数説」等とは，民法及び民事訴訟法学の学説，多数説等を意味する。なお，学説は，年金受給権に限らず，給料等の差押禁止債権（民執152条1項等）についても論じている。本稿では，学説が給料等の差押禁止債権一般について論じている場合も，年金受給権について論じているものとみなして，文献等を引用している。

(35)　我妻榮『新訂民法総則（民法講義Ⅰ）』（岩波書店，1983（第19刷））267〜268頁。

(36)　全部無効説としては，青谷・前掲注(11)民商29巻1号16頁，末川博「委任解除と恩給證書返還」民商1巻4号（1935）106頁，谷口知平「債権譲受人に対する恩給受領の復委任と受領金の充當」民商15巻2号（1942）211頁，美濃部達吉「公法判例批評」国家56巻4号（1942）122頁等がある。全部無効説については，本注の青谷論文16頁以下で詳細に論じられている。

上の存在を認めないという強行法規性である（青谷・前掲注（11）民商29巻1号17頁）。

現在の民法等の教科書等で，この問題について詳しく論じているものは余り見当たらない。これは，現在の年金受給の多くが，過去の恩給時代のように恩給証書を提示することによって直接受給するのではなく，預貯金口座への年金振込によって行われていることに一因があると考えられる。

検討　恩給担保貸付に係る判例は，不解約特約を無効とすることによって，恩給証書の返還請求を認め，再び恩給を受給できるようにした。しかし，預貯金口座への振込という形で年金を受領することが多い現在，年金証書の返還請求訴訟という方法では，年金受給権を保護することは困難である。

貸金業者年金担保貸付は，年金受給権そのものを担保に供する貸付ではないため，形式的には担保提供禁止規定に違反しない。また，年金充当特約に基づく相殺の目的物は，前記の返還請求権（年金振込口座から引き出した金銭に係る年金受給者の返還請求権）であって，年金受給権そのものではないため，形式的には民法510条に違反しない。

さらに，年金受給者は，社会保険庁に届ければ，いつでも年金振込口座を変更することができるため[37]，担保としての意義は少ない。ただし，①社会保険庁との関係では口座を変更することができるとしても，貸金業者等の関係では変更できず（不解約特約が無効でないとした場合），②年金振込口座を自由に変更できることを知らない年金受給者も少なからず存在し，③近くに郵便局又は金融機関が一つしかない地域に住んでいる者は，実際には口座を変更することができない。

年金受給者の中には各種の資金需要をもつ者もおり，貸金業者等による貸付がその需要を満たしている面がある。また，貸金業者等が利息制限法の定める上限利率を超えない利率で貸し付けるのであれば，問題はなさそうにもみえる。しかし，恩給担保貸付が始まったのは，「受給者ト金融業者間ノ紛争」があり，「依然トシテ金融業者ニ依ル擔保金融ガ行ワレソノ弊害モ亦一

---

[37]　年金振込口座を変更するには，年金を受け取る金融機関の預金通帳の記号番号又は郵便振替口座の番号の証明を受けた「年金受給権者・支払機関変更届」を提出するだけで足りる。ただし，この際年金証書を提示することが必要である。

層甚シクナッタ」からである[38]。現在でもその事情は変わらず，いわゆるヤミ金，サラ金等による悪質な年金担保貸付が行われている。このため，前述したように，貸金業法が改正されて年金担保貸付に対する規制が強化された。

公的年金はいまや高齢者，障害者及び遺族の生活保障の中核となっており[39]，年金受給権を保護する必要性は格段に高まっている。また，平成16年大阪高判（前掲注（33））は，「年金を担保として金銭を貸し付ける行為に罰則が設けられていない」ことを理由に，公序良俗に反せず無効ではないと判示したが，貸金業法の改正により年金担保貸付に罰則が科せられることになった。

貸金業者年金担保貸付は，次の理由により，実質的に年金を担保とした貸付である。①貸金業者等が年金振込口座から金銭を引き出して（年金受領委任特約），債務の弁済に充てるのは（年金充当特約），債務の弁済確保手段（担保）として機能する（優先弁済権）。②年金受給者から年金証書，預貯金通帳等の占有を奪い（年金証書等引渡特約），債務者に弁済するよう心理的圧迫を加えることは，債務の弁済確保手段（担保）として機能する（質権の留置的効力）。③貸金業者年金担保貸付を全体としてみても，年金受給権保護規定の趣旨——年金が確実に受給者の生活のために充てられる——に沿うものではない。

以上のことを考えると，貸金業者年金担保融資は無効と解すべきではないかと思われる[40]。無効の根拠としては，年金証書，年金預貯金通帳等に質権を設定すること，及び年金受領委任特約・年金充当特約を含む年金担保貸付契約全体が，強行規定である担保提供禁止規定を潜脱する脱法行為であるとする[41]ことが考えられる。

公序良俗違反（民90条）又は相殺権の濫用（民1条3項）であることを根

---

[38] 恩給金庫法案の提案理由説明からの引用であるが，その中で悪質事例も述べられている（総理府恩給局・前掲注(25)525頁以下）。

[39] 高齢者世帯の所得の70.2％は公的年金・恩給であり，総所得の100％が公的年金・恩給である高齢者世帯は59.9％に達している（厚生労働省『平成18年国民生活基礎調査の概況』）。

[40] 同旨，西村健一郎『社会保障法』（有斐閣，2003）63頁。

拠に無効とすることも考えられなくはないが，脱法行為であることを根拠に年金担保貸付を無効とすることができれば，公序良俗違反又は相殺権の濫用を根拠とするまでもないように思われる。

ただし，契約全体を無効とした場合，年金受給者は一時に相当な額の貸付金を返済しなければならなくなり，かえって年金受給者の生活を破綻させるおそれがある。また，無効とした場合，登録貸金業者による年金担保貸付が減少する反面，無登録のヤミ金融業者等による年金担保貸付が増えないかという問題がある。

しかし，利息制限法の利率を超えた利息について年金受給者に不当利得返還請求を認め（前掲注（31）のみなし弁済規定の要件を厳格に解釈する最高裁判例を参照），不当利得返還請求権と貸金業者等の貸付債権と相殺する方法がある。また，年金担保貸付によって得た利益を年金受給者に返還するなどの立法措置も，検討する必要がある[42]。いずれにしても，年金受給者の資金需要に十分にこたえられるよう，公的な年金担保貸付の資金量を充実したり，貸付を簡易迅速に行ったりすることが必要である。

4 金融機関が行う年金担保貸付

(1) 金融機関年金担保貸付の法律関係

預金口座を有する金融機関の多くは，公的な年金担保貸付の代理業務を行っている。金融機関独自の年金担保貸付については，銀行はほとんど行っていないようであるが，信用組合等は年金担保貸付に類似した貸付を行っている[43]。郵便局（日本郵政公社）は年金担保貸付を行っていない。金融機関年

---

[41] 強行規定を潜脱する脱法行為は，明文の規定がなくても原則として無効である（内田貴『民法Ｉ　総則・物権総論　第3版』（東大出版会，2006（第3刷））274頁）。

[42] 金融庁の貸金業制度等に関する懇談会は，平成18年4月21日に中間整理をまとめたが，その中に本文で述べたような提案がある。また，金融庁はこの制度の創設の検討に入ったと報道されている（平成18年4月22日付け朝日新聞朝刊）。なお，平成18年に貸金業法が改正されて，いわゆるグレーゾーン金利及びみなし弁済制度が廃止されることになった。

金担保貸付には様々な内容のものがあると考えられるが、ここでは、後で検討する判決例（C）を参考にした、次のような内容の年金担保貸付を想定して検討する。

　年金受給者と金融機関と間で、①金銭消費貸借契約及び②預金契約を締結し、それに次のような内容の特約が付けられる。③年金受給者は当該金融機関の預金口座に年金を振り込むようにする（以下「年金振込特約」という）。④年金が当該口座に振り込まれるつど、その額を年金受給者の債務の弁済に充てる（年金充当特約）。⑤当該口座に係る預金契約を解除しない（不解約特約）。以下、このような貸付を「振込年金相殺型担保貸付」と呼ぶ。図３は、この振込年金相殺型担保貸付の法律関係を示したものである。

　なお、金融機関が年金受給者に貸付を行う場合、この④とは異なる次のような内容の特約が付けられる場合がある。すなわち、期限の利益を喪失した等の場合に、金融機関は、年金受給者に対して有する貸付債権を自働債権とし、年金振込口座に係る預金債権（以下「年金預金債権」という）を受働債権とする相殺を行う旨の特約である。この特約は、振り込まれた年金が即時に債務の弁済に充てられる振込年金相殺型担保貸付と異なって、特定の時期に年金預金債権全部と相殺する旨の特約であり、預金担保貸付の一種である。以下この貸付を、「預金年金相殺型担保貸付」という。この貸付に関する判決もあるが[44]、本稿で検討対象としているのは振り込まれた年金を貸付金の

---

(43)　筆者が都市銀行、全国銀行協会銀行年金よろず相談所、信用組合、Ａ社（信用保証・融資事業会社）の東京ローン保証支店等に対して行った調査に基づく。筆者が把握した年金受給者向けの貸付を、以下で紹介する。これらの貸付は、恩給担保貸付の判例を意識してか、年金証書を徴求せず、不解約特約も付けていない。

　　Ｂ銀行及び多くの信用組合（本注で「信用組合等」という。）は、次のような内容の貸付を行っている。なお、この商品はＡ社が開発したようであり、同社が債務保証業務を行っている。①信用組合等は、自己の信用組合等に年金振込口座を有する者に対し、金銭の貸付を行う。②貸付限度額は、10万円以上100万円以内であるが、Ｂ銀行については口座に振り込まれる年金年額以下とされている。③年金が振り込まれる同月同日に、一定額を返済する。

　　労働金庫の「年金ローン」は、同金庫に年金振込口座を有する者に対する通常の貸付である。

弁済に充てる貸付であるので，預金年金相殺型担保貸付の検討は，別の機会に譲る。

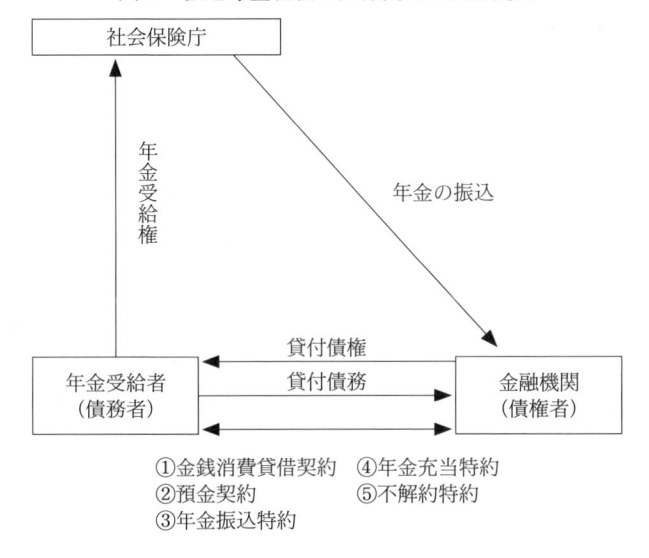

図3　振込年金相殺型担保貸付の法律関係

```
           社会保険庁
          ↗         ↘
    年金受給権      年金の振込
        ↗             ↘
                貸付債権
  年金受給者  ←――――――――→  金融機関
  （債務者）     貸付債務      （債権者）

    ①金銭消費貸借契約　④年金充当特約
    ②預金契約　　　　　⑤不解約特約
    ③年金振込特約
```

　以下では，図3の法律関係について考察する。まず，振込年金相殺型担保貸付は，公的な年金担保貸付のように年金受給権に質権を設定する貸付ではない。また，貸金業年金担保貸付のように，年金証書，預貯金通帳等に質権を設定した貸付でもない。この貸付は，金融機関が貸付債権と年金預金債権とを相殺することによって，債務の弁済を確保する貸付である。すなわち，相殺が担保的な機能を果たす貸付である。預金年金相殺型担保貸付は預金債

---

(44) この裁判では，信用金庫（被告）が，年金受給者（原告）に対して有する保証債務履行請求権を自働債権とし，年金預金債権を受働債権として行った相殺の適法性が争われた。年金受給者は，本件相殺は，実質的に差押禁止債権である年金受給権に質権を設定するものであって無効であると主張した。控訴審判決（札幌高判平成9・5・23金判1056号9頁）は，年金が預金口座に振り込まれると預金債権に転化して一般財産化し，この預金債権は差押禁止の属性を承継しないことを主な理由に，相殺は適

権に質権を設定する貸付であると考えられるが，振込年金相殺型担保貸付は預金債権に質権を設定するものかどうかは必ずしも明らかではない。

③の年金振込特約は，慣行的担保手段としての「振込指定」にあたるか問題となる。振込指定とは，次のような契約である。(a)金融機関（貸付債権者）は，貸付債務者に金銭を貸し付ける場合に，(b)貸付債務者は，その第三債務者に対し，貸付債務者が当該金融機関に開設した預金口座に金銭を振り込むよう求め，(c)金融機関は，貸付債務者に対して有する貸付債権を自働債権とし，貸付債務者の預金債権を受働債権とする相殺を行う。

振込年金相殺型担保貸付についていうと，貸付債務者である年金受給者が，社会保険庁に対し，当該年金受給者が金融機関（貸付債権者）に開設した預金口座に年金を振り込むよう求め，金融機関は貸付債権と年金預金債権とを相殺するのが，振込指定ということになる。

振込指定は，年金受給者と金融機関との間の契約だけでは，債務の弁済を確保する手段（担保）としてはあまり機能しない。社会保険庁が年金振込特約について承諾をし，年金振込口座を変更できないようにしてはじめて，担保として機能する。このように第三者債務者が承諾して，第三債務者に効力が及ぶものが振込指定であるとすると，社会保険庁はこのような年金振込を承諾することはあり得ないため，年金振込特約は振込指定ではないことになる[45]。

④の年金充当特約は，金融機関が貸付債権と年金預金債権とを相殺する旨の特約である。

　　法であるとした。上告審判決（最判平成10・2・10金判1056号6頁）は，控訴審判決を正当として是認した。この上告審判決は，年金預金債権を受働債権とする相殺を適法と認めた初めての最高裁判決であるとされている（山本和彦「銀行口座に振り込まれた年金に係る預金債権を受働債権とする相殺」佐藤進他編『社会保障判例百選　第3版』別冊ジュリ153号（2000）82頁）。

[45]　同旨，特殊担保・保証実務研究会編『特殊担保・保証の実務』（新日本法規出版，1988）449頁（瀬川徹稿），西尾信一「厚生年金受給権についての振込指定」判タ675号（1988）33頁。

(2) 金融機関年金担保貸付の適法性

概説 振込年金相殺型担保貸付は，年金受給権そのものに担保権を設定する貸付ではない。また，民法510条は差押禁止債権を受働債権とする相殺を禁止しているが，年金担保貸付の相殺の目的物は，年金受給者の預金債権（年金預金債権）であって，年金受給権そのものではない。

ただし，年金預金債権に差押禁止の属性が承継されるとすれば，年金預金債権との相殺は禁止されることになる。また，年金振込特約，年金充当及び不解約特約が付けられることによって，年金担保貸付契約は実質的には担保として機能し得る。

判決例

振込年金相殺型担保貸付に係る判決例（C）[46]

年金受給者（原告）と相互銀行（被告）は普通預金取引契約を締結したが，この契約には次のような特約が付けられていた。①年金の振込先として，年金受給者が相互銀行に開設した普通預金口座を指定する（振込指定[47]）。②相互銀行は，社会保険庁から振り込まれて預金となったものを，適宜貸付債務弁済に振替充当する（充当特約）。③年金受給者は，貸付債務の返済完了まで，相互銀行の同意なくして，預金契約を解約しない（不解約特約）。

その後，年金受給者は，預金契約を解約する意思表示をした。解約後も年金が当該振込口座に振り込まれたため，年金受給者はその分について不当利得返還請求訴訟を提起した。相互銀行は，不解約特約，振込指定，充当特約及び信義則違反の抗弁をしたほか，不当利得返還請求債権と貸付債権との相殺の意思表示をした。

控訴審判決[48]は不解約特約を無効としたが，その判旨は以下に引用するとおりである。ただし，年金受給者の不当利得返還請求権は，年金そのもので

---

[46] 振込年金相殺型担保貸付に関する公刊された判決としては，これが最初のものであるようである（今井理基夫「厚生年金保険法に基づく老齢年金を借受金の返済に充てるため振込指定をした場合の普通預金契約不解約特約と同法41条1項の脱法行為」判タ706号（1989）64頁）。

[47] 本判決において「振込指定」という語を用いているので，本稿でもそのように表記した。

はなく「年金の支払がなされた結果の金員」についてのものであるため、これを受働債権とする相殺は適法であり、公序良俗に反しないとした。

「老齢年金の振込指定、振込金の弁済充当特約とあわせて振込先の預金口座を存続させることを目的とする不解約特約……を付することは、振込を受けた老齢年金給付金を本件貸付債務の弁済充当資金として固定させ、控訴人［年金受給者］の老齢年金給付金の使途を拘束することになり、これはまさに控訴人の老齢年金受給権を差押え又は担保に供するのと同一の目的を達することになるというべきである。してみると、本件不解約特約は前記規定［厚年41条1項］の適用を潜脱するものであって、無効というべきである」。

これに対し、上告審判決[49]は、不解約特約を無効とした控訴審判決をくつがえした。その判旨は次のとおりである。

「これらの特約等は被上告人［相互銀行］にとり債権回収のための担保的機能を営むことは否定しえないとしても、本件口座に振り込まれた年金は預金に転化し、上告人［年金受給者］の一般財産と混同するのであって、被上告人が年金受給権自体を差押え又はこれに担保権を設定したものではないから、本件不解約特約が厚生年金保険法41条1項の規定を潜脱するものとはいえない。してみれば、本件不解約特約は無効とはいえないから、被上告人が本件振込指定及び本件充当特約に基づき本件口座に振り込まれ預金となった本件年金に相当する金額を本件貸付債務の弁済として充当することは当然許される」。

控訴審判決は恩給担保貸付に係る判例を踏襲したものであるが、上告審判決はこの判例に沿うものではない。

年金預金債権の差押えに係る判決例（D）

ここで紹介するのは、相殺に係る判決例ではなく、年金預金債権の差押えに係る判決である。年金受給権の差押えは禁止されているが、年金が預金口座に振り込まれた場合は、その年金預金債権の差押えが禁止されるかという問題がある。この問題は、年金預金債権が差押禁止規定の属性を承継するか否かによって結論が異なるという意味で、年金預金債権を受働債権とする相

---

(48) 新潟地判昭和60・1・29判時1276号52頁。
(49) 東京高判昭和63・1・25判時1276号49頁。

殺が許されるかという問題と密接に関連する。

　裁判例⑸の多くは，年金預金債権の差押えは適法であるとしている。その理由は次のとおりである。①年金が預金口座に振り込まれると，その法的性質は預金債権に変わる。②預金債権の差押えの申立てがあった場合，執行裁判所が債務者及び第三債務者を審尋することは予定されていない以上（民執145条2項），当該預金の原資の性質を知ることは困難である。③民事執行法153条1項の申立てがないのに，預金の中身が年金などの振込に基づくものであるかどうかを考慮の上，差押えの当否や範囲を制限するのは相当ではない。④同項に基づき，一定の事由があるときは，差押命令の全部又は一部を取り消すことができる。②③④は民事執行法上の問題であるが，①は年金預金債権にもかかわる問題である。

　以上のような裁判例と異なって，「金融機関に対する預金債権となった場合においても，受給者の生活保持の見地からする右差押禁止の趣旨は尊重されるべきであ［る］」とした決定⑸がある。また，「預・貯金の原資が年金であることの識別・特定が可能であるときは，年金それ自体に対する差押えと同視すべきものであって，当該預・貯金に対する差押えは禁止されるべきものというべきである」とした判決⑸もある。筆者は，後者の判決を堀・前掲注(5)で評釈し，この判旨に一定の意義がある旨を述べた。なお，この評釈では，年金受給権の差押えにかかわる裁判例・学説を紹介しているので，参照されたい。

　学説　以下では，年金振込特約に関する学説と，年金充当特約に関する学説に分けて検討する。まず，年金振込特約についてであるが，西尾・前掲注（45）33頁は，譲渡・担保提供が法律上禁止されている債権に係る振込指定は，脱法行為として無効であるとする考え方が多いと述べている⑸。

　次に，年金充当特約による相殺についてであるが，多数説は次のような論

⑸　東京高決平成4・2・5判タ788号270頁等。
⑸　東京高決平成2・1・22金法1257号40頁。ただし，本件は妻の婚姻費用分担債権に基づく夫の年金預金債権の差押えという特殊事例であったので，結局は年金預金債権の差押えを認めた。
⑸　東京地判平成15・5・28金判1190号54頁。

理の流れで，年金預金債権との相殺は禁止されないとしている[54]。①年金が預金口座に振り込まれると，年金受給権は消滅して預金債権に転化する（一般財産化する）[55]。②したがって，預金債権は差押禁止の属性を承継しない。③したがって，差押禁止債権との相殺を禁止する民法 510 条に違反しない。

ただし，多数説に従いつつも，例外的に年金預金債権との相殺を無効とすべき場合を認める有力説があるとともに，相殺を無効とする少数説がある。有力説は無効とすべき根拠を相殺権の濫用[56]又は信義則違反に求めているが，少数説の長尾治助は年金預金債権との相殺が担保提供禁止規定の脱法行為であることに求めている[57]。多数説の背後には，相殺権者（金融機関）の債権確保を優先し，取引秩序を重視する考えがある（伊藤・前掲注（53）17 頁）。これに対し，例外を認め有力説や少数説の背後には，年金受給者の生活保障を重視する考えがある。以下では，有力説，少数説の順に紹介する。

第 1 は，例外的に相殺が禁止される場合があることを認める有力説である[58]。伊藤進は，次のように述べている[59]。①金融機関が相殺の可能性について十分な説明をしないまま勧誘したときは，預金の状況によっては，相殺

---

(53) 同旨，副田「担保」判タ 682 号（1989）54，56 頁。

(54) 伊藤進「年金等の振込口座による相殺の有効性」金法 1470 号（1996）15 頁以下及び 20 頁の注 13 と注 15 に掲げられた文献，五十部・前掲注(21)513 頁，潮見佳男『債権総論 第 2 版 II』（信山社，2001）320 頁），宮川不可止「年金振込口座による相殺の可否　差押禁止の属性を振込金は承継するか」金法 1708 号（2004）38 頁等。

(55) 金融機関が，社会保険庁の履行補助者として，年金受給者に年金を支払うという考えを採れば，一般財産化しないことになる。しかし，判決例・多数説は，金融機関は年金受給者に代わって年金を受領すると解している（前掲平成 9 年札幌高判（前掲注(44)），伊藤・前掲注(54)14 頁）。

なお，郵便局で年金送金通知書及び年金証書を提示して年金を受け取る場合は，郵便局は履行補助者的地位にある（伊藤・前掲注(54)15 頁）。

(56) 伊藤・前掲注(54)17 頁，潮見・前掲注(54)321 頁，特殊担保・保証実務研究会・前掲注(45)140 ノ 8 頁（五百田俊治稿），宮川・前掲注(54)40 頁，山本・前掲注(44)83 頁。なお，相殺権の濫用を認めた判決として，給料に係る預金債権についてではあるが，札幌地判平成 6・7・18 判時 1532 号 100 頁がある。

(57) 長尾治助「高齢者保護とレンダー・ライアビリティ　預金債権に転化した年金額との相殺禁止（上）」NBL 571 号（1996）10 頁。

権の濫用又は信義則違反とされる可能性が皆無とはいえないであろう。②年金受給権者の日常生活資金としての生存維持の実質を保っている時期における相殺，例えば年金が振り込まれるのを待ちかねて直ちに行う相殺は，相殺権行使の濫用又は信義則に反するものとして許されないと解される可能性はないわけではないであろう。そして，立法論として，年金預金債権については，所定期間を経過するまでは相殺を禁止すべきことを提案している。

潮見・前掲注（54）320〜321頁は，①預金債権が実質的に差押禁止債権の価値変形物であると評価し得る場合，②銀行が年金等の振込みがあると待ち受けて相殺をする場合は，生活保障給付としての年金等の性質にかんがみ，相殺権の濫用とされる場合が出て来る可能性は否定できないであろう，と述べている。

なお，五十部・前掲注（21）513頁は，差押禁止債権である給料等に係る預金債権について，次のように述べている。「預金口座に給料等が振り込まれたからといって債務者がこれによって生活するという経済的実質が変わるわけではないのであり，給料等の債権について与えた保護と同様の保護をこの場合に債務者に与えるべきは当然であろう」。しかし，現行法の解釈として相殺は許されるとし，立法上の手当が必要であるとしている。

第2は，年金預金債権との相殺を無効とする少数説である。長尾治助は，①年金保険法の受給権保護規定の趣旨から，高齢者の生計維持を尊重すべきこと，②差押えと異なって，相殺の方がはるかに大きな不利益を債務者にもたらすことなどにより，年金預金債権との相殺は無効であるとしている[60]。

中野・前掲注（17）636〜637頁は，①差押禁止債権に係る預金債権の相殺には民事執行法153条を類推する余地がないこと，②金融機関は振り込まれた原資を知り得る立場にあることを理由に，相殺は無効であるとしている。

---

(58) 同じような意見を述べるものとして，特殊担保・保証実務研究会・前掲注(45)140ノ8頁（五百田俊治稿），山本・前掲注(44)83頁等がある。

(59) 伊藤進「金融機関の信用供与債権と年金等の振込を源資とする預金債権との相殺について」金法（1999）65頁以下。

(60) 長尾・前掲注(57)，長尾治助「高齢者保護とレンダー・ライアビリティ　預金債権に転化した年金額との相殺禁止（下）」NBL 576号（1999）。

なお，国民年金法等の特別法上の「差押禁止は，その保護利益の実現に必要な範囲の権利に及ぶ」として，国民年金手帳引渡請求権の差押えも許されないとしている。

副田・前掲注（53）57頁は，振込指定，充当特約及び不解約特約も含め全体として脱法行為であるとして，無効と解すべきであるとしている。

吉岡伸一は，金融機関が預金振込口座の原資が何であるかを把握することがそれほど困難でないことを理由に，相殺が禁止されるとしても致し方ないのではなかろうかとしている[61]。

検討　振込年金相殺型担保貸付は，年金受給権そのものに担保権を設定する貸付ではないため，形式的には担保提供禁止規定に違反しない。また，民法510条は差押禁止債権を受働債権とする相殺を禁止しているが，年金担保貸付の相殺の目的物は，年金受給者の預金債権（年金預金債権）であって，年金受給権そのものではないため，形式的には同条に違反しない。

ただし，年金預金債権に差押禁止の属性が承継されるとすれば，年金預金債権との相殺は禁止されることになる。前述した多数説は，年金預金債権は差押禁止の属性を承継しないとして，当該預金債権を受働債権とする相殺は無効ではないとしている。しかし，この多数説は民法及び民事訴訟法の学説であり，年金受給権の保護よりも，相殺権者（金融機関）の債権確保を優先し，取引秩序を重視しているように思われる。

また，学説の多くは預金年金相殺型担保貸付について論じており，年金が振り込まれるつど相殺する振込年金相殺型年金担保貸付について論じているわけではない[62]。この二つの担保貸付は相当異なり，前者の貸付に係る学説を後者の貸付に直ちに当てはめるのは妥当であるとは思われない[63]。すなわち，預金年金相殺型では，相殺されるか否か定かではないし，相殺の目的物である預金債権には以前から蓄積された年金分も含まれる。これに対し，振込年金相殺型では，年金預金債権は必ず相殺の目的物となり，また相殺の目

---

[61]　吉岡伸一「差押差禁止債権が預金債権に転化したときの強制執行，相殺の可否」判タ1157号（2004）81頁。

[62]　例外的に振込年金相殺型について論じているものとして，判決例（C）の評釈である今井・前掲注(46)，副田・前掲注(53)等がある。

的物となるのは，振り込まれた直後の年金に係る預金債権である。振込年金相殺型担保貸付に係る前掲注（49）の昭和63年東京高判は，振り込まれた年金が一般財産と混同すると判示したが，この点を軽視している。

　判決例・多数説は相殺を年金預金債権の差押えと同じように考えているが，相殺は，差押えと比べて，より強力な債務の弁済確保手段（担保）として機能する。なぜならば，相殺は，執行裁判所による差押命令を必要としないため，金融機関は簡易迅速に債務の弁済を確保することができるからである。逆にいうと，相殺は，年金の生活保障機能を容易に損なわせる。また，差押えは，民事執行法153条1項の規定に基づいて，差押えの範囲変更の申立てをすれば，年金預金債権の全部又は一部が差押えを免れることができる[64]のに対し，相殺にはこのような仕組みはない[65]。

　前掲注（52）の平成15年東京地判は，預・貯金の原資が年金であることの識別・特定が可能であるときは，年金預金債権の差押えは禁止されるべき

---

[63]　なお，預金年金相殺型年金担保貸付であっても，年金以外の金銭が振り込まれる一般口座ではなく，年金だけが振り込まれる口座（年金専用口座）である場合は，預金債権に差押禁止の属性を認める余地があるように思われる。なぜならば，金融機関は，①預金口座に振り込まれた金銭が年金であることを認識でき，②当該口座には年金だけが振り込まれていることを認識でき，③年金受給権が差押禁止債権であることは当然知っておくべき事柄である。年金が預金口座に振り込まれると差押禁止の属性を失うという解釈は，年金が年金受給者の一般財産と混同することを根拠にしているが（前掲注(49)の昭和63年東京高判），年金専用口座であれば，他の財産と混同するおそれがない。潮見・前掲注(54)320～321頁は，年金専用口座に係る預金債権との相殺は無効であるとしている。ただし，伊藤・前掲注(54)15頁以下は，年金が年金専用口座に振り込まれる場合も，また金融機関が預金の原資が差押禁止債権であることを知っている場合も，相殺は許されるとしている。

[64]　前掲注(51)の平成2年東京高決，前掲注(50)の平成4年東京高決，東京地判平成12・10・25判タ1083号286頁，伊藤・前掲注(54)18頁以下等を参照。

[65]　民事執行法153条1項の差押範囲の裁判の効力が，当事者だけでなく他の債権者に及ぶとすれば（絶対的効力説），差押禁止債権との相殺を禁止する民法510条を適用して，相殺禁止の結論を導くことも可能ではないかと思われる。しかし，学説は他の債権者に効力が及ばないとする相対的効力説を採っている（香川保一監修『註釈民事執行法　第6巻』（金融財政事情研究会，1995）404～405頁（宇佐見隆男稿），中野・前掲注(17)637～638頁）。

であるとした。振込年金相殺型担保貸付では，識別・特定が可能であることはいうまでもない。注目すべきことに，従来多数説に従っていた中野・前掲注（17）634～635頁は，この平成15年東京地判にならって，以下に引用するように，この点について改説するに至った。「預金債権の原資が給料等であることの識別・特定が可能な場合（給与受領のためだけの専用口座に給与が振り込まれた場合など）には，振り込まれた給与は預金債権となっても給与の性質を失［わない］」。

いまや年金は国民が生活する上で不可欠のものとなっており，受給権保護規定の趣旨は可能な限り尊重される必要がある。現在では年金の受給は年金振込口座への振込みという方法によるのが圧倒的に多く，預金口座に振り込まれると差押禁止の属性を承継しないと解するのでは，年金受給権保護規定はほとんど無意味となる。二羽和彦は，年金支給が預貯金口座への振込によって行われていること，及び年金受給者の生活を保障することの観点から，年金預金債権との相殺を条件付で認めた平成15年東京地判の結論に賛成している[66]。

以上のことから，振込年金相殺型担保貸付に係る相殺は，無効と解すべきではないかと考えられる。その法的根拠としては，次の二つを挙げることができる。第1は，年金預金債権は差押禁止債権の属性を承継し，したがって年金預金債権との相殺は民法510条に違反するとすることである。振込年金相殺型では年金が振り込まれるつど相殺されるので，時間的な近接性（即時性）の観点から，当該年金に係る預金債権は差押禁止の属性を承継すると解することができる。

第2は，年金担保貸付は，年金振込特約，年金充当及び不解約特約が付けられることによって，実質的には年金を担保とした貸付であるため（西尾・前掲注（45）34頁），強行規定である担保提供禁止規定を潜脱する脱法行為であるとすることである。その論拠は次のとおりである。①年金受給者は，社会保険庁との関係では年金振込口座を変更できるが，金融機関との契約に不解約特約が付けられて変更し得ないため（不解約特約が無効でない場合），

---

[66] 二羽和彦「金融商事判例研究」金判1207号（2005）67頁。

債務の弁済を確保する手段（担保）として機能する。②年金預金口座に振り込まれた年金は即時に弁済に充てられるため（年金充当特約），債務の弁済を確保する手段（担保）として機能する（優先弁済権）。③年金担保貸付を全体としてみても，年金受給権保護規定の趣旨——年金が確実に受給者の生活に充てられる——に沿うものではない。

　このほか，振込年金相殺型担保貸付は相殺権の濫用又は公序良俗違反であることを根拠に，無効とすることも考えられる。しかし，脱法行為であることを根拠に年金担保貸付を無効とすることができるのであれば，相殺権の濫用又は公序良俗違反を根拠とするまでもないように思われる。

　ただし，無効と解すると，年金受給者は一時に貸付債務全部を返済しなければならなくなるなど，貸金業者年金担保貸付について論じたのと同様の問題が生ずるおそれがある。しかし，金融機関は，貸金業者等と異なって，年金担保貸付が無効とされた場合は，このような貸付を行わなくなることが予想される。

　年金担保貸付を無効とすることに対して，次のような疑問が出される可能性がある。①年金受給者の資金需要にこたえる必要がある場合があるため，無効とするのは妥当ではない。②無効とすると，年金受給者は，金融機関から借入れができなくなって，いわゆるヤミ金業者等から年金担保貸付を受けるようになる。③年金以外に所得・資産がない年金受給者にとっては，年金預金債権を担保とした金融機関によるクレジットカードによる貸付を受けることができなくなる。

　これらの疑問に対しては，以下の点を指摘することができる。①及び②に対しては，福祉医療機構等による公的な年金担保貸付によって，年金受給者の資金需要にこたえることができる。多くの金融機関が公的な年金担保貸付の代理業務を行っているため，金融機関が独自に年金担保貸付を行う必要はそう多くない。公的な年金担保貸付に問題があるとすれば，改善することによって対応すべきである。例えば，仮に公的な年金担保貸付に必要な資金が不足しているとすれば，金融機関に公的な年金担保融資と同様な条件の貸付を認める立法を行うことが考えられる。

　③については，年金以外に所得・資産のない受給者こそ，年金受給権の保

護を最も必要とし，年金が確実に生活費に充てられるようにする必要がある。クレジットカードによる信用供与についていうと，現在の我が国においては，クレジットカードがなければ買物をすることができない状況にはなく，キャッシュカードなどで引き出した現金で買物をすることができ，日常生活に特に不便はない。クレジットカードによる簡易な貸付は確かに必要であろうが，公的な年金担保貸付の貸付限度額の範囲内で，簡易な貸付を行うことも考えられる。

5　おわりに

　本稿では，貸金業者年金担保貸付及び金融機関年金担保貸付（振込年金相殺型担保貸付）について一定のモデルを設定し，このようなモデルの年金担保貸付は適法ではあるが，年金保険法の差押禁止規定を潜脱する脱法行為等であることを理由に無効と解すべきではないかと述べた。しかし，このモデル以外に様々な年金担保貸付があると考えられるが，それらについてはどう考えるべきであろうか。ここでは，この二つのモデルについて脱法行為となる要素を抽出し，このモデル以外の年金担保貸付への無効の要件を導き出したい。

　まず，貸金業者年金担保貸付が無効となる要件としては，賃金業者等か，①年金証書，年金振込口座に係る預貯金通帳及び印鑑又はキャッシュカードを徴求すること，②当該預貯金通帳及び印鑑又はキャッシュカードを用いて年金を引き出すこと，並びに③引き出した年金を貸付債権の弁済に充当すること，の三つのすべてを満たすことが考えられる。ただし，これでは，もはや年金担保貸付と呼べるようなものではなくなる。

　次に，振込年金相殺型年金担保貸付が無効となる要件としては，①年金受給者に対して，年金を金融機関の預金口座に振り込ませるようにすること，②年金が当該口座に振り込まれるつど，その額を年金受給者の債務の弁済に充てること，の二つを満たすことが考えられる。

　不解約特約を無効とするための要件としなかったのは，この特約が付いていなくても，差押禁止規定の脱法行為とするに十分であると考えたからであ

る。また，差押禁止規定の目的である年金受給者の生活を困難ならしめることを要件としなかったが，そのことを調査することは実際には困難であるし，差押禁止規定がそのことを要件としていないからである。

(謝辞：本稿に関し，上智大学法学部福田誠治教授から様々な御指摘をいただいた。ここで同教授に感謝の意を表したい。ただし，あり得べき誤りの責任は筆者のものである。)

ベトナムのストリート・チルドレンをめぐる諸問題

香川孝三

1 はじめに

　本稿はベトナムのストリート・チルドレンをめぐる諸問題を議論することを目的としている。ベトナムではストリート・チルドレンを Bui Doi と呼んでいる。これは「埃のような人生」という意味である。ストリート・チルドレンを「埃」と見ている。これはストリート・チルドレンを厄介者とみていることを示している。この背景には，ストリート・チルドレンになるのは本人の怠惰なせいであるという考えがあるように思われる。しかし，はたしてそれだけなのかという疑問がある。

　ホーチミン市のベンタン市場で，ストリート・チルドレンが物売りのために私に近づき，買わないかとすすめた。その値段交渉中に，突然逃げ出した。何事かと思って振り返ると，すぐ後ろに公安が控えていた。なるほどと納得した。目ざとく公安を見つけて，公安による逮捕を恐れて逃げ出したことが分かった。ストリート・チルドレンが生活するための大変さの一端を感じた。これ以来，ストリート・チルドレンの存在が気になりはじめた。

　ハノイ市では，市の中心にあるホアンキエム湖のまわりで，ストリート・チルドレンを見かける。観光客に物を売りつける仕事に従事している。ここでも公安によって，市の中心部から追い払われることがある。特に規模の大きい国際会議が開かれ，海外から VIP が大勢来る場合には，事前に追い払われている[1]。それによって，日々の糧を得ることが困難な状況に追いやら

れている。

　ベトナムでは計画経済の時代には，みんな貧しく，その貧しさを分かち合う社会であった。しかし，ホーチミン市（もとはサイゴン市）では，ベトナム戦争中の1960年代から1970年代にかけて人口が急激に増加したが，それに見合う仕事がなかったために，失業者が増え，ホームレスやストリート・チルドレンが発生した。

　ホーチミン市では，ベトナム戦争終了後，急激な社会主義化が進められて，路上で暮らす子供たちはほとんどいなくなった。食料や生活用品を提供する配給制が実施され，多くの家庭は貧しかったが，生活の格差は小さかった。しかし，ドイモイ政策の採択後，再びストリート・チルドレンが増えてきた。

　計画経済による国作りがうまくいかないことから，1986年12月の第六回共産党大会でドイ・モイ政策が採用され，社会主義市場経済化を目指す，大きな政策転換がおこなわれた。市場経済化のもとでは，才覚があり，資力を持つ者は成功して経済的に恵まれた生活を送れるのに対して，そうでない者にとっては，生活は苦しい。国の財政が苦しいために，生活困窮者に対する生活保障がいきわたっていない。ベトナムでは，これまで家族や親族によっておたがいが生活を支えあっていた。しかし，離婚や家族離散のために，生活を支えることができない場合には，より悲惨な生活を余儀なくされている。その結果，貧富の格差が大きくなってきた。特に都市と農村の格差が大きくなり，農村から都市に流入する者が再び増加してきた。農村ではベトナム戦争中，アメリカ軍によってまかれた枯葉剤のために農地が不毛にされたり，負傷者や障害者が出て，農村では生活しにくくなる者も出てきている[2]。農地の利用権を売ってしまって土地なし農民も生まれ始めている。その中には都市での生活の目途がないのに都市に移動してくる者がおり，その中からストリート・チルドレンが生まれてきている。ユニセフの1997年の統計では，

---

(1) 通称「ストリート・チルドレン狩り」，正式には「青少年路上生活者保護工作」と呼ばれるストリート・チルドレンの補導がなされる様子を描いた文献として，小山道夫著『火炎樹の花―ベトナム・ストリート・チルドレン物語』小学館，1999年7月，114頁，小山道夫「ベトナムのストリートチルドレンと共に歩んで」更正保護53巻5号34―37頁，2002年5月。

ベトナムには約5万人のストリート・チルドレンがいるとされていたが，2004年のベトナム労働・傷病兵・社会問題省の統計では，ベトナム全体で，6歳から16歳までのストリート・チルドレンが約2万3000人いると推定している。そのうちホーチミン市には約6200人，ハーナム省に約1700人，ハノイ市に約1600人，キエンザン省に約1000人いるとしている。さらに2005年の国連のミレニアム計画のベトナム版によると，1万6000人になっている[3]。少しずつであるが，減少傾向にあるが，まだ消滅はしていない[4]。

2 ストリート・チルドレンの定義

先にストリート・チルドレンの数をあげたが，その定義が問題となる。言葉からすれば，路上で生活や仕事をする児童という意味であるが，「18歳以

---

(2) アメリカ軍は1961年から11年間にわたって枯葉剤を，特に旧南ベトナム領土内で空中散布した。枯葉剤にはダイオキシンが含まれ，健康障害や異常出産をひきおこした。ベトナム政府の発表では，健康被害を受けた者が約300万人，先天性障害児は約15万人としている。先天性障害児は枯葉剤による直接被害を受けた者の孫の世代にも現れている。ベトナム戦争に参戦したアメリカ兵士にも障害が発生しており，それらに対しては，アメリカ政府は損害賠償を支払っているにもかかわらず，アメリカ政府は，ベトナムでの枯葉剤による被害者に対して，直接に一銭も損害賠償を支払っていない。ただアメリカのNGOで，枯葉剤によって被害を受けた人を救済する活動をしている場合に，そのNGOにアメリカ政府の資金が入っている場合はある。したがって間接的な形でならば，アメリカ政府の資金が被害者の支援に使われているといえよう。現在，被害者がアメリカ連邦控訴裁判所で損害賠償請求を提起している。第一審では，損害賠償請求が棄却された。枯葉剤と損害の間に因果関係が立証されていないという理由で，ベトナム側の被害者の請求が認められなかった。

(3) United Nations Country Team Vietnam ed., *Vietnam's Socio-Economic Development Plan 2006-2010*, UNDP Vietnam, 2005, p. 10.ちなみに，この中で児童労働は2万3000人となっている。

(4) ストリート・チルドレンの数が減少していることは，貧困率の減少から想像はつく。1人あたり1日に必要な2100カロリー摂取するに必要な食料を購入するための価格が貧困ラインとなる。ベトナムでは1997—1998年では37.4％，2001—2002年で28.9％。2003—2004年で24.1％と減少している。ベトナム統計総局が2年に一度実施している Vietnam Household Living Standard Survey の結果による。

下の者で，路上で，廃品回収（ごみ拾い），物乞い，靴磨き，スリ等々のインフォーマル・セクターに属する仕事で働く者」と定義しておきたい。路上で生活する者と捉えると，その範囲は狭くなる。スラムであっても，屋根のある家に寝泊りすると，ストリート・チルドレンから除かれてしまう。そこで，路上で何らかの生活の糧を得ている18歳以下の者をストリート・チルドレンとする方が，ひろく捉えることができる。

　この定義でいくと，ストリート・チルドレンをいくつかのパターンに分けることができる。2000年にホーチミン市の337人のストリート・チルドレンを調査した報告書によると，次のように類型化している[5]。家族から離れていたり，家族がいなくて，路上で働いている者（A），その中で路上で寝泊りしている者（A1）と，路上で寝泊りしていない者（A2）がいる。家族といっしょに路上で寝泊りしつつ働いている者（B），家族といっしょに家で生活しながら，路上で稼いでいる者（C），農閑期に農村や都市の郊外から出てきて，時々路上で働いている者（D），その中で路上で寝泊りしている者（D1）と，路上で寝泊りしていない者（D2）に分けられている。

3　ストリート・チルドレンの実態

　先の分類にもとづき，ストリート・チルドレンの実態をみてみよう。先に述べた2000年にホーチミン市の337名のストリート・チルドレンを調査した報告書に基づき，その実態を見てみよう。337名のうち，男子が221人，女子が116人である。

---

[5] Terre des hommes Foundation ed., *A Study on Street Children in Ho Chi Minh City,* National Political Publisher, 2004.同じ定義を用いて分析したものとして，The Youth Research Institute ed., *A Study on Street Children in Hanoi and an Assessment of UNICEF's Street Children Project in Hanoi,* Thanh Hoa & Hung Yen, The Youth Research Institute, 2003, Tin T. Nguyen, *The Dust of Life : The Journey to Understand the Identity of Vietnamese Street Children and Society's Ambivalent Attitude towards Them,* Chapel Hill, 2002. Terre des hommes Foundationの活動を日本で紹介した文献として，篠田有史・工藤律子「ホーチミンのストリートチルドレン」週刊金曜日10巻26号42—45頁，2002年7月。

337人のうち，Aが104人（A1が90人，A2が14人），Bが22人，Cが128人，Dが83人（D1が7人，D2が76人）である。家族といっしょに路上で寝泊りしている子供が比較的少なくなっている。ということは親や兄弟ともいっしょに路上で寝泊りし，路上で働いているグループが少ないことを示している。

(1) 年　　齢
　年齢をみると，16―17歳が124人，14―15歳が122人，12―13歳が64人，10―11歳が22人，8―9歳が3人，8歳未満が2人である。平均年齢は15歳である。15歳までの義務教育年齢の者が多く，教育問題を抱えていることを示している。11歳以下の者もおり，小学校にも通えない者もいることが分かる。ベトナムでは識字率（小学校3年まで修了していること）が平均で93％（男子95％，女子91％）と高くなっているので，字を読めないことは，成人になってからも未熟練労働者として低い賃金で働かざるを得なくなることを意味する。世界子供白書の2005年版によると，中等教育の就学率も男子で72％，女子で67％となっており，高校を卒業しないといい職場に就職できない状況になっている。小学校も卒業できないことは，きわめて不利な状況に陥る。

(2) 路上で働く年数
　路上で働いている年数をみると，1年未満が119人，1年以上2年未満が76人，2年以上5年未満が86人，5年以上が55人，分からないが1人である。1年未満の数が一番多いが，これは，たえず新しくストリート・チルドレンになる者が参入していることを示しているように思われる。2年以上5年未満や5年以上を合わせると4割もおり，救済の手がないまま長期的にストリート・チルドレンになる者がいることを示している。

(3) 誰と寝るのか
　だれといっしょに寝泊りしているかの質問では，路上で寝泊りしている116名のうち，友達が68人，一人が24人，家族とが21人となっている。

あとの3人は友達といっしょに寝泊りしたり，一人で寝る場合もあるとしている。18歳以下の者が一人で路上に寝泊りしているのは，さすがに少ない。やはり，心許せる者といっしょに寝泊りしている。他の子供といっしょに安く屋根裏部屋を借りる場合もある。それは，身の危険を避けるためにも必要なことである。家族や親族との結びつきの強いベトナム社会で，家族や親族による支えがない場合，心細い思いをしているものと思われる。

　路上で寝るのは，どうような状態で寝ているのであろうか。ホーチミン市は常夏でいつも最高気温は30度前後であり，最低気温は25度前後であるので，凍死する心配はない（ハノイはこの点が違う。冬は10度前後まで下がり，底冷えがする）。寝るのは夜だけでなく，昼間も寝ている。暑いので，昼寝をするのは慣習となっているからである。人通りの多い大通りではなく，そこから小道に入った路地で，どこかの家の軒下や，公園の中で寝泊りしている。昼寝はどこかの木陰で寝ている。大体決まった場所で寝ている。問題は雨季のときである。雨季になると1―2時間激しく雨が降るが，それがすめば雨は上がっている。雨が降るのは，だいたい，積乱雲が発生しやすい昼から夕方にかけての場合が多い。路上の寝床が濡れていなければ，そこで寝られるが，湿っているときは，別の寝床を探さざるをえない。日本の路上生活者と違うのは，ダンボールで囲って生活の場を確保することはないようである。服を着たまま，なにも被らず寝ている。雨が降ると，あえて雨にぬれている。それがシャワーを浴びるのと同じ効果をもたらしている。服が汚れ，洗っても，それを濡れたまま着ていても，2時間ぐらいで乾いてくる。真夏はその方が涼しく感じられる。したがって，着替えもあまりいらない。路上で寝る場合，排気ガスを浴びる可能性が強い。ホーチミン市では，オートバイが多く，狭い路地でもオートバイは入り込むので，その排気ガスを浴びる可能性が高い。問題は病気である。蚊によってテング熱やマラリアに感染する可能性がある。さらには鳥インフルエンザのような感染症にかかる危険性もある。路上生活者はその可能性が高い。

　路上以外の場所で寝泊りする者は221人いるが，家族といっしょが154人，友達といっしょが52人，使用者のところというのが7人，ひとりが2人となっている。保護施設で寝泊りしているのが6人だけである。家族といっし

ょに寝ている割合が高いが，その場所はスラムやそれに近い環境にある家であろうと思われる。ホーチミン市は常夏なので，あばら家であっても，そこで寝られることは，身の安全を確保できるので，幸せな方であろう。感染症にかかる可能性は，路上で寝る場合と変わらないかもしれない。家が密閉された状態ではないからである。暑いので，開放的な家なので，蚊はいくらでも家に入ってくるからである。

　保護施設で寝ているのが，わずかに6人ときわめて少ない。この調査対象がそもそもストリート・チルドレンなので，少ないのが当然である。というのは保護施設にいる場合，教育や職業訓練を受け，宿泊もそこでできるのが通常なので，路上やそれ以外の場所で寝ていることはあまりないことが想定される。保護施設にいながら，ストリート・チルドレンになっているのは，保護施設での教育や職業訓練をサボっている可能性がある。施設の収容人員に限界があって，昼間は路上で過ごしている可能性もある。または短時間だけ施設で保護をうけて，風呂に入ったり，身奇麗にすることができるドロップイン・センターにいた可能性もある。

　どの頻度で路上で寝ているかの調査では，対象の337人のうち，毎日が113人，時々が29人である。男女を比べると，毎日路上で寝ているのは男子が87人，女子が25人と，男子が断然多い。身の危険は女子の方が高いからではないかと思われる。それでも路上で毎日寝る女子もおり，家族がいなかったり，いても家族との暮らしが安定しなかったり，家庭内暴力で楽しくないからであろう。

(4)　家族とのつながり

　家族とのつながりを見てみると，まず両親の状況であるが，一方または両方とも死亡しているのが74人，両親は離婚しているのが78人である。両親ともいっしょに暮らしているのは178人である。Cのストリート・チルドレンへの，なぜ路上で働いているかの質問では，家族が貧しいから家族のために稼ぎたいが77％を占めている。両親ともいっしょに暮らしていても貧しいこと，ましてや片親しかいない場合や両親とも死亡している場合は，貧しい生活を余儀なくされていることが想定される。Aの家族と離れて路上で

働いている理由に，貧しさだけでなく，家庭内暴力を受けて家庭が楽しくないので，路上で働いている者は41人おり，無視できない数になっている。ストリート・チルドレンになる原因が貧困だけでなく，家庭内暴力も原因となっている。

(5) ストリート・チルドレンの教育状況

　ストリート・チルドレンの識字率は74.5％である。男子の場合77％，女子の場合72％である。男女の差が若干ある。発展途上国の中でも，ベトナムは識字率が高いことで知られている。ストリート・チルドレンで，学校教育を受ける機会が少ない場合でも，74.5％という識字率を示している。同じ調査を1992年に実施しているが，そのときには識字率が51％であったが，8年後には74.5％にまで向上している。

　ところが，学校に通う割合の調査によると，15.4％（52人）しか学校に通っていない。84.6％のストリート・チルドレンは学校に通っていなかった。そのうち，まったく通っていない者が17.5％，途中で退学した者が82.5％である。退学した者がどの段階で退学したかの調査では，小学校と中学校で，だいたい半々ぐらいである。その理由は当然ながら，家が貧しく生活費を稼がなければならないのが最大の原因である。学校が嫌いで退屈であることや家族との衝突で学校に行かない子もいる。

　ベトナムでは小学校が5年，中学校が4年で，この10年が義務教育とされている。学校に通っていないストリート・チルドレンは大人になったときに，就を探す場合に，不利益を受けることになる。ベトナムでは就学率が比較的高いために，学校を卒業していないことは，きわめて不利になる。しかも，ベトナムは学歴社会であって，どのレベルの学校を卒業しているかが，将来を大きく左右する。

　52人の学校に通っているストリート・チルドレンが，どの学校に通っているかの調査では，正規の学校に通っているのは4人だけである。あとは特別な学校，つまり，インフォーマル教育機関に通っている。そこでは学費は無料である。

　職業訓練を受けているストリート・チルドレンは31人で，全体の1割に

も達していない。縫製，モーターバイクの修理，大工仕事がストリート・チルドレンのような低い教育しか受けていないものが受ける訓練であるが，それさえも受けられない場合が多い。その原因はお金がないこと，訓練についての情報が得られないこと，働かなければならないので，時間がないことである。

(6) ストリート・チルドレンの仕事

　ストリート・チルドレンはどのような仕事をしているのか。多い順でいくと，くじ券の販売，廃品回収（ごみ拾い），物売り（新聞，雑誌，ガム，絵葉書等々），靴磨き，乞食，市場でこそ泥，スリ，市場で使い走り，ポン引き，売春となっている。最初の4つの仕事で8割を占めている。こそ泥，スリ，ポン引き，買売春[6]という非合法的な仕事にも従事しているが，全体の7％を占めている。しかし，このとおりなのかどうかが問題である。いつでも非合法な仕事に従事しうる可能性を持っているからである。物売りをしていて，途中でスリをしたりということはありうるからである。それ以外の仕事は都市での雑業であり，インフォーマル・セクターに従事していることになる。正式に労働契約を締結して働くことは全然ないことを意味している。

　収入であるが，1日の稼ぎ1万ドンから2万ドンがもっとも多く，49.3％を占めている。2万1000ドンから3万ドンが28.8％である。これからいくと，1日2万ドン前後稼いでいることが分かる。その額がいつも稼げるかどうかは分からない。非合法な仕事の場合は収入が多いようである。警察に捕まったり，町の暴力団に目をつけられたりと危険性もそれだけ大きい。

　1日2万ドンとすると，1か月で60万ドンになる。円にすれば4200円ぐらいであるが，まだ物価が安いので，1人が3食たべるだけのお金にはなる。稼いだお金を全額または一部を両親に渡している割合が高く，8割ぐらいである。自分ひとりだけで収入を使ってしまっている者は少ない。

---

(6) ベトナムの児童買売春の問題については，Le Bach Duong, *Vietnanm - Children in Prostitution in Hanoi, Hai Phong, Ho Chi Minh and Can Tho*: A Rapid Assessment, ILO Mekong Sub-Regional Project to Combat Trafficking in Children and Women, 2002

(7) ストリート・チルドレンの健康

病気を経験したストリート・チルドレン294人のうち，8割弱が風や高熱の病気を経験している。路上で寝泊りしている場合には，十分な睡眠が取れなかったり，夜更かししがちなこと，食事も十分取れない場合もあって，抵抗力が弱くなっている。半分ぐらいのストリート・チルドレンは，友達からお金を借りて，医者にかかるか，薬を買っている。伝統的な医療を受ける者が2割いる。2割弱は仕事を休んで寝ている。あとの1割弱は何もしない。家族といっしょに暮らしている者は家族の手当を受けることができるが，家族がいない場合，友人などの頼る者がいないと，困ることになる。重大な病気，たとえばエイズを発症している者がいるが，たれにも見取られずに，路上で死亡する事例がある。

(8) ストリート・チルドレンの持つその他の問題点

日常の生活でいやなことはなにか。一番多いのは，他の子供からいじわるをされることである。同じ仲間の子供はお互いで生活を支えあっているが，そうでない場合，仕事上の競争相手となるので，弱い者がいじめられることになる。またストリート・チルドレンでない子がいじわるをする場合もある。ついで公安に捕まること，空腹であること，毎日の生活に疲れ，将来の希望がないことがあげられている。後者の3つからは，将来どうなるか希望も持てなく，無力感から不安に募られていることが分かる。

本稿の最初で述べたように，ストリート・チルドレンは公安につかまることを大変恐れている。ベトナムでは路上生活や物乞いを法律で禁止している。たとえば1999年の刑法203条では，路上の占拠によって交通を妨害した者には500万ドンから300万ドンの罰金，または3か月から3年の懲役に処すことができる。これを使って処罰を脅される。法律に違反する行為をしていれば，公安を恐れるのは当然であろう。そうでなくても，公安から目をつけられることを嫌っている。特に路上で寝泊りしているストリート・チルドレンにとって，公安はストリート・チルドレンを取り締まりの対象としてみているので，怖いのである。路上での物売りをしていれば，商品を没収され，

それを取り返すのに金が必要になる。場合によっては，収容施設に入れられる場合もある。聞き取り調査対象の3割のストリート・チルドレンが公安に逮捕された経験を持っていた。そのうち，路上で寝ているところを逮捕されているのが75％も占めている。スリや盗みで逮捕されるより，寝ているときに逮捕されているのが断然多い。

　公安が腐敗をしていて，ストリート・チルドレンを取り締まっては，その者から金をせびるのはよくある話である。生活するのにやっとの稼ぎしかないのに，釈放されるためには，多額のお金が必要な場合があり，ストリート・チルドレンとしては，それを避けたいのは当然であろう。一番弱いストリート・チルドレンから，公安が小遣い稼ぎのために，金をせびるなんて，許しがたい行為であるが，そのような事例は枚挙にいとまがない。

　一番危険だと思うことはなにかという回答を見てみよう。麻薬におぼれることが50％で，もっとも多い。続いて事故，他の友達からのいじめ，公安や行政機関からの巡回や罰則を受けること，盗まれること，刑務所に入れられること，HIVやエイズのおそれがあることという順番になっている。

　特にヘロインが広がっていて，ストリート・チルドレンがその被害を受けやすいことが指摘できる。聞きとり調査をしたストリート・チルドレンの約1割が麻薬を使用している。特にチョロンという中国人が多く住む地区では2割ぐらいのストリート・チルドレンが麻薬に汚染されている。中国人に麻薬を売買する者が多く，また麻薬を使う者も多いためであろうとされている。

　ベトナムへは陸路でヘロインが入ってきている。黄金の三角地帯で作られたヘロインが陸路で，タイ，ラオスを通ってベトナムに入ってきている。それには国境警備隊や税関の腐敗があって，ヘロインをベトナムに運び入れることを黙認して，その見返りに高額の謝礼を受けていることが報告さてれているし，現にそれが発覚して死刑判決を受けた事例がある[7]。

---

(7) 1996年夏，ラオスとの国境にあるライチャウで1人のラオス人が麻薬の密輸で現行犯逮捕された。彼は大物が背景におり，助けてくれると思って黙秘していたが，死刑判決を受けた。死刑判決の執行が近づき，それまでの態度を変えて，供述した。その結果，ライチャウ国境検問所の公安や税関職員，麻薬取締官が逮捕され，さらに内務省刑事警察局の幹部であるヴー・スアン・チュオン大尉が首謀者として逮捕され，

第3部　友愛編

　なぜストリート・チルドレンが犠牲になるのか。聞き取り調査では，ストリート・チルドレンのほとんどが，ヘロインの危険性について認識しているにもかかわらず，麻薬に手をだしている。市場で使い走りの仕事をしているうちに，ヘロインの運び屋にさせられるというケースが多い。運び賃が高いので，喜んで引き受けたであろう。しかし，気がついた時には，そこから逃れられない。運び屋であったことを公安に通報されれば，厳罰を受けるとおどされて，ずるずると運び屋を続ける。そのうち，自分もヘロインを打ちはじめて，中毒患者になってしまう。最後は廃人になってしまい，死亡する場合もある。ベトナムにもHIVが蔓延しはじめており，ヘロインを注射でまわし打ちをしているうちに，HIVに感染する場合もでてくる[8]。

　2000年の調査では出てきていないが，ストリート・チルドレンが人身売買の犠牲になる場合がある。女の子だけでなく，男の子も対象になっている。ホーチミン市の場合には，売春を目的としてカンボジアに売られることが報告されている。ホーチミン市女性同盟の調査によれば，カンボジアの約3万人の売春婦のうち，約7000人がベトナム女性であるとされている。その中に，18歳未満の子が含まれている。小さいほど，HIVに感染していないとして，人気があるという。そこで10歳前後の女の子が人身売買の対象とされている。その中にストリート・チルドレンであった子が含まれている。人身売買の斡旋をおこなう者から言葉巧みに誘われて，売られるケースが報告されている[9]。男の子は児童性愛者に売られている。

1997年に死刑判決を受けた。

(8) ベトナムではHIVの感染は1990年にはじめてホーチミンで確認され，それ以来増加し，2003年末の段階で7万6180人になっている。うち1万1659人がエイズを発症し，6550人が死亡している。この数字はひかえめであり，20万人は超えていると推定されている。千葉文人著『リアル・ベトナム―改革・開放の新世紀』明石書店，2004年6月，188頁。2006年の国会においてHIVおよびエイズ防止法を成立させて，HIVやエイズに感染していることを理由とする差別禁止，感染者の保護を目指している。これは国会常務委員会で制定される法令としてさだめられていた1995年のHIVおよびエイズ防止法令を格上げして法律とするものである。

(9) 拙著『ベトナムの労働・法と文化』信山社，2006年2月，25―29頁。

(9) ストリート・チルドレンの救済

　救済措置を受けたことのあるのは，わずかに2割である。両親から離れている者の方が，両親といる者より救済措置を必要としているにもかかわらず，受ける割合が低く，12.3％しか保護を受けていない。その原因は，保護を受けられることについての情報がいきわたっていないことである。どのようにすれば保護を受けられるのか知らない。海外NGOの1つであるTerre des hommes（スイスのローザンヌに本部）がホーチミン市の児童保護委員会の協力で作成した，保護をうけられることを知らせる手引きを8割のストリート・チルドレンが読んでいない。情報を知ったストリート・チルドレンは，なんらかの保護を受ける機会を得ており，情報を広げていくことで，救済保護を受ける機会を増やしていくことができることが明らかになっている。

　救済を受ける場合，その内容であるが，レクレーション（38人），教育支援（31人），医療支援（24人），食料支援（23人），施設での保護（11人），金銭の支援（11人），職業訓練（8人）となっている。

4　ストリート・チルドレンの救済対策

　ストリート・チルドレンの救済をおこなっているのは，労働・傷病兵・社会問題省とその地方の出先機関，海外NGOや国内のNGOである。それらの活動の一端を見てみよう。

(1) 労働・傷病兵・社会問題省とその地方の出先機関

　政府は1998年，1999年にストリート・チルドレンをあらたに生み出さないための予防策を中心とした対策強化を指示した。2,000年には対策会議を開催した。そこで，ストリート・チルドレンが発生する原因が貧困にあることから，貧困を撲滅するための政策に力を入れていれること，特に地方の貧困家庭の支援に力を入れることが決められた。

　なぜ2000年に以上の方針を決めたかというと，世界銀行が1999年に「包括的開発枠組」を作成して貧困削減戦略を立てることを最貧国に求めていたこと，さらに国連でも2000年9月の総会で，「国連ミレニアム宣言」を採択

した。この中で貧困削減が取り上げられていた。そのための到達目標を作成することが求められていた。このような世界的な動きを受けて，ベトナムでも貧困撲滅のための政策を立てる必要に迫られていた。そこで，2002年に包括貧困削減成長戦略（Comprehensive Poverty Reduction and Growth Strategy）を作成したが，その中でストリート・チルドレンが取り上げられ，貧困削減のために社会的保護を与える政策対象とされたのである。

現実にいるストリート・チルドレンを救済するために，寄宿舎・教育施設の運営，食事の無料支給がおこなわれているが，それがあるために，かえってストリート・チルドレンを新たに生み出しているとして，都市部での施設の建設を中止して，地方に建設することを2000年に決定した。1995年にはホーチミン市に19の施設があったが，1997年には38施設に増えていた。しかし，その後，政府の方針で増加していない。したがって，ストリート・チルドレンを施設に入れる数に限界がある。

その施設の運営に問題があることが指摘されている[10]。それは教育や職業訓練の機会を与えて，社会復帰することを目指しているが，それが十分な役割を果たしていない。大勢の子供が狭い部屋に押し込められていて，衛生状態が悪く，盗み，暴行，逃亡がいつも起こっている。そのために鍵と厳しい規律によって監視される生活を送っている。単純な組み立て作業を職業訓練としておこなっているが，訓練というより低賃金労働として働かされている。外部の団体から支援があっても，安月給の職員の給与に使われ，子供のための食料や日用品のために使われることが少ない。確かに雨露はしのげても，将来の社会復帰への展望は望めない状況にある。それも18歳までであり，18歳を超えると自活しなければならない。ベトナムは社会主義国なのに，福祉政策がきわめて貧弱である。

生活困窮者に対する救済の中で，孤児，高齢者，重度障害者に対して，最低限月1人あたり，4万5000ドンを支給する制度がある。社会施設に対して，最低月1人あたり10万ドン，乳児の場合は月1人あたり15万ドンを援

---

[10] 船坂葉子・高橋佳代子「南部の貧困層と国際NGO活動に見る戦争の影響」中野亜里編『ベトナム戦争の「戦後」』めこん，2005年9月，西郷泰之「ベトナムのストリートチルドレン施設の活動と実態」社会福祉研究73号，1998年10月。

助する制度はある。災害や不慮の事故で突然に生活困窮者となった場合，緊急社会救済の制度もある(11)。これらの制度は財政状況が悪いために，きちんと実施されていない。

　都市部への人口流入を抑えることも，ストリート・チルドレンを減少させる手段とされており，そのために戸籍や住民登録の移動を難しくしている。しかし，生きるために，都市に出てくる者は戸籍や住民登録とは関係なく，都市にやってきて，不法滞在している。その結果，生活保護や正式の教育という公共サービスを受けるために必要な手続ができない。家族で都市に移ってきても，義務教育期間中の子供を転校させることができないという事態を生んでいる。戸籍や住民登録を移動しようと思えば，厄介な手続が必要であるし，それさえも多額のお金を積まなければ，役所が動いてくれない。金のない者はあきらめざるをえない(12)。

　1994年制定の労働法典11章では，18歳未満の未成年者の労働についての規定を定めている。原則として満15歳未満の未成年者の雇用を禁じている。しかし，労働・業務習得，徒弟訓練のために，一定の限定された職業だけについて12歳以上の児童を働かすことを認めている。その者の労働時間は1日4時間，週24時間を限度とする。18歳から15歳までの未成年の労働時間は1日7時間，週42時間に限定している。未成年者の健康，精神，肉体的な発達を妨げる労働は禁止されている。たとえば，ホテルやアパートでの警備員，バー，カラオケバー，ディスコ，マッサージ，サウナ等での性風俗にかかわる仕事が禁止されている。1995年1月から施行している労働法典はILOの支援を受けて制定されたので，国際労働基準に合った内容をもっている。しかし，インフォーマル・セクターに従事する場合はそもそも労働法典が適用にならないし，物売りのように自営業の形での仕事にも労働法典の適用がない。企業に雇用される場合に労働法典の適用があるが，そもそも，

---

(11) 黒田学・向井啓二・津止正敏・藤本文朗著『胎動するベトナムの教育と福祉』文理閣，2003年6月，263―272頁
(12) 竹内郁男「ドイモイ下のベトナムにおける農村から都市への人口移動と「共同体」の役割試論」寺本実編『ドイモイ下ベトナムの「国家と社会」をめぐって』アジア経済研究所，2006年3月。

その機会があまりないし,運良く雇用されても,労働法典が遵守されないという問題がある。未成年者自体も多くの賃金を得たいために,労働時間の規制枠を超えて労働をしたいと思っているし,企業側はそれを利用しようとしている。したがって,労働法典によってストリート・チルドレンを保護することには限界がある[13]。

ベトナムは1900年にアジアで2番目に国連の子供の権利条約に調印した。それを受けて,1991年に児童保護・教育法を制定した。2004年にはそれを全面的に改正して児童保護・養育・教育法が制定され,2005年1月1日から施行されている。この法律では16歳未満の児童を対象としているが,これが児童を保護するための基本法となっている。しかし,その政策が機能しないのは,政府側の財政の貧しさや担当する係官の腐敗が重要な原因であるが,ストリート・チルドレンをBui Doiと蔑視する見方が政府の熱心さに欠ける結果になっていると思われる。

(2) NGOの活動事例

政府やその地方出先機関による救済が機能していないために,その穴を埋める役割を果たそうとしているのが,海外NGOである。ベトナムでは海外からのNGOの活動を許可制のもとで,認めている。その中でストリート・チルドレンの保護を目的とする海外NGOが存在する。その海外NGOはプロジェクトを実施するために,中央政府や地方の出先機関,地方の人民委員会,祖国戦線に所属する大衆団体とパートナーを組むことを求められている。これをベトナム政府が海外NGOの活動を認めるための条件としている。なぜならば,これらの機関とパートナーを組むと,上意下達によって援助の実施がスムーズに進むからである。したがって,海外NGOはベトナムで自由にパートナーを決めて活動できる建前にはなっていない。貧しい農村や少数民族の社会開発のために,海外NGOを政府の監視のもとで,その活動を認めるという考えが,政府によって採用されている。

---

[13] Eric Edmonds and Carrie Turk, "Child Labour in Transition in Vietnam", Paul Glewwe, Nisha Agrawal and David Dollar ed., *Economic Growth, Poverty, and Household Welfare in Vietnam,* The World Bank 2004

本稿では，筆者が2005年9月22日に見学させてもらったホーチミン市ストリート・チルドレン友の会（FFSC）を紹介しよう[14]。1984年日本人の女性がベトナム人の夫とともに，恵まれない子供の生活改善のために，無料でこの施設を設けたことから，スタートした。1994年にはマザー・テレサがここを訪問していた。事務所にはそのときの写真がかかげてあった。1997年には，ホーチミン市カトリック団結委員会の傘下に入ることによって，公認の団体となった。それまでは任意の団体として活動していたために，公安に嫌がらせを受けていたという。認可を受けていないために，いつでも解散させるぞというおどしがあり，それを避けたければ金をよこせといういやがらせである。そこですでに認可を受けていたホーチミン市カトリック団結委員会の傘下に入ることによって，いやがらせから逃れることができた。

　訪問した時には，7つの施設を持って，約1650名の子供の世話をしていた。規模としてはホーチミンではもっとも大きい。活動内容は，ストリート・チルドレンのように家を持たない子供に24時間ケアの住居と教育を提供すること，住居はあるが親が子供の世話をできない場合に，子供の世話を朝から夜まで食事つきのケアをおこなうこと，公立の学校に通うことができない5歳から16歳までの子供に教育を無料でほどこすこと，子供の適性に合わせて縫製，刺繍，パソコン，英語などの職業訓練をおこなうこと，公立の学校に編入できるよう支援すること，里親制度で子供に学資を援助すること，子供やその家族の健康管理や社会心理面でのケアをおこなうこと，の7つである。

　ソーシャル・ワーカーがストリート・チルドレンの集まる場所に行って，ストリート・チルドレンに声をかけ，ストリート・チルドレンになった理由を聞きだし，徐々に信頼関係を深めてから，施設に来ることを勧める。親がいる場合には，子供の教育の必要性を親に理解してもらう。

---

[14] アジアボランティアセンター編『ベトナム・スタディーツアー—2005年夏報告書—経済・社会発展の現状を学ぶ旅』アジアボランティアセンター，2006年1月。吉井美知子「ベトナム・ローカルNGOの現状と課題—ＯＤＡとの協力案件を事例として」第15回国際開発学会全国大会報告論文集，2004年。
http://www2m.biglobe.ne.jp/~saigon/ffscnews.htm

第3部　友愛編

　7つある施設のうちで，ビンチュウ能力開発センターを訪問した。施設ではまず教育を受ける。この教育は非公式な教育である。狭い部屋に15—20人ぐらいの子供達が勉強していた。算数と国語に力を入れていた。ここでは公立学校の先生が教えにきていた。公立学校はほとんどが2部授業であり，午前と午後の部で先生も入れ替わるので，半日は時間があく。そこで公立の先生が何人かアルバイトとして教えにきていた。子供の学力に合わせてクラスわけをし，一定の学力がつけば，公立の学校に編入させている。そのとき，公立学校の先生がいるのは強い味方である。公立学校に入れるのは，ベトナムの学歴主義を考慮した結果である。いくら非公式の教育を受けても，学歴として評価されないからである。その後の情報によると，この非公式の学校がビンチュウ夜間学校の援助を受けることになり，このセンターが公立学校の分校として正式に認められたという。子供たちはビンチュウ夜間学校と同様の試験を受け，成績表を受けることができるようになったという。大きな一歩を踏み出したことになる。

　公立学校に通うためには学費が必要になるが，そのために里親制度（月額3000円で里子1人分）があり，日本人が里親になって学費を支援している。訪問した時には，里親制度で学費援助を受けて高校に通っている子供が高校から帰ってきて，小さい子供達の面倒を見ている姿を目撃した。約300名ぐらいが里子になっていた。昼時になったので，子供たちが食べる昼食を見せていただいたが，カトリックのシスターでもある保母さんが作る昼食は栄養を考えた内容であった。昼食が終わると，子供たちは昼寝の時間であり，規則正しい生活習慣を身に着けるよう配慮していた。施設を出ても自活して生活できる力を身に付けることを目指していた。戸籍，住民登録や出生登録の証明書をなくすと，再度それを取得するのが難しいが，その証明書を取得できるよう配慮し，就職しやすい条件を整えていた。

　子供たちの明るい笑顔を見ていると，ストリート・チルドレンであったとは思えないほど，心の安定を得ているように思われた。着ている服は新しくはないが，きちんと洗ってあり，さっぱりしている。公立の施設と比べると，家族的雰囲気があって，きめこまかなケアをおこなっている点に特徴がある。さらに施設のある地域社会とのつながりも重視していた。このような施設が

できることを嫌がる者もおり，地域社会に受け入れられることが必要である。地域の子供たちをも受け入れているのはそのためであった。地元のイベントにも積極的に参加して，子供たちが積極性を身につけてきていた。

ここには親や保護者を組織する互助会が設けられていて，子供たちの家庭での生活の改善につながる活動も実施していた。ストリート・チルドレンの中には親や保護者と同居している者もいるからである。健康，栄養に関する知識を提供したり，保護者に職業訓練を受ける機会を提供していた。

このFFSCの財政であるが，各国の団体や個人の寄付で運営されていた。創設者の1人が日本人であるので，日本からの支援がもっとも多い。日本のNGOや民間企業，個人が寄付を提供している。ホーチミンにまで出向いて子供と交流したり，学用品，古着や機械，家電，家具の提供もおこなっていた。この段階にいたるまでの創設者の苦労がしのばれる。今後資金調達のネットワークが拡大することを期待したい[15]。

---

[15] フエのストリート・チルドレンの自立支援活動をおこなっている「ハイ・バー・チュン子供の家」が有名である。ハイ・バー・チュンとはベトナムに侵略した中国に対して，紀元後40年に抵抗した徴姉妹のことである。ベトナムでは英雄視されている女性である。小山道夫氏がストリート・チルドレンを個人的に世話していたが，ベトナム人民委員会の許可を得て，子供の家を設立した。1995年3月に子供の家の落成式がむかえた。日本側では「ベトナムの子供の家を支える会」が設立されて，子供の家を支援している。この子供の家については，岡本文良著『ベトナムの「子供の家」―ストリート・チルドレンと生きる日本人』金の星社，1998年12月，および小山道夫・前掲書に述べられている。この子供の家に，草の根無償援助協力によって，職業訓練センターのための支援がなされた。ミシン，コンピュータ研修用機材等が提供されている。その後，この子供の家の運営はフエ市に移管され，日本側のNGOはそれを支援する形になっている。18歳になると「子供の家」をでなければならないので，その子供たちの自立を助けるための事業も展開しており，2006年5月から「家庭料理・子供の家」という日本料理のレストランをフエで開店している。この「子供の家」を2007年8月末大阪女学院大学の学生らとともにはじめて訪問した。

さらに，日本がかかわっている事例として，自治労が日本国際ボランティアセンターの協力を得て立ち上げた「アジア子供の家」がある。1995年8月ハイフォンで開所し，孤児やストリート・チルドレンが生活したり，家から通ってきて，識字教育，補習授業，職業訓練を受けることができる。2000年4月からは，日本国際ボランテ

第3部　友愛編

5　まとめ

ベトナムでは計画経済時代には，皆貧しく，その貧しさを分かち合う社会であった。しかし，1987年社会主義市場経済化を採用して以来，貧富の格差が大きくなると同時に，ベトナム戦争の負の遺産から，ストリート・チルドレンが生み出されてきた。市場経済化によって年7％前後の経済成長を達成して，貧困率が少しずつ下がってきたことから，1997年には，5万人を超えていたストリート・チルドレンが，2万人ぐらいにまで減少しているが，なくなってはいない。政府の包括貧困削減成長戦略にもかかわらず，その福祉政策が貧弱であり，ストリート・チルドレンへの救済が不十分である。その不十分な点を補うために，海外および国内のNGOが活動を続け，ストリート・チルドレンが自活能力を身に着ける努力を継続している。日本もそのための活動の一翼を担っている。

　　ィアセンターは撤退し，自治労とハイフォン市児童保護委員会が活動を担っている。これについて当時の自治労国際局長であった中嶋滋氏にインタビューした記録として拙稿「日本の労働組合とアジア（12）」国際産研14号，1997年。
　　ベトナム人だけでストリート・チルドレンを保護している事例もある。ハノイで個人がボランティアで「サー・メ」という組織を作って，子供たちに宿泊所を提供し，職業訓練の機会を与える活動を実践している人がいる。これは読売新聞2001年7月15日朝刊で紹介された。職業訓練の場としてレストランを経営して，そこでコック，ウエイターとしての訓練を受けている事例としてホア・スアという会社の事例もある。千葉文人著・前掲書，162—169頁。

差別の法的構造

小西國友

1 はじめに

(1) 差別に関する法を広く差別法と呼ぶ場合に，差別法は差別を禁止することを定める差別禁止法と，禁止に違反して差別がなされた場合の救済について定める差別救済法とから成り立っている。差別は多く場合に一定の具体性のある差別事由（たとえば，性別など）に基づいて行われるが，必ずしも明確な客観的事由によるのではなく主観的な感情的理由（たとえば，何となく気に入らないなど）に基づいて行われることもある。しかし，一般的には，差別は一定の具体性のある差別事由を前提にしそれに基づいて行われることが多い。

(2) 差別事由は違法な差別事由と適法な差別事由に大別することができる。違法な差別事由は法律の規定により禁止の対象にされることによって違法な差別事由とされることが多いが，憲法の規定により違法な差別事由とされることもある。たとえば，憲法14条により禁止の対象にされている「人種，信条，性別，社会的身分」や「門地」である。ここでは，「人種」は違法な差別事由とされているが，「国籍」は必ずしも違法な差別事由とはされていない。ここにいう「社会的身分」は「社会的地位」とほとんど同意義の概念である。

これに対して，法律の一種である労基法3条は「国籍」を違法な差別事由とするとともに「信条」と「社会的身分」をも違法な差別事由としているが，「人種」と「性別」とは違法な差別事由とはされていない。しかし，おそらく労基法はこの二つを「社会的身分」に含ましめることによって，使用者は

労働者の「人種」や「性別」を理由としても労働条件一般について差別してはならないとする趣旨であると考えられる。その上で，重要性に鑑みて，労基法は「性別」が「賃金」との関係で違法な差別事由であることを 4 条において再度規定したものと理解することができる。

(3) 差別事由のうちの適法な差別事由に関してはいくぶん事情が相違し，憲法がある差別事由を適法な差別事由と規定することはほとんどなく（皇位の継承についても法律である皇室典範が規定している），法律の規定がいくつかの差別事由を適法な差別事由であるとしているにとどまる。たとえば，相続にあたり相続分の算定に関して問題になる非嫡出子であるという差別事由については，民法 900 条 4 号がこれを適法な差別事由であると定めている。また，国家公務員の退職に関して問題になる 60 歳に達したことという差別事由については，国家公務員法 81 条の 2 が適法な差別事由であるとしている。

本稿においては，差別に関する重要な五つのファクターの全体を差別の基本的な法的構造と理解し，その一つである差別事由についてはこのように適法な差別事由と違法な差別事由とを区別しやや詳細に検討することにする。そして，その前後において差別者と被差別者と差別的行為と違法性阻却事由という四つのファクターに関して考察することにする。差別者と被差別者は差別の双方の主体であり，差別的行為は能動的主体である差別者が受動的主体である被差別者に差別事由に基づいて行う行為であり，違法性阻却事由は差別事由が違法であることにより違法性を帯びるに至った差別的行為の違法性を消滅させる事由である。

2 差別者と被差別者

(1) (イ) 構造という概念は多義的であり，それは「仕組み」すなわち或ることに関する重要な事柄の全体という意味で用いられることがある。たとえば，国家組織にかかる重要な事柄である立法・司法・行政の機関とそれに関する取り極めの全体は「国家構造法」すなわち「憲法」と呼ばれることがある。たとえば，イギリスやアメリカにおける constitution であり，或いは，ドイツにおける Verfassung である[1]。

また，民間企業などの事業所（Betrieb）における労働条件決定機関などの重要な機関の全体は事業所構造（Betriebsverfassung）と呼ばれ，それについての取り極めの全体は事業所構造法，すなわち事業所組織法（Betriebsverfassungsrecht）と呼ばれる。そして，このような重要機関の一つに事業所委員会（Betriebsrat）があり，これに関する法律として1900年に制定された事業所委員会法（Betriebsrätegesetz）がある。この法律は一般的には経営協議会法と訳されているものである。

　(ロ)　差別とは差をつけて別け隔てること，すなわち，平等に取り扱うことをしないことである。イギリスやアメリカでは discrimination といわれ，ドイツでは Discriminierung といわれる[2]。そして，年齢差別はアメリカでは age discrimination といわれ[3]，差別禁止はドイツでは Discriminationsverbot といわれる。このように，差別とは平等に取り扱うことをしないことであるから，差別とは端的にいえば不平等取扱のことになり，差別禁止とは不平等取扱禁止のことになる[4]。

---

(1)　1789年3月4日に効力の発生したアメリカ合衆国の憲法は合衆国憲法（Constitution of the United States）と呼ばれ，1919年8月11日に制定されたドイツ帝国の憲法はワイマール憲法（Weimarer Verfassung）と呼ばれる。
　　このドイツ帝国の憲法は，ワイマールにおける国民会議で制定されたところからワイマール憲法と呼ばれるが，正式な名称はドイツ帝国憲法（Die Verfassung des Deutschen Reichs）であり，これに基づいてワイマール共和制が構築されたのである。
　　そして，第二次大戦後の西ドイツにおける根本規範（最高法規）は基本法（Grundgesetz　ＧＧと略称する）であり，ボンで制定されたところからボン基本法と呼ばれるが基本的な法律であって憲法ではない。しかし，東西ドイツの統一された後において，基本法はドイツ憲法と呼ばれることもある。

(2)　フランスでも，差別は discrimination といわれるが，discrimination には判別という意味もあり，discriminant といえば数学における判別式の意味になる。

(3)　アメリカでは，1967年に，雇用における年齢差別法（Age Discrimination in Employment Act）が制定されている。

(4)　平等という言葉は古くから用いられた正式な漢語であり，すでに「五燈曾元」の中において，「天平等，故常覆，地平等，故常載」すなわち「天は平等にして，故に常に覆い，地は平等にして，故に常に載（うけ）る」と表現されていた。服部宇之吉＝小柳司気太・改訂増補詳解漢和大字典（昭和6年）583頁参照。

(ハ)　差別を不平等取扱という意味に理解し，法的構造を或ることに関する法的に重要な事柄（法的に重要なファクター）の全体と理解すると，差別の法的構造は不平等取扱に関する法的に重要なファクターの全体のことになる。そして，差別すなわち不平等取扱は或る者が他の者に対して行う複数当事者間の行為であるから，必然的に，差別に関する法的構造としては，差別する者（差別者）と差別される者（被差別者）とが問題になる。前者は差別の能動的主体であり，後者は差別の受動的主体である。

　また，不平等取扱である差別は，主観的な感情的理由に基づいて行われる場合（たとえば，教師の生徒に対する「えこひいき」など）もあるが，一般的には人種や信条や社会的身分などの一定の具体性のある客観的事由に基づいて行われることが多い。したがって，差別に関する法的構造としては，人種・信条・社会的身分などの差別者が被差別者に対して不平等取扱を行う原因たる事由（差別事由）が問題になる。これらの差別事由は多くが憲法や法律により禁止され違法な差別事由とされるが，最高裁判所等の判例法により違法とされるものもある。

　さらに，差別の法的構造としては，差別者が被差別者に対し違法な差別事由に基づいて不平等取扱を行う場合に，その不平等取扱（差別的行為）は原因である違法な差別事由と不可分一体をなすものとしてそれ自体も違法な不平等取扱すなわち違法な差別的行為になる[5]。しかし，一般的に，行為がその原因の違法のゆえに違法性を帯びるにせよ，その内容（目的）の違法のゆえに違法性を帯びるにせよ，違法性が阻却されれば適法な行為（正当な行為）になる。このことは違法な差別的行為に関しても同様であり，ここに差別の法的構造として違法性阻却事由も問題になる。

　(2)　(イ)　差別の能動的主体である差別者は「人」である。そして，人には

---

[5]　ある行為の原因（causa）が違法である場合に，その結果としての行為（actio）も違法になることは広く認められることである。それは，原因と結果は一般的に不可分一体の関係にあるからである。
　　しかし，ある行為の原因が複数存在する場合（原因の競合，共働原因ともいう）には事情が相違し，共働原因のうちの主たる原因（決定的原因）が違法である場合に結果としての行為も違法とされることが多い。

自然人と法人が存在するところから，差別者にも自然人と法人があることになる。また，厳密には「人」ではないが権利能力を有しない社団や財団も人に類似する者として差別者になることがある。しかし，権利能力なき社団である使用者団体や労働者団体（主として労働組合）が差別者になることはあるが，権利能力なき財団（たとえば，法人登記をしていない宗教団体など）が差別者になることはあまりない。このような場合には，自然人である宗教団体のメンバーや代表者自身が差別者と把握されることが多い(6)。

　近代の明治時代から現代の平成時代に至るまでの150年間において様々な多数の差別者が存在したが，明治時代から昭和時代の前半までにおいては，差別者は権利能力なき宗教団体のメンバーをも含め多くが自然人であったといって大過ない。ところが，平成の現代に至るに及んで差別者は圧倒的に法人であることが多くなったのである。これは現代が法人に代表される社会（法人社会）になったからである。たとえば，国であり，地方分権により権限を強化された地方公共団体であり，巨大な財力を保有するに至った株式会社などの大企業である。

　(ロ)　国が差別者になる典型的な場合は，国の最高機関である国会において差別的な法律を制定する場合である。国がすでに制定した差別的立法を不作為により改正ないし廃止しない場合も同様である。たとえば，前者の一例として，平成の現代において制定された法律ではないが，国が昭和28年に「らい予防法」を制定した例がある。この法律は「らい予防法」という名称からも明らかなように「らい患者」（ハンセン病患者）を差別的に施設（国立療養所）に入所させ隔離することを定めた法律である(7)。

　また，後者の一例として，同じく「らい予防法」に関して，国が昭和28年に「らい予防法」を制定しその違法な差別性が指摘され続けたにもかかわらず，永らくこれを放置して「らい予防法」を廃止することなく，国が不作

---

(6)　破産財団も財団の一種であるが，法人格（権利能力）なき財団であると考えられる。そして，破産財団に関連して差別的行為（たとえば，差別的な配当など）がなされる場合には，破産財団が差別者とされるのではなく，自然人である代表者の破産管財人が差別者とされることになる。もっとも，破産財団は法人であり破産管財人はその代表者であるとする見解もある。

為者としての差別者（不作為的差別者）になった例がある。同様のことは刑法200条に定める尊属殺人罪の規定についても問題になり，最高裁は昭和48年に尊属殺人罪の刑が普通殺人罪の刑に比較して著しく重く法の下の平等を定める憲法14条1項に違反して無効であるとしたが[8]，この規定が削除されたのは平成7年のことだったのである[9]。

「らい予防法」が制定されたのは昭和28年のことであるが，これを廃止する「らい予防法廃止法」が制定されたのは平成8年のことである。この「らい予防法の廃止に関する法律」（平成8年法律28号）は，1条において「らい予防法」（昭和28年法律第214号）は，廃止する」と規定し，2条において「国は，国立ハンセン病療養所（前条の規定による廃止前のらい予防法……により国が設置したらい療養所をいう……）において，この法律の施行の際現に国立ハンセン病療養所に入所している者であって，引き続き入所するもの……に対して，必要な療養を行う」と規定した後に，さらに3条1項において次のように規定したのである。

「国立ハンセン病療養所の長は……この法律の施行前に国立ハンセン病療養所に入所していた者であってこの法律の施行の際現に国立ハンセン病療養所に入所していないものが，必要な療養を受けるため，国立ハンセン病療養所への入所を希望したときは，入所させないことについて正当な理由がある

---

(7) 入所の手続は，都道府県知事が「らいを伝染させるおそれがある患者」本人または「その保護者」に対して国立療養所に入所することを勧奨し（旧らい予防法6条1項），勧奨に応じないときは都道府県知事は入所を命ずることができるものとされていた（同条2項）。

なお，旧らい予防法の16条は「秩序の維持」という見出しの元にその2項において次のように規定していた。「所長は，入所患者が紀律〔紀律服従義務のこと〕に違反した場合において，所内の秩序を維持するために必要があると認めるときは，当該患者に対して，左の各号に掲げる処分〔戒告処分または謹慎処分のこと〕を行うことができる」と。

(8) 最大判昭和48・4・4刑集27巻3号265頁。
(9) 平成7年法律91号による。

なお，刑法205条2項の尊属傷害致死罪は，最一小判昭和49・9・26刑集28巻6号329頁により憲法14条に違反しないものとされたが，これも平成7年法律91号により削除された。

場を除き，国立ハンセン病療養所へ入所させるものとする」と。これは，国立らい療養所への再入所に関して，なお違法な差別性の問題の余地があるところから，再入所の要件として患者本人が「国立ハンセン病療養所への入所を希望した〔こと〕」を必要とするとしたものと理解することができる。

(ハ) 地方公共団体が差別者になる典型的な場合は，地方公共団体の議会において差別的な条例を制定し違法な不均一課税などを行う場合であるが，同様に，地方公共団体が職員の採用人事や昇格人事にあたり違法な差別的人事を行い違法な差別者になる場合がある。地方公共団体には各種のものがあり市町村が差別者になることもあるが，都道府県が採用人事に関して差別者の地位に立つこともある。たとえば，東京都について，警察官（巡査）の採用にあたりいったん任用した後にその者がエイズ・ウイルス（HIV）に感染していることを理由に退職勧奨したとされる有名な東京都・自警会事件がある[10]。

この事件の事実関係は次のようなものであった。

Xは東京都の地方警察本部である警視庁の警察官採用試験に合格し，警視庁警察学校への入学手続を終了し巡査に任用されたが，警視庁の健康管理本部長が財団法人自警会の設置・運営する東京警察病院にエイズ・ウイルスの抗体検査の実施を依頼したところ陽性の結果が判明したので退職を勧奨し，Xは勧奨に応じて退職した。しかし，警察学校の入校案内には「呼吸器の疾患」等については「〔疾患〕があると入校延期・取消になることがあります」と記載されてはいたがエイズ・ウイルスの検査については記載されてなく，また，このエイズ・ウイルスの検査はXの同意なしに行われたものであった。

そして，Xが東京都（自警会も共同被告）に損害賠償請求等訴訟を提起したところ，東京地裁は次のように判断したのである。

「専門医の間では，HIV感染症は，現在では既に共存可能な慢性疾患ととらえられ，免疫が著しく低下しない限り，HIV陰性者と同様の活動をすることに何ら支障はないと考えられている。また，HIV感染症患者の中には，長期未発症者（治療に関係なく免疫低下をきたさない患者）〔も存在する〕」と。また，この判決は，この後の部分で「採用時におけるHIV抗体検査は……これを実施することに客観的かつ合理的な必要性が認められ……る場合

に限り……違法性が阻却される」とも述べたのである。

しかも，この判決はこのような「客観的かつ合理的な必要性」のほかに「検査を受ける者本人の承諾」を問題にしたのである[11]。これらの趣旨は，ＨＩＶ抗体検査の正当性はそれについての「客観的かつ合理的な必要性」のみならず「本人の承諾」も必要であり，そのいずれか一方を欠く抗体検査は違法である，とするものである。そして，この事件においてはいずれの事実も認められないので抗体検査は違法であって，判決は，かかる違法な検査結果を理由に退職勧奨することは陽性者と陰性者を差別するものであり，東京都は退職勧奨にあたり違法な差別者の地位に立つ，とするものといえる。

㈡　株式会社などの法人が差別者になる場合は実に各種の態様のものがあるが，その一つに会社が女性労働者に対し男性労働者に比して低額の賃金を支払うことによって差別者の地位に立つことがある。このような事例としても多数のものがあるが，平成の現代における事件であって人々の注目を集めたものに住友金属工業事件がある。これが注目されたのは，Ｙ会社が資本金2106億円で従業員数が21,097名の大企業であったことと，Ｘら4名が高校を卒業し昭和34年ごろにＹ会社に就職して以来数十年にわたって賃金差別されてきた，ということによるものと想像される。

そして，大阪地裁は，平成7年にＸらにより損害賠償等請求訴訟が提起されてから約10年を経過した平成17年に至り，次のように述べてＹ会社が差別者でありＸらに損害賠償を支払うべきことを命じたのである。

「事業主が，同じ事務職として採用した従業員について，性別のみを理由として，賃金や昇進・昇格等の労働条件に関し，差別的取扱いをすることは，原則として公序に反し，違法というべきであるから，同種の業務を担当している従業員間において性別のみにより賃金や昇進・昇格等の労働条件について差別的取扱いをすることが違法であることはもちろん，従業員の個々の能力や適性等の具体的な差異に基づかず，男性従業員一般を女性従業員一般に比べて重用し，担当させる業務内容や受けさせる教育・研修等につき差別的

---

(10)　東京都・自警会事件東京地判平成15・5・28 労働判例852号11頁。
(11)　被差別者の同意が違法な差別的行為の違法性阻却事由になりうることについては，小西・現代法の特殊問題39頁以下（第2版では41頁以下）を参照。

取扱いをした結果，賃金や昇進・昇格等の労働条件に差異が生じた場合も，配転や処遇に関する差別的取扱いが公序に反し，違法というべきである」[12]と。

ここにおいて，大阪地裁は「性別のみを理由として……差別的取扱いをすることは……公序に反し，違法というべきである」と述べ「公序」（公の秩序）とのみ表現し「公序良俗」という表現は用いていない。この判決は平成17年の大阪地裁第5民事部（労働集中部）の判決であるが，この判決の約40年前に，同じく住友グループの大企業である住友セメント株式会社の結婚退職事件において，東京地裁民事第11部（労働専門部）は次のように判決したのである。

「女子労働者のみにつき結婚を退職事由とすることは，性別を理由とする差別をなし，かつ，結婚の自由を制限するものであって，しかもその合理的根拠を見出し得ないから，労働協約，就業規則，労働契約中かかる部分は，公の秩序に違反しその効力を否定されるべきものといわなければならない」。そして，「Xに対する本件解雇の意思表示が結婚退職制を根拠とし，あるいはその実効をおさめるための措置であることはYの自認するところであるから，たとえ，それが就業規則にいう業務上の都合に該当するものであっても，右制度が公の秩序に反する以上，本件解雇の意思表示は無効といわなければならない」[13]と。

この事件において，東京地裁は「女子労働者のみにつき結婚を退職事由とすることは，性別を理由とする差別をなし，かつ，結婚の自由を制限するものであって……公の秩序に違反しその効力を否定されるべきもの」と表現し，右の事件の大阪地裁判決と同様に「公序良俗」という表現は用いていない。しかし，大阪地裁判決が「公序」に関連して「民法90条の公序に反し，違法というべきである」と述べているのに対して，東京地裁判決は民法90条を引用することなく単に「公の秩序に違反〔する〕」と述べている。いずれの論理構成によっても結論的には全く違いはないが，東京地裁判決は民法90条を離れても公序原則は存在しうる，という理論に立つものと理解する

---

[12] 住友金属工業事件大阪地判平成17・3・28労働判例898号40頁。
[13] 住友セメント事件東京地判昭和41・12・20労民集17巻6号1407頁。

ことができる⁽¹⁴⁾。

(3) (イ) 差別の受動的主体である被差別者も「人」である。そして，ここでも，人には自然人と法人があるところから，被差別者も自然人と法人があることになるが，被差別者は圧倒的に自然人のことが多い。しかも，同一の差別事由に基づいて一人の差別者により差別される被差別者数は徐々に多数化する傾向にあり，このような傾向は近代の昭和時代から現代の平成時代になるに及んで一層顕著になっているということができる。

しかし，かかる傾向の例外もある。

国は昭和28年に「らい予防法」を制定し，これに基づいてハンセン病に罹患していることを理由に多数のハンセン病患者を差別的に国立療養所に入所させた。そして，その後に，新薬が開発されたことも原因してハンセン病患者は減少するに至った。しかも，国は平成8年に「らい予防法の廃止に関する法律」を制定し，ハンセン病患者を国立ハンセン病療養所に強制入所させることを中止したので，前記の傾向と相違して，平成の現代における被差別者としてのハンセン病患者の員数は減少しているといってよい⁽¹⁵⁾。

(ロ) 山梨県の八ケ岳南麓は地下水の豊富なことで知られている。このような南麓の町の一つに高根町（旧高根町）があり，ここも地下水が豊富である。ところが，高根町は平成10年に条例である「高根町簡易水道事業給水条例」を改正して，住民基本台帳法により住民登録している者（本来の住民）と別

---

(14) 住友セメント株式会社において女子結婚退職制が存在したことは明らかであるが，住友電工株式会社においても昭和30年代に女子結婚退職制が存在したといわれている。

わが国において女子結婚退職制がいつごろから行われていたかは不明であるが「念書」を利用した女子結婚退職制は昭和33年か34年の頃から行われるようになったようであり，このことに日経連の法規部長が思い付き「個人的にいろいろな企業に教えてあげた〔もの〕」といわれている。籾井常喜「結婚停年制の法律問題」労働法学研究会報700号7頁参照。

一審判決の後，事件は東京高裁で和解により解決し，原告であった女性は「勤めをしばらく続けたあと2人目の子供ができた段階で同社をやめた」といわれている。他方で，「住友セメント磐城工場は58年に実質閉鎖。念書も廃止され，現在は『賃金，定年，資格，初任給など一切，格差はありません』（同社人事課）とのことである」という（サンデー毎日1987年11月18日号180頁）。

荘の住民とを差別し，別荘給水契約者（1324人）の水道料金を本来の住民料金の約2.9倍にして徴収し，これを支払わなかった契約者に対して給水停止を通知したのである。そして，簡易水道事業給水条例の違法性をめぐる訴訟の上告審において，最高裁第二小法廷は原審の東京高裁判決の結論を維持しながらも判断の一部を変更して次のように述べたのである。

「普通地方公共団体が経営する簡易水道事業の施設は地方自治法244条1項所定の公の施設に該当するところ，同条3項は，普通地方公共団体は住民が公の施設を利用することについて不当な差別的取扱いをしてはならない旨規定している」。「別荘給水契約者は，旧高根町の区域内に生活の本拠を有しないという点では同町の住民とは異なるが，同町の区域内に別荘を有し別荘を使用する間は同町の住民と異ならない生活をするものであることなどからすれば，同町の住民に準ずる地位にある者ということができる」から，同条3項の規制が及ぶと解される。

「上告人〔旧高根町のこと〕の主張によれば，旧高根町は，本件改正条例による水道料金の改定において，別荘以外の給水契約者……の一件当たりの年間水道料金の平均額と別荘給水契約者の一件当たりの年間水道料金の負担額がほぼ同一水準になるようにするとの考え方に立った上……本件別表のとおり別荘給水契約者の基本料金を定めたというのである」。しかし，「公営企業として営まれる水道事業において水道使用の対価である水道料金は原則として当該給水に要する個別原価に基づいて設定されるべきものであり，このような原則に照らせば……本件改正条例における水道料金の設定方法は……基本料金の大きな格差を正当化するに足りる合理性を有するものではない」[16]と。

(ハ) この事件においては，被差別者は1324人（判決の文言では1324件と表現されている）というきわめて多数のものであったが，形式的には被差別者は一人であっても実質的には膨大な数に上ることがある。たとえば，被差別

---

[15] しかし，現代の平成時代において，外国から日本に移住する外国人の中にハンセン病患者の含まれていることがあるといわれている。

[16] 高根町簡易水道事業給水条例無効確認等請求事件・最二小判平成18・7・14時報1947号45頁。

者が著名な外国籍のプロ野球の選手であり、この者に感情移入している同国籍の多数のファンが存在する場合に、ある者が差別者としてこのような著名なプロ野球選手の国籍を揶揄する差別的な発言をする場合には、多数の同国人が実質的に被差別者であることになる。

同様のことは人種に関しても問題になり、被差別者が著名なアルジェリア人のプロサッカー選手であり、この者に感情移入している多数のアルジェリア人のファンが存在する場合に、ある者が差別者として、この著名なプロサッカー選手の人種がアラブ人であり、アルジェリアからフランスへの移民の子孫であることを揶揄する差別的な発言をすれば、アルジェリア人の多くを占めるアラブ人（アラブ人の外にベルベル人もいる）の中の多くのファンも実質的に被差別者であることになるのである。

3　差別事由と差別的行為

1　(1)　差別者が被差別者に対して不平等取扱を行う原因としての事実を差別事由と呼ぶ場合に、このような意味における差別事由にも実に各種のものがある。かかる差別事由は一般的には具体性のある客観的事由（たとえば、人種など）であるが、差別者が被差別者に対して行う不平等取扱は必ずしも常に、明確な差別事由に基づくとは限らず、主観的な感情的理由に基づいて行われることもある。

そして、ある者が他の者の言動により差別されたか否かの判断、すなわち、ある者の他の者に対する言動が差別的な言動であるか否かの判断は客観的に明確になされることになるが、主観的な感情的側面の問題にされることもある。たとえば、既に述べたように、ある差別的な言動に関して、形式的には対象たる被差別者にされているわけではなく、この者とは他者であるにもかかわらず感情移入し、さらには、人格の同一化がなされているような場合である。

(2)　(イ)　差別事由には各種のものがあり、現代における特徴的な差別事由として、医学の発達に基づき新たに発見された各種のヴィールス（ウイルス。たとえば、C型肝炎ウイルスなど）の保有者であることなどを指摘することが

できるが[17]，ギリシャ時代やローマ時代などの中世の封建時代に先行する古代における代表的な差別事由として国籍（外国人であること）があったと想像されている。たとえば，ある都市国家が他の都市国家と戦争し，戦争に勝った都市国家が敗れた都市国家の国民を奴隷として使用する場合などである[18]。

　そして，国籍は，わが国において，時代が平成の現代になる以前の昭和時代でも差別事由であったのであり，このような社会的事実を背景にして，労基法3条はつとに「使用者は，労働者の国籍，信条又は社会的身分を理由として，賃金，労働時間その他の労働条件について，差別的取扱をしてはならない」と規定した。しかし，これに対して，憲法14条1項は「すべて国民は，法の下に平等であって，人種，信条，性別，社会的身分又は門地により，政治的，経済的又は社会的関係において，差別されない」と規定するに止まり「国籍」には言及しなかった。

　また，国家公務員法27条も，憲法14条1項に類似して，「すべて国民は，この法律の適用について，平等に取り扱われ，人種，信条，性別，社会的身分，門地又は……政治的意見若しくは政治的所属関係によって，差別されてはならない」と規定するに止まり「国籍」には言及しなかった。これらは，「すべて〔の国民〕」に関する規定であるところから「国籍」を差別事由として禁止する必要性がなかったことによるものであるが，憲法14条1項にいう「すべて〔の〕国民」をわが国に居住する「すべて〔の〕住民」の意味に理解するならば，国籍を差別事由として問題にする余地があることになる。

　ところで，国家公務員法27条は憲法14条に依拠しながら適用対象を国家公務員に限定し法律の次元において具体的に定められたものであるが，労基

---

[17] C型肝炎ウイルスは既に昭和49年ごろにその存在が知られていたが，それが初めて発見されたのは昭和63年ごろといわれており，しかも，それが広く確認されるようになったのは平成の時代に入ってからであるといわれている。

[18] 古代エジプトにも都市国家が存在し，エジプトのピラミッドの構築にあたっては多数の奴隷が使役されたといわれているが，使役された労務提供者の全部が奴隷であったわけではなく，専門的知識を有する労務提供者も多数含まれていたといわれている。多数の専門的技術者の存在なくしては，ピラミッドのような巨大な建築物を構築することは不可能だからである。

法3条は憲法14条に依拠しただけではなくILO2号勧告をも参考にしたと理解されている[19]。ILO2号勧告は勧告であって条約ではなくわが国が批准する余地も必要性もないので，国としての正式の訳文はなく一般的には仮訳として次のように翻訳されている。

「総会は，国際労働機関の各締盟国が其の領土内に於て使用せらるる外国人（労働者其の家族とも）に対し，相互条件に依り且関係国間に於て協定せらるべき条件に依り，自国労働者の保護に関する法令上の利益及自国労働者の享有する適法の組合の権利を許与することを勧告す」と。この2号勧告（相互的待遇勧告と略称）は，1919年10月29日の第1回ILO総会において採択された6個の勧告（条約は5個）のうちの一つである。

ここにいう「相互条件に依り且関係国間に於て協定せらるべき条件に依り」(on condition of reciprocity and upon terms to be agreed between the countries concerned) とは，ILO加盟国が外国人労働者に「保護に関する法令上の利益」を保障する場合に，たとえば，わが国の場合であれば労基法や労基法施行規則などによる利益を保障する場合に，これはそれぞれの国で相互に平等でなければならないが，関係国は，このような相互性のもとに，外国人労働者の利益の保障に関し条件を合意することができる，という意味である[20]。

(ロ) (i) 中世における差別事由の典型としては男女の性別がある。たとえば，1096年の第1回遠征から1270年の第7回遠征までの約170年にわたる十字軍の遠征にあたり，十字軍に参加したキリスト教徒によるイスラム教徒の女性に対する様々な差別がなされたとともに，十字軍の男性キリスト教徒による女性キリスト教徒に対する多くの差別もなされたといわれている。しかし，これらのこととの対比において，わが国の中世社会では武士社会は別として性別は必ずしも差別事由ではなかったのである[21]。

---

[19] 小西・国際労働法〈第2版〉67頁以下参照。

[20] ドイツ語訳では，「jedes Mitglied der Internationalen Arbeitsorganisation möge auf der Grundlage der Gegenseitigkeit und nach den im gemeisamen Einverständnis zwischen den beteiligten Staaten festsetzenden Bedingungen」と表現されている。

(ⅱ) その後，中世の時代が終り近代（近代とは現代に近い時代のこと）の明治時代になるに及んで，明治29年に民法の総則・物権・債権の3編が公布され，明治31年には親族・相続の残り2編が公布され，これらはともに明治31年7月16日に施行された[22]。そして，この相続編中に家督相続に関する規定（民法964条ないし991条）が定められた。家督相続とは，戸主としての地位の相続のことであり，戸主の死亡や隠居や国籍喪失などにより開始するものとされた。

家督相続は常に単独相続であり，誰が家督相続人になるかは法定による場合と指定による場合と選定による場合との三つの場合があった。そして，このうちの法定による場合には，直系卑属がいるならば（直系卑属がいない場合には，直系尊属や兄弟姉妹も対象にされた）男女・嫡庶・長幼のそれぞれの順で決定された[23]。その結果，多くの場合には長男が家督相続人になった。このような制度は憲法14条1項に違反するとともに，同法24条2項にも違反するものであったので昭和22年の民法改正にあたり廃止された。

(ⅲ) 民法の大改正がなされた昭和22年から約20年を経過した昭和41年

---

[21] わが国の中世社会において，たとえば，農村社会や漁村社会では女性は重要な労働力であって，女性であることは差別事由ではなかったのである。これに対して，中世の武士社会では性別が差別事由にされたが，北条政子のように国家の政治権力を掌握していた女性もいたのである。

[22] わが国の民法はドイツ民法であるＢＧＢの第一次草案を参考にしたもので，ともに5編からなるパンデクテン方式（フランス民法は3編からなるユスティニアーヌス方式。インスティトゥテイオーネン方式とも呼ばれる）によっているが，ＢＧＢは総則・債権・物権・親族・相続の順番であるのに対して，わが国の民法は総則・物権・債権・親族・相続の順番である。これは，パンデクテン方式にバイエルン方式とザクセン方式があり，ＢＧＢは前者のバイエルン方式によったのに対してわが国の民法はザクセン方式によったことによるものである。

[23] 改正前の民法970条は，柱書きで「被相続人ノ家族タル直系卑属ハ左ノ規定ニ従ヒ家督相続人ト為ル」と規定したのちに，2号において「親等ノ同シキ者ノ間ニ在リテハ男ヲ先ニス」と規定し，4号において「親等ノ同シキ嫡出子，庶子及ヒ私生子ノ間ニ在リテハ嫡出子及ヒ庶子ハ女ト雖モ之ヲ私生子ヨリ先ニス」と規定し，5号において「前4号ニ掲ケタル事項ニ付キ相同シキ者ノ間ニ在リテハ年長者ヲ先ニス」と規定していた。

に，東京地裁は，女性労働者が結婚したことを理由に解雇された事案に係る住友セメント事件において，女子（女性）結婚退職制度は結婚を理由にする差別であり，また，性別を理由にする差別でもあり公序に違反して違法であると判断し，結婚を理由にする解雇の意思表示も無効であると判断した。そして，これからさらに約20年を経過した昭和60年に，国際連合条約である女子差別撤廃条約を批准する必要性に基づいて，男女雇用機会均等法（均等法）が制定され，これは翌年の昭和61年4月1日に施行された。

この当時にあっては，均等法に賛成する意見と反対する意見があり，反対する意見は使用者サイドに多く見られたが，労働者サイドにおいても有識者（たとえば，女性弁護士など）の中に均等法に対する懐疑的な意見も見られた。しかし，均等法は，男女平等の観点からすれば一歩を進めるものであり，しかも，大きな一歩を進めるものであった。そして，その後，均等法中において女子結婚退職制が違法として禁止されたことも原因して女子結婚退職制やその他の態様の差別の事例は着実に減少することになったが，女性に対する賃金差別に関しては労基法の制定当時からこれを禁止する4条の規定が存在したにもかかわらず差別の事例は跡を断たなかった。

そして，平成17年3月に至り，大阪地裁は住友金属工業事件において「憲法14条は，法の下の平等を保障して，性別による差別的取扱いを禁止し，これを受けて，民法1条の2は，本法は個人の尊厳と両性の本質的平等を旨として解釈すべき旨を規定し，労働基準法3条は，労働者の国籍，信条又は社会的身分を理由として労働条件について差別的取扱いを禁止するとともに，同法4条は，女性について賃金に関する差別的取扱いを禁止している。これらのことからすれば，使用者が，採用した労働者を合理的な理由なく性別に基づき，労働条件について差別的取扱いをすることは，民法90条の公序に反し，違法というべきである」と指摘した上で，さらに次のように述べたのである。

「事業主が，同じ事務職として採用した従業員について，性別のみを理由として，賃金や昇進・昇給等の労働条件に関し，差別的取扱いをすることは，原則として公序に反し，違法というべきであるから，同種の業務を担当している従業員間において性別のみにより賃金や昇進・昇格等の労働条件につい

て差別的取扱いをすることが違法であることはもちろん，従業員の個々の能力や適性等の具体的な基準に基づかず，男性従業員一般を女性従業員一般に比べて重用し，担当させる業務内容や受けさせる教育・研修等につき差別的取扱いをした結果，賃金や昇進・昇格等の労働条件に差異が生じた場合も，配転や処遇に関する差別的取扱いが公序に反し，違法というべきである」[24]と。

2　(1)　これらの差別事由は従来から存在した典型的な差別事由であり，その多くは法的に違法な差別事由であるとされている。たとえば，かかる差別事由のうちの性別は，わが国の憲法14条1項が，性別を理由に，女性を含む「国民」につき差別することを禁止することによって違法な差別事由とされており，また，労基法3条・4号が性別を理由に使用者が賃金を含む労働条件について差別することを禁止するにより性別が違法な差別事由とされ，さらに，労基法3条が国籍を理由に使用者が労働条件について差別することを禁止することにより国籍も違法な差別事由とされている。

　かように，国籍等は憲法を含む各種の実定法の規定により違法な差別事由とされている。すなわち，実定法の規定がこれらを差別事由として差別的行為をすることを禁止している。これに対して，差別事由ではあるが，実定法の規定がそれを差別事由とする差別的行為のなされることを許容している場合もある。その典型的な一例が民法900条4号の規定であり，民法900条4号は被相続人の非嫡出子が相続人間において相続分につき嫡出子の相続分の2分の1とされることを許容している。つまり，民法900条4号は相続分の算定にあたり非嫡出子であることを適法な差別事由であるとしている。

(2)　民法のこの規定が憲法14条1項に違反して違憲・無効であるとすれば，相続にあたり非嫡出子であることを差別事由にすることは違法な差別事由であることになる。そして，このことが大問題になり，静岡家裁熱海出張所の審判を不服とする抗告が東京高裁に提起され，さらに特別抗告が最高裁に提起されたが，最高裁大法廷は次のように述べて民法900条4号は違憲で

---

[24]　前掲・注(12)参照。

はないとしたのである。

「非嫡出子の法定相続分を嫡出子の2分の1としたことが……立法理由との関係において著しく不合理であり，立法府に与えられた合理的な裁量判断の限界を超えたものということはできないので，合理的理由のない差別とはいえず，憲法14条1項に反するものとはいえない」[25]と。この法廷意見の説示する「合理的理由のない差別とはいえ〔ない〕」という部分に関して差別事由という概念を用いて表現すれば，非嫡出子の法定相続分について非嫡出子であることを差別事由とすることは，「立法府に与えられた……裁量判断の限界を超えたもの」ではないから適法である，ということになる。

　この法廷意見は，非嫡出子であること，という差別事由をそもそも適法な差別事由であるとするものと理解しうるが，法定意見はさらに続けて「合理的理由のない差別とはいえ〔ない〕」とも述べている。立法府に認められる「裁量判断」の法的根拠は，「国会は……国権の最高機関である」と規定する憲法41条にあるのであるから，国会すなわち立法府が憲法41条により認められる「裁量判断〔権〕」をその権限内において行使し適法な行為と認められる行為については，そもそも合理性の有無を問題にする余地はないはずである。

　ところが，遺産分割事件における最高裁大法廷決定は，「〔かかる差別事由による差別は〕合理的理由のない差別とはいえず，憲法14条1項に反するものとはいえない」と述べて，「〔かかる差別は〕合理的理由の〔ある差別である〕」としたのである。このような屋上屋を重ねる表現をした趣旨は必ずしも明らかではないが，かりに「裁量判断の限界」を超えるものであったとしても違法性阻却事由としての「合理的理由」が存在するのであるから，かかる差別は違法性が阻却された正当な差別であるので「憲法14条1項に反するものとはいえない」とする趣旨だったのではないかとも想像されるのである。

　3　(1)　主観的感情に基づく差別的行為のように，客観的な差別事由なしに行われる差別的行為もありうるが，多くの場合には差別的行為は一定の具

---

[25]　遺産分割事件最大決平成7・7・5民集49巻7号1789頁。

体性のある客観的な差別事由に基づきそれと不可分一体をなすものとしてなされる。そして，既に述べたように，差別事由には憲法14条1項や労基法3条などの法規範により禁止される違法な差別事由と，民法900条4号などにより許容される適法な差別事由とがある。したがって，差別的行為が性別や国籍などの違法な差別事由に基づき不可分一体のものとしてなされる場合には，差別事由に認められる違法性に基づいて差別的行為も違法な差別的行為であることになる。

(2) これに対して，差別的行為が差別者の被差別者に対する好き嫌いなどの主観的感情により行われる場合には，一定の客観的な差別事由なしに行われるものであるから，差別的行為の違法性を差別事由の違法性それ自体により基礎づけることは困難である。かりに，単なる好き嫌いなどの主観的感情を違法な差別事由であると把握しうるとすれば，これによりかかる差別的行為の違法性を基礎づけることも可能であるということができるが，それはかなり困難である。

ある差別的行為の違法性が差別事由の違法性により基礎づけられるのは，一般的には差別事由の違法性が憲法や法律等の法規範（上位の法規範）により違法な差別事由とされる場合であり，あるいは，最高裁判例などで判例法と認められるものにより違法な差別事由とされる場合であって，上位の特段の法により違法な差別事由とはされていない差別事由により行われる差別的行為については，既述したように差別事由の違法性により差別的行為の違法性を基礎づけることは困難である。かかる場合には，その違法性は「人は人を差別的に取り扱ってはならない」という法の一般原則それ自体により基礎づけられると考えられる[26]。

(3) (イ) 差別的行為が一定の差別事由に「基づいて」行われたものか否かの問題に関連して，現実の制定法は必ずしも「基づいて」という表現を用いているとは限らず，憲法14条1項は「人種，信条，性別，社会的身分又は門地により……差別されない」と規定して「により」と表現している。また，

---

[26] 法の一般原則も法の一種であり，これに違反する行為は違法である。そして，法の一般原則と憲法や法律等との関係は，前者が一般法であり後者が特別法であるという関係にあると考えられる。

労基法3条は「国籍，信条又は社会的身分を理由として」と規定して「理由として」と表現し，労組法7条1号は「労働組合の組合員であること……の故をもって」と規定して「故をもって」と表現している。これに対して，労組法7条4号は労基法3条・4条と同様に「理由として」と表現している。

　これらの「により」という文言や「理由として」という文言や「故をもって」という文言はそれぞれ表現上相違するところがあるが，いずれの意味も「原因として」すなわち「根拠にして」（基づいて）という意味であると理解することができる。そして，英語の ground という言葉も，原因（cause）という意味もあれば，根拠（basis）という意味もあれば，理由（reason）という意味もある言葉である。同様に，ドイツ語の Grund も，原因という意味も根拠という意味も理由という意味もある言葉である[27]。もっとも，「により」（理由として）という場合には，たとえば，「性別，門地，人種を理由として」（wegen seines Geschlecht, seiner Abstammung, seiner Rasse）のように wegen という言葉の使用されることもある[28]。

　(ロ)　問題は，「原因として」すなわち「根拠にして」という関連性の存否をどのように判断するか，という点にある。このような関連性も「因果関係」と呼ばれることが多いが，不法行為法や刑事法の領域における因果関係の問題は先行する行為と後行する行為や結果との間の関連性を問題にするのに対し，ここでの因果関係は先行する事実（たとえば，性別など）と後行する行為や結果との関連性をも問題にするところから，因果関係という概念を用いることは適切でない，という指摘がなされうる。しかし，ここでは，事実と行為との関連性をも含め広義に因果関係と表現することにする。

　ところで，不法行為法や刑事法の領域において問題にされる因果関係（狭義の因果関係）について，条件説（全条件同価値説とも呼ばれる）によれば，先行する行為がなかったならば後行する行為や結果もなかったであろうという関係が認められれば因果関係の存在が肯定される。また，相当因果関係説

---

[27]　フランス語の cause も原因という意味も根拠という意味も理由という意味もある言葉である。

[28]　ボン基本法3条3項は，Niemand darf wegen seines Geschlecht, seiner Abstammung, seiner Rasse……benachteiligt oder bevorzugt werden. と表現している。

（適当条件説とも呼ばれる）によれば，行為の際に先行行為がなされれば後行行為がなされ或いは後行結果が発生することを行為者が予見しえたであろうと判断されるならば因果関係の存在が肯定されることになる。

（ハ）（ⅰ）これに対して，不当労働行為法をはじめとする各種の差別禁止法の領域においては，差別事由（法により禁止された違法な差別事由）と差別的行為との間の因果関係の存否の判断はそれほど容易ではない。それは，差別者が自然人の場合には因果関係の存否は自然人の内面の思考にかかわる問題であり，差別者が自然人ではなく法人の場合にも法人の内部組織（たとえば，取締役会など）の内部の判断にかかわる問題であり，ともに判断者が外部から認識することが容易ではないからである。そこで，不当労働行為法その他の差別禁止法の領域においては，多くの場合に推認の方法や推定の法理によらざるをえないことになる。

（ⅱ）不当労働行為法の領域において，労組法7条1号は「〔使用者は〕労働者が労組組合の組合員であること……の故をもって……これに対して不利益な取扱い〔をしてはならない〕」等と規定している。すなわち，労組法7条1号は，使用者が労働組合の組合員であることを原因（根拠）として労働者に不利益取扱をすることを禁止している。そして，使用者がこのような禁止に違反して違法に不利益取扱（差別的行為）を行う場合には，被差別者である労働者は差別者である使用者に対して市民法上の法理により損害賠償等を請求しうるほかに，差別者に対して労組法の特別規定により差別的行為の排除をも請求することができる。

しかし，このような救済を求めうるためには，市民法上の法理によるにせよ労組法の特別規定によるにせよ，被差別者は組合員であること等の違法な差別事由と差別的行為との間の因果関係の存在を主張し立証しなければならない。だが，かかる立証はきわめて困難である。そこで，多くの場合に推認の方法や推定の法理が利用されることになるのである。このうちの推認という概念も，推定という概念も，ともに多義的であるが，ここでは，ある複数の事実の存在が認められる場合に総合判断により他の事実の存在が肯定され

---

(29) 推定のうち，法律の規定による推定は法律上の推定と呼ばれ，経験則による推定は事実上の推定と呼ばれることが多い。

ることを推認と呼び，ある事実（1個でもよい）の存在が認められる場合に法律の規定や経験則により他の事実の存在が一応肯定されることを推定と呼ぶことにする[29]。

(iii) 不当労働行為の成立に使用者の不当労働行為意思の存在が必要か，という問題は古くして新しい問題であるが，今日ではこれを肯定する見解が有力になりつつある。この問題に関して，労組法7条1号の規定する不利益取扱については従前から不当労働行為意思を必要とする見解が一般的であったが[30]，同条2号の規定する団交拒否と3号の規定する支配介入についてはこれを不要とする見解が有力であった。しかし，不当労働行為意思という概念は多義的であり，使用者が労組法7条に該当する事実を認識ないし表象・認容している主観的状態を不当労働行為意思と把握すれば，労組法7条2号および3号の不当労働行為の成立にも不当労働行為意思は必要であることになる。

また，組合破壊的意欲や組合弱体化意図や反組合的意思を不当労働行為意思と理解しても，このような意味での不当労働行為意思が7条2号・3号の不当労働行為の成立要件として全く無意味であるとはいえない。7条2号は「使用者が……団体交渉をすることを正当な理由がなくて拒否すること」と規定し「正当な理由」の存在を団交拒否の成立阻却事由としているが，反組合的意思などの不当労働行為意思はかかる成立阻却事由（正当理由）の存在しないことを推認させる重要な一事情と考えられるのである。そして，7条3号との関係においては，反組合的意思などの不当労働行為意思は，7条3号に該当する事実の認識とともに，端的に支配介入の成立要件と考えられるのである[31]。

(二) (i) 使用者の反組合的意思などを不当労働行為意思として把握する場合に，このような不当労働行為意思は使用者の内面における思考にかかわる問題（使用者が法人の場合には，取締役会などの法人の内部の判断にかかわる問題）であるから，それ自体の存否の判断もそれほど容易ではない。したがっ

---

[30] しかし，不当労働行為意思がどのような意味で不利益取扱という不当労働行為の成立要件であるのか，という点についての見解は一致していない。

[31] 日本液体運輸事件東京地労委命令昭和56・9・1労経速1100号8頁。

て，かかる意味での不当労働行為意思の存否の判断は一般的に各種の事実の総合判断である推認の方法によってなされる。たとえば，過去における労使関係の実態や，代表取締役その他の取締役の日頃の言動や，重大な影響力をもつ親会社の労務政策のあり方などに基く推認である。ここに，「不当労働行為意思は推認された意思で足りる」と表現される所以があるのである[32]。

(ii) 多数の事実に基づき推認された不当労働行為意思にせよ，1個の単純・明解な証言により認定された不当労働行為意思にせよ，不当労働行為意思の存在が認めれる場合には，この不当労働行為意思により各種の法的効果が肯定されることになる。第一に，労組法7条1号の不利益取扱の場合には，不当労働行為意思により組合員であること等と解雇その他の不利益取扱との間の因果関係の存在が推定されることになる[33]。また，第二に，同法7条2号の団交拒否の場合には，不当労働行為意思を重要な一事実として他の各種の事実とともに「正当な理由」の存在しないことを推認させることになる。さらに，第三に，法7条3号の支配介入の場合には，不当労働行為意思（支配介入意思）は直接的な成立要件として不当労働行為の成立を肯定させることになる。

(iii) 不利益取扱という不当労働行為に関しては，不当労働行為意思は多くの場合に成立要件である因果関係（「故をもって」という関係）の存在を推定させるが，時には不当労働行為意思は重要な一事実として他の各種の事実との総合の下に因果関係の存在を推認させることもあり，このような各種の事実の一つとして不利益取扱に関して合理的理由のないことの指摘されることがある。かかる判断の仕方は組合弱体化意図などの不当労働行為意思が存在はするがそれほど顕著でない場合に利用されることが多い。そして，このことは労基法3条の禁止する「信条」を「理由として」行なわれる不利益取扱の判断にあたっても見られることがある。

---

[32] 高齢の経営者の中には，裁判所や労働委員会などの争訟の場において，労働組合は嫌いである旨を明言する者がいるという。

[33] 不当労働行為意思により「故をもって」という因果関係の存在が推定される場合に，不利益取扱についての合理的理由の存在により因果関係の存在の推定が覆されることもある。

4 合理的理由の存在とその機能

1 (1) 憲法14条は,「すべて国民」は「信条……により,政治的,経済的又は社会的関係において,差別されない」と規定し,すべての国民が信条を理由として差別的取扱（差別的行為）の行われないことを保障している。この規定それ自体はこのような差別的取扱の行われないことを「国民」に保障しているにすぎないが,最高裁判例は憲法14条が「特段の事情の認められない限り」外国人に対しても類推適用されることを肯定している[34]。したがって,憲法14条は原則としてわが国に所在するすべての人に対して適用されることになる。そして,労基法3条は「使用者は労働者の……信条……を理由として……労働条件について,差別的取扱をしてはならない」と規定して外国人労働者をも保護の対象にしている。

(2) 労基法3条で禁止される信条による差別的取扱は「労働条件」に関するものであるから,この規定は労働契約締結前においては原則として適用がない。そして,このことに関連して,最高裁大法廷は三菱樹脂事件において「〔労基法3条〕は,雇入れ後における労働条件についての制限であって,雇入れそのものを制約する規定ではない。また,思想,信条を理由とする雇入れの拒否を直ちに民法上の不法行為とすることができないことは明らかであり,その他これを公序良俗違反と解すべき根拠も見出すことはできない」と述べている[35]。しかし,この判決が,「雇入れ後」ではない採用段階において,使用者が採用希望者の「信条」を理由に賃金等について差別的な提案をすることを許容する趣旨であるとは考え難いのである。

これに対して,労基法3条が禁止する不利益取扱の対象である「労働条件」の中に「解雇」が含まれるか否かに関して,この判決がいかなる見解に立つかは必ずしも明かでない。けだし,この判決が強調している雇入れ前か雇入れ後かという基準によれば,「解雇」は明らかに雇入れ後の事柄である

---

[34] 外国為替及び外国貿易管理法違反等事件最大判昭和39・11・18刑集18巻9号579頁。

[35] 三菱樹脂事件最大判昭和48・12・12民集27巻11号1536頁。

けれども，この判決は解雇が労働条件の範囲内に入るか否かについて明言していないからである。だが，これは，「労働基準法3条は……労働者の労働条件について信条による差別取扱を禁じているが，特定の信条を有することを解雇の理由として定めることも右にいう労働条件に関する差別取扱として，右規定に違反するものと解される」と説示している。この説示は「解雇の理由として定めること」は労働条件に含まれるが，「解雇」それ自体は労働条件には含まれない，という趣旨であると考えられる[36]。

(3) (イ) 労基法3条にいう「労働条件」の範囲内に解雇が含まれないとしても，配置転換や出向がこれに含まれることは一般的にほとんど異論がない。したがって，使用者が労働者の思想・信条を理由として配置転換を命令すれば，その配転命令は労基法3条に違反して無効になる。たとえば，横浜地裁横須賀支部は，石川ランプ製作所事件において，「Xらに対する……各転勤命令は，Xらの左翼的思想を理由とする不利益取扱であって，労働基準法3条に違反し無効と認めるのが相当である」と述べている[37]。ここではXらの「左翼的思想」とY会社の「各転勤命令」との間の因果関係の存在は比較的容易に認定されている。

また，国籍を理由にする不利益取扱の場合には，「左翼的思想」等の信条と相違して使用者が労働者の国籍を嫌悪することはほとんどなく，使用者の外国人労働者に対する不利益取扱の適否が問題にされる場合には，使用者は

---

[36] 採用内定段階において労働者（採用内定者）が使用者に対して提出する誓約書中に，労働者の思想・信条を理由にする不利益取扱の条項の定められることがある。たとえば，「過去に於て共産主義運動及び之に類する運動をし，又は関係した事実が判明したとき」という条項などである。大日本印刷事件最一小判昭和55・5・30民集34巻3号464頁参照。

しかし，採用内定段階ではなく，使用者が労働者を雇い入れた後において個別契約により「特定の信条を有することを解雇の理由として定めること」は現実には考え難いことである。ましてや，個別契約ではなく一般的な就業規則により「特定の信条を有することを解雇の理由として定める」などということは一層考え難いことである。

[37] 石川ランプ製作所事件横浜地裁横須賀支決労民集14巻6号1409頁（転勤命令も解雇の意思表示も無効）。

横浜地裁の支部は，かつては川崎支部と小田原支部と横須賀支部の三支部があったが，新たに相模原支部が設置され現在では四支部になっている。

国籍を理由にする不利益取扱であることを肯認し，その上で合理性のある不利益取扱である旨を主張し，合理的理由の存否が主たる争点になることが多い。したがって，訴訟における事実認定に際しても，国籍と不利益取扱との間の因果関係の存在は比較的容易に認定されることになる。

たとえば，東京高裁は，東京都事件（東京都管理職選考受験資格事件）において次のように述べている。「X〔控訴人〕が……管理職選考の受験を希望し……受験申込書を東京都八王子保健所の小川副所長に提出したところ，小川副所長は，Xが管理職選考に合格し，管理職となれば，公権力の行使や公の意思の形成に参画する職にも就くことになるが，日本国籍を有しない職員はそのような職に就くことはできないので，Xには右管理職選考の受験資格がないと判断して，Xが提出した右受験申込書の受取りを拒否し〔た〕」と[38]。

しかし，最高裁大法廷は，この事件の上告審において，東京高裁の判決のうちの上告人である東京都の敗訴部分を破棄し，労基法3条違反の差別的取扱の合理的理由にも言及して以下のように説示したのである。「普通地方公共団体は，職員に採用した在留外国人について，国籍を理由として，給与，勤務時間その他の勤務条件につき差別的取扱いをしてはならないものとされて〔いる〕（労働基準法3条，112条，地方公務員法58条3項）」。しかし，「上記の定めは，普通地方公共団体が職員に採用した在留外国人の処遇につき合理的な理由に基づいて日本国民と異なる取扱いをすることまで許されないとするものではない」と[39]。

(ロ)　労基法3条が違法な差別事由であるとする国籍および信条と差別的取扱との間の因果関係の存否の事実認定はそれほど困難ではない。これに対して，労組法7条1号が違法とする差別事由である組合員であること等と解雇その他の不利益取扱との間の因果関係の存否の認定はきわめて困難である。そこで，使用者の不当労働行為意思（定型化された不当労働行為意思。組合弱

---

[38]　東京都事件東京高判平成9・11・28労働判例728号6頁。東京地裁の原判決を一部変更して合計40万円の慰謝料の支払を認容。

[39]　東京都事件最大判平成17・1・26民集59巻1号28頁。この大法廷判決には，滝井繁男判事と泉徳治判事の反対意見が付されている。

体化意図など）の存在が認定される場合には，このような因果関係が存在するものとして推定されることがある。しかし，かかる推定が許容されることについて労組法7条1号自体は何ら規定していないので，この推定は法律上の推定ではなく経験則による事実上の推定であることになる。

　経験則は一般的にさまざまな分野において問題にされるが，事実認定にあたって問題にされる経験則は，専門的な知見を有する裁判官や裁判所が多くの経験から適切・妥当な認定をするのに有用であるとして帰納した判断準則であって法原則の一種である。したがって，裁判官や裁判所の経験則違反の判断は事実問題ではなく法的問題（法律問題）として上告審の判断対象になると解される。そして，このような事実認定にあたって問題にされる経験則の一つとして，使用者に定型化された典型的な不当労働行為意思が存在する場合には労組法7条1号の「故をもって」という因果関係の存在が推定される，という経験則があると考えられる。

　このことに関連して，大阪地裁は新日本技術コンサルタント事件において次のように述べている。「本件配転命令は……7月末から9月20日の内示に至るまでの間に，業務上の必要性から特にXを仙台事務所に配転しなければならない事情が生じたなど，特段の事情の存在を疎明する資料はない」。そうすると，「Yの本件配転命令は，右特段の事情の認められないままなされたものであり，前記不当労働行為意思をもってなされたものと推認することができる。従って，本件配転命令は，Xの正当な組合活動に対してなされた不利益な取扱いに当たる」と[40]。しかし，この大阪地裁の決定は，業務上の必要性などの合理的理由である「特段の事由」の存在が認められないならば不当労働行為意思が推認されるとするものであり，不当労働行為意思の存在が認められれば「故をもって」という因果関係が推定されるとするものではない。

　(ハ)　これに対して，使用者の業務上の必要性などの合理的理由を「特段の事由」として位置づけるが，これを不当労働行為意思の認定（推認）にあたって重視するのではなく，不当労働行為意思は使用者の日頃の言動などの諸

---

[40] 新日本技術コンサルタント事件大阪地決昭和61・3・31労働判例473号14頁。

般の事情に基づいて推認し、このような不当労働行為意思（推認された意思）に基づいて解雇その他の不利益取扱の行われたことをも「推認」することがある。そして、その上で、解雇その他の不利益取扱に合理的理由が認められる場合には不当労働行為の成立が否定され、逆に合理的理由が認められない場合にはその成立が肯定されることがある。

　かかる判断方法は裁判所におけるよりも労働委員会において利用されることの方が多い。たとえば、神奈川県労働委員会は、神奈川都市交通事件において、「申立人Aは、昭和61年9月にタクシー乗務員として入社して川崎営業所に勤務し……平成9年1月、X組合に加入〔した〕」ものであるが、Y会社は平成15年3月15日に、「法定速度違反、就業時中の組合活動等を理由」にしてAを諭旨解雇した旨を認定した上で次のように判断している。

　「本件速度違反は、懲戒事由に相当するものの、他の速度違反の処分事例との均衡……などを勘案すると、本件速度違反だけを捉えて諭旨解雇の理由とするには十分」でなく、また、「就業時間中の組合活動については、既に決着済みの問題又は長い間放置しておいた問題を殊更に解雇事由として取り上げたもの」であり、本件解雇は「組合と会社とが長期間にわたり対立関係にある中で……会社がその方針と対立する組合活動を強力に進めるA……を会社から排除しようとする不当労働行為意思に基づいて行われたものであると推認される」。そして、「〔Aの解雇は〕合理性が認められず、したがって、Aが組合活動を行ってきたことを理由とする不利益取扱として……不当労働行為である」と[41]。

　ここにおいて、神奈川県労委は、Y会社のX組合に対する不当労働行為意思を認定するにあたり、救済対象労働者であるAおよびBが「組合活動を強力に進める」ものであったことのほかに、「組合と会社とが長期間にわたり対立関係にあ〔った〕」ことをも重視し、その上で、神奈川県労委はY会社のAに対する不当労働行為意思を推認するとともに、解雇が「不当労働行為意思に基づいて行われたもの」と「推認」している。この論理は、不当労働

---

[41]　神奈川都市交通事件神奈川県労委平成18・3・31命令労働判例913号93頁。
　　この命令は、Bについては、「本件雇止めについては……合理性が認められるから、労働組合法第7条第1号の不利益取扱に当たらない」と判断している。

行為意思が認めれることにより，Ｙ会社のＡに対する解雇がＡの組合活動を理由にするものと推定される，とするものに近いと考えられる。そして，Ａに対する解雇には「合理性が認められ〔ない〕」ので，この推定は破られず不当労働行為が成立するとするものと考えられる[41]。

　２　(1)　組合弱体化意図などの定型化された不当労働行為意思の存在が認定されると，組合員であること等と解雇その他の不利益取扱との間の因果関係の存在が推定（推認と表現されることも多い）される効果が承認されるのは，労組法中に不当労働行為法（不当労働行為禁止法および不当労働行為救済法）という特別の規定が立法されていることによるものである。これに対して，憲法14条のように単なる差別禁止法に留まる一般的な規定が立法されている場合には，そこで禁止されている差別事由である信条などに関して，信条を嫌悪する思い（反信条的意思）が存在しても，差別者の被差別者に対する不利益取扱が被差別者の信条「により」なされたものとは直ちには判断されず，そのためには差別者の日頃の言動などの諸般の事情に基づく総合判断が必要であることになる。

　このような反信条的意思などと相違して，不当労働行為意思には因果関係の存在に関する強い推定的機能が承認されるのは，労組法中に不当労働行為法が特別に立法されていることを前提にして，不当労働行為救済機関である裁判所や労働委員会（とくに労働委員会）が多数の事例を通じて不当労働行為の成否の判断方法を確立してきたことによるものである。これに対して，同じく不当労働行為救済機関ではあるが，裁判所は合理的理由の存在しないことが組合弱体化意図等の不当労働行為意思を推認させるとしている。たとえば，最高裁は日産自動車事件において「組合に対する取扱いを異にする合理的な理由が存在しない限り，他方の組合の活動力を低下させその弱体化を図ろうとする意図を推認させる」と説示している[42]。これは不当労働行為意思も反信条的意思等とほぼ同列に取り扱うことによるものと考えられる[43]。

　(2)　憲法14条１項が違法な差別事由として禁止の対象にする「人種，信条，性別，社会的身分又は門地」の５つの事由は制限列挙（限定列挙）では

---

[42]　日産自動車事件最一小判昭和62・５・８労働判例496号６頁。

なく、禁止すべき高度の必要性が存在すればこれ以外の事由であっても憲法14条により禁止される差別事由であると考えられる。このように憲法14条1項の列挙する事由が限定的なものではなく例示的なものと解すべきことは最高裁判例がつとに承認しているところであり[44]、また、学説も一般的にこのことを肯定している[45]。

そして、近時において、東京地裁は東京都・自警会事件において次のように述べている。「〔B警部補とE警視は〕HIV感染者が警察官としての適格を欠くのは当然であるとの認識の下に、A本部長による……告知〔結果告知のこと〕と退職勧奨に引き続き……Xらに入校辞退願及び入校辞退同意書を作成させたと認められるところ……その際印鑑の持参を求めたことを勘案すると……A本部長らのXに対する辞職勧奨行為は……HIV抗体検査が違法であることと相まって、違法な公権力の行使というべきであ〔る〕」と[46]。

この事件においては、Xの同意を得ることなくY（東京都）がHIVの抗体検査を行い、その結果として陽性反応が出た事実に基づいて一方的に辞職勧奨行為を行ったことの不法行為性が問題にされており、Yの行為が違法な差別事由（HIV感染者であるということ）に基づく違法な差別的行為であるという観点はとくには問題にされていない。これに対して、類似の事件であるB金融公庫B型肝炎ウイルス感染検査事件では、Xの訴訟代理人は「特定の疾患に罹患していることのみを理由とする不採用は、不合理な差別であり

---

(43) 下級審判例では、HIV感染者解雇事件東京地判平成7・3・30労働判例667号14頁が、「以上の諸点に前述のとおり本件解雇事由が薄弱であることを総合考慮すると、本件解雇の真の事由は、A社社長の否定供述はあるものの、XがHIVに感染していることにあったと推認できる」という判断方法を使用している。

(44) 待命処分無効確認・判定取扱取消等請求事件最大判昭和39・5・27民集18巻4号676頁。

なお、ここにおいて、最高裁は「社会的身分」について、人が社会において占める継続的な地位をいい、高齢であることはこれには当らない、としている。

これに対して、東京高決平成5・6・23高民集46巻2号43頁は「社会的身分」とは出生によって決定される社会的な地位又は身分をいい、非嫡出子であることはこれに当たるとしている。

(45) 熊本信夫「分限処分と平等取扱の原則」公務員判例百選48頁以下参照。

(46) 前掲・注(10)参照。

憲法14条の趣旨に違反する」と主張している[47]。憲法14条1項の差別事由の列挙は例示列挙であり，「特定の疾病」に罹患していることも憲法14条の禁止する差別事由の中に含まれると解される。

(3) (イ) 日本国民および外国人が，「特定の疾病」に罹患していることをも含め，憲法14条1項の禁止する違法な差別事由に基づき差別的行為をされる場合に，このような差別的行為も違法な差別事由と不可分一体をなすものとして違法になる。しかし，憲法14条1項に違反する違法な差別的行為であっても，一定の合理的理由の存在が認められる場合には，かかる差別的行為も許容されるものと考えられる。このことは憲法14条1項を前提にして立法されている各種の法律の規定たとえば労基法3条についても同様である。

このことに関して，最高裁大法廷は，すでに触れた東京都事件において，労基法3条・同法112条および地公法24条6項を引用しながら，「普通地方公共団体は，職員に採用した在留外国人について，国籍を理由として，給与，勤務時間その他の勤務条件につき差別的取扱いをしてはならない」が，この定めは「普通地方公共団体が職員に採用した在留外国人の処遇につき合理的な理由に基づいて日本国民と異なる取扱いをすることまで許されないとするものではない」と述べている[48]。これは，普通地方公共団体が国籍を理由に勤務条件について差別的取扱をすることは労基法3条等に違反して違法であるが，「合理的な理由」がある場合には「許され〔る〕」すなわち適法であるとするものである。

そして，行為には一般的に適法な行為と違法な行為との2種類のものしか存在しないから，いったん違法と判断される行為が適法とされるのは違法性が阻却されることによるものと考えられる。したがって，ここにいう「合理

---

[47] B金融公庫B型肝炎ウイルス感染検査事件東京地判平成15・6・20労働判例854号5頁。
　ここでは，「憲法14条の趣旨に違反する」と主張されているが，B金融公庫を公法人としてもその労働関係は公法関係ではなく憲法の直接適用がないので，あえて「趣旨」という文言が挿入されたように思われる。
[48] 前掲・注(39)参照。

的な理由」つまり合理的理由は違法性阻却事由であることになる。しかも，最高裁大法廷は右に引用した箇所に続けて，「そのような取扱い〔国籍を理由にする差別的取扱のこと〕は，合理的な理由に基づくものである限り，憲法14条1項に違反するものでもない」と述べている。このように大法廷は国籍を理由にする差別的取扱の適否に関して労基法3条違反と憲法14条違反の問題とを対応させているのであるから，かかる差別的取扱は憲法14条1項に違反して違法ではあるが合理的理由が認められる場合には違法性が阻却されるという趣旨であると理解することができる。

(ロ) 労基法や労組法などの法律に違反して違法とされる行為であっても，一定の要件の所与のもとに違法性が阻却されることについては，これらの法律自体が明文で規定していることが多い。たとえば，労基法32条は，使用者が労働者を1日につき8時間（1週間につき40時間）を超えて労働させることを禁止し，使用者がこのような禁止に違反して労働させることを違法としているが，労基法自体が36条において三六協定の締結・届出等の違法性阻却事由を規定している。また，労組法1条2項は刑法35条を引用して正当な団体交渉等については違法性が阻却されることを規定している。

しかし，憲法は，これらの法律と相違して，憲法14条1項に違反する違法な行為に関して一定の要件の所与のもとに違法性が阻却されることを規定していない。そのために，最高法規（根本規範）である憲法に関しては，憲法違反の行為の違法性阻却を論ずる余地はない，とする考え方もありうる。だが，大法廷は憲法14条1項と労基法3条等とを対応させながら，憲法14条違反の違法な行為についても違法性阻却の有無すなわち違法性阻却事由の有無を論ずる余地があることを承認していると考えられる。このような違法性阻却事由の一つでありしかも代表的なものが「合理的な理由」つまり合理的理由なのである。

たしかに，憲法は根本規範であって，その規定内容は理念的なものであり具体性に欠けるところから，労基法や労組法などの具体性のある法律と相違してその法文中に違法性阻却に関する規定を設けてはいない。だが，違法性阻却に関する規定を欠くということは違法性阻却の余地がないことを意味するものではなく，憲法の規定は違法性阻却の問題を後の最高裁判例の判断に

委ねたものと考えられる。そして，これについて判断した判例が古くは昭和39年5月27日の大法廷判決であり，新しくは平成17年1月26日の大法廷判決であったのであり，これらは憲法の法条に関する判例法であって憲法の規定それ自体と同価値のものと理解することができるのである。

5 おわりに

(1) 差別に関する問題は古くして新しい問題であり，法的問題に関してもさまざまな問題が未解決のままに残されている。その原因の一つでありしかも最も大きな原因は，差別の基本的な法的構造が十分に認識されないまま議論が続けられてきたことにある。本稿では，差別に関する基本的な法的構造を，差別者・被差別者と差別事由・差別的行為と合理的理由の五つのファクターから構成されていると把握した上で，差別事由には違法な差別事由と適法な差別事由とがあり，違法な差別事由に基づく差別的行為は差別事由の違法性により行為それ自体も違法性を帯びるが，一定の違法性阻却事由が存在する場合には違法性が阻却されると論じてきた。

(2) 違法な差別的行為の違法性阻却事由として一般的に問題にされる事由として，合理的な理由あるいは単に合理的理由といわれるものがある。このような違法性阻却事由が，労基法3条などの法律の規定により禁止されている違法な差別的行為に関して問題になりうることは，ほとんど異論なく判例・学説によって承認されている。しかし，これに対して，理念的で抽象的な性質を有する憲法14条1項の禁止する違法な差別的行為に関して違法性阻却の理論が妥当するか，ということについては懐疑的で消極的な見解がある。だが，法律について妥当する理論がその上位の根本規範である憲法には妥当しないとは考えがたいのである。

(3) 合理的理由は違法な差別的行為の違法性を阻却する機能を有するが，合理的理由の存在しないことが違法な差別事由の存在を基礎づけることもある。たとえば，性別や，特定の疾病に罹患している事由などである。このようなことは民法の不法行為法において問題になることがあるが，労働法の不当労働行為法の領域では，不当労働行為意思の存在により組合員であること

等と解雇その他の不利益取扱との間の因果関係が推定される場合に，合理的理由がこの推定を覆す機能を有することがある。このことはこれまで十分には認識されてこなかったのであるが，このことを認識することは重要なことであると考えられる。

診療記録開示請求権に関する覚書

中嶋士元也

1 問題の経緯

　我が国における医療契約に伴って発生する診療記録（カルテ等）の開示をめぐる患者側と医療側の権利義務の論議，端的にいえば患者が医師側の作成した診療記録に対して実体法上開示（閲覧）請求権を有するか否かの問題は，次の3段階を経て今日に至っているということができる。

　(1) **第1段階**――第1の段階は，それまでの中心をなした医事法制における行政規制論や医療過誤の刑事的側面の論議から，医師と患者の対等かつ適正な契約関係（診療契約論）の構築が志向された始めた時期である[1]。
　（1）この1970年代初頭にあって，「診療（記）録」の法的地位に関しては，むしろ民事訴訟法的取扱い（文書提出命令，証拠保全申立て）のあり方が先行して議論の対象とはなっていたが[2]，実体法上の診療記録の閲覧請求権（開示義務）の法的性格づけについては，考察がはなはだ貧困というよりも皆無であったといってよい。
　しかし，法曹実務家たる伊藤螢子氏が「診療録の医務上の取扱いと法律上の取扱いをめぐって（上）（下）」(1973，1974年)[3]なる論説を発表したこと

---

[1] この間の経緯に関しては，さしあたり植木哲「医事法の方法と体系」古村節男＝野田寛編『医事法の方法と課題』（植木哲還暦記念・信山社，2004年）1頁以下参照。
[2] 当時の訴訟法的観点からの代表的文献として，松野嘉貞「診療録」（実務法律大系・青林書院新社，1973年）252頁以下。
[3] 判例タイムズ294号34頁以下，同302号40頁以下。

を契機として患者側の実体法上の診療記録の開示・閲覧請求権の可否をめぐる論議が俄然活発化した。ただし、この論議も、実際の訴訟法上の実益が乏しいためか（訴訟においては、前述の文書提出命令規定が、実体法上の閲覧請求権の存否とは係わりなく一定の効用を発揮してきていた）、さほど長続きはせず、およそ二つの見解の対立のまま低迷的安定期が約20年近くも続くことになる。

ただし、この間すなわち1970年代後半から1980年代前半にかけて西ドイツ（当時）では「医事法学」の発展とあいまって、下級審において閲覧請求権を肯定する判決が相次いだ後、1982年に至り、これを肯定する連邦裁判所判決が出現した。これらが我が国に盛んに紹介され[4]、診療記録開示請求権論の理論的な道標となった。

（2）他方、わが国の診療記録の閲覧請求権論議に決定的な影響を与えたとみられるのは、むしろ英米における患者の自己決定権、インフォームドコンセントといった患者の人格的利益保護のための法思想の台頭及びプライバシー権論の発展である。そこから生まれたアメリカ連邦プライバシー法においては（1974年）、連邦政府の設営する医療機関の医療記録につき同法が適用される。そして、患者本人の要求があれば、連邦省庁は記録の閲覧とコピーの交付を義務づけられる（患者本人に悪影響を及ぼす可能性が強い場合等の例外あり）とされ、また医療記録に対する患者のアクセス権を定める多くの州法が登場していく。イギリスでもデータ保護法（1984年。電磁化された情報のみ）が制定されたのち、健康情報について内務大臣命令（Order）において具体化され（1987年。権限による原則と例外の整備）、さらに電磁化されていない医療記録に対する患者等のアクセス権が定められた（1990年医療記録アクセス法）。ただし、ここでも①患者または他の個人の身体的・精神的健康上重大な危害を惹き起こす可能性が高い情報、または②患者以外の個人から提供された情報でそこからその者の身元が判明する可能性がある場合等にはアクセスは否定される、という例外が設けられている[5]。

---

(4) ドイツの裁判例の展開に関しては、伊藤・前掲論文（下）42頁、吉野正三郎「西ドイツにおける医療過誤訴訟の現状と課題（上）―診療録に対する患者の閲覧権」判例タイムズ530号20頁以下。

(2) 第2段階——患者側の診療記録開示・閲覧請求権ないし医療側の診療記録開示義務問題に関する第2段階は，1990年代半ばに至り，政府・厚生省（当時）が，診療記録の開示問題に積極的に取り組み始めたことによって到来した。

（1）まず国民医療総合政策会議中間報告たる「21世紀初頭における医療供給体制について」(1996年) において，「医療における情報提供の推進」をうたい，「患者本人に対する診療情報提供については，医師等が適切な説明を行い患者に理解を得るよう努めるとともに，患者へのレセプトによる情報の提供や，診療録（カルテ）に記載された内容の情報提供といった問題に取り組むことが必要である」との提言が行われた。それを受けて厚生省に設置された「カルテ等の診療情報の活用に関する検討会」(1998年6月) は「診療情報の全面的な開示の前提となる諸条件を一刻も早く整備して国民の要望に応えるために，厚生省において……診療記録の作成・管理のための指針作成やその他の具体的な課題を検討し，条件整備のための措置を早急に具体化することを強く要望する」との提言を行った（以下，「検討会報告書」）。

（2）他方，これと前後しかつ並行する形で，我が国においても，公共部門に係わる個人情報保護と情報公開の具体化への本格的な検討が開始される。これらとの関係における立法としては，すでに「行政機関の保有する電子計算機処理に係る個人情報の保護に関する法律」(1988年) が存在し，また1982年の山形県某町の情報公開条例を嚆矢とする各地方公共団体の情報公開条例ならびに1980年代—90年代にかけて登場した各地方公共団体における個人情報保護条例が，続々と制定されてきてはいた。しかし，右法律は不十分なものであり（内容的にもそうだが，同法は民間部門には適用されない），先行して積重ねられてきた各条例を参照しつつ，個人情報保護ならびに情報公開に関する国としての立法作業が，遅ればせながら進められた。

これらは，当然のことながら，「医療・診療情報」に特化した諸規定を想定したものではなかったから，例えば「医療・診療情報」に関しては，〝個

---

(5) 英米に関しては，丸山英二「医療記録に対する患者のアクセス権—英米の法律」ジュリスト1142号49頁以下に拠った。

人情報保護法一般"の中で把握していくか，それらが特に機微にわたる個人情報であることに鑑みて"カルテ開示法"ともいうべきものを制定すべきか，あるいは情報公開法制と個人情報保護法制の関係，そしてそれらにおける「医療・診療情報」の位置づけなどが議論された[6]。

特に，日本医事法学会による講座，学会誌「年報医事法学」は，創刊号（1986年）以来，医療情報法制の論議状況に応じて，同誌18号（2003年）まで数次にわたり，法学者ならびに医学関係者の「医療・診療情報」に関する論説の掲載ならびにシンポジュウムの特集を行い，診療記録の開示問題ならびにそれに思想的基盤を提供するプライバシー，インフォームドコンセント，自己決定権等の解明に大きな貢献を果たしてきたところである[7]。

(3) **第3段階**——第3段階は，いうまでもなく情報開示に関する各立法化段階である。

（1）この段階は，政府により，「情報公開法要綱案」及びそれと同時に発表された「情報公開法要綱案の考え方」（1996年11月）とそれに続く「個人情報保護基本法制に関する大綱」（2000年10月）発表から始まる。右「大

---

[6] それらの展開と問題点については，雑誌ジュリストが有益な特集を行った。ジュリスト1107号（『特集・情報公開法要綱案をめぐって』1997年）＝本稿に関連するものとして，棟居快行「開示請求権の位置づけについて」，宇賀克也「個人情報の不開示」。ジュリスト1142号（『特集・診療記録の開示と法制化の課題』1998年）＝森嶋昭夫等「座談会『カルテ等の診療情報の活用に関する検討会報告書』をめぐって」，開原成允「診療記録の開示と医療者側の課題」，前田雅子「個人情報保護条例にみる保健医療情報の開示」，光石忠敬「医療記録の閲覧・謄写請求の現状および問題点」など。

[7] 本稿では，特に次の論説を参照した。日本医事法学会編『医事法学叢書2・医療行為と医療文書』（1986年）掲載の診療録に関する門脇稔，福間誠之，浅井賢，加藤良夫，吉野正三郎，開原成允，米田泰邦各氏の論文，そして「討論医療上の諸記録をめぐる諸問題」。また年報医事法学1号（1986年）における莇昭三『『診療記録』の閲覧権をめぐって」，佐藤彰一「医療記録の提出義務」，そしてシンポジュウム「医療記録再論」等。年報医事法学は12号（1997年）「シンポジュウム・医療情報と患者の人権」を特集した。そこでは，中村好一「医療情報のプライバシー—医療情報学の立場から」，池永満「医療情報のあり方を考える」，「総合討論」等が掲載されている。

綱」が，立法化の実現に先駆けて，各産業分野の事業者団体・事業者（個人情報取扱事業者）による「自主的な取組み」（マニュアル作り）を要請したことに対応した各業界の動向が顕著となった。以下のことである。

　㋐　医療分野においては，次のような「自主的な取組み」が行われてきた。前述した厚生省「カルテ等の診療情報の活用に関する検討会報告書」（1998年6月）に呼応して，いちはやく，国立大学付属病院長会議常置委員会が「国立大学附属病院における診療情報の提供に関する指針（ガイドライン）」（1999年2月）を発表した。

　そこでは，診療情報の「提供」（開示）に関して，患者本人への開示の原則と非開示とすべき例外的事項の指針を策定しつつ，患者の遺族への開示については「何らかの方策を講じていくべき」とした。日本医師会は，上記「検討会報告書」が提言したカルテ等の開示のための法制化には反対の態度を表明したが，自ら「診療情報の提供に関する指針」（1999年2月）を発表し，患者からの開示請求には「原則としてこれに応じるものとする」との態度を示した（2002年10月［第2版］を発表）。全国国立大学病院看護部長会議「国立大学病院における看護記録の開示に関する指針」（2000年5月）は，カルテ等の診療記録の開示は「日本医師会の反対で法制化が遅れている」ことを指摘しつつ，看護記録についても前記1999年指針に準じた取扱いをなすべきことを謳った。また，厚生省「国立病院等における診療情報の提供に関する指針」（2000年7月）は，政府の立場として初めて，開示の原則とともに患者の遺族への開示の条件を示した指針を策定した。この厚生省指針を受けて，例えば，国立札幌病院は患者宛に「診療情報提供のご案内」を明らかにし，診療録等についての担当医師からの「説明」と「診療録等開示申請書」の提出による開示（閲覧，複写，要約書の交付）を知らしめた（2001年1月）。ここでは，開示手数料に関しては行政機関の情報公開法施行令によることをも明らかにした（同病院は，その後2004年に独立法人北海道がんセンターに組織替えされ，開示手数料についても独法等の情報公開法17条に依拠して独自に定めることとなった）。

　㋑　2003年は，個人情報保護法が制定・施行された年であった（ただし，同法第4章「個人情報取扱事業者の義務等」以下については，2005年4月1日施

行)。ここでも診療記録等の診療情報の開示に関する特別法("カルテ開示法")は実現しなかったが，それに代えて診療情報は，個人情報保護法制一般の中で処理されることになった。この観点から，厚生労働省は，「診療情報の提供等に関する指針」を策定し（2003年9月12日医政発0191200），これが公共部門，民間部門を問わず，各医療機関の診療情報処理方法に決定的な影響を与えることとなった（詳細は後述）。

(ウ) 他方，総務省は2003年制定された個人情報保護法7条に基づく政府の「基本方針」（2004年4月閣議決定）に則り，各府省等官房長等宛「独立法人等の保有する個人情報の適切な管理のための措置に関する指針について（通知）」（2004年9月）を発した。公共，民間部門の個人情報保護法の全面的一斉施行（2005年4月1日）を前にして，厚生労働省は，まず他に先駆けて（つまり国，地方公共団体，独法等が設置する医療機関を除く），個人情報保護法6条，8条に基づき，医療情報を扱う「医療・介護関係事業者における個人情報の適切な取扱いのためのガイドライン」（2004年12月）を発表した（詳細は後述）。このガイドラインは，医療機関による個人情報保護のための枠組みを定めるものであるから，その趣旨は一方で独法等が設置する医療機関（国立病院等）においても十分配慮されるべきであるとされており，他方で「患者等からの求めによる診療情報の開示」に際しては前記「診療情報の提供等に関する指針」（2003年）の内容に従うべきものとされている。

続いて，国立大学が独立法人化されたために適用される独法等個人情報保護法の施行に先立ち，そして前記総務省指針（2004年）ならびに右厚労省ガイドラインの趣旨を踏まえて定められたのが，国立大学附属病院長会議常置委員会「国立大学附属病院における個人情報の適切な取扱いのためのガイドラインについて」（いわゆる国立大学病院ガイドライン）（2005年2月）である。厚生労働省は，既述の「医療・介護関係事業者における個人情報の適切な取扱いのためのガイドライン」（2004年。2006年4月21日付改正あり。「個人情報保護の円滑な推進について」〈2006年2月28日の個人情報保護関係省庁連絡会議申合せの趣旨を踏まえたもの〉。詳細は，宇賀克也「医療分野における個人情報保護」ジュリスト1339号47頁以下参照）に加えて同ガイドラインに関する「Q&A事例集」（2005年11月）で具体化を図っている。国立大学病院（国立

大学法人）における「患者等からの求めによる診療情報の開示」に関しては，すでに法人化以前において「国立大学附属病院における診療情報の提供に関する指針（ガイドライン）」（1999年）が存在したことは記述のとおりであるが，2004年厚労省ガイドラインの趣旨を受けて旧指針を見直す目的で改めて国立大学附属病院長会議による「国立大学病院における診療情報の提供等の指針に関する指針［第2版］」（2006年1月）が策定されている（詳細は後述）。

（2）これらと前後する情報関連法を念のために挙げておく。

まず行政機関情報公開法（2001年施行）における行政文書の開示請求に関する権利・義務（3条，5条等）及独立行政法人等情報公開法（2002年施行）における法人文書開示の権利・義務の法定（3条，5条等）である。そして，民間部門の「個人情報保護法」の一部施行（2003年）を経て，2005年4月1日からは「個人情報取扱事業者の義務等」の部分を含めて全面施行され，あわせて公共部門においても行政機関の保有する個人情報の保護法及び独立行政法人等の保有する個人情報の保護法が同日施行されることとなり，ここに公共部門ならびに民間部門の個人情報保護法が法制度として一挙に確立されるに至った。

これら諸法をめぐっては，「情報公開法」と「個人情報保護法」との制度的関連，双方における「開示」規定の法的性格とその機能の異同などが関心事となり，大いに議論された（後述する）。

(4) 小　括

以上において概観したように，医療・診療情報（特に診療・看護記録）についての「患者の求めによる開示」問題をみると，当初患者と医療側との準委任契約ないし類似の無名契約としての診療契約の射程距離論から出発した論議（私法契約上の権利義務論）（第1段階）は平行線のまま低迷したが，時あたかも情報化時代に即応したOECDガイドライン（1980年）によって，個人情報保護法制の時代へと突入した。しかし，併行して，医療分野をめぐっては，政府主導のインフォームドコンセント重視の医療保健思想が提起され，この側面からの提言がなされた（1998年「検討会報告書」。第2段階）。

この第2段階において、前述のとおり、個人報保護法制の中で医療情報の「開示」問題をも整備していくか、医療特有のインフォームドコンセント論ないし自己情報コントロール権（プライバシー権の一環）に特化して明確な「開示請求権・開示義務」を立法化する（例えば、医師法や医療法における規定の設置。「検討会報告書」）かの選択肢が存したことになるが、日本政府は、一方で、公共・民間部門の個人情報保護法制を整備し、診療記録等の提供（開示）問題は、政府によるガイドラインの策定と医療機関の「自主的取組み」（ガイドラインの策定）に委ねるという選択肢を採用した（第3段階）ことになる。

(5) 現状認識

　この路線は、その後各医療関係機関（国立大学附属病院ガイドライン、日本医師会ガイドライン等）の積極的な姿勢によって、有益なガイドラインが設定され、まずは順調な滑り出しをみせているといってよい。

　そのため、診療情報「開示」問題の出発点であった開示請求権に関する私法上の権利・義務問題は現在等閑視されている状況にある。しかし、法律家たちの最大の関心事となってきた診療情報の「開示」に関する権利・義務論（第1段階）に関しては、第2ないし第3段階の経緯や個人情報保護法25条、行政機関保有の個人情報保護法14条等、独法等保有の個人情報保護法14条等によって、何らかの変容をもたらされたのか、あるいは変容などはしていないのかなどを確認する作業が残されている。それを明らかにするには、今一度第1段階に遡り、そして順を追って考察してみる必要がある。本稿は、そのような目的を有する。

2　問題の考察

(1) 第1段階の論議

　診療記録ないしは患者の医療情報の「開示」論争に先鞭をつけたのは、前述のように、伊藤判事であった（注3）。執筆のきっかけがいかなるものであったかは定かではないが、その時期は未だ、情報化社会にあっては、一定

の「情報」をひとつの人格的財産として保護すべきであるとの法学上の認識が希薄であったことは確かであろう。したがって，情報社会におけるテーゼは，多様性を示してはいたものの，主として医療分野におけるテーゼは自己情報コントロール権（プライバシー権の発展的形態）にあり，医療分野においてそれを担保する実体的要請として自己決定権の保全が，その手続的要請としてインフォームドコンセントがあり，その手続的要請に基づいてさらに医療記録へのアクセス権が認められるべきなのかどうかという），後世一般化する認識の下に論説が展開されたわけでないと推測される。しかし，ここから始まる一連の議論は，個人情報保護法制の実現した今日の状況下においても法的意味（特に現行法下での開示請求権＝私法的効力の有無の問題は依然として存在し続けている）を有するものである。

（1）伊藤判事は，診療（記）録閲覧に関する私法上の権利義務の発生を一切否定する観点から，次の趣旨を述べていた[8]。①診療録（カルテ）に関しては，我が国の医療法及び医師法にいくつかの規定があるが，それらは医師等のメモとしての性格ならびに監督官庁に対する報告文書たる性質を有するものであり，「患者に見せる」意味合いでは決してありえない。②法律家が診療録の法的性格を論じているのも，ドイツ民訴法を学んだ民訴法312条（当時。現行220条）の文書提出命令に関してであって，実体法上の権利義務を論じた論説は見当たらない。③ドイツ民法810条は他人の占有する文書（Urkunde）の閲覧に関する請求権を実体法上の権利として認めてはいるが，診療録は同条の文書に該当しないとするのが支配的見解である。④診療契約を準委任契約と捉えることによって，民法656条による民法645条（受任者の状況報告ないし顛末報告義務。現行法では経過・結果報告義務）の準用を根拠に診療録の提示義務が発生するという考えがありうるが，診療行為の特殊性・多様性からして，診療契約は「特殊な委任に類する無名契約」というべきである。⑤そこでは，「説明行為」のみ単独に取り上げて，医的侵襲と結びつけずに，その十分・不十分を論ずることはできずまたその必要性もない。⑥結局「契約が成立したからといって当然に患者から医師に対して説明の履

---

[8] 伊藤・前掲論文（下）40頁以下。

行を求めることができるというものではなく，それを有責に怠ったことによって患者に精神的または物質的損害を及ぼした場合にのみ，患者は損害賠償請求権を取得できる」に過ぎない。

　（２）これに対し，伊藤論説の直後に新堂幸司教授が積極的に実体法上の閲覧（開示）請求権の存在を肯定する見解を発表した[9]。すなわち，次のような趣旨である。診療契約の法的性質は別として，民法645条に基づいて医者には患者に対して診察結果について弁明する義務がある。そして「弁明する義務の一つとして」患者側にはカルテ等の開示・閲覧を請求する実体法上の権利が発生すると解すべきである。さらに右開示・閲覧請求権の救済の特別の方法として「証拠保全手続」を考えたらどうか，と。この見解は，本来医療過誤訴訟に関する訴訟手続的課題をめぐって，診療債務の性質（手段債務か結果債務か）や診療債務の不完全履行と善管注意義務違反との異同，それと関連する証明責任分配に関する中野貞一郎博士の学説に疑問を呈する論争の過程で示されたものである。新堂教授は，医師の実体法上の「弁明義務」の存在を訴訟手続上における証明責任の分配に反映させようとする意図を有していたと考えられる。

　この新堂教授の立場（1975年講義録）に対しては，早くも翌年（1976年）中野博士からは「（医師の）説明義務は診療契約の内容をなすものではなく，診療債務の履行に付随する義務でしかない」との反論が行われ[10]，さらに新堂教授側からは一口に説明義務といっても，診療前――診療中（診療行為の継続中）――診療後における医師と患者の間の信頼関係の破壊の兆候，という段階があり，右最後の段階（〝開戦前夜〟）での説明義務（それに対応する閲覧請求権）を問題とすべきであって，そこでこそそのような権利義務を肯定すべきではないか，との趣旨による再反論がなされた[11]。

―――――――――――――

(9)　新堂幸司「診療債務の再構成―医師の弁明義務を手がかりとして」昭和50年度・弁護士制度100年東京弁護士会秋期講習会講義録（1975年。筆者は未見）ならびに「訴訟提起前におけるカルテ等の閲覧・謄写について」判例タイムズ382号（1979年）10頁以下，特に16頁。

(10)　中野貞一郎「医療過誤訴訟の手続的課題」（『過失の推認』1978年，所収）110, 113頁。

この新堂―中野論争は、多くの法学者、医学者の論争の契機となり、多彩な見解を生み出したが、一応「消極的意見が支配的」とみられた[12]。他方、この時期、医師の側からも、有益な提言がなされた[13]。すなわち、莇昭三医師の見解は、診療情報開示問題の今後にとっても注目すべき提言を含んでいた。同医師は、ⓐ医療は患者と医師の共同の「営為」であり、医師は正当な情報を患者に与え、具体的妥当な援助行為をすべきである。ⓑ病名が患者本人に知られては診断治療に悪影響を及ぼすと医師が判断する場合には、診療記録を示すことは避けるし、その場合の処方せん、診断書等の作成には配慮しているのが現実である。例えば、胃がんの患者に渡す傷病手当金請求診断書の病名欄に「胃潰瘍」と記載することがしばしばある。ⓒ医師の与える情報が患者に身体的・精神的な被害を与えるかどうかを「予見」する任務が医師にはある。ⓓ「予見任務」がある以上、患者への診療記録の開示・閲覧を場合によっては保留する裁量権が医師にはある。ⓔしかし、医師は確定的な判断を下せることがそんなに多くないのが現実であるから、そのような確定的ではない状況を患者が「自己決定」の材料とすることができるかどうかが一つの問題である。ⓕ患者の診療記録の閲覧に関する医師の判断裁量権の客

---

(11)　新堂・前掲論文（判例タイムズ）18～19頁の趣旨ならびに「討論　医療上の諸記録をめぐる諸問題」法律時報57巻4号（1984年）8頁以下（医事法学叢書2・205頁以下に再録）の新堂発言等を要約した。

(12)　学説の展開や問題点を鮮明に指摘した、この当時の優れた論説として、畔柳達雄「医療事故訴訟提起前の準備活動」（新実務民事訴訟講座5・1983年）175頁以下。また、診療記録開示問題を「プロセス1＝医療過程」、「プロセス2＝裁判外紛争処理過程」、「プロセス3＝裁判内紛争処理過程」の三つに図示して、それぞれのプロセスに応じた「医師の動態的説明義務」の問題点を指摘した有益な論説として、佐藤彰一「医療記録の提出義務」年報医事法学1号（1986年）110頁以下がある。佐藤教授によれば、新堂―中野論争も、「新堂教授はプロセス2を中心に医師・患者間の交渉ルールを考察し、中野説はプロセス3を中心にして同じダイナミズム考察していると評価しなおせば、この両説の対立はそれほど深刻な対立ではなく、むしろ医師・患者のその双方に（念頭に置くプロセスの違いはあるものの）同じような行為責任を割り振ろうとする点で、近接した学説と考えうる」ということになる。

(13)　莇昭三「『診療記録』の閲覧権をめぐって」年報医事法学1号（1986年）77頁以下参照。

観的な正当性の枠をどのように設定するかは、今後の医療界自身の努力にかかっているが、同時に法律家には事後（ex post）の判断からではなく、医師の行わなければならない事前（ex ante）の判断の上に立って、その枠組みを検討することが要求される。

（3）診療記録の開示問題に関する第1段階において、注目すべき事柄のいまひとつは、この段階の後半においては、論議の中に、開示問題と情報コントロール権、自己決定権、インフォームドコンセントといった、より普遍的な法理念ないし医療理念との関係をめぐる課題が濃厚に登場し始めたことである。すなわち、それまでは、「診療契約」における開示問題の権利義務論に医療の特殊性をどこまで考慮すべきなのかという課題が論議の中心であり、一方でこの論議はドイツの判例・学説等が紹介されて認識はさらに深まっていった（注4）。他方、英米における主として人格法的側面（インフォームドコンセント論等）から推進された各種立法の紹介・解明が進んでいったということができる。そして、我が国の医療情報の「開示」問題論議は、後者の側面からいっそうの進展が遂げられることとなった。そして、この時期、我が国においても医療情報社会における患者の人権の保全に関する骨格がほぼ形成された[14]。すなわち、第1に医療情報社会における自己情報コントロール権（人格権たるプライバシーに根源を有する）の確立要請である。第2にプライバシー領域における自己決定権の尊重とそれを手続的に担保する要請としてのインフォームドコンセントの要請である。第3にインフォームドコンセントを得るための診療記録へのアクセス権の確保である。もちろんこれらは、相互補完的な作用を営む。

(2) 第2段階の論議

（1）検討会報告書（1998年）――第2段階において特筆すべきは、「カルテ等の診療情報の活用に関する検討会報告書」であった。端的にいえば、「診療の場における診療情報の患者への提供の在り方」に関する検討会であ

---

[14] その論議状況として、さしあたり、年報医事法学12号（1997年）における「シンポジュウム・『医療情報と患者の人権』」の中の中村好一「医療情報のプライバシー――医療情報学の立場から」、池永満「医療情報のあり方を考える」および「総合討論」。

る。

(ⅰ) 「検討会報告書」の概要

(ア) 診療情報の提供の現状——我が国では，診療契約に基づく「報告」義務の一環として診療情報を提供しなければならないものと考えられるが，診療記録の開示義務を直接定める法律の規定はなく，これを認める考え方は判例，学説において確立していない。開示に関して取り組む医療従事者・医療機関は次第に増えつつあるが，なお全体の中の少数である。これに対し，外国では，法律等により診療記録の開示請求権を認める国が増えつつある。

(イ) 基本的な考え方——診療情報の提供が必要な理由としては，第一に医療従事者と患者の信頼関係の強化，情報の共有化による医療の質の向上（インフォームドコンセント理念からの要請），第二に個人情報の自己コントロールが考えられる。そして，診療情報の提供は，必ずしも診療記録の開示によらなければならないものではない。しかし，診療情報は提供するが，その元となる記録をみせないというのでは，患者側が不信を抱く結果となりかねない。患者が求めた場合には，診療記録そのものを示すという考え方が必要である。

(ウ) 診療記録の範囲——診療録（カルテ）のほか，さしあたり，処方箋，看護記録，検査記録エックス線写真等がある。

(エ) 提供の例外——患者の自己決定を中心に考える立場から，診療情報の提供に伴う悪影響がある場合にも診療情報を提供すべきであるとの考えもあるが，診療情報提供の第一義的な目的を医療従事者と患者の信頼関係の強化による治療効果の向上と考える本検討会の立場からすると，医療従事者の判断で情報提供を留保する場合があるのはやむを得ない。例外の第一は，患者本人または第三者（家族等）の利益を損なう場合，第二は，紹介状に含まれる情報等第三者から得た情報で，かつ，開示がその第三者に不利益を及ぼすおそれが多い場合である。

(オ) 法制化の提言——診療記録の開示問題を法制化するか否か，及びその内容については，①法律上開示請求権及び開示義務を規定する，②法律上開示の努力義務を規定する，③法制化ははせず，診療情報提供に当たっての指

針(ガイドライン)を定めるといった選択肢が考えられる。本検討会においては、「現時点において可能な範囲で医療従事者の診療情報の提供と診療記録の開示を法律上義務付ける」方策を検討とした。その結果「患者が診療記録の開示を請求する場合には開示義務があることを規定するのが適当であろう」。ただし、不履行に制裁を課すことは好ましくない。「これらの義務、特に医師の説明義務は本来自発的な履行になじむものだからである」。

(ii) 「検討会報告書」をめぐっての論議

右検討会が示した「現時点において可能な範囲で医療従事者の診療情報の提供と診療記録の開示を法律上義務付ける方策」を検討すべきであるという法制化への提言は、各方面に俄然「開示」問題の論議を再燃させた。その一端は、同報告書に関する二つの雑誌の特集における座談会(ジュリスト)やシンポジュム(年報医事法学)で知ることができる[15]。

それらにあっては、各討論参加者から次のような論点が提起されている。①1997年厚生省(当時)保険局長通知が、診療報酬請求明細書(レセプト)につきできる限り保険者は被保険者に対して開示することを求めたのは、兵庫県情報公開条例をめぐる大阪高裁平成 8・9・27 判決(行集 47 巻 9 号 957 頁。被保険者が同条例に基づきレセプトの公開を請求した事案につき、個人情報であることを理由に行った非公開決定を容認した原審判決を大阪高裁が取り消した例)が、大きな影響を与えたと思われること、②当時の「行政機関の保有する電子計算機処理に係る個人情報の保護に関する法律」(1988年)は、診療記録に関し開示請求できないと規定し(同法13条)、また多くの地方公共団体の個人情報保護条例において診療記録は非開示とされており、さらに 1996 年「情報公開法要綱案」においても特定の個人を識別する情報が記録されている文書は開示の対象から外れていることなどに鑑みれば、現行の開示制度では不十分であり、別個の何らかの法的手当てが必要と考えられること、③診療記録そのものを開示できない場合には、ガイドラインによって診

---

[15] 「座談会『カルテ等診療情報の活用に関する検討会報告書』をめぐって」ジュリスト 1142 号(1998年)4 頁以下、「シンポジュウム医療情報開示—カルテを中心として」年報医事法学 14(1999年)84 頁以下。

療記録に代わる客観的文書を開示することで足りるというのが検討会の前提であったこと，④診療記録開示の法制化といっても，「世の中にこういうルールなんだよということを透明性のある法律という形で宣言することが重要」であって，開示義務違反の医師に制裁が加えられることはないこと，⑤「医師法や医療法に開示義務が明文化されれば，やがて医療従事者・患者間の実体法上の権利・義務関係の内容として，裁判上も開示請求が認められるようになる可能性があ（る）」（検討会座長・森嶋昭夫教授）との指摘などである（以上，ジュリスト）。

　さらに，次のような議論である。ⓐ　医師法にカルテ開示を規定することは，直ちに医師・患者間の権利義務を認めるものではないとは具体的にはどういうことか，医師法で個々の医師に対して開示の義務づけがなされるのか，それとも医療法によって病院長に向けて規定が置かれるのか，罰則のない法律にどのような意味があるのか，罰則のない開示規定になるのか（以上，検討会座長の森島教授に対する質問），ⓑカルテ開示が常識化するためには法律が必要であると考えられる，現実的には今直ちに私法上の権利義務関係を設定するということはできないと判断したが，いずれはそれが医師と患者の間の権利義務関係としても反映してくるに違いないと考える，少なくとも医師法などでは医師はこういう義務を負っているのであるから患者との関係でもそういう義務を医療関係上負っていると考えるべきだということを根拠にして自分のカルテなり看護記録なりをみせてくれという請求をすることができるということである，法律上カルテ開示を規定することによって裁判所のルートで行ける一つの法律上の明文上の手掛かりを作ることになると考える（以上，森島教授の答弁）。ⓒ検討会報告書では，本人への開示と第三者への開示（情報提供）とが画然と区別されていないので，今後ルール化する必要がある，ⓓ診療記録の開示の保全としては，簡易裁判所における証拠保全手続や民事調停という形も考えられるのではないか等々である（以上，年報医事法学）。

（2）医療機関の呼応
　上記「検討会報告書」にいち早く反応を示したのは，国立大学附属病院で

ある。報告書の趣旨に沿って，診療情報の提供に関する指針（ガイドライン・1999年），看護記録の開示に関する指針（2000年）を明らかにした。そして，前者に関しては，その後に示達された厚生労働省「診療情報の提供等に関する指針」（2003年），情報公開法（行政機関＝2001年，独立行政法人等＝2002年）ならびに個人情報保護法（2005年）の全面施行に伴い，改訂版たる「指針（ガイドライン）第2版」を示した。そこでは，次のような内容となっている（抜粋）。

「2　定義
〇「診療記録」とは，診療録，処方せん，手術記録，看護記録，検査所見記録，エックス線写真，紹介状，退院した患者に係る入院期間中の診療経過の要約その他の診療の過程で患者の身体状況，病状，治療等について作成，記録又は保存された書類，画像等の記録をいう。
3　診療情報の提供に関する一般原則
〇医療従事者等は，患者等にとって理解を得やすいように，懇切丁寧に診療情報を提供するよう努めるものとする。
〇診療情報の提供は，①口頭による説明，②説明文書の交付，③診療記録の開示等具体的な状況に即した適切な方法により行うものとする。
7　診療記録の開示
〇医療従事者等は，患者等が患者の診療記録の開示を求めた場合には，原則として職員の立会いのもとにこれに応じるものとする。
〇診療記録の開示の際，患者等が補足的な説明を求めたときは，医療従事者等は，できる限り速やかにこれに応じるものとする。この場合にあっては，担当の医師等が説明を行うことが望ましい。
8　診療情報の提供を拒み得る場合
〇医療従事者等は，診療情報の提供が次に掲げる事由に該当する場合には，診療情報の提供の全部又は一部を提供しないことができる。個々の事例への適用については個別具体的に慎重に判断することが必要である。
①診療情報の提供が，第三者の利益を害するおそれがあるとき
②診療情報の提供が，患者本人の心身の状況を著しく損なうおそれがあるとき

○医療従事者等は，診療記録の開示の申立ての残部又は一部を拒む場合には，原則として，申請者に対して文書によりその理由を示さなければならない。また，苦情処理の体制についても併せて説明するものとする。」

(3) 第3段階の論議

　第3段階は，(1)一方で情報一般に関する行政機関の情報公開法ならびに個人情報保護法の立法化に向けて，「情報公開法要綱案」「情報公開法要綱案の考え方」（以下，「要綱案」あるいは「考え方」。1996年）ならびに「個人情報保護基本法制に関する大綱」（以下，「大綱」。2000年）が明らかとなり，(2)それと同時並行的に厚生労働省によって医療・診療情報に特有の保護・処理原則（開示原則）が示され（2003年。なお，これより先2000年には同省に設置された「労働者の健康情報に係るプライバシーの保護に関する検討会・中間取りまとめ」が発表されている[16]），(3)そして情報公開法（2001，2002年）や個人情報保護法（2005年）の立法化実現の後に，それらと医療・診療情報処理との関係が厚生労働省によってガイドラインとして明らかにされた時点（2004年）及び(4)その後現在までの論議の状況を含む時期である。

　（１）情報公開法と個人情報保護法における診療情報「開示」の意義

　例えば，独立行政法人等情報公開法ならびに同個人情報保護法の適用下にある国立病院の場合を考えてみる。まず，「要綱案」「考え方」の段階において，「個人識別情報」を原則不開示とするのは個人のプライバシーを保護するためであり，行政運営の公開性を向上させ行政を監視するという側面から，本人が同意している場合には開示する旨の規定を入れるべきではないかとの提案もみられたとの報告がある。

　当時判例は分かれていたが，支配的学説は，本人開示は個人情報法保護法の方の体系の問題であるので，情報公開制度の中には混入させるべきではな

---

[16] 同「取りまとめ」ならびに職場健康情報の法的課題については，中嶋「被用者健康情報の処理過程と私法的側面」（品川孝次古稀記念論集・信山社，2002年）427頁以下参照。

[17] 宇賀・前掲論文（注6）42頁。詳細は，松井茂記『情報公開法［第2版］』（有斐閣，2003年）53頁以下参照。

いと捉えてきた[17]。したがって，国立病院にあって，患者本人が独法法5条に基づき診療記録の開示を求めてきたとしても，病院側はこれを拒否できるとの結論になるであろう。しかし，上記「考え方」では，診療記録等の開示請求の可否は，民間医療機関を含めた個人情報保護制度の中で「専門的に検討すべき問題」であると位置づけられた。他方，個人情報保護制度下における「開示」をプライバシー侵害の予防に絞るべきであり，医療情報などのセンシティブ情報の「開示」も個人情報保護制度のプライバシー保護とは別のことであって，「医療＝診療情報」の処理は，個別立法によるべきだとの見解もみられる[18]。この立場は，前記「検討会報告書」の路線と軌を一にするといえないではない。同検討会座長の森島教授が医師法や医療法上の法規化を想定していたのではないかとみられる発言をしているからである。

いずれにせよ，〝何らかの〞公的力をもって方向を示すことが喫緊の課題となったことは間違いない。次に掲げる「指針」（行政通達）はその要請に応えようとしたものである。

（2）厚労省・診療情報の提供等に関する指針（2003年医政発0191200）（一部要約）

㋐　目的──本指針は，インフォームドコンセントの理念や個人情報保護の考え方を踏まえ，医師，歯科医師，薬剤師，看護師その他の医療従事者及び医療機関の管理者の診療情報の提供等に関する役割や責任の明確化を図るものである。

㋑　診療記録の開示──①医療従事者等は，患者等が患者の診療記録の開示を求めた場合には，原則としてこれに応じなければならない。②診療記録の開示の際，患者等が補足的な説明を求めたときには，医療従事者等はできる限り速やかにこれに応じなければならない（担当医師が望ましい）。③医療機関は，診療記録の開示手続を定めなければならない。④診療記録の開示の可否については，医療機関内に設置する検討委員会等において検討した上で決定することが望ましい。⑤申立人からは，費用を徴収することができる。

㋒　提供を拒みうる場合──次の場合には，診療情報の全部または一部を

---

[18]　前田・前掲論文（注6）57頁参照。

提供しないことができる。ⓐ診療情報の提供が，第三者の利益を害するおそれがあるとき（患者の状況等について，家族や患者の関係者が医療従事者に情報提供を行っている場合に，これらの者の同意を得ずに患者自身に当該情報を提供することにより，患者とこれらの者の人間関係が悪化するなど），ⓑ診療情報の提供が，患者本人の心身の状況を著しく損なうおそれがあるとき（症状や予後，診療経過等について患者に対して十分な説明をしたとしても，患者本人に重大な心理的影響を与え，その後の治療効果等に悪影響を及ぼす場合）。

(エ) 遺族に対する診療情報の提供――医療従事者等は，患者が死亡した際には遅滞なく，遺族に対して，死亡に至るまでの診療経過，死亡原因等についての診療情報を提供しなければならない。

(オ) 外部医師との間の提供関係――⑦医療従事者は，患者の診療のため必要がある場合には，患者の同意を得て，その患者を診療したまたは現に診療している他の医療従事者に対して，診療情報の提供を求めることができる。①診療情報の提供の求めを受けた医療従事者は，患者の同意を得た上で，他の医師に診療情報を提供するものとする。

(カ) 苦情処理手続――医療機関の管理者は，都道府県等が設置する医療安全支援センターや医師会が設置する苦情処理機関の相談窓口を活用するほか，内部において患者・家族からの苦情処理体制を整備しなければならない。

（3）政府・関係機関の動向（2004，2005年）

2005年4月1日からの民間部門，公共部門における各個人情報保護法の施行を前にして，「個人情報の保護に関する基本方針」（2004年4月）に基づき総務省「独立行政法人等の保有する個人情報の適切な管理のための措置に関する指針について（通知）」が定められ（2004年9月総管情85号），これを受けて国立大学附属病院長会議「国立大学附属病院における個人情報の適切な取扱いのためのガイドラインについて」（2005年2月）等が発表された。

ここでは，厚生労働省「医療・介護関係事業者における個人情報の適切な取扱いのためのガイドライン」（2004年12月段階のもの）につき，「開示」項目を中心に要旨を掲げておく。

(ア) 趣旨――このガイドラインは，個人情報保護法に基づき，法の対象と

なる病院，診療所，薬局，介護保険法に規定する居宅サービス事業を行う者等の事業者等が行う個人情報の適切な取扱いの確保に関する活動を支援するためのガイドラインとして定めるものであり，厚生労働大臣が法を執行する際の基準となるものである。

(イ) 基本的な考え方——医療分野は，特に適正な取扱いの厳格な実施を確保する必要がある分野の一つであるとされており，各医療機関等における積極的な取組が求められている。

(ウ) 本ガイドラインは，国，地方公共団体，独立行政法人等が設置するものは対象から除くが，医療・介護分野における個人情報保護の指針は同一であるから，これらの事業者も本ガイドラインに十分配慮することが望ましい。また，本ガイドラインは個人情報取扱事業者としての法令上の義務を負わない（識別される特定の個人の数の合計が過去6ヶ月以内のいずれの日においても5,000を超えない事業者＝小規模事業者）医療・介護関係事業者にもその遵守する努力を求めるものである。

(エ) 他の指針との関係——医療分野については，すでに「診療情報の提供等に関する指針」（2003年）が定められている。これは，インフォームドコンセントの理念等を踏まえ，医療従事者等が診療情報を積極的に提供することにより医療従事者と患者等とのより良い信頼関係を構築することを目的としており，この目的のため患者等からの求めにより個人情報を開示する場合は，同指針の内容に従うものとする。

(オ) 本人からの求めによる開示（法25条関係）——①医療・介護関係事業者は，本人から，当該本人が識別される保有個人データの開示を求められたときは，本人に対し，書面の交付による方法等により，遅滞なく，当該保有個人データを開示しなければならない。

(カ) 開示の例外——開示することで，法25条1項の各号のいずれかに該当する場合には，その全部又は一部を開示しないことができる。すなわち(a)患者・利用者の状況等について，家族や患者・利用者の関係者が医療・介護サービス従事者に提供を行っている場合に，これらの者の同意を得ずに患者・利用者自身に当該情報を提供することにより，患者・利用者と家族や患者・利用者の関係者との人間関係が悪化するなど，これらの者の利益を害す

るおそれがある場合，ⓑ症状や予後，治療経過等について患者に対して十分な説明をしたとしても，患者本人に重大な心理的影響を与え，その後の治療効果等に悪影響を及ぼす場合。なお，個々の事例への適用については個別具体的に慎重に判断することが必要である。

㈸　データに二面性がある場合——例えば，診療録の情報の場合には，患者の保有個人データであって，かつ当該診療録を作成した医師の保有個人データでもあるという二面性を持つ部分も含まれうるものの，診療録全体が患者の保有個人データであることから，患者本人から開示の求めがあるときに，その二面性があることを理由にその全部又は一部を開示しないということはできない。ただし，法25条1項の各号のいずれかに該当するばあいには，法に従い，その全部又は一部を開示しないことができる。

㈹　開示の方法——書面の交付又は求めを行ったものが同意した方法による。また，開示の際には手数料を徴収することができる（30条）。

㈺　その他——開示等の求めの方法は書面によることが望ましいが，患者・利用者等の自由な求めを阻害しないため，開示等を求める理由を要求することは不適切である。また，求められた措置を取らない場合には，本人に対してその理由を説明するよう努めなければならない。さらに，医療・介護関係事業者は，個人情報の取扱いに関する苦情の適切かつ迅速な対応に努めなければならない（31条）。

（4）個人情報保護法の性格

かようにして，個人情報保護法は，「行政的規定について述べているに過ぎず，個人の民事的権利の有無については曖昧なまま」[19]であるとの指摘にみるように，勧告・命令等の行政的手続規制に関する一部規定を除いては，診療記録の「開示」に関する法状況は，個人情報保護法上の行政的ソフトローの典型である。このことが，医療情報関係状況をどのような方向に導くかが今後の課題となろう。

---

[19]　石川優佳「医療情報の保護とその限界」年報医事法学18号（2003年）51頁。

3　開示問題の行方

　かくして，ソフトローの路線を目指す政府の指針と各医療機関の「自主的取組み」により診療記録の「開示」問題論議は，小康状態にあるといってよい。現在までにおいて確認できる民事的法状況は，診療情報の開示に関する医療側の「行為規範」の設定がなされたということである。これに対し，そこにおいては，「裁判規範」（責任規範）がどのように根拠づけられ，また作用していくのかはなお不明である。

　（1）そもそも，我が国の情報関係実定法の中においては，情報公開法にあっても，各個人情報保護関係においても，各規定が民事上の裁判規範として機能しうるかどうかには，かねて疑問が呈されてきた[20]。また，カルテ開示の法制化を提言した前記「検討会」座長の森島教授も，「例えば借りた金を返すのは法律に書いてあるから返しているわけではない，借りた金を返すのは世の中のルールだからです」[21]という比喩を用い，医師の患者に対する説明や診療記録の開示は，実定法規以前に医療関係法上当然に要請される事柄であることを強調している。この法思想としての「行為規範」の機能は，古く末弘厳太郎博士が「社会上ある義務が存在するや否やと，国家がその義務の強行にむかって助力を与えるや否や，少なくともその強行を是認するや否やとは，まったく別問題」であると喝破した[22]ことと相通ずるものがある。現在の法環境における医師の診療情報の提供は，未だ「世の中のルール」とか「社会上（の）義務」としての存在意義の方が大きいということになる。

　（2）たしかに，例えば，患者本人の同意を得ないで，特定された利用目的の範囲を超えて医療情報を扱っている医療機関に対して，個人情報保護法

---

[20]　このことは，棟居・前掲論文（注6）26頁が，「情報公開法が裁判規範である以前に実施機関の行為規範（である）」と指摘し，また座談会「個人情報保護基本法制大綱をめぐって」ジュリスト1190号（2000年）においても同様に指摘されていた。

[21]　前掲座談会（ジュリスト1142号・注6）26頁。

[22]　末弘厳太郎「法窓閑話」（大正14年）240頁（『嘘の効用』日本評論社，1954年所収）

15条及び16条のみを根拠として，裁判所に当該逸脱行為の差止めを請求しあるいは個人情報に対する保護法違反の不法行為を理由とする損害賠償を請求できるかは，かなり疑問である。この場合には，やはり，改めて人格的利益ないしはプライバシー権（自己の情報をコントロールしうる法的地位）の侵害としての違法性の存否・強弱によって，不法行為か否かが決せられ，したがってそれら請求権が認められるか否かが決せられることになるであろう[23]。

（3）しかし，森島教授は，他方で，「法律上，患者に開示を求める権利があり医師がこれに応ずる義務があることを明記するということで，これによって裁判所に開示請求を申し出る根拠になる可能性もあります」[24]と述べている。これは，いかなる法状況を想定したものであろうか。同教授によるこの論述は，例えば医療契約法といった直接的に民事法上の権利義務関係を定めた場合の帰結を想定したというよりも，医療法，医師法等の公法的規制法への「開示」規定の設置を前提したものと解される（「検討会報告書」参照）。しかし，それらよりもなお「裁判規範」性の希薄な個人情報保護法25条に依拠する場合，果たして「裁判所に開示請求を申し出る根拠になる可能性」になりうるであろうか。

（4）仮に，現在の法状況下において，かつてのインターフェロン治療患者が国立病院に対して診療契約に基づいて診療録の閲覧を請求した事件が発生したとすれば，異なる判決が下る可能性が大きくなったといえるであろうか。この事案では，第1審（東京地判昭和61・2・27）及び控訴審（東京高判昭和61・8・28判例時報1208号85頁）は，閲覧請求権を否定した。東京高裁は，医療側は民法645条に基づき診断の結果，治療の方法，その結果等につき説明・報告すべき義務があることは認めた。しかし，「説明・報告の内容等については，患者の生命・身体等に重大な影響を及ぼす可能性があり，かつ，専門的判断を要する医療契約の特質に応じた検討が加えられなければならない」と説き，医師法24条が医師の診療録の作成を義務づけているとしても，患者本人に閲覧請求権が発生するものではないと結論づけたのである。その

---

[23] 中嶋士元也＝町野朔＝野村豊弘『生命・医療・安全衛生と法』（放送大学教育振興会，2006年）199頁以下参照。

[24] 前掲座談会（ジュリスト1142号）24頁。

後の独立行政法人個人情報法保護法12条，14条の規定の施行によって，右判決の枠組みが変わる可能性はあるのか。

（5）私は，判決の枠組みが変わる可能性は，大いにあると考えている。各個人情報法の「開示」規定の存在及び公的機関ならびに各医療機関のガイドラインは，医療側の「行為規範」性をいっそう明確にしたのみならず，私法的「裁判規範」性をも明確にしたと考えたい。公法的義務の設定が，私法契約の解釈操作に当たって大いに「斟酌」されることは，例えば公法法規たる労働安全衛生法令ならびにそれに関する行政解釈例規が私的契約上の安全配慮義務のあり方に多大な影響を与えてきたことに思いを致せば，容易に推測できることである。

ただし，右帰結には，重大な前提がある。それはとりもなおさず，第1段階における活発化の後長く低迷している「診療契約論」が再開され，より深化しなければならないということである。特に，医療側の開示拒絶権（不開示に関する裁量の範囲と法構成）の行使要件の考究は，今後不可欠の事柄であろう。

〈注記〉　本稿の内容は基本的に2006年3月段階の資料に依拠している。

アメリカ独立革命と奴隷制

浜田冨士郎

1　はじめに

　ヨーロッパの7年戦争，その北米版たるフレンチ・インディアン戦争の清算としてのパリ条約（1763年）により，大英帝国の威光は頂点に達する。北米では17世紀初頭から，イギリス国王の勅許，譲渡によりあるいは自治的に，東海岸沿いの南北にわたって13の植民地が帯状に建設されていき，そこで生産されるたばこ，米，インディゴ等の商品作物の本国への出荷，植民地による本国製造品の購入，それらすべての産品の本国・植民地船舶による輸送の独占等をとおして，植民地はイギリス重商主義経済の重要な一翼を支えてきたが，新たにここにカナダ，フロリダ，アパラチア山脈以西ミシシッピ川にいたる広大な土地がイギリス領に編入され，イギリスの北米支配がほぼ完成する。これまで支配権を争ってきたフランスはひとまず北米の拠点を手放し，スペインの実質的な支配圏はルイジアナに限定される。イギリスが絶頂期を迎えていたまさにこの時期に，しかし，13植民地の間から本国に対する反発，離反の動きが始まる。植民地への課税等を契機として，植民地人がイギリス臣民としての権利を主張しはじめ，本国との間で数々の軋轢が発生し，大陸会議の結成，武力衝突，独立宣言，独立戦争，連合規約の制定，パリ条約（1783年）の締結，合衆国憲法の制定等々の引き続く階梯を経て，13植民地の本国からの分離・独立，それらの合同によるアメリカ合衆国建国が完結する。

　一般に「アメリカ独立革命」と称される，合衆国建国にいたるまでの一連の過程を支えていた主要な政治的理念は，「自由平等」「リパブリカニズム」

467

であった。アメリカ独立宣言（1776年）はこれを，「すべて人は平等に造られており，生命，自由，幸福追求等の不可譲の権利を有している」「政府とはこれら人民の権利の確保を目的とするものであり，その権力は被治者たる人民の同意に基づく。この目的を破壊する政府の廃止・変更は，人民の権利である」等と，自然権思想，社会契約説の色濃い言葉によって表現する。世界の最大最強の帝国たるイギリスからの独立のために用いられた，こうした思想，政治哲学は今日なおその威力，輝きを失っていないという意味で，アメリカ独立革命は文字通り世界史的な意義を有しているが，問われるべきは，これによって黒人奴隷制はいったいどうなったのかである。

アメリカ南部の奴隷制は世界で最大規模の，そしてブラジル，キューバとともに世界で最も遅くまで生きながらえた奴隷制度であり，19世紀後半に南北戦争を引き起こし，そのカタストロフィーの中でようやく崩壊する。自由平等，リパブリカニズムはいうまでもなく，キリスト教的な博愛・平等主義に照らしてみてもその矛盾は否定しようもない奴隷制は，なぜ独立革命期に廃棄されなかったのか。奴隷制の問題は独立革命の大義との関係で，いかに認識されあるいはされなかったのか。あるいは奴隷制について，いかなる意識的・無意識的な問題回避があったのか。アメリカ独立革命が奴隷制にもたらしたものは結局，何であったのか。本稿は，これらの疑問を，特に独立宣言，合衆国憲法に焦点を当てて検討しようとするものである。

2　アメリカ独立革命期前夜の奴隷制

アメリカ独立革命の渦の中で奴隷制がたどった命運を観察し，その意義を考えるには，アメリカの奴隷制について最少限のことを知っておく必要がある。本章でまず，アメリカの奴隷制に関する基礎的な事実を確認しておこう。

(1)　アメリカの奴隷制は，アフリカ系アメリカ人を対象としたいわゆる黒人奴隷制である。それは系譜的には，スペイン，ポルトガルが最初にカリブ海諸島，中南米に持ち込み，その後，オランダ，イギリス，フランス，デンマーク等が継承していった，新世界の奴隷制の一環をなす。黒人奴隷制は黒人「人種」を対象とし，その肌の色を制度の基盤に据えるため，奴隷の解放，

奴隷に対する自由の付与は、誰の目にも明白な例外の許容として制度の完全性を損ない、その崩壊につながる危険を含むものとなる。一般に新世界の奴隷制が、奴隷主 owner, master が望んでも簡単には奴隷の解放 manumission を許さないリジッドな制度となるゆえんであるが、アメリカの奴隷制は、ラテン系のそれと比べて、閉鎖系としての性格をさらに強くもっている。黒人奴隷制にとっての重要問題のひとつはムラトー mulatto をどう扱うかであるが、プロテスタントが建設した北米植民地では、少なくとも公式には黒人と白人との人種混交 miscegenation の忌避傾向が強く、one drop rule という言葉が象徴的に示しているように、一般にムラトーをきわめて広く黒人とする習わしであった。

(2) 黒人奴隷制を根本において支えているのは黒人の蔑視、黒人に対する差別意識であり、奴隷制がこうしたネガティヴな見方をさらに増幅させることになるが、その起源はおそらくイベリア半島にある。スペイン、ポルトガルは、中世期には黒海沿岸の白人奴隷をイタリア商人を介して輸入し、他方、イスラム教徒のアフリカ北岸への進出以降は、別にイスラム教徒の戦争捕虜を奴隷として使役しており、ローマ帝国崩壊の後も一貫して奴隷制を維持していたこと、15世紀末には早くも西アフリカ沿岸の大西洋諸島、特にマデイラ、カナリー諸島、サン・トメ島において黒人奴隷の使役による砂糖プランテーション経営を始めていたこと、16世紀はじめのリスボンにはすでに一万人に達する黒人奴隷がいたこと等が、この関連で注目に値する。新世界の原住民が奴隷労働にはなじまないことを発見したとき、スペイン、ポルトガルがアフリカから黒人をそこに持ち込んだのはむしろ自然の成り行きであり、その後ほぼ一世紀を経て新世界に進出した西ヨーロッパ諸国がこれに習ったのもまた、成り行きのなせるところであった。

当時、黒人奴隷制を否定する思想はなく、その積極的な理由づけを必要とする社会的な状況は存していなかったが、あえてそれを問うならば、バイブル自身が奴隷制を認めている、黒人はノアの呪いを受けた息子ハム（Genesis, Ch.9）の末裔である、殺されても当然である戦争捕虜を奴隷にすることが許されないわけはない、すでに奴隷である者を奴隷として買い受けることに問題はない等々のことが挙げられていた。

(3) 奴隷制はその目的から，労働目的，性的搾取目的，ステイタス・シンボル・社会的装飾目的等に分別できようが，北米の奴隷制は労働を主目的とする。とはいえ，イギリスの北米植民地開拓計画がもともと黒人奴隷制を予定していたわけではなく，入植後の労働力不足打開策として黒人奴隷制が導入される際においても，それはむしろ消極的な選択であった。このことは，17世紀の70，80年代にイギリス本国の労働力需要が強まり，それまで植民地の労働力の主要給源であった白人の年季契約労働者 indentured servant が不足するに及んで，黒人奴隷が急増する事実からもうかがわれる。

　奴隷の従事労働は農業労働に始まり，つねにそれが中心であり続けるが，都市部においては家事労働，技術・技能労働から一部には鉄製造のような工業的労働も見られ，きわめて多様である。農業労働についてみても，その中身はニュー・イングランドの自給自足的・家族労働的なものからヴァージニア，メアリーランドのたばこプランテーション，サウス・キャロライナ，ジョージアの米プランテーションの労働にいたるまでかなりの違いがある。アメリカの黒人奴隷制の象徴たる棉プランテーションが広く南西部に出現するのは19世紀に入ってからのことであり，砂糖プランテーションは，フランスから引き継いだルイジアナを除外すると，もっぱらカリブ海諸島，ブラジルのものである。アメリカのプランテーションは棉プランテーションを含めても，砂糖プランテーションほど大きくはなく，一般にプランテーションの小規模性，奴隷主のプランテーション居住，奴隷主によるプランテーションの直接管理等がアメリカの奴隷制に独特のパターナリスティックな性格を与えたといわれる。

　(4) 奴隷制を支える強制装置として，奴隷法がある。先発のヴァージニア植民地での黒人の取扱いを見ると，植民地初期にはオランダ等から購入された黒人が白人の年季契約労働者と変わりのない処遇を受ける一時期があるが，黒人の増加とともに終身間の拘束労働慣行が徐々に積み重ねられてゆき，この慣行を後支えする形で1660年代頃から，個別事項ごとに黒人奴隷法令が出現し始め，18世紀初頭には，総合的な奴隷法典が整備される。そしてそれが後発の植民地に波及的に広がってゆく。奴隷法は一般に，ニュー・イングランドから中部地域，チェサピーク湾岸，深南部へと，南に下るほどに奴

隷に厳しい内容のものとなってゆく。アメリカ独立革命当時には，13 植民地のすべてに奴隷制が見られ，そのほとんどに奴隷法が存在していた。

　奴隷法の主要な規制事項は，奴隷の法的地位の確定，奴隷の行動規制，奴隷との関係での白人，コミュニティの行動規制である。これらのうちの後二者の規制は，奴隷の従順，地域の安全の確保，反乱予防等の目的から設けられた取締法規であるが，最初の規制は奴隷制の根幹に関わるものであり，財産法的な意義をも有する。その要点は，全植民地を通じてほぼ共通である。すなわち，奴隷は動産 chattel とされ，ローマ法とは逆に，母を通じてその地位を引き継ぐ。動産であるから，基本的には家畜等と同様に，売買，相続，

表1　18世紀後半におけるイギリス北米植民地，アメリカ合衆国の人口

(単位千人)

	黒人	自由黒人	総人口	黒人／総人口(%)
1760年				
北部	40		844	4.7
南部	286		749	38.2
合計	326		1,594	20.5
1770年				
北部	49		1,101	4.6
南部	411		1,047	39.3
合計	460		2,148	21.4
1780年				
北部	54		1,390	3.9
南部	522		1,390	37.6
合計	575		2,780	20.7
1790年				
北部	67	27	1,968	3.4
南部	690	32	1,961	35.1
総計	757	60	3,929	19.3
1800年				
北部	84	47	2,687	3.1
南部	918	61	2,622	35.0
合計	1,002	108	5,308	18.9

U. S. Department of Commerce, Historical Statistics of the United States ; Colonial Time to !957(1960) ; idem, Negro Population, 1790-1915 (1918)をもとに作成。

差し押さえ等の対象となる。もっとも，奴隷に対する刑罰法規の存在が端的に示すように，奴隷の動産性を徹底的に貫くことはすでに法のレヴェルで破綻せざるをえず，実際の適用のレヴェルでは宥恕，手心等により路線はさらに動揺をきたし，結局，奴隷法はその威嚇効果の方により大きなねらいがあったということもできなくはない。

3 アメリカ独立革命の概要

　アメリカ独立革命の中での奴隷制の消長を検討しようとするとき，これについても若干の事前情報のあることが望ましい。手続としてはやや迂遠の感があるが，引き続き，アメリカ独立革命の概略をまず確認しておこう。
　(1) それぞれプロシャ，オーストリア・ロシアを同盟国とし，ヨーロッパ，北米，アフリカ，インド等を戦場に戦われた，イギリスとフランスの覇権争いたる7年戦争（1756—1763年）は，アメリカではフレンチ・インディアン戦争と呼ばれる。両国の北米での戦いは，セント・ローレンス川，五大湖東岸，オハイオ川峡谷を結ぶ前線の，東からの突破，破壊を試みるイギリス・北米植民地軍と，この前線上の要塞群を守ろうとするフランス・インディアン連合によって展開されるが，ピット（William Pitt, 1708-78）による2万人を超える正規軍の投入により，イギリスがかろうじて勝利をおさめる。戦勝国イギリスがパリ条約によって得たものは，フランスの北米からの完全撤退，スペインによるフロリダの放棄およびミシシッピ川以西のフランス領の譲り受け，イギリスのアパラチア山脈からミシシッピ川に至るまでの領土の獲得であった。
　イギリスはしかし，その成果によって深刻な課題をも抱え込む。北米植民地がイギリス経済にとって重要度を増すにつれ，航海法による通商の規制，内政への不干渉という伝統的植民地政策の行き詰まり，通商規制に付着する役人の腐敗，密輸の横行等々の問題が顕在化し，イギリスはすでに18世紀の半ば頃には，植民地政策の再編の必要に迫られていたが，広大な新領土の獲得とともに，植民地人，急増する移民の新天地への無秩序な流入・土地占拠，土地売買・投機，インディアン諸部族との不法な土地取引等々の問題が

別に発生する。それら問題への対応策としての常備軍の配置は，戦争が生んだ莫大な負債にさらに新たな費用を加える。財政問題の打開のためにジョージ3世（1738—1820），イギリス議会が選んだのは植民地に対する費用負担の要求であったが，これが植民地の結束，抵抗を促し，ついには植民地の独立へとつながってゆく。

(2) 18世紀に入って建設されたジョージアを除き，北米各植民地は，フレンチ・インディアン戦争当時，すでに80年から150年の歴史をもっていた。総人口は160万人に達し，イギリスの海運の半分，輸出の4分の1を植民地との交易が占めていた。とはいえ，植民地のイギリス商人に対する負債総額は200万ポンドにも達しており，これが本国に対する植民地人の不満の底流をなしていた。

各植民地は，その発足の経緯から王領植民地，領主植民地，自治植民地の違いがあったが，最終的には国王の意思によって存在するものであり，国王の植民地への関与可能性は，制度の建前としては当然であった。実際にはしかし，イギリスは，航海法等に基づく通商規制以外は，植民地の自治的な統治を広く認め，ときに通商政策と関連して植民地立法に拒否権を行使することはあったが，総じて植民地の内政への関与を自制し，植民地を放任してきた。国王任命の植民地総督にとって，植民地議会の意思を無視した統治は実際にはありえなかった。13植民地のすべてに植民地議会が組織され，その代議員は本国よりはるかに高い比率で存する土地所有者の広く参加する選挙によって選ばれていた。本国からすればなお経済的，文化的に本国に依存，従属する遅れた社会ではあったが，植民地はすでに一定の経済力をもち，政治的には，本国よりもはるかに自由で平等な社会となっていた。もっとも，個々ばらばらに発展してきたというこれまでの事情を反映し，植民地では，相互間の協力，結束よりは反目，無関心の方が強かった。

(3) 戦争の終結は植民地に不況をもたらすが，イギリスは1764年，フランス，スペイン領西インド諸島からの糖蜜等への関税の強化を内容とする砂糖法，紙幣発行を禁止する通貨法を植民地に制定する。それら法律への反対請願にもかかわらず，翌65年にはさらに，法律文書，新聞，暦等への印紙の貼付を要求する印紙法を定める。各植民地はこれまでに例をみない本国か

473

らの内政干渉に反発する。とりわけ印紙法は，本国では17世紀末以来実施されてきていたとはいえ，関税ではない純然たる税金を直接植民地人から徴収するものとして，その自由，自治を侵害するものと受け止められる。イギリス議会に植民地代表が入っていなかった事実をとらえて，「代表なければ課税なし」のスローガンが叫ばれ，これが植民地全体の反対を糾合する。ニュー・ヨークでは，9植民地の代表の参加する印紙法会議 Stamp Act Congress がもたれ，イギリス議会は植民地への課税権限をもたない旨の決議がなされる。「自由の子 Sons of Liberty」と称する運動組織が多くの植民地で組織され，イギリス製品の不買運動を含む，さまざまの反対運動を展開する。

　印紙法は翌66年には撤廃されるが，イギリス議会が植民地に対する経済的負担の要求を断念したわけではなく，今度はタウンゼンド法による関税の拡大・強化によって収入の確保を図ろうとする。植民地人のイギリス議会への反対はいまや，その課税権だけにとどまらず植民地に関する立法権限一般にまで拡大してゆく。60年代末には再び不買運動その他の植民地横断的な反対運動が高まりを見せる。マサチューセッツ議会による各植民地への回覧状の送付，イギリス軍のボストン常駐の開始，ボストンの虐殺事件等があり，本国と植民地との関係はマサチューセッツを中心に悪化の一途をたどるが，1770年，イギリスが茶税だけを残してタウンゼンド法を廃止したのを契機に，その後若干の沈静期間が訪れる。しかし，1773年末のボストン・ティー・パーティ事件の発生，これに続く本国のマサチューセッツ植民地，特にボストンに対する報復・制裁措置としての，いわゆる強制諸法の制定によって，本国と植民地との対立はほとんど後戻りの余地のない，決定的なものとなる。多くの植民地において，自治政府的な活動が展開され，国王任命の総督は手を拱いているだけの状態が現出しはじめる。

　(4)　1774年9月，各地の通信委員会 Committee of Correspondence の活動を介して，第1回の大陸会議 Continental Congress がフィラデルフィアで開催される。12植民地の代表が参加し，自治的な政府活動，イギリス製品の不買同盟 Continental Association を承認するとともに，翌年5月の第2回会議の開催を決める。予定された第2回会議の直前の75年4月には，ボストン駐留のイギリス軍がボストン郊外にあった植民地の武器庫接収作戦を敢

行する過程で，イギリス軍とマサチューセッツ民兵との間で武力衝突事件が発生する。衝突事件それ自体には偶発的な要素もあったが，その直後に開催された第2回大陸会議による全植民地軍たる大陸軍 Continental Army の設置，ワシントン（George Washington, 1732-99）の司令官への任命，ジョージ3世による植民地の公然反乱宣言等を経て，本国・北米植民地間の対立は本格的な戦争へと発展してゆく。いまや常設化された大陸会議が戦争指導の任に当たり，76年7月には，独立宣言を決議し，北米植民地のイギリスからの独立を世界に向けてアピールする。各植民地は独立の州（邦）state として，それぞれ固有の憲法を制定しはじめ，大陸会議，アメリカ連合 United States of America に結集する。

イギリスは攻撃よりは防御のスタンスを堅持する大陸軍・民兵軍を攻めあぐね，戦争は膠着状況を迎える。アメリカは1778年になって，フランスとの同盟にこぎ着ける。イギリスはその攻撃目標を，北部から王党派 Loyalist が多く，戦況に有利と思われた南部に移すが，フランスの参戦によって，アメリカ優勢の戦局は揺るぎないものとなり，1780年中にはほぼアメリカの勝利が確定する。1781年には，77年以来の懸案であった連合規約 Articles of Confederation のすべての州による批准もなり，ここに大陸連合の合衆国としての体裁もひとまず正式化する。大陸連合は83年のパリ条約により，イギリスからも承認を受け，先の領土を獲得する。

しかし，戦争からの解放は，戦費の負担，アパラチア以西の西方領土の帰属等に関連して，各州の勝手な行動を助長する。統一国家としての大陸連合は揺らぎ，その法的基礎としての連合規約の問題点が浮き彫りとなる。かかる状況の中，マディソン（James Madison, 1751-1836），ハミルトン（Alexander Hamilton, 1755-1804）等の統一国家推進派 Nationalist, Federalist により，1787年，連合会議とは別にアド・ホックなフィラデルフィア会議が開催され，ここで合衆国憲法が作り上げられる。88年，州によるその批准もなり，合衆国憲法が発効し，翌89年，第1回連邦議会の開催，ワシントンの大統領就任により，アメリカ独立革命はひとまずその決着を迎える。

第3部　友愛編

表2　アメリカ独立革命の展開

年	事項
1763	パリ条約によるフレンチ・インディアン戦争の終結 (2.10)
1764	英，砂糖法 (4.5)，通貨法 (4.9) の制定
1765	英，印紙法 (3.22) の制定
1766	英，印紙法廃止 (3.18)，宣言法制定 (3.18)
1767	英，タウンゼンド諸法制定 (6.26, 7.2)
1968	英軍のボストン駐留開始 (9.29)
1770	ボストンの虐殺事件 (3.5)，英，タウンゼンド諸法廃止 (3.)
1773	英，茶法制定 (5.10)，ボストン茶会事件 (12.6)
1774	英，強制諸法制定 (3.31, 5.20, 6.2)
	第1回大陸会議開催 (9.5〜10.27)
1775	レキシントン，コンコードの戦い (4.19)
	第2回大陸会議開催 (5.10〜)，ジョージ3世，植民地の反乱を宣言 (8.23)
1776	トーマス・ペインのコモン・センス発売 (1.9)
	大陸会議，各州に対して州政府を組織することを助言 (5.10〜5.15)
	大陸会議，独立を決議 (7.2)，独立宣言を採択 (7.4)
1777	大陸会議，連合規約を承認 (11.15)，各州による批准手続の開始
1781	メアリーランドが連合規約を批准(2)，連合規約の正式発効 (3.1)
1783	英との講和条約締結 (9.3)
1786	アナポリス会議の開催 (9.11〜14)
	マサチューセッツに農民反乱 (Shay's Rebellion) の発生 (1786.9〜87.2)
1787	フィラデルフィア会議の開催 (5.25〜9.17)，合衆国憲法の承認 (9.17)
1788	ニューハンプシャーによる合衆国憲法の批准，新憲法の発効 (6.21)
1789	第1回連邦議会の開催 (3.4)，ワシントン，初代合衆国大統領に就任 (4.30)

表3　独立戦争の推移

年	事項
1775	レキシントン，コンコードの戦い (4.19)，ワシントン，大陸軍司令官に就任 (6.15)
	バンカーヒルの戦い (6.17)，ジョージ3世，植民地の公然反乱を宣言 (8.23)，大陸軍，ケッベクで敗北 (12.31)
1776	英軍，ボストン撤退 (3.17)，ニューヨークのスタッテン島上陸 (7.2)，ロングアイランドの戦い (8.25)，ニューヨーク市占領 (8.27)，トレントンの戦い (12.26)
1777	プリンストンの戦い (1.3)，ブランディワインの戦い (9.11)，英軍，フィラデルフィア占領 (9.25)
	英バーゴイン Burgoyne 将軍，サラトガで降伏 (10.17)
1778	仏と友好通商および同盟条約締結 (2.6)，仏の参戦(6)
1779	スペイン，仏の同盟国として参戦(6)
1780	英軍，チャールズトン占領 (5.12)，カムデンの戦い (8.16)
1781	英コーンウォリス Cornwallis 卿，ヨークタウンで降伏 (10.19)
1783	イギリスとの講和条約（パリ条約）締結 (9.3)

4　アメリカ独立革命と奴隷制

　黒人奴隷制は，白人社会に対して「奴隷の反乱」の恐怖を植え付ける。奴隷法の重要目的のひとつは，奴隷の行動規制，反乱予防であった。カリブ海諸島，中南米と比較するとき，北米植民地での奴隷の反乱事件はまれであったが，奴隷人口がほぼ4割を占める南部諸州では奴隷の反乱に対する社会の不安，警戒心にはパラノイアに近いものがあり，その奴隷法は，許可なしの外出の禁止，白人の同席しない集会の禁止，奴隷への読み書きの教授の禁止等々，奴隷の行動を日常生活の細部まで厳しく監視するものとなっていた。
　とはいえ，この奴隷制の妥当性が政治的，道徳的等，何らかの意味で疑われることは，クエーカー教徒の例外を除けば，18世紀の後半にいたるまでほぼ皆無であった。いわば無風状態の中にあった奴隷制は，独立革命期に入ってようやく植民地社会の関心の範囲内に入ってくる。ヨーロッパ啓蒙主義，自然権思想の影響を受けた自由で合理主義的な思考態度，キリスト教的平等思想の普及などを社会的背景として，1760年代の後半以降，奴隷制反対を唱えるパンフレットが北部を中心に出回りはじめる。そうした社会の変化は，アメリカ独立宣言の出現によって大きなうねりとなり，70年代末年以降，北部諸州はニュー・イングランド地方を皮切りに，順次，奴隷制の一挙的・段階的な廃止に着手する。直ちに廃止に踏み切れない州においても，奴隷による解放訴訟提起の容易化，解放要件の緩和等の制度的改善がなされ，奴隷の解放，自由黒人の誕生が増えてゆく。
　奴隷制は主義，思想と無関係なレヴェルでもまた，大きく揺さぶられる。戦争中のプランテーション管理の弛緩による奴隷の逃亡，自由獲得への期待に基づいた，奴隷の側からのイギリス軍への帰順・戦争参加の申し出，奴隷に対して逃亡，戦争協力を誘いかけるイギリス側の対応，イギリス軍・私掠船による奴隷の略取等々によって，南部は多数の奴隷を失い，多くの自由黒人，都市浮浪黒人が生まれる。アメリカ側もまた，戦後の解放を条件として奴隷に対して戦争への参加を求める。こうして閉鎖系としての黒人奴隷制は，戦争それ自体によってもほころびを大きくしてゆく。

第3部　友愛編

　それはアメリカにとって，奴隷制を全面的に廃棄する歴史上唯一ともいうべきチャンスであった。しかし，アメリカは結局，この好機を生かせない。戦争が落着し，諸外国から独立国家としての承認を受けた後は，諸州間の結束は霧散し，大陸連合は，州主権に固執する諸州によって統制力を欠いた単なる州集合体に変質させられてしまう。より強固な統一国家の建設を目指すフェデラリストによって合衆国憲法が制定されるが，その代償は，奴隷制の憲法的承認であった。独立革命の総決算たる合衆国憲法を後ろ盾に，奴隷制はその後さらに70年余の長きにわたってその存在を謳歌する。

　本章の課題は，こうしたアメリカ独立革命の展開の中で奴隷制がどのような変化をどの程度，範囲において被ったのかをまず確認し，そうした変化に対して独立宣言がいかなる意義をもち，いかに作用したのか，合衆国憲法は奴隷制の擁護のためにいかなる加担をしたのか，その基礎にある思考，価値判断とはどのようなものだったのか等々の問題を検討することである。

(1) 奴隷制の変容

(1) 18世紀の後半，アメリカ社会に知的，文化的に大きな変化が訪れる。まず挙げられるのが，ヨーロッパ啓蒙思想の影響である。それは，知的・政治的エリートの間に自然権，政治的自由，信教の自由，法の下の平等といった概念を普及させ，より卑俗なレヴェルでも，残虐行為への嫌悪，フェア・プレイ，弱者・貧者・自己とは異なる他者への優しさ・寛容，環境主義的人間観，合理的思考態度等々を社会に浸透させてゆく。資本主義の進行もまた，市場法則への帰依，個人の意思・自由の尊重，効率の重視等の傾向を強める。さらにこの時期には，すでに反奴隷制の立場をとっていたクエーカーに加えて，メソディスト，バプティストに代表される福音主義的な宗教各派の活発化とそれにともなう平等主義の普及がある。これらすべては，それ自体として直ちに奴隷制廃止の方向に働く力では必ずしもなかったが，少なくとも奴隷制の妥当性について真摯な問いかけをし，これを否定する知的・文化的環境を形成する重要な要素をなしていた。一定の触媒さえ与えられれば，世論，社会が奴隷制廃止に向けて動き出す状況がここに生まれる。

　そしてその触媒としての意義をもったのが独立革命である。本国議会の一

方的な課税決定を受け入れがたい財産権，自由の侵害であるとし，これを奴隷制にたとえた植民地人の立場は，みずからの奴隷制について不問にしておくことをもはや不可能にする。イギリスとの抗争，独立革命の進展が奴隷制に対して深刻な疑問を投げかけ，これに対して否定的な評価を加えざるをえなくなるのは当然であった。他方，植民地にとっては反乱のおそれを含む不安定要因，イギリスにとっては戦局の有利な展開のためのポテンシャルとして，奴隷制は戦争遂行の過程でより現実的な関心事ともなってゆく。

(2) その決定に間接的にも関与していない，本国の一方的な課税に対する植民地の抗議がとった代表的なレトリックは，「植民地に奴隷制を押し付ける」「植民地人を奴隷扱いする」というものであった。それは，奴隷状態を人が自己決定性を欠いたいっさいの状況をいうものと，最も一般化・抽象化したレヴェルで捉えるならば必ずしもありえない議論ではなく，事実，奴隷制と直接に関わり，誰よりも強くそれを嫌悪する植民地人の一般的な意識ではこのレトリックに特段の違和感もなかったようであるが，第三者の目には，それが誇張と強引さのみが目立つ，特異で自己本位な議論と映ったことは容易に想像されるところであり，ひるがえってそれが植民地自身の正真正銘の奴隷制に対して正面から疑問を突きつけるものとなるのは当然であった。

1760年代の半ば以降，奴隷制を維持する植民地の嘘，偽善を痛烈に反省，批判するパンフレットがニュー・イングランドを中心に出現しはじめ，独立宣言の頃までには奴隷制批判はもはや社会的に無視できない大きな声となる。そうした批判の渦，うねりの中で，政治文化，経済のあり方等によって植民地の事情に開きがあったとはいえ，奴隷制は一定の重大な修正を受け，あるいは修正の最初のきっかけを与えられることになる。

(3) 奴隷制への疑問の提起，奴隷制廃止論の広がりはしかし，実際には容易に制度の廃止にまではつながらない。1776年のアメリカ独立宣言は，後に詳しく検討されるように，奴隷制について直接言及することはなく，結局，それ自身としてはあいまいなスタンスのままに終わってしまう。しかし，個別の州のレヴェルでは，いくつかの重要な変化が生じはじめる。嚆矢は，ヴァーモントであった。その1777年憲法は，あいまいさを含むものではあったが，「男性は21才，女性は18才に到達した後は，あらためてその旨の同

意をしないかぎり、年季契約労働者、奴隷、徒弟として法的に何人にも拘束されることはない。」として（1条）、ひとまず奴隷制の廃止を宣言する。マサチューセッツは、独立革命のリーダーとして、さらに黒人自身の奴隷制廃止請願も活発であったため、州議会でいち早く奴隷制の廃止を検討していたが、廃止が他州に及ぼす影響への配慮もあり、1780年憲法によっても、端的に奴隷制を廃止するには至らなかった。ところが、州最高裁判所は1783年、同憲法が有していた、「すべて人は生来自由平等であり、これを享受し、擁護する権利を有する」旨の、アメリカ独立宣言と近似する一般的平等条項（1条）を捉えて、それは奴隷制を廃止するものと解釈し、以後、この解釈上の立場が判例として確定する。ニュー・ハンプシャーにおいても、1783年憲法の平等条項がマサチューセッツと同様の仕方で、奴隷制の廃止を導いた模様である。

　これらの憲法レヴェルでの奴隷制の廃止は、その具体的な手続、奴隷主に対する補償、解放奴隷の生活保障、奴隷解放が引き起こしうる社会不安への対応等について具体的なプログラムを何ら用意していなかったという意味では、廃止措置として不十分さを否定しえないが、もともとこれらのニュー・イングランド諸州にはプランテーション農業は存在せず、したがって、そこでの奴隷制の広がり、定着の程度、奴隷の実数等はすべて限定的であり、制度廃止がもたらす経済的、社会的なインパクトは小規模にとどまるべきものであったため、革命の理念にしたがって原則的に行動しはするが、細部への深入りは避け、あとは成り行きに委ねるといった大まかな対処が可能であったといえそうである。

　(4)　実際的な廃止計画まで盛り込んだ最初の奴隷制廃止法の栄を担うのは、ペンシルバニアの1780年法であった。北部最南部に位置する中部州のペンシルバニアが最初の奴隷解放立法を実現しえたのは、独立戦争への非協力姿勢のゆえに当時すでに政治的影響力を失っていたとはいえ、1750年代から他の諸勢力に先駆けていち早く奴隷制問題を取り上げ、1775年には北米、ヨーロッパを通じて最初の奴隷制廃止協会 abolitionist society を組織していたクエーカーに負うところが大きい。同法は、実際的であるがゆえに、制度の完全撤廃までにきわめて長期の期間を見込んだ、漸進的な廃止計画を内容

としていた。すなわち，①同法が施行される1780年11月1日以前に生まれた奴隷は奴隷主による登録を条件に，なお終身間奴隷とする，②同日以降にこれらの奴隷から生まれた子については，その子が28才になるまでは奴隷主に対して年季徒弟としての義務を負い，28才になった時点で自由民となる，というのが解放プログラムの骨子であり，同州から奴隷がすべて消滅するにはさらに数十年を要するというものであった。それは一見，制度の全廃を先延ばししすぎてはいないかとの印象を拭えないが，奴隷主に対して解放の補償はせず，その代わりに奴隷を徒弟として28才まで拘束することを許し，さらに年季明けの徒弟への解放金等の支払いも免除するというものであり，一方で奴隷主に対する所有権侵害のインパクトを緩和し，他方で奴隷に技能習得，経済的自立のための準備期間を設けて，解放後に備えるねらいをもっていた。その実際性には説得的なものがあり，また，微温的とはいえ，反奴隷制的な公的政策の表現として，奴隷主の自主的な奴隷解放を促す意味をももちうるものであった。

　本ペンシルバニア法（同州は本法を基本にして，別に1788年，奴隷の州内持ち込み，州外への売却，家族との離別強制，奴隷略取等々の禁止を内容とする奴隷制規制法を制定する）は，その後の奴隷制廃止法のモデルたる役割を果たすことになる。1784年，ロード・アイランド，コネティカットが解放年齢の設定に若干の改善を加えて，同タイプの廃止法を実現し，さらに独立革命後の1799年，1804年には，ニュー・ヨーク，ニュー・ジャージーがそれぞれ同様の立法を成立させる。これにより，ニュー・イングランド，大西洋岸中部のすべての州が奴隷制を廃止しないしは廃止途上にあることになったが，奴隷は，ほんの一握りながら，北部においてもなお19世紀の半ばまで生き残る。

　(5)　これに対して，奴隷制を社会の構成原理にまでした，いわゆる奴隷社会（slave society.一般にこの概念は，単に奴隷制をもつだけの社会 society with slavery と区別するために用いられる）を形成していた南部の奴隷制は独立革命期をも生き抜き，ここに，奴隷制の存否を基準にして，南北を明快に識別できるようになる（ペンシルバニアとメアリーランドとを画する Mason-Dixon 線を境として，北部と南部，自由州と奴隷州が次第に明確な姿をとってゆく）。も

っとも，等しく奴隷制を維持する南部の内にも，若干の相違がある。海岸部低湿地帯で西インド諸島型の大規模プランテーションによって米，インディゴを生産する深南部（サウス・カロライナ，ジョージアとノース・カロライナの一部）と，相対的に小規模プランテーションでタバコを生産する上南部（ヴァージニア，メアリーランドを中心とするチェサピーク湾岸部）では，プランテーションの管理・労働編成の手法，奴隷のクレオール化，奴隷主と奴隷との人的関係等の点で，もともと一定の違いがあったが，その違いは独立革命期を経てさらに大きくなる。すなわち，生産地域の西方拡大による生産過剰，販路の閉塞等を理由とするタバコ価格の下落のため，上南部はまさに独立革命期に商品作物をタバコから小麦に大きく切り替えるのであったが，年間を通して高密度の労働を必要とするタバコとは異って，植え付け・収穫期以外にさしたる労働を要しない小麦が奴隷労働，奴隷制のあり方をさらに変えることになる。小麦の生み出す余剰時間は，農業労働以外の分野での奴隷の職人的熟練の開発・習得，奴隷の賃貸し・所属プランテーション外での有償労働への従事，奴隷による小規模な財産形成，奴隷間・奴隷と奴隷主の間の経済取引の発生等へとつながり，ひいてはこの地方における経済全体の拡大・複合化，軽工業の発展，都市化等々，北部の発展に準じた社会変化をある程度まで生じさせる。

　そしてその社会変化のひとつが，奴隷制の厳格性を緩和する方策としての私的な奴隷解放 manumission の許容である。奴隷身分からの解放，自由黒人の創出は，肌の色を基準に成り立つ黒人奴隷制にとっては，制度の存立基盤に風穴をあけ，その安定性を阻害する，病気，障害，老齢のため役に立たなくなった奴隷の扶養責任を免れる手段として利用されうる等のため，もともと奴隷主個人の裁量にすべてを任せることのできない性質の事柄である。ヴァージニアでは，長らく（1723年以来）これが禁止されていたが，1782年には，この禁止が解除され，45歳以下の成人奴隷に関するかぎりで遺言，捺印証書によって奴隷の解放，自由の付与が一般的に認められることになる。同様の措置は引き続きデラウエア，メアリーランドでもとられ，1790年までにはノース・カロライナを除き，上南部の全域で奴隷の私的解放についての制度が再編されてゆく。その結果は，未曾有の大量の自由黒人の出現であ

る。それは一方で，プランテーション経営に関する奴隷主のパターナリスティックな思考を強化するとともに奴隷制の苛酷さを減じる方向に作用し，他方で，上南部に対して，新たに南西部に急激に進出・拡大してゆく棉プランテーションに対する奴隷供給元としての役割を与えることになる。

(6) 深南部の奴隷制はしかし，独立革命期を経ても，結果的にはさしたる変化を受けなかった。王党派奴隷主の離脱，プランテーションの荒廃，奴隷の逃亡，イギリス軍による大量の奴隷の誘導・勧誘・略取等々，独立戦争が加えた打撃は上南部と比べてはるかに大きく，奴隷制も地域によっては一時的に機能麻痺の状態にあったが，戦後，いち早く奴隷輸入が再開され，欠損した奴隷の補充がなされるとともに，奴隷制は復活し，綿需要の拡大とともに，戦前以上に強力な労働制度として成長してゆくことになる。

(2) 独立宣言と奴隷制

アメリカ独立革命の象徴たる独立宣言は，「人はすべて平等に造られている」ことを，直截に宣明する。今日的基準からすると，この宣託から黒人が除外される理由はありえず，独立宣言は黒人奴隷制に端的に反対していると考えるのが当然であろう。しかし，ジェファソン（Thomas Jefferson, 1743-1826）その他の独立宣言の作成関与者達の考えはそうではなく，それは奴隷制に関してはさしあたり何もいっていない，というのが一般的な見解であった。ではなぜ独立宣言はこのように不徹底なものとなったのか，その独立宣言が奴隷制との関係でその後にもちえた大きな影響力はなぜだったのか，そもそも独立宣言とはどのような性格の文書だったのか等々が，本節の検討課題である。

(1) 独立宣言の概要

(i) 一般的な背景事情　1775年4月のボストン郊外での最初の武力衝突以後，大陸会議は植民地連合軍としての大陸軍を組織し，ワシントンをその司令長官に任命する。戦闘範囲はいまやハドソン川上流，カナダへと拡大し，各植民地においても愛国派と王党派との対立，国王任命の総督の統治機能の停止，植民地人の自律的な植民地運営・事実上の政府機能の継承，総督の植民地からの脱出・逃亡等々により騒然たる状況が出現し，ヴァージニア

等では不正規な武力衝突も生じはじめる。しかし，大陸会議はなおイギリスとの和解の希望を失わず，同年7月，国王への忠誠を確認する請願 (Olive Branch Petition),「武器をとる理由と必要についての宣言 (Declaration of the Causes and Necessities of Taking Up Arms)」によって，ジョージ3世の理解と譲歩に希望を繋ぐのであったが，国王は同年8月，植民地の公然反乱を宣言するにいたり，和解の道はほとんど閉ざされてしまう。1776年1月に出版された，ペイン (Thomas Paine, 1737-1804) の「コモン・センス」は，こうした流れを決定づけるものであった。大衆の言葉で熱く独立を語りかける同小冊子によって，植民地の世論は独立の方向に大きく傾く。大陸会議は，私的拿捕行為の公認，本国・西インド諸島への輸出禁止，王党派の武装解除決議，イギリス以外の諸外国に対する港湾開放等々の措置を経た後，同年5月，正式に独立の実現に向けて動き出す。その背後には，独立の達成によって，戦争継続のために必要な武器，借款をフランス，スペインから得ると同時に，これらの国からの侵略の危険を避けるというねらいがあった。

(ii) 独立宣言の成立経過　北米植民地の独立の動きは，1776年5月10日，15日の，自主的な植民地政府の整備，強化を促す大陸会議決議によって決定的となる。とはいえ，個別の植民地，とりわけニュー・ヨーク，ペンシルバニア等の中部植民地においては，独立に関する内部的な合意形成になお時間を要する状況にあった。6月7日の大陸会議でのヴァージニア代表リー (Richard Henry Lee, 1732-94) による独立決議提案は，一部の代表がその出身植民地から授権を得ていなかったために，決定が3週間先延ばしされることになる。しかし，独立決議成立のあかつきにはそのことを内外に説明する公式文書が必要となることを見越して，大陸会議はリーの提案の直後に，独立宣言起草委員会の設置，およびヴァージニアのジェファソンら5名（他の4名は，マサチューセッツのアダムズ John Adams，ニュー・ヨークのリビングストン Robert R. Livingston, コネティカットのシャーマン Roger Sherman, ペンシルバニアのフランクリン Benjamin Franklin であった）の起草委員への指名等を決め，独立宣言作成の手続をスタートさせる。2週間余が経過した6月28日，起草委員会はジェファソンの原案に若干の修正を加えた独立宣言案を，大陸会議に答申する。これを受けた大陸会議は，まず7月2日にイ

ギリスからの独立を決議し，7月4日には独立宣言の採択を決議する。

表4　独立宣言の成立の経緯

1776年5月10日	大陸会議，各植民地に対して適切な政府の樹立を勧告。
5月15日	同勧告に，王権のいっさいの排除，植民地人民による完全な政府の樹立を内容とする前文を付加することを決議。ヴァージニア議会，イギリスからの独立を大陸会議において提案すべき旨を，その代議員に指示。
6月7日	ヴァージニア代議員リー，イギリスからの独立決議案を大陸会議に提案。
6月10日	大陸会議，個別植民地の態度決定を待つため，リーの提案の決議を3週間延期。同時に，同独立決議成立の際にその趣旨を説明するための宣言文を起草する起草委員会の設置を決定。
6月11日	ジェファソンら5名，起草委員として指名される。
6月28日	起草委員会，独立宣言案を大陸会議に報告。
7月2日	大陸会議，イギリスからの独立を決議。引き続いて，独立宣言案の検討開始。
7月4日	大陸会議（ニュー・ヨークを除く12植民地），独立宣言の採択決議。
7月15日	ニュー・ヨークの同決議への参加。
7月19日	独立宣言を公式文書として作成する旨の決議。
8月2日	公式文書としての独立宣言に大部分の代議員が署名。

(iii) 独立宣言の法的性格　独立宣言は独立決議そのものではなく，独立の事実を植民地の内外，特に諸外国に向けて喧伝し，その理解を得ることを目的として作成された説明文書であり，もともと政治的性格を強くもった文書である。それは，イギリス名誉革命時（1689年）の権利宣言 Declaration of Rights，権利章典 Bill of Rights の先例を意識し，そのひそみにならったものであり，全1300余字から成る比較的コンパクトな同文書の主要部分は，ジョージ3世の植民地に対する圧制の罪過20数点の枚挙に当てられている。その基本的なねらいは，植民地が独立の国家となる道を選ばざるをえない事情を説明することであったが，そのための理論的前提として，宣言は国王の罪過の枚挙に入る前にまず，社会契約説的な国家・政府論，人民の抵抗権に関する考え方を簡潔に提示している。それは，「すべて人は平等に造られている」との一節から始まり，時代とともに，独立宣言の最も著名な部分を構成することになる。

独立宣言の国家・政府論に関する部分は，次のような構造をとっていた。すなわち，①人はすべて平等に造られており，生命，自由，幸福追求の権利を含む一定の不可譲の権利を有する，②政府はこれらの権利を確保する目的で作られるものであり，したがって，政府の権能は被治者たる人民の同意に由来する，③政府がこの目的を果たそうとしないとき，人民は既存の政府を廃止し，新たな政府を作る権利を有する，というものである。こうした考え方の起源については見解は分かれるが，ロック（John Locke, 1632-1704）の社会契約説（Social Compact Theory）から最も大きな影響を受けているとの基本点では，見方はほぼ一致している。

　独立宣言は上記のような国家・政府論の中でジョージ3世の圧制をとらえ，植民地独立の結論を選択するものであり，三段論法的なその主張の展開は単純平明である。しかし，独立宣言の基本的な性格に関しては，なお重大な不明点が残ることになる。まず第一に，独立したのは，大陸会議ないし集団としての植民地なのか個別の植民地なのか，かりに後者だとすると，個別植民地間の独立後の結合のあり方についても，独立宣言は何らかのメッセージを含んでいるのかが問われうる。宣言のタイトルは，大陸会議の決定になり，その後各州に独立宣言文として送付されたコピーでは「A Declaration by the Representatives of the United States of America, in General Congress assembled」となっており，保存用の公式文書の方では「The unanimous Declaration of the thirteen united States of America」とされ，別に56名の署名が文末に付されているのであるが，そのいずれによっても，明確な答えは引き出せない。しかし，もとより独立宣言当時，合衆国樹立への展望はいまだ一義的には存在しておらず，この問いにあえて答えようとするならば，独立したのは各州（植民地，邦）であり，州間の関係，州の結合の問題はさしあたり白紙の状態におかれていたというべきであろう。第二に，第一と関係する問題でもあるが，そもそも独立宣言が，宣言主体の約束として人民，その後に樹立される政府，さらには外国との関係等において何らかの法的な意義をもつのかどうかも定かではない。その後のすべての政府が独立宣言の内容について政治的・道義的責任を負うことを否定するのは困難なようではあるが，厳密に法的レヴェルで論じるならば，独立宣言の約束としての拘束力には疑

問が残るというべきであろう。独立宣言が一般にアメリカ合衆国の最初の憲法とされているる連合規約（The Articles of Confederation and Perpetual Union between the States of New Hampshire, Massachusetts Bay, ……, Georgia,1781.），現行憲法（The Constitution of the United States of America,1787）のいずれにおいても，何ら言及されておらず，独立宣言とその後の憲法との連続性の維持の試みが形式的にはまったくなされていないことが，この関連で注目される。

(2) 独立宣言の奴隷制に対するスタンス

独立宣言は奴隷制についていかなるスタンスをとっているのか。独立宣言中には奴隷ないし奴隷制への直接の言及が見られないが，その評価のためにはなお次の2点，すなわち，①独立宣言の平等・不可譲の権利条項は奴隷制との関係でどのような意味をもつのか，②ジョージ3世の圧制の証拠としてもともとジェファソン案で取り上げられ，激しい非難，断罪の対象とされていた，イギリスの奴隷貿易，植民地への奴隷の押し付けに関する記述部分が大陸会議の審議の過程で削除され，最終的には独立宣言から消えてしまったという経緯があるが，このことは本問題についてどのような意義をもつのか，が検討される必要がある。

(i) 平等・不可譲の権利条項　独立宣言の名を世界に高からしめたその国家・政府論の冒頭部分は，「すべて人は平等に造られており，造物主から一定の不可譲の権利を与えられていること，それらの権利には生命，自由および幸福の追求が含まれていること，……を，われわれは自明の真理と考える」と宣明する。それは，今日の基準をまつまでもなく，すでに19世紀中葉の奴隷制廃止論者ガリソン（William Lloyd Garrison, 1805-79），あるいは1858年の連邦上院議員選挙に際して，イリノイ州でいわゆるリンカン・ダグラス論争を展開したリンカン（Abraham Lincoln, 1809-65）等にとっては，奴隷制の端的な否定ないしはこれに対する否定的な評価を明白にその意味内容の一部とするものであった。しかし，独立宣言の製作者達はそのようには考えておらず，当時の社会の大勢もまた，独立宣言が奴隷制を否定する意味までもつとは考えていなかった。

まったく無留保・無条件で，あるいは高度の普遍性，汎用性をもたせて最

も単純明快な形で提示された独立宣言の平等原理が奴隷制には適用をみない，しかもそのことについて当時の政治的エリートの多くが別段の矛盾，疑問を感じなかったということに，われわれはいささかの当惑を禁じえないが，その理由を正面きって徹底的に問いつめるならば，人々が当時，それを理性的に明確に意識化し，整理してとらえていたかどうかはともかくとして，その答えはつまるところ，「奴隷は，少なくとも独立宣言のいうところの人ではない」という基本的な考え方，感じ方に帰着したといえよう。それを支える紋切り型の説明としては，①動産奴隷制 chattel slavery のもと，奴隷は財産権の対象，客体であり，その意味で奴隷は，法的・政治的に社会の構成員ではなく，社会契約の当事者ともなりえない，②奴隷制の廃棄は奴隷主の財産権に対する重大な侵害であり，独立宣言の目指す権利の擁護を逆に妨げることになる，といったことが挙げられるが，より一般的な背景事情としては，③奴隷制を長らく所与としてきた人々にとって，奴隷の命運はそもそも関心の対象外であった，④当時，独立戦争の主戦場はニュー・イングランドからニュー・ヨークに移行する切迫した状況にあり，独立宣言の製作者にとって宣言の論理的な延長線上にありうる諸々の帰結，その波及効果までを十分に検討し，奴隷制の諸問題を整理するようなゆとりはなかった，⑤独立宣言の制作者の多くは，ジェファソン，フランクリンをはじめとして，自身が奴隷主であった，といったことがあげられる。それにしても，奴隷制にたとえてまで，イギリスの圧政に反対し，自由を求める植民地人が，他方で正真正銘の奴隷制を維持していながら恬淡として恥じない，少なくとも重大な問題とは感じていなかったということにはなお腑に落ちない点も残るが，これについてはさらに，⑥自由とは自身で戦い，みずからの力，努力によって勝ち取るべきものであり，奴隷身分に甘んじている者には無縁である，といった一般的な価値観の存在をも挙げえよう。

　独立宣言の平等・不可譲の権利条項との関連で奴隷制をとらえようとするとき，いまひとつ考えられるべきは，独立宣言がそのアイディアを取り入れ，範とした可能性の強いロック，ヴァージニア権利宣言（Virginia Declaration of Rights, 1776）がそうであったように，自然権的な不可譲の権利セットについての当時の常套的な表現が「生命，自由，財産」となっていたのに対し

て，独立宣言自身はこれを「生命，自由，幸福追求」としたことである。これは独立宣言が財産権よりも幸福追求の権利を上位におくことによって，財産権を楯に奴隷制を擁護することへの反対姿勢を一般的に示したという意味をもたないか，さらにいえば，ジェファソンは傷つき，癒されないその良心の一端をこの細工の中に込めたのではないか，というのがその問題関心であるが，こうした問いに対する答えは否定的とならざるをえないであろう。「幸福追求の権利」が経済活動を通じた幸福の追求を想定するかぎりでは，それは財産権と内容的に大きく異ならないことになるし，かりにそうでないとしても，独立宣言が枚挙する「生命，自由，幸福追求」の権利は数多ある権利の例示として提示されているにすぎないからである。

　(ii) ジェファソン案の削除部分と奴隷制　　大陸会議は，実質的にジェファソンによって作成された起草委員会の独立宣言案に対して，審議の過程で少なからぬ修正を加えている。その修正は，大小取り混ぜて総計で60数ヵ所，全体のほぼ4分の1に及んでおり，その意味で独立宣言をジェファソン単独の作品とすることには問題があるが，奴隷制との関係でも，大陸会議はジェファソン案について重要な修正を加えていたのである。ジェファソン案は実は，ジョージ3世の罪過20数点の最後に，その奴隷貿易に関連した罪を取り上げ，おおよそ次のような告発をしていた。すなわち，①キリスト教徒たる国王でありながら，何のかかわりもない僻遠の地の人々を捕獲し，他の半球の奴隷制のもとに送り込み，あるいはその途上で死に至らしめ，彼等の生命，自由という最も神聖な権利を侵害した，②「人」の売買のための奴隷市場を断固として維持するために，この忌まわしい貿易を立法的に制限・禁止しようとする植民地のあらゆる試みを圧殺した，③奴隷とされた人々に対して，武器を取り，奴隷制を押し付けられた相手方であるわれわれ人民を殺害することによって国王自身が奪いとっていた自由を購うようにそそのかし，一方の人民の生命，自由に対して犯した以前の罪を，他の人民の生命を奪えと唆す罪によって仕上げようとした，というものである（ただし，原文は，「奴隷」，「黒人」を指している場合にも，これらの言葉を使用することはしていない）。この告発は，その具体性，詳細さ，感情的表現の激しさ等の点で他の罪過と比べて特異な光彩を放つものであり，ジェファソンの心の内奥に

ある奴隷制への反対姿勢がここに抑えがたく噴き出してきたとも思えるようなものであったが，大陸会議はこの部分を削除したのであった。ジェファソン案への反対は，直接にはサウス・カロライナ，ジョージアから出されていた。

　この削除部分についてまず見ておくべきは，その理由とは何であったかである。サウス・カロライナ，ジョージアはその米プランテーションになお奴隷を必要としていたため，奴隷補給の停廃止につながりうるジェファソン案に反対するのはむしろ当然であったが，同様の利害関係は奴隷貿易に直接・間接に関与していたニュー・イングランドを中心とする北部諸州にも存しており，それらの州にとっては，奴隷制については人々の注目を集めるような取り上げ方は避け，これを沈黙のうちに放置しておくのが得策と映ったこと，さらにそれらとは別に，ジェファソン案の告発は，全体として誇張的な感情的表現が強いことに加えて，とりわけ②，③の点で若干の嘘を含んでいたこと等，がその理由として挙げられよう。②に含まれた若干の嘘の中身についていえば，ジェファソン案にいう植民地の試みとは，奴隷輸入に対して禁止的・抑制的な課税をすることをねらいとした，1770年代前半のヴァージニア，ニュー・ジャージー，マサチューセッツ等の植民地立法が，その通商政策維持の立場からイギリス本国によって取り消された事実を指していたのであるが，それら植民地立法は必ずしも奴隷制反対の立場から作られた立法ではなかったことである。奴隷輸入の制限は，奴隷数が過剰状態にある植民地にあっては，奴隷制そのものへの反対とは無関係に，治安目的からあるいは奴隷の価格維持という経済的な目的からその適量維持のためにもなされうる。1770年代前半のヴァージニアの輸入奴隷に対する課税措置についていえば，当時，ヴァージニアでは商品作物が労働集約的なタバコから小麦へと移行する過程にあり，その過程で生じた余剰奴隷の深南部への輸出がはじまりつつあったまさにそうした時期に，当該措置はとられていたのであった。

　ではこうした誇張ないし真実性についての問題を含んでいたジェファソン案の削除は独立宣言案がもともともっていた反奴隷制的基本姿勢をそこから奪い去ったといった理解は適切といえるか。答えはもとより端的な否定でなければならない。ジェファソン案の削除部分の主張はそれ自体倫理性，廉潔

性を欠いており，もともと奴隷制については無関心のスタンスしかとっていなかった独立宣言案に，さらに欺瞞，偽善の不健全な要素を持ち込むものであって，独立宣言を悪くはしても良くすることはありえないものであった。大陸会議による削除は適切な対応であったというべきであろう。

(3) 独立宣言が奴隷制に与えた影響

独立宣言はだれをだれとの関係でいかなる仕方で拘束するのかを法的な厳密さをもって問うならば，一定のあいまいさが残らざるをえない。とはいえ，政治的な存在としての独立宣言に対して政治的な意義以上のことを問うのはそもそも適切を欠く。独立宣言の拘束力については，それは北米植民地の独立の結果として生まれたすべての国家，政府を政治的に拘束することに疑問の余地はなく，その意味で政治的にきわめて重要な存在であることをもってひとまず満足すべきであろう。

この独立宣言が主張する平等原理，自然権的な不可譲の権利メニューの射程範囲は，その提示手法の普遍的無条件性，無限定性からすれば，奴隷制をもその視野の内にとらえ，否定するというのが当然であるにもかかわらず，独立宣言の制作者達はこの点においてはなはだあいまいで不徹底な立場をとっていた。その普遍的平等原理の中に意図的，作為的に黙示的な例外を埋め込む仕掛けをし，奴隷制を暗に擁護しようとしたとまでいうのは，独立宣言の受け止め方として正しいとはいえないが，それが奴隷制に対して積極的に否定姿勢をとるものでないこともまた，独立宣言制作者のレヴェルでは間違いない。おそらく独立宣言制作者達は，一般的な無関心のため，十分な検討をする時間的なゆとりがなかったため，あるいは直感的に深入りすることの危険を漠然と察知したため，この奴隷制の問題を避け，そのまま暗闇に放置した，というのがもっとも真実に近かったと思われる。

しかし，独立宣言が客観的に提示する普遍的原理，理想はもとより制作者の意図を超えて存在することになる。もともと独立宣言はジョージ3世の罪過の指摘，その断罪部分においてこそ重要な意味をもち，その前提論としての国家・政府論の部分は必ずしも重要視されてはいなかったのであるが，ひとたび独立を果たし，断罪部分がその使命を終えてしまうと，時の経過とともに次第に国家・政府論部分が威光を増してゆく。すでにリンカンにとって

は，独立宣言は普遍的性格をもった神聖な文書であり，もとより奴隷，奴隷制をもその射程のうちに含むものとなっていた。

独立宣言にそうした時代的な意味ないし意味付与の変化があるにせよ，独立宣言がすでにその出現の当時から，まさにその普遍的平等原理のゆえに社会に対して一定の影響をもったこともまた，見落とされることがあってはならない。普遍的平等原理はその論理の延長線上のどこかで必然的に奴隷制に直面し，これを否定するものとならざるをえない道理であり，かりに独立宣言がこの普遍的平等原理を現下に実現すべき課題としてではなく，理想，将来的な目標として措定しているというのであるならば，まさにそのゆえに，独立宣言は人々の奴隷制否定の努力を駆り立てることになる。すでに見た独立革命期における奴隷制の変容に対して独立宣言がどのような仕方で作用し，どの程度まで寄与したのかを具体的な事実として示すことはもとより不可能ではあるが，独立宣言がそうした変化にとってシンボルとしての役割を果たした，そうした変化を生んだ諸条件の核をなしていたということは，基本的に認められなければならない。

(3) 合衆国憲法と奴隷制

独立宣言から11年を経た1787年，ようやく合衆国憲法が成立する。植民地の独立は何よりもまず，各植民地が自立した州（邦）としてスタートすることを意味していた。もともと北米植民地には大幅な自治が認められてきており，すでに事実上の準備・試行期間もあり，独立国家への移行，それにともなう政府組織の再編等の業務はチャーターの一部修正，州憲法の制定等によりひとまずその主要部分を果たしえたが，拡大する戦争への対応はさらに，各州の大陸会議への結束を要求する。様々の意見の相違，利害対立を克服し，大陸会議は，1781年，全国レヴェルでの最初の憲法ともいうべき連合規約 (Articles of Confederation and Perpetual Union) を発効させて大陸連合となり，1783年には戦争を勝利のうちに終わらせ，さらに新たに獲得した西方・北西部の領土について土地・領土条例 (Land Ordinances, 1784, 1785. Northwest Ordinance,1787) を制定し，土地測量を基にした一律規格の町区制度および公有地払い下げ基準の設定，自治原則および準州・州への昇格手

続の提示等の実績をあげたのであった。しかし，1780年代を全体としてみれば，その基調は，一般に「危機の時代」と呼ばれているとおり，大陸連合のリーダーシップの喪失・機能麻痺，州間の対立，州内政治経済の不安定等々によってその組織としての将来が危ぶまれる混乱，混迷の方にある。この危機的な事態の克服努力の結果が合衆国憲法の成立であった。それは本来，独立革命の集大成としてあるべきであったが，革命がまず誇るべき州政治，州民主主義のあり方こそが問題だという認識を一大モメントとして生まれたものであったため，それを革命の延長としてとらえるか革命から保守への回帰と評価するか見解の分かれるところとなるが，憲法の中身は自ずと州権の制限，中央政府への権限集中の方向に向かうことになる。そしてその秩序・安定化指向的な姿勢は，奴隷制の扱いにも反映されることとなる。本節の課題は，こうした合衆国憲法の奴隷制への対応とそれを支える基本的な価値判断，論理等を検討することである。

(1) 合衆国憲法の成立

(i) 一般的な背景事情　主として戦争遂行目的から諸州の事実上の中央政府として機能していた大陸会議はすでに1777年11月，その基盤の法的整備，制度化のために，基本的な組織構成ルールを定める連合規約を決議していたが，各州によるその批准は，アパラチア山脈以西に広がりつつある西方領土の帰属方をめぐる州間の対立問題と絡まり，容易に進まなかった。1781年3月，ヴァージニアによる西方領土の連合への委譲の同意を機に，最後まで批准を拒否していたメアリーランドが批准に踏み切り，連合規約はようやく発効する。連合規約に基づいて正式に組織された連合会議（Confederation）は合衆国（United States of America）の名称を与えられるが，その実質は，主権国家としての州が国防，自由の確保，相互福利を目的として結成する「堅固な友好連盟 a firm league of friendship」であり（3条），州から独立した中央政府というよりはなお国際機関に近い性格のものであった。各州は連合会議において均等に一票の議決権をもつが，その代議員は2〜7名の範囲で各州立法府の決める方法により毎年選出され，州によりいつでも呼び戻されうる。連合会議は，外交，兵士および費用の州からの徴用，借款および通貨発行，インディアン問題，州間の紛争等を所管事項とするが，通商規

493

制,課税の権限は州に留保される。意思決定は事項に応じて多数決,特別多数決により,特に規約改正はすべての州の同意を要するとされていたが,いずれにせよ,決定の実質は州に対する勧告であり,その執行いかんは州に依存する。大陸会議時代と同様,特段の執行機関は設けられず,委員会方式による諸業務の執行がなされていた。

　こうした大陸連合(連合会議)は,結束のもととなっていた戦争の終結とともに,組織的脆弱さを一挙に露呈する。1783年3月には,俸給,年金の未払いに不満を抱く復員兵士によるクー・デタの危機がワシントンの説得によりからくも回避されるという事件が発生する。連合に対する州の関心の減退は連合会議における定足数の確保の困難,個別の州による連合の決議の無視,拠出金の支払い拒否,区々ばらばらの通商政策の展開,連合の負債の引き受けとそれによる連合の権威の低下等々を招来する。対外的な関係では,信用の低下によるフランス,オランダからの借款の困難,ヨーロッパ市場におけるアメリカ農産品の一般的な締め出し,イギリスによるパリ条約違反のアメリカ北西部からの撤退拒否,スペインによるアメリカ船のミシシッピ川航行の拒否,北アフリカのイスラム人による地中海航行中のアメリカ商船の拿捕とその救出に必要な身代金の支払不能等々の問題が発生するが,大陸連合はこれらに対して有効な解決策,対抗手段を持ちえなかったのであった。

　他方,州のレヴェルにおいては,「民主的専制 democratic despotism」と呼ばれる,経済秩序を無視した大衆迎合的で不安定な政治が横行する。一般に独立革命は選挙権の拡大,選挙区の細分化,議員数の増加等を通じて州議会の民主化・大衆化と行政部,司法部との関係でのその機能拡大をもたらしたが,同時に州政治にいたずらに特殊利益を主張する地方的な党派性を持ち込み,社会を混乱させるもとともなっていた。紙幣の乱発による財産権の侵害,債務者保護法の制定による経済,信用制度の不安定化はその典型例であったが,それらの問題の根本は強すぎる州議会の,公益を顧みない特殊利益の擁護姿勢にあることを多くの人々に印象づけるのであった。

　(ii) 憲法制定会議の開催　通商規制権限を欠き,対ヨーロッパの関係で各州を組み入れた統一的な通商政策を展開できないこと,独自の財源をもたないことは,連合会議の致命的な弱点であった。連合会議における規約改正

の試みが1780年代はじめから毎年のようになされたが、規約の改正は全州の同意を必要とする連合規約条項（13条）が壁となり、改革努力は最終的にはことごとく失敗に帰する。改革は不可避であるが、連合会議内部でそれを実現するのはもはや不可能であるといった認識が蔓延してゆく。

　この閉塞状況を打破するためにイニシアティヴをとったのが、ヴァージニアであった。ヴァージニアは1786年1月、マディソン（James Madison, 1751-1836）の提案に基づき、同年9月にメアリーランド州アナポリスにおいて統一的な通商規制の検討を目的とする州際会議の開催を計画し、各州に参加を呼びかける。誘いに応じて期日までに集まったのはヴァージニアを含めて、ニュー・ヨーク、ニュー・ジャージー、ペンシルヴァニア、デラウェアの5州にすぎなかった。5州は、参加途上にありうる他州の到着も待たずにわずか4日で散会するが、その間に「中央政府に通商規制権限を認めるには、それにふさわしい政府形態を考える必要がある。そのために、1787年5月にフィラデルフィアであらためて州際会議を開くことを提案する」旨の報告書を作成し、これを大陸連合および各州に送付する。このアナポリス会議の提案は見事に奏功する。もともとアナポリス会議は連合会議とは無関係の会議であり、したがって、その提案になるフィラデルフィア会議もまた同様であったが、ヴァージニアが戦後、公の場から身を退き、プランテーション経営に専念していた戦争の英雄ワシントンを担ぎ出し、その代表として派遣することを決めたことが、各州のフィラデルフィア会議への参加決定の大きな誘因となる。会議開催手続への疑問はあるものの、連合会議は87年2月、すでに8州が派遣代表の選定を終えた段階で、遅ればせながら、フィラデルフィア会議に対する連合規約改正の授権およびこれへの諸州の参加呼びかけをなすにいたり、なお態度を保留していた残りの州も、ロード・アイランド以外は参加を決め、フィラデルフィア会議の実現が確実となる。

　連合会議の枠の外でフィラデルフィア会議の開催を実現させたのは、基本的には連合会議の対外的な無力、および民主的専制という言葉に代表されるような州の政治経済の混乱であったが、いまひとつ、会議開催に働いた具体的な力として無視できないのが、86年秋から87年はじめにかけてマサチューセッツ西部で発生した農民反乱の事件（Shays' Rebellion）であった。それ

第3部 友愛編

は，債務を抱え抵当権の実行をおそれる 2000 名近くの農民がその救済策を求めていくつかの郡裁判所を閉鎖させたというものであったが，一般に最もバランスの良い憲法をもつとされていたマサチューセッツに起きた事件として，人々にフィラデルフィア会議の必要性を印象づけるのであった。

　(iii)　憲法制定会議の審議　　フィラデルフィア会議は 1787 年 5 月 14 日に予定されていたが，定足数の 7 州の代表が集結するのは 5 月 25 日であった。会議には，最終的にロード・アイランドを除く 12 州から 55 人が参加する。大使としてそれぞれフランス，イギリスにいたジェファソン，アダムズ (John Adams, 1735-1826) はそもそも関与の余地がなく，また州代表として選ばれたが，参加を拒否したリー (Richard H. Lee)，ヘンリー (Patrick Henry, 1736-99) などの若干の例外があるが，送られてきた代表の多くは豊かな政治的経験を持ち，それぞれの州のベスト・チョイスたる人々であり（平均年齢 42 歳，連合会議委員を務めた者 39 名，州憲法制定会議代議員を務めた者 8 名，知事を務めた者 7 名，法律家 34 名，商人 7 名，農業者 27 名，公債保有者 30 名，公務員 10 名，退役軍人約 3 分の 1 ），少なくとも会議の重要性についての認識は各州に共有されていた。ワシントンが議長に選ばれるのは，自然の成り行きであった。

　審議が始まった直後の 5 月 29 日，ヴァージニア代表ランドルフ (Edmund Randolph, 1753-1813) から，いわゆるヴァージニア・プランが提出される。それはいちはやくフィラデルフィア入りしたヴァージニア代表団 7 名が定足数に到達するまでの間，連日協議してきたものであったが，その中身の基本は，一院の議員は人民の直接選挙による二院制の立法府とともに，独立の行政府，司法府を備えた全国的な統一政府の構想であり，フェデラリストの立場を代表するものであった（「フェデラリスト」という言葉は州主権の擁護派に用い，全国的な統一政府推進派には「ナショナリスト」の用語を使用する方が適切なようでもあるが，ナショナリスト達がみずからをフェデラリストと称し，憲法（案）自身が上院議員の選任との関係等で州に大きな意味をもたせていることもあり，憲法推進派をフェデラリスト，州主権擁護派を反フェデラリストと呼ぶのが通例である）。それは，会議におけるその後の議論に対して主要な論点を提示し，議論を内容的にリードし，最終的に憲法成案の中身にまで実質的な

影響を与えたという意味できわめて重要であったが，それ以前に，もともと連合規約の不都合部分の修正という目的で組織されたフィラデルフィア会議に対して，州主権の承認を大前提として成り立っている連合規約を根本から覆す提案をなし，会議が連合規約の全面的廃棄をも検討しうることを事実上の了解事項としてしまうことによって，フィラデルフィア会議を一挙に正真正銘の憲法制定会議に作り替えたという手続的な側面でも，大きな意味をもつものであった。

とはいえ審議の過程は平坦ではない。あくまでも連合規約の延長線上で憲法の改正を構想しようとする反フェデラリストと，人民に対して直接権限をもつ統一的な中央政府建設のための憲法を考えるフェデラリストとの議論の対立は熾烈であり，これに大州と小州，北部と南部の思惑，利害の相違という問題が絡み，さらに会議ルールとして一事不再理原則を排除し，秘密会議方式をとったために，審議は4カ月間ほとんど缶詰状態の中，同一事項について行きつ戻りつ繰り返しなされ，その間に何度かの会議そのものの空中分解の危機と両派間の妥協の作出を経たのち，9月17日，ようやく成案に達し，3名の拒否者を除く各代表が署名を付し，審議を終えることになる。議員選出権の分配・議員定数の配分，議会の通商規制権限等とその関連問題としての奴隷制問題についてはとりわけ激しい見解の対立があり，合意形成のために与えた譲歩は小さくはなかったが，大局的には，成案は出発点のヴァージニア・プランにいくつかの修正を加えたものであり，審議はフェデラリストの勝利のうちに終わったといえる。

(ⅳ) 憲法の批准，憲法修正の付加　大陸連合のお墨付きを得ていたとはいえ，超法規的な憲法制定会議の決定した憲法（案）の批准手続をどうするかは，同会議にとっても重要な問題であった。連合会議の同意を要するものとするか，既存の州立法府を批准の母体とするかが主要な考慮点であったが，実際論としては，これら問いへの肯定はフェデラリスト憲法の批准の困難につながりえ，理論的にも，人民主権の具体的な行使としての憲法制定行為には，既存の州立法府よりも人民によって直接，特にその目的のために選定された代表による批准大会（convention）方式をとる方が筋が通るともいえるため，会議はすでに8月の時点で，連合会議には通知する，各州は批准大会

方式により批准手続をとる，さらに，9州の批准によって憲法は発効する旨を決議していた。

　実際に批准手続に入ると，いくつかの小州がいちはやく憲法を批准するが，1788年2月のマサチューセッツの批准大会においてはじめて，憲法が権利章典 bill of rights 部分を欠くことがその後の批准にとって致命的な障害事由となるかもしれないことが判明する。権利章典の欠如を理由とする憲法への反対は反フェデラリストの側からすでに憲法制定会議で出されていた議論であったが，批准過程においては彼らがこの点からの憲法反対に力点を置き，再度の憲法制定会議開催の必要を主張する戦術をとったことにより，その後の批准の見通しに不透明感が生まれることになる。これに対するフェデラリストの対応は，批准手続が完了し，憲法が発効したのちは，新憲法の定める手続により速やかに憲法改正として権利章典を付加するという約束を付して，批准手続はそのまま進めてゆくというものであった。フェデラリストはこの約束によって，1788年6月，ニュー・ハンプシャーによる第9州目の批准を得，引き続き，難関であったヴァージニア，ニュー・ヨークでも批准に成

表5　合衆国憲法制定の経過の概要

1786年9月11～14日	アナポリス会議
1787年5月25日～9月17日	憲法制定会議
12月7日	デラウェア，憲法批准
12月12日	ペンシルバニア，憲法批准
12月18日	ニュー・ジャージー，憲法批准
1788年2月2日	ジョージア，憲法批准
2月9日	コネティカット，憲法批准
2月6日	マサチューセッツ，憲法批准
4月28日	メアリーランド，憲法批准
5月23日	サウス・カロライナ，憲法批准
6月21日	ニュー・ハンプシャー，憲法批准
6月26日	ヴァージニア，憲法批准
7月26日	ニュー・ヨーク，憲法批准
1789年3月4日	ニュー・ヨークで第1回合衆国議会開催
4月30日	ワシントン，初代大統領に就任
11月21日	ノース・カロライナ，憲法批准
1790年5月29日	ロード・アイランド，憲法批准
1791年12月15日	権利章典（修正1～10条）成立

功する。最後には，いったんは批准を拒否したノース・カロライナ（88年8月），ロード・アイランド（88年3月）も，それぞれ89年11月，90年5月に新憲法を批准し，すべての州による批准がこの時点で完了する。

フェデラリストには，新憲法の批准に付着した約束の履行という課題が残った。1789年3月に新憲法下での最初の議会が開催されるが，権利章典の付加を公約して下院議員となっていたマディソンは，同年6月，権利章典付加のための憲法改正案を下院に提案する。同年9月には修正案が上下両院の承認を得，大統領を経由して州に送付され，州での批准手続が開始する。批准手続が進行中の1791年3月，ヴァモントが14番目の州として合衆国に加入したため，いまや11州の批准が必要とされたが，1791年12月，ヴァージニアが11番目の州として批准し，結局，2年余を経て，当初の憲法修正12条のうち10条までの批准が完了し，発効をみる。

(2) 合衆国憲法の奴隷制関連規定

(i) 合衆国憲法の基本的な意義　連合規約の改正としてスタートした憲法制定作業は合衆国憲法を生み出した。それは，「われわれ合衆国人民は，より完全な連邦の建設，正義の確立，国内平和の確保，共同防衛への準備，公共の福祉の増進，われわれ自身および子孫に対する自由の恵沢の確保を目的として，合衆国のために本憲法を定め，確立する。」との簡潔な前文と，日本流にいえば，7章の規定群から成り立っている（各章に表題は付されていないが，それらは事項的には，立法（第1章，1～10条），行政（第2章，1～4条），司法（第3章，1～3条），州際関係（第4章，1～4条），憲法改正（第5章），雑則（第6章），批准（第7章）の順で規定されている）。その特徴は統治組織・ルール・手続等の統治の基本事項について，美辞麗句をいっさい排し，徹頭徹尾具体的かつ機能的な実務文書として書かれているところにあり，文書のスタイルとしての独立宣言との違いは顕著である。この合衆国憲法が基本的に今日まで生き残っている事実は建国の父祖の叡知を物語るものといえようが，技術的な視点からいえば，政治とそれを動かす人間性の実際に対する深い洞察を基礎にして，共和政治の維持展開に必要な最小限の規定事項を拾い上げ，最小限の内容だけを定め，規定の内外の間隙に発生する諸問題はすべて憲法の解釈運用に委ね，時代の変化に対応する（ことを可能に

する）構造をとったことが，その驚くべき生命力の秘訣となっているといえよう。

　各州が主権を留保した「堅固な友好同盟」としての連合会議を，三権分立制，立法部二院制による権力の分散・相互牽制装置を備えた中央政府が主権をもち，州はこれと矛盾しないかぎりで州内事項につき二次的に主権をもつことを骨子とする中央集権的連邦制国家に作り替える合衆国憲法の制定は，ひとつのクー・デタだとする議論がある。ありうる議論ではあるが，ややミスリーディングの感がある。フィラデルフィア会議は超法規的なところからスタートしたが，連合会議は会議開始前にはこれを承認し，それのみか各州の会議参加まで督励した，会議の作成した憲法（案）は連合会議に送付され，その批准を検討すべき各州に対しては連合会議からこれを送付した等の事実があり，連合会議とフィラデルフィア会議との手続的な架橋は相当程度になされていたからであり，また，州での批准が既設の立法府ではなくアド・ホックに開催された批准大会によってなされたという点についても，通常の立法に優越する基本法たる憲法の批准方式として，人民主権原理の観点からはより望ましい方法がとられたともいいうるからである。

　合衆国憲法は自由を希求する独立革命への支配的富裕層からの巻き返し，反革命であったか。憲法制定の背後には確かに，対外的に強い政府の建設というねらいと並んで，選挙民の特殊利益に過度に敏感に反応し，大衆迎合的な立法活動によって社会に混乱，不安定を引き起こしていた州政治を正常化するねらいがあったが，合衆国憲法を独立革命の生んだ自由を圧殺しようとするものととらえるのはおそらく適切を欠く。自由を基調にしたリパブリカニズムに対してより効率的かつ安定的なひとつのフォームを与えようとしたもの，それが憲法であったとひとまずは受け止めるべきであろう。

　(ii) 奴隷制関連条項　　もっとも，憲法はいくつかの箇所で直接間接に奴隷制についてふれている。それら奴隷制関連規定は，独立革命の精神，さらには自由の恵沢の確保という憲法自身が述べる目的との関係で，大いなる矛盾の疑いを生じさせざるをえないものである。それら奴隷制関連規定の中身を，まず確認してみよう。

　① 5分の3条項（第1章2条3項）　　本条項は，「下院議員数および直

接税は，一定年限勤務に拘束されている者を含み，課税されていないインディアンを除外した，自由民の総数に，すべてのその他の者の 5 分の 3 を加えて得られる各州の数を基準に，連邦各州に割り振られる。」という。ここに「その他の者」とは奴隷を指す。下院議員の配分との関係で奴隷を 5 分の 3 だけカウントするというのは，奴隷制の存在を前提として，法的には動産 chattel である奴隷を奴隷主の代表権限の拡張の基礎に利用しようとするものであったが（代表権限の拡張が大統領の選挙人の数にまで影響を及ぼすことについては，参照，第 2 章 1 条 2 項），直接税との関係における奴隷の，白人の 5 分の 3 の扱いが，代表権限の拡大の代償として設けられたのか，直接税の一律賦課が奴隷保有の逆インセンティヴとなるのを避けるためであり，その意味で奴隷主の利益のためであったのかは，見方の別れるところである（直接税については，なお参照，第 1 章 9 条 4 項，第 5 章但し書き。もっとも実際には，連邦の直接税が課せられることはかつてなかった）。

　代表権限との関係で奴隷をどう扱うかは，奴隷をすべてカウントすべきであるとする南部とこれを除外すべしとする北部とが鋭く対立し，フィラデルフィア会議に崩壊の危機をもたらした深刻な争点であったが，南北の妥協（いわゆる Great Compromise）の一部として，最終的に本条が生まれたのであった（当該妥協の他の一半は，上院については人口基準によらず，各州均等に扱うことであった）。もともと 5 分の 3 という数字（一般に「連邦比率 federal ratio」と呼ばれる）は，結局その試みは個別の州の反対によって実現を阻まれるのであったが，1783 年，連合会議が各州の拠出費用の算定基準を土地建物の評価額によるとする連合規約の定め（8 条）を，より運用の容易な人口基準に切り替えようとした際に用いられたものであり，その実質的な理由は奴隷の労働生産性を白人の 5 分の 3 と評価したことにあったといわれる。そうすると，それが経済学的に正確な評価であったかどうかはともかくとして，当時の連邦比率にはそれなりの理屈が含まれていたといえるのであるが，本憲法条項に妥協以上の論理を見出すことは困難である。奴隷を，奴隷制そのものは否定することなく代表権限との関係でだけ 5 分の 5 と扱うことは，奴隷制を不当に助長することになり，逆に 5 分の 0 と扱えばやはり奴隷制を端的に承認することになるという出口のない状況の中で，理屈抜きの妥協と

してその中間が選ばれたというのが真実であることからすれば、本条項が南部に政治的ボーナスを与えるものというのはなお正しいとしても、奴隷の人格、人間性を白人の5分の3しか認めない、奴隷を白人の0.6人前としてしか扱わないとまで難詰するのはやや的はずれのようである。

　ともあれ、奴隷を5分の3の比率でカウントするというのは、政治的にはきわめて重要である。1790年の国勢調査によれば、奴隷の数は北部全体で約4万人、ヴァージニアだけで約30万人であり、ヴァージニアの奴隷だけを取り上げてみても、1789年選挙の下院議員選出の最低基準人口3万人をもとに推計すると、南部はこれだけで少なくとも7、8名の下院議員を増やしていたことになる。これが状況によっては大統領選挙の行方をも規定しうるのであり、実際、1800、1804年のジェファソンの大統領選出は、まさに本5分の3条項によって実現したといわれている。

　②　奴隷貿易条項（第1章9条1項）　本条項は、「現在すでに存在する州が入国させるのを適当と考える者の移民または輸入は、1808年までは、議会によって禁止されてはならない。ただし、一人につき10ドルをこえない範囲で、かかる輸入に対して課税しないしは関税を賦課することは許される。」として、20年間に限って、連邦議会が州の奴隷輸入に干渉するのを禁止するものであるが、その内容をより確実にするため、同条項の20年間の改正禁止を定める条項が別に設けられる（第5章但し書き）。国際通商・州際通商を連邦議会の規制権限事項であるとするならば（第1章8条3号）、奴隷貿易も国際通商として連邦権限に含まれるというストレートな解釈に従うかぎり、本条項は不必要となるが、まさにそれでよしとする北部と、もともと奴隷制そのものは州権事項であることを前提に、将来ありうる奴隷需要の大きさを考慮して、連邦の介入の余地を完全に排除しておこうとする深南部があり、さらにその中間には、すでに過剰状態にある奴隷を抱え、その価格維持には奴隷貿易が制限された方が有利に働くと考えるヴァージニア、メアリーランドがあり、それら諸利益の妥協点として、連邦議会に対して奴隷貿易の廃止を20年間は禁止する旨の本規定が設けられたのであった。

　本規定は1808年以降における連邦の廃止措置義務までは定めていなかったが、ジェファソン政権のもと、1807年3月には、早くも奴隷貿易禁止法

が成立し，翌 1808 年 1 月 1 日からそれが施行される。この奴隷貿易禁止法に関しては，1807 年の最後の 1 年間にサウス・カロライナに膨大な数の奴隷が輸入されたこと，その後は奴隷の密貿易までが根絶されたわけではなかったが，奴隷需要の満足は主として東海岸部から西南部への奴隷の国内的地域間移動によってなされたこと等が注目される。

　本奴隷貿易条項の奴隷制に対するスタンスは，どう評価すべきものか。妥協の産物としての本条項についても，一貫した姿勢を見出すことはできないが，連邦に対する禁止はすでに存在する州との関係に限っていること，一定範囲での課税等による奴隷貿易への介入は禁止から除外されていること，20 年後には禁止が解除されること等からするならば，本条項をもって積極的に反奴隷制的というのはもとより問題であるが，積極的に奴隷制擁護的というのもやや言い過ぎであり，せいぜい消極的な受容というのが適切となろう。

　③　逃亡奴隷返還条項（第 4 章 2 条 3 項）　本憲法条項は，逃亡奴隷が逃げ込んだ先の州が負うべき義務に関して，「一の州においてその法によって勤務または労働に拘束されている者は，他州に逃亡したからといって当該他州の法令によってかかる勤務または労働から解放されることはなく，かかる勤務または労働が提供されるべき相手方当事者の請求によって，返還されなければならない。」とする。本条項は上述の 2 条項と異なり，内容的に何の妥協の要素も含むことなく，端的に奴隷制擁護的である点に特徴がある。フィラデルフィア会議とほとんど並行的にニュー・ヨークで開催されていた連合会議が 1787 年 7 月に議決していた北西部条例（Northwest Ordinance）（「約定」6 条）が同趣旨の規定を置いており，これが本条項の出現に影響を与えたことは疑いないようであるが，それはフィラデルフィア会議の最終局面である 8 月末にサウス・カロライナから提案され，実質的な議論のないままに可決されたものであった。

　本条項について留意すべきは，それは一定の州における奴隷制の存在を前提とするものではあるが，置かれているその憲法上の位置からも知られるように，基本的には州間の礼譲 comity に関する規定であり，その詳細の立法化について連邦議会への授権，義務づけを何ら含んでいないことである。それにもかかわらず，連邦議会は本条項を根拠に，1793 年，最初の逃亡奴隷

返還法を制定し、さらに1850年にはその一層の強化を図かることになるが、他方、連邦最高裁判所もこれを違憲とすることはなかったのであった。こうした意味において本条項は、奴隷制へのその後の連邦の積極的な加担と南北戦争に至る破局に対して、ひとつの重要なレールを敷くという不幸な役割を背負うものとなる。

　④　その他の奴隷制関連条項　　以上の3条項の外にも、間接的ではあるが、奴隷制の維持に対して多少とも支持的に働く憲法規定は少なくない。たとえば、連邦議会の、(奴隷によることもある)反乱の抑圧目的の民兵招集の権限(第1章8条15号)、(奴隷州を含む)州の輸出品に対する連邦による課税禁止(第1章9条5項)、(奴隷州のものを含む)輸出入品に対する(自由州を含む)州による課税禁止(第1章10条2項)、連邦の、州内暴力からの州保護義務(第4章4条)等々がそれである。しかし、これらの規定はここで省略したものを含めてすべて、奴隷制を唯一のないしは主要なねらいとしたものではないが奴隷制との関係でも一定の意味をもつという以上に特定的に、奴隷制関連的な意義はもっていない。基本的な法律判断として奴隷制を合憲であるとしたときには、これら諸規定がその合憲判断に適合的な環境条件を形成する補充的な意味をもつととらえておけば、十分であろう。

　(iii)　憲法の親奴隷制 pro-slavery 的、奴隷制擁護的な性格　　以上のような奴隷制関連規定をもった合衆国憲法は、全体として奴隷制についていかなるスタンスをとっているというべきか。見解は、基本的に反奴隷制的であるとするものから、逆にきわめて親奴隷制的であるとするものまで、論者によって、政治的・運動論的立場によって、歴史的にもさまざまに分かれていた。問題を憲法の選択したスタンスについての客観的な認識のレヴェルに限ってとらえようとするとき、まず注目すべきは、憲法が個別条文のクリアな意味を犠牲にしてでも、「奴隷」「奴隷制」という言葉の使用を意識的に避けていることである。それは単なる美意識のゆえか、あるいは意図的な糊塗・隠蔽のためか。憲法制定会議がこれらの言葉を使用しないことについて明確な形で意思確認をした形跡はないが、これについて暗黙の了解が一般的に存していたことは疑いない。建国の父祖の多くは積極的に糊塗・隠蔽の意図まで有していたわけではなかったが、一国の憲法がこれらの強度にネガティヴな響

きをもった言葉を用いることの体裁，形式上の問題に感覚的に反応し，これを忌避したというのが真実に近いように思われる。ということは，すでにここに，奴隷制という厄介な問題の真の意味を抽象的には理解しておりながら，これに対峙しようとはしない，多くの父祖の消極的で回避的な姿勢が何ほどか伺われることになる。

　こうした理解との関係でより重要なのは，奴隷制を所与としてあるいは制度作りの当然の前提として取り扱っておりながら，憲法自身はいかなる条文においても，決して奴隷制を正面きって評価し，肯定することはしていないことである。つまり，憲法は，奴隷制は基本的に州の制度であり，連邦にはこれを左右する権限もなければ義務もないという立場を終始貫いているのである。その立場を支えているのは，ここでも消極的な問題回避姿勢であり，さらにいえば，独立宣言にも見受けられた奴隷制問題に対する関心の低さ，鈍感さであり，そのために，サウス・カロライナ，ジョージア等が連邦不参加の威嚇を振りかざして，奴隷制関連利益の擁護論を強硬に主張するたびに，憲法制定会議全体としてはほとんど無原則に譲歩，妥協をしてゆくことになるのであった。

　各奴隷制関連規定の具体的な中身は，どの程度に親奴隷制的とみるべきか。5分の3条項は，その一見の際に与える強い印象にもかかわらず，もともとは差別のねらいからというよりは奴隷の労働生産性評価という視点から生まれた比率を，下院の代表権配分に便宜的に利用したというものであり，それが現実に果たしたであろう機能を別にしていえば，それ自体が奴隷制を補強し，強化しようとする意図は必ずしも強くはなかったといえるように思われる。奴隷貿易条項は，優柔不断の感はあるが，その根底においてむしろ反奴隷制的である。逃亡奴隷返還条項は，奴隷制維持をねらいとしたものというべきであるが，その扱いは州間の礼譲の問題としてであり，連邦の義務負担等はいっさい考えていないという意味では，その積極性が特に強いわけではない。

　以上を総じて憲法を反奴隷制的，中立的という余地はないとはいえ，憲法は奴隷制に関する憲法自身の評価はいっさい示さず，統治の諸ルールの策定上，避けて通ることのできない最少限の場合にだけ，これを現状肯定的に取

り扱うという姿勢を一貫させており，親奴隷制的であるとはいっても，その程度は決して強くはなかったといえよう。とはいえ，その中途半端なスタンスは重大である。それは，19世紀アメリカの特殊な政治経済状況の中で，強力かつ攻撃的な奴隷制擁護勢力の盛行，暴走を許し，ついには南部奴隷州の連邦離脱，南北戦争を生み出した。その詳細の検討は本稿の課題の枠を越えるが，憲法は，ふたつの仕方で戦争に対して重大な寄与をした。第1は，もとより憲法による奴隷制の承認である。その承認がいかに消極的，間接的であれ，憲法改正のないかぎり，連邦による奴隷制の否定が憲法違反となることは，奴隷制擁護派にとってきわめて利用価値の高いものであった。第2は，本稿がこれまでほとんどふれなかった問題であるが，上院の議員配分，議員定数を各州一律2名とする憲法条項（第1章第3節第1条）が後に果たした奇妙な役割である。19世紀の西部領土の拡大とともに新州の設置，その連邦加入の問題が生じたとき，みずからに有利な連邦意思の形成を画策する北部，南部は新州をそれぞれ自由州，奴隷州として編入するために，ときに物理的な衝突を含み，相互に激しく対立し，次第にそれが妥協の余地のないものとなってゆく。本来，奴隷制とも地域的対立とも無関係のはずの憲法条項が，特殊な歴史状況の中で多分に偶然的に，奴隷制をめぐる南北の対立を激化させ，戦争へと導く背景要因として作用したのである。

5 おわりに

アメリカ独立革命は，北米植民地への課税政策をひたすら貫こうとするイギリス本国とこれに鋭く反対する北米の植民地人とが10年にも及ぶ確執を続けたのち，武力衝突，独立宣言，独立戦争等を経由し，最後には合衆国憲法の制定にまで行き着いたという壮大なドラマである。合衆国憲法は，いまだ絶対君主が支配していたヨーロッパ列強を尻目に，歴史上かつて例のなかった人民主権に立脚した連邦共和国をひとりスタートさせ，結局は，その200年後に合衆国を世界最強の国にまで飛躍させる礎として働いた。その意味で，合衆国憲法は建国の父祖のまさしく叡知の結晶と呼ばれるにふさわしい。

しかし，こと奴隷制に関しては，建国の父祖の判断は不適切であった。独立革命は不完全であり課題を後に残す未完のものであった。今日の支配的な見解は，北米植民地の奴隷制は新世界，ヨーロッパ，アフリカを統合したところに形成された全体としての「大西洋奴隷貿易・奴隷制システム」の一環をなすものであり，この大きな構図の中に置かれた個別の植民地がその好悪，是非判断によって，奴隷制と関わりをもたずにいる自由は事実上なかったことを強調する顕著な傾向性をもつが，かりにかかる見解を一般的には受け入れるとしても，少なくともアメリカ独立革命期だけは別であった，この時期だけはアメリカは，真実それを欲するならば，奴隷制を廃棄することもできたというべきであった。それにもかかわらず，建国の父祖の多くは，おそらくは奴隷制に対する鈍感さないしは同情心の欠如から，あるいはそれと直面する労を惜しんだために，奴隷制擁護の強硬派に押し切られ，憲法の中にきわめてあいまいな形で奴隷制を取り込んだ。それらの奴隷制関連規定は，19世紀の社会状況の変化の中で，父祖達のおよそ予期しないまでの大きな意味を強引に付与され，南北戦争に至るまでの暴走を誘導する根拠にされてしまうのであった。

　建国の父祖の不適切判断のいいわけはつねに，奴隷制についての妥協がなければ，深南部は連邦に参加しなかった，いまあるような形での合衆国の建設はなかったということである。確かにサウス・カロライナ，ジョージアは，フィラデルフィア会議において連邦不参加の威嚇を一再ならず用いている。しかし，当時の政治的・経済的状況，国際環境の中で，はたしてこれらの深南部の州が連邦と訣別し，独自の国家としてやっていけたかどうかは大いに疑問である。商業・海運によって深南部とつながっていたニュー・イングランド，南部にありながら一貫して革命のリーダー役を果たし，それゆえにあいまいで中途半端な姿勢に終始せざるをえなかったヴァージニア等は，深南部の言動が単なるブラフにすぎないことを知っておりながら，妥協のいいわけのためにあえてそれに騙される道を選んだという可能性は，なお検証すべき課題として強く残っているというべきであろう。

　【後記】　本論文の作成段階においては，取り扱った重要資料，解釈上論争

第3部　友愛編

があり，見解の分かれる箇所等には注を付し，さらに論文の末尾に参考文献表を置く予定であったが，当初の予想に反し，本文部分が大幅に割当紙数を超過したため，さしあたりそれらをすべて割愛することとした。その再現には，別の機会を得たい。筆者としては，煩雑な注の省略がかえって，読者に歴史のダイナミズムとトータル性をよりストレートに伝えるのに役だつ一面のあったことを期待したい。

山口浩一郎先生　経歴・業績

山口浩一郎　昭和11年12月28日生

職　歴

昭和35年4月　東北大学法学部助手
昭和38年4月　東京大学社会科学研究所助手
昭和41年4月　横浜国立大学経済学部助教授（担当：民法，労働法）
昭和42年10月　フィレンツェ大学（イタリア）法学部客員研究員（昭和43年7月まで）
昭和45年4月　上智大学法学部助教授（担当：民法，労働法）
昭和45年9月　フィレンツェ大学（イタリア）法学部客員研究員（昭和46年3月まで）
昭和51年4月　上智大学法学部教授
昭和53年9月　スタンフォード大学（アメリカ）ロースクール客員研究員（昭和54年7月まで）
平成6年3月　バーリ大学（イタリア）法学部客員教授（担当：比較労働法）（平成6年4月まで）
平成7年4月　放送大学客員教授（担当：労働法）（平成11年3月まで）
平成14年3月　上智大学退職（同名誉教授）
平成14年4月　放送大学教養学部教授
平成17年3月　放送大学退職

所属学会

昭和35年　日本私法学会
昭和35年　日本法社会学会
昭和35年　日本労働法学会

山口浩一郎先生　経歴・業績

昭和45年　日本労使関係研究協会
昭和45年　国際労働法・社会保障法学会

社会公務活動

昭和57年2月～昭和61年2月	労働省・労災保険審議会委員
昭和59年10月～平成5年12月	法務省・司法試験考査委員（科目；労働法）
昭和62年1月～平成7年3月	労働省・中央職業安定審議会委員
平成4年10月～平成10年9月	中央労働委員会公益委員
平成4年11月～平成7年11月	郵政省・郵政審議会委員
平成8年5月～平成11年1月	文部省・大学設置・学校法人審議会専門委員
平成10年7月～平成11年6月	総務庁・公務員制度調査会専門委員
平成12年11月～平成18年11月	中央労働委員会会長（平成16年11月以降は常勤）

著　書

『フレックスタイム』（共著）日本経済新聞社，1975年
『労働法再入門』（共著）有斐閣，1977年
『イタリアの労使関係と法』（共編訳）日本労働協会，1978年
『文献研究・労働法学』（共著）総合労働研究所，1978年
『アメリカ西海岸から：悩める大国』日本労働協会，1980年
『ワークブック労働法』（共編）有斐閣，1988年
『改正労働基準実例百選』（共著）有斐閣，1988年
『変容する労働時間制度』（共著）日本労働協会，1988年
『イタリアの労働事情』（共著）日本労働研究機構，1993年
『労使慣行の判例と法理』（共著）公共企業体等労働問題研究センター，1994年
『労働法』放送大学教育振興会，1995年
『労働判例百選（第6版）』（共編）有斐閣，1995年
『労働組合法（第2版）』有斐閣，1996年
『労災保険・安全衛生のすべて』（共編）有斐閣，1998年
『市民活動と法』（編著）放送大学教育振興会，2002年
『高齢者法』（共編）有斐閣，2002年

『労災補償の諸問題』 有斐閣，2002年
『雇用・福祉・家族と法』 放送大学教育振興会，2003年
『労働契約』 労働政策研究・研修機構，2006年

学術論文

「試用労働契約の法的構成について」 社会科学研究18巻1号91－129頁，1966年
「試用労働契約の研究」 社会科学研究19巻1号89－113頁，1967年
「労働組合における組合員の権利」『基本的人権5』423－452頁，東京大学出版会，1969年
「争議行為法の再定義」 ジュリスト441号149－157頁，1970年
「『労働者憲章』法」 日本労働協会雑誌143号46－61頁，1971年
「比較法研究と自国法の解釈」 季刊労働法80号45－55頁，1971年
「イタリアおける通勤途上災害」 ジュリスト518号60－69頁，1972年
「『労働者憲章』法とその後のイタリア労使関係」 社会科学研究24巻4号77－128頁，1973年
「医薬品製造業者の民事責任」『損害賠償法講座4』443－476頁，日本評論社，1974年
「争議行為綺論三則」『労働法の諸問題』38－61頁，勁草書房，1974年
「組合活動としてのビラ貼りと施設管轄権」 法曹時報32巻7号1－21頁，1980年
「年次有給休暇をめぐる法律問題」 上智法学論集25巻2・3号31－81頁，1982年
「労働組合」『基本法学2・団体』131－154頁，岩波書店，1983年
「労使慣行とその破棄の法理」 季刊労働法133号62－70頁，1984年
「複数組合に対する同一条件の提示と不当労働行為」 ジュリスト819号121－135頁，1984年
「イタリアにおける『反組合的行為』とその救済」『団結権侵害とその救済』500－526頁，有斐閣，1985年
「諸外国の労働時間法制――総論（日本の労働時間と国際比較）〈特集〉――労働時間法制の比較研究(1)」 日本労働協会雑誌320号23－28頁，1986年
「労使関係の将来――労働法の観点から（労働市場の構造変化と労働組合の将来――1986年労使関係研究会議から〈特集〉－労使関係の将来）」 日本労働協会雑誌326号64－68頁，1986年

「『部分年金』の制度論的論点」(共著) 日本労働研究雑誌382号2－15頁，1991年
「労働基準法見直しの論点(労働時間短縮と時短促進法〈特集〉)」ジュリスト998号43－48頁，1992年
「イタリアの外国人労働者問題」 日伊文化研究30号171－182頁，1992年
「年次有給休暇の法的構造」『労働保護法の研究』264－289頁，有斐閣，1994年
「イタリアにおける外国人労働者の現状と政策」 日本労働研究機構資料シリーズ51号20－37頁，1995年
「労使関係法制(戦後法制50年〈特集〉－社会法関係)」 ジュリスト1073号210－216頁，1995年
「労災保険における保険給付請求権の消滅時効」 法曹時報48巻4号1－20頁，1996年
「末弘厳太郎『労働法研究』(特集：古典を読む・日本編――労働法)」 日本労働研究雑誌454号8－10頁，1998年
「わが国の労使関係における労働委員会の役割」 日本労働研究雑誌473号66－77頁，1999年
「不当労働行為について」 中央労働時報959号2－15頁，1999年
「イタリアにおける雇用平等の展開と現状」『労働関係法の国際的潮流・花見忠古稀論集』55－74頁，信山社，2000年
「行政救済と司法救済」『講座21世紀の労働法第8巻・利益代表システムと団結権』261－283頁，有斐閣，2000年
「製造物責任と労働災害の競合から生じる法律問題」 法曹時報52巻9号1－21頁，2000年
「通勤災害の補償に関する問題点」 週刊社会保障2123号24－27頁，2001年
「市民活動団体とボランティアの法律関係」 中央労働時報990号2－12頁，2001年
「NPO活動のための法的環境整備」 日本労働研究雑誌21－31頁，2003年
「不当労働行為における司法救済と行政救済」 中央労働時報1013号2－12頁，2003年
「不当労働行為事件への取り組みの新しい方向」 月刊労委労協606号3－22頁，2006年
「少子高齢化社会と通勤災害」 週刊社会保障2388号26－29頁，2006年

判例評釈

「試用契約の法的性質とその解約」 判例評論72号63-65頁，1964年
「季節労働者の雇用形態と事業協同組合の団交応諾義務」 ジュリスト447号144-146頁，1970年
「労働協約の一般的拘束力（吉田鉄工所事件）」 ジュリスト590号190-192頁，1975年
「退職金協定の余後効（香港上海銀行事件）」 ジュリスト817号93-95頁，1989年
「休業保障は雇用契約上の賃金請求権がない日にも支給されるか（浜松労基署長事件）」 ジュリスト829号101-103頁，1985年
「複数組合併存下の団体交渉の原則と一方の組合員に残業を命じないことの不当労働行為の成否」 判例評論234号207頁-211頁，1986年
「定年延長のための就業規則変更の合理性と労働協約の拡張適用（第四銀行事件）」 ジュリスト961号230-233頁，1990年
「対象業務外の労働者派遣事業と派遣契約における解約金条項の効力」 判例評論481号200-203頁，1999年

翻　訳

『イタリアの労働法令集』 国会図書館，1964年
F．フュルステンベルグ「西独労使関係における技術変化の諸影響」日本労働協会雑誌72号39-43頁，1965年
M．V．バッレストレーロ「女子労働と差別」日本労働協会雑誌311号31-39頁，1985年
パオロ・セスティート「労働市場」『イタリアの金融・経済とEC統合』第2章51-83頁，日本経済評論社，1992年

〈編者紹介〉

菅野和夫　明治大学法科大学院教授
中嶋士元也　放送大学教授
渡辺　章　専修大学法科大学院教授

友愛と法――山口浩一郎先生古稀記念論集

2007（平成19）年12月15日　初版第1刷発行

編者	菅野和夫
	中嶋士元也
	渡辺　章
発行者	今井　貴
	渡辺左近
発行所	信山社出版株式会社

〒113-0033　東京都文京区本郷 6-2-9-102
TEL　03 (3818) 1019
FAX　03 (3818) 0344

Printed in Japan　　印刷・製本／暁印刷・大三製本

Ⓒ菅野和夫，中嶋士元也，渡辺章 2007．
ISBN978-4-7972-2491-7 C3332

信山社

完全注文買切直販制
全て定価販売です

信山社東大前書店
準備中

碓井光明著
公共契約法精義
A5判520頁 本体3,800円

〈ブリッジブックシリーズ〉
井上治典編著　西川佳代・安西明子・仁木恒夫著
ブリッジブック民事訴訟法
46判326頁 本体2,100円

広中俊雄編著
日本民法典資料集成
第1部　民法典編纂の新方針
2006・4・1以降象山社古書販売 F048-298-2954へ
46倍判変形 特上製箱入り 1540頁本体20万円（梱包送料消費税とも21万円：直販のみ）

1	民法典編纂の新方針	既刊	（編集協力）	9	整理議案とその審議	中村哲也・広中俊雄
2	修正原案とその審議	総則編関係	大村敦志	10	民法修正案の理由書	前三編関係	中村・岡孝
3	修正原案とその審議	物権編関係	中村哲也	11	民法修正案の理由書	後二編関係	大村敦志
4	修正原案とその審議	債権編関係上	岡 孝	12	民法修正の参考資料	入会編資料	中村哲也
5	修正原案とその審議	債権編関係下	岡 孝	13	民法修正の参考資料	身分法関係	大村敦志
6	修正原案とその審議	親族編関係上	大村敦志	14	民法修正の参考資料	諸他の資料第5部を振るる：広中
7	修正原案とその審議	親族編関係下	大村敦志	15	帝国議会の法案審議	広中俊雄
8	修正原案とその審議	相続編関係	岡 孝		一附表　民法修正案条文の変遷	

信山社編集部編　別巻349　A5上製1360頁　本体15万円

民事訴訟法文献立法資料総目録〔戦前編〕

権利消滅期間の研究
椿寿夫・三林宏編　本体16,000円

英連邦会社法発展史論
上田純子著　本体9,000

椿　寿夫著作集　1　本体15,000円　　好評発売中
多数当事者の債権関係 —連帯債務論研究の集大成—

ISBN4-7972-2436-3 C3332 Y12000E
アラン・ワトソン著　瀧澤栄治・樺島正法訳
ローマ法と比較法
A5変上製380頁 本体12,000円（税別）

ISBN4-7972-3232-3 C3332 Y5600E
石原　全著
約款による契約論
46変上製392頁 本体5,600円（税別）

ISBN4-7972-5582-X C3332 Y10000E
湊木愼一　編
会社法旧法令集
四六版上製箱入り 本体10,000円

ISBN4-7972-5583-8 C3332 Y12000E
宮下修一著
消費者保護と私法理論
A5変判上製520頁 本体12,000円（税別）

信山社　〒113-0033　東京都文京区本郷6-2-9-102　TEL 03-3818-1019
ホームページにて書籍内容紹介中　http://www.shinzansha.co.jp

ISBN4-7972-5571-4　C3332　Y19000E　←ご注文はこのコードでお願いします

河内　宏・大久保　憲章・采女　博文
（九州大学・広島修道大学・鹿児島大学
児玉　寛・川角　由和・田中　教雄　編
龍谷大学・龍谷大学・九州大学）

市民法学の歴史的・思想的展開
〔原島重義先生傘寿〕
A5変判　上製 728頁　本体価格：19,000円（税別）

ISBN4-7972-2471-1　C3332　Y12000E　←ご注文はこのコードでお願いします

松本　博之・西谷　敏・守矢　健一　編
（大阪市立大学大学院法学研究科教授）

団 体・組 織 と 法
〔日独シンポジュウム〕
A5変判　上製 416頁　本体価格：12,000円（税別）

（財）知的財産研究所代表　中山　信弘　編集

知的財産権と国際私法
A5変判　上製 236頁　本体価格：7,000円（税別）

＜知的財産研究叢書＞

1	2061	機能的知的財産法の理論	田村善之／著	本体価格：2,900円
2	2129	コピーライトの史的展開	白田秀彰／著	本体価格：8,000円
3	2137	システムＬＳＩの保護法制	平嶋竜太／著	本体価格：9,000円
4	2147	データベースの法的保護	梅谷真人／著	本体価格：8,800円
5	1932	プロパテントと競争政策	清川寛／著	本体価格：6,000円
6	2267	データベース保護制度論	蘆立順美／著	本体価格：8,000円

IISBN4-7972-2470-3　C3332　Y4800E

小宮　文人　著
（北海学園大学大学院法学研究科）

現代イギリス雇用法
－その歴史的展開と政策的特徴－
A5変判　上製　448頁　本体価格：4,800円（税別）

──── 来栖三郎著作集 ────

第Ⅰ巻　法律家・法の解釈・財産法　一二〇〇〇円

第Ⅱ巻　契約法　一二〇〇〇円

第Ⅲ巻　家族法　一二〇〇〇円

──── 信山社 ────